महान हिंदू सभ्यता

पवन के. वर्मा लेखक और राजनयिक हैं और कुछ समय पूर्व तक राज्य सभा के सदस्य भी रह चुके हैं। कैबिनेट मंत्री के पद के साथ आप बिहार के मुख्यमंत्री के सलाहकार भी रहे। साथ ही आप विभिन्न देशों में भारत के राजदूत के तौर पर कार्यरत रहे, लंदन में नेहरू सेंटर के अध्यक्ष, विदेश मंत्रालय के प्रवक्ता और भारत के राष्ट्रपति के प्रेस सचिव भी रहे। क़रीब दर्जनभर बेहतरीन किताबों के लेखक, पवन के. वर्मा को कूटनीति, साहित्य, संस्कृति और सौंदर्यशास्त्र के क्षेत्र में उनके योगदान के लिए 2005 में यूनीवर्सिटी ऑफ़ इंडियानापॉलिस की ओर से मानद डॉक्टरेट डिग्री प्रदान की गई। आपको 2012 में भूटान के सबसे बड़े नागरिक पुरस्कार, द्रक थक्सेय, से भी सम्मानित किया गया।

पवन के. वर्मा

महान हिंदू सभ्यता

उपलब्धियाँ, उपेक्षा, पूर्वाग्रह और आगे का रास्ता

eka

eka

First published in English as *The Great Hindu Civilisation* in 2021 by Westland Non-Fiction, an imprint of Westland Publications Private Limited

Published in Hindi as *Mahaan Hindu Sabhyata* in 2024 by Eka, an imprint of Westland Books, a division of Nasadiya Technologies Private Limited

No. 269/2B, First Floor, 'Irai Arul', Vimalraj Street, Nethaji Nagar, Alapakkam Main Road, Maduravoyal, Chennai 600095

Westland, the Westland logo, Eka and the Eka logo are the trademarks of Nasadiya Technologies Private Limited, or its affiliates.

ISBN: 9789360456740

10 9 8 7 6 5 4 3 2 1

Typeset by Digiultrabooks Pvt. Ltd

Printed at Nutech Print Services, India

उन महान ऋषि के लिए जिन्होंने ईशोपनिषद् में यह श्लोक लिखा:

ॐ पूर्णमदः पूर्णमिदं पूर्णात्पूर्णमुदच्च्यते।
पूर्णस्य पूर्णमादाय पूर्णमेवावशिष्यते ॥
ॐ शांति: शांति: शांति:॥

ॐ! वह अनंत है, और यह (ब्रह्मांड) अनंत है। अनंत से अनंत की प्राप्ति होती है।
(तब) अनंत (ब्रह्मांड) की अनंतता लेते हुए, वह अनंत के रूप में अकेला रहता है॥
ॐ शांति! शांति! शांति॥

सर्वे भवन्तु सुखिनः सर्वे सन्तु निरामया,
सर्वे भद्राणि पश्यन्तु मा कश्चिद् दुख भाग्भवेत।
ॐ शांति: शांति: शांति:

सभी प्रसन्न रहें, सभी स्वस्थ रहें, सबका भला हो, किसी को भी कोई दुख ना रहे। ॐ शांति: शांति: शांति:

किसी भी समाज को तबाह करने का सबसे असरदार तरीक़ा है उनके इतिहास की समझ को उनसे वंचित कर देना और उसमें अड़चनें लगाना।

– जॉर्ज ऑरवेल

जो राष्ट्र अपना अतीत भूल जाता है, उसका कोई भविष्य नहीं होता।

– विंस्टन चर्चिल

जननी जन्मभूमिश्च स्वर्गादपि गरीयसी मां और मातृभूमि स्वर्ग से बेहतर होती हैं

– भगवान राम रामायण में

अनुक्रम

भूमिका

मेरी नज़र में ये तथ्य कि हिंदू सभ्यता अस्तित्व में थी और आज भी अस्तित्वमान है, किसी शंका का विषय नहीं है। महान पुरातन अवशेषों, प्रचुर और अप्रत्याशित बारीकियों, साहसिक सोच और आध्यात्मिकता के साथ-साथ धर्मनिरपेक्ष उपलब्धियों में उसकी निशानियाँ मौजूद हैं। इसका मतलब यह नहीं कि वह बेदाग़ है, और वस्तुनिष्ठता का तक़ाज़ा है कि हम उन दाग़ों का भी हिसाब रखें। इसका मतलब यह भी नहीं है कि वह एक संकीर्ण और बंद कोठरी में विकसित हुई, जो बाहरी असर से अछूती रही। दरअसल इसका ठीक उलट रहा और फिर भी, इस मेलजोल से बतौर प्रामाणिक सभ्यता उसकी बुनियादी पहचान न कम हो सकी, न मिट सकी। कई अन्य महान सभ्यताओं से इतर, हिंदू सभ्यता कोई ऐतिहासिक अवशेष बनकर ज़मींदोज़ नहीं हुई, बल्कि वर्तमान तक बनी हुई है।

इस सभ्यता के बारे में और अधिक जानना ज़रूरी है, ख़ासतौर पर ख़ुद हिंदुओं के लिए। इस सभ्यता को एक दुर्भाग्यपूर्ण विरोधाभास का सामना करना पड़ा है। एक तरफ़ यह अपने लचीलेपन, निरंतरता और हिंदू जीवन के हर पक्ष पर अपने असर के लिए जानी जाती है; और दूसरी तरफ़ ख़ुद हिंदू अपनी ही सभ्यता के बारे में और जानने के लिए कम उत्सुक दिखते हैं। यह उदासीनता चिंता का विषय है, ख़ासतौर पर इसलिए कि अगर हिंदू ख़ुद अपनी सभ्यता की विरासत के बारे में नहीं जानेंगे, तो ज्ञान के आधार पर उनका हिंदू होना रस्मी रह जाएगा।

यह सच है कि हिंदू धर्म जीवन का रास्ता है, बजाय अब्राहमी विश्वास से निकले निर्देशात्मक मज़हबों की तरह। हिंदू धर्म में कोई एक पोप नहीं है, एक किताब नहीं है, बिना तोड़े-मरोड़े लागू किये जाने वाले रस्मो-रिवाज नहीं हैं, न ही कोई एक सर्वमान्य मंदिर है। पर यह कोई कारण नहीं कि हिंदू अपने धर्म से निकली उत्कृष्ट दार्शनिकताओं और गहरे मायनों को लेकर जागरूक न रहें। यह हमेशा याद रखना ज़रूरी है कि हिंदू धर्म के समांतर एक सभ्यता विकसित हुई है। वह क्या थी और उसकी प्रेरणाओं में कितनी

सारी विलक्षण विचारशीलता रही है - इसके बारे में सिर्फ़ धुंधली समझ रखना एक महान और प्रभावी विरासत के साथ नाइंसाफ़ी है।

अपनी निशानियों के बारे में हिंदुओं को जानकार होने की ज़रूरत इसलिए भी है क्योंकि पश्चिम के कई प्रभावशाली भारत-विशेषज्ञ इस सभ्यता के अस्तित्व पर ही सवाल खड़े करते हैं। एक दिखावटी दलील यह है कि हिंदू धर्म और हिंदू सभ्यता में इतनी सारी विविधता और उसकी अभिव्यक्तियों में अंतर है, इसलिए इसके मूल में कुछ नहीं है। वे हिंदू जो अपने अतीत के बारे में जानने की थोड़ी सी तकलीफ़ अगर नहीं उठाएँगे तो वे अनचाहे ही उन अव्यावहारिक और कई बार शरारत से भरे नज़रियों को आगे बढ़ाने लगेंगे, जो अकादमिक पांडित्य के दिखावे में पेश किये गए हैं।

इस किताब में मैंने उन तर्कों से लड़ने की कोशिश की है, जो हिंदू सभ्यता के अस्तित्व पर ही सवाल खड़े करते हैं और साथ ही उस नीयत के साथ निपटने की भी, जिसके मुताबिक़ इतिहास के कथानक से निर्लज्जता के साथ हिंदू धर्म और उसकी सभ्यता से जुड़ी परिणतियों को बाहर रखना चाहिए। मैंने कुछ विस्तार से इस सभ्यता के दार्शनिक, सांस्कृतिक, सामाजिक, राजनीतिक, वैज्ञानिक और अन्य पहलुओं पर भी चर्चा की है, साथ ही इस्लामिक आक्रमण और ब्रिटिश राज पर भी। आख़िर में मैंने आगे के रास्ते पर चर्चा की है इस मायने में कि असली हिंदू नवजागरण की क्या अनिवार्यताएँ होनी चाहिए।

आज विश्वास के साथ हिंदुओं को अपने धर्म और विरासत को लेकर जागरूक होने की ज़रूरत है, क्योंकि कुछ लोगों की कोशिश है कि इस महान परंपरा के एक वही व्याख्याकार हैं। विकृतियों से सिर्फ़ ज्ञान से ही निपटा जा सकता है। जैसाकि आदि शंकराचार्य ने कहा था - सत्यम् ज्ञानम् अनंतम् ब्रह्म (ज्ञान सत्य है और ब्रह्म शाश्वत है)।

यह किताब कोविड लॉक डाउन के कारण लागू एकांतवास के दौरान लिखी गई है। सौभाग्य से इस डिजिटल युग में, सूचना तक हमेशा पहुँच बनी रही और उन लोगों से चर्चा की भी, जो मुझसे ज़्यादा जानकार हैं। सितंबर 2020 में मेरी पत्नी रेणुका वाइरस की चपेट में आई और मैं उनका ख़्याल रखने और फिर सौभाग्यवश निरोग होने की फलदाई प्रक्रिया में दो हफ़्ते नहीं लिख सका। पर इस बीच मैं महीनों बहुत गहराई के साथ इस क़ीमती विरासत की खोज, उसके पुनर्पाठ में डूबा रहा, जिसके उत्तराधिकारी हिंदू भी हैं और गैर-हिंदू भी। महामारी के प्रकोप के बावजूद यह बहुत ही संतोषदायक समय था।

मैं वेस्टलैंड में अपनी संपादक कार्तिका वी. के. के प्रति कृतज्ञता ज्ञापित करना चाहूंगा। अपनी समझ और दृष्टि के साथ वे हमेशा मेरे लिए संबल का स्रोत रहीं। अपने बहुत से दोस्तों और हिंदू धर्म और भारतीय इतिहास के जानकारों का मैं धन्यवाद देना

चाहूँगा, जो इस विषय पर चर्चा के लिए हमेशा उपलब्ध रहे और परामर्श दिये। अंत में मेरा परिवार मेरे लिए मज़बूती से खड़ा रहा। इस सबके बाद और हमेशा की तरह, मेरे पास रेणुका के प्रेम, स्नेह, सहयोग और साहित्यिक समर्थन की कृतज्ञता ज्ञापित करने के लिए कोई शब्द नहीं हैं।

1

हिंदू सभ्यता
मिथक या सच?

सभ्यताओं की शुरुआत अक्सर रहस्यों और अटकलों की परतों में दबी रहती है। सभ्यता के वर्तमान उत्तराधिकारी इस रहस्य से पर्दा उठाने, उसकी सचाई को प्रतिष्ठित करने के लिए वैज्ञानिक तरीक़ों का प्रयोग करना चाहते हैं। वे चाहते हैं कि ऐतिहासिक पूर्वाग्रहों को दूर किया जाए, औपनिवेशिक व्याख्याओं को दरकिनार किया जाए। तथ्यों को तौला जाए और पूरे ध्यान लगाकर लेकिन तटस्थ होकर इसकी खोजबीन की जाए। अतीत की आँख मूँदकर प्रशंसा और अपनी सभ्यता पर गर्व करने के बीच वे सही संतुलन बनाना चाहते हैं।

साक्ष्यों और तर्कों के आधार पर हमारी कोशिश यहाँ यह दिखाने की है कि बहुत समय पहले एक विराट हिंदू सभ्यता असल में अस्तित्व में थी। इस सभ्यता की शुरुआत तब हुई जब समय ने अपनी पलकें खोलीं और इसके अगले कई हज़ार सालों तक इसका निरंतर अस्तित्व बना रहा जिसके अकाट्य प्रमाणों की कोई कमी नहीं। 10वीं सदी के आसपास इस्लाम के आने तक इस पर किसी भी तरह के कोई बड़े विदेशी हमले नहीं हुए। अपने अस्तित्व के शुरुआती वर्षों के बाद यह सभ्यता जीवंत बनी रही और इसी दौरान इसने अपनी पहचान क़ायम की और इस दौरान कई ऐतिहासिक उथल-पुथल के बावजूद इसका प्रवाह कायम रहा। आज भी यह जीवित है ठीक वैसी तो नहीं जैसी अतीत में थी, पर हिंदुओं के जीवन में एक जीती-जागती पहचान के रूप में। इस कसौटी पर अगर दुनिया की दूसरी मौलिक सभ्यताओं से इसकी तुलना करें, तो हिंदू सभ्यता इस अर्थ में विशिष्ट है कि अपने चरम पर पहुँचने के बाद यह धूमिल नहीं हो गई और न ही संग्रहालयों का अवशेष बनकर, सिर्फ एक जीवाश्म के रूप में या यादों में दफ़न पाई गई।

मोटे तौर पर मेरा मानना है कि इस हिंदू सभ्यता को जितने मनोयोग से गढ़ा गया, उसका दुनिया में कोई सानी नहीं है। इस सभ्यता ने अपने अस्तित्व के बारे में जो भी लेखा-जोखा छोड़ा है, हम उसकी चर्चा बाद में करेंगे, वे विचारों की पूरी भव्यता के साथ हमारे सामने हैं। कोई भी क्षेत्र हो – अध्यात्म, दर्शन, कला, रचनात्मकता, राजनीति, समाज, और विज्ञान से लेकर अर्थशास्त्र तक, सभी में मन-मस्तिष्क के इस अथक निवेश ने इसे जीवंत बनाए रखा है। इसमें कुछ भी अनायास या यूँ ही नहीं हो गया। ज्ञान और दर्शन के जिस विशाल भंडार को इसने जन्म दिया उन सब में समग्र रूप से आपसी संबंध

थे। इस समग्र दृष्टि ने इसके जटिल बौद्धिक निर्मिति के सभी पक्षों को सिंचित किया था। इस सभ्यता ने निरंतर जिज्ञासु स्वभाव, धर्मान्ध रवैये से जान-बूझ कर दूरी, बेरोक-टोक सवाल करने, असहमत होने और अन्वेषण की पूरी अनुमति तो दी ही, साथ ही एकात्म दृष्टि के अंतर्गत विविधता को अभिव्यक्ति की पूरी स्वतंत्रता, धर्मनिरपेक्ष और आध्यात्मिक मामलों के बीच सामंजस्यपूर्ण जुड़ाव, पवित्र-अपवित्र जैसी मिथ्या धारणा और खुद को दुबारा गढ़ लेने की विशिष्ट और आश्चर्यजनक योग्यता के बल पर अपनी नई वैचारिक ज़मीन भी तैयार की। तीन बातें इस सभ्यता को परिभाषित करती हैं : पहला, परिकल्पना का विस्तार; दूसरा, इस परिकल्पना की व्यापक रूप से अलग-अलग तरीक़ों से अभिव्यक्ति; और अंत में, हज़ारों वर्षों से इस परिकल्पना और इसकी अभिव्यक्ति दोनों का समाज के हर स्तर तक पहुँचना। इसलिए इस सभ्यता को आवश्यक रूप से अदम्य वैचारिकता के विजय के रूप में देखा जाना चाहिए। दरअसल अनुभूति की आत्म-चेतना से इसका उद्भव जुड़ा हुआ है, जिसे भौतिक रूप से नष्ट नहीं किया जा सकता था। यही वजह है कि यह सनातन और शाश्वत बन गया, और है।

इसके साथ ही यह नहीं कहा जा सकता कि यह सभ्यता बेदाग़ थी। किसी भी जटिल संरचना की तरह इसमें उत्पीड़न, सामाजिक भेदभाव, आर्थिक अनौचित्य और संस्थागत रूप में लैंगिक असमानता जैसी खासी गंभीर ख़ामियाँ थीं। इस सभ्यता की विशिष्ट उपलब्धियों का मूल्यांकन करते हुए इन ख़ामियों को ध्यान में रखना जरूरी है। पर किसी के बारे में फ़ैसला उसकी बुराइयों के आधार पर ही नहीं किया जा सकता। दुनिया में कहीं भी कोई भी सभ्यता पूर्णता की प्रतिमान नहीं रही है। ये सभी अलग-अलग स्तर के शोषण, उत्पीड़न और भेदभाव से ग्रस्त रही हैं। यहाँ जरूरी है कि इसके इतिहास को वस्तुनिष्ठता के साथ देखा जाए जो वैचारिक पूर्वाग्रहों से अप्रभावित हो ताकि इतिहासकार की आँख सिर्फ नकारात्मक बातों पर ही नहीं टिकी रहे।

इस पुस्तक का प्रसंग यह है कि समय के साथ नकारात्मक बातों को ग्रहण करने के बावजूद दिमाग़ी मज़बूती और इस वजह से इसके रचनात्मक योगदानों की दृष्टि से हिंदू सभ्यता का दुनिया में कोई सानी नहीं है। तो अब मुख्य प्रश्न है कि हिंदुओं ने खुद ही अपने अतीत की इस श्रेष्ठता को ढूँढ़ने का पर्याप्त प्रयास क्यों नहीं किया? यह एक अहम सवाल है क्योंकि दुनिया की कोई अन्य महान सभ्यता, भले ही अब वो जीवित नहीं बची हो, इस दर्जे की उदासीनता, विस्मरण और उपेक्षा से ग्रस्त नहीं रही है। यह पुस्तक इस प्रश्न का जवाब ढूँढ़ने की कोशिश भी करेगी।

हार्वर्ड विश्वविद्यालय में शिक्षित गुरचरन दास ने पूर्णकालिक लेखक बनने के लिए प्रॉक्टर एंड गैम्बल के सीईओ का पद छोड़ दिया। जब उन्होंने हिंदू महाकाव्यों और दर्शन पर शोध करने का निर्णय किया तो दिल्ली के अभिजात समाज की डिनर पार्टी में इस पर

होने वाली प्रतिक्रिया को लेकर वे एक दिलचस्प वाक़या बयान करते हैं। उनकी बातचीत एक ऐसे अकड़ वाले साहब से हो रही थी जो 'स्व-घोषित वामपंथी और धर्मनिरपेक्ष' थे और किसी जमाने में उनकी गिनती पूर्व प्रधानमंत्री इंदिरा गांधी के पसंदीदा व्यक्तियों में की जाती थी। बदमिज़ाजी के अलावा उनका दबदबे वाला लहजा अंग्रेज़ साहबों जैसा था जोकि पुरानी सोच वाले नौकरशाहों में बहुत ही आम थी। उन्होंने (गुरचरन ने) थोड़ा हिचकते हुए कहा, 'मैं *महाभारत, मनुस्मृति, कठोपनिषद* और कुछ अन्य ग्रंथों को पढ़ने की योजना बना रहा हूँ और...।' इतना कहते ही वह साहब उछल पड़े, "ईश्वर भला करे, कहीं तुम भगवाधारी तो नहीं हो गए हो?"[1]

यह समझ कि अपने हिंदू अतीत में किसी भी तरह की दिलचस्पी का मतलब सांप्रदायिक होना है, हमारे देश के जड़ से उखड़े हुए अंग्रेज़ीदाँ अभिजातों और कुछ विशेष तरह के विचारधारा में रंगे लोगों को हास्यास्पद बनाता है। उनका यह मानना है कि हज़ारों वर्ष पुराना हमारा इतिहास और प्राचीन भारत की अप्रतिम उपलब्धि, जिससे इंकार नहीं किया जा सकता, उसको ज़मीन के नीचे गड़ा रहने दिया जाए, उसका कोई अन्वेषण नहीं हो। उसे उसी स्थिति में छोड़कर हमें भूल जाना चाहिए क्योंकि उनमें किसी तरह की दिलचस्पी दिखाना, या इससे भी ख़तरनाक बात, उनकी प्रशंसा करना, आपको खुद-ब-खुद "हिंदू" कट्टरपंथी बना देता है। अफ़सोस की बात है कि इस तरह के अविवेकी "धर्मनिरपेक्ष" लोग हमारे प्राचीन इतिहास के बारे में कुछ भी नहीं जानते हैं। वे शेक्सपियर को तो उद्धृत कर सकते हैं पर उन्होंने कालिदास या तिरुवल्लुवर को कभी नहीं पढ़ा है; हमारे महाकाव्यों महाभारत और रामायण के बारे में उनका ज्ञान कॉमिक बुक्स पर आधारित है और इसकी कहानी मूलतः क्या है इसके बारे में उन्हें बस अल्प जानकारी ही होती है। उन्हें इस बात की कोई जानकारी नहीं है कि आदि शंकराचार्य कब पैदा हुए, उन्होंने क्या लिखा, हिंदू दर्शन के छह स्वरूप क्या है या हिंदुत्ववाद के तीन मौलिक ग्रंथ कौन से हैं, इस बारे में उन्हें कतई जानकारी नहीं है कि उस काल के सौंदर्यशास्त्र के विशिष्ट सिद्धांत क्या हैं, इस तरह के धर्म की परिकल्पना करने वालों ने किस तरह की प्रज्ञा का प्रयोग किया इसके बारे में भी कुछ अता-पता नहीं है, वे चार तरह के पुरुषार्थों की परिकल्पना के बारे में नहीं जानते कि वे कौन से हैं, और न ही वे यह जानते हैं कि उस समय की अद्वितीय वैज्ञानिक उपलब्धियाँ क्या थीं?

हमारे देश के अभिजात अपनी ही संस्कृति और सभ्यता के ख़िलाफ़ कैसे खड़े हो गए? यह एक दिलचस्प और विचारणीय प्रश्न है और इसका जवाब हालिया राजनीतिक इतिहास, उत्तर-औपनिवेशिक मानसिक ग़ुलामी और जानबूझकर पोषित और लंबे समय चली संस्थागत उदासीनता में छिपा है। हम एक-एक कर इनकी चर्चा करेंगे। अभी यह कहना पर्याप्त है कि दुनिया में ऐसे कुछ ही देश होंगे जिनका अतीत इतना समृद्ध रहा

है, लेकिन राय क़ायम करने वाले अभिजात जो 'आधुनिकता' की पश्चिमी अवधारणा के खोल में दुबके हुए हैं, इन सब बातों से अनभिज्ञ हैं और उन्हें इसकी चिंता नहीं है। विडंबना यह है कि पश्चिम और अन्य विकसित देशों के लोग, जोकि इस वांछित आधुनिकता के आदर्श हैं, वे अपने अतीत को जानने-समझने में बड़े उत्साह से लगे हुए हैं, जबकि भारतीय, जिनके लिए ऐसा करना सही मायने में जरूरी है क्योंकि उन्हें उनकी इच्छा के विरुद्ध इससे अलग कर दिया गया था, इसके प्रति अपनी बेरुख़ी को अपना सदगुण समझ बैठे हैं।

भारत की हिंदू सभ्यता को लेकर इनके भीतर पैठी हिक़ारत इस दावे से पैदा हुई है कि ऐसा करना देश के धर्मनिरपेक्ष ताने-बाने को बचाने के लिए जरूरी है। नोबेल पुरस्कार विजेता अमर्त्य सेन इस विचारधारा के प्रबल समर्थक हैं। अपनी पुस्तक 'द आर्ग्युमेंटेटिव इंडियन' में उन्होंने लिखा है कि जो लोग हिंदू सभ्यता की बात करते हैं 'वे सभ्यता के संकीर्ण हिंदू विचार के प्रवर्तक हैं'।[2] यह स्वीकार करते हुए कि 'इन प्राचीन पुस्तकों और आख्यानों का भारतीय साहित्य और विचार' पर बहुत ही व्यापक प्रभाव पड़ा,'—जोकि हज़ारों सालों की सभ्यतागत उपलब्धियों पर चर्चा का एक बेहद सतही तरीक़ा है, जिसके बाद भी वे प्राचीन भारत की तरफ़ बहुत सारी शंका के साथ देखते हैं। वे कैसे सोचते हैं, इसका सुराग गफ़लत में दिये गए इस बयान से ज़ाहिर हो जाता है। उनके लिए प्राचीन भारत की तरफ़ फिर से जाना, एक दाग़दार कार्रवाई है, भयानक संदेहास्पद मामला है। ये निष्कर्ष पहले से ही निकाले जा चुके हैं, जिसकी वजह इस विषय के महत्व और ज़रूरत से बाहर के हैं। सेन जैसी बौद्धिक क्षमता वाले व्यक्ति के लिए प्राचीन भारत की 'चर्चा करने की इच्छा रखनेवाले' व्यक्ति को जबरन हिंदू कट्टरपंथी करार देना, विनम्रता से कहूँ तो काफ़ी परेशान करनेवाला है। इसका मतलब यह है कि जो भी ऐसा करना चाहेगा, वह संकरे हिंदू नज़रिये को आगे बढ़ाने के निहित स्वार्थ से कर रहा है। सेन की राय 'एकीकरण की वकालत करनेवाले उन लोगों से अलग नहीं है, जो भारत के लंबे और विविध इतिहास में से दूसरे पक्षों को छोड़कर हिंदू शास्त्रों के भेद-विभेद पक्षों पर सवाल खड़े करते हैं। इसमें कुछ ग़लत नहीं है। उनकी यह दलील भी सही है इस तरह के विभाजनकारी चुनाव की आज के भारत की धर्मनिरपेक्ष और बहुधर्मी समाज में विपरीत परिणाम वाली भूमिका हो सकती है।'[3]

इतिहासकार रोमिला थापर भी सेन के इस हिंदू विरोधी भाव से सहमत दिखती हैं। उनके अनुसार, 'सांप्रदायिक इतिहास लेखन' एक ऐसा लेखन है 'जिसमें एक विशेष समुदाय के इतिहास को बढ़ा-चढ़ाकर लिखा गया है, जिसकी पहचान एक ऐसे अखंड धर्म की तरह की जाती है जो बाक़ी सब से बेहतर है और जो दूसरों को बाहरी बताता चलता है।'[4] किसी 'विशेष समुदाय का अध्ययन' भला सांप्रदायिक कैसे हो सकता

है, अगर इसने इतिहास में निर्णायक भूमिका अदा की है? अगर किसी धर्म ने किसी ऐतिहासिक अवधि के बारे में विश्व जनमत को प्रभावित करने में प्रभावी भूमिका अदा की है तो इसका अध्ययन करना सांप्रदायिक कैसे हो सकता है? हाँ, थापर को अपनी निजी राय रखने का अधिकार है कि धर्म को ऐतिहासिक पड़ताल का हिस्सा नहीं होना चाहिए। उनके लिए, किसी ऐतिहासिक अवधि की पहचान धर्म के आधार पर करना, भले ही ऐसा करते हुए दूसरी बातों को परे नहीं रखा गया है, 'भावना' और 'धर्म' की शरण में जाने जैसा है और यह ऐतिहासिक विमर्श के बौद्धिक आधार को ख़तरे में डाल सकता है।[5] क्या धर्म, उसका विकास और इसकी बातों की इतिहास को गढ़ने में कोई भूमिका नहीं है, विशेषकर जब प्राचीन भारत में समाज, संस्कृति और उसकी राजनीति के साथ वे आपस में गुथे हुए रहे हैं? उनका यह मानना कि हिंदू धर्म का अध्ययन कर प्राचीन भारत के सच को जानने का दरअसल मतलब है 'अन्य के अध्ययन को परे रखना'। हालाँकि, एक सच्ची बौद्धिक पड़ताल में इस तरह की बात नहीं होती है। मुझे संदेह है कि सेन की तरह ही उनकी भी मुख्य समस्या हिंदू धर्म के अध्ययन पर ध्यान केंद्रित करने से परहेज़ करना है, जबकि भारतीय इतिहास के आख्यान में इस्लाम और ईसाई धर्म के प्रभावी तत्वों पर चर्चा करने से उन्हें कोई समस्या नहीं है।

एक जायज़-सा सवाल उठता है कि हमारे इतिहास के निर्माण के दौर में भारत की वास्तविक उपलब्धियों की, जोकि प्रभावी तौर पर हिंदू सभ्यता की बातें हैं, प्रशंसा क्या दूसरे धर्मों के प्रति घृणा, या राजनीति-प्रेरित 'ज़रूरत से ज़्यादा कीर्तिगान' में तब्दील हो जाती है? जो लोग इस तरह की दलील को आगे बढ़ाते हैं क्या वे इस बात से तनिक भी परिचित हैं कि विभिन्न स्रोतों से आनेवाले विचारों को स्वीकार करना और धार्मिक सहिष्णुता उस काल के हमारे इतिहास की विशिष्ट विशेषता थी? अति-उत्साही हिंदू मत-प्रचारकों का एक बहुत ही छोटा समूह अवश्य ही हिंदू भारत की बात करने के लिए हिंदू सभ्यता का जयकारा लगाता है। लेकिन अगर कोई इस बात का पता लगाने का कष्ट करे तो हिंदू धर्म के तत्व खुद ही धार्मिक बहिष्कार की इस तरह की माँग को नकारने के लिए अच्छे प्रतिवाद हैं। फिर, सात से ज़्यादा दशकों से चली आ रही जिस लोकतांत्रिक व्यवस्था में सभी धर्मों के आदर की गारंटी दी गई है, यह मुख्यधारा के हिंदू की राय नहीं होकर पागल, धुर-दक्षिणपंथी सीमांत समूहों की करतूत मानी जाएगी। हक़ीक़त में, ये तथाकथित 'एकीकरणवादी' इतिहास के हिंदूकाल के बारे में बोलने का साहस करनेवालों को बदनाम करने का अभियान चलाते हैं और बहिष्कार का समर्थन करनेवाले ये ऐसे लोग हैं जो हमारे इतिहास के लंबे समय और उसकी पहचान बनने के काल के ऐतिहासिक मूल्यांकन और उसकी वैध व्याख्या को लोगों की स्मृति से ग़ायब कर देना चाहते हैं। उनके लिए निष्पक्ष इतिहास एक ऐसा त्याज्य औज़ार है, जिसकी

'धर्मनिरपेक्ष' भारत जैसी सुविधाजनक काल्पनिक फंतासी की वेदी पर बलि चढ़ाई जा सकती है। ये लोग मुट्ठी भर हिंदू शरारती तत्वों की ज़ाहिर तौर पर बेबात की बदमाशियों से इतना ज़्यादा घबराए हुए हैं कि वे प्राचीन भारत के सही अध्ययन की भी निंदा करेंगे, क्योंकि उनके अनुसार, हिंदू धर्म को इससे अलग नहीं किया जा सकता है।

सचाई यह है कि एक ख़ास 'व्यवस्था' का हिंदू सभ्यता के अध्ययन और उसके पुनर्पाठ का विरोध जानबूझकर या वैसे ही, अंतर्निहित पूर्वाग्रह पर आधारित है। इस व्यवस्था को हाल तक राजनीतिक संरक्षण और नामचीन इतिहासकारों का समर्थन हासिल था। हमें गुण-दोष के आधार पर इस बात की पड़ताल करनी है कि इस व्यवस्था की क्या दलील है।

पहली दलील उस परिधि के तहत है जिसके बारे में जवाहरलाल नेहरू ने 'विगत का मृत अवशेष कहकर' ख़ारिज कर दिया था। उस समय और आज भी ऐसे लोग जो 'आधुनिकता' के आशीर्वाद के लिए अधीर हैं, इसका प्रयोग करते थे और करते हैं, जिसे आवश्यक रूप से विगत से विच्छेद के रूप में परिभाषित किया जाता है। उनका यह दृढ़ विश्वास है कि अपनी प्राचीन विरासत की बेड़ियों से आज़ाद होकर ही भारत सच्चे अर्थों में 'आधुनिक' सोच और दृष्टि विकसित करने के लिए 'वैज्ञानिक मनोवृति' और 'तार्किकता' को अंगीकार कर सकता है। आज़ादी मिलने से पहले और इस मुक़ाम पर 1947 में पहुँचने तक बुद्धिजीवियों के एक प्रभावशाली वर्ग पर इस तरह की सोच हावी थी और इसके बाद भी हावी रही। लंबे समय तक औपनिवेशिक दासता के अधीन रहने, अपनी जड़ से कट जाने और इस मिथक को आत्मसात कर लेने की बात ने इस दृष्टिकोण को बढ़ावा दिया कि आधुनिकता और वैज्ञानिक प्रगति सिर्फ उन्हीं को नसीब होगी जो खुद को इतिहास के इस बोझ से आज़ाद कर लेते हैं।

प्राचीन भारत को काफ़ी हद तक प्रगतिविरोधी, आदिम अंधविश्वासों से भरा, शोषणकारी पूर्वाग्रह, निरर्थक क्रिया-कर्मों और अतार्किक अटकलबाज़ियों के देश के रूप में देखा गया है। अपनी वैज्ञानिक ताक़त और तकनीकी उपलब्धियों के कारण भारत का भविष्य ब्रिटेन – और आमतौर पर पश्चिम – की नक़ल करने में देखा गया। नेहरू ने दो टूक कहा: 'भारत की पुरातन संस्कृति अपना समय पूरा कर चुकी है। वह चुपचाप और हताशा के साथ नए और सर्वशक्तिशाली प्रतिद्वंद्वी पूँजीवादी पश्चिम की सभ्यता के ख़िलाफ़ संघर्ष कर रही है। उसे पराजित कर दिया जाएगा, क्योंकि पश्चिम के पास है विज्ञान – और पश्चिम समाजवाद के सिद्धांत के रूप में इस प्रतिकारक को ला रहा है।'[6] इसके बाद भी नेहरू कहते हैं, 'भारत जिन सिद्धांतों पर चलेगा वह अवश्य ही

उसकी मिट्टी में गड़ी उसकी जड़ों से जुड़ा होना चाहिए।'[7] लेकिन जिन दूसरे लोगों में उनकी बात प्रतिध्वनित हुई वे सबके सब निराशाजनक रूप से अपनी जड़ों से उखड़े, सांस्कृतिक दृष्टि से दिशाहीन, अपनी मातृभाषा से ज़्यादा अंग्रेज़ी में पटु और भारत की सभ्यतागत उपलब्धियों से काफ़ी हद तक अनजान थे। यह स्वार्थ का मामला भी था। उनका सांस्कृतिक परिवेश, जैसाकि मेकौले ने भविष्यवाणी की थी - देश छोड़कर जा रहे ब्रिटिशों के ज़्यादा अनुरूप था। उनकी व्यक्तिगत भलाई उसी अंग्रेज़ीदाँ लोकाचार की श्रीवृद्धि में थी जिसने उन्हें सामाजिक प्रभुत्व की गारंटी दी थी। इसीलिए, नए ज्ञान, जैसे अपने अतीत पर तटस्थ भाव से ग़ौर करने जैसी बातों को बढ़ावा देने में उनकी ज़्यादा भलाई नहीं थी, क्योंकि इससे उनका प्रभुत्व ख़तरे में पड़ जाता।

किसी को इस बात में संदेह नहीं होना चाहिए कि हिंदू सभ्यता में किसी तरह का अंधविश्वास और पूर्वाग्रह और काफ़ी बड़ी संख्या में निरर्थक क्रिया-कर्मों का कोई स्थान नहीं था, जिसको अभिजात ब्राह्मण वर्ग बहुप्रचारित करता था। लेकिन यह बहस करना हास्यास्पद – और निहायत ही ग़लत है कि भारत के प्राचीन अतीत का मतलब सिर्फ कर्मकांड और अंधविश्वास था। प्राचीन और जटिल सभ्यताएँ - या तो यह या फिर कुछ और नहीं के अर्थ में एकआयामी नहीं हुआ करतीं। 'सिर्फ कुछ मुट्ठी भर भारतीय बौद्धिकों को छोड़कर' ...अतीत के बारे में उनकी सोच पर बौद्धिक और भावनात्मक जड़ता हावी है न कि समालोचनात्मक चयनात्मकता।[8] जानकारी के अभाव से ग्रस्त इस बाइनरी में, परंपरा और आधुनिकता के बीच संबंध को अनंतकाल तक के लिए विरोधाभासी तनाव में पड़े रहने दिया जाता है; इस संबंध को द्वंद्वात्मक, रचनात्मक, जोश बढ़ानेवाला मानने के लिए उत्साहित नहीं किया जाता।[9] प्राचीन भारत को जिस तरह से दिखाया जाता है वह स्वार्थियों के पूरे ईकोसिस्टम को अपने अंदर समेट लेता है। अज्ञानता इस तिरस्कारपूर्ण बर्ख़ास्तगी का उतना ही बड़ा आधार है जितना कि पारदर्शी निजी हित।

दूसरी दलील यह है कि वास्तव में 'हिंदू' जैसा कोई शब्द ही नहीं है। हिंदू सभ्यता जैसी कोई बात कैसे हो सकती है अगर इस सभ्यता को बनानेवालों के पास खुद को हिंदू बताने के लिए कोई शब्द ही नहीं है? इस तरह की दलील प्रथम दृष्टया आसान लगती है। अगर कोई व्यक्ति जिसके पास ऐसी दार्शनिक दृष्टि, धार्मिक रीति-रिवाज, सामाजिक नियम-क़ायदे, नातेदारी के नियम, रचनात्मक अभिव्यक्ति, राजनीतिक चिंतन, नस्लीय अतिव्यापन और भौगोलिक स्थान हो जिसको साबित किया जा सकता है और जो अपनी एकीकृत पहचान के बारे में जानते हों और इस आधार पर वे खुद को दूसरों से अलग कर सकते हैं, तो क्या कोई नाम उनके अस्तित्व के तथ्यों को बदल सकता है? दुनिया की अधिकांश प्राचीन सभ्यताएँ जिनकी इस रूप में पहचान की गई है और जिनके बारे में बताने के लिए उन पर कोई लेबल चस्पा कर दिया गया है, ये सभ्यताएँ भी

अपने उत्थान के समय अपने मन में इस बात को लेकर सावधान या चिंतित नहीं थीं कि आनेवाली पीढ़ी उन्हें किस नाम से याद करेगी।

ऐतिहासिक साक्ष्य स्पष्ट रूप से यह दर्शाते हैं कि बाहर के लोगों ने एक सभ्यता की पहचान की है जिसे 'हिंदू' कहा जाता है। डॉक्टर उपिन्दर सिंह ने अपनी महत्वपूर्ण पुस्तक *ए हिस्ट्री ऑफ़ एंसिएंट इंडिया एंड मेडीवल इंडिया: फ्रॉम द स्टोन एज टू द 12थ सेंचुरी* में इस बात की पुष्टि की है। यह याद रखनेवाली बात है कि डॉक्टर सिंह कोई मुखर दक्षिणपंथी भड़काऊ नेता नहीं हैं। वह एक बेहद स्वच्छ छविवाली पेशेवर इतिहासकार हैं और भारत के पूर्व प्रधानमंत्री डॉक्टर मनमोहन सिंह की पुत्री हैं जोकि कांग्रेस पार्टी के हैं। उन्होंने लिखा है कि शब्द 'इंडिया','हिंदू' और 'हिंदुस्तान' इंडस (सिंधु नदी, जिसका उद्गम स्थल तिब्बत का पठार है, जो 3,200 किलोमीटर दक्षिण-पश्चिम की ओर उर्वर मैदानी इलाक़े से गुजरते हुए, अरब की खाड़ी में मिल जाती है) से निकले हैं। प्राचीन चीनी स्रोतों में 'शेन-तु' भूमि की चर्चा है, यूनानी ग्रंथों में 'इंडिया' और फ़ारसी अभिलेखों में 'हिंदू' को एकेमेनिड राजा डारीयस की एक प्रजा का देश बताया गया है। इन सब का तात्पर्य शुरू में सिर्फ सिंधु घाटी के निचले इलाक़े से था, पर इनके संकेतार्थ बहुत शीघ्रता से बदल गए। चौथी शताब्दी ईसा पूर्व में चंद्रगुप्त मौर्य के दरबार में आनेवाले मेगास्थनीज के लिए 'हिंदू' से तात्पर्य था संपूर्ण उपमहाद्वीप। दक्षिण एशिया के प्राचीन इतिहास पर गौर करते हुए यह जरूरी है कि आधुनिक राजनीतिक सीमाओं को नज़रंदाज़ किया जाए, ताकि भारतीय उपमहाद्वीप और इसके कई क्षेत्रों और उपक्षेत्रों को एक एकल कैनवस के रूप में देखा जाए।[10]

भारतीय विषयों की अमेरिकी विशेषज्ञ वेंडी डोनिगर – हिंदुत्व और हिंदू सभ्यता के बारे में उनकी धारणाओं को हम एकाधिक बार यहाँ आलोचनात्मक विच्छेदन करेंगे – पहले तो इस बात से इंकार करती हैं कि किसी तरह का कोई हिंदू अभिधान है, और बाद में इसके अस्तित्व की पुष्टि करती हैं। लगभग स्वीकार करते हुए वह पूछती हैं: 'अगर हम इस बात पर सहमत हो सकते हैं कि यहाँ नाम लेने लायक़ कुछ है, तो हम उसे क्या कहकर पुकारेंगे? इसको हिंदुत्व नाम देने या संबंधित लोगों को हिंदू बुलाने के ख़िलाफ़ मुख्य आपत्ति यह है कि ये नाम ऐसे नहीं थे जिसे हिंदुओं ने अपने लिए या अपने धर्म के लिए हमेशा ही प्रयोग किया और यह कि ये भौगोलिक नाम हैं।[11] लेकिन वह भी ऐतिहासिक साक्ष्यों को नज़रअंदाज़ नहीं कर सकतीं। अगर हिंदू 'देशी शब्द' नहीं है, जैसाकि वह कहती हैं, तो भी यह एक ऐसे शब्द से आता है जिसका प्रयोग एक 'नदी' (सिंधु) के लिए हुआ है जिसे हेरोडोटस (पाँचवीं सदी ईसा पूर्व) ने, ईरानी (चौथी सदी ईसा पूर्व) और अरबी (आठवीं सदी के बाद) लोग उन सभी लोगों के लिए करते थे, जो इस महादेश के उत्तर-पश्चिम की इस बड़ी नदी के पार रहते थे।[12] उनका निष्कर्ष है 'एक

संस्कृति का दूसरी संस्कृति से एक शब्द लेकर उसे किसी परिकल्पना को नामित करने के लिए प्रयोग करना कोई असामान्य बात नहीं है, जिसके लिए मूल संस्कृति के पास परिकल्पना तो थी पर उसके पास इसको नाम देने के लिए कोई शब्द नहीं था।[13] इस शब्द की उत्पत्ति भले ही कहीं हुआ हो, हिंदुओं ने इसी से अपनी पहचान क़ायम की।

लेकिन यदि 'हिंदू' शब्द का अस्तित्व था भी, तो क्या ऐसी कोई बात थी जिसे हिंदू सभ्यता कहा जा सके? सुनील खिलनानी ने अपनी चर्चित पुस्तक द *आइडिया ऑफ़ इंडिया* में ब्रिटिश लेखक जॉन स्ट्रैत्ची को प्रभावशाली औपनिवेशिक विचार के उदाहरण के रूप में उद्धृत किया है। 'भारत जैसा कुछ न तो है और न ही कभी कुछ था, न ही कभी भारत नामक कोई देश था, जिसमें यूरोपीय विचारों के अनुरूप कोई, भौतिक, राजनीतिक, सामाजिक या धार्मिक एकता थी; कोई देश नहीं, कोई "भारत के लोग" जैसा कुछ नहीं था जिसके बारे में हमें इतना कुछ सुनने को मिलता है।' खिलनानी ने इस तरह की बर्खास्तगी को सही करार देते हुए उसे 'औपनिवेशिक विचारों द्वारा थोपा गया अपमान' कहा है।[14] पर यह अजीब बात है कि वह भी इस मत का समर्थन करने के काफ़ी क़रीब आ जाते हैं। 'कुल मिलाकर, उन्नीसवीं सदी से पहले इस उप महाद्वीप के किसी भी निवासी ने अपना परिचय एक भारतीय के रूप में नहीं दिया होगा। आमतौर पर जटिल समझी जानेवाली और व्यापक शब्दकोश का अस्तित्व था, जो लोगों को उनकी वंशावली, स्थान और संप्रदाय के आधार पर वर्गीकृत करता था; लेकिन "इंडियन" इन शब्दों में नहीं रहा होगा।'[15] रोमिला थापर "संप्रदाय आधारित" विचार का समर्थन करती हैं और किसी सभ्यतागत पहचान से इंकार करती हैं। वह लिखती हैं, 'पूर्व-औपनिवेशिक भारत में पहचान जाति, पेशा, भाषा, संप्रदाय, क्षेत्र और स्थान जैसे विभिन्न कारकों पर निर्भर था।'[16]

अपनी पुस्तक *इज इंडियन सिविलाइज़ेशन अ मिथ?* में इतिहासकार संजय सुब्रमण्यम भारत के बारे में दो परिकल्पनाओं की पड़ताल करते हैं। पहली, जिसमें, कुछ ऐसे कारणों से जिसका वर्णन नहीं हो सकता, उसे 'संरचनात्मकवादी' दृष्टिकोण कहते हैं, जिसका मानना है कि हम जानते हैं भारत की उत्पत्ति बहुत पहले नहीं हुई, शायद ब्रिटिश ने, या शायद भारतीय और ब्रिटिश दोनों ने एक साथ मिलकर औपनिवेशिक शासन के दौरान इसको तलाशा।[17] दूसरा विचार है कि 'भारत के बारे में काफ़ी समय से कुछ बहुत ही स्थायी और निरंकुश धारणाएँ प्रचलन में रही हैं, निश्चित रूप से शायद उस समय से जब एक प्राचीन भारतीय सभ्यता गंगा के मैदानी इलाक़े में (इंडो-गैंजेटिक प्लेन) अपनी जड़ पसार रही थी।[18] उनका घृणास्पद निष्कर्ष यह है कि 'हमें भारत को एक सभ्यता की तरह

नहीं, बल्कि एक चौराहे की तरह देखने की ज़रूरत है, एक ऐसा स्थान जो बाहरी प्रभावों के लिए खुला था।'[19] मध्यकालीन भारत के पहले जो भी था वह मात्र एक 'बौद्धिक निर्मिति और इच्छित कल्पना' थी, और इस तरह 'प्राचीन भारत हमारे लिए उसी तरह वास्तविक नहीं है जिस तरह मध्यकालीन भारत, और वह उस स्थिति में कभी भी नहीं आ सकता है।'[20] इस स्थिति में प्राचीन भारतीय सभ्यता महज़ एक संकर, एक चौराहा और कुछ अप्रत्याशित मुलाक़ातों और अनपेक्षित परिणामों का मिश्रण है, और जो भी इसका विरोध करता है वह 'विदेशी संस्कृति के विरोध और सांस्कृतिक पागलपन के रास्ते पर जाता' माना जाता है।[21]

अंततः हम 'विदेशी संस्कृति' के विरोध के उस हौवे को ही जगा रहे हैं जोकि हिंदू कट्टरवाद का छोटा रूप है। यह स्वीकार करना कि ऐसी कोई विशिष्ट सभ्यता हो सकती है, जिसमें हिंदुत्व का प्राधान्य रहा होगा, 'सांस्कृतिक पागलपन' की ताक़तों को बेलगाम कर देने जैसा है। ऐतिहासिक निष्पक्षता को नज़रंदाज़ कर अपने आप इस तरह का घालमेल क्यों कर दिया जाता है? विरोध करनेवालों का यह दृष्टिकोण किसी प्राचीन भारतीय सभ्यता की संभावना की पड़ताल करने के लिए नहीं होता, बल्कि तत्काल यह निष्कर्ष निकालने के लिए होता है कि इस तरह की संभावना के बारे में कोई यत्न करना भी हिंदू कट्टरपंथ का षड्यंत्र है। इस पुस्तक के लिखे जाने तक संजय सुब्रमण्यम लॉस एंजलिस स्थित यूनिवर्सिटी ऑफ़ कैलिफ़ोर्निया में इतिहास के विशिष्ट प्राध्यापक थे। हमें बताया गया है कि इससे पहले उन्होंने पेरिस और ऑक्सफ़ोर्ड में भी पढ़ाया है। उनके जैसे नामचीन इतिहासकार का उपलब्ध लिखित, ऐतिहासिक और पुरातात्विक साक्ष्यों को नज़रंदाज़ करना चकित करनेवाला है और सरसरी तौर पर वह निष्कर्ष निकालते हुए कहते हैं कि एक प्राचीन भारतीय सभ्यता की संपूर्ण परिकल्पना महज़ एक 'संकर', और 'अप्रत्याशित मुलाक़ातों से प्राप्त हुए कुछ तत्वों का मिश्रण' भर है।

सचमुच, इतिहास में निश्चित रूप से 'अनपेक्षित आमना-सामना' हो सकता है। यह कई तरह के 'तत्वों का मिश्रण' भी हो सकता है। प्रश्न है कि इन 'अनपेक्षित मुलाक़ातों' और 'तत्वों के मिश्रण' ने एक सभ्यता का निर्माण किया, जिसकी कुछ ऐसी विशेषताएँ थीं जिससे उसकी पहचान की जा सकती है और – वैविध्य के बावजूद – इसमें बुनियादी एकता के गुण थे। हमारे प्राचीन अतीत को महज़ 'बौद्धिक निर्मितियों और कल्पित इच्छाओं' के रूप में तिरस्कारपूर्ण भाव से ख़ारिज कर देना, जिसके बारे में मैं आगे बताऊँगा, बौद्धिक काहिलपन के अलावा और कुछ नहीं है और यह इस फ़ैशनपरस्ती से प्रभावित है कि इस तरह के अज्ञानतापूर्ण इंकार से आप एक प्रतिबद्ध उदारचेता के रूप में प्रतिष्ठित हो जाते हैं। इस विचार को पश्चिम के अकादमिक प्रतिष्ठानों के कई लोगों का प्रशंसनीय समर्थन शामिल है। किन्हीं पश्चिमी (और भारतीय) अकादमिकों से कहीं

ज़्यादा शर्मनाक तरीक़े से इस पूर्वाग्रह को प्रश्रय देना डॉक्टर सुब्रमण्यम जैसे लोगों के लिए खुद को उस जमात में अपनी निजी स्वीकार्यता को स्थापित करने का एक ज़रिया है। अनैतिहासिक सामान्यीकरण की स्थिति में सुब्रमण्यम के इस मत को श्रेय मिलना चाहिए कि अतीत की किसी सभ्यता के बारे में बात करना 'वैसा ही है जैसा एक बंद भारत की परिकल्पना' की चर्चा। ऐतिहासिक साक्ष्यों को लेकर वर्तमान पूर्वाग्रह के बारे में राय बनाने का यह एक उत्कृष्ट उदाहरण है, क्योंकि प्राचीन भारत का सबसे विकट आलोचक भी यह स्वीकार करेगा कि बौद्धिक स्तर पर यह एक विशिष्ट सारग्राही सभ्यता थी और कुछ भी हो यह एक 'बंद' सभ्यता तो कतई नहीं थी। फिर, ऐतिहासिक याददाश्त को सिर्फ मध्यक़ालीन भारत तक ही सीमित क्यों रखा जाए, जैसाकि सुब्रमण्यम चाहते हैं? उनका अकादमिक पूर्वाग्रह इस तरह के मनमाने चुनाव को जीवित रखने का काम कर सकता है, लेकिन इस तरह के ठोस सुबूत हैं जो निर्विवाद रूप से यह बता सकते हैं कि पहले वास्तव में क्या था। इससे आँखें मूँद लेना न तो एक उदारवादी और न ही एक इतिहासकार के रूप में आपकी ख्याति को स्थापित करता है।

भारतीय इतिहास के बारे में जवाहरलाल नेहरू के विचार अच्छी मंशा लेकिन रूमानी दृष्टिकोण लिए हुए थे, जिसे उन्होंने अपनी पुस्तक *द डिस्कवरी ऑफ़ इंडिया* में काफी हद तक साहित्यिक नफ़ासत के साथ पेश किया है। उन्होंने भारत को 'एक ऐसी तहरीर के रूप में देखा जिस पर विचारों और भावनाओं के उद्गारों की एक के बाद एक कई परतें पड़ी हैं, लेकिन इन पहले लिखी हुई इबारतों की किसी भी पिछली परत को आगे की किसी भी परत ने न तो पूरी तरह छिपाया है और न ही उसे मिटाया है।' खिलनानी ने इसकी व्याख्या इस दलील के लिए की है कि नेहरू की कल्पना में 'भारत सांस्कृतिक सम्मिश्रण की जगह थी और इसका इतिहास नस्लों की मिलावट और संवृद्धि के समारोह के दूषित प्रभावों का उत्सव है।'[22]

समस्या वास्तव में यहीं शुरू होती है। शब्दकोश पैलिम्प्सेस्ट को परिभाषित करते हुए कहता है कि यह 'एक ऐसी पांडुलिपि या लिखने की वस्तु है जिस पर बाद में पहले लिखे हुए पर मिट चुके तहरीर पर ही लिख दिया गया है।' क्या हज़ारों साल का इतिहास जिसका प्रधान धर्म हिंदुत्व है, और जिसकी सभ्यतागत विशेषताएँ सुस्पष्ट हैं (जिसकी अगले अध्याय में मैंने विस्तार से चर्चा की है), क्या पैलिम्प्सेस्ट हो सकता है जहां जो पहले था उसे बाद में जो हुआ उसने मिटा दिया? नेहरू मानते हैं कि इसे पूरी तरह छिपाया नहीं था या मिटाया नहीं गया था। लेकिन, उनकी विश्व दृष्टि में निस्संदेह हमारे इतिहास की मूलभूत अवधि ने जो केंद्रीय भूमिका निभाई है उसको उचित मान्यता देने में हिचक की बात स्पष्ट देखी जा सकती है और इसे छिपाने के लिए यह कह देना कि एक चरण पर दूसरा चरण हावी हो गया। यह सही है कि भारत का इतिहास साथ आनेवाले कई धागों

में से एक धागा है। पर इसे पैलिम्प्सेस्ट कहना ऐसी पूर्वधारणा बनाना है कि सभ्यतागत इतिहास जैसी कोई अवधि थी ही नहीं जिसकी पुरानी तहरीर पर नई तहरीर चढ़ाने की बात तो दूर उसने बाद के इतिहास की रूपरेखा तय करने में बुनियादी भूमिका निभाई। दरअसल, नेहरू – अच्छी मंशा के कारण – प्राचीन अतीत पर ज़्यादा कुछ नहीं कहते कि कहीं यह 'समन्वयात्मक' भारत को कमतर दिखाने के वांछनीय राजनीतिक लक्ष्य को पाने का कारण न बन जाए। प्राचीन हिंदू भारत की चर्चा को इस तरह के लक्ष्य के विरुद्ध माना गया। उनके लिए यह कहीं बेहतर थी कि भारतीय ऐतिहासिक संरचना को एक के बाद एक 'परतवाला' माना जाए न कि किसी भी तरह से इस बात पर कोई जोर देकर यह स्वीकार किया जाए कि यह वह बुनियाद थी, जिस पर एक के बाद एक परत डाली गई।

वंशावलियों, स्थान, क्षेत्र, संप्रदाय, पेशा, जाति और समुदाय जैसी स्थानीय कारकों का सहारा भी इसी उद्देश्य से लिया गया। अगर सूक्ष्म (micro) व्यवस्था ही पहचान का एकमात्र स्रोत है तो यह किसी वृहत व्यवस्था का हिस्सा होने के किसी भी तरह के एहसास की संभावना को समाप्त कर देता है। यह नहीं है कि दोनों के बीच कोई इस तरह का विरोधाभास है जिसको सुलझाया नहीं जा सकता है। स्थानीय निष्ठा के साथ रहते हुए भी कोई वृहत्तर निष्ठा का हिस्सा होने का एहसास रख सकता है। लेकिन इस विरोधाभास को जानबूझकर पैदा किया गया, ताकि सभ्यतागत चेतना के किसी भी दावे को ख़ारिज किया जा सके। प्राचीन सभ्यतागत पदचिह्न एक ऐसे साबित किए जा सकनेवाले तथ्याधारित दावे की ओर ले जाएगा कि यह प्रधानतः हिंदू था पर यह 'धर्मनिरपेक्षता को बचाने' के लिए इसे ज़्यादा तवज्जो नहीं देने की आज की ज़रूरत को ख़तरे में डाल देगा। इसलिए राजनीतिक रूप से सही दिखने के कथित अर्थ की वेदी पर ऐतिहासिक निष्पक्षता की बलि चढ़ाना बहुत जरूरी समझा गया।

निष्पक्ष इतिहासकार आज इस वास्तविकता को स्वीकार करने को इच्छुक हैं। डॉक्टर उपिन्दर सिंह लिखती हैं: 'भारतवर्ष की कई व्याख्याओं में से एक यह है कि यह भारत के लोगों से जुड़ा है जोकि पौराणिक राजा भरत के वंशज हैं जो दुष्यंत और शकुंतला के पुत्र। पुराण सृष्टि वर्णन और भूगोल का सुंदर संगम है। कहा जाता है कि भारत वर्ष के नौ खंड हैं जोकि समुद्र की वजह से एक दूसरे से अलग हैं। लेकिन इसके पहाड़ों, नदियों और स्थानों का वर्णन – और इनमें से कुछ की पहचान हो सकती है – यह बताती है कि इस तरह के ग्रंथों की रचना करनेवाले उप महाद्वीप के विभिन्न क्षेत्रों से परिचित थे और उन्होंने इसे एक व्यापक संपूर्ण सांस्कृतिक समष्टि का हिस्सा माना (इस पर ज़ोर मैंने डाला है)।'[23] आश्चर्यजनक रूप से, अपने सभी विरोधों के बावजूद खिलनानी भी इसे स्वीकार करते हैं। वह कहते हैं: 'भारत के राजनीतिक समुदाय की छवियों का संग्रहालय उतना ही दिलचस्प है जिसने संस्कृति को राजनीति से जोड़ा। उदाहरण के लिए, ब्राह्मणवादी

परंपरा में पौराणिक ग्रंथों में उप महाद्वीप की प्राकृतिक भौगोलिक सीमाओं की चर्चा की गई है जिसका दर्शन हमें तीर्थों के पवित्र भौगोलिक मानचित्रण में होता है। ऐसे तीर्थ पूरे क्षेत्र में फैले हुए हैं और मिथकीय क्षेत्रों के विचारों जैसे आर्यावर्त या भारतवर्ष से घिरा हुए हैं।' इतना ही नहीं, जब वह इस सांस्कृतिक राजनीति को सिर्फ 'ब्राह्मणवादी परंपरा' तक ही सीमित रखने की बात करते हैं तो वह खुद का ही प्रतिवाद भी करते हैं। वह यह मानते हैं कि "प्राचीन भारत में ब्राह्मणवादी परंपराओं और ग़ैर ब्राह्मणवादी स्रोतों दोनों (इस पर ज़ोर मैंने डाला है) ही से निकले सुस्पष्ट आम सांस्कृतिक अभिरूपों की साझेदारी है। अगर धार्मिक रीति-रिवाज नहीं, तो महाकाव्यों, मिथकों और लोक गाथाओं में और कला, स्थापत्य और धार्मिक रूपांकनों में पारिवारिक सादृश्य सभ्यतागत जुड़ाव को साबित करते हैं (इस पर ज़ोर मैंने डाला है)।"[24]

यहाँ तक कि उनका अंतिम निष्कर्ष है, 'भारत के अतीत में वास्तविक एकीकरण का क्षण औपनिवेशिक शासन के दौरान मुकम्मल हुआ।'[25] लेकिन यह भी तथ्यात्मक रूप से ग़लत है। राजनीतिक एकता – अगर इसे राष्ट्र राज्य के आधुनिक अर्थ में नहीं लिया जाए तो भी – चौथी सदी ईसा पूर्व में ही पूरी हो गई थी जिस समय चंद्रगुप्त मौर्य का शासन था। उनके समकालीन, महान चाणक्य ने इस एकता को "चक्रवर्ती क्षेत्र" के रूप में परिभाषित किया है। 'उत्तर में हिमालय पर्वत श्रृंखला से लेकर समुद्र तक का हज़ारों योजन का पूरब से पश्चिम तक फैला क्षेत्र राजा-बादशाह के प्रभाव क्षेत्र के तहत है।'[26] प्राचीन भारत के विद्वान इस स्थलीय एकता को सही ठहराते हैं। 'चंद्रगुप्त मौर्य, अशोक और समुद्रगुप्त पूरी तरह ऐतिहासिक शासक हैं जो उप-महाद्वीप के एकीकरण के आदर्शों पर चले। ...आज जिन सीमाओं को क़ानूनी मान्यता मिली हुई है (विभाजन को नज़रंदाज़ करते हुए) उसके ही आधार पर इस समय ऐसे बहुत देश नहीं हैं जिसने 23सदी पहले किसी भी तरह की राष्ट्रीय एकता की धारणा का प्रदर्शन किया हो।'[27]

हाँ, ब्रिटिश चाहते थे कि 'मूल निवासी' इस बात पर विश्वास करें कि उन्होंने ही भारत की कल्पना का निर्माण किया। यह वही बात है जो जॉन स्ट्रैची, जिनको हम पहले उद्धृत कर चुके हैं, बड़े तिरस्कारपूर्वक कहते हैं। लेकिन ब्रिटिश के लिए भारत एक अस्तित्वहीन सत्ता था – बेतरतीब भिन्नताओं का एक अपरिपक्व मिलान – जिसमें हज़ारों वर्ष पहले सांस्कृतिक (या राजनीतिक) एकता की चेतना नहीं थी। कई आधुनिक भारतीय "उदारवादी" ने इस साम्राज्यवादी विचार का अप्रत्यक्ष रूप से समर्थन किया क्योंकि ऐसा नहीं करने का मतलब था हिंदू "सांस्कृतिक पागलपन" को प्रोत्साहन देना।

लेकिन इस तरह के टिप्पणीकार ग़लती यह करते हैं कि वे आधुनिक अर्थ में राजनीतिक राज्य का सभ्यतागत निर्मिति के साथ घालमेल कर देते हैं जिसने मात्र राजनीतिक सीमाएं ही पार की हैं। लेखक अमीश त्रिपाठी ने इसे सरलता से बताया है:

एक सांस्कृतिक और सभ्यतागत सत्ता के रूप में भारत हज़ारों साल से अस्तित्व में रहा है। इस बात को साबित करने के लिए पर्याप्त उदाहरण और दस्तावेज हैं। ...और फिर किसी भी सूरत में सत्रहवीं सदी में वेस्ट फलिया में हुई संधियों के पहले एक राजनीतिक एकक के रूप में "राष्ट्र" नहीं था, लेकिन सांस्कृतिक एकक के रूप में था। सोलहवीं सदी के इंग्लैंड में, अगर आपकी निष्ठा राजा हेनरी VIII के प्रति नहीं होकर इंग्लैंड के प्रति थी तो आपको देशद्रोही बताकर आपका सर क़लम कर दिया जाता। लेकिन इंग्लैंड की सांस्कृतिक परिकल्पना का उन दिनों अस्तित्व था। वैसे ही जैसे भारत की सांस्कृतिक परिकल्पना का अस्तित्व था।[28]

अपनी पहली पुस्तक *हिंद स्वराज* में गांधी ने यही बात कही है। यह पुस्तक उन्होंने ग़ुस्से में 10 दिनों के भीतर 13 और 22 नवंबर 1909 के बीच *कील्डोनन कैसल* नामक जहाज़ पर लिखी थी जिससे वह इंग्लैंड से दक्षिण अफ़्रीका वापस आ रहे थे। इंग्लैंड की अपनी संक्षिप्त यात्रा के दौरान, गांधी को अंग्रेजों के बीच पर्याप्त दंभ-भरे विचार सुनने को मिले कि भारत के निर्माण के लिए वही ज़िम्मेदार हैं। वह भारत के सभ्यतागत अतीत को कमतर आंकने के उनके प्रयास से भी प्रसन्न नहीं हुए। हिंद स्वराज में वह कहते हैं: "आप दूर-दृष्टि रखनेवाले हमारे पूर्वजों के मंतव्य के बारे में क्या समझ रहे हैं जिन्होंने दक्षिण में श्वेतबिंदु रामेश्वर, दक्षिण-पूर्व में जगर्नौट (जगन्नाथ) और उत्तर में हरिद्वार इन सबकी तीर्थ स्थलों के रूप में स्थापना की? आप यह मानेंगे कि वे मूर्ख नहीं थे... उन्होंने पाया कि भारत एक अविभाजित भूमि है और उसे ऐसा प्रकृति ने बनाया है। इसलिए, उन्होंने कहा कि वह अवश्य ही एक राष्ट्र रहा होगा – और लोगों में राष्ट्रवाद के विचार इस तरह से पैदा किए होंगे जिसके बारे में दुनिया के दूसरे हिस्से को कोई जानकारी नहीं थी। कोई भी दो भारतीय उसी तरह से एक जैसे हैं जिस तरह से दो अंग्रेज एक जैसे नहीं हैं।"[29]

अरविंद भी यही बात कहते हैं। 'भारत के पास "राष्ट्र का विचार" कभी नहीं था। इससे मेरा तात्पर्य है राष्ट्र का राजनीतिक विचार। यह आधुनिक जमाने की बात है। पर भारत में हमारे पास राष्ट्र का सांस्कृतिक और आध्यात्मिक विचार था।[30] यहाँ तक कि अमर्त्य सेन, जोकि प्राचीन भारत की चर्चा की ओर लौटने से परेशान हो जाते हैं, हिचकिचाते हुए इस बिंदु पर सहमत हैं।" स्वाभाविक है कि हम आधुनिक अर्थ में ऐतिहासिक रूप से एक पूर्व-अवस्थित "भारतीय राष्ट्र" की मौजूदगी की उम्मीद नहीं कर सकते जोकि राष्ट्र-राज्य का आकार ग्रहण करने के लिए तैयार था, पर इसके ऐसे सामाजिक और सांस्कृतिक जुड़ावों और पहचानों को नज़रंदाज़ करना मुश्किल है जो इसका आधार बन सकते हैं। हज़ारों साल तक सम्पूर्ण भूमि पर सांस्कृतिक प्रसार बहुत तेज़ी से हुआ और यह काफ़ी व्यापक था, और इसका आर्थिक और सामाजिक जुड़ाव इतना नज़दीकी था कि भारतीय इतिहास को समझने में इस पर ग़ौर ना करना मुश्किल था।'[31]

इसकी दूसरी आलोचना है कि प्राचीन भारत की सभ्यतागत चेतना एक "कल्पना" थी जिसे भारतीय राष्ट्रवादियों ने ब्रिटिश शासन के प्रतिकारस्वरूप खड़ा किया था। निस्संदेह, कुछ मौक़ों पर राष्ट्रीय व्यग्रता ने अतीत की जरूरत से ज़्यादा यशगान की स्थिति पैदा की हो। लेकिन सत्य की निष्पक्ष जाँच दो विपरीत-ध्रुवीय राय का निष्क्रिय शिकार नहीं हो सकती – या तो भारत सिर्फ ब्रिटिश का बनाया हुआ था, या फिर सिर्फ ज़रूरत से ज़्यादा उत्साही राष्ट्रवादियों ने इसकी नींव रखी। अठारहवीं और उन्नीसवीं सदी में राष्ट्रवाद के उदय ने भारतीय इतिहास की पुनर्खोज की वाजिब इच्छा को शह दी। सदियों की ग़ुलामी के बाद अपने स्वाभिमान की रक्षा करने की कोशिश कर रहे देश ने इसकी पुष्टि के लिए इतिहास की ओर देखा। बंकिमचंद्र चट्टोपाध्याय का मानना था कि हमारे पास अपना इतिहास होना ही चाहिए, और शीघ्र ही कई शिक्षित भारतीयों ने उत्साहपूर्वक ऐतिहासिक पुनर्पाठ के कार्य को अपने हाथ में ले लिया।

अनजाने में, ब्रिटिश ने सभ्यतागत अतीत में भारतीयों के गुमान को हवा दी। कुछ शुरुआती ब्रिटिश उपनिवेशक "स्वदेशी" लोगों के प्राचीन संस्कृति के वास्तविक प्रशंसक थे (हम अध्याय 5 में इस पर विस्तार से चर्चा करेंगे)। सर विलियम जोन्स (1746-1794) जोकि 1783 में सुप्रीम कोर्ट के जज बनकर कलकत्ता आए इस विद्वतापूर्ण अनुसंधान के सर्वाधिक महत्वपूर्ण चेहरा थे। अपने आने के चार महीने के अंदर ही, 15 जनवरी 1784 को उन्होंने एशियाटिक सोसायटी की स्थापना की। अगले कई दशकों तक, इस सोसायटी के सदस्यों ने भारत के भुला दिए गए प्राचीन अतीत के विभिन्न पक्षों के अध्ययन और इसके महत्वपूर्ण कृतियों के अनुवाद का अग्रणी कार्य किया। यद्यपि ब्रिटिश शासन में बाद में भारतीय संस्कृति, विशेषकर हिंदू संस्कृति की पागलपन की हद तक निंदा हुई, पर शुरुआती उपनिवेशकों में से कई ने प्राचीन भारत की विशिष्ट उपलब्धियों को साबित करने के लिए पर्याप्त साक्ष्य इकट्ठे किये।

इस तरह, राष्ट्रवाद ने भारत के सभ्यतागत बुनियादों का आविष्कार नहीं किया। जैसे-जैसे अधिक से अधिक पहलुओं को ऐतिहासिक तंद्रा से बाहर निकाला गया, इसने एक प्राचीन अतीत की चेतना और जैसाकि महात्मा गांधी ने लिखा है, "मां की छाती से चिपके रहनेवाले बच्चे की तरह भारतीय इतिहास से जुड़े रहने की इच्छा को सुदृढ़ किया।"[32] जब गांधी ने हमारे 'दूरदर्शी पूर्वजों' की चर्चा की जिन्होंने उप महाद्वीप के एक छोर से दूसरे छोर तक दूर दराज इलाक़ों में तीर्थस्थलों की स्थापना की, तो उन्होंने आदि शंकराचार्य (788-820 ईपू)) का अनुपम उदाहरण भी दिया, जो अपने समय में हिंदू धर्म के यकीनन महानतम दार्शनिक थे। शंकराचार्य का जन्म दक्षिण भारत के छोर पर केरल के कलाडी में हुआ था। उनकी मृत्यु हिमालय की गोद में सुदूर उत्तर भारत के केदारनाथ में हुई। उनका छोटा सा जीवन काल इस्लामिक विजय अभियान, या ब्रिटिश के आगमन

से काफ़ी पहले सक्रिय था। लेकिन, हिंदू दर्शन और अद्वैत विचार पर उनके अप्रतिम योगदान के अलावा, उन्होंने दक्षिण में श्रृंगेरी, पश्चिम में द्वारका, पूर्व में पुरी और उत्तर में जोशीमठ में मठों और आश्रमों की स्थापना की। अगर किसी पहचानी जा सकनेवाली हिंदू सभ्यता के बारे में चेतना नहीं होती तो वह विभिन्न साम्राज्यों के आर-पार उप महाद्वीप के एक छोर से दूसरे छोर तक मध्य भारत में नर्मदा किनारे कलाडी से ओंकारेश्वर तक, गंगा किनारे बसे काशी और हिमालय पर बसे बद्रीनाथ और केदारनाथ तक इतने आत्मविश्वास से कैसे चल पाते? उन्होंने जिन चार मठों की स्थापना की वे इस अखिल भारतीय भारतवर्ष के चार छोरों पर अवस्थित हैं जोकि भारत के सभ्यतागत मानचित्र के भौगोलिक नियामक हैं।

अरुण शौरी का कहना है कि "यद्यपि महाभारत और रामायण ने आपस में युद्धरत राज्यों की चर्चा की है पर ये *एक ही तरह के लोगों के महाकाव्य हैं* (इस पर ज़ोर मैंने डाला है)।"[33] और यह सही है कि रामायण में राम उप महाद्वीप के एक छोर से दूसरे छोर की यात्रा करते हैं – उत्तर में अयोध्या से सुदूर दक्षिण में श्रीलंका तक। शौरी अपने तर्कों को कई हिंदू कर्मकांडों की दिलचस्प अध्ययन से मज़बूत बनाते हैं जो स्पष्ट रूप से एक अखिल भारतीय चेतना की मौजूदगी का संकेत देते हैं। 'बद्रीनाथ में सिर्फ केरल के नम्बूदरी ही पुजारी हो सकते हैं, काठमांडू के पशुपतिनाथ मंदिर में पुजारी सिर्फ कर्नाटक के दक्षिण कनारा के ही हो सकते हैं, सुदूर दक्षिण स्थित रामेश्वरम में पुजारी महाराष्ट्र के ही होते हैं।' ...दीवाली पर हर साल कोल्हापुर के अम्बा मूर्ति के लिए साड़ी तिरुपति के भगवान के यहाँ से आती है। संकल्प मंत्र जिससे हर पूजा शुरू होती है, उन प्रार्थनाओं में देवताओं की प्रशंसा होती है, पूजा का आयोजन करनेवाले यजमान पूरी धरा में बहनेवाली पवित्र नदियों का उल्लेख करते हैं।[34] इस पर अपनी टिप्पणी में डॉक्टर कोएनराड एल्स्ट कहते हैं: "प्राचीन पुरावशेष के दिनों से संकल्प हिंदू उपासकों को समय और स्थान में उनकी जगह निर्धारित करता आया है। यह भौगोलिक क्षेत्रों के घटते क्रम में होता है जो किसी क्षेत्र से लेकर शहर तक या उस क्षेत्र तक आता है, जहां विशेषकर भारतवर्ष में, धार्मिक संस्कार किया जाना है।"[35]

हालाँकि, सच यह है कि किसी हिंदू सभ्यता के अस्तित्व से इंकार करना भले ही कुछ लोगों को उचित लगे, पर इस तरह की सभ्यतागत जागरूकता हज़ारों साल पुरानी है और क्रमिक विकास और यहाँ तक कि भारत के चरित्र पर इसका दीर्घकालीन और साबित किए जाने योग्य प्रभाव पड़ा। इसे स्वीकार करने का मतलब "बाहरी लोगों के प्रतिद्वेष" या "सांस्कृतिक उन्माद" को आमंत्रित करना नहीं है। न ही यह हिंदू उत्साहियों की उत्तेजक कल्पना है। यह सिर्फ़ इतिहास के तथ्यों से निकला है और अतीत के इस सांस्कृतिक एकीकरण को आज की राजनीतिक धारणा से आच्छादित कर इसे अस्वीकार नहीं किया

जा सकता। भारत के सर्वाधिक समादृत मनोवैज्ञानिकों में से एक, सुधीर कक्कड़ – जो निश्चित रूप से हिंदुत्ववादी नहीं हैं – लिखते हैं: "भारतीयता का अर्थ एक इंद्रधनुषी इंडिक, प्रधानतः एक हिंदू सभ्यता द्वारा पैदा की गई समानताओं से है जिसमें, हम जिसे भारत के लोगों का "सांस्कृतिक गुणसूत्र का भंडार" कहते हैं, उसका सर्वाधिक योगदान है।"[36] इस तरह की सभ्यता के तथ्य, उसकी याद या स्वीकार्यता को कमतर किया जा सकता है, उसे हाशिए पर धकेला जा सकता है, भुलाया या नज़रंदाज़ किया जा सकता है पर इसे मिटाया नहीं जा सकता। "ऐतिहासिक घटनाओं के हाल के घटनाक्रम से आगे मानव समुदाय के जीवन में कई अन्य बातें होती हैं जोकि घटनाओं के चलचित्र में दर्ज नहीं होते: जिस जगह पर वे रहते हैं, वे सामाजिक संरचनाएँ जो उन्हें रोके रखती हैं और उनके अस्तित्व का निर्धारण करती हैं, नैतिक नियम जिनका वे जानबूझकर या अनजाने में पालन करते हैं, उनकी धार्मिक और दार्शनिक मान्यताएँ, और जिस सभ्यता का वे हिस्सा होते हैं। ये बातें हमारे जीवन की तुलना में कहीं ज़्यादा दीर्घजीवी होती हैं... किसी महान सभ्यता को वर्तमान के अन्वेषी पृष्ठभूमि में अध्ययन करने का अर्थ है इतिहास के पचड़े से अलग हटना ...यह हमें दिल थामकर दीर्घकालिक इतिहास पर ग़ौर करने का आमंत्रण देता है। सभ्यताएँ ऐसी अजीबोग़रीब प्राणी होती हैं जिनकी दीर्घकालिकता सभी तरह की समझ के आगे है। भव्य रूप से प्राचीन, यह हम में से प्रत्येक में ज़िंदा रहती हैं; और हमारे न रहने पर भी यह ज़िंदा रहेंगी।"[37]

पर अगर एक निर्दिष्ट भू-भाग में लोगों के एक निर्दिष्ट समूह के वर्णन के लिए "हिंदू" शब्द का अस्तित्व है, और अगर एक सभ्यता को प्रामाणिक तौर पर इसके साथ रखा जा सकता है तो इसे बौद्ध, या जैन या अन्य किसी नाम से नहीं पुकार कर हिंदू क्यों कहा जाना चाहिए जब तक इस पर "हिंदू" का लेबल चस्पा नहीं हो जाता? "सांस्कृतिक उन्माद" की विचारधारा वालों की यही दलील है जो "हिंदू" उपसर्ग लगाने के किसी भी प्रयास के पीछे हिंदू एजेंडा होने का शक ज़ाहिर करते हैं। उन्हें हिंदू अतिवादियों की ओर से ऐतिहासिक और सांस्कृतिक क़ब्ज़े का डर सताता है जिसके बारे में उनका मानना है कि "बाहरी लोगों का डर" रोकने के नाम पर इसका आवश्यक रूप से विरोध होना चाहिए। किसी प्रभावशाली हिंदू सभ्यता के दावे का अवश्य ही खंडन होना चाहिए पर ऐतिहासिक विश्लेषण या तथ्यात्मक बहुलता के आधार पर नहीं बल्कि राजनीतिक विचारों के आधार पर जोकि अतीत की किसी भी चर्चा को गहरे संदेह की दृष्टि से देखता है क्योंकि इस तरह का कोई प्रयास हिंदू पुनरुत्थानवाद का समानार्थी है और इसलिए यह "धर्मनिरपेक्षता" की उनकी चयनात्मक परिभाषा के ख़िलाफ़ है।

ऐतिहासिक विश्लेषकों को चाहिए कि वह किसी सभ्यता की सातत्य को आवश्यक रूप से अलग श्रेणी में बाँटे और इसे ऐसे देखे जैसे यह अलग या असंगत तत्वों से भरा है जोकि परस्पर विरोधी हैं ताकि कोई एक पक्ष – यहाँ के संदर्भ में धर्म – सारा श्रेय लेने का दावा नहीं करे। ऐसा सिर्फ सादृश्यों, समानताओं, और एक-दूसरे को आच्छादित करनेवाले तत्वों को जानबूझकर अनदेखी करने और धर्म को लेकर प्रतिस्पर्धात्मक और प्रतिरोधी वातावरण को उभारकर ही किया जा सकता है।

"धर्मनिरपेक्षता" को सही साबित करने के लिए यह जरूरी है कि यह साबित किया जाए कि सारे धर्म एक-दूसरे के विरोधी हैं और उनके बीच किसी तरह का जुड़ाव नहीं है, भले ही यह क्यों न स्पष्ट है कि स्पष्ट भिन्नताओं के बावजूद वे एक ही आध्यात्मिक खोज का हिस्सा हैं जैसाकि प्राचीन इंडिक धर्मों से यह स्पष्ट है। इस तरह, हिंदू, बौद्ध और जैन धर्मों को एक-दूसरे के ख़िलाफ़ खड़ा करना जरूरी है क्योंकि अगर यह मान लिया गया कि ये सभी एक ही इंद्रधनुषी हिंदू लोकाचार के हिस्सा हैं तो आज इससे हिंदुओं के "महिमामंडन" का रास्ता साफ़ हो जाएगा। दिलचस्प बात यह है कि इस स्थिति में धर्मों के बीच टकराव की बात को आगे बढ़ाना उन लोगों के लिए बहस का मुद्दा बन जाता है जिनके बारे में यह माना जाता है कि सामान्य रूप से "धर्मनिरपेक्ष" व्यक्तियों के रूप में वे अंततः सभी धर्मों में एकता में विश्वास करते हैं।

रोमिला थापर कहती हैं कि राजनीतिक वंशों का धर्म प्राचीन भारत को हिंदू भारत और मध्यकालीन भारत को मुसलमान भारत मानने की एकमात्र कसौटी नहीं होनी चाहिए। "प्राचीन को हिंदू और मध्यकालीन को मुसलमान मानना इस तथ्य पर आधारित है कि प्राचीन भारत के अनेक राजवंश हिंदू थे जबकि मध्यकालीन भारत के मुसलमान ...लेकिन भारतीय इतिहास के कालों का इस तरह का विभाजन धारणाओं की दृष्टि से आपत्तिजनक होने के साथ-साथ अपने आयाम में भी भ्रामक है। शासकों का किसी धर्म से जुड़ाव भारतीय इतिहास में बदलाव का कोई विशिष्ट प्रेरक कारक नहीं था, क्योंकि इन श्रेणियों का अर्थ था: कई कारकों में यह एक कारक होना।"[38]

थापर सही हैं। यह दावा करना कि प्राचीन भारत हिंदू भारत था क्योंकि अधिकांश शासक हिंदू थे, इस अवधि को हिंदू भारत बताने की एकमात्र कसौटी नहीं है। प्राचीन भारत का सभ्यतागत लोकाचार सिर्फ राजनीतिक कारकों का परिणाम नहीं था। यह हिंदू था तो इसके कारण सांस्कृतिक थे। इस संस्कृति का एक केंद्रीय स्तंभ था हिंदू विश्व दृष्टि में व्यापक स्तर पर विषमताओं को स्थान देना। इस तरह की विषमता में शामिल थे "विरोध" में उपजे धर्म जैसे बौद्ध और जैन और कई अन्य वैचारिक स्कूल, जिसे लोग हिंदू धर्म के मौलिक सिद्धांत कहते थे, प्रथम दृष्टया उसके विरोध

में खड़े दिखते। उदाहरण के लिए, चार्वाक स्कूल का भौतिकवादी विचार जिसने वेदों की पवित्रता को दो टूक ख़ारिज कर दिया, या फिर तांत्रिक मार्ग जिसने गोपनीय गतिविधियों और ऐसे विचारों को अपनाया जो मुख्यधारा के हिंदू धर्म से अलग थे, वे भी हिंदू थे क्योंकि हिंदू धर्म और संस्कृति ने इसको पोषित किया, इन भिन्नताओं को अपने वैचारिक उदारता का विरोधी नहीं माना। "हिंदू भारत के इतिहास में पुस्तकों को नहीं जलाया गया, विधर्मियों को प्राणदंड नहीं दिया गया या विधर्मियों को पागलखानों में बंद नहीं कर दिया गया।"[39]

हालाँकि, राजनीतिक राजवंशों के बारे में थापर की उक्ति जायज़ है, उनके मन में जो वास्तविक डर है, ऐसा लगता है, वह पुराना है "सांस्कृतिक पागलपन" का। अगर प्राचीन भारत को "हिंदू" करार दे दिया जाता है तो क्या इससे उग्र हिंदू राष्ट्रवाद को हवा नहीं मिलेगी? वह स्वीकार करती हैं जब वह कहती हैं: "राष्ट्रवाद अतीत और इतिहास से वैधता की माँग करता है, इसलिए, एक संवेदनशील विषय बन जाता है।"[40] इतिहास का बेजा इस्तेमाल कोई असंगत डर नहीं है। पर यह उतना ही असंगत है अगर इसे अतीत की वास्तविकता को विकृत करने की अनुमति दी जाती है। अगर प्राचीन भारत सभ्यतागत अर्थ में व्यापक रूप से हिंदू था, और आज इसकी वजह से कुछ उग्र हिंदू विदेशियों के प्रति घृणा के रास्ते पर निकल पड़ते हैं, तो उचित होगा ऐसे धर्मांधों की भर्त्सना करना और निर्विवाद रूप से इतिहास के जिन तथ्यों को नकारा नहीं जा सकता है उनको किसी बाह्य उद्देश्य की पूर्ति के लिए कमतर नहीं किया जा सकता।

अमर्त्य सेन इस डर को इतनी दूरी तक ले जाते हैं कि यह टिक नहीं सकता। प्राचीन भारत के हिंदू भारत होने की संभावना का जुनूनी विरोध उनको यह कहने को बाध्य करता है कि "भारत में क़रीब एक हज़ार साल तक प्रभावशाली धर्म बौद्ध धर्म था।"[41] यह एक ऐतिहासिक विरूपण है। बौद्ध और जैन धर्म हिंदू धर्म के विशिष्ट रूप से विज्ञ शाखा थे जो इस बात के कुछ उदाहरणों में एक है कि कैसे हिंदू धर्म ने खुद विधर्मियों को जगह दी। अशोक के शासनकाल में भी हिंदू धर्म ने सांस्कृतिक आधार उपलब्ध कराया जिन्होंने आधिकारिक रूप से बौद्ध धर्म को अपनाया। और दार्शनिक रूप से बौद्ध और हिंदू धर्म के बीच इतना साम्य था कि आदि शंकराचार्य, जिनको आठवीं सदी में हिंदू धर्म के पुनरुत्थान का श्रेय दिया जाता है, को हिंदू आलोचकों ने "चोर" बौद्ध धर्मावलंबी कहा था। इस विषय की विस्तार से चर्चा हम अगले अध्याय में करेंगे।

सेन खुद "एक पूर्ण-स्थापित व्यापक और उदार हिंदू धर्म दृष्टि" के होने की बात स्वीकार करते हैं।[42] पर वह नहीं चाहते कि यह स्वीकारोक्ति हिंदू भारत को स्वीकार करने का मार्ग प्रशस्त करे क्योंकि इससे हिंदू धर्मांधता मज़बूत होगी। इसलिए उनका लक्ष्य प्राचीन भारत की धार्मिक निरंतरता को तोड़ना है और ऐसा करते हुए वह खुद

को एक गाँठ में बाँध लेते हैं। उदाहरण के लिए, वह लिखते हैं: "सच में, वैदिक और उपनिषदों के योगदानों की जहां तक बात है, बौद्ध और जैन धर्म उस परंपरा के उतने ही बड़े उत्तराधिकारी हैं जितने हिंदू धर्म की बाद की शाखाएँ।"[43] शायद ऐसा है, पर ऐसा कहते हुए, क्या वह इस बात को स्वीकार नहीं कर रहे हैं कि बौद्ध और जैन धर्म वेदों और उपनिषदों के योगदानों के उत्तराधिकारी हैं? प्राचीन भारत को बौद्ध भारत होने की बात को स्थापित करने के लिए – या कम से कम यह बताने के लिए यह प्रभावशाली रूप से हिंदू नहीं था – वह गंभीर रूप से विवादास्पद बयान देते हैं। वह कहते हैं कि "नालंदा बौद्ध विश्वविद्यालय था।"[44] इस तरह की बात का चीनी यात्री ह्वेन त्सांग ने खुद खंडन किया है जो नालंदा में अध्ययन के लिए आये थे। ह्वेन त्सांग कहते हैं, "नालंदा में दस हज़ार छात्र न केवल बौद्ध साहित्य की सभी शाखाओं बल्कि वेदों (अथर्ववेद सहित), तर्कशास्त्र, व्याकरण, चिकित्सा, सांख्य दर्शन आदि का भी अध्ययन करते थे, और हर दिन सौ मंचों पर विमर्श होता था। कई पीढ़ियों के राजाओं की दानशीलता न केवल वहां के आकर्षक भवनों, जिनमें रिहायश और व्याख्यान कक्ष दोनों शामिल हैं, में परिलक्षित था बल्कि यहाँ पर मौजूद शिक्षकों और छात्रों की विशाल संख्या के लिए जरूरी सभी सामाग्रियों की आपूर्ति भी वे करते थे।"[45] इनमें से अधिकांश राजा हिंदू थे।

हिंदू सभ्यता के दावे की हवा निकालने के लिए सेन का ठोस प्रयास कभी-कभी हास्यास्पद दिखने लगता है। महान व्याकरणविद पाणिनी, जिनका जीवनकाल चौथी सदी ईसा पूर्व है, का कहना है कि वह अफ़ग़ानी था क्योंकि उसका गाँव क़ाबुल नदी के तट पर बसा था!"[46] क्या सेन यह नहीं जानते हैं कि उस समय आधुनिक अफ़ग़ानिस्तान का बड़ा भाग भारतीय साम्राज्य का हिस्सा था और हिंदू सभ्यता से उसका बहुत ही गहरा जुड़ाव था? संस्कृत के महान विद्वानों में से एक के श्रेणीकरण के लिए वर्तमान राजनीतिक सीमाओं का प्रयोग करना हमारे स्वदेशी संस्कृति के अवमूल्यन का हताशा भरा प्रयास लगता है और यह सिर्फ इस वजह से कि उनको लगता है कि ऐसा करना उसका "महिमामंड" होगा जिसे वह "हिंदुत्व आंदोलन" कहते हैं। वह इसे हिंदू कट्टरपंथियों के लिए सुविधाजनक मानते हैं कि सैम्यूअल हंटिंग्टन जैसा सांस्कृतिक सिद्धांतकार भी प्राचीन भारत को "हिंदू सभ्यता" मानता है, पर यह मानने को आमादा हैं कि "इस्लाम के आगमन से पहले भी भारत हिंदू देश नहीं था।"[47] उनकी मानें तो भारत एक सहस्राब्दी तक बौद्ध देश था। इसके अतिरिक्त वह दलील देते हैं कि भारत में प्रथम शताब्दी से यहूदी, पारसी, ईसाई और अरब निरंतर रूप से आ रहे थे। यह सिर्फ दलील के लिए दी गई दलील है। प्रथमतः बारहवीं सदी में इस्लामिक आक्रमण के पहले इस तरह के ग़ैर-हिंदू समुदाय जिनमें मुसलमान (अधिकांशतः अरब व्यापारी) शामिल हैं, काफ़ी सीमित संख्या में मौजूद थे। दूसरा, उनकी उपस्थिति ने उस स्थापित हिंदू लोकाचार को न तो

प्रभावित किया था और न ही उनको अमान्य ठहराया था, जिसने उनकी मौजूदगी का स्वागत किया था। एक समय सेन खुद ही स्वीकार करते हैं क्योंकि शांत क्षण में वह इसके ठीक उलट बात कहते हैं। "जो यह दलील देते हैं कि भारतीय पहचान का स्रोत हिंदू पहचान होना जरूरी है वे न केवल इस बात की ओर ध्यान खींचते हैं कि हिंदू भारत में बहुसंख्यक हैं बल्कि यह भी कि ऐतिहासिक रूप से हिंदू धर्म भारतीय सभ्यता का आधार स्तंभ रहा है। इन बातों को काफ़ी हद तक सच माना जा सकता है।"[48]

कैसे कोई ख्यातिनाम विद्वान इतिहास को अपनी सुविधानुसार प्रयोग करने के जाल में फँस जाता है, सेन उसके विशिष्ट उदाहरण हैं – क्योंकि वे मानते हैं कि आज के वर्तमान हिंदू को कट्टरवादी राजनीति को चुनौती देने की ज़रूरत है। डॉक्टर सेन के प्रति पूर्ण सम्मान प्रदर्शित करते हुए, मेरा मानना है कि यह बौद्धिक बेईमानी है। उनका (और उनके समर्थकों का) खंडन करने का उद्देश्य यह नहीं है कि बौद्ध या जैन धर्म पर हिंदू धर्म की श्रेष्टता को स्थापित किया जाए। ये भी महान धर्म हैं। हालाँकि, इस बात में कोई संदेह नहीं है कि जैविक रूप से ये हिंदू धर्म से जुड़े हुए हैं, विशेषकर दर्शन, अध्यात्म, तर्क और अनुभवजन्य परीक्षण में। अनुयायियों में कुछ विरोध-भाव होना लाज़िमी है, लेकिन इनके बीच ऐसी शत्रुता नहीं थी कि इनमें मेल नहीं हो सके जिस तरह दूसरी जगहों पर धर्मों के बीच था। जैसाकि मैंने कहा है, हिंदू धर्म के अंदर काफ़ी क्षमता थी और उसने विधर्मियों को बड़े पैमाने पर आश्रय दिया। इसके बावजूद उन्होंने अपनी अलग पहचान बनाई, बौद्ध और जैन धर्म इस विविधता का हिस्सा बने रहे। सबसे महत्वपूर्ण बात यह थी कि इन तीनों ही धर्मों के अनुयायी खुद को एक-दूसरे के धुर विरोधी के रूप में नहीं देखते थे। एक धर्म के अनुयायी दूसरे धर्म के अनुयायियों का आदर करते थे, और जो हिंदू राजा होते थे वे दूसरे धर्मों को संरक्षण देते थे। थापर इसकी गवाही देती हैं। वह लिखती हैं, "भारत में अलग-अलग तरह के बहुत सारे धर्मों को माना जाता था और एकाधिक धर्मों को शाही संरक्षण मिलता था।"[49] साधारण लोग एक धर्म को मानते थे, दूसरे का समर्थन करते थे और तीसरे के संतों के समक्ष नतमस्तक होते थे। इस तरह का टकराव-रहित परिवेश – जिसमें अपवाद लगभग नहीं के बराबर थे – आवश्यक रूप से बुनियादी हिंदू सभ्यता के धार्मिक-सांस्कृतिक लोकाचार का हिस्सा है।

ऐतिहासिक साक्ष्य इसके समर्थन में पर्याप्त प्रमाण देते हैं। शुरुआती काल के जो उभारवाले बौद्ध नक़्क़ाशी हैं वे हिंदू पूजा से संबंधित सांस्कृतिक प्रतीकों और अलंकरणों जैसे यक्षों, यक्षियों, नागों, नागिनों से बेरोक-टोक लिए गए हैं। बौद्ध तीर्थ स्थलों पर जो एक प्रतीक बहुत ही ज़्यादा दिखता है वह है बैल या नंदी-पाद, और इसकी व्याख्या अग्नि का प्रतीक, वैदिक वज्र या शिव के त्रिशूल के रूप में की गई है।[50] यहाँ तक कि पूजा की विधियाँ भी हिंदू धर्म की तरह ही हैं क्योंकि भक्ति के तत्वों को इस नए धर्म

ने काफ़ी ज़्यादा अपनाया है।[51] "गांधार शैली में धातु की कुछ मूर्तियों में धातु की एक समाधि भी शामिल है। पेशावर के पास शाह-जी-की-ढेरी जोकि राजधानी कनिष्कपुर का स्थल है, के अब नष्ट हो चुके स्तूप में इस तरह की धातु की मूर्तियाँ मिली हैं। इस बक्से के ढक्कन पर तीन छवि अंकित हैं – बीच में कमल पर बुद्ध की मूर्ति अवस्थित है जबकि इनके दोनों ओर हैं इंदिरा और ब्रह्मा।"[52] व्यवहार में तीनों धर्मों के बीच एक हद तक परस्पर अदला-बदली की बात सिर्फ़ आम लोगों के व्यवहार में ही नहीं बल्कि राजसी लोगों में भी देखी गई है। उदाहरण के लिए गुप्तकाल के राजा हिंदू धर्म को सँवर्धित करने के लिए जाने जाते हैं पर उन्होंने बौद्ध धर्म को भी अपना संरक्षण दिया। "उस काल के एक बौद्ध विद्वान परमार्थ का कहना है कि राजा विक्रमादित्य ने अपनी रानी और अपने राजकुमार बलादित्य को प्रसिद्ध भिक्षु और विद्वान वसुबंधु के पास अध्ययन के लिए भेजा।"[53] बाद में गुप्त राजा कुमारगुप्त और बुद्धगुप्त ने नालंदा में बौद्ध विहार बनाए। इसके बाद उत्तर गुप्तकाल में नालंदा को हर्षवर्धन और पाल राजाओं का संरक्षण मिला और ये दोनों ही हिंदू शासक थे। इसी तरह, चोल राजाओं, जो हालाँकि शैव थे, उन्होंने भी "शैव और वैष्णव दोनों ही मंदिरों के साथ-साथ जैन और बौद्ध संस्थानों का भी संरक्षण और संवर्धन किया।"[54]

स्पष्ट रूप से, हिंदू, बौद्ध और जैन धर्म के बारे में सेन जिस अपारगम्य बाधा की बात करते हैं ताकि एक की क़ीमत पर दूसरे को इस श्रेय से वंचित किया जा सके, वह काफ़ी हद तक ग़लत है। ये दोनों ही धर्म हिंदू धर्म से पैदा हुए और अपने विचार और व्यवहार में असंख्य तरीक़े से ये एक-दूसरे को अधिव्याप्त करते हैं और निश्चित रूप से इन्होंने मूल धर्म के निरंतर जारी प्रभावों को समाप्त नहीं किया। "हिंदू, जैन और बौद्ध धर्मों ने एक ही तरह की कुछ कहानियों को अपने-अपने हिसाब से सुनाया। शुरुआती अवधि के दौरान हिंदू और बौद्ध (और अन्य) सब अपने विचारों को ऐसे मुक्त रूप से साझा करते थे कि यह कहना असंभव है कि दोनों ही परंपराओं के कुछ केंद्रीय तत्व एक से आए या दूसरे से; कई बार एक ही बात के दो हिंदू पाठ जिन्हें अलग-अलग सदियों में गढ़ा गया। उनमें आपसे में कम मेल होता है बनिस्बत उसी पाठ के हिंदू और बौद्ध पाठों में। ...एक-जैसे कई छवियों का प्रयोग बौद्ध और जैन धर्मावलंबियों के साथ साथ हिंदुओं ने भी किए हैं।"[55]

यह तथ्य है कि हिंदू धर्म कालक्रम के अनुरूप बौद्ध और जैन दोनों धर्मों का अपेक्षाकृत ज़्यादा पुराना पूर्वज है। हिंदू धर्म ने वैचारिक विविधता का जो पोषण किया उसकी वजह से इन तीनों धर्मों का अधिकांशतः शांतिपूर्ण सह-अस्तित्व न केवल अपने दायरे में बल्कि उससे निकलनेवाले धर्मों से उसके जुड़ाव में भी रहा। प्राचीन भारत में किसी भी अवधि को श्रेणियों में बाँटकर यह कहना कि बाद के इन दोनों ही धर्मों का कोई विशेष क्षेत्र बताना या उन्हें हिंदू धर्म से अलग बताना जिसके कि सेन अभ्यस्त रहे हैं,

लगभग असंभव है। यह वास्तव में किस तरह से सामने आता है इसे कला इतिहासकार विनय के. बहल ने बहुत ही स्मरणीय ढंग से दिखाया है। उन्होंने प्राचीन भारत के धार्मिक स्थलों की फ़िल्में बनाई हैं। उन्होंने इनको लेकर जो टिप्पणी कि है वह ज़मीनी स्तर पर किए गए व्यापक शोध पर आधारित है और यह उस समय के बहुआयामी परिवेश को विशिष्ट रूप से उजागर करता है और यह भी बताता है कि इस तथ्य के उलट कि बौद्ध धर्म ने हिंदू धर्म पर अपना वर्चस्व क़ायम किया, बौद्ध धर्म के उत्कर्ष काल के दौरान भी हिंदू धर्म का उत्थान जारी रहा और उसने (हिंदू धर्म ने) बौद्ध धर्म को समर्थन दिया और संरक्षक बना। बहल के शोध के निष्कर्षों को यहाँ उद्धृत करना उचित होगा:

> आठवीं या नौवीं सदी ईसा पूर्व में इस भूमि की शुरुआती दार्शनिक परंपराओं के तहत उपनिषदों की रचना हुई। उपनिषदों में जिस तरह के विचार व्यक्त किए गए वे बाद के भारतीय धर्मों का आधार बने।
>
> यह वैश्विक नज़रिया है जो पूरी सृष्टि के कल्याण के लिए है। यह वैसा ही महसूस होता है जो हम सब के अंदर है, जो पशुओं में है, फूलों और वृक्षों में है। जो भी यहाँ है वह सब एक ही सत्ता का हिस्सा है, ऐसा माना जाता है।
>
> इस अवधि में, साधुओं की संख्या काफ़ी अधिक थी जिन्होंने दुनिया के भौतिक आकर्षणों को त्याग दिया था ताकि वे इस दुनिया के परे सत्य की खोज कर सकें। इस परंपरा के ऐतिहासिक रूप से दो महत्वपूर्ण 'त्यागियों' में गौतम बुद्ध और महावीर शामिल हैं जिन्होंने सर्वाधिक प्रसिद्धि पाई। दोनों ने उपनिषद काल के दर्शनों का उपदेश दिया और दोनों के उपदेशों में बहुत साम्यता है। बाद के समय में इन उपदेशकों के अनुयायियों ने बड़े धार्मिक समूह बनाए जो आज तक दुनिया के दो महान धर्मों के रूप में क़ायम हैं और इसके अनुयायियों की संख्या लाखों में है: बौद्ध और जैन।
>
> सम्राट अशोक के अभिलेख बताते हैं कि उन्होंने कई बौद्ध तीर्थस्थलों का दौरा किया। हालाँकि, बिहार के बाराबार में उनके अपने समय में और उनके पौत्र दशरथ के शासनकाल में पहाड़ियों पर जो बड़ी-बड़ी गुफाएँ बनाई गईं वे आजीविक पंथ के संन्यासियों के लिए थी। यहाँ से आगे हम लगभग एक हज़ार साल तक लचीली परंपरा पाते हैं जिसमें एक ही परिवार के सदस्य बिना किसी प्रतिबंध के बुद्ध, जैन और हिंदू धर्म के स्तूपों और मंदिरों में पूजा करते हैं और उसको संरक्षण देते हैं।
>
> दुनिया की सर्वाधिक प्राचीन बौद्ध कला जो इस समय तक बची हुई है वह है दूसरी सदी ईसा पूर्व की स्तूपों पर बनी रेलिंग्स (घेरे)। अशोक के स्तंभों पर सिर्फ चित्र हैं जो सभी धर्मों में आम थे, जैसे चक्र, जोकि लौकिक व्यवस्था को दर्शाते हैं। भारहुत स्तूप के रेलिंग्स, जो कि मूल रूप से मध्य भारत में है, इसमें पहली

बार एक विशिष्ट बौद्ध प्रसंग हमारे सामने आता है। इनका निर्माण शुंग राजाओं के शासनकाल में हुआ जो निजी तौर पर हिंदू देवी-देवताओं की पूजा करते थे।

इसी तरह मध्य भारत के ही साँची में एक स्तूप के चारों ओर दूसरी सदी ईसा पूर्व में गढ़ी हुई रेलिंग्स बनाई गई। इनमें बौद्ध प्रसंगों का प्रतिनिधित्व मिलता है और इनका निर्माण शुंग वंश के परोपकारी राजाओं ने किया जो हिंदू देवी-देवताओं के उपासक थे।

प्रथम सदी में, सातवाहन शासकों के अधीन साँची के स्तूप के बड़े-बड़े प्रवेश द्वारों का निर्माण हुआ। इनमें भी बौद्ध प्रसंगों का प्रतिनिधित्व जारी रहता है। अभिलेखों से पता चलता है कि सातवाहन शासक हिंदू देवी-देवताओं की पूजा करते थे और वे बौद्ध संघ के प्रति भी उदार थे।

यह महत्वपूर्ण है कि बौद्ध कला के प्रथम छह सदी तक बचे रहने का कारण था उन राजाओं का उन्हें संरक्षण मिलना जो हिंदू देवी-देवताओं की पूजा करते थे।

बौद्ध और जैन कला में जो पहली देवी औपचारिक रूप से दिखती है वह है गजलक्ष्मी – हाथी के साथ लक्ष्मी जो उन पर पानी फेंकता है। पक्षी की तरह, वह भरपूर मात्रा में प्रकृति की प्रचुरता का प्रतिनिधित्व करती हैं। आज भी हिंदू पूजा में लक्ष्मी की मौजूदगी बनी हुई है और जापान और दूसरे देशों में बौद्ध पूजा में उनकी मौजूदगी पाई जाती है।

पश्चिम भारत में, दूसरी सदी ईसा पूर्व में बौद्ध कला की सर्वाधिक महान अवधि की शुरुआत हुई। अगले एक हज़ार साल में पश्चिमी घाट में पहाड़ों को काटकर 1,200 से अधिक गुफाओं का निर्माण हुआ। इनमें से अधिकांश में बौद्ध परंपरा के अनुरूप दीवारों पर उत्कीर्ण किए गए और उनके चित्र बनाए गए।

गुफा निर्माण का यह व्यापक पहला चरण दूसरी सदी ईसा पूर्व से तीसरी सदी तक रहा। सातवाहन और क्षत्रपों के शासन के अधीन बड़े बौद्ध प्रार्थना भवन और विहारों का निर्माण किया गया जोकि भिक्षुओं के रहने के लिए था। हालाँकि, ये राजा हिंदू देवी-देवताओं की पूजा करते थे, पर उन्होंने सभी धर्मों को संरक्षण प्रदान किया।

भाजा में दूसरी सदी ईसा पूर्व की बौद्ध गुफा संख्या 18 में हिंदू देवता इंद्र और सूर्य का सर्वाधिक पुराना चित्रण है। आज भी हिंदू धर्म में इनकी पूजा होती है और जापान के बौद्ध मंदिरों में भी। दूसरी सदी ईसा पूर्व के बौद्ध स्थल पीतलखोरा में जो 'गण' चित्रण है उसमें एक अभिलेख है जिसमें यह लिखा है कि यह कान्हादास (कृष्ण के दास) नामक सुनार का उपहार है जोकि एक हिंदू देवता हैं।

नासिक के गुफा में गौतमी बालाश्री द्वारा जारी लगभग 150 ई का एक अभिलेख है जो सातवाहन शासक गौतमीपुत्र की मां थी। वह भगवान कृष्ण की प्रशंसा करती हैं लेकिन इस अभिलेख का उद्देश्य इस उत्खनित गुफा को बौद्ध मठ व्यवस्था को दान करना है।

पश्चिमी घाट में ऐसे सैकड़ों अभिलेख हैं जो सातवाहन शासनकाल के हैं जिसमें इस बात का ज़िक्र है कि समाज के हर वर्ग के लोगों ने बौद्ध मठ व्यवस्था के लिए दान दिया। इसलिए, यह स्पष्ट है कि शासकों के अपने धर्म थे जिनको वे मानते थे पर आम लोगों पर यह दबाव नहीं था कि शासक जिस धर्म को मानता है वे भी उसी धर्म को मानें। अभिलेखों के अनुसार, कुषाण राजा खुद हिंदू देवताओं की पूजा करते थे। हालाँकि, इंडिक परंपराओं का निर्वाह करते हुए वे बौद्ध और जैन धर्मों के प्रति भी उदार बने रहे।

कृष्णा नदी की उपजाऊ घाटी पूर्वी दक्खन में सभ्यताओं का पालना रही है। यह क्षेत्र बौद्ध धर्म के सबसे बड़े केंद्रों में से एक के रूप में उभरा और लगभग 140 से अधिक बौद्ध केंद्रों की इस क्षेत्र में पहचान की गई है।

अमरावती स्तूप की कला का विशिष्ट चरण सातवाहन शासकों के समय ही अपने शीर्ष पर पहुँचा। वे हिंदू देवताओं की पूजा करते थे पर बौद्ध संघ के प्रति वे पूरी तरह उदार बने रहे।

कृष्णा घाटी में इक्ष्वाकुओं की सत्ता तीसरी सदी के दूसरे पूर्वार्ध में क़ायम हुई। नागार्जुनकोंडा में बौद्ध धर्म के कम से कम चार भिन्न शाखाओं के बौद्ध भिक्षुओं की रिहाईश, अध्ययन और पूजा के लिए बड़ी संख्या में मठों की स्थापना हुई।

जैसाकि दूसरी सदी ईसा पूर्व के सभी बड़े बौद्ध स्मारकों के साथ हुआ, नागार्जुनकोंडा के बौद्ध स्मारकों की स्थापना भी उन राजाओं ने की जो खुद हिंदू देवी-देवताओं की पूजा करते थे। जैसा कि अमूमन होता है, शाही परिवार की कुछ महिला सदस्य बौद्ध धर्म की अनुयायी थीं और उन्होंने बौद्ध मठों को व्यक्तिगत दान दिए।

उत्तर भारत में गुप्त शासनकाल के दौरान बौद्ध, हिंदू और जैन धर्म की कुछ सर्वोत्कृष्ट कलाओं की रचना हुई। यह उल्लेख करना महत्वपूर्ण है कि इस राजवंश के अधिकांश राजा खुद हिंदू देवताओं की पूजा करते थे। जबकि सच यह है कि दुनिया में कुछ श्रेष्ठतम बौद्ध कला इसी उदार शासन के दौरान अस्तित्व में आई। रिकॉर्ड से यह भी पता चलता है कि इन राजाओं ने बौद्ध संस्थानों को उदारतापूर्वक अनुदान दिया। सच यह है कि बौद्ध दर्शन और पूजा के सर्वाधिक चमकीले और महत्वपूर्ण केंद्र गुप्तकाल में ही अपने शीर्ष पर पहुँचे। इनमें शामिल था दुनिया का आश्चर्यजनक विश्वविद्यालय नालंदा और बोधगया का महाबोधि मंदिर।

आश्चर्यजनक जैन छवियों से भी हमारा साक्षात्कार होता है जिसके अभिलेखों से पता चलता है कि ये हिंदू राजा रामगुप्त के समय तैयार किए गए थे जिनका नाम हिंदू देवता राम के नाम पर था। एरान और अन्य स्थानों पर कुछ सर्वाधिक उत्कृष्ट हिंदू कला का निर्माण हिंदू राजा बुद्धगुप्त के शासनकाल में हुआ था।

अजंता का उत्कृष्ट स्थल जोकि वघोरा नदी के घोड़े के नाल के आकार वाले तंग जगह पर पहाड़ को काटकर उसके बीच दूसरी सदी ईसा पूर्व में विशालकाय

> मठ और तीर्थ स्थानों का निर्माण किया गया। इनका निर्माण सातवाहन राजाओं के शासनकाल में हुआ। पाँचवीं सदी के मध्य में, वाकाटका हिंदू राजाओं के शासनकाल में इस गतिविधि में दोबारा तेज़ी आई।
>
> पश्चिम और पूर्वी दक्खन में इंडिक परंपरा में जो देखा गया उसी तरह सामंतों, राजा के मंत्रियों और यहाँ तक कि रानियों ने भी मुक्त होकर बौद्ध धर्म को माना। उन्होंने बौद्ध गुफा और कला को संरक्षण दिया। उन दिनों कोई धार्मिक बँटवारा नहीं था और बौद्ध गुफ़ाओं के संरक्षक कई बार घोषणा करते थे कि वे हिंदू देवी-देवताओं के वंशज हैं।[56]

इसी वजह से जब कुछ हिंदू यह कहते हैं कि उनका मानना है कि बुद्ध विष्णु के अंतिम अवतार थे, तो आश्चर्य नहीं होता। इसे हिंदू धर्म के हित में बुद्ध धर्म के विनाश की इच्छा व्यक्त करने का उदाहरण नहीं माना जाए बल्कि अलग होते हुए भी इनमें निरंतरता के प्रतिनिधित्व की स्वीकारोक्ति मानी जाए।

इस बात में संभवतः कुछ सचाई है कि अंततः बौद्ध धर्म भारत के अंदर की तुलना में भारत की सीमा के बाहर कहीं ज़्यादा फैला क्योंकि हिंदू धर्म जिसके ख़िलाफ़ उसने (आंशिक रूप से) विद्रोह किया उसने इस तरह के विद्रोह को विधर्म नहीं माना। भारत के अंदर बौद्ध धर्म को हिंदू धर्म में समा जाने की वास्तविक संभावना का साक्षात्कार करना पड़ा जबकि विदेश में इसकी उपस्थिति ने एक नए प्रस्थान की शुरुआत की और उसे प्राप्त हुआ अविभाजित अनुयायियों की फ़ौज। "बौद्ध धर्म का जो हश्र हुआ उससे हमें भारत के अपने विद्रोही और दुःसाध्य तत्वों को समाहित कर लेने के प्रयासों के बारे में अत्यधिक शिक्षाप्रद उदाहरण देखने को मिलता है।"[57] इस तरह हिंदू धर्म ने बौद्ध धर्म का शिकार किया, उसके साथ अस्तित्व में रहा और उसकी तुलना में दीर्घजीवी साबित हुआ। भिन्न मतवाले धर्मों के उत्थान के बावजूद सहस्र सालों तक "भारत वास्तव में हिंदुस्तान था, अमूमन पूर्ण रूप से हिंदू; यहाँ तक कि बौद्ध मत भिन्नता भी अंततः मूल धर्म में समा जाने से पहले एकीकरण की लंबी प्रक्रिया से गुजरा... भारत की महान परंपरा की सर्वाधिक गहरी आधारशिला भी काफ़ी हद तक हिंदू ही है।"[58]

दिलचस्प यह है कि संविधान के अनुच्छेद 25 की व्याख्या II और 1947 के बाद शीर्ष स्तर पर हुई न्यायिक उद्घोषणा ने हिंदू, बौद्ध, और जैन धर्मों और सिख धर्म, जोकि मध्यकाल में एक बहुत प्रबुद्ध और ताक़तवर नए धर्म के रूप में सामने आया, के बीच भी जैविक अंतर्संबंध होने की बात की पुष्टि की है। हिंदू विवाह अधिनियम (1995) पर अपने फ़ैसले में सुप्रीम कोर्ट ने इस बात को सही ठहराया कि जब भी हिंदू का प्रयोग किसी संदर्भ के रूप में होगा तो इसका मतलब होगा, "ऐसा कोई भी व्यक्ति धर्म के लिहाज़ से बौद्ध, जैन

या सिख है।" उसने 1996 में भी हिंदू धर्म के छाते जैसी इस समावेशी विशेषता को दोहराया जब स्वामीनारायण पंथ ने अपने लिए अलग धर्म की मान्यता पाने के लिए सुप्रीम कोर्ट में अर्ज़ी दी जिस पर सुनवाई करते हुए सुप्रीम कोर्ट ने यह फ़ैसला सुनाया। इस तरह के न्यायिक फ़ैसले को यह नहीं माना जाना चाहिए कि यह धर्म को फैलाने का क़ानूनी ज़रिया है बल्कि हिंदू धर्म की जरूरी प्रकृति की व्यावहारिक और उससे निकलनेवाले इंडिक धर्मों के साथ उसके आधारमूलक जुड़ाव की समझ बनाना है।

अगर हिंदू धर्मावलंबी अपनी पहचान के प्रति सचेत थे, उसके आधार पर उन्होंने एक सभ्यता का निर्माण किया और वह सभ्यता मौलिक रूप से हिंदू थी, तो उस स्थिति में हिंदू-भय से आक्रांत आलोचकों का अगला हमला किस तरह का हो सकता है? उनकी अगली दलील है कि एक विलक्षण एकीकृत हिंदू धर्म जैसा कुछ था ही नहीं। अगर एक धर्म के रूप में हिंदू धर्म को आज हम जिस रूप में जानते हैं, का अतीत में कोई अस्तित्व नहीं था तो हमारे बुनियादी इतिहास को हिंदू कैसे कहा जा सकता है? हिंदू धर्म ने जिस तरह की सभ्यतागत पारिस्थितिकी व्यवस्था को जन्म दिया वह तभी जायज़ होगा जब हिंदू धर्म और इससे भी ज़्यादा इसकी विश्व दृष्टि को मान्यताओं और प्रथाओं के सुसंगत समूह के रूप में पहचान की जा सके। अगर यह साबित किया जा सकता है कि ऐसी बात नहीं थी, तो फिर हमारे इतिहास में हिंदू अवधि का मुद्दा अपने नाक के बल गिर जाएगा।

विरोध करनेवालों का कहना है कि हिंदू धर्म अपने मूल में कभी भी एकीकृत नहीं रहा। एक ईश्वर नहीं, एक धार्मिक ग्रंथ नहीं, कोई एक सर्वप्रधान मंदिर नहीं, कोई एक सर्वमान्य धर्माध्यक्ष नहीं और कोई एक निर्दिष्ट कर्मकांड नहीं होना इसे विविधताओं का मिलान भर बनाकर रख देता है जो उसे उस अर्थ में एक "सुसंगत" धर्म होने की योग्यता नहीं बख्शता है जिस अर्थ में अब्राहमी धर्म। अगर हम एक ऐसे जीवन के बारे में बात करें जिसमें "अव्यवस्था" का बोलबाला है – जहां प्रथाएं संहिताबद्ध नहीं हैं और दैवत्व निर्बाध रूप से इकलौता नहीं है – धर्म का पायदान संरचनात्मक पुनर्रचना का पूर्व निर्धारित कार्य बन जाता है और इसका एकमात्र उद्देश्य इतिहास के पन्नों में अपनी पीठ थपथपाना भर रह जाता है। दूसरे शब्दों में, हिंदू जीवन में "ज़रूरत से अधिक" विविधता होने की वजह से उसको उदार रूप से सुसंगत धर्म माने जाने के श्रेय से आवश्यक रूप से वंचित कर दिया जाना चाहिए।

इस तरह की सोच को आगे बढ़ानेवाले चेहरे परिचित हैं। वेंडी डोनिगर लिखती हैं: "पिछले कुछ दशकों में, विद्वानों ने दुनिया के सबसे बड़े और सर्वाधिक प्राचीन धर्मों में से एक को निरूपित करने के लिए किसी एक पद के प्रयोग को लेकर कई कठोर

आपत्तियाँ व्यक्त की हैं। "हिंदू धर्म" आर्माडिलो जीव (वर्मी) की तरह है, आधा साही, आधा कछुआ। हाँ आर्माडिलो वहाँ पर हैं। पर वे वहाँ अपना नाम पाने से पहले से। मैं कुछ तरीक़े सुझाना चाहूँगा जिसमें जिसे हम हिंदू धर्म कहते हैं वास्तव में, उसके पृथक हिस्से एक-दूसरे के बेहद क़रीब किसी तरल पदार्थ में तैरते ठोस वस्तु की तरह सदियों से अस्तित्व में रहे हैं।"[59] (क्या मैं Hinduism के लिए "H" शब्द के प्रयोग का साहस कर सकता हूँ, और क्या मैं प्रश्नवाचक चिह्नों के साथ दया के लिए अपना हाथ ऊपर उठाना बंद कर सकता हूँ?)

जिस तरह की अकादमिक सहूलियत से डोनिगर विविधता और विभिन्नता को मिला देती हैं वह दिलचस्प है। और इस मौलिक ग़लत व्याख्या के कारण उनके लिए, संपूर्ण आपस में जुड़ नहीं सकते; ये सिर्फ असंबद्ध और "किसी द्रव्य में तैरते ठोस की तरह" एक साथ रह सकते हैं। यहाँ स्पष्ट रूप से उनके अपने ईसाई या अन्य अब्राहमी धर्म की तरह ही धुले-पुछे और स्पष्ट संरचना वाली धर्म की अभिलाषा की जा रही है। हिंदू धर्म बौद्धिक तौर पर नपा-तुला है पर उसकी व्यापक विविधता – विदेशी डोनिगर के लिए – आश्चर्य में डालने वाली बात है। "सब कुछ के बाद, कोई हिंदू सिद्धांत नहीं है; धर्म और जीवन शैली के सभी बड़े मुद्दों के बारे में विचार – शाकाहार, अहिंसा, पुनर्जन्म में विश्वास, यहाँ तक कि जाति – बहस के विषय हैं, कोई धर्म सिद्धांत नहीं है (इस पर ज़ोर मैंने डाला है)।"[60] इसलिए, वह वेन डाइग्राम बनाने की कोशिश करती हैं जोकि एक-दूसरे को काटनेवाले परिकल्पना, आस्थाओं, और परिपाटी के वृत्तों का समूह है जिनमें कुछ हिंदुओं को विश्वास है और उस पर वे अमल करते हैं और दक्षिण एशिया के धर्मों जैसे बौद्ध और जैन धर्मों के अनुयायी भी अमल करते हैं।"[61] ऐसा करना सतही और यांत्रिक है क्योंकि हिंदू धर्म जैसे धर्म को किसी मेनू का रूप देना हास्यास्पद है। उनका निष्कर्ष हालाँकि ऐसा है जिसके बारे में अनुमान लगाया जा सकता है। "चूंकि ऐसी कोई केंद्रीय विशेषता नहीं है जोकि सभी हिंदुओं में होनी ही चाहिए, केंद्र का यह ख़ालीपन बताता है कि इस चित्र को ज़ेन डायग्राम नाम देना ज़्यादा बेहतर होगा, एक ऐसा वेन डायग्राम जिसमें कोई केंद्रीय वृत्त नहीं है।"[62]

डोनिगर जो लिखती हैं उसमें एक तरह का नकचढ़ापन है और वह उम्मीद करती हैं कि उन्हें इस बारे में कोई रोके-टोके नहीं। उनकी पुस्तक द *हिंदूज: एन ऑल्टर्नेटिव हिस्ट्री* ने हिंदुओं के एक वर्ग में आक्रोश जगा दिया क्योंकि इसमें उन्होंने शिवलिंग को शब्दशः – और उत्तेजित करने के रूप में – लिंग का प्रतीक बताया। इस बात को ऐसे हिंदू तो आया-गया मान लेते जिन्होंने जानबूझकर सदियों से अपने धर्म के इस तरह के विरूपन को सहा है, डोनिगर ने इस विरोध पर जिस तरह का रुख अपनाया वह आँखें खोल देनेवाला था। "मैंने अपनी सभी दूसरी किताबें अमेरिकन लोगों के लिए लिखी हैं,

प्राथमिक रूप से अपने छात्रों के लिए। यह एक कारण है कि अपनी पुस्तक द *हिंदू* के प्रति हिंदुओं की भावुक प्रतिक्रिया का मुझे बिलकुल अंदाज़ा नहीं था। मुझे इस बात का इलहाम नहीं था कि हिंदू इसे पढ़ेंगे।"[63]

क्या ऐसी बात है, सुश्री डोनिगर? अगर हिंदू धर्म की कोई प्रमुख अमेरिकी विद्वान हिंदुओं पर 779 पृष्ठ की पुस्तक लिखती है, तो वह ऐसा क्यों सोचती है कि कोई हिंदू उसे नहीं पढ़ेगा? क्या वे अनपढ़ हैं? क्या इनमें से कोई अंग्रेज़ी नहीं पढ़ सकता? क्या उनके और उनके धर्म के बारे में दूसरे लोग क्या निष्कर्ष निकालते हैं उससे वे पूरी तरह उदासीन हैं? क्या वे अभी भी औपनिवेशिक काल के "मूल निवासियों" की तरह व्यवहार करते हैं जब उनके "आका" उनके बारे में जिस तरह का मनमाना साधारणीकरण करें वे उसे निश्चेष्टा से स्वीकार कर लेते थे? अगर कोई भारतीय विद्वान अमेरिकियों के ईसाई धर्म की मान्यताओं पर भारी-भरकम किताब लिखे जिसमें उनके धर्म और उनकी मान्यताओं के बारे में बड़े पैमाने पर आम धारणाएँ बनाई गई हों और जब इस बारे में सवाल किया जाए तो लेखक इसका सिर्फ यह कहकर बचाव करे कि उसने कभी भी यह नहीं सोचा था कि अमेरिकी लोग उसकी पुस्तक को पढ़ेंगे? कोई पुस्तक जो अकादमिक महत्व के होने का दावा करती है क्या उसे गंभीरता से यह मानकर लिखा जाए कि भले ही वह कुछ भी कहे, "मूल निवासी" न तो इसके बारे में जानेंगे, न पढ़ेंगे और न ही इसकी परवाह करेंगे? यह पूरी बात एक तरह से नए प्रकार के "प्राच्यवाद" का संकेत देती है जिसमें डोनिगर जैसे लोग यह सोचते हैं कि उनको पश्चिमी भारतीय विशेषज्ञता के गढ़ में बैठकर दुनिया के सर्वाधिक पुराने और परिष्कृत धर्म के बारे में निर्लज्जतापूर्वक फ़ैसला करने का अधिकार है और ऐसा करने पर उनका कोई कुछ बिगाड़ नहीं सकता। और अगर किसी भी सूरत में इसे चुनौती दी गई, तो इसके बारे में उनका त्वरित बचाव होगा – और डोनिगर सचमुच में ऐसा करती हैं – कि यह भारत में हिंदू कट्टरपंथ के उदय का साक्ष्य है।

यह वही प्राच्यवाद है जो डोनिगर को हिंदू धर्म को साही और कछुआ के संकर से तुलना करने और यह मानने की अनुमति देता है कि यह एक विद्वतापूर्ण आकलन है। पर उन्होंने जो तरीक़ा अपनाया है उसकी जाँच यह बताएगी कि क्यों उनका निष्कर्ष ग़लत है। डोनिगर के लिए हिंदू धर्म के "अध्ययन" का मतलब है हिंदू धर्म के बारे में मौजूद अनगिनत ग्रंथों से गुजरना, जानबूझकर इसकी केंद्रीय विषयवस्तु की बजाय हाशिए की बातों पर ग़ौर करना, उत्तेजनापूर्ण प्रभावों से इसे लैस करने के लिए इसकी अजीबोग़रीब बातों को ढूँढ निकालना, विभिन्न परंपराओं और परिपाटियों के बीच अंतर पर यंत्रवत प्रकाश डालना, और फिर यह निष्कर्ष निकालना कि इसमें विविधता इतनी ज़्यादा है कि हिंदू धर्म के लिए अंग्रेज़ी के बड़े अक्षर "H" का प्रयोग नहीं किया जा सकता। वह जिस बात को समझने से इनकार करती हैं वह यह है कि जो विविधता उनको मंत्रमुग्ध करती है

और यह मानने के लिए बाध्य करती है कि हिंदू धर्म एक नहीं बल्कि अनेक है, वास्तव में वही तो हिंदू धर्म का मतलब है। हज़ारों सालों से हिंदू धर्म को भरभराकर टूट सकनेवाले सुनिश्चित स्वरूप में ढाल देने के बजाय हिंदू धर्म ने अपने केंद्रीय विषयवस्तु को छोड़े बिना विचारों की विविधता और महत्वपूर्ण विषयों के स्थानीय स्वरूपों को पूर्ण रूप से सक्षम बनाया। परिपाटी और विचारों की यह विविधता डोनिगर जैसे लोगों की समझ में नहीं आती है जो आसानी से समझ सकने लायक़ अब्राहमी धर्मों की "प्रणाली" और "व्यवस्था" के बारे में पुरानी यादों से पीछा नहीं छुड़ा सकते। समस्या यह है कि वह इस विविधता से इतना ज़्यादा भयभीत है कि सही क्या है वह उन्हें नहीं दिख रहा है। केंद्रीय विषयवस्तु की संबद्धता जो हिंदू धर्म माननेवालों के लिए इतनी स्पष्ट है, उनको नहीं दिख रही या फिर वे इसे जानबूझकर नज़रंदाज़ कर रही हैं।

उनका निष्कर्ष है कि ऐसा धर्म जो पश्चिमी दृष्टिकोण के अनुरूप बंधे-बँधाए रास्ते से सुसंबद्धता जताने से इनकार करे तो वह कोई विलक्षण धर्म नहीं हो सकता।

डोनिगर को हिंदू धर्म में किसी "केंद्रीय वृत्त" का पता नहीं चला क्योंकि वे इसकी तलाश नहीं कर रही हैं। अपनी विद्वता को साबित करने के लिए उन्होंने हिंदू मान्यताओं और परिपाटियों में मौजूद असंख्य धाराओं पर ध्यान लगाने में अपनी ऊर्जा खर्च की यह समझे बिना कि ये सबके सब एक ही केंद्रीय चक्र का हिस्सा हैं। अगर हिंदू धर्म को एक बहुत बड़ी नदी माना जाए, तो डोनिगर की आँखें इस नदी की असंख्य सहायक नदियों पर टिकी हैं। दुर्भाग्य से, उनका निष्कर्ष यह नहीं कहता कि कोई एक बड़ी नदी भी है जिसमें अंततः ये जाकर मिलती हैं बल्कि यह कि ये सहायक नदियाँ इस बात के प्रमाण हैं कि कोई एक नदी है ही नहीं। उदाहरण के लिए, हिंदू दर्शन में छह प्रणालियाँ हैं – एक नहीं। इनमें से सभी एक-दूसरे से अलग हैं पर किसी ईश्वरीयता के लिए नहीं बल्कि अंतिम सत्य की खोज में ये सब एक हैं। इस अंतिम सत्य की खोज की प्रेरणा का स्रोत उपनिषदों की विशिष्ट आध्यात्मिक अंतर्दृष्टि है। पर उपनिषद एक ही नहीं है, और न ही यह पता है कि उनकी रचना किसने की। इस सत्य को समझने के लिए एक नहीं बल्कि कई रास्ते हैं - ज्ञान, कर्म या भक्ति। रास्ते अलग हैं पर उनके लक्ष्य एक ही हैं। हिंदू देवताओं के समूह में कोई एक परम देव नहीं है। सर्वाधिक महत्वपूर्ण त्रिदेवों ब्रह्मा, विष्णु और महेश से लेकर हज़ारों देवी-देवता हैं और इनके शक्तिशाली पति या पत्नियाँ हैं और यहाँ तक कि बच्चे और अवतार हैं जिनमें स्थानीय देवता भी शामिल हैं जो पत्थर के एक टुकड़े को भी पूज्य बना देता है, पर इनमें से सभी मोटे तौर पर एक ही सत्य को प्रतिबिंबित करते हैं जो सर्वव्यापी, सर्वज्ञ, सर्वशक्तिशाली, स्पंदित होनेवाली चेतना है जो ब्राह्मण के नाम से जाना जाता है। एक स्तर पर हिंदू, बहुत ही उदारतापूर्वक अपने देवताओं का मानवीकरण करते हैं, उनके जन्म और शादियों और जीवन की घटनाओं को समारोहपूर्वक मनाते

हैं; लेकिन दूसरे स्तर पर, ये लोग ऐसे लोगों की तरह हैं जो क्या वास्तविक है और क्या काल्पनिक उसमें भेद नहीं कर पाने के बावजूद आपस में सामंजस्य बनाकर रहते हैं, और इस बात को बखूबी समझते हैं कि भक्ति के अजीबोग़रीब रस्मो-रिवाज उस उच्चतर आध्यात्मिक सच को नकारता नहीं है कि सभी देवता उस अंतिम सत्ता का ही प्रतिनिधित्व करते हैं। कुछ लोग वेदों को ईश्वरीय समझते हैं पर ऐसे भी हिंदू विचार हैं जो उनकी वैधता पर प्रश्नचिह्न लगाते हैं, जैसे कि चार्वाक। धार्मिक रिवाजों में विविधता है और गूढ़ तांत्रिक विचार भी इसमें शामिल हैं पर हिंदू धर्म इसे अपर विद्या या प्रारंभिक ज्ञान के स्तर पर स्वीकार करता है – आध्यात्मिकता की खोज करनेवालों के पास कोई भी धार्मिक या आध्यात्मिक रिवाज को चुनने की स्वतंत्रता होती है।

ऐसे में अगर डोनिगर धोखा खा गई हैं, तो इसमें आश्चर्य नहीं होना चाहिए। विडंबना यह है कि वह खुद ही इस विभिन्न चित्रों के आपस में जुड़े होने का कारण बताती हैं – वह लिखती हैं कि हिंदू दर्शन और परिपाटी "बहस के मुद्दे हैं, हठधर्मिता के नहीं (इस पर ज़ोर मैंने डाला है)।" अगर कोई धर्म बहस की इजाज़त देता है, और हठधर्मिता से बचता है – जिस पर कई अब्राहमी मत जोर देते हैं – तो क्या इस बुनियादी "कलंक" की वजह से इस धर्म को एकीकृत धर्म नहीं रह जाना चाहिए और उसे वर्मी, साही और कछुए का संकर बन जाना चाहिए?

शायद, अमेरिकी पाठकों के लिए लिखनेवाली एक ग़ैर-हिंदू विदेशी डोनिगर को हिंदू धर्म की विविधता में एकता को नहीं समझ पाने के लिए माफ़ किया जा सकता है। लेकिन अमर्त्य सेन जैसे भारतीयों के विचारों – जिन्होंने एक बार मुझसे कहा कि वे अपना भारतीय पासपोर्ट इसलिए नहीं छोड़ पाए क्योंकि उन्हें संस्कृत से प्यार है – को समझ पाना ज़्यादा मुश्किल है। सेन कहते हैं कि "हिंदू धर्म को एकीकृत धर्म के रूप में देखना अपेक्षाकृत हाल का मामला है। "हिंदू" शब्द परंपरागत रूप से एक स्थान और देश का प्रतीक था न कि किसी समरूप धर्म का।"[64] साक्ष्य के रूप में सेन कहते हैं कि "संस्कृत के पास न केवल किसी अन्य प्राचीन धर्म की तुलना में धार्मिक साहित्य का विपुल भंडार है, उसके पास अनीश्वरवाद और नास्तिकता पर किसी भी प्राचीन धर्म की तुलना में कहीं ज़्यादा साहित्य उपलब्ध है।"[65] ऐसा कहते हुए, सेन इस तरह के रुख की विरोधाभासी प्रकृति को या तो नहीं समझते हैं या इसे जानबूझकर नज़रंदाज़ करते हैं। जब वे भारतीय सभ्यता के वैविध्य को साबित करना चाहते हैं तो उस समय वह उद्धृत करते हैं, और इस पर हम बाद में ग़ौर करेंगे, हिंदू धर्म के अंदर विभिन्न विचारों में सहिष्णुता पर अमल की। लेकिन, दूसरे संदर्भ में, यही सहिष्णुता हिंदू धर्म के एकीकृत धर्म होने के बारे में उनके संदेह का आधार बन जाता है। आशानुरूप, रोमिला थापर सेन के विचारों से इत्तफ़ाक़ रखती हैं। "काफ़ी हद तक स्वतंत्र धर्मों की बहुतायत के कारण कुछ विद्वानों

ने हिंदू परंपराओं (बहुवचन में) की बात की है। एक धार्मिक पहचान को बताने के लिए "हिंदू" शब्द के प्रयोग का चलन काफ़ी बाद में दूसरी सहस्राब्दी ईसवी में शुरू हुआ।[66]

हिंदू धर्म को, अन्य धर्मों की तरह ही, एक पहचान योग्य धर्म के रूप में विकसित होने में समय लगा। उस तिथि पर, जब ऐसा हुआ - और इसकी ऐसी कोई अंतिम तिथि नहीं हो सकती है – क्योंकि हिंदू धर्म जैसा धर्म निरंतर विकसित होता रहता है – बहस हो सकती है, लेकिन हिंदू धर्म अपने अनुयायियों के लिए निश्चित रूप से प्राचीन भारत में ही एक एकीकृत धर्म बन गया था। इसकी विशिष्टता के प्रश्न का विद्वान, भाषाविद और अनुवादक, ए के रामानुजन ने प्रभावी रूप से खंडन किया है। रामानुजन ने 'तीन सौ रामायण' नामक आलेख लिखा, जो इस बात की स्वीकारोक्ति है कि हिंदू धर्म में इस विषय की विविधता की अनुमति थी। उन्होंने हिंदू धर्म और रिवाज के बारे में उसकी महान और छोटी परंपराओं पर भी लिखा है। अपने निष्कर्ष में उन्होंने विविधता को स्वीकार किया है, हिंदू धर्म को नकारा नहीं है। जो इस मत से सहमति नहीं रखते उनके लिए उन्होंने व्यंग्य में कहा है: "भारत के संदर्भ में विविधता को परिभाषित करने का एक तरीक़ा यह है कि आयरलैंड के किसी व्यक्ति की पतलून के बारे में क्या राय है। जब उनसे यह पूछा गया कि पतलून एकवचन है या बहुवचन, उन्होंने कहा, "ऊपर से एकवचन और नीचे से बहुवचन।" होलोग्राम की उपमा भारत जैसी संस्कृति के बारे में बात करने का एक और तरीक़ा है – मतलब यह कि इसका कोई भी खंड एक अनुप्रस्थ परिच्छेद है, इसका कोई भी टुकड़ा इसके संपूर्ण का वैसे ही एक सच्चा प्रतिनिधित्व है जैसे शरीर की किसी कोशिका से संपूर्ण शरीर का सच्चा उदाहरण होने की उम्मीद की जा सकती है।"[67]

दिलचस्प बात यह है कि एक युवा के रूप में, रामानुजन इस बात से हैरान थे कि उनके पिता ज्योतिषशास्त्र और खगोलशास्त्र दोनों में विश्वास करते थे। पश्चिमी मानदंड के अनुसार, ज्योतिषशास्त्र अटकलबाज़ी है जबकि खगोलशास्त्र ग्रहों की सटीक गति का वैज्ञानिक अध्ययन है। हालाँकि, रामानुजन, जोकि हिंदू धर्म के एक सुविज्ञ छात्र थे, उन्होंने बहुत ही जल्दी यह समझ लिया कि मामला असंगत विषमता का नहीं है, न ही यह "अपर्याप्त शिक्षा या तार्किक दृढ़ता की कमी" को लेकर बाहरी "असंगति" का है।[68] उन्होंने समझा कि हिंदू मस्तिष्क टूल बॉक्स की तरह या दराज़ोंवाली अलमारी की तरह है। आप कोई एक औज़ार उठा सकते हैं या कोई एक दराज खोल सकते हैं लेकिन औज़ार एकल यंत्रपेटी का ही हिस्सा रहता है, और दराज दराजोंवाली अलमारी का ही हिस्सा होता है।

यह निष्कर्ष निकालना एक बात है कि हिंदू धर्म विचारों और परिपाटियों की विविधता का पोषण करता है। यह अर्थ निकालना कि इस अंतर्निहित संकलनवाद के

कारण यह किसी भी तरह से धर्म नहीं हो सकता, दूसरी बात है। ऐसे लोग जो सतह पर दिखाई दे रहे बहुतायत से नकारात्मक रूप से मुग्ध हैं, उनके लिए प्रोफ़ेसर राजीव मल्होत्रा एक गंभीर वाक्यांश का प्रयोग करते हैं, "अराजकता पर चिंता"। हिंदू धर्म की सहज विविधता पर उन्हें हैरानी होती है जो रेखीय अब्राहमी धर्मों जैसे ईसाई और इस्लाम के साथ ज़्यादा सुविधा का अनुभव करते हैं। "लेकिन धार्मिक सभ्यताएँ पश्चिम की तुलना में बाहुल्य और अस्पष्टता के साथ ज़्यादा तनावमुक्त और आरामदायक होते हैं। अव्यवस्था को रचनात्मकता और गतिशीलता का स्रोत माना जाता है। चूंकि परम सत्य अभिन्न रूप से एकीकृत एकजुटता है, अराजकता एक सापेक्ष घटना है जोकि ब्रह्मांड की मौलिक एकजुटता के लिए ख़तरा नहीं हो सकता या इसमें व्यवधान पैदा नहीं कर सकता।"[69] हिंदू धर्म जिस दार्शनिक अटकलबाजी की अनुमति देता है वह ब्रह्मांड क्या है इस बारे में खोज और गवेषणा को उचित ठहराता है। लेकिन इस वजह से इस भ्रम में नहीं रहना चाहिए कि "भारतीय आध्यात्मिक लचीलापन अनियमितता, द्वैधता या दृढ़ता की कमी से ग्रस्त है ...नाट्य शास्त्र ने किसी प्रसंग की स्थापना के पाँच कदम सुझाए हैं; मीमांसा प्रश्न गढ़ने के लिए सात सिद्धांतों की बात कहता है; संस्कृत में वैज्ञानिक आलेखों को लिखने के लिए "तंत्र-युक्तियों" जैसी तकनीक की चर्चा है; और प्रतिपक्षियों के साथ बहस करने के लिए कई तरह के स्थापित तरीक़ों का ज़िक्र है।"[70] मल्होत्रा हिंदू धर्म और बरगद के वृक्ष के बीच बहुत ही समीचीन तुलना करते हैं। "बरगद इस अर्थ में वृक्षों के बीच विशिष्ट है कि उसकी शाखाएँ पहले निकलकर अंततः नीचे ज़मीन की ओर जाती हैं और एक नए वृक्ष की जड़ बन जाती हैं, और इनमें से प्रत्येक संपूर्ण वृक्ष को पोषित करता है और उसे स्थायित्व प्रदान करता है। यह वृक्ष एक एकल संरचना जैसा होता है पर यह एक जटिल, विकेंद्रीकृत संगठन की तरह काम करता है ...इसकी एकाधिक जड़ें और शाखाएँ एक से ज़्यादा उत्पत्ति और स्रोतों का प्रतिनिधित्व करती हैं – जो एक जीवित प्राणी के ही अलग-अलग हिस्से होते हैं, भले ही पहली नज़र में इस पूर्ण को समझा नहीं जा सकता है। अलग-अलग जड़ों में से प्रत्येक हर तने को सींचता है और इस तरह हर एक पत्ता संपूर्ण जड़ प्रणाली से जुड़ा हुआ है।"[71] इस तरह, हिंदू धर्म "एक नेटवर्क है ...एक खुला वास्तुशिल्प जोकि आंतरिक और बाह्य रूप से आपस में गुथा है। यह स्वाभाविक रूप से ग्राही है जो अनुकूलता और विविधता के पोषण के लिए इसे एक बहुत ही सक्षम व्यवस्था में तब्दील करती है।"[72]

बेशक, कुछ "उदारपंथियों" द्वारा हिंदू धर्म के इस तरह मानमर्दन में एक मौलिक विडंबना है। उम्मीद थी कि उदारवादी विचार एक ऐसे धर्म को हाथोहाथ लेगा जो रूढ़ि पर कम भरोसा करता है और बहस पर ज़्यादा। यह हिंदू धर्म की अच्छाई है कि वह विविधता को फलने-फूलने का मौक़ा देता है जबकि दूसरे अनेक धर्म

आदेशात्मक हैं और वे कड़े आदेश देने और उसके अनुपालन पर भरोसा करते हैं। पर विभिन्न स्रोतों से विचारों को ग्रहण करने के उसके गुणों की प्रशंसा करने के बजाय वे यह निष्कर्ष निकालते हैं कि हिंदू धर्म में अनियत विविधता के अलावा और कुछ नहीं है। ऐसा करके वे न केवल अपने उदारमना होने की बात से धोखा करते हैं बल्कि एक ऐसे धर्म को नुक़सान पहुँचाते हैं जो अपने परिचित केंद्रीय कथानक के अंतर्गत विचारों की विविधता और उस पर अमल में विश्वास करता है। अभिव्यक्ति में विविधता इसके बाद, आवश्यक रूप से एकरूपता पर सवाल उठाने का कारण बन जाता है। साही-कछुआ के उदाहरण को सही ठहराने के इस अजीबोग़रीब मामले में सेन, जोकि वैसे हिंदू विचारों में विविधता के स्तर पर गर्व महसूस करते हैं, निष्कर्षतः कहते हैं कि "हिंदू परंपरा किसी भी सूरत में विभिन्न संस्कृतियों, विचारधाराओं का मिलाजुला रूप नहीं था।"[73] सच यह है कि हिंदू धर्म अनेक में एक भी है और एक में अनेक भी। यह महान धर्म है – और था – इसलिए नहीं क्योंकि यह रेखीय और आदेशात्मक था, बल्कि इसलिए क्योंकि अपने केंद्रीय कथानक की दृष्टि से इसको आत्म-आश्वस्ति थी, यह विविधता से कहीं से भी डरा हुआ नहीं था। "हिंदू धर्म में बहुईश्वरवादी, एकेश्वरवादी, अद्वैतवादी, सर्वेश्वरवादी, अनीश्वरवादी, नास्तिक, जीववादी या इनको मिलाजुलाकर किसी मत में विश्वास करना पूर्ण रूप से स्वीकार्य है।"[74] यह विभिन्न विचारों को ग्रहण करने की इसकी गहरी भावना का सुबूत है, इसकी सामंजस्य की भावना को कमतर बताने का कारण नहीं। जैसाकि रवीन्द्रनाथ टैगोर कहते हैं: "विविधता में एकता का अनुभव करना और बहुरूपता में एकता स्थापित करना–यह भारत का अंतर्निहित धर्म (भावना) है। भारतवर्ष ने विविधता की व्याख्या शत्रुता के रूप में कभी नहीं की।"[75]

अगर हिंदुओं ने किसी सभ्यता की नींव रखी तो कितनी पुरानी है यह? क्या यह इतनी पुरानी है कि विश्व की सर्वाधिक पुरातन सभ्यताओं में इसे स्थान मिल सके जिसकी तुलना मिस्र, मेसोपोटामिया, यूनान और चीन से की जाती है या क्या यह संभव है कि यह सभ्यता इन सभी सभ्यताओं से ज़्यादा पुरानी है? कालानुक्रमिक निर्देशांकों की स्थापना की दृष्टि से यह एक सीधा-सादा प्रश्न लग सकता है पर इसकी जड़ विचारधारात्मक बहस के अंदर तक जाती है जहां विशेष विचारधारा के इतिहासकारों का एक प्रमुख वर्ग है जो इस तरह के किसी भी दावे का बहुत मज़बूती से विरोध करते हैं। उपलब्ध वैज्ञानिक और लिखित साक्ष्यों के आलोक में मैं व्यापक किंतु विशिष्ट संदर्भ में इसकी चर्चा करूँगा जो हिंदू सभ्यता की प्राचीनता के बारे में अब तक प्रचलित सिद्धांतों को काफ़ी पीछे ले जाता

है। लेकिन पहले हमें उन कारणों की पड़ताल करनी है कि इस तरह के साक्ष्यों को कुछ लोग क्यों लगे हाथ ख़ारिज कर देते हैं।

जून 2020 में प्रतिष्ठित जवाहरलाल विश्वविद्यालय के वाइस चांसलर ने नई दिल्ली में एक वेबिनार के लिए आमंत्रण भेजा जिसका विषय था "द सरस्वती सिविलाइज़ेशन: अ पैराडाइम शिफ़्ट इन इंडियन हिस्ट्री।" ज्यों ही ऐसा हुआ, विरोध की आँधी उठ खड़ी हुई। सेंटर फ़ॉर हिस्टॉरिकल स्टडीज़, जहां यह वेबिनार होना था, वहां फ़ैकल्टी के वरिष्ठ सदस्यों ने 'गंभीर चिंता और आशंका' ज़ाहिर करते हुए वाइस चांसलर को पत्र लिखा। इसका प्रत्यक्ष कारण यह था कि आमंत्रण जारी करने से पहले उनकी सलाह नहीं ली गई थी। लेकिन वास्तविक कारण कुछ अलग ही था और जिस वजह से वामपंथी छात्रों के संगठनों ने विरोध प्रदर्शन किया। यह कहा गया कि इस तरह के वेबिनार्ज़ दक्षिणपंथी हिंदुओं का षड्यंत्र है हिंदू सभ्यता, जो प्राचीन नहीं है, को प्राचीन बताकर इसका झूठा "महिमामंडन" करना चाहते हैं। कुछ ने इसे दक्षिणपंथी वक्ताओं को मंच प्रदान करने, उदारवादी मूल्यों और धर्मनिरपेक्ष प्रगतिकामी इतिहास पर प्रहार करने का एक और प्रयास बताया जिससे सांप्रदायिकता को बढ़ावा मिलेगा।

प्राचीन भारत की उद्गम तिथि की दोबारा जाँच के लिए हाल में ऐतिहासिक रूप से सत्यापित होने लायक जो कई तरह के व्यापक साक्ष्य मिले हैं उनका त्वरित विरोध एक बार फिर बिना सोचे समझे हिंदू भय से ग्रस्त होने का प्रमाण है जोकि 1947 से वामपंथी झुकाववाले इतिहासकारों की पहचान बन गई है। यह दुर्भाग्य की बात है कि इन लोगों का समर्थन कुछ अच्छे ख़यालवाले "धर्मनिरपेक्ष लोग" भी करते हैं जो इस बात से डरे हुए हैं कि यह हिंदू कट्टरपंथ को मज़बूत कर सकता है।

हम कल्पना करें कि सचमुच में ऐसे कुछ अति उत्साही हिंदू हैं जो प्राचीन भारत का आँख मूँदकर महिमामंडन करना चाहते हैं। क्या इसका मतलब यह हुआ कि भारतीय सभ्यता की प्राचीनता से संबंधित सभी व्यापक शोध, भले ही वह किसी भी विषय में क्यों न हुए हों, उन्हें लगे हाथ अस्वीकार कर देना चाहिए? क्या आँकड़ों और तर्क की निष्पक्ष जाँच और तर्कसंगत बहस का कोई अवसर नहीं है? अगर हम इस बात को स्वीकार कर भी लें कि आज हिंदू क़ौमपरस्ती से मुक़ाबला करने की ज़रूरत है, तो क्या अतीत का ऐतिहासिक मूल्यांकन इस डर का शाश्वत रूप से बंधक बना रहे? अधुनातन तकनीक की मदद से भारत के सभ्यतागत उद्गम की जाँच करनेवाले स्वतंत्र भारतीय और विदेशी विद्वान दोनों ही क्या स्वतः ही हिंदू कट्टरपंथी बन जाते हैं? अगर कोई शोध हमारी प्राचीनता और प्राचीन अतीत पर सकारात्मक रूप से प्रकाश डालना चाहता है तो क्या हमेशा इसके पीछे कोई गुप्त एजेंडा ही काम कर रहा होता है?

इस प्रश्न पर पूरी संवेदनशील होकर बहस करने की ज़रूरत है पर ऐसा बमुश्किल हो पाता है। प्राचीन भारत की प्राचीनता को लेकर बहुत विद्वतापूर्ण कार्यों का अम्बार है और यहाँ पर इनको विस्तार से बताने की मेरी कोई दूर-दर की भी मंशा नहीं है। हालाँकि, इसके बारे में मोटे तौर पर बताना पर्याप्त होगा। काफ़ी लंबे समय तक स्थापित मान्यता यह थी कि आर्यों ने 1500 ईसा पूर्व में भारत पर हमला किया और यहाँ पहले से मौजूद हड़प्पा सभ्यता को नष्ट कर दिया और गंगा के तटीय मैदानी क्षेत्र में इनमें से अधिकांश लोग बस गए, और इसके बाद उन्होंने वैदिक युग की शुरुआत की। इस आक्रमण के कारण, हड़प्पा सभ्यता के लोग जोकि द्रविड़ भाषा-भाषी थे, उन्हें दक्षिण की ओर धकेल दिया गया और संस्कृत बोलनेवाले आर्यों ने उत्तरी भागों में अपना दबदबा क़ायम कर लिया। यह एक ऐसा सिद्धांत था जिसका समर्थन ब्रिटिश भी करते थे। ऐसा माना गया कि आर्य यूरोपीय मूल के थे। इसलिए वे पश्चिम से भारत में आए और इस तरह इससे ब्रिटिश को अप्रत्यक्ष रूप से प्राचीन भारत पर स्वामित्व के दावे की अनुमति मिली और साथ ही भारतीय इतिहास की स्वदेशी जड़ होने की किसी भी संभावना से इंकार कर दिया गया। इसके बाद इस सिद्धांत ने यह बात आगे बढ़ाई कि समय गुजरने के साथ ही पश्चिमी मूल के आर्यों ने स्वदेशी मूल के लोगों के साथ मिश्रित होना शुरू कर दिया और इस तरह उनमें सभ्यतागत जीवंतता समाप्त हो गई और हज़ार साल बाद औपनिवेशिक शासन के आशीर्वाद से उस मूल सभ्यता को पुनर्जीवित करने की यह बड़ी ज़िम्मेदारी ब्रिटिशों पर आ गई।

यह एक सुविधाजनक सिद्धांत था पर इसके साथ एक अच्छी बात यह हुई कि हर गंभीर इतिहासकार ने इसे ख़ारिज कर दिया। आर्यों के हमले का सिद्धांत (एआईटी) को अब इतिहास के कूड़ेदान के हवाले कर दिया गया है। जैसाकि डॉक्टर उपिन्दर सिंह कहती हैं: "हड़प्पा सभ्यता के पतन की सर्वाधिक लोकप्रिय व्याख्याओं में एक वह है जिसके समर्थन में बहुत कम साक्ष्य मौजूद हैं। हक़ीक़त में, हड़प्पा सभ्यतावाले किसी भी स्थल पर किसी तरह के सैनिक हमले या संघर्ष होने का कोई साक्ष्य नहीं है।"[76] रोमिला थापर इस निष्कर्ष को सही ठहराती हैं। "दूसरी और पहली सहस्राब्दी ईसा पूर्व की पुरातात्विक तस्वीर (और यहाँ तक कि इससे पहले की) बड़े पैमाने पर किसी हमले या लोगों या संस्कृति के विस्थापन के साक्ष्य का या तो बहुत कम या बिलकुल ही समर्थन नहीं करता।"[77] जिस बात को बहुत ही ज़बरदस्त ढंग से स्वीकार किया गया है वह यह है कि इंडो-आर्यन प्रवासी थे जो कई वर्षों की अवधि में उपमहाद्वीप में आए (जैसाकि वास्तविक रूप से इस महाद्वीप के सभी निवासी – और सही में वैसे ही जैसे संपूर्ण यूरोप भी आया है – किसी न किसी बिंदु पर प्रवासी रहे होंगे क्योंकि पूरी मानवता के आम पूर्वज अफ़्रीका से आए)। प्रश्न उठता है कि इंडो-आर्यन कब आए और हड़प्पा की

संस्कृति के साथ उनका क्या संबंध था। इस प्रश्न का उत्तर भारतीय सभ्यता की प्राचीनता की कुंजी हमें देता है।

इसका उत्तर उस रहस्यमयी नदी के उफनते पानी में है जिसका नाम है सरस्वती। भारत का सर्वाधिक प्राचीन ग्रंथ ऋग्वेद जोकि उत्तर पश्चिम भारत के भूगोल के बारे में व्यापक जानकारी देता है, सरस्वती नदी को बहुत ही बड़ी नदी बताया है जो पहाड़ से निकलकर समुद्र में मिलती है। इतना ही नहीं, वह इस नदी की बार-बार चर्चा करता है। "अपनी 45 ऋचाओं में ऋग्वेद सरस्वती नदी की प्रशंसा करता है; उसके नाम का उल्लेख 72 बार हुआ है और तीन ऋचाएं पूर्ण रूप से उसको समर्पित हैं।" ...सरस्वती के पानी को "प्रलयंकारी" बताया गया, कहा गया कि वह श्रेष्ठों में श्रेष्ठ है, "सर्वाधिक प्रचंड नदियों में से एक है," और यह "विशालकाय" है। "अनंत, अविछिन्न, त्वरित गति से प्रवाहमान है," वह "किसी अन्य सागर या नदियों से ज़्यादा प्रतापी, और शक्तिशाली है। वैदिक वंशजों में से कम से कम एक, पुरु उसके हरे-भरे तट पर रहते हैं।"[78] महाभारत में भी इस नदी का विस्तार से वर्णन है जिसमें इसके तट पर बसे आश्रमों और तीर्थों का ज़िक्र है।

ग्रंथों में इनके वर्णन के आधार पर एक विशाल नदी के अस्तित्व में होने और इसके हिमालय से समुद्र तक पूरब में यमुना और पश्चिम में सतलुज के बीच बहने के प्रमाण की जाँच स्वतंत्र अनुसंधानकर्ताओं ने विभिन्न तरह के वैज्ञानिक उपकरणों की मदद से की है। सरस्वती की पहचान के लिए भारत सरकार के अंतरिक्ष विभाग ने रिमोट सेंसिंग उपग्रह डाटा के साथ डिजिटल एलिवेशन मॉडल का प्रयोग भी किया है। ऐतिहासिक मानचित्रों, पुरातात्विक स्थलों, ज़मीन के अंदर पानी के बहाव और उसके वितरण (हाइड्रो-जियोलॉजिकल) और खुदाई संबंधी आँकड़ों का प्रयोग करते हुए उसने निष्कर्ष निकाला कि अधिकांश रूप से सूख चुके वर्तमान घग्गर नदी के सहारे जो निष्क्रिय नदी या धारा का प्रवाह दिखता है वह विशाल सरस्वती नदी का मार्ग ही है। तीसरी सहस्राब्दी ईसा पूर्व के अंत के आसपास सरस्वती नदी सूख गई। अधिकांश विशेषज्ञ इस मत को स्वीकार करते हैं कि 2500 ईसा पूर्व से 1900 ईसा पूर्व के बीच पृथ्वी की सतह की संरचना में उथल-पुथल हुआ जिसकी वजह से उत्तर-पश्चिम भारत की स्थलाकृति में झुकाव आ गया जिसकी वजह से नदियों के मार्ग बदल गए। इसकी वजह से सरस्वती की दो सहायक नदियों, सतलुज और यमुना के बहाव की दिशा बदल गई। सतलुज पश्चिम की ओर बहने लगी और वह सिंधु की सहायक नदी बन गई जबकि यमुना का रुख पूरब की ओर हो गया और वह गंगा की सहायक नदी बन गई। इसकी वजह से नदी में पानी की कमी हो गई और सरस्वती नदी ने तीसरी सहस्राब्दी ईसा पूर्व में थार के रेगिस्तान में दम तोड़ दिया। ऋग्वेद काल के सदियों बाद ब्राह्मणों में इस नदी के सूखने की चर्चा है।

यह ध्यान में रखना जरूरी है कि आज इस तरह का निष्कर्ष सिर्फ इतिहासकारों के मतों और ग्रंथों में इस बारे में संग्रहीत तथ्यों की सुविधाजनक व्याख्या पर ही आधारित नहीं है। अभी हाल तक जो वैज्ञानिक उपकरण जिनका पीछे ज़िक्र कर चुके हैं, उपलब्ध नहीं थे उन सभी की मदद और साथ में समुद्र विज्ञान, जल विज्ञान, आकृति-गतिकी, भू-गर्भ शास्त्र और ऐतिहासिक आँकड़ों की मदद ली जा रही है। सरल शब्दों में कहें तो अगर किसी जमाने में किसी बड़ी नदी का अस्तित्व था, तो इसका अस्तित्व कुछ ऐसे साक्ष्य छोड़ जाता है जिन्हें वैज्ञानिक तरीक़ों से साबित किया जा सकता है और यही साक्ष्य उस कालक्रम के बारे में भी इंगित कर सकता है जब उस नदी का अस्तित्व समाप्त हो गया या फिर वह मौसमी नदी में तब्दील हो गई।

इसलिए अगर सरस्वती एक बड़ी नदी के रूप में अस्तित्व में थी और *ऋग्वेद* इसके बारे में विशेष शब्दों में प्रमाण प्रस्तुत करता है और वह भी एक बार नहीं बल्कि बार-बार, तो इसका मतलब यह है कि इस ग्रंथ के लेखक उस समय भारतीय भूमि पर मौजूद रहें होंगे जब यह नदी अपने मौलिक स्वरूप में रही होगी। चूंकि नदी के सूख जाने की प्रक्रिया की अवधि को 2500 से 1900 ईसा पूर्व के बीच होना बताया गया है, निश्चित रूप से ये लोग 1500 ईसा पूर्व में नहीं, जैसाकि पहले निर्धारित किया गया था, बल्कि अगर ज़्यादा नहीं तो इससे कम से कम एक हज़ार वर्ष पहले भारतीय भूमि पर मौजूद रहे होंगे।

मिशेल दानिनो ने अपनी शोधपरक चर्चित पुस्तक द *लॉस्ट रिवर* में स्पष्ट किया है कि वर्तमान सूचनाओं के आलोक में क्यों आज पुराने सिद्धांत धराशायी हो चुके हैं: "इसके बावजूद, मैक्समूलर को मानते हुए, इतिहास की सभी परंपरागत पुस्तकें और विश्वकोश हमें बताते हैं कि *ऋग्वेद* की ऋचाओं की रचना "आर्यों" ने की जो इस उपमहाद्वीप में 1500 ईसा पूर्व में आए और वे यमुना की ओर बढ़े – 1200 से 1000 ईसा पूर्व के बीच गंगा क्षेत्र में पहुँचे। इस बारे में अनगिनत तिथियाँ भले ही जो कहे (इस स्थिति के अनगिनत स्वरूप हैं), ये "आर्य" सरस्वती क्षेत्र में 1400 ईसा पूर्व या 1300 ईसा पूर्व के बाद बसे होंगे – मतलब, नदी के सूख जाने के सदियों बाद। इसलिए हमसे यह विश्वास करने को कहा जाता है कि आर्यों ने कम से कम पाँच बड़ी नदियों – सिंधु और उसकी चार सहायक नदियों को पार किया और उसके बाद वे एक लंबी, सूख चुकी नदी के किनारे बस गए और जिसको उन्होंने आगे चलकर "विशालकाय", "प्रचंड", "नदियों में श्रेष्ठ" आदि विशेषणों से नवाज़ा। ऐसा कहना बेहद असंगत लगता है'।[79] उनका कहना है कि इसकी एकमात्र मुमकिन व्याख्या यह है कि "जिन ऋचाओं में सरस्वती की प्रशंसा की गई है – और इनमें से कुछ सर्वाधिक प्राचीन ग्रंथ *ऋग्वेद* के हैं – उनकी रचना उस समय हुई होगी जब यह नदी अभी भी बह रही थी और यह समय तीसरी सहस्राब्दी ईसा पूर्व के बाद का नहीं हो सकता।"[80]

कुछ इतिहासकार इस निष्कर्ष पर सवाल उठाते हैं और उनकी इन आपत्तियों की पड़ताल किये जाने की ज़रूरत है। 1833 में भारतवेत्ता एडवर्ड थॉमस ने इस बारे में जो सिद्धांत प्रतिपादित किया उसको रोमिला थापर दोहराती हैं। थॉमस का कहना है कि सरस्वती वास्तव में दक्षिण अफ़ग़ानिस्तान की हेलमंद नदी है। प्राचीन ईरान की भाषा अवेस्तान में इस नदी की मुख्य सहायक नदी को हरहवती कहा गया है जोकि भाषा विज्ञान की दृष्टि से एक ही जैसे हैं। थॉमस कहते हैं कि प्रवास पर आनेवाले आर्यों ने उत्तर-पश्चिम भारत आने पर इस नदी के बारे में अपनी यादों को भारत की एक अन्य नदी को समर्पित कर दिया जो एक छोटी सी धारा थी जिसका नाम था सरसुती और जो सिंधु में मिलती थी। एक दूसरी आपत्ति है कि शब्द "समुद्र" को सागर नहीं माना जाना चाहिए। इस बात पर कड़ी आपत्ति की ज़रूरत है क्योंकि हेलमंद समुद्र में नहीं मिलकर अफ़ग़ानिस्तान के एक दलदल में अपनी यात्रा समाप्त करती है। इसलिए, अगर *ऋग्वेद* यह विशेष रूप से कहता है कि सरस्वती "पहाड़ से समुद्र की ओर" (गिरिभ्या आ समुद्रात) बहती थी, तो यह कहना आवश्यक है कि समुद्र का मतलब सागर नहीं है बल्कि ऐसी जगह जहां पानी जमा होता है, जैसेकि झील।

दानिनो और अन्य दूसरे विद्वान इस अविश्वसनीय सिद्धांत का कड़ा प्रतिवाद करते हैं। दानिनो कहते हैं, "अगर प्रवासी आर्य किसी सरस्वती से इतना ज़्यादा जुड़े थे जिसे वे अफ़ग़ानिस्तान में छोड़ आए थे, इस बारे में कुछ स्पष्ट नहीं है कि सिंधु नदी को यह नाम देने से उन्हें किसने रोका। सिंधु वह नदी थी जिससे उनका साक्षात्कार उस समय सबसे पहले हुआ जब वे सिंधु नदी के विशाल मैदानी हिस्से में पहुँचे। वे चाहते तो किसी भी अन्य प्रतिष्ठित सहायक नदियों जैसे झेलम से सतलुज तक किसी को भी यह नाम दे सकते थे। ...यह सोचने में अपनी कल्पना को कुछ ज़्यादा ही खींचना पड़ता है कि अफ़ग़ानिस्तान छोड़ने के 200 या 300 वर्ष बाद अचानक यह ध्यान आया और उन्होंने विगत की सरस्वती की प्रशंसा करते हुए एक छोटी मौसमी धारा को यह नाम दे दिया।"[81] जहां तक समुद्र के मुद्दे की बात है, दानिनो इस बारे में अन्य बातों के अलावा इतिहासकार और संस्कृतिकर्मी पीएल भार्गव पर भरोसा करते हैं जिनकी बहुचर्चित पुस्तक *ज्योग्राफ़ी ऑफ़ ऋग्वैदिक इंडिया* में वैदिक काल के भारतीयों में समुद्र के ज्ञान और समुद्री युद्ध के बारे में उनकी जानकारी को सामने रखा है। शब्द "समुद्र" का सीधा अर्थ है सागर और *ऋग्वेद* में इसका ज़िक्र 160 बार हुआ है। दानिनो कहते हैं, "इनमें से किसी भी उल्लेख में समुद्र का मतलब अफ़ग़ानिस्तान की दलदली झील नहीं है।"[82]

यह स्वीकार करना ज़रूरी है कि सरस्वती को लेकर विद्वान आज भी एकमत नहीं हैं। दानिनो जैसे विशेषज्ञ घग्गर घाटी में विशाल सरस्वती नदी के किसी समय बहने के समर्थन में बहुत ही गंभीर साक्ष्य सामने रखते हैं, पर दूसरे लोग इस निष्कर्ष पर सवाल उठाते हैं।

टोनी जोसेफ ने अपनी व्यापक शोधपरक पुस्तक *अर्ली इंडीयंज़* में इस विषय पर संपूर्ण समकालीन शोध की समीक्षा की है और निष्कर्षतः कहा है: "आज उपलब्ध व्यापक साक्ष्य यह कहता है कि घग्गर-हाकरा के सिकुड़ जाने का कारण पृथ्वी की सतह में हुआ भौगोलिक परिवर्तन नहीं था जिसकी वजह से इसको अपने पानी से हाथ धोना पड़ा और उसे गंगा और सिंधु को दे दिया गया, बल्कि एक व्यापक सूखा था जिसने पूरे विश्व को प्रभावित किया। घग्गर बरसाती नदी थी और मानसून के विफल रहने के कारण यह कमजोर पड़ गई। यह कोई बहुत विशाल बर्फ़ के पिघलने के कारण जल प्राप्त करनेवाली नदी नहीं थी जोकि "पहाड़ों के शीर्ष के टूटने" की अभ्यस्त थी जैसाकि प्रवास से इंकार करनेवाले जोर देकर कहते हैं।"[83] विद्वानों को अपना मत ज़ाहिर करने का हक़ है; शायद पृथ्वी के सतह में गड़बड़ी की वजह से नहीं, भारी सूखे की वजह से सरस्वती नदी सूख गई। पर हमारी राय में *ऋग्वेद* (और दूसरे ग्रंथों में भी) में सरस्वती की जिस तरह से और जितनी बार प्रशंसा की गई है, उसको देखकर यह नहीं लगता कि यह सिर्फ कल्पना की उड़ान भर होगी। "विशाल" और "प्रचंड" नदी जो "पहाड़ों से समुद्र की ओर" बह रही है किसी बरसाती, मौसमी, अधिकांश समय तक सूखी रहनेवाली घग्गर नदी का वर्णन नहीं हो सकता, जोकि बर्फाच्छादित पहाड़ों से नहीं बल्कि शिवालिक पहाड़ियों की तलहटी से निकली है।

इसलिए अगर हम यह सोचते हुए इस सिद्धांत पर आगे बढ़ें कि आर्य इस उपमहाद्वीप में उस समय से एक हज़ार वर्ष पहले आए, जिसे उनके यहाँ आने की संभावित तिथि माना जाता है, तो भी इसकी एक कड़ी ग़ायब दिखाई पड़ती है जिसकी पड़ताल की ज़रूरत है। यह सिद्धांत आर्यों को भारतीय मिट्टी के होने का दर्जा वैसे ही देता है जैसे हड़प्पा की सभ्यता को। तो फिर दोनों के बीच संबंध क़ायम करनेवाली वह चीज़ क्या थी? अभी हाल तक, परंपरागत इतिहास को "आर्य-पूर्व" और "उत्तर-आर्य" में बाँटा गया था। इन दोनों ही चरणों को बेमेल जोड़े के रूप में देखा गया और यह कहा गया कि इनके बीच कुछ भी आम नहीं है। हालाँकि, व्यापक शोध इस यांत्रिक रूप से ध्रुवीकृत विचारों को सिर के बल खड़ा करने पर आमादा है। अब जो व्यापक मात्रा में साक्ष्य मिल रहे हैं वे इस ओर इशारा करते हैं कि आत्मसात करने और परिवर्तनकारी प्रकिया के हिस्से के रूप में दोनों के बीच जुड़ाव था। यह विशेषकर इसलिए भी है क्योंकि हड़प्पा सभ्यता के अधिकांश स्थल जैसे कलिबंगन (राजस्थान), बनवती और राखीगढ़ी (हरियाणा), धौलाविरा और लोथल (गुजरात), ये सबके सब सरस्वती नदी के तट पर स्थित हैं। अगर आर्य भी इस क्षेत्र में थे तो ऐसा कैसे हो सकता है कि इस क्षेत्र में रहनेवाले दोनों लोगों के बीच किसी तरह का कोई संबंध नहीं रहा हो?

दोनों के बीच जुड़ाव का संबंध होने के बारे में साक्ष्य का मिलना भावुक कर देनेवाला है। दानिनो एवं दूसरे विद्वानों ने इन सूचनाओं की बारीकी से पड़ताल की है और उनके

मुख्य निष्कर्षों पर प्रकाश डालना हमारे लिए पर्याप्त होगा। निरंतरता स्पष्ट और अस्पष्ट दोनों है। पूर्ववर्ती विश्लेषकों ने इस बात पर काफ़ी ज़ोर डाला कि हड़प्पा की सभ्यता शहरी सभ्यता थी, वैदिक सभ्यता ग्रामीण थी। हालाँकि, इस तरह का विभाजन कृत्रिम है। जैसाकि डॉक्टर उपिन्दर सिंह कहती हैं: "शहर और गाँव एक दूसरे के विपरीत ध्रुव नहीं हैं बल्कि एक-दूसरे पर निर्भर और एक-दूसरे से संवाद करनेवाले वृहत सांस्कृतिक और पारिस्थितिकीय व्यवस्था के अवयव हैं।"[84] इस तरह हम पाते हैं कि बाद के शहर जैसे मथुरा, कौशाम्बी, राजगीर और वैशाली में किलों और ख़ंदकों की वास्तुशिल्प संबंधी विशेषताएँ वैसी ही हैं, जैसी हड़प्पाक़ालीन शहरों की थीं। सबसे बड़ी विशेषता तो यह है कि हड़प्पाक़ालीन शहरों में जिस तरह का मानकीकरण अपनाया जाता था, उसे बाद के ऐतिहासिक शहरों में भी दोहराया गया। कौटिल्य ने अपने *अर्थशास्त्र* और वास्तुशिल्प की नियमावली माना जानेवाला वास्तुशास्त्र दोनों में ही एक ही अनुपात सुझाया है (दोनों ने बड़े भवनों के निर्माण में 5:4 के अनुपात की अनुशंसा की है और इसी अनुपात का प्रयोग हड़प्पा काल में भी होता था)। इसी तरह की स्पष्ट निरंतरता हड़प्पाकालीन कुओं में भी देखी जा सकती है, जिसे विषम चतुर्भुजाकार ईंटों से बनाया गया है और खंभोंवाले कक्ष, घर की योजनाओं और बाद के समय में प्रयुक्त होनेवाली निर्माण की तकनीक में भी देखी जा सकती है।

हड़प्पा काल में प्रयुक्त होनेवाले तोलों और मापों से भी निरंतरता का उदाहरण प्राप्त होता है। हड़प्पा की तौल प्रणाली एक ग्राम से थोड़े ही कम से शुरू होकर 10 किलो तक जाती है और क्रमानुसार ज्यामितीय बढ़त जिसके द्वारा तौल में वृद्धि होती है, उसने स्पष्ट रूप से तौल प्रणाली के विकास की प्रेरणा दी जिसका ज़िक्र *अर्थशास्त्र* में किया गया है और गंगा के मैदानी भाग में बाद में स्थापित होनेवाले साम्राज्यों में वैसी ही प्रणाली का प्रयोग होता था।

हड़प्पाकाल की परिपाटी को अपनाने की यह प्रवृत्ति तकनीक और शिल्प के क्षेत्र में भी है, भले ही यह चूड़ी और मनका बनाने का हो या सीप और हाथी दांत की कलाकृतियों के निर्माण की बात। कांसे को ढालने का तरीक़ा जिसे "मोम की भूली-बिसरी ढलाई" के नाम से भी जाना जाता है, इसका प्रयोग उदाहरण के लिए, हड़प्पा के लोग नाचती हुई लड़की की प्रसिद्ध मूर्ति बनाने के लिए करते थे, बाद में संपूर्ण उपमहाद्वीप में इसका प्रयोग होने लगा और इसमें तेरहवीं सदी में चोल शासन के दौरान बने कांसे की प्रसिद्ध मूर्तियाँ भी शामिल हैं।

"यहाँ तक कि शादीशुदा हिंदू महिलाओं की अपने मांग में सिंदूर लगाने की परंपरा भी हड़प्पाकालीन है: नौशारो और अन्य स्थानों पर जो मूर्तियाँ मिली हैं, उनमें उसी स्थान पर लाल रंग दिखे हैं। कुछ पुरातनपंथी हिंदू पुरुष अपनी दाईं बाँह पर वहीं ताबीज़ बांधते

हैं, जहां तथाकथित "पुजारी राजा" बांधता था (जैसाकि हड़प्पा के एक सील में दिखता है)।"[85] प्रसिद्ध कला इतिहासकार स्टेला क्रैमरिश ने निष्कर्षतः सही कहा है कि हड़प्पा की परंपरा अविछिन्न है, क्योंकि दूसरी और तीसरी सहस्राब्दी ईसा पूर्व की सिंधु घाटी जब तीसरी सदी ईसा पूर्व में दोबारा सामने आती है तो अपने विषय और आकार में भारतीय कला में वह निरंतरता बनाए रखता है।"[86]

अमूर्त धरोहरों में भी आश्चर्यजनक रूप से निरंतरता प्रदर्शित होती है। हड़प्पा सभ्यता की कई मुहरें मिली हैं और उन पर बने चित्रों का अध्ययन इसके समर्थन में काफ़ी समृद्ध साक्ष्य उपलब्ध कराते हैं। इस तरह, हड़प्पा की आम आकृतियाँ जैसे स्वास्तिक, एक सींगवाला जानवर जोकि एक सींगवाले बैल की तरह दिखता है, आठ-आकारवाली अंतहीन गाँठ, पीपल का पट्टा और अग्नि की पूजा की वेदी ऐसे प्रतीक होते हैं जो आज भी प्रचलन में हैं। सबसे दिलचस्प है हड़प्पा की वह प्रसिद्ध मुहर जिसे पशुपति मुहर कहा जाता है। इसमें एक प्रमुख आकृति योग की मुद्रा में बैठी है, जिसके सिर पर तीन सींगोंवाली पगड़ी जैसी रखी है और इसके तीन चेहरे हैं और यह जानवरों से घिरा है – और इसीलिए इसका नाम "पशुपति" है। चूंकि कई मुहरों पर ऐसी ही आकृतियाँ हैं, यह निष्कर्ष तार्किक है कि उसको विशेष आदर प्राप्त था। प्रमुख विद्वान इस बात से सहमति जताते हैं कि यह चित्र बहुत कुछ साम्य होने के कारण शिव की याद दिलाता है। सिर पर तीन सींगोंवाली पगड़ी हिंदू धार्मिक परिपाटी में त्रिमूर्ति की याद दिलाती है और इसके साथ ही त्रिशूल भी जोकि शिव का प्रतीक है (यह स्वतंत्र रूप से कई मुहरों पर चित्रित हैं और अभी-तक-नहीं-पढ़े-गए हड़प्पा की लिपि में बार-बार आए हैं)। कूबड़युक्त भव्य बैल, जोकि शिव के बैल नंदी से आश्चर्यजनक रूप से मिलता है, इसकी कई मुहरों पर मौजूदगी से इस तरह के पारस्परिक संबंध और ज़्यादा मज़बूत हो जाते हैं। हमें यहाँ लिंग भी मिलते हैं, जोकि बाद के समय में और वर्तमान में भी शैवों के प्रतीक चिह्न हैं। "सिंधु-सरस्वती सभ्यता में शिव-जैसे किसी देव की उपासना का साक्ष्य ("मूल" या नहीं) पूरी तरह से एक संपूर्णता का सिलसिलेवार निर्माण करता है।"[87]

मातृ देवी को समर्पित कई महत्वपूर्ण मुहरें भी यहाँ मिली हैं और इनकी व्यापकता इनके महत्वपूर्ण होने का प्रमाण है। जॉन स्ट्रैटॉन हॉली और डोना मैरी वुल्फ़, जिन्होंने *देवी: द गॉडेसेज ऑफ़ इंडिया* नामक महत्वपूर्ण पुस्तक लिखी है, कहते हैं, "इनको प्रस्तुत करने की शैली आगे के युगों में भी जारी रही। मौर्यकाल और यहाँ तक की इसके बाद के अवधि की स्त्री मूर्तियाँ (चौथी से दूसरी सदी ईसा पूर्व) अमूमन सिंधु घाटी की मूर्तियों की प्रतिकृति लगती हैं।"[88] अगर इसमें हम यौगिक मुद्रा वाले मुहरों (उदाहरण के लिए, कुछ मुहरों में एक व्यक्ति को पालथी मारे बैठा हुआ दिखाया गया है और उसके हाथ परंपरागत नमस्ते की मुद्रा में जुड़े हुए हैं) को भी शामिल कर लें तो हमें जॉन मार्शल

के इस निष्कर्ष से सहमत होने का पूर्ण आधार है: "समग्र रूप में (सिंधु घाटी के निवासियों का धर्म) यह विशिष्ट रूप से इतना ज़्यादा भारतीय है कि इसे वर्तमान में जीवित हिंदू धर्म से अलग नहीं किया जा सकता।"[89]

इस तरह, सिंधु और उसके बाद गंगा के मैदानी भाग में पलनेवाली सभ्यताओं को तो दो अलग सभ्यता मानने के बदले उन्हें सांस्कृतिक निरंतरता का हिस्सा मानना ज़्यादा सटीक होगा। इन दोनों को अलग मानने के समर्थन में जिस एक बात को बार-बार उद्धृत किया जाता है वह यह है कि एक शहरी सभ्यता थी, जबकि दूसरी ग्रामीण या देहाती। हालाँकि, डॉक्टर उपिंदर सिंह की दलील है कि हड़प्पा की सभ्यता क्रमशः अपना शहरी चरित्र खोता गया और इसने पूरब और उसके बाद दक्षिण का रुख किया। यह अचानक समाप्त नहीं हुई और हड़प्पा की सभ्यता अपने अंतिम चरण में अपना शहरी चरित्र खो चुका था और कृषि का विस्तार होने लगा था। इस चरण में, "अगर पूर्व-वैदिक काल में इंडो-आर्यन लोगों के यहाँ आने की कई लहर आई भी तो इन प्रवासियों ने भारतीय भूमि पर अपनी सभ्यतागत विश्वदृष्टि का निर्माण किया और हड़प्पा संस्कृति के तत्वों को भी आत्मसात किया।"[90] इस विचार के समर्थन में उन्होंने ऋग्वेद में मौजूद लगभग 300 ग़ैर-संस्कृत शब्दों को उद्धृत किया है। बाहर से "उधार लिए गए ये शब्द" इस बात के संकेत हैं कि ऋग्वेद काल के लोगों का संवाद हड़प्पा सभ्यता के निवासियों से भी था। "ऋग्वेद में ऐसे कई ग़ैर-इंडो-आर्यन नाम वाले आदिम लोग हैं जैसे चुमुरी, धुनी, पिपरु और शंबर। इस ग्रंथ में आर्य प्रमुखों का हवाला दिया गया है जिनके नाम ग़ैर-इंडो-आर्यन थे, जैसे – बलबुता और ब्रिबु। ये सारी बातें इस ओर इशारा करती हैं कि सांस्कृतिक संवाद की प्रक्रिया चल रही थी।"[91] रोमिला थापर यह स्वीकार करती हैं कि संस्कृतियों की विशेषता लोगों और विचारों के घुलने-मिलने में है और वह इस तर्क का समर्थन करती हैं: "वैदिक संस्कृति को आर्य संस्कृति मानना और सिंधु घाटी के लोगों से व्यापक रूप से अलग जाति और भाषावाला मानने की कोशिश को आज तरजीह नहीं दी जाती। आज जिस सिद्धांत को सबसे ज़्यादा स्वीकार किया जाता है वह एक अलग आर्य जाति का भारत पर आक्रमण और तत्कालीन संस्कृति को विस्थापित करने का कम और मिश्रित "इंडो-आर्यन भाषा-भाषी लोगों का ज़्यादा है," और यह प्राचीन भारत की प्राचीनता को कम से कम एक सहस्राब्दी और पीछे ले जाता है।"[92]

कुछ विद्वान अभी भी इस बारे में आश्वस्त नहीं हैं और उनका कहना है कि हड़प्पा से जो मूर्तियाँ मिली हैं उनमें उन्हें कहीं भी घोड़े की मूर्ति नहीं दिखी है। यह वास्तव में चौंकानेवाली बात है, क्योंकि भारत में घोड़ों के बारे में बहुत पहले से पता था और पाषाणकाल के भीमबेटका शैलचित्रों से इसका प्रमाण मिलता है। जैसाकि संजीव सान्याल ने लिखा है कि शायद "इसका उत्तर भारत और पाकिस्तान में मौजूद उन सैकड़ों

स्थलों में छिपा है जिनकी अभी तक खुदाई नहीं हुई है या पहले हो चुकी खुदाइयों में प्राप्त पशुओं की हड्डियों में छिपा है जिन्हें हज़ारों बोरियों में भरकर रख दिया गया है, पर दशकों से जिनकी कोई जाँच नहीं हुई है।"[93] यह तथ्य कि हड़प्पा के लोगों को लिखना आता था, पर वैदिक संस्कृति के लोग लिखना नहीं जानते थे, इस बात को भी लोग दोनों संस्कृतियों में विभाजक अंतर के रूप में पेश करते हैं। हालाँकि जो व्यापक साक्ष्य मिले हैं वे इस इस बात की ओर इशारा करते हैं कि इनमें परस्पर निरंतरताएं रही है और अंतरिक्ष विज्ञान, आनुवंशिकी, वंशानुक्रम और मानव विज्ञान की नई उपयोगिताओं को लागू कर महत्वपूर्ण शोध हो रहा है, ताकि भारतीय सभ्यता की वास्तविक प्राचीनता के कारणों का पता लगाया जा सके। प्रसिद्ध इतिहासकार आर सी मजूमदार 1952 में ही इस निष्कर्ष पर पहुँच गए थे: "यह बताने के काफ़ी प्रमाण हैं कि हिंदू धर्म की कुछ मौलिक स्थापनाएँ इस संस्कृति से ली गई हैं। ...कुल मिलाकर, अब यह क्रमशः समझा जाने लगा है कि भारत की वर्तमान सभ्यता न केवल आर्य सभ्यता से विकसित हुई है, जैसाकि काफ़ी लंबे समय से आमतौर पर माना जा रहा था, बल्कि यह कई संस्कृतियों का मिश्रित परिणाम है, जिसमें सिंधु घाटी सभ्यता के योगदान को अवश्य ही महत्वपूर्ण कारक माना जाना चाहिए।"[94]

लेकिन वामपंथी झुकाव वाले इतिहासकारों को ये बातें पच नहीं रही हैं। इस सोच के महत्वपूर्ण हस्ताक्षर प्रोफ़ेसर इरफ़ान हबीब ने 2001 में एक आलेख लिखा जिसका शीर्षक था *इमैजिनिंग रिवर सरस्वती: अ डिफ़ेन्स ऑफ़ कॉमन सेंसेज*। इसमें उनकी मुख्य दलील यह थी कि *ऋग्वेद* में जिस महत्वपूर्ण सरस्वती की बात की गई है वह एक ऐसी अमूर्त नदी है जो सिर्फ कल्पनाओं में है। हो सकता है कि सतलुज की एक छोटी सहायक नदी सिरसा को गलती से सरस्वती समझ लिया गया हो। या फिर, घग्गर और सरस्वती के बीच जुड़ाव चौदहवीं सदी में फ़िरोज़शाह तुग़लक़ के बनाये नहर के कारण हो सकता है। ये दोनों ही दलीलें काफ़ी काल्पनिक लगती हैं और इनका बहुत ही आसानी से खंडन हो सकता है। ग्रंथ में सरस्वती का जो वर्णन दिया गया है उससे इस छोटी सी नदी सिरसा का वर्णन मेल नहीं खाता है; और नहर वाली बात, जैसाकि दानिनो कहते हैं, "तथ्यात्मक रूप से भी नहीं टिकती है और स्पष्ट कहें तो गुम हो चुकी नदी के मुद्दे से इसका कोई लेना-देना नहीं है।"[95] हबीब का अंतिम निष्कर्ष है कि "सरस्वती नदी को महान बताने के लिए किए गए सारे दावे हवाई क़िले के अतिरिक्त और कुछ नहीं है भले ही आप उस पर कितनी ही बातें कर लें।" उनकी इस बात पर दानिनो का करारा जवाब है: "क्या हमें यह मान लेना चाहिए कि सभी ऋषि ज़्यादा सोम रस पीने के बाद नशे में छोटी सी नदी सरसुति के तट पर आ गए थे? ...अगर सरस्वती "अमूर्त नदी थी" तो इसे गंगा और यमुना के बाद और सतलुज के पहले विशेष रूप से रखने की क्या ज़रूरत थी...।"[96]

सरस्वती के बारे में साक्ष्य को नकारने के हबीब के इस जोश भरे पर कहीं नहीं टिकनेवाले प्रयास के कारण हालाँकि, पूरी तरह अलग हैं। अपने आलेख के निष्कर्ष में उन्होंने खुद कहा है कि वह सिर्फ हड़प्पा को वैदिक सभ्यता से ज़्यादा तरजीह देना चाहते हैं जोकि "झूठी देशभक्ति" का एक उदाहरण है। यह उनकी वास्तविक चिंता है कि इस बारे में जितना भी शोध और अध्ययन हुआ है, वह उन लोगों का षड्यंत्र भर है जो राजनीतिक कारणों से प्राचीन भारत और इससे भी ज़्यादा ख़तरनाक, हिंदू भारत को ज़्यादा प्राचीन बताना चाहते हैं। इस तरह की अंतर्निहित आशंका के प्रत्युत्तर में वह आर्य हमले के औपनिवेशिक सिद्धांत को भी अपना समर्थन देने और इस बात की संभावना को पूरी तरह ख़ारिज करने को तैयार हैं कि हड़प्पा और वैदिक संस्कृति के बीच कभी कोई संपर्क रहा ही नहीं। इस तरह के किसी संपर्क की बात को आगे बढ़ाने का मतलब होगा अतीत को वैदिक संस्कृति के झोले में डाल देने को सही ठहराना और इस तरह हिंदुत्व के प्रवर्तकों के "सांस्कृतिक उन्माद" को आगे बढ़ाना।

इरफ़ान हबीब को समर्पित पुस्तक के आलेखों में मार्क्सवादी इतिहासकारों के रुझान को पूरी स्पष्टता से व्यक्त किया गया है। 'स्वतंत्रता के समय से ही सिंधु सभ्यता को वैदिक आर्यों की सभ्यता बताने की कोशिश हो रही है जिसका उद्देश्य वैदिक संस्कृति को कई कारणों से गौरवान्वित करना है: पहला, सिंधु सभ्यता को ऋग्वेद की संस्कृति बताने से न केवल वैदिक धर्म को अभी तक जो माना जा रहा था उसकी तुलना में ज़्यादा प्राचीन होने की बात निर्धारित की जा सकती है बल्कि उन्हें दुनिया की सबसे पुरानी सभ्यताओं में से एक – कम से कम मैसोपोटेमियाई सभ्यता जितनी पुरानी होने का श्रेय तो दिया ही जा सकता है। दूसरा, इससे "भारतीय उपमहाद्वीप को ऋग्वेदिक आर्यों का मूल निवासस्थान बता पाना संभव होगा" और इस तरह वह दुनिया के सभी समकालीन सभ्यताओं में सर्वाधिक प्रसार वाली सभ्यता होने का श्रेय प्राप्त कर लेगा। ...अंततः क्यों ये सारे विद्वान वैदिक संस्कृति को महिमामंडित करना चाहते हैं? इसी में दो कारणों से वास्तुशास्त्र की वैचारिक मज़बूती की बात छिपी हुई है: वेदों के बारे में यह माना जाता है कि यह "हिंदू सामाजिक, राजनीतिक और आर्थिक संस्थानों का उद्गम है" और हिंदू संस्कृति वास्तव में "वही भारतीय संस्कृति" है। उनको लगता है कि उनकी दृष्टि से मेल खानेवाले इतिहास को गढ़ने से भारतीय संस्कृति और राष्ट्र को समरूप बनाने में मदद मिलेगी।'[97]

इस तरह इस आलोचना का उद्देश्य क्या है यह स्पष्ट हो जाता है। यहाँ निष्पक्ष ऐतिहासिक मूल्यांकन पर जोर नहीं है, बल्कि किसी भी तरह हिंदू "गौरवगान" को रोकना है। भारतीय सभ्यता की प्राचीनता और देश में ही इसका उद्गम होने के बारे में किसी दावे को भले ही कितने तार्किक ढंग से क्यों न सामने रखा गया हो, इसका विरोध अवश्य होना चाहिए क्योंकि यह अवश्य ही "हिंदू को गौरवान्वित" करने के लिए इतिहास के

पुनर्लेखन का प्रयास होगा। भारत को दुनिया की प्राचीनतम सभ्यताओं में अवश्य ही नहीं गिना जाना चाहिए – भले ही इतिहासकारों का एक बड़ा वर्ग इसे स्वीकार क्यों नहीं करता है – क्योंकि ऐसा करने से "विदेशियों के प्रति हिंदुओं में घृणा" को बढ़ावा मिलेगा। यह दिमाग़ के बंद होने का सर्वाधिक स्पष्ट उदाहरण है जो नए ऐतिहासिक और वैज्ञानिक डाटा के आगे संभवतया "हिंदू" जुड़े होने के वैचारिक विरोध से प्रेरित है। यह पहले से ही निर्धारित कर लेना कि भारतीय सभ्यता को ज़्यादा प्राचीन बता देना स्वतः ही एक ज़्यादा प्राचीन "हिंदू" भारत की ओर संकेत करता है, इसके पीछे काम कर रहा एकमात्र वैचारिक प्रेरणा है।

अगर यह जुनून हिंदुत्व की राजनीति को ही लेकर है जिसकी वजह से विदेशी वैज्ञानिकों - भूगर्भशास्त्रियों, मौसम विज्ञानियों, पर्यावरणवादियों और इतिहासकारों सहित दक्षिणपंथी हिंदू एजेंडा से कोई संबंध नहीं रखने वालों की बातों को दरकिनार किया जाता हो, तो बात तथ्यों और साक्ष्य पर आधारित नहीं है, बल्कि सनक पर चल रही है। अमर्त्य सेन इसके एक सटीक उदाहरण हैं। इस तरह, हिंदुत्व के सिद्धांत में बहुत कुछ वेदों के उद्गम पर निर्भर करता है। विशेषकर उसकी रचना किसने की (हिंदुत्व सिद्धांत के लिए यह सर्वाधिक मुफ़ीद तब होगा जब इसकी रचना करनेवाले स्वदेशी भारतीय हों, जो हज़ारों साल पहले से भारत में बसे हों न कि इंडो-यूरोपियन जो बाहर से आए हों)? क्या इनकी रचना सिंधु घाटी सभ्यता के बाद हुई (यह सबसे अच्छी बात होगी अगर इसकी रचना बाद में नहीं हुई, जोकि अभी तक की स्वीकृत जानकारी के ठीक उलट है)? तथाकथित वैदिक विज्ञान और गणित कितने प्राचीन हैं (क्या ये यूनानी और बेबिलोन के लोगों के योगदान से ज़्यादा पुराना नहीं हो सकता जो हिंदू भारत को इस विधा के क्षेत्र में आगे कर देता है)? हिंदुत्व के समर्थकों ने इतिहास के पुनर्लेखन की इस तरह से कोशिश की कि ये मुख्तलिफ़ मुश्किलें साथ ही साथ ग़ायब हो जाएं। इसके लिए उन्होंने एक साधारण युक्ति अपनाई - वेदों की रचना करनेवाले लोगों और सिंधु सभ्यता के लोगों को एक ही बता दिया![98]

स्पष्ट रूप से यहाँ विरोध का मूल बिंदु हिंदुत्व और हिंदू भारत है। इसीलिए सभी नए शोध सिरे से संदिग्ध हैं, क्योंकि ये इन लक्ष्यों को आगे बढ़ाएँगे यह तयशुदा है। इसके विपरीत, पुराने और अपनी प्रासंगिकता खो चुके सिद्धांत जिनमें से कई औपनिवेशिक शासन के हथकंडे थे, को बचाना ज़रूरी है क्योंकि उन पर सवाल उठाने का मतलब होगा हिंदुत्व के जिन्न को जगाना! यह उन लोगों का खुद को पराजित करनेवाला द्वंद्वात्मक विचार है, जो अतीत का विश्लेषण इस बात को ध्यान में रखकर करते हैं कि कैसे यह आज की ज़रूरतों को पूरा करता है। अगर कोई ज़रूरत से ज़्यादा उग्र हिंदूवादी इस दृष्टिकोण को अपनाने का दोषी है तो वामपंथी विचारवाले इतिहासकार भी इस दोष से

नहीं बच सकते। सच इन दो सुदूर पाटों के बीच कहीं है और इसका एकमात्र टिकाऊ निष्कर्ष यह है कि प्राचीन भारत – भले ही लोगों का आप्रवासन इसका हिस्सा रहा हो – काफ़ी हद तक स्वदेशी था और पहले जितना अनुमान लगाया गया था, उससे कहीं ज़्यादा प्राचीन। टोनी जोसेफ जोकि आनुवंशिकी में हुए महत्वपूर्ण शोध पर काफ़ी ज़्यादा भरोसा करते हैं, ने अपनी पुस्तक *अर्ली इंडीयंज़* में लिखा है कि हो सकता है कि आर्य मध्य एशिया के मैदानी इलाक़े से भारत में आए हों, यह मानना ग़लत होगा कि "वेद या "संस्कृत" या "आर्य" संस्कृति को यहाँ डिब्बे में बंद करके लाया गया था और यहाँ आकर उसे उस डिब्बे से बाहर निकाल दिया गया। इस बात की ज़्यादा संभावना है कि "आर्य" संस्कृति भारत में इंडो-यूरोपियन भाषाओं को लानेवालों और यहाँ पहले से ही रह रहे लोगों के बीच संवाद, एक-दूसरे की जीवनशैली को अपनाने और एक नए माहौल के अनुरूप खुद को ढालने का परिणाम था।"[99] दुख की बात यह है कि अगर हड़प्पा की लिपि को हम पढ़ने में समर्थ होते तो इस बारे में बहुत कुछ हम जान सकते थे। पर जब कभी ऐसा होगा तो जिन ऐतिहासिक साक्ष्यों की चर्चा की गई है उस पर यह अंतिम मुहर लगा सकता है।

मार्क्सवादी इतिहासकार प्राचीन भारत की सिर्फ वर्ग और आर्थिक दृष्टि से व्याख्या करके इसकी सभ्यतागत महत्ता को कमतर कर देते हैं। निश्चित रूप से अतीत के अध्ययन का यह भी एक तरीक़ा है पर यहाँ समस्या दोहरी है। पहला, इस तरह का रुख अन्य सभी आयामों को इसकी परिधि से बाहर रखता है और इस बात पर जोर देता है कि इतिहास के मूल्यांकन का एकमात्र यही तरीक़ा है। दूसरा, इसके लिए जो उपकरण प्रयोग में लाए जाते हैं वे व्युत्पन्न हैं, भारत के संदर्भ में मार्क्स की अप्रासंगिक, अज्ञानतापूर्ण और रूढ़ विश्लेषणात्मक ढाँचे को पूरी तरह से यहाँ लागू कर दिया गया है। मार्क्स ने कभी भारत की ज़मीन पर पैर नहीं रखा और जितनी भी जानकारियाँ उपलब्ध है, उसके अनुसार उन्होंने भारत के अध्ययन या उसके विश्लेषण पर अपना कोई क़ीमती वक़्त ज़ाया नहीं किया। पर यूरोपीय संदर्भ में वर्ग संघर्ष के व्यापक पथ-प्रदर्शक सिद्धांत को सामने रखने के बाद उन्होंने अनुभव किया कि उन्हें समाज के ऐतिहासिक विकास पर अपनी राय देने का हक़ है। दुर्भाग्य से, बहुत कम ऐसे मार्क्सवादी या वामपंथी इतिहासकार थे, जिन्होंने प्राचीन भारत पर उनके व्यापक सामान्यीकरण की वैधता या उसकी उपयुक्तता पर सवाल उठाया। इसका परिणाम यह हुआ कि भारतीय इतिहासकारों का एक पूरा वर्ग ऐतिहासिक विश्लेषण के मार्क्सवादी श्रेणियों का पांडित्याभिमान से लबालब हो इस तरह समर्थन करने लगे जैसे वो बाइबिल का सच हो।

भारत के बारे में मार्क्स की कल्पना काफ़ी ज़्यादा "प्राच्य स्वेच्छाचारिता" की धारणा से सिक्त थी, जिसमें कमजोर लोगों का स्वेच्छाचारी शासकों के हाथों दमन के अलावा और कुछ नहीं होता था। इस तरह, किसी भी तरह का सभ्यतागत आवेग स्थगित था, क्योंकि गाँव के उत्पीड़ित लोग "उत्पादन का एशियाई तरीक़ा" में फँस चुके थे। वे लिखते हैं: "भारतीय समाज का कोई इतिहास नहीं है, कम से कम कोई ज्ञात इतिहास नहीं है। जिसे हम उसका इतिहास बताते हैं, वह एक के बाद एक आक्रांताओं के इतिहास के अलावा और कुछ नहीं है, जिन्होंने किसी भी तरह का प्रतिरोध नहीं करनेवाले और नहीं बदलनेवाले समाज के आधार पर अपने साम्राज्य की स्थापना की।"[100] भारतीय इतिहास के बारे में उनका "एक के बाद एक आए घुसपैठियों में से एक" का एक-आयामी विचार हास्यास्पद रूप से ग़लत था, उसी तरह "उत्पादन के एशियाई तरीक़े" के बारे में उनकी दलील भी। यह तरीक़ा निरंकुशता और ठहराव को मुख्य विशेषता मानता है, जिसने यूरोप के समानांतर परिवर्तन की किसी भी कोशिश को निष्फल किया है। निजी संपत्ति के अभाव में राजा और "किसान के बीच कोई मध्यस्थ समूह नहीं था और न ही ऐसा वर्ग था या कोई ऐसा वर्ग संघर्ष जिसकी वजह से द्वंद्वात्मक परिवर्तन होता। वाणिज्यिक केंद्रों और एक ऐसे बाज़ार के लिए उत्पादन करने की विशेषज्ञता रखनेवाले किसी केंद्र के अभाव में इसकी संभावना आगे और ख़त्म हो गई, क्योंकि अगर ये होते तो ये आर्थिक परिवर्तन को प्रोत्साहन दे सकते थे।"[101]

यह विश्लेषण इतना ज़्यादा ग़ैर-ऐतिहासिक है कि इसके बारे में कुछ कहना भी ग़ैर-जरूरी है। यह मान लेना कि प्राचीन भारत में निजी संपत्ति का अस्तित्व ही नहीं था और राजा और किसान के अलावा सत्ता की कोई और संरचना नहीं थी, और न तो कोई वाणिज्यिक केंद्र थे और न ही किसी विशेष उत्पाद का उत्पादन करनेवाले ऐसे शहर, हमारे इतिहास के बारे में कोई जानकारी नहीं होना है, और स्पष्ट रूप से, यह अक्षम्य है। हमारे यहाँ शक्तिशाली राजा हुए, पर उनके अधिकार विरले ही निरंकुश थे; बहुत सारे अन्य ग्रंथों की तरह *अर्थशास्त्र* जैसा ग्रंथ राजवंशीय विशेषाधिकारों की सीमा के बारे में विशेष रूप से बताते हैं। समाज की संरचना जटिल और बहुस्तरीय थी, उसमें जाति थी, स्थानीय नेतृत्व था, धार्मिक केंद्र के साथ-साथ प्रभाव के अन्य केंद्र भी थे। व्यापारियों के शक्तिशाली संघों का अस्तित्व था। शहर के बने उत्पाद न केवल देशी लोगों की खपत के लिए थे बल्कि इनका निर्यात भी होता था। यहाँ तक कि किसान जो हालांकि आर्थिक रूप से कमजोर थे, वृहत सामाजिक संरचना का हिस्सा थे और प्रजा बोध से शक्तियुक्त था। चाणक्य या अशोक के राजकीय आदेशों को पढ़ने से यह स्पष्ट रूप से पता चलता है।

पर भारत में मार्क्स के अनुयायियों के लिए इनमें से कुछ भी महत्वपूर्ण नहीं था। भारतीय सभ्यता के जटिल किंतु नाज़ुक बुनावट को वर्गीय संघर्ष के द्वंद्ववादी चशमे से

रौंदा गया और इसका विश्लेषण सिर्फ इस दृष्टिकोण से किया गया कि भारत में "उत्पादन का सामंतवादी तरीक़ा" था या ग़ुलामी या दासता। भारत में आर्थिक असमानता नहीं थी और यह कि यह अध्ययन का एक वैध क्षेत्र है, इसकी चिंता किसी को नहीं होनी चाहिए और यह निश्चित रूप से एकमात्र पैमाना नहीं है, जिसके आधार पर अतीत का मूल्यांकन किया जा सके विशेषकर जब ऐसा करने के औज़ार यूरोप के ऐतिहासिक उद्भव से उठाकर यंत्रवत यहाँ बैठा दिए गए हैं और जो एकमात्र ऐसी बात थी जिससे मार्क्स परिचित थे। मार्क्सवादी इतिहासकारों के विचारधारात्मक और अकादमिक नक़ल को इसलिए चुनौती देने की ज़रूरत है।

डॉ. उपिन्दर सिंह जैसी इतिहासकारों ने ऐसा ही किया है। उनका कहना है कि 1950 के दशक के आगे प्राचीन और मध्यकालीन भारत के इतिहास के निर्माण में मार्क्सवादी इतिहास लेखन ने "बहुत ही प्रभावशाली" भूमिका अदा की। वह इस बात को स्वीकार करती हैं कि कृषि संबंधों, वर्ग और आर्थिक संरचनाओं की ओर ध्यान मोड़ना मार्क्सवादी इतिहासकारों की उपलब्धि थी। लेकिन बड़ी शालीनता से, उन्होंने मार्क्सवादी विचारधारा की संकीर्णता के लिए उनको फटकार भी लगाई है। "भारतीय इतिहासकारों की कोशिश अमूमन धार्मिक पंथों और परंपराओं को प्राथमिक रूप से ऐसी विचारधाराओं के रूप में स्वीकार करने की रही है जिनसे उस समय की सामाजिक और राजनीतिक शक्ति संरचना का पता चले। यह स्वीकार करना जरूरी है कि धार्मिक विचारों और चलन की कई अलग-अलग धाराओं का होना अपने तरह से इतिहास का एक महत्वपूर्ण पक्ष रहा है और इसकी व्यापक पड़ताल की ज़रूरत है।"[102]

समाजों और संस्कृतियों के इतिहास को न केवल ऊपर से नीचे बल्कि नीचे से ऊपर की ओर पढ़ने की ज़रूरत का एक महत्वपूर्ण परिणाम यह हुआ कि इतिहास के सबाल्टर्न स्कूल का उदय हुआ। इसने ऐतिहासिक अध्ययन के कैनवस को व्यापक कर दिया और सूक्ष्म पड़ताल को संभव कर दिया, जिसने इस बात पर प्रकाश डाला कि आर्थिक, सामाजिक और राजनीतिक संरचनाओं ने आम लोगों को किस तरह प्रभावित किया। हालाँकि, सूक्ष्म पड़ताल की दिक्कत यह थी कि यह व्यापक तस्वीर को जानबूझकर नज़रंदाज़ करने का अमूमन कारण बना। उस स्थिति में इतिहास का आख्यान कई सूक्ष्म अध्ययनों की श्रृंखला बन गई और स्थानीय डाटा के आधार पर एक वृहत तस्वीर बनाने का कोई प्रयास नहीं किया गया। विशेषकर, एक धारणा थी – शायद मार्क्सवादी इतिहास लेखन से प्रेरित होकर – पूरी तरह आर्थिक वंचना पर ध्यान केंद्रित करने की, जोकि इस धारणा के प्रति डॉ. उपिन्दर सिंह की आलोचना को सही ठहराता है। उदाहरण के लिए, सुकरात या प्लेटो की सराहना में, उनका मूल्यांकन आवश्यक रूप से इस बात पर आधारित नहीं होता कि किसी किसान के साथ उनका

बर्ताव कैसा रहा होगा। ऐसा किसान को नीचा दिखाने के लिए नहीं है, बल्कि यह स्वीकार करना है कि किसी भी ऐतिहासिक काल के संतुलित मूल्यांकन को इस तरह की एक-रेखीय धारणा अपनाकर उसकी सीमा तय नहीं की जा सकती है। यहाँ तक कि अमर्त्य सेन भी, जोकि किसी हिंदू सभ्यता की परिकल्पना या ऐसी कोई सुस्पष्ट सभ्यता जो प्रभावी रूप से हिंदू हो, के ख़िलाफ़ मज़बूती से खड़े हैं, स्वीकार करते हैं कि सबाल्टर्न अध्ययन ने जिस अकादमिक बाइनरी पर अमल किया है कि या तो सिर्फ सूक्ष्म को लिया जाए या फिर किसी को नहीं, वह विरूपण हो सकता है: "वास्तव में, इतिहास के सबाल्टर्न परिप्रेक्ष्य को चुनने और कुलीनों के विद्वतापूर्ण उपलब्धियों पर व्यवस्थित ढंग से ग़ौर करने में कोई आधारभूत विरोधाभास नहीं है।"[103] ज़ाहिर है कि ऐसा कहकर वह खुद एक बाइनरी प्रस्तावित कर रहे हैं – या तो सिर्फ़ सामाजिक और आर्थिक वंचना का सबाल्टर्न पड़ताल या फिर कुलीनों की उपलब्धियाँ। प्राचीन भारत इस तरह की चरम सीमाओं से कहीं ज़्यादा कुछ है।

हिंदू सभ्यता की उपलब्धियों को कमतर करने के लिए अन्य दलीलों का भी उपयोग किया जाता है, जैसेकि उसको सिर्फ जाति वर्गीकरण के चश्मे से ही देखना या यह दलील देना कि उसके विचारों के प्रमुख वाहकों में से एक संस्कृत, जो अभेद्य रूप से कुलीन थी और इसलिए यह सभ्यता भी। हम इस तरह की आलोचनाओं और दूसरी बातों पर इस सभ्यता के समग्र मूल्यांकन के क्रम में अगले अध्याय में चर्चा करेंगे।

2

सोच का जोखिम

क्यों ऐसी सभ्यता जिसके केंद्र में हिंदुत्व, या हिंदू धर्म या हिंदू जीवन शैली है, सहस्राब्दियों से अब तक निरंतर जीवित रही जबकि दूसरी जगह की अधिकांश सभ्यताएँ आज सिर्फ पुरातात्विक कलाकृतियों, संग्रहालयों में रखे अवशेषों या ऐतिहासिक यादगार के रूप में ही बची हुई हैं? प्राचीन मैसोपोटामिया, मिस्र, यूनान और चीन ये सब की सब अपने समय की महान सभ्यताएँ थीं, जो भारतीय सभ्यता की समकालीन थी, पर एक जीवित परंपरा के रूप में इनका अस्तित्व समाप्त हो चुका है जबकि हिंदू सभ्यता इतने परिवर्तनों के बावजूद जीवित बची है और अपने चाहनेवालों के जीवन को आकार देने में लगी है। यह सच है कि हिंदू सभ्यता भी आज उसी रूप में मौजूद नहीं जैसेकि वह अतीत में रही है – कुछ अर्थों में यह अच्छा है और कुछ में दुर्भाग्यपूर्ण। लेकिन इसकी अधिकांश केंद्रीय विशेषताएं और मान्यताएँ हिंदुओं के जीवन के हिस्से हैं और उनकी जीवंत परंपरा के आवश्यक अंग।

इस प्रश्न को उठाने का मतलब हिंदू श्रेष्ठता का राग आलापना या अन्य बुनियादी सभ्यताओं की उपलब्धियों को कमतर करना नहीं है जो अपने समय में महान रही हैं। इस प्रश्न का उद्देश्य किसी भी तरह के पूर्वाग्रह के बिना यह समझने की कोशिश करना है कि हिंदू सभ्यता ने जीवित बचे रहने के प्रति यह लचीलापन क्यों दिखाया? इस प्रश्न का उत्तर देने का प्रयास उस मर्म तक पहुँचता है कि हिंदू सभ्यता क्या थी, उसकी नींव कैसे पड़ी, कैसे उसका विकास हुआ और क्यों यह संग्रहालय की चारदीवारी तक सीमित नहीं रह गई? जैसाकि महात्मा गांधी ने कहा है: "मेरा विश्वास है कि भारत ने जिस सभ्यता को जन्म दिया है उसे दुनिया में कोई परास्त नहीं कर सकता। हमारे पूर्वजों ने जो बीज बोये हैं उसका कोई सानी नहीं है। रोम तिरोहित हुआ, यूनान भी उसी गति को प्राप्त हुआ, फ़ैरो नष्ट हुआ, जापान का पश्चिमीकरण हो गया है, चीन के बारे में कुछ भी नहीं कहा जा सकता, लेकिन भारत अभी तक, किसी भी तरह अपनी ठोस बुनियाद पर टिका है।"[1]

गांधी ने यह सब 1909 में अपनी पहली पुस्तक *हिंद स्वराज* में लिखा। उस समय वे इस बात से नाराज़ थे कि अंग्रेज भारत की प्राचीन विरासत को कमतर समझता है और पश्चिम के सभ्यतागत मॉडल को सर्वाधिक श्रेष्ठ समझने का दावा करता है। उन्होंने जो

लिखा उसका संदर्भ अगर उसको छोड़ भी दें, तो जिस मुख्य विचार को उन्होंने आवाज़ दी उसके आगे और पड़ताल की ज़रूरत है। क्या उसका जीवित रहना महज़ एक इत्तेफ़ाक़ है, उद्भव की एक अबूझ पहेली, एक ऐतिहासिक संयोग, या समय ने कोई जुआ खेला? या इसके पीछे और कोई बात थी, और अगर थी तो क्या? वे कौन से कारक थे जो एकसाथ ऐसे आए कि उन्होंने इसे दीर्घायु बना दिया? शुरू से ही यह सभ्यता जिस तरह बनी, क्या उसकी संरचना में ही आंतरिक रूप से कुछ अलग बात थी जिसने इसे गुमनामी के गर्त में चले जाने से रोका? क्या इसके अंदर ही ऐसे बुनियादी तत्वों की बुनावट थी, जिसने इसको परास्त करने के प्रत्यक्ष और परोक्ष प्रयास को निष्फल करने की ताक़त दी? इसको जीवित बचाए रखनेवाली ताक़त अनायास थी या यह दिमाग़ी सूझबूझ के सजग उपयोग का परिणाम था? ये ऐसे कुछ सवाल हैं जिनके उत्तर हमें अवश्य ही खोजने चाहिए, किसी निश्चित या मुकम्मल सच के संदर्भ में नहीं, बल्कि अन्य विचारों और रायों को पर्याप्त जगह देते हुए विमर्श की प्रकृति और चिंतनशील पड़ताल के संदर्भ में।

मेरी दलील है कि इस सभ्यता की बड़ी ताक़त यह थी कि इसकी यात्रा की शुरुआत में मस्तिष्क का योगदान व्यापक था। पहले इसने विचारों से लोहा लिया, सोच की प्रक्रिया और परिकल्पना के सागर में गोते लगाए और तब जाकर इसने इससे जुड़ी सभ्यता की नींव रखी। मस्तिष्क की यह संपीड़ित ऊर्जा ने – जिसकी दुनिया में शायद ही कोई तुलना हो – इसकी बुनियाद को आकार दिया और साथ ही आनेवाले दिनों में इस पर बननेवाली भौतिक इमारत के निर्माण में महत्वपूर्ण भूमिका का निर्वाह किया। इसके मूल विचार ने सभ्यता के सभी पक्षों को प्रभावित किया। एक कलाकृति या धर्मनिरपेक्ष निर्मिति में ढलने से पहले इसे विचार के रूप में आत्मसात कर लिया गया। विचार और आकृति, परिकल्पना और व्यवहार के बीच की द्वंद्वात्मकता ने वैचारिक विश्व दृष्टि को आकृति के नष्ट हो जाने के बाद भी बचे रहने और आकृति को विचार के क्षणिक लोप की स्थिति में भी जारी रहने में मदद की।

दूसरे शब्दों में, हिंदू सभ्यता प्रथमतया और महत्वपूर्ण रूप से, सोच के साहस पर निर्मित हुआ। निस्संदेह आगे चलकर इसके उस विचार की प्रतिष्ठा में गिरावट और विकृति आई। लेकिन इसके बावजूद, मस्तिष्क के प्रयोग की शुरुआती तीव्रता और यह तथ्य कि समय के साथ असंख्य रूपों में आम लोगों के स्तर तक इसका प्रसार हुआ, इसका सुरक्षा कवच बना और इसने यह सुनिश्चित किया कि इसे लंबी आयु मिले। सभ्यताएँ मरती हैं जब उनको जीवित रखनेवाले विचारों के आवेग कुम्हला जाते हैं या पराजित हो जाते हैं। हिंदू सभ्यता की वैचारिक प्रक्रिया का तारतम्य कभी नहीं टूटा, उस समय भी नहीं जब इसके लोगों को परास्त किया गया। यह महत्वपूर्ण है क्योंकि स्मारकों को नष्ट किया जा सकता है, पर विचारों के गह्वर का नहीं, उसका विनाश नहीं हो सकता।

इस वैचारिक प्रक्रिया का मर्म आध्यात्मिक था जोकि धार्मिक क्रियाकलापों से अलग है। इस आध्यात्मिक दृष्टि ने धार्मिक अनुष्ठानों को निर्देशित किया और धर्मनिरपेक्षता की परिधि भी इससे अछूती नहीं रही। इससे यह कोई धार्मिक सभ्यता नहीं बन गई। उसकी आध्यात्मिकता का ज़्यादा संबंध अंतिम सत्य से था, विचारों की दुनिया में गोता लगाने से था न कि सिर्फ धार्मिक अनुष्ठानों का मैन्युअल बन जाने से। आध्यात्मिक आलोड़न का एक धार्मिक पक्ष हो सकता है, पर वह इसके बिना भी जीवित बचा रहेगा। जैसाकि रवीन्द्रनाथ टैगोर ने कहा है: "यथार्थ में, हमारा इतिहास सर्वाधिक लंबे समय तक गहरे शांत और चिंतनशील चरणों से गुजरा है और ऐसा नहीं है कि यह अवधि युद्ध और उथल-पुथल रहित रही है, लेकिन आवश्यक रूप से यह विचारों के क्षेत्र में महत्वपूर्ण परिकल्पनाओं से उलझने का समय रहा है (ज़ोर मेरा है)।"[2] श्री अरबिंद भी "एक अंतर्निहित और प्रभावी आध्यात्मिकता, व्यापक रूप से महत्वपूर्ण रचनात्मकता और ...*एक शक्तिशाली, मर्मज्ञ और विवेकपूर्ण बुद्धिमत्ता* और इनमें से प्रत्येक की अपनी क्रियाशीलता के शीर्ष पर होने की बात करते हैं ...एक ऐसी शुरुआत की मुहर उस पर लगी है जो उससे कभी अलग नहीं हुई (ज़ोर मेरा है।)"[3]

विदेशी यात्री ह्वेन त्सांग से फा हियान और अल बेरुनी तक सभी ने इस महत्वपूर्ण विशेषता पर ग़ौर किया। अंतर्दृष्टि वाले विदेशी पर्यवेक्षकों ने भी इस पर ग़ौर किया है। उदाहरण के लिए एक चीनी नागरिक लिन युतांग जोकि चीन के कम्यूनिस्ट शासन से बचने के लिए अमेरिका में जा बसा और मेक्सिको के एक राजनयिक ऑक्टावियो पाज़ जोकि 1950 के दशक में भारत में पदस्थापित थे, ने भी यही बातें कही हैं। लिन युतांग ने चीनी संस्कृति के अध्ययन में अपना पूरा जीवन लगा दिया; भारत की जिस बुद्धिमत्ता की चर्चा वे खुलेआम करते थे, उस पर उन्होंने एक पुस्तक लिखी, यह सोचे बिना कि अब भारत के कुछ हलकों में इसका क्या राजनीतिक असर होगा, जिसका नाम था *द फ़ैब्युलस हिंदू माइंड*।[4] ऑक्टावियो पाज़ ने लिखा कि भारत की प्राचीन संस्कृति ने "अपने चरमोत्कर्ष के क्षण में एक ऐसी समग्रता के पुनर्जन्म का परिचय दिया जो विपुलता और रिक्तता है, एक ऐसी आकृति में शरीर का रूपांतरण है जो ऐंद्रिकबोध और मानव देह को त्यागे बिना, आध्यात्मिक है।"[5]

हिंदू सभ्यता के लचीलेपन के कारणों को समझने के लिए हमें इस बात की तह में जाना ज़रूरी है कि जिसे रवीन्द्रनाथ टैगोर "विचार की परिधि" बताते हैं वह क्या है।

शायद तीसरी सहस्राब्दी ईसा पूर्व में कभी रचे गए *ऋग्वेद* में सृजन के बारे में यह विशिष्ट श्लोक जिसे नासदीय सूक्त कहा जाता है:

> उस समय न तो अस्तित्वहीनता थी न ही अस्तित्व था; न तो अंतरिक्ष था और न व्योम जोकि इससे परे है। क्या हुआ? कहाँ? किसके संरक्षण में? क्या वहाँ जल था, अतल गहराई थी?

> न तो मृत्यु थी और न अमरता उस समय। उस समय नहीं थे दिन या रात के भेदकारी चिह्न। साँसें वायुहीन थीं, खुद अपने आवेग से। इसके अलावा कुछ भी नहीं था इसके परे।
>
> किसको सच में पता है? कौन यहाँ इसका उद्घोष करेगा? कहाँ इसकी उत्पत्ति हुई? कहाँ हुई इसकी रचना? ईश्वर आए बाद में इस ब्रह्मांड की रचना के साथ? कौन तब जानता है कहाँ हुई उसकी उत्पत्ति?
>
> कहाँ यह रचना अस्तित्व में आई – शायद इसने खुद अपने को रचा, या शायद इसने ऐसा नहीं किया – जो इसको निहारता है, स्वर्ग में बैठकर, वही जानता है केवल – या शायद वह भी नहीं जानता।[6]

यह श्लोक शायद ब्रह्मांड की उत्पत्ति के बारे में हिंदू दर्शन में पहला लिखित चिंतन है और अपने उदार भाव और आशय की दृष्टि से विशिष्ट है। इसमें निश्चित होने का कोई भाव नहीं है; आदर के लिए कोई आदेश नहीं है; कोई धार्मिक निर्देश नहीं है, या धार्मिक अनुष्ठान में भाग लेने का आह्वान नहीं है। इसमें श्रद्धायुक्त भय है, विस्मय है, लेकिन सबसे अधिक इसमें अन्वेषण है, पूछने की आवश्यकता पर जोर है, अनुसंधान करने, आम श्रेणियों के विचारों की सीमा से परे चिंतन के क्षेत्र में जाने और विचारों के सृजन के लिए आमंत्रण है। इन प्रश्नों में सत्य की खोज की उद्वेगपूर्ण ललक है लेकिन सही अभिकथन की तलाश में यह ललक इस बात को स्वीकार करने के लिए तैयार है कि इसका उत्तर नकारात्मक भी हो सकता है, और यह कि इस प्रक्रिया में सत्य तक पहुँचने के मार्ग कई हो सकते हैं पर ये सरल और हठधर्मितापूर्ण नहीं हो सकते।

व्युत्पत्ति के हिसाब से वेद का अर्थ है पवित्र ज्ञान या बुद्धि। चार वेद हैं – *ऋग्वेद, यजुर्वेद, सामवेद* और *अथर्ववेद*। चारों मिलकर संहिता की रचना करते हैं जोकि हिंदू धार्मिक व्यवस्था के ग्रंथीय आधार का निर्माण करते हैं। इन संहिताओं के साथ तीन दूसरे तरह के ग्रंथ भी जुड़े हुए हैं। ये, पहले तो ब्राह्मण हैं, जिसमें अनुष्ठानों का विशद वर्णन है जोकि पुजारी वर्ग, ब्राह्मण के लिए नियमावली जैसा है। दूसरे हैं अरण्यक। अरण्य का अर्थ है जंगल, और ये "जंगल नियमावली" धार्मिक अनुष्ठानों, मंत्रोच्चारों और जादुई मंत्रों से बाहर निकलकर अध्यात्म चिंतन के वृहत्तर क्षेत्र में प्रवेश करता है जोकि उन लोगों के अवलोकन का सार-संग्रह है जिन्होंने दुनिया त्याग दी है। आरण्यकों के बाद तीसरा ग्रंथ हैं, उपनिषद जो अपने विचारों की ऊँचाई के लिए हिंदू दर्शन और तत्व-मीमांसा के आधारभूत ग्रंथ हैं। चूंकि ये वैदिक ग्रंथों में सबसे अंत में आते हैं, इसलिए इन्हें "वेदांत" भी कहा जाता है, जिसमें जगत के अद्वैत प्रकृति के होने की परिकल्पना को बहुत ही सारगर्भित तरीक़े से उठाया गया है।

यहाँ एक महत्वपूर्ण बिंदु पर ग़ौर करने की ज़रूरत है। शुरू से ही हिंदू धर्म की दो भिन्न धाराएँ थीं। इसकी पहली धारा देवी-देवताओं के लिए धार्मिक अनुष्ठानों और

उनके प्रशस्ति-गान के बारे में था और बुनियादी स्तर पर अंधविश्वासों, जादुई औषधियों और वशीकरण आदि से संबंधित था। वैदिक युग में बहुत शुरुआत में हम देवी-देवताओं और देवताओं जैसी मान्यता रखनेवालों की एक अंतहीन फ़ेहरिस्त देखते हैं, जिनमें से कई प्रकृति की नाटकीय ताक़तों का प्रतिनिधित्व करते थे। प्रकृति की इस ताक़त का प्रतिनिधित्व करनेवाले इन देवों और अर्ध-देवों की ओर आदिम मनुष्य बहुत ही अचरज और श्रद्धा से देखता था। इसलिए हमारे देवताओं में इंद्र शामिल हैं जो तत्वों को नियंत्रित करते थे; या अग्नि; या अदिति जिसके बारे में कहा जा सकता है कि मातृदेवी की शुरुआत इससे हुई जो प्रजनन की रहस्यवादी शक्ति की प्रतीक हैं।

लेकिन जैसाकि अरण्यक और उपनिषद और सृष्टि की रचना संबंधी *ऋग्वेद* के जिस श्लोक का ऊपर हवाला दिया गया है, उससे पता चलता है, शुरू से ही एक ज़्यादा मज़बूत धारा चली आ रही थी जिसने जीवन की उत्पत्ति, उसका अर्थ और उसके उद्देश्य और विश्व की विस्मयकारी जटिलता को एक सूत्र में पिरोकर रखनेवाली ताक़त के बारे में जानने की उत्कंठा दिखाई। इस धारा का धार्मिक अनुष्ठान, देवत्व और धार्मिक नियमों के पालन से कम और इस धार्मिक परिपाटी को मानने के पीछे काम कर रही दार्शनिक बुनियाद से लेना-देना ज़्यादा था। विश्व के अन्य महान धर्मों की तुलना में हिंदू धर्म इस तरह की दो भिन्न धारणाओं को पोषित करनेवाला कोई विशिष्ट धर्म नहीं था, पर यह लगभग निश्चित है कि इतने समय पहले किसी अन्य धार्मिक परंपरा ने ज्ञान को अपने आपमें एक साध्य मानकर इतना स्पष्ट ज़ोर नहीं डाला जोकि धार्मिक कर्मकांडों से इतना ज़्यादा दूर हो।

उपनिषदों, जिनकी रचना ईसवी की शुरुआत से सदियों पहले हुई, हिंदू धर्म के बुनियादी ग्रंथों में शामिल हैं। उपनिषदों के रचयिता कौन थे, ज्ञात नहीं है, न ही हमें इनके सही क्रम या तिथि के बारे में पता है। यह निश्चित है कि शुरू में वे, अन्य हिंदू ग्रंथों की तरह एक पीढ़ी से दूसरी पीढ़ी को मौखिक रूप में मिला और इन्हें 600 से 400 सदी ईसा पूर्व के आसपास प्राचीनक़ालीन संस्कृत में लिखा गया। उपनिषद अलग-अलग संकलित एकल ग्रंथ के रूप में नहीं हैं। उपनिषदों की सही संख्या के बारे में भी कुछ ज्ञात नहीं है लेकिन आम राय से माना गया है कि प्रधान उपनिषदों की संख्या बारह है जोकि *ऋग, साम, यजुर* और *अथर्व* वेदों का हिस्सा हैं।

हिंदू धर्म की बुनियाद जिस अवधि में डाली गई उस समय के चिंतन के अनुरूप, उपनिषद आध्यात्मिक कविताएँ हैं जो कभी तो रहस्यमय है और कभी विचारोत्तेजक। ये उस प्रज्ञा से मेल खाते हैं जो साफ़तौर पर अत्यंत गहरी चिंतनशील अंतर्दृष्टि का प्रतिफल है, मज़बूत और बिना किसी संरचनात्मक सीमाओं के विचलन के और इसके नज़रिये की साफगोई उस ख़ालिस निजी अनुभव से आई है जिस पर सवाल नहीं उठाया जा सकता। एक आत्मा है जो सर्वव्यापी ब्रह्मांड चेतना है जिसे किसी परिभाषा,

नाम और आकृति या किसी वर्णन में बांधा नहीं जा सकता, क्योंकि किसी भी तरह का वर्णन उस असीमित को सीमाबद्ध करने का प्रयास होगा। यह आत्मा ही सर्वोच्च वास्तविकता है। पूरी सृष्टि इसमें समाहित है। हम इसका और इसकी अभिव्यक्ति – तत त्वम असि या तुम वह हो का हिस्सा हैं। निज ब्रह्म की ही तरह है – अयम आत्म ब्रह्म या निज ही ब्रह्म है। ये दो उक्तियाँ उपनिषद के चार महावाक्यों में शामिल हैं। उपनिषद "आत्मा" और "ब्रह्म" को एक ही मानता है, दोनों एक-दूसरे की जगह ले सकते हैं। ब्रह्मांड की दिखाई पड़नेवाली अनेक-रूपता एक भ्रम है। एक बार जब अहंकार और इंद्रियाँ गहरे ध्यान के माध्यम से शांत कर दिए जाते हैं, तो उस समय सभी दुख और दर्द की सीमाओं से परे हम अपने वास्तविक निज को प्राप्त करने में सफल होते हैं और इस बात का हमें भान होता है कि हमारी सच्ची वास्तविकता "वह" है। उस स्थिति में हर मानवीय पृथक्करण मिथ्या हो जाती है, भ्रम से निकली माया। ब्रह्म की उस अद्वैत के रूप में पहचान से हम उस परमानंद में हिस्सा लेते हैं जो मनुष्य की समझ के परे है।

मुंडकोपनिषद कहता है : "यह ब्रह्मांड ब्रह्म से निकला है और वह ब्रह्म में ही लौट जाएगा। वस्तुतः सब ब्रह्म हैं।" *कठोपनिषद* इस बारे में आगे कहता है:

इंद्रियों से ऊपर है ,
मस्तिष्क से ऊपर है प्रज्ञा,
इसके ऊपर है अहं और
अहं के ऊपर है ज़ाहिर नहीं हुए निमित्त
और इसके परे है ब्रह्म,
सर्वत्र मौजूद, निर्गुण।
उसको प्राप्त कर हम मुक्त हो जाते हैं
जीवन और मृत्यु के चक्र से।[7]

मुंडकोपनिषद बड़ी स्पष्टता से आत्मा की श्रेष्ठता का ऐलान भी करता है:

दैदीप्यमान निज, जो है विचार के परे,
रोशन है सर्वाधिक, लघुतम में रोशन है,
रोशन है उसमें जो दूरतम है, रोशन है सर्वाधिक निकटस्थ में,
रोशन है हृदय के गुप्त गह्वर में
वेगवती नदी समुद्र में समा जाती है;

ज्ञानी ऋषि समाया है अपने निज में
वेगवती नदी समुद्र बन गई है;
ज्ञानी ऋषि बन गया है निज

ब्रह्म और आत्मा एक-दूसरे का स्थान ले सकते हैं, लेकिन ये आवश्यक रूप से एक ही हैं। एक प्रसिद्ध भव्य वाक्य कि अयं आत्म ब्रह्म: ब्रह्म ही सब कुछ है और निज ब्रह्म है – *मांडुक्योपनिषद* स्पष्ट रूप से आत्मा और ब्रह्म में एकता का उद्घोष करता है जोकि ब्रह्मांडीय निमित्त है। इस एकता का उद्घोष और अस्तित्व रखनेवाले सभी चीजों में एक्य की बात उपनिषदों में बार-बार दोहराई गई है। *छान्दोग्यउपनिषद* में इस बात को श्वेतकेतु की कहानी में बहुत ही सुंदर ढंग से बताया गया है। श्वेतकेतु अपने पिता उद्दालक से पूछता है: "प्रज्ञा क्या है?" तब उद्दालक श्वेतकेतु से कहता है:

प्रिय, जैसे मिट्टी के एक लौंदे को जानने से
हम मिट्टी से बनी सभी वस्तुओं के बारे में जान जाते हैं:
कि वे केवल नाम और रूप में अलग है,
जबकि जिस किसी वस्तु से सब बने हैं वह मिट्टी है;
जैसे एक सोने की डली को जानकर, प्रिय
हम सोने से बनी सभी चीजों के बारे में जान जाते हैं:
कि वे सिर्फ़ नाम और रूप में अलग हैं,
जबकि सभी वस्तुएँ जिस एक चीज़ से बनी है वह सोना है;
जैसे लोहे के एक औज़ार को जानने से, प्रियजन
हम उन सब वस्तुओं को जान जाते हैं जो लोहे से बनी हैं:
कि वे सिर्फ़ नाम और रूप में अलग हैं,
जबकि सारी वस्तुएँ जिस एक वस्तु से बनी हैं वह लोहा है –
तो इस आध्यात्मिक ज्ञान से, प्रिय हम जान पाए हैं,
कि सारा जीवन एक है।

सभी वस्तुओं के बीच इस एक्य को बताने के बाद, *छान्दोग्य उपनिषद* बहुत ही उत्कृष्ट ढंग से द्वैत के बारे में सभी तरह के विचारों को विराम लगा देता है, और बुनियादी परिकल्पना की घोषणा करते हुए कहता है – तत त्वम असि: वह तुम हो और इसे वह इस तरह से कहता है:

आरंभ में सिर्फ सत्व था,
वह जिसका कोई दूसरा नहीं है।
उसने खुद से ब्रह्मांड को जन्म दिया और
उसकी सभी चीजों में व्याप्त हो गया।
ऐसा कुछ नहीं है जो उससे नहीं निकला है।
हर चीज़ का वह आत्मतत्व है।
वही वह सत्य है; वही वह आत्म परम है।
तुम वही हो, श्वेतकेतु; तुम वही हो।

बोध से स्वतंत्रता आती है और इसके साथ ही आता है असीमित आनंद। उपनिषद इस बारे में स्पष्ट हैं कि एक बार जब कोई व्यक्ति ब्रह्म के व्यापक रूप से सर्वज्ञ होने की बात को समझ लेता है, और अहं और इंद्रियों से पैदा हुए भिन्नता के बोध से उबर जाता है तो यह परमानंद में प्रतिफलित होता है। जैसा कि *तैत्तिरीय उपनिषद* कहता है: "उसको जानना जहां से सारे शब्द वापस आते हैं, और विचार कभी नहीं पहुँच सकते, वे ब्रह्म के आनंद को जानते हैं और उन्हें डर नहीं होता।" इसके बाद इसमें एक बेदाग़ प्रचुरता का अनुभव है जो वास्तव में हमारी वास्तविक आत्मा की विशिष्टता है। प्राचुर्य के इस अनुभव को *ईशोपनिषद* के शुरुआती श्लोक में बहुत ही भव्य तरीक़े से व्यक्त किया गया है। इस श्लोक के बारे में ऐसा समझा जाता है कि महात्मा गांधी ने कहा था कि अगर वे सिर्फ एक यह श्लोक रख पाएँ तो इसके बदले वे हिंदू धर्म के सभी ग्रंथों से हाथ धोने को तैयार हैं:

यह सभी पूर्ण है। वह सभी पूर्ण है।
पूर्णता से पूर्णता आती है।
जब पूर्णता से पूर्णता को निकाल लिया जाता है,
पूर्णता फिर भी बची रह जाती है।

यह किसी आश्चर्य से कम नहीं है कि ये उपदेश जिन्हें सत्तामूलक वास्तविकता कहा जाता है, जंगल में चल रहे आश्रमों में दिए जा रहे थे, हज़ारों वर्ष पहले जब उस दौरान अन्यत्र अधिकांश धार्मिक गवेषणा प्राकृतिक घटनाओं को दैवी मानने या सीधे-सीधे जादुई झाड़-फूँक तक सीमित थे। परम तत्व को निर्गुण समझना और यह मानना कि इसमें कोई विशेषता नहीं है, अपने आप में किसी दुस्साहस से कम नहीं था, क्योंकि अधिकांश दूसरी सभ्यताओं में इस दौरान सारी ऊर्जा एक परंपरागत देव की कल्पना में लगाई जा रही थी जोकि विचारों की मानवीय श्रेणी के समतुल्य हो।

उपनिषद के दर्शन का सर्वाधिक साहसी और महत्वपूर्ण सिद्धांत था एक सर्वव्यापी और एकमात्र परमशक्ति ब्रह्म की परिकल्पना जो पूरे ब्रह्मांड में हर जगह व्याप्त है। यह महत्वपूर्ण अद्वैत दर्शन का आधार बना और आठवीं सदी में आदि शंकराचार्य इसके प्रसिद्ध प्रवक्ता बने। ब्रह्म ऊर्जा है या असीमित ऊर्जा, शुद्ध, व्यापक ब्रह्मांडीय चेतना और बेदाग़ अभिज्ञता। वे प्रज्ञा की प्रतिमूर्ति हैं – जैसाकि विश्व में सूक्ष्म और स्थूल दोनों स्तर पर व्याप्त परम अनुशासन से समझा जा सकता है। परम ज्ञान की अभिव्यक्ति ब्रह्म ज्ञान, जाननेवाले या जो ज्ञात है, उससे परे है। इसकी कोई शुरुआत नहीं है क्योंकि यह सनातन है; इसका कोई कारण नहीं है, क्योंकि यह समय, विस्तार और करणीय संबंध जैसी श्रेणियों से परे है। इसका अंत नहीं है, क्योंकि यह हमेशा से रहा है और हमेशा ही रहेगा। इसकी शक्ति असीमित है, यह सर्वव्यापी, सर्वशक्तिशाली और सर्वज्ञ, इकलौता, अविभाज्य, पूर्ण (अपने आप में पूर्ण) और वैश्विक शक्ति है – एकम एका सर्वव्यापी। ब्रह्मांड में हर चीज़ ब्रह्म से निकली है लेकिन हमारे सोचने के सीमाबद्ध तरीक़े के अनुसार ब्रह्म खुद सभी गतिविधियों और उद्देश्यों से परे है। अविकारी, इसके क्रमिक विकास या विकास, बढ़ने या घटने की ज़रूरत नहीं है। अपनी निष्क्रियता में, यह खुद अपना विभव है; अपनी प्रतीत उद्देश्यहीनता में यह असीमित प्रज्ञा है; और अपने अपरिभाष्य होने में यह खुद ही नियत है। यह है। इसके बिना कुछ नहीं है। इसके एकरस में कोई विभाजन नहीं है; इसकी पहचान अखंड है। इस अर्थ में, यह स्व-दीप्त है, किसी विधान की ज़रूरत, शर्त या प्रतिबंध के बिना।

ब्रह्म की परम व्याप्ति को ब्रह्मांड की एकमात्र वास्तविकता बताने के बाद, अद्वैत दर्शन ने इस बात को मज़बूती से आगे रखा कि ब्रह्म और आत्मा एक ही है। अनुभव से जो नुमाया है – मस्तिष्क, शरीर, अहं और इंद्रियों – को छिलके की तरह हटा देने के बाद जो बचता है वह है निर्विशेषचिन्मात्रम या सदृश चेतना जोकि ब्रह्म और आत्मा दोनों की विशिष्टता है। इस स्थिति में इसका वस्तुनिष्ठ और व्यक्तिनिष्ठ लक्ष्य एक ही हो जाता है। आत्मा च ब्रह्म: आत्मा ही ब्रह्म है, ऐसा कहना है उपनिषदों का।

अगर ऐसी कोई चेतना है जो सार्वभौमिक और व्यक्तिगत - दोनों स्तरों पर अविकारी, शाश्वत, सर्वव्यापी है, इसके अलावा और कुछ नहीं तो विश्व की यह दृष्टिगोचर, स्पंदित बहुलता क्या है? अद्वैत कहता है कि यह प्रतीयमान विश्व एक स्तर पर वास्तविक है, लेकिन सत्तामूलक मीमांसा के स्तर पर ब्रह्म एकमात्र वास्तविकता है। जो "एक" है वह "एक" ही रहता है, जबकि इसके विभिन्न रूप इसके ही प्रतिबिंब हैं, और इस "एक" की मूल प्रकृति में कोई बदलाव नहीं आता। अगर सीमाबद्ध और सीमाहीन के बीच अंतर इतना ज़्यादा स्पष्ट, इतना असंदिग्ध और सुस्पष्ट है, तो हम एक को दूसरा समझने की गलती क्यों करते हैं? अद्वैत इसका उत्तर यह देता है कि ऐसा अविद्या के कारण होता है। अविद्या के कारण अनुभूति

की गलती होती है जो वास्तविक और अवास्तविक, नित्य और अनित्य के बीच अंतर को अस्पष्ट कर देता है। हमारे संवेदी अनुभूति की सीमा, हमारे मस्तिष्क की अस्थिरता और अहं की झूठी भावना जो हमारे जीवन का स्थायी अनुबंध बन जाता है, सब एक साथ मिलकर एक जीव की रचना करते हैं जो अपनी वास्तविक प्रकृति से अनभिज्ञ अपनी सीमाबद्धता का आनंद उठाता है। एक बार जब सही ज्ञान के द्वारा अज्ञानता का यह पर्दा हटा दिया जाता है, तब हम अपने वास्तविक आत्म को देख पाते हैं; ब्रह्म के साथ एकाकार हो जाने का यह आनुभविक निष्कर्ष विशुद्ध आनंद है।

समय बीतने के साथ (अगला 2000 साल), अद्वैत जिसे उत्तर मीमांसा भी कहा जाता है, के अलावा हिंदू धर्म में दर्शन की पाँच और प्रणालियाँ जुड़ीं। यह अपने आप में इस तथ्य को बताने के लिए पर्याप्त है कि बौद्धिक खोज को बांधने की कोशिश नहीं हुई। इसके उलट, इसके लिए आमंत्रण भी था और इसकी अनुमति भी। दर्शन के ये पाँच स्कूल थे न्याय, वैशेषिक, सांख्य, योग और पूर्व मीमांसा। दर्शन के ये सभी स्कूल दो मौलिक बातों से निर्देशित थे – जाँच या मीमांसा और विचार। यह मीमांसा और विचार ब्रह्मांड की बुनियादी प्रकृति और जीवन के परिणामी उद्देश्यों के बारे में थी। इन स्कूलों की परिकल्पनाएँ और तर्क कुछ अर्थों में एक-दूसरे को अधिव्यापित करनेवाली हैं, लेकिन इनके अंतर भी सुस्पष्ट हैं, और इस अर्थ में, ये उस समय के सारग्राही परिवेश और जिन विचारों को उन्होंने पोषित किया, उनकी स्वतंत्रता और मज़बूती के बारे में निर्णायक साक्ष्य उपलब्ध कराते हैं।

न्याय सूत्र की रचना तीसरी सदी ईसा पूर्व में गौतम ऋषि ने की थी। दर्शन का यह स्कूल मुख्य रूप से न्यायशास्त्र और द्वंद्ववाद, विश्लेषण और तर्क करने पर केंद्रित है। वास्तविकता की प्रकृति को सटीक तरीक़े से समझने के लिए हमें इस पर ग़ौर करने और निष्कर्ष निकालने के तरीक़े का प्रयोग करना चाहिए। इसके लिए न्याय दर्शन ने ज्ञान के चार स्रोतों – प्रत्यक्ष, अनुमान, उपमान और शब्द पर भरोसा किया। न्याय शास्त्र ने जोर देकर कहा कि जिसका अनुमान लगाया जाता है या विश्वास किया जाता है वह वास्तव में अस्तित्व में है या नहीं इसे स्थापित करने के लिए ये उपकरण आवश्यक हैं। दूसरे शब्दों में, न्याय का महत्व इस बात में है कि वह अन्वेषण के लिए विश्लेषणात्मक ढाँचा प्रस्तुत करता है और किसी भी बात को सिर्फ़ जैसा कहा गया है वैसा ही उसी रूप में स्वीकार नहीं कर लेता।

ऋषि कणाद के वैशेषिक स्कूल (तीसरी सदी ईसा पूर्व) ने न्याय शास्त्र द्वारा सुझाए गए तर्क के उपकरणों पर काफ़ी ज़्यादा भरोसा किया, लेकिन उन्होंने इसके आगे जाकर पहले ऐसे दार्शनिक सिद्धांत का प्रतिपादन किया जो परमाणु की स्वीकृति पर आधारित था। वह कहता है कि सभी भौतिक वस्तुएँ, पृथ्वी, जल, अग्नि और वायु में पाई जानेवाली चार

मौलिक परमाणुओं से बनी है। आश्चर्यजनक बात है कि उस समय ही यह सिद्धांत इस बात को निष्कर्षतः कहता है कि हर नियत वस्तु को कई हिस्सों में तोड़ा जा सकता है और अंततः उसे एक अतिसूक्ष्म, अक्षय और अविभाज्य परमाणु तक छोटा किया जा सकता है। परमाणुओं के एक साथ आने से अलग-अलग तरह के उत्पादों का निर्माण होता है, जो अपने अंतिम रूप में उनको बनानेवाले पदार्थों से भिन्न होते हैं। यह सिद्धांत इस बात को स्वीकार करता है कि एक परमाणु से एक नियत पूर्ण के क्रमिक विकास की प्रक्रिया में अंतिम परिणाम प्रभावी गुण या विशेष पर आधारित हो सकता है, लेकिन आवश्यक रूप से इस वैशेषिका की विश्व-दृष्टि बहुलतावादी है।

मौलिक रूप से अपने दृष्टिकोण में व्यावहारिक, वैशेषिक दर्शन इस बात को स्वीकार करता है कि सभी पदार्थ सामग्री नहीं है। ब्रह्मांडीय व्यवस्था ग़ैर-पदार्थ पक्ष में शामिल है स्थान, समय, आकाश, मस्तिष्क और आत्मा। इस मोड़ पर कमोबेश हिचकते हुए कणाद ईश्वर के अस्तित्व की संभावना को स्वीकार करते हैं। उनका ईश्वर चारों ही प्रकार के परमाणु और पाँच तरह के ग़ैर-पदार्थ से मिलकर एक व्यवस्थित ब्रह्मांड है। पर दर्शन का सुर नास्तिक वृत्ति का बना रहा, क्योंकि ईश्वर की उपस्थिति को स्वीकार करने के बाद भी वे उसकी भूमिका को सिर्फ ब्रह्मांड की व्यवस्था तक ही सीमित रखते हैं न कि उसको बनानेवाले तत्वों के निर्माण के लिए ज़िम्मेदार मानते हैं।

सांख्य दर्शन का श्रेय कपिल मुनि को जाता है जिन्होंने सातवीं सदी ईसा पूर्व में इसको प्रतिपादित किया। यह हिंदू दर्शन के सबसे पुराने व्यवस्थित विचारों में एक है। सांख्य दर्शन विश्व को एक ब्रह्मांडीय द्वैत बताते हैं जिसमें प्रकृति और पुरुष दोनों शामिल है। वैशेषिक स्कूल के बहुलतावादी परमाणु विचारों के विपरीत प्रकृति व्यापक प्रसार वाली विशिष्टता है जो शाश्वत और स्वतंत्र है जिससे ब्रह्मांड का क्रमिक विकास हुआ है। लेकिन यह क्रमिक विकास तभी होता है जब प्रकृति पुरुष के प्रभाव में आती है जो चेतन है।

पुरुष के प्रभाव में आने तक, प्रकृति जोकि "प्रकृति की संभावना"[8] का प्रतिनिधित्व करती है, सुषुप्त बनी रहती है, इसके तीन घटक – सत्व, रजस और तमस साम्यावस्था में होते हैं। सत्व वह है जो विशुद्ध है; रजस का अर्थ ऊर्जा और गतिविधि से है; और तमस से अर्थ है जड़ता और भावशून्यता। यह साम्यावस्था में विघटन तब आता है जब पुरुष प्रकृति से संबंध साधता है और क्रमिक विकास अपने सारे प्रकट वैविध्य के साथ शुरू होता है। पाँच इंद्रियों – स्वाद, स्पर्श, दृष्टि, आवाज़ और गंध का विकास और गतिशीलता को प्रेरित करनेवाले पाँच अंग इस क्रमिक विकास के हिस्सा होते हैं, वैसे ही जैसे बुद्धि और अहंकार का विकास होता है। सांख्य दर्शन के अनुसार, यह क्रमिक विकास चक्रीय होता है और सृष्टि के बाद प्रलय आती है और फिर इसके बाद सृष्टि और

फिर प्रलय आती है। मानव के लिए उसकी मुक्ति भौतिक प्रकृति और चेतन पुरुष के अंतर को समझने में है। यह समझ पैदा होती है ज्ञान प्राप्त कर अज्ञानता का पर्दा हटाने से। इसकी परिकल्पना के लिए सांख्य दर्शन ने सृष्टि के संबंध में एक भव्य संरचना बनाई है। विशेष बात यह है कि क्रमिक रूप से खुद-ब-खुद घटनेवाली ब्रह्मांडीय घटना जिसका निर्माण उसने किया है, उसमें ईश्वर के लिए कोई जगह नहीं है।

योग स्कूल मोटे तौर पर सांख्य की विश्व-दृष्टि को स्वीकार करता है पर पुरुष का चेतन प्रकृति के साथ कैवल्य (वियोग) के लिए व्यक्ति को भौतिक अनुशासन और ध्यान की बात कहता है। कहा जाता है कि पतंजलि ने *योग सूत्र* की रचना की और इसका रचना काल चौथी सदी ईसा पूर्व से पहले माना जाता है। कई विद्वानों का मानना है कि यह इससे ज़्यादा प्राचीन ग्रंथ है और अगर इसकी रचना बाद में हुई भी मान लिया जाए, तो *योग सूत्र* ने पहले की कई सदियों से चल रही परंपरागत परिपाटियों को संहिताबद्ध किया है।

योग सूत्र की शुरुआत इस उद्घोषणा से होती है – योग चित्ति वृत्ति निरोध: योग मस्तिष्क को अप्रासंगिक विचारों की ओर जाने से रोकता है। वह मानता है कि यह शारीरिक और मानसिक अनुशासन से संभव है। अनुशासन को आष्टांगिक मार्ग बताया गया है जो शुरू होता है यम (आत्मसंयम), नियम (सात्विक आचार), आसन, प्राणायाम (साँस पर नियंत्रण), प्रत्याहार (इंद्रियों पर नियंत्रण), धारणा (मस्तिष्क की एकाग्रता), ध्यान और समाधि (जो अर्धचेतनावस्था में ध्यान का विषय से एकाकार होना है)। योग का शाब्दिक अर्थ है "जोड़ना" और आष्टांगिक मार्ग का उद्देश्य है शिष्यों का विशुद्ध चेतन, पुरुष के साथ इस जुड़ाव के लिए तैयार करना। वेदांतिक व्यवस्था का मानना है कि ज्ञान पर आधारित प्रबोधन प्रत्यक्ष अनुभव से किसी को भी किसी भी समय प्राप्त हो सकता है पर इसके उलट, योग सांख्य को शरीर और मस्तिष्क के वर्जिस की पूरक व्यवस्था उपलब्ध कराता है, जिसे बड़ी सावधानी से तैयार किया गया है और उसका मानना है कि यह मोक्ष प्राप्ति की आवश्यक पूर्व शर्त है। नौवीं और ग्यारहवीं सदी के बीच शारीरिक योगाभ्यास (हठ योग) को व्यापकरूप से संहिताबद्ध किया गया और आज दुनिया भर में यह संपूर्ण शारीरिक स्वास्थ्य और चिकित्सा के क्षेत्र में काफ़ी लोकप्रिय हो गया है। पर एक बिंदु पर योग सांख्य से भिन्न है और यह है एक व्यक्तिगत ईश्वर की बात को स्वीकार करना जोकि प्रजनन से विनाश तक की चक्रीय प्रक्रिया को निर्देशित करता है।

वेद ने धर्म को अनुष्ठानों के माध्यम से मानने की अनुमति दी जोकि पूर्व मीमांसा का मुख्य विषय है। जैमिनी ने (400 ईसा पूर्व में) इस स्कूल को मुख्य रूप से प्रतिपादित किया। मोक्ष के लिए यह सिद्धांत मोक्ष के लिए कर्म में विश्वास करता है ज्ञान में नहीं। वह अपना ध्यान वैदिक अनुष्ठानों को अपनाने और उसकी व्याख्या पर केंद्रित करता है और

उसका मानना है कि इसे कर्तव्य समझकर पूरा किया जाना चाहिए और इन अनुष्ठानों को वैसे ही पूरा करना चाहिए जैसे वेदों से जुड़े हुए धार्मिक ग्रंथों जैसे ब्राह्मणों में बताया गया है। यह स्कूल मानता है कि अपरिहार्य धार्मिक अनुष्ठानों को पूरा करने और उन बातों से दूर रहने जिसे निषिद्ध बताया गया है, जिससे खुद-ब-खुद बुराई समाप्त हो जाएगी और आत्मा के शुद्धीकरण से मोक्ष प्राप्त हो जाएगा।

अपने स्थापना काल से ही इस भारतीय विचार के क्रम में जिस तरह का गहरा और व्यापक दार्शनिक मंथन हुआ वैसा दुनिया में अन्यत्र होने के बहुत कम उदाहरण हैं। इस मंथन की सबसे बड़ी बात थी विशिष्ट बौद्धिक उत्सुकता जिसने किसी भी बात को यूँ ही स्वीकार नहीं किया या न ही बेहद सरल धार्मिकता के भरोसे इसे छोड़ दिया और न ही निजी उन्नति और भलाई के परंपरागत श्रेणी में ही इसे सीमित रहने दिया। चिंताएँ बड़ी थीं जो कारणों और उद्भव, वस्तुओं की प्रकृति, ब्रह्मांड के रहस्य, तर्क की शुद्धता और निष्कर्ष और मस्तिष्क और इंद्रियों और शरीर के बीच संबंध – एक ऐसा सामूहिक मंथन जो ज्ञात की सीमा तोड़कर कहीं आगे निकलकर असीम हो गया। जिन ऋषि-मुनियों ने इन व्यवस्थाओं की नींव डाली उन्होंने धर्म और दैवत्व के सवालों से दो-दो हाथ नहीं किए। तथ्य रूप में, छह प्रणालियों में से अधिकांश जिनमें वेदांत भी शामिल है, शुद्ध दर्शन के स्तर पर थे, उनका सुर नास्तिक वृत्ति का था और उन्होंने पदार्थ और आत्मा की अंतिम प्रकृति की गहरी जाँच की बड़ी ज़िम्मेदारी अपने हाथों में ली। इस प्रक्रिया में जोर इस पर नहीं था कि मत/मतांधता के अनुसार क्या है और सुस्पष्ट रूप से अवश्य हो, या क्या आवश्यक रूप से होना चाहिए, बल्कि क्या संभव हो सकता है। जिस आनंद और ऊर्जा से इन दार्शनिकों ने स्वेच्छा से चिर-परिचित और ज़्यादा बोधगम्य क्षेत्र को छोड़कर अनजानी गहराई में गोता लगाने को चुना, वह किसी आश्चर्य से कम नहीं है।

हिंदू सभ्यता ने अपनी स्थापना के समय से ही विचारों का स्वागत किया इसका परिणाम यह हुआ कि यह संवाद-आधारित था। इसने जानबूझकर एक सर्वोच्च सत्ता के आदेश पर अमल नहीं किया, बल्कि विचारों के आदान-प्रदान पर भरोसा किया। इसलिए उपनिषद गुरु और शिष्य के बीच संवाद था। उपनिषद का शाब्दिक अर्थ है उस मालिक या शिक्षक के "नज़दीक बैठना" जो शिष्यों के साथ आध्यात्मिक सचाई या प्रज्ञा को साझा करता है। कई बार 2000 साल ईसा पूर्व या इससे पहले के समय में किसी जंगल में एक ऐसे जीवन की बात सोचनी पड़ती है जब कोई ऋषि, जिसने सत्य और प्रज्ञा की तलाश में शायद दशकों बितायें है, अधिकांश बार ऐसे छात्रों के साथ विभिन्न दायरों में अपने विचारों को साझा करता है, जो जीवन के रहस्यों का उद्घाटन करते हुए अपनी यात्रा शुरू करने के लिए उत्सुक हैं। यह संवाद औपचारिक प्रश्नोत्तरी के रूप में नहीं है बल्कि हमारे जीवन और इस विश्व को बनानेवाले अंदर तक गहरे जानेवाले विचारों और

ज्ञानातीत वास्तविकताओं के बारे में दृष्टांतों और सुझावों, कहानी और इसके बारे में इशारे के रूप में है। यहाँ महत्वपूर्ण यह है कि पथप्रदर्शक की भूमिका में होनेवाले गुरु प्रश्न पूछने की इजाज़त देते हैं और अपने उच्चासन से कोई एकालाप करने की बजाय संवाद करने के इच्छुक होते हैं जोकि गुरु जो कहते हैं उससे उतना ही निर्देशित होता है जितना इस बात से कि शिष्य क्या पूछ रहा है। यह भी महत्वपूर्ण है कि ऋषि जो कहता है वे किसी आदेश के रूप में नहीं होता बल्कि यह अंतर्दृष्टि के रूप में होता है, संवाद और पड़ताल का आमंत्रण होता है। इसे जानते हुए कि कई हिंदुओं के लिए (आदि शंकराचार्य सहित), इसके बावजूद कि उपनिषदों को श्रुति माना जाता है, चूंकि यह संवाद के रूप में है न कि निर्देशात्मक, इसने हिंदू धर्म के आगे और विकास का मार्ग प्रशस्त किया।

हिंदू धर्म के अन्य बुनियादी ग्रंथ संवाद की इस परंपरा को आगे बढ़ाते हैं। ऐसा ही एक ग्रंथ है *ब्रह्म सूत्र* जिसे बादरायण ने लगभग 450 ईसा पूर्व में लिखा। भारतीय परंपरा में बादरायण की पहचान व्यास से की जाती है, जिन्होंने वेदों का संकलन किया। *ब्रह्म सूत्र* को न्याय प्रस्थान भी कहते हैं क्योंकि इसने उपनिषदों के पाठ को बहुत ही सुव्यवस्थित ढंग से पेश किया है; इन्हें वेदांत सूत्र भी कहते हैं क्योंकि यह वेदांत से संबंधित ग्रंथ है; *सारीरक सूत्र* के नाम भी जाना जाता है, क्योंकि यह शरीरधारी आत्मा की प्रकृति और इसके क्रमिक विकास से संबंधित भी है; और इनके अलावा इसे *उत्तर मीमांसा सूत्र* भी कहते हैं क्योंकि यह वेदों के अंतिम चरण से संबंधित है, इसके उलट पूर्व मीमांसा पूर्व खंडों से संबंधित है।

सूत्र का अर्थ है "छोटा वाक्य या सूक्ति, जिसमें किसी भी तरह की अतिशयोक्ति नहीं है और इसका उद्देश्य है कम से कम शब्दों में धर्म या दर्शन के मूल की अभिव्यक्ति।"[9] जहाँ तक संक्षिप्त में अभिव्यक्ति और इसमें विचारों की तीव्रता को पिरोने की बात है, साहित्यिक या दार्शनिक विमर्श में इसका दुनिया में कोई सानी नहीं है। उदाहरण के लिए, *ब्रह्म सूत्र* का पहला सूत्र सिर्फ कहता है – अथातो ब्रह्म जिज्ञासा (इसलिए अब ब्रह्म के बारे में विमर्श)। मैक्समुलर महान वैयाकरण पातंजलि को उद्धृत करते हुए कहते हैं कि सूत्र के लेखकों को किसी सूक्ति से एक शब्द या वाक्य हटाने में जितना आनंद आता था, उतना अपने बच्चे के जन्म पर भी नहीं! *ब्रह्म सूत्र* में 550 सूत्र हैं और इनमें से प्रत्येक एक या दो शब्द से अधिक का नहीं, जो आपस में मिलकर उपनिषद की विश्वदृष्टि की व्यवस्थित पड़ताल करते हैं पर इन्हें अलग करके समझना लगभग असंभव है। इस तराशे हुए और बेदर्दी से छोटा किए गए विचारों के सूक्त, सारगर्भित भाष्य को सैकड़ों पृष्ठों और हज़ारों श्लोकों में लिखा गया।

इसके पहले अध्याय का विषय है समन्वय। इसका उद्देश्य था उपनिषदों से असमान बयानों को उठाकर उनमें समन्वय स्थापित करना, ताकि एक निर्विवाद संदेश को समझा जा सके – ब्रह्म एकमात्र व्यापक और सर्वोच्च वास्तविकता है जो सत्, चित और आनंद

है। दूसरा अध्याय हिंदू विमर्श के तरीक़े में लोकतांत्रिक संवाद के व्यापक अवसर को पूर्ण रूप से बाहर लाना। इसका शीर्षक है "अविरोध" और यह ब्रह्म के अद्वैत होने के वेदांतिक उद्घोष के ख़िलाफ़ आपत्तियों को शामिल करता है। ये आपत्तियाँ हिंदू दर्शन के अन्य स्कूलों से उपजती हैं और साथ ही बौद्ध और जैन धर्म से भी। यह कि इन आपत्तियों को दर्ज करना और इनका उत्तर देना महत्वपूर्ण माना जाता था, इस बात का प्रमाण है कि सत्य का पता लगाने के लिए संवाद को उचित माना जाता था। यह इस बात की ओर भी इशारा करता है कि हिंदू धर्म में समन्वय की धारणा का मतलब उन लोगों के विचारों को भी शामिल करना है जो सामने रखे गए प्रसंग के विरोध में हैं। इस तरह अंतिम निष्कर्ष कई तरह के विचारों का निचोड़ है या कम से कम एक ऐसा निचोड़ जिसमें विरोधी दृष्टिकोणों को भी सक्रियता से स्वीकार किया गया है। मूल ग्रंथ पर जो व्यापक रूप से टीके लिखे गये हैं या टिप्पणियाँ की गई हैं वह इस बात का एक बार फिर प्रमाण देता है कि सत्य तक पहुँचने में व्याख्याओं की खुली छूट थी।

उपनिषदों और *ब्रह्म सूत्र* के साथ-साथ भगवद गीता हिंदू धर्म के तीन बुनियादी ग्रंथों की तिकड़ी है। कोई आश्चर्य नहीं कि पहले दो की तरह ही भगवद गीता भी संवाद के रूप में ही है। गीता (जिसके बारे में हम बाद में भी चर्चा करेंगे), के 18 अध्यायों में 700 श्लोक हैं। यह महाभारत का अंग है जोकि एक साहित्यिक महाकाव्य है जो ऑडिसी और इलीयड दोनों को मिलाने के बाद इनसे आठ गुना विशाल है। यह महाकाव्य संभवतः 500 ईसा पूर्व में लिखा गया और चूंकि इसमें बौद्ध धर्म की कोई चर्चा नहीं है, अधिकांश विद्वानों का मानना है कि यह बुद्ध के आगमन से पहले लिखा गया।

जब महाभारत होनेवाली थी, पांडवों में सर्वाधिक कुशल योद्धा अर्जुन ने लड़ाई में भाग लेने से मना कर दिया। उसके ख़िलाफ़ लड़ाई के मैदान में थे उसके अपने रिश्तेदार – चाचा, भाई, गुरु, अग्रज, साथी, और उसका प्रण भरभराकर बिखर गया। "मुझे जीत की इच्छा नहीं है, न ही चाहिए मुझे साम्राज्य, न ही सुख, अगर इतना खून बहाने के बाद इन पर विजय प्राप्त करनी है," उसने कृष्ण से कहा। कृष्ण, जो अर्जुन के सारथी थे, उसके रथ को हांकने वाले, उन्होंने इसके बाद अर्जुन को परामर्श दिया; और अंत में, मानसिक संतुलन क़ायम हो जाने और भ्रम के मिट जाने के बाद अर्जुन ने अपना तीर-कमान उठाया और पूरी निडरता से युद्ध के मैदान में जा डटा। लेकिन महत्वपूर्ण बात यह है कि यह अंतिम परिणाम कृष्ण के एकतरफ़ा उपदेश का परिणाम नहीं था। हो सकता है कि वह भगवान का अवतार था, लेकिन अर्जुन उनके साथ संवाद करने से पीछे नहीं हटा, उनसे तीखे सवाल किए, स्पष्टीकरण माँगा, अपने विचार रखे और यहाँ तक कि सर्वशक्तिशाली के तर्कों पर भी सवाल उठाया।

बुनियादी ग्रंथों में इस तरह की वैधता प्राप्त करने के बाद सभ्य संवाद की परंपरा

क़ायम रही और आदि शंकराचार्य और मंडन मिश्र के बीच आठवीं सदी में हुए महान तर्क-वितर्क में इसे देखा जा सकता है। शंकराचार्य (788-820 ई) ज्ञान मार्ग के द्वारा मोक्ष प्राप्त करने की विचारधारा के बहुत बड़े अनुयायी थे। उनका आदर्श वाक्य था सत्यं ज्ञानं, अनंतम ब्रह्मः ज्ञान सत्य है; ब्रह्म शाश्वत। दूसरी ओर, मंडन मिश्र कर्मकांड मार्ग के कट्टर अनुयायी थे जिसमें वेदों में विहित कर्मकांड का ईमानदार पालन मोक्ष प्राप्त करने का मार्ग है। उन लोगों के बीच विचारधारा का अंतर काफ़ी ज़्यादा था और अपने अलग विचारों के प्रति उनकी प्रतिबद्धता काफ़ी आवेशपूर्ण थी। दोनों असाधारण विद्वान भी थे। अगर शंकराचार्य हिंदू धर्म के संभवतः सर्वाधिक महान विचारक थे तो मंडन मिश्र उनके प्रबल विरोधी और उनके अनुयायी उन्हें ब्रह्मा का अवतार मानते थे।

अपने विरोधी विचारों से निपटने का उनका तरीक़ा शास्त्रार्थ का था। जब शंकर महिष्मती (आधुनिक मध्य प्रदेश)[10] में नर्मदा नदी के तट पर स्थित मंडन के घर पहुँचे पर मंडन शंकर को देखकर खुश नहीं हुए। वे अपने पिता के श्राद्ध से संबंधित कर्म कांडों में व्यस्त थे और ऐसे मौक़े पर एक ब्रह्मचारी *संन्यासी* को देखना अपशकुन माना जाता था। वे जिस मत को मानते थे उसके अनुसार गृहस्थ का जीवन जीते हुए वेद सम्मत कर्म कांडों को पूरा करना सही चुनाव था। स्पष्ट रूप से, उन्होंने शंकर के प्रति उद्धत व्यवहार किया जिन्होंने उनके उकसावे का जवाब नहीं दिया। अंततः यह तय हुआ कि अगले दिन दोनों विद्वानों के बीच शास्त्रार्थ होगी। मंडन मिश्र ने शंकर से कहा कि वे किसी पंच को चुन लें और उनको उस समय घोर आश्चर्य हुआ जब उन्होंने उभया भारती, मंडन की पत्नी[11] का नाम सुझाया। विदुषी महिला ने पंच बनना स्वीकार कर लिया और उन्होंने दोनों ही प्रतिद्वंद्वियों के गले में फूल की माला डाल दी और कहा कि जिनके माला के फूल पहले कुम्हला जाएंगे वे पराजित माने जाएँगे। यह भी निर्णय हुआ कि जो भी पराजित होगा वह विजेता का अनुयायी बन जाएगा और अपने विरोधी के जीवन के नियमों का अनुसरण करेगा।

अलग-अलग लोगों के मतों के अनुसार यह शास्त्रार्थ 17 दिनों से छह महीने के बीच तक चला। अंत में, मंडन मिश्र के गले में लटकी माला के फूल पहले कुम्हला गए और यह स्पष्ट था कि इस शास्त्रार्थ के विजेता शंकर थे। पर उभया भारती हार मानने के लिए तैयार नहीं थीं। उन्होंने कहा कि मंडन की पत्नी के रूप में वे उनकी अर्धांगिनी हैं और हिंदू विचारों में आधा पुरुष और आधा नारी वाले अर्धनारीश्वर की परिकल्पना के रूप में मान्यता मिली है। इसलिए वे शंकर के साथ शास्त्रार्थ करेंगी। शंकर ऐसा करने के लिए तैयार नहीं थे, क्योंकि वे जिन नियमों को मानते थे उसमें संन्यासी को किसी महिला के साथ शास्त्रार्थ करने की अनुमति नहीं थी। लेकिन उभया भारती ने इस पर जोर दिया और शंकर मान गए।

इस विशिष्ट शास्त्रार्थ को इस घटना की दिलचस्प बातों के आगे जाकर इसके मूल्यांकन की ज़रूरत है। ये दिलचस्प बातें बाद में इनकी जीवनी लिखनेवालों ने इसमें

जोड़ी हैं। यह शास्त्रार्थ आख़िरकार जो बताता है – और शायद इसी वजह से इसे शंकर के जीवन के एक महत्वपूर्ण हिस्से के रूप में सामने रखा गया है - जिसके पीछे मंशा कर्मकांडों पर विचारों की श्रेष्ठता का उद्घोष था और वह भी एक ऐसे समय में जब हिंदुओं में कर्मकांड को ज़्यादा महत्व दिया जा रहा था। छठी और सातवीं सदी हिंदू धर्म के पुनरुत्थान और बौद्ध धर्म के अवसान का काल था। हालाँकि इस पुनरुत्थान का एक हिस्सा ज़रूरत से अधिक पौराणिक कथाओं और वैदिक अनुष्ठानों को संपन्न करने पर केंद्रित था। यह सब कहीं न कहीं उन उच्च विचारों से काफ़ी दूर था जोकि हिंदू दृष्टि की आवश्यक बुनियाद है। वेदों में विहित तरीक़ों के आधार पर किसी अनुष्ठान को किस हद तक वैसे ही पूरा किया गया है इस पर जोर देने के क्रम में उपनिषदों की गूढ़ गौरवशाली अंतर्दृष्टि को भुला दिया गया। मंदिरों में रौनक़ बढ़ गई पर पूजा की विधियों और जिस दार्शनिक बुनियाद पर यह टिका था उसके बीच कोई संबंध नहीं था। मोक्ष के लिए ज्ञान मार्ग को अपनाने की और एक बार फिर उद्घोष करने की ज़रूरत थी, ताकि हिंदू धर्म का आध्यात्मिक ज्ञान से संबंध दोबारा स्थापित किया जा सके और विचारों और चिंतनों की भव्यता को पुनर्प्रतिष्ठित किया जा सके। यही शंकर का स्पष्ट उद्देश्य था और मंडन मिश्र के साथ हुए शास्त्रार्थ में उनकी जीत इसके लिए इससे बेहतर रूपक कोई और नहीं हो सकता। वास्तव में, मिश्र की हार ने भारत भर में हिंदू धर्म में आस्था और इसके अनुशीलन को व्यापक रूप से प्रभावित किया होगा। संचार के आधुनिक साधन के बिना भी इस शास्त्रार्थ की प्रगति और दलीलों के उलझावों के ग़वाह हज़ारों लोग हुए, देश भर के कोने-कोने में लाखों और लोगों तक यह बात मौखिक रूप से पहुँची होगी। इस शास्त्रार्थ को हिंदू धर्म के क्रमिक विकास के ऐतिहासिक संदर्भ में देखने पर लगता है कि ज्ञान के शीर्षतम स्तर पर इसने संवाद, बातचीत और विमर्श की महत्ता को और इसे संस्थागत रूप दे दिया न कि ज़बरदस्ती, हिंसा या मनमुटाव को।

विचारों की गवेषणा के लिए विरोधी विचारों के लिए खुलेपन की दरकार होती है। हिंदू धर्म बौद्धिक बहस पर जिस तरह बुनियादी जोर देता था, वह अपने बौद्धिक दृष्टिकोण में व्यापक आधार वाला होने के अलावा और कुछ हो ही नहीं सकता। उपनिषदों ने इस बात को स्पष्ट रूप से सामने रखा – *एकम् सत् विप्रा बहुधा वदन्ति* सत्य एक है, ज्ञानी इसे विभिन्न नामों से बुलाते हैं। एक ऐसे समय में जब दुनिया में दूसरे जगह अधिकांश सभ्यताएँ इस बात का उद्घोष कर रही थीं कि सत्य पर सिर्फ उनका एकाधिकार है, उपनिषद यह स्वीकार कर रहे थे कि एक सत्य की कई व्याख्याएँ हो सकती हैं। उपनिषद एक अन्य जगह कहता है – *उदारचरितानांतु वसुधैव कुटुम्बकम्* जो उदार हैं उनके लिए पूरी दुनिया एक परिवार है। एक बार फिर, लिखित इतिहास के शुरुआत में जब अधिकांश मानवीय प्रयास अपने-अपने धर्मों के चारों ओर दीवार खड़ी

करने में लगे थे, हमारे ऋषि-मुनि इस बात पर जोर दे रहे थे कि मतांतरों के बावजूद, अगर किसी का दिल बड़ा है, जोकि होना चाहिए – तो पूरी दुनिया एक परिवार है। ऋग्वेद का एक मंत्र इस व्यापक दृष्टिकोण और सहिष्णु सोच का समर्थन करते हुए कहता है – *आ नो भद्राः क्रतवो यन्तु विश्वतः* अच्छे विचारों को हर दिशा से हमारे पास आने दो। यह पंक्ति भारत के आधुनिक संसद के प्रवेश द्वार पर खुदी हुई है। यह विचारों की संकीर्णता को छोड़ने और विभिन्न विचारों का स्वागत करने और यहाँ तक कि असहमत नहीं होने का आमंत्रण है।

इस स्थिति में यह आश्चर्य की बात नहीं है कि अपने संपूर्ण केंद्रीय विषयवस्तु के तहत वह जिस व्यापक विविधता की अनुमति है उसको देखते हुए हिंदू धर्म की दार्शनिक विरासत विशिष्ट है। हम हिंदू दर्शन की छह प्रधान व्यवस्था का पहले ही ज़िक्र कर चुके हैं। लेकिन दूसरे विचार भी थे और इनके अपने प्रतिबद्ध अनुयायी भी और अपने तर्क भी जोकि कई बार मुख्यधारा के हिंदू दर्शन के बिलकुल विपरीत थे। इनमें से एक था चार्वाक लोकायतिका संप्रदाय। उस समय की बौद्धिक विविधता के बारे में इससे दिलचस्प जानकारी मिलती है और यह कि परंपरागत सोच से यह कितना ज़्यादा अलग था और पर इन सबको समान आदर भाव से देखा जाता था।

यह बात सच है कि हिंदू दर्शन के कई बड़े स्कूल व्यक्तिगत ईश्वर से ज़्यादा मतलब नहीं रखते थे और उन्होंने अपनी विचारधारा की संरचना नास्तिकता के खांचे पर बनाई। चार्वाक ने खुलेआम ईश्वर या किसी भी तरह के अलौकिक ताक़त के अस्तित्व से इंकार किया और भौतिकता के पक्ष में बहुत ही ज़ोरदार दलील पेश की। उन्होंने अपने पक्ष में दलीलें दीं पर अंध विरोध का रास्ता नहीं अपनाया। उन्होंने जोर देकर कहा कि बाहरी दुनिया का अस्तित्व वास्तविक है और और वह निश्चित क़ानूनों से प्रशासित होता है न कि किसी अलौकिक ताक़त से। हमारे निष्कर्ष का एकमात्र वैध स्रोत है प्रत्यक्ष अनुभूति, और जिसका हम अनुभव नहीं कर सकते उसका अस्तित्व नहीं है। भौतिक वस्तुएँ जिनके बारे में हम प्रत्यक्ष अनुभूति से निष्कर्ष निकाल सकते हैं वे हैं पृथ्वी, जल, अग्नि, और वायु। यह ब्रह्मांड इन चार महाभूत (मौलिक तत्वों) के अलग-अलग मात्रा में साथ आने से बना है। चेतना अनुभवों के परे नहीं होती, बल्कि यह एक विशेष रूप और एक विशेष परिस्थिति में इन तत्वों के संयोग से बनी है। ऐसी कोई आत्मा नहीं है जो मौत को झुठला सके। शरीर उन चारों तत्वों में विघटित हो जाता है जिससे वह बना है। ऐसा कुछ भी नहीं बचता जो दोबारा जन्म ले सके। वेदों में किसी तरह की शुचिता नहीं है क्योंकि वह तीन तरह की कमियों से ग्रस्त हैं – आंतरिक विरोधाभास, असत्य और निरर्थक पुनरावृत्ति।

यह कहा जाता है कि बृहस्पति जिन्होंने सातवीं सदी ईसा पूर्व में चार्वाक संप्रदाय की स्थापना की, वे भौतिक सुखवाद के प्रवर्तक थे। चूंकि इससे पहले कुछ नहीं था, और

हमारे जीवन के परे भी कुछ नहीं होगा, इसलिए किसी हिचक या बाहरी ताक़त की चिंता किए बिना आवश्यक रूप से इसका आनंद उठाना चाहिए:

चूंकि जीवन तुम्हारा है, सुखपूर्वक जीयो
मौत की खोजी आँखों से कोई नहीं बच सकता;
जब एक बार हमारी इस काया को वे देंगे जला
वह कैसे यहाँ फिर वापस आएगा?[12]

हालाँकि, इसी तरह यह दलील भी दी जा सकती है कि चार्वाकों का वास्तविक उद्देश्य किसी व्यक्ति को किसी बाहरी देवता या किसी और के बैसाखी की ज़रूरत के बिना जीवन के लिए खुद ज़िम्मेदार बनाना था। उत्तरदायित्व के इस अनुमान ने बहुत ही बेशक़ीमती स्वतंत्रता बख्शी। बृहस्पति मूल रूप से विद्रोही थे। वे अंधविश्वास, कर्मकांड, जाति, ग्रंथों के अधिकार, ब्राह्मणवाद और पुरोहित वर्ग के वर्चस्व के ख़िलाफ़ थे। उन्होंने कहा कि धर्म पुरोहितों के हाथ का खिलौना है ताकि वे आम लोगों का शोषण कर सके, और ईश्वर सिर्फ धनाढ्यों का आविष्कार है। हमें अपने वर्तमान जीवन में इस अन्याय और उत्पीड़न के ख़िलाफ़ लड़ने की ज़रूरत है न कि पुरोहितों की इच्छा के अनुसार यह मानकर मामले को अनदेखा करना है कि हमारे दुख हमारे पूर्व जीवन के कर्मों के फल हैं। इस अर्थ में, बृहस्पति और चार्वाक सम्प्रदाय मार्क्स के पूर्ववर्ती थे जिन्होंने उनसे 1500 वर्ष बाद यह प्रसिद्ध बात कही थी कि "धर्म आम लोगों का अफ़ीम है।"

दर्शन की एक दूसरी दिलचस्प धारा का संबंध ध्वनि की पवित्रता से है जिसे शब्दों के द्वारा मूर्त रूप दिया गया है। छठी और चौथी सदी ईसा पूर्व के बीच महान वैयाकरण पाणिनि ने *अष्टाध्यायी* की रचना की जोकि संस्कृत व्याकरण पर आधारभूत ग्रंथ है। दूसरी सदी ईसा पूर्व में पातंजलि ने *अष्टाध्यायी* पर अपनी "महान टीका" *महाभाष्य* की रचना की। इस बारे में आज भी अनुमान ही लगाया जाता है कि यह पातंजलि क्या वही पातंजलि है जिसने *योग सूत्र* की रचना की थी। जो भी हो, यह महाभाष्य जो शिक्षा (उच्चारण), व्याकरण और निरुक्त पर विशेष ध्यान देता है, हिंदू व्याकरण के दर्शन पर लिखा सर्वाधिक प्राचीन ग्रंथ है। भृतहरि ने पाँचवीं सदी में *वाक्यपादीय* ग्रंथ की रचना की, जो इस भाषायी दर्शन को और आगे ले जाता है। उन्होंने जो स्फोट का सिद्धांत दिया है उसके मुताबिक़ बोलने की क्रिया में तीन चरण हैं – पश्यन्ति (परिकल्पना), मध्यमा (स्वयं वाणी) और वैखरी (श्रोता की समझ) और इस तरह यह वक्ता की "चेतना" को प्रकट करता है। व्याकरणविदों द्वारा इस तरह के अंतरभेदी चिंतन का समग्र प्रभाव यह हुआ कि इससे एक अलग विषय ध्वनि की उत्पत्ति हुई और इसी से एक अलग तरह

के दर्शन – शब्द अद्वैत की भी, जो ब्रह्म के उलट वाक्शक्ति को शाश्वत, सर्वव्यापी और अविभाज्य सिद्धांत मानता है जो सम्पूर्ण ब्रह्मांड को आपस में जोड़े रहता है।

इनके अलावा कुछ गूढ़ विचारों और परिपाटियों के स्कूल भी थे जिनका काफ़ी प्रभाव था। इस संदर्भ में एक शाखा का उल्लेख विशेष रूप से दिलचस्प है और यह है शक्ति, जिसके तहत स्त्रैण सिद्धांत की पूजा होती थी जिसकी प्रतिमूर्ति शिव की पत्नी दुर्गा थीं। इस रूप से भक्तिभाव रखनेवाले यह मानते थे कि शिव की वास्तविक ताक़त उनकी पत्नी शक्ति के बिना अधूरी है। इसने एक बहुत ही जटिल व्यवस्था और गुप्त एवं रहस्य भरे अनुष्ठानों और मंत्रों को जन्म दिया। धीरे-धीरे यह एक रहस्यमय तांत्रिक दर्शन के रूप में विकसित हुआ, जिसे संहिता या आगम ग्रंथ में संहिताबद्ध किया गया है और उसमें इस पर विस्तृत चर्चा की गई है। आमतौर पर, देवी का पंथ (जिसके बारे में हम बाद में चर्चा करेंगे), की लोकप्रियता काफ़ी अधिक थी और पूरे भारत में इसका चलन था और इसके बावजूद कि इसके कुछ पक्ष परंपरा-विरोधी थे, हिंदू धर्म ने उसको भी अपनी परिधि में जगह दे दी।

हिंदू धर्म में विभिन्न धाराओं के इस अनेक विचारों के स्कूलों के अलावा दो बड़े धर्म बौद्ध और जैन धर्म भी थे जो इसी समय के दौरान अस्तित्व में आए और कई अर्थों में हिंदू दर्शन के लिए संपूर्ण रूप में चुनौती उपस्थित की। बुद्ध का जन्म लुम्बिनी में छठी सदी ईसा पूर्व में कपिलवस्तु के राज परिवार में हुआ और वे 80 वर्षों तक जीवित रहे। एक युवा राजकुमार के रूप में उन्होंने अपने आसपास जो दुख और कष्ट देखे उसने उनको बहुत प्रभावित किया। उनको इस बात का विश्वास था कि ये कष्ट जीवन में अवश्यंभावी हैं, क्योंकि जीवन क्षणिक और असंतुष्ट दोनों है और सुख और उसके बाद दुख, आनंद के बाद दुख के सतही चक्र के परे यह अर्थहीन है। इसके बाद उन्होंने सत्य की खोज में अपने जीवन का त्याग का निर्णय लिया जो उनके निर्वाण या जन्म और मृत्यु के चक्र से मुक्त करेगा।

बुद्ध की चिरस्थायी चिंता थी मानव जीवन के साथ जुड़ा दुख या कष्ट। बोधगया में बोधि वृक्ष के नीचे ज्ञान प्राप्त करने के बाद उन्होंने मुक्ति के लिए चार आर्यसत्य और आष्टांगिक मार्ग का प्रतिपादन किया। ये चार आर्यसत्य थे कि जीवन में दुख है, दुख के कारण हैं, दुख के निवारण हैं और इस दुख को समाप्त करने के रास्ते हैं। आष्टांगिक मार्ग दुख के निवारण के मार्ग हैं। जिस अष्टांग मार्ग या मध्य मार्ग का उन्होंने प्रतिपादन किया वे हैं सम्यक दृष्टि, सम्यक संकल्प, सम्यक वाक, सम्यक कर्म, सम्यक जीविका, सम्यक प्रयास, सम्यक स्मृति, और सम्यक समाधि।

इस बिंदु तक बुद्ध ने ऐसा कोई उपदेश नहीं दिया जोकि पूरी तरह मौलिक हो या जो हिंदू धर्म या उपनिषदों के अद्वैत दर्शन और शंकर की इसकी व्याख्या के ख़िलाफ

हो। हालाँकि, दुख के बारे में बुद्ध की विशेष चिंता के साथ इसके आध्यात्मिक तर्क और इससे बाहर आने का रास्ता कई अर्थों में उपनिषदों के सिद्धांत के प्रत्यक्षतः विपरीत था। बुद्ध ने कहा कि चिरस्थायी स्व, ब्रह्म या आत्मन जैसा कुछ नहीं है; अनत्त (स्वहीन) की स्थिति में जिसका अस्तित्व है वह है रूप (शरीर) और नमा (मस्तिष्क)। हम जो भी देखते हैं वह समघट (सकल) है; सब अंतर्निहित रूप से नैरात्मय (तुच्छ) है। फिर, शरीर और मस्तिष्क के स्तर पर स्व भी अनित्यत्व (शाश्वत रूप से क्षणिक और अस्थायी) है। जिस वास्तविकता को हम अपने चारों ओर देखते हैं उसमें स्वभाव (पारलौकिक बुनियाद) नहीं है; यह समतना (निरंतर प्रवाहमान) है और हर अनुभव क्षणा-भंग-वाद (प्रभावों की श्रृंखला जो उसी क्षण जन्म लेती है और उसी क्षण तिरोहित भी हो जाती है), ताकि कोई भी एक ही नदी में दो बार प्रवेश नहीं कर सके। निर्वाण या दुख से मुक्ति, शाब्दिक रूप से स्व की शून्यता का भान होना है, यह खुद को सांसारिक जीवन की बेड़ियों में बांधना और फिर आगे बढ़ने के बाद उसी क्षण नष्ट भी हो जाने की प्रक्रिया है।

बुद्ध के दर्शन की इस मूल बात को बाद के बौद्ध विचारक एक नई ऊँचाई तक ले गए। महायान बौद्ध के योगाचार स्कूल ने कहा कि अपनी निरंतर बदलती अवस्था में सिर्फ विचार ही वास्तविक है और बाह्य वास्तविकता जैसी कोई चीज नहीं है। मस्तिष्क की क्षणभंगुरता पर विशेष रूप से जोर देते हुए और यह मानते हुए कि पहचान योग्य यह एकमात्र वास्तविकता है और अन्य कोई नहीं, ये लोग वस्तुनिष्ठता को एक नई ऊँचाई तक ले गए, जिसे विज्ञानवाद कहा गया। एक अन्य स्कूल जिसके प्रमुख प्रवर्तक नागार्जुन (लगभग 150-250 ईसवी) है, ने महायान बौद्ध की माध्यमिका स्कूल की स्थापना की। नागार्जुन ने शून्यता के सिद्धांत का प्रतिपादन किया, जिसमें उन्होंने न केवल किसी बाह्य वस्तु के अस्तित्व से इंकार किया, बल्कि स्व के अनुभव से भी। चूंकि स्व जैसा कुछ भी नहीं है, और सारी वस्तुएँ अस्थायी और प्रतीत्यसंपुटपद (निर्भरतापूर्ण उत्पत्ति का परिणाम) हैं, इसलिए संपूर्ण विश्व, मस्तिष्क और पदार्थ, मायावी है। इस धर्मविहीन शून्य की समझ का परिणाम ही निर्वाण है।

स्व का या सत्ता मीमांसा संबंधी वास्तविकता का खंडन उपनिषदों की भव्य ब्रह्मांडीय आयोजन का निषेध था। ऐसे ही, बौद्ध दर्शन का बाद का क्रमिक विकास, जिसने या तो पूरी तरह बाह्य वास्तविकता या यहाँ तक कि मस्तिष्क को नकार दिया, एक नए तरह के आत्मवाद और शून्यवाद का सूचक था। बुद्ध मानवीय कष्ट और इसके निवारण से ज़्यादा चिंतित थे, न कि आत्मा और ब्रह्म के आध्यात्मिक उद्घोष से। उन्होंने जो किया वे हिंदू धर्म में कर्मकांड के ख़िलाफ़ विद्रोह था। लेकिन उनकी शिक्षा ने उपनिषदों के दार्शनिक आधार का भी परित्याग किया।

बौद्ध और वेदांत दर्शन के बीच शायद सर्वाधिक महत्वपूर्ण अंतर यह था कि दुख और आनंद पर दोनों ने कितना जोर दिया। उपनिषदों ने ब्रह्म की प्राप्ति को अनिर्वचनीय आनंद के रूप में परिभाषित किया। बुद्ध ने निर्वाण को दुख की समाप्ति के रूप में परिभाषित किया, आनंद के आशीर्वाद के रूप में नहीं। बौद्ध धर्म के अनुसार, निर्वाण एक शून्य है जहां जाकर हर तरह की इच्छाएँ और विरक्तियाँ समाप्त हो जाती हैं। इसकी तुलना में वेदांत वहाँ है जहां मनुष्य अपने शरीर और मस्तिष्क की सीमाओं को पार कर गया है और जो शेष है वह है विशुद्ध आनंद की ज्योति का दोबारा रोशन होना और ब्रह्म के साथ उसका संयोग। नागार्जुन की शून्यता धर्मशून्य थी; उसने एक प्राणपोषक ख़ालीपन को रचा जिसने मस्तिष्क के सामान्य उथल-पुथल और आवेश को शांत किया। लेकिन नागार्जुन एक लंबी छलांग लगाते हुए शून्यता को सकारात्मक संदर्भ में आनंद की संज्ञा नहीं दे सकते थे।

लेकिन इन बातों के बावजूद, बौद्ध और हिंदू धर्म में कई समानताएँ थीं, विशेषकर वेदांत में। बाह्य विश्व का अवमूल्यन दोनों में ही समान था। दुख से निकलने के लिए मार्ग की तलाश दोनों की ज़रूरत थी। मस्तिष्क के निष्प्राण उथल-पुथल को शांत करने का तरीक़ा एक ऐसी बात थी जिस पर दोनों ही सहमत थे। और बौद्ध और वेदांत इस बात से आश्वस्त थे कि दर्शन का अंतिम लक्ष्य मुक्ति, मोक्ष या निर्वाण है।

अद्वैत की निश्चितताओं - जिसने ब्रह्म की व्यापक व्याप्ति को सत् चित आनंद बताया: जीव, चेतना और आनंद और बौद्ध धर्म की निश्चितताओं के बीच - जिसने नश्वरता और दुख के समुद्र में किसी भी तरह की अनश्वरता के अस्तित्व से इंकार किया, जैन धर्म की सुविचारित द्वैधता थी। यद्यपि उनसे पहले 24 तीर्थंकर हो चुके थे, महावीर को जैन धर्म का प्रधान प्रतिरूप माना गया। बुद्ध की तरह ही, उनका भी राज परिवार में जन्म हुआ था। हालाँकि उनकी जन्मतिथि के बारे में कोई एकराय नहीं है, यह आमतौर पर माना जाता है कि बिहार के मुज़फ़्फ़रपुर ज़िला में 599 ईसा पूर्व में उनका जन्म हुआ था और 527 ईसा पूर्व में पावापुरी में उनकी मृत्यु हो गई। जब वे लगभग 30 वर्ष की आयु के हुए, कपिलवस्तु के राजकुमार की तरह वे भी सत्य की खोज में घर से निकल गए। 12 साल तक घोर तपस्या और ध्यान करने के बाद उन्हें कैवल्य ज्ञान की प्राप्ति हुई।

परम सत्य के उद्घोष के ख़िलाफ़ जैन धर्म जानबूझकर अनिश्चितता के सिद्धांत का प्रतिपादन करता है। महत्वपूर्ण बात यह है कि वे ऐसा सिर्फ़ एकपक्षीय अस्वीकार से नहीं करता, बल्कि उन दिनों की प्रचलित बौद्धिक दृढ़ता को ध्यान में रखते हुए विचार की सुविचारित सैद्धांतिक संरचना के माध्यम से करता है। जैन धर्म कहता है कि वास्तविकता जटिल है और वह विचारों की बहुलता और विविधता – अनेकांतवाद – को स्वीकार करती है; सत्य की खोज को परम तत्ववाद से आवश्यक रूप से दूर रहना चाहिए और

आंशिक विचार की वैधता – नयवाद – को स्वीकार करना चाहिए; कोई भी अवधारणा इस तरह से नहीं बनाई जा सकती कि वह सशर्त कथन की संभावना – स्यादवाद – की अनुमति ही न दे।

इस तरह के सुचिंतित निरपेक्षता के सिद्धांत के समर्थन में, जैन धर्म सात अंधे लोगों की उस नीति कथा का उदाहरण देते हैं जो एक हाथी का उसके अलग-अलग हिस्से को स्पर्श करने के आधार पर उसका अलग निष्कर्ष निकालते हैं। ज़्यादा औपचारिक रूप से, जैन धर्म ने सप्तभंगी या सप्तमार्गीय सिद्धांत के द्वारा 'एकांगी' के प्रतिपादकों का पर्दाफ़ाश करने का आह्वान किया। इसका उद्देश्य यह बताना है कि वास्तविकता का ज्ञान सापेक्ष है। सप्तभंगी सिद्धांत जिन सात संभावनाओं का ज़िक्र करता है वे हैं - शायद यह है; शायद यह नहीं है; शायद है और नहीं भी है; शायद कहा नहीं जा सकता; शायद है पर इसे कहा नहीं जा सकता; शायद यह नहीं है और इसे कहा नहीं जा सकता है; शायद यह है, नहीं है और कहा नहीं जा सकता है। एक शब्द जो सभी सातों विचारों में आम है वह है 'शायद'। जैन धर्म में, 'शायद' हठधर्मिता विशेषकर हिंदू और बौद्ध अध्यात्म का प्रतिकार है। जैन धर्म ने वैचारिक विमर्श में एक ताज़े विचार को जगह दी जो अन्य दर्शनों की इस प्रवृत्ति पर कि सिर्फ वही सही हैं, सवाल उठाने के अपने साहस की वजह से स्फूर्ति पैदा करनेवाला है। और कई तरह से, इसने जिस सापेक्षतावाद को सामने रखा उसने भविष्य में भारतीय विचारों के क्रमिक विकास को गहरे प्रभावित किया। महत्वपूर्ण बात यह है कि न तो बौद्ध और न ही जैन धर्म की ओर हिंदू धर्म ने कभी ऐसे देखा, जिसके साथ उसका विरोध जन्मजात हो और जिसे पाटा नहीं जा सके। एक नए धर्म की शुरुआत के दौर में हो सकता है कि कुछ आपसी विरोध रहा हो पर समय बीतने के साथ ही यह कम होता गया और पिछले अध्याय में हमने दिखाया है कि कैसे हिंदू राजाओं ने दोनों ही धर्मों को अपना संरक्षण दिया। इस व्यापक सहिष्णुता का कारण यह था कि हिंदू धर्म ने विविधता को जगह दी है, यहाँ तक कि अपने मुख्यधारा के धर्म में विद्रोह को बर्दाश्त किया है, और इससे इस बात का आश्वासन मिला कि यह उसकी धर्म व्यवस्था की व्यापक संबद्धता को कमतर नहीं करेगा। बौद्ध और जैन धर्म को हिंदू धर्म का विरोधी नहीं माना जाता था, बल्कि इन्हें हिंदू धर्म से निकला हुआ माना, जोकि इसके विचारों की विविधता के बिलकुल अनुरूप था और जिसकी उसने अनुमति दे रखी थी। अगर चार्वाक संप्रदाय के बृहस्पति बिना किसी डर के यह कह सकते हैं कि वेद पवित्र नहीं हैं तो अगर बुद्ध ने उत्कृष्ट आत्मा के अस्तित्व से इंकार किया तो इससे हिंदू धर्म को क्या दिक्कत हो सकती है?

अगर ऋग्वेद का नासदीय सूक्त यह प्रश्न कर सकता है कि कौन जानता है कि सत्य क्या है, और अगर इस बात का अनुमान लगा सकता है कि शायद सृष्टिकर्ता भी यह

नहीं जानता है, तो उस स्थिति में हिंदू धर्म क्यों जैन धर्म के सापेक्ष सत्य में विश्वास पर नाराज़ होगा? यह संभव है कि कभी-कभी वैचारिक मतभेद की वजह से विवाद उत्पन्न हुआ होगा, लेकिन ये बहुत ही मामूली प्रकृति के थे और कुछ इतिहासकारों की सोच के विपरीत, इन दोनों विषम-रूपी धर्मों में से किसी के भी साथ बड़े विवाद का रूप नहीं लिया। बौद्ध या जैन धर्म के प्रवर्तकों के बीच में जो अंतर था उससे कहीं ज़्यादा अंतर शायद हिंदू धर्म के अंतर्गत शैवों और वैष्णवों के बीच था। हिंदू धर्म में दूसरे मतों को जगह देने का जो स्वभाव था उसकी वजह से उसके विचारों में बहुलता आई, जिसे इस मौलिक बात की स्वीकार्यता प्राप्त थी कि सत्य की खोज की भिन्न कहानी हो सकती है।

इसलिए यह आश्चर्य की बात है कि संस्कृत के एक प्रमुख अमेरिकी विद्वान शेल्डन पोलॉक का कहना है कि प्राचीन शास्त्रों में "ज्ञान उसके विस्तार में स्थायी रूप से निर्धारित है; ज्ञान उस पर आश्रित परिपाटी के साथ, न तो बदलता है और न ही आगे बढ़ता है, बल्कि जो दिए गए ग्रंथों में सदा के लिए दब कर रह जाता है जो ब्रह्मांड रचना के बार-बार के चक्र के दौरान मानवों को संपूर्ण या यहाँ तक कि आंशिक रूप में निरंतर उपलब्ध होता है।"[13] शायद वे किसी मौलिक ग्रंथों की बात कर रहे थे जिन्हें कई लोग श्रुति के नाम से जानते हैं। हालाँकि, जिस महत्वपूर्ण बात पर ध्यान देने की ज़रूरत है वह है विचारों की विविधता जिसकी इसके तहत अनुमति थी और जिस हद तक इनके ख़िलाफ़ विधर्म को बर्दाश्त किया जाता था। जैसाकि हम पहले ही कह चुके हैं कि हिंदू धर्म में धर्म-विरोध या ईश-निंदा की कोई परिकल्पना नहीं थी, न ही प्रभावशाली हठधर्मिता, चर्च, पोप, ग्रंथ या आदेशात्मक अनुष्ठान थे। इस तरह, वाल्मीकि रामायण में, उदाहरण के लिए, जावाली नामक पंडित राम के देवत्व पर सवाल उठाता है और वैसे बुद्धिमान और ज्ञानी इस व्यक्ति के कदमों को 'मूर्खतापूर्ण' बताता है और यह भी कहता है कि "मृत्यु के बाद कोई और दुनिया नहीं है, न ही किसी अनुष्ठान से उसे पाया जा सकता है।"[14] यह अस्वाभाविक नहीं है, सैकड़ों तरह के रामायण हैं और सबके अपने रंग, महत्व, प्रभाव, संदर्भ हैं और इनमें से कोई भी इस महाकाव्य की केंद्रीय कथावस्तु के लिए कोई ख़तरा उत्पन्न नहीं करता। महाभारत में उत्तांक नामक एक संन्यासी खुद कृष्ण पर कुरुक्षेत्र में युद्ध रोकने के लिए पर्याप्त प्रयास नहीं करने और इस तरह भारी संख्या में लोगों को उनकी किसी ग़लती के बिना तकलीफ़ में डालने का आरोप लगाता है।"[15] आदि शंकराचार्य जिनको हिंदू धर्म के पुनरुत्थान का श्रेय दिया जाता है, उन्होंने बिना किसी डर के हिंदू धर्म के केंद्रीय तत्वों को तुच्छ बताया। अपने प्रसिद्ध स्तोत्र *निर्वाण शतकम* में वे कहते हैं – न धर्मो, न चार्थो, न कामो, न मोक्षा: हिंदू विश्वदृष्टि में चार पुरुषार्थों या जीवन के लक्ष्यों में से किसी का भी कोई अर्थ नहीं है। सही में, वे इससे भी आगे जाते हैं और कहते हैं – न मंत्रो, न तीर्थम, न वेदा, न यज्ञ: न तो मंत्रों, न ही तीर्थों, न वेदों और न ही यज्ञों का कोई महत्व है। जिसका

महत्व है वह है चित-आनंद रूपम: चेतना और आनंद। इस संदर्भ में वे वास्तव में स्वयं को शिव से जोड़ते हैं – शिवोहम, शिवोहम: मैं शिव हूँ, मैं शिव हूँ। अन्य अधिकांश परंपरागत धर्म विशेषकर अब्राह्मिक धर्मों में देवत्व की इस कल्पना को ईश-निंदा माना जाएगा। निश्चित रूप से, तुलनात्मक दृष्टि से देखें, तो फ़ारस के सूफ़ी संत अल-हल्लाज (लगभग 858-922 ईसवी) का उदाहरण हमारे समक्ष है, जो शंकराचार्य के समकालीन थे जिनकी इसलिए हत्या कर दी गई क्योंकि उन्होंने 'अनल हक़ : मैं ही सत्य हूँ, कहने का दुस्साहस किया था। चौथी सदी ईसा पूर्व में प्राचीन यूनान में, महान दार्शनिक सुकरात, को ज़हर पीने की सजा सुनाई गई थी क्योंकि उन पर 'नास्तिकता' और आज जिसे हम सुकरात का तर्क कहते हैं, उसके प्रचार का आरोप था। उस समय भारत में भिन्न तरह के दर्शनों का बोलबाला था जो अपने-अपने धर्मों से मिली स्वतंत्रता का आनंद उठा रहे थे ताकि वे अपने तय मार्ग पर चलते हुए सत्य की खोज कर सकें। इस तरह की परिस्थिति में यह सही है कि बौद्ध धर्म पर व्यापक रूप से वैविध्यपूर्ण हिंदू धर्म में आत्मसात कर लिए जाने का ख़तरा था; यह सही है कि कई हिंदू आज भी यह मानते हैं कि बुद्ध विष्णु के अंतिम अवतार थे। ऐसी स्थिति में कोई आश्चर्य नहीं कि बौद्ध धर्म ने जिस ज़मीन पर जन्म लिया उसकी तुलना में भारत के बाहर उसके तटों से दूर अपनी अलग अक्षुण पहचान के साथ ज़्यादा आसानी से पल्लवित-पुष्पित होता रहा।

अमर्त्य सेन सच ही कहते हैं कि संस्कृत में अनीश्वरवादी या नास्तिक ग्रंथों की संख्या किसी अन्य प्राचीन भाषाओं की तुलना में अधिक है। शेल्डन पोलॉक की बातों का भी अन्य प्रमुख पश्चिमी विद्वान मज़बूती से खंडन करते हैं। जॉर्ज कार्डोना जो संस्कृत के एक प्रमुख पश्चिमी विद्वान हैं, इस बात पर बल देते हुए कहते हैं, "विभिन्न विषयों में प्राचीन संस्कृत अध्ययनों का बारीक आलोचनात्मक विचार कौशल... प्रारंभिक और मध्यकालीन भारत में किसी भी समय में परंपरा की कोई निरंकुश, विचारहीन स्वीकार्यता नहीं रही, यहाँ तक कि एक ही परंपरा के विभिन्न अनुयायियों द्वारा भी नहीं ...न ही व्याकरण संबंधी, टीका संबंधी या तर्कसंगत व्यवस्था, जिसे पूरी तरह से वैदिक परंपरा की दासी बना दिया गया।"[16]

यह सही है कि बदलती हुई ज़रूरत के अनुरूप खुद को ढाल लेने की हिंदू धर्म की योग्यता निष्कर्षतः यह कहती है कि वे अपनी ज्ञान प्रणाली की पुनर्व्याख्या कर सकती है। इसका एक महत्वपूर्ण – और यहाँ तक कि निर्णायक – निरूपण है निर्गुण ब्रह्म से सगुण ईश्वर तक की यात्रा। हिंदू दर्शन की छह व्यवस्थाओं में से जो सर्वाधिक व्यापक रूप से प्रभावशाली था वह था अद्वैत या वेदांत स्कूल, जैसाकि हम देख चुके हैं, जो पूर्ण अद्वैतवाद में विश्वास करता था जोकि निर्गुण है, सर्वव्यापी ब्रह्मांडीय चेतना, ब्रह्म है। यह असाधारण रूप से शक्तिशाली परिकल्पना थी और ब्रह्मांड विज्ञान, क्वांटम भौतिक

शास्त्र, और तंत्रिका विज्ञान के क्षेत्र में नवीनतम खोजों से इसकी वैधता को अनुमोदन मिल रहा है,[17] यह आम अनुयायियों के लिए बहुत ही रूखी परिकल्पना थी। वेदांत के कठोर अद्वैतवाद को एक ऐसे धार्मिक वाद से जोड़ना जरूरी था, जो आम लोगों को आकर्षित करता जो अपने लिए सांत्वना और आश्वासन की खोज में व्यक्तिगत ईश्वर की दया का भूखा होता।

यह श्रेय हिंदू धर्म को जाता है और यह उसकी विशेषता के अनुरूप है कि उसने इस ज़रूरत का प्रत्युत्तर दिया पर मनमाने तरीक़े से नहीं, न ही आदेश से या महज़ अस्वीकार से, बल्कि उस तर्क और विवेक से जोकि दार्शनिक संदर्भ में अंतर्निहित है। नियमित रूप से ज्ञानातीत और पृथक ब्रह्म के बीच के ख्याल को एक ऐसे आस्तिकवाद जोकि हमारे दैनिक जीवन के प्रति ज़्यादा अनुकूल हो, से जोड़ने की तत्काल ज़रूरत थी, और इस कार्य को संपूर्ण रूपेण बौद्धिक दृढ़ता से पूरा किया गया। वेदांत की दार्शनिक शिला की मज़बूत संरचना के नीचे शीघ्र ही एक ज़्यादा प्राणवान आस्तिकवाद की फसल लहलहाने लगी, जहां आवश्यक रूप से ध्यान ब्रह्म से हटकर ईश्वर और तर्क से भक्ति पर केंद्रित हो गया।

रामानुज का जन्म शंकराचार्य की मृत्यु के क़रीब 200 साल बाद दक्षिण भारत के श्रीपेरुम्बदुर में 1017 ईसवी में हुआ। बचपन में ही उन्होंने वेदांत दर्शन में महारथ हासिल कर ली थी। संन्यासी का जीवन अपनाते हुए, वे श्रीरंगम में बस गए। उन्होंने वेदांत पर कई बहुत ही प्रतिष्ठित ग्रंथ लिखे और *ब्रह्मसूत्र* और *भगवदगीता* पर प्रामाणिक भाष्य की रचना की। यद्यपि उन्होंने जानबूझकर शंकराचार्य से अलग मत प्रकट नहीं किया और अंततः विशिष्ट अद्वैत सिद्धांत का प्रतिपादन किया। इसके द्वारा उन्होंने अद्वैत को व्यक्तिगत आस्तिकवाद की ओर मोड़ा।

रामानुज ने शंकर के इस उद्घोष का खंडन नहीं किया कि ब्रह्म सर्वोपरि, सर्वज्ञ, सर्वशक्तिसंपन्न और सर्वव्यापी है जो सत् (प्राणी), चित (चेतना) और आनंद के अनुभवों की विशेषता लिए हुए है। हालाँकि, उन्होंने वेदांत के इस उद्घोष का समर्थन नहीं किया कि ब्रह्म निर्गुण है। रामानुजम ने कहा कि विशुद्ध चेतना एक अस्थायी निर्मिति है। कोई वस्तु जिसमें किसी भी तरह की विशेषता नहीं है, वह अस्तित्वहीन होने के बराबर है; और अगर उसमें विशेषता है तो वह शुद्ध चेतना नहीं हो सकती। "मस्तिष्क के लिए किसी एक-से पदार्थ का अनुभव करना संभव नहीं है। जो ज्ञात है वह किसी रूप में वर्णित है।"[18] रामानुजम ने कहा कि यह कहना कि ब्रह्म 'निर्गुण' है, उपनिषदों की ग़लत व्याख्या है। उपनिषद वास्तविक रूप में जो हमें बताना चाहता है वह यह है, "कुछ विशेषताएँ मौजूद नहीं हैं पर अभी भी कुछ हैं जो उसका यह परिचय बनते हैं।"[19]

अगर ब्रह्म सर्वोपरि होते हुए भी गुणों से रहित नहीं है, तो अवश्य ही वह निस्संदेह, एक संपूर्ण निश्चायक होगा, लेकिन इसके प्रमाण योग्य तत्व होंगे। रामानुजम के अनुसार,

ये व्यक्तिगत आत्माएँ, उनके शरीर, जड़ पदार्थ और इन सबकी चौकसी करता ईश्वर। इस तरह परम अक्षम और अनिश्चायक नहीं है, बल्कि इसमें स्वगत भेद (आंतरिक अंतर) है जो सूक्ष्म चिदाचिद् विशिष्ठ है। यह हो सकता है कि वे ब्रह्म पर निर्भर हों, पर वे इसके द्वारा 'अनस्तित्व' में समाहित नहीं कर लिए जाते। इसका मतलब यह हुआ कि अनुभवजन्य विश्व माया नहीं है। यह कहना कि यह पूरी तरह से असाधारण है, माया की छद्म शक्ति की उपज है, ग़लत है। न ही अविद्या या अज्ञान कहकर इसे ख़ारिज किया जा सकता है। अनियत से नियत की उत्पत्ति हो सकती है, या यह कि एकता में विविधता हो सकती है, और एक संपूर्ण और उसके हिस्सों में सामंजस्य हो सकता है और इसको स्वीकार करने में तार्किक अस्थिरता की कोई बात नहीं पैदा होती।

जहां तक वेदांत के साथ उसके दार्शनिक भिन्नता के मूलाधार की बात है, विशेषकर जैसाकि उनके पूर्ववर्ती महान बुद्धिजीवी शंकराचार्य ने प्रतिपादित किया है, रामानुज ने इस पर ईश्वर के प्रति प्रपत्ति (पूर्ण समर्पण) से लेकर प्रसाद (दया) की कला का बहुत ही व्यापक और आकर्षक प्रासाद (इमारत) खड़ा किया। इसके अलावा, भक्ति क्या है इस बात को विस्तार से बताने पर उन्होंने काफ़ी हद तक विचार किया। रामानुज का सबसे बड़ा योगदान ब्रह्म की सत्ता से इंकार नहीं था, बल्कि इसके फैलाव की श्रेष्ठता में व्यक्तिगत ईश्वर के प्रति भक्तिभाव को वैध ठहराना और ऐसा करते हुए आम लोगों के लिए निर्गुण ब्रह्म की परोक्ष बौद्धिक दुराव की तुलना में अध्यात्म का एक वैकल्पिक स्वरूप उपलब्ध कराना था। अद्वैत विचार की संरचना में उन्होंने भक्ति का द्वार खोलने की दार्शनिक कुंजी दी और *विष्णु पुराण*, *हरिवंश* और *भागवत पुराण* में वर्णित भगवान की पूजा संबंधी पूर्व परंपराओं को दार्शनिक आधार प्रदान किया और ऐसे ही दक्षिण भारत में बाद के कवि-संतों को भी जिन्हें अलवर कहा जाता था। एक बार जब उन्होंने आस्तिकवाद के बौद्धिक ढाँचे को खड़ा कर दिया, उनके बाद के चिंतक जैसे माधव, वल्लभ और चैतन्य उनकी विचार प्रक्रिया को बहुत आगे ले गए। खुद को अनुकूल बना लेने की इस क्षमता का राज इस तथ्य में छिपा था कि हिंदुत्व न तो विचार में भंगुर था और न ही विश्वास में आदेशात्मक था।

सही है कि आदि शंकराचार्य के सघन अद्वैत और रामानुज के प्रबोधक आस्तिकवाद के बीच का द्वंद्व इस बात को स्पष्ट रूप से बताता है कि हिंदू धर्म के अंदर दिमाग़ी सक्रियता किस स्तर की थी। शंकर का ब्रह्म, आम भक्तों के लिए ज़रूरत से ज़्यादा बड़ा बौद्धिक निर्माण था। मानव असुरक्षा और संतृप्ति को जिस तरह के आश्वस्ति की तलाश अभी है उसकी पूर्ति वह नहीं करता। मानव को परम सत्ता की एक ऐसी सहज परिकल्पना की ज़रूरत थी जिसके साथ वह खुद की पहचान कर सके; उनको एक ऐसे देव की पूजा करने की ज़रूरत थी जिसे वे व्यक्तिगत शर्तों पर आत्मसात कर सके; वे धर्मों का ऐक्य

भाव चाहते थे, किसी परिकल्पना में नहीं बल्कि एक देव में जोकि बोधगम्य है और महज़ तर्क का परिणाम नहीं, भले ही वह कितना ही बाध्यकारी क्यों न हो। शंकर के ब्रह्म के अभिप्राय में तर्क के आधार को रामानुज समझते थे, पर वे आस्तिकवाद को पूरे आडंबर, अनुष्ठान और भक्ति के साथ मानने और दार्शनिक वैधता प्रदान करने के लिए रास्ते के तलाश के गहन रूप से इच्छुक थे। यह मौलिक तथ्य कि रामानुज और उनके अनुयायी आध्यात्मिकता को ज़्यादा धार्मिक बनाने की आवश्यकता से निर्देशित थे, जबकि शंकर की इच्छा धर्म को ज़्यादा आध्यात्मिक बनाने की थी। इस अर्थ में, अद्वैत का ब्रह्म और रामानुज का ईश्वर मानवीय इच्छा के एक ही सिक्के के दो पहलू हैं। एक अभी बीत रहे जीवन की मानवीय कमजोरी और संतृप्ति का ख्याल रखता है, जबकि दूसरा अंतिम सत्य के लिए मानवीय बुद्धि की तलाश का। उपनिषदिक ब्रह्म के प्रति अपनी सारी निष्ठा के होते हुए भी, इस बात में संदेह है कि शंकर इस बात से अनभिज्ञ नहीं थे कि अपने मताग्रही अद्वैतवाद को जिस स्तर तक वो ले गए थे उसमें थोड़ी ढील देने की ज़रूरत थी। इसी वजह से ही उन्होंने ज्ञान मार्ग को दो स्तरों पर विभाजित किया – परा विद्या या उच्च ज्ञान, जहां प्राथमिक उद्देश्य था परम सत्ता की आध्यात्मिक अनुभूति; और अपर विद्या या निचले स्तर का ज्ञान जहां भक्ति, पूजा, योग, प्रार्थना, समर्पण, अनुष्ठान और अनुराग को अपर से परा ज्ञान की ओर बढ़ने की तैयारी के रूप में वैधता प्रदान की गई।

अगर मस्तिष्क के इस विशिष्ट प्रयोग ने आस्तिकवाद को दार्शनिक वैधता प्रदान की तो इसी तरह की बौद्धिकता देवत्व की हिंदू परिकल्पना और भक्ति या अनुराग के पीछे भी काम कर रही थी। कुछ लोगों को, जो हिंदू पंथ में देवी-देवताओं की संख्या से अभिभूत दिखते हैं, उन्हें यह भले ही अविश्वसनीय लग सकता है। लेकिन अगर हम थोड़ी देर रुककर देवी-देवताओं की इतनी बड़ी संख्या और पूजा की विधियों में असीमित भिन्नता देखते हैं तो उसके पीछे की परिकल्पना के निचोड़ को समझने की कोशिश करें तो हम पाएँगे कि हिंदू धर्म में भक्ति करना न तो यादृच्छिक है और न ही विशुद्ध रूप से कर्मकांडी। पर ऐसा कहने का मतलब इस बात से इंकार करना नहीं है कि कई बार यंत्रवत कर्मकांड इस पर अमल की बौद्धिक निर्मिति के साथ चालाकी करता है। हालाँकि, यहाँ प्रयास यह देखने का है कि हिंदू धर्म को मानने के क्रम में सतह पर दिखनेवाले कोलाहल के आगे देवत्व और अनुराग को प्रतिबिंबित करनेवाली व्यापक दृष्टि है।

जैसाकि मैंने पहले कहा है, देवत्व की प्रारंभिक धारणाएँ प्रकृति की नाटकीय शक्तियों और आश्चर्य से संबंधित थीं उन्होंने विस्मय उत्पन्न किया। इस प्रकार प्रतीक रूप में इंद्र जैसे देवता जो वर्षा, मेघ गर्जन और बिजली के चमकने का प्रतीक थे; अग्नि जो आग के लिए पूजी जाती थी; और प्रजनन जैसे चमत्कार के लिए कई तरह की मातृ देवियों की पूजा होती थी। देवत्व के इस प्रारंभिक ख्याल ने, हालाँकि, त्रिदेव – ब्रह्मा,

विष्णु और शिव की मज़बूत परिकल्पना का मार्ग प्रशस्त किया जो सृष्टि, उसकी रक्षा और उसके विनाश के लिए क्रमशः ज़िम्मेदार माने जाते हैं। यह त्रिदेव समय के चक्र के बारे में हिंदू ख्याल के द्योतक है – हर वस्तु की सृष्टि होती है, कुछ समय तक वह जीवित रहता है और फिर नष्ट हो जाता है। ये तीनों देव समय के इस नियत चक्र के रखवाले हैं और प्रकटीकरण की घटना के क्षणभंगुर होने के विपरीत खड़े हैं। ईश्वर के रूप में ये अनुग्रह, शक्ति और कल्याण के अंतिम प्रतिरूप हैं। पर ये तीनों निर्गुण ब्रह्मांडीय चेतना – ब्रह्म के उस अपरिवर्तनशील शाश्वत ख्याल का भी प्रतिनिधित्व करते हैं। इस तरह, यह त्रिमूर्ति भक्तों की ज़रूरत के लिए रूप ग्रहण करते हैं, लेकिन अंततः उन्हीं भक्तों की राय में वे अमूर्त भी होते हैं, जोकि ब्रह्म की श्रेष्ठता से जानबूझकर नियोजित दैवीय अनादर है।

दैवत्व की अनुभूति में इस तरह का द्वैत भाव हिंदू दर्शन और हिंदू धर्म दोनों को समझने के लिए महत्वपूर्ण है। निर्गुण अनंत जोकि अमूर्त, शाश्वत, अविभाज्य, सर्वशक्तिमान, और हर वस्तु – जड़ और चेतन में विद्यमान है, और जिससे ईश्वर भी निकले हुए हैं, की श्रेष्ठता से आश्वस्त हिंदुओं को अपने देवों को लेकर अपनी मानवीय कल्पना की उड़ान की खुली छूट है, उन्हें सजाने-संवारने और उनके मानवीकरण की मनाही नहीं है। देव को लेकर दृष्टिकोण की इस द्वैत को समझना अधिकांश विदेशियों, विशेषकर अब्राहमिक धर्मों को माननेवालों के सामर्थ्य के बाहर है जहां दैवत्व आदेशात्मक और एकवचन है। वे जिस बात को नहीं समझते वह यह है कि हिंदू मन देवों की बहुलता में आनंद प्राप्त करता है, प्रतिनिधित्व भक्ति का आनंद देता है; यह आयोजन में बहुल है आस्था में एकवचन है लेकिन यह एकवचनीयता वैचारिक आस्था है, वकालती रैखीयता नहीं।

इस प्रकार, वह जो अनंत है, एक है; जो प्रकट है वह क्षणभंगुर है, वह अविद्या, अज्ञानता से पैदा हुआ है; और ईश्वर हमें अज्ञानता से मुक्ति, क्षणभंगुरता से शाश्वत की ओर ले जानेवाले दैवीय साधन हैं। इस असीमित अनुकंपा के लिए हमारे ईश्वर को यह अधिकार है कि बिना किसी रोक के जितने भी रूपों में संभव हो और कृतज्ञता और समर्पण के भाव से भरा मानवीय मन जितनी भी रचनात्मकता की कल्पना कर सके उसके साथ उनकी धूमधाम से पूजा की जाए।

चूंकि परम सत्ता अनंत है, उसकी विपुलता को प्रकट-स्तर पर ही पूरा श्रेय आवश्यक रूप से दिया जाना चाहिए। यह कृतज्ञता ज्ञापन धर्म-ग्रंथों के अनुरूप कोई बना-बनाया परंपरागत ख्याल नहीं हो सकता, जैसाकि अन्य अधिकांश धर्मों में होता है। ब्रह्म को इस सबके मध्य में होना ईश्वर के निरूपण में भिन्नता के आनंद को वैध बना देता है। यह सही है कि हिंदू धर्म इसका पर्याप्त और यहाँ तक कि उल्लासपूर्ण साक्ष्य उपलब्ध कराता है। हम अपने देवों को जिस तरह की विशेषताओं से नवाजते हैं, जिस असंख्य तरीक़े से हम उनकी पूजा करते हैं, जिन निर्बाध तरीक़ों से हम उनका चित्रण करते हैं, उनके लिए

जिस तरह के गीत हम लिखते हैं, उनके लिए जिस तरह की कला की ईज़ाद हम करते हैं, वे अनुष्ठान जिनसे हम उनकी पूजा करते हैं, जिस आनंद से हम उनको मानवीय रूप प्रदान करते हैं, उनके साथ जो निजी संबंध हम बनाते हैं, ये सब पागलपन, आदिम बहुदेववाद की निशानी नहीं है बल्कि एक ऐसी कल्पना का आनंदपूर्ण मानवीय चित्रण है, जोकि अपनी परिकल्पना में एकेश्वरवादी है और प्रतिनिधित्व की दृष्टि से बहुलवादी – एक को बहुत में देखने और बहुत को एक में देखने की क्षमता है।

इसी कारण से हिंदू किसी पत्थर, चट्टान, पेड़, पहाड़, नदी की पूजा कर सकते हैं और वे भी अपने एकेश्वरवादी विश्वास पर कोई समझौता किए बिना। यहाँ ध्येय उन सभी देवों की संख्या बताना या उन सभी विशेषताओं को बताना जिनसे वे उन्हें नवाजते हैं, या उनको केंद्र में रखकर बुनी गई सभी कथाओं का वर्णन करना नहीं है। उस सिद्धांत को बताना पर्याप्त होगा – जब निर्गुण ज्ञानातीत अडिग रूप से विराजमान हैं, भक्ति के आनंदपूर्ण उद्देश्यों के लिए सगुण आनंददायक रूप से जीवंत बन जाता है। फिर तो त्रिदेव को भी आडंबरहीन या एक आयामी नहीं दिखाया जाता, बल्कि एकाधिक विशेषताओं से युक्त मोहक रूप में दिखाया जाता है। भक्ति की इस परिकल्पना की भव्यता रोमांचकारी है।

इस सर्वव्यापी निर्गुण-सगुण द्वंद्ववाद को पीठासीन त्रिदेव की बौद्धिक परिकल्पना में बहुत ही व्यापक तरीक़े से चित्रित किया गया है। इस तरह, सृष्टिकर्ता ब्रह्मा को परब्रह्म का स्वरूप माना जाता है, जोकि अमूर्त निर्गुण ब्रह्म की ही अभिव्यक्ति है। लेकिन ब्रह्मा के इस अपने सगुण रूप में, उन्हें चार मुँह वाला और चार हाथों वाला दिखाया गया है, जिसमें एक हाथ में वेद, दूसरे हाथ में माला, तीसरे हाथ में यज्ञ में आहुति देने के लिए स्रुर या करछुल और चौथे हाथ में जल से भरा कमंडल है। इन्हें अमूमन श्वेत परिधान में कमल पर बैठे हुए दिखाया जाता है और हंस को इनका वाहन बताया गया है।

विष्णु, पालनहार हैं और उन्हें परब्रह्म का अवतार भी माना जाता है। *भागवत पुराण* उनकी ब्रह्म से तुलना करता है, जो सर्वव्यापी सब कुछ जाननेवाली चेतना हैं। इस तरह की स्थायी विशेषताओं के साथ वे प्रेम से ईश्वर के रूप में विभूषित हैं। उन्हें चार हाथों वाला दिखाया गया है – एक हाथ में शंख (जो चक्रीय अस्तित्व के बढ़ते क्रम का द्योतक है); दूसरे में सुदर्शन चक्र जो धर्म की पुनर्स्थापना के लिए है; तीसरे हाथ में गदा जोकि शक्ति या ताक़त का प्रतीक है; और चौथे हाथ में एक कमल है, जो शुद्धता या अलौकिकता का द्योतक है। उनके गले में कौस्तुभ मणि और वैजयंती फूलों की माला हैं। उनकी छाती पर केश के घुमाव के रूप में श्रीवत्स का रहस्यमय चिह्न है। वे पीले परिधान में हैं और उन्हें योग मुद्रा में खड़ा या बैठा या नागों के राजा शेष की कुंडलियों पर भव्य रूप से विश्राम करते हुए दिखाया गया है। भक्त उन्हें कई नामों से जानते हैं।

विष्णु सहस्रनाम एक लोकप्रिय संगीतमय वर्णन है जिसमें उनके एक हज़ार नामों का वर्णन है।

शिव, ब्रह्मा और विष्णु से कहीं अधिक सशक्त हैं उन्हें निराकार, असीम, अपरिवर्तनशील के रूप में माना और आत्मसात किया गया हैं, उत्कृष्ट ब्रह्म और ब्रह्मांड की आत्मा के रूप में कल्पना की गई है और उन्हें आत्मसात किया गया है। परंतु उनके इन गुणों को उनका आवश्यक गुण मानकर उनके भक्त उन्हें प्यार से अनगिनत रूपों में चित्रित करते हैं। उनके कंठ में सर्प सुशोभित है, उनके शीर्ष पर अर्धचन्द्र सुन्दर ढंग से अंकित है, उनकी उलझी हुई जटाओं से पवित्र गंगा बहती हैं, उनका तीसरा नेत्र, जोकि वासना के प्रतिरूप काम को नष्ट करने के लिए खुलता है, इच्छा का अवतार उनके मस्तक पर देदीप्यमान है। त्रिशूल उनका हथियार है, वे बाघ की खाल पर बैठकर ध्यान करते हैं, वे नीलकंठ हैं क्योंकि समुद्र मंथन में निकले विष का उन्होंने पान किया था; वे रुद्राक्ष की माला धारण किए हुए हैं; उनके वस्त्रहीन देह पर भस्म लगी हुई है, जो हमें अस्तित्व के क्षणभंगुर होने की याद दिलाती है; उनके हाथ में डमरू है जोकि आदिम ध्वनि का स्रोत है। ईश्वर के रूप में वे एक शाश्वत योगी हैं, और योग के संरक्षक देवता, जो हिमाच्छादित कैलाश पर्वत पर एक संन्यासी के रूप में रहते हैं। पर वे एक सर्वोत्कृष्ट गृहस्थ भी हैं। उनकी पत्नी पार्वती हैं और उनके दो पुत्र हैं गणेश और कार्तिकेय। अपने रौद्र रूप में वे रुद्र हैं; दयालु रूप में वे आशुतोष हैं; और बच्चों की-सी अपनी सरलता लिए वे महज़ भोला हैं। वे नटराज – नर्तकों के राजा भी हैं; और वे पशुओं के ईश्वर पशुपति भी हैं। विष्णु की तरह ही, उनके एक हज़ार या उससे भी अधिक नाम हैं।

निर्गुण और सगुण के बीच जो काल्पनिक जुड़ाव (समास चिह्न) है, जो हिंदू धर्म में परम का स्थायी बौद्धिक निर्माण है और यह न केवल पीठासीन त्रिदेव में देखा जाता है बल्कि यह देवत्व के बारे में सभी तरह के मानसिक चित्रण तक नीचे चला जाता है। यह सभी तरह के पौराणिक गाथाओं का दार्शनिक आधार भी है। हिंदू मस्तिष्क सत्ता मीमांसा के स्तर पर अनुभूति की अद्वैत आध्यात्मिक एकता और भक्ति पूजा के स्तर पर चित्रण में व्यापक बहुलता के बीच सामंजस्य बिठाने के लिए बाध्य करता है। विदेशी पर्यवेक्षकों के लिए विशेषकर इस द्वंद्व को समझना आसान नहीं है, क्योंकि सतह पर जो व्यापक बहुलता दिखती है उसे अलग करके देखा जाता है, जोकि मूलभूत अनुभूति के संदर्भ में उसी बहुलता की अनुपस्थिति से कटा होता है। जहां तक शिव की बात है, लिंगम – जो मूर्त और अमूर्त के बीच अंतिम पुल है – के रूप में उनका निरूपण, विशेषकर अज्ञानतापूर्ण और एकांगी टिप्पणियों का कारण है।

उदाहरण के लिए, वेंडी डोनिगर यह मानती हैं कि हिंदू धर्म में निर्गुण-सगुण तनाव अनिर्णित है। वे उलझन में हैं क्योंकि एक ही ग्रंथ देवो का अमूमन निर्गुण और सगुण दोनों

तरीक़ों से उल्लेख करता है। उनके लिए यह सादृश्य की कमी या विचारों में विरोधाभास दिखाता है। वे विरोध जताते हुए कहती हैं, "अवतार अपने ही निर्गुण छवि में बार-बार प्रकट होता है; ग्रंथ सगुण-निर्गुण तनाव के इस समाधान को कभी भी पूर्ण रूप से स्वीकार नहीं करते।"[20] इस तरह की टिप्पणी से हिंदुओं को निश्चित रूप से ख़ुशी होगी। डोनिगर को जो परस्पर विरोधी लगता है वह है हिंदुओं का अनायास परिकल्पनात्मक निचोड़ जिनको वे मानक और बराबर मानते हैं। अगर कोई यह मानता है कि स्पष्टता के लिए देवत्व या तो यह हो सकता है या वह, तो इसका मतलब हुआ कि ऐसे लोगों में हिंदू आध्यात्मिक दृष्टि की दिमाग़ी कोमलता को समझने की योग्यता नहीं है।

शंकराचार्य और रामानुज ने इस आभासी विरोधाभास को पाटने के लिए सदियों पहले अपने दार्शनिक आदेश का प्रयोग किया। डोनिगर के लिए, "निर्गुण देवता के साथ एकाकार होने – मोक्ष प्राप्त करने का तार्किक परिणाम होगा, भक्ति का ग़ायब हो जाना क्योंकि भक्ति के लिए देवता नहीं होंगे।"[21] जैसाकि स्पष्ट है, वे यह नहीं समझ पाई हैं कि हिंदू धर्म में निर्गुण परम सत्ता मानव भक्ति के लिए एक सगुण देवता की वैधता की अनुमति देता है। सिर्फ इसी से इस बात को समझा जा सकता है कि क्यों आदि शंकराचार्य, जोकि निर्गुण ब्रह्म के सबसे बड़े प्रवर्तक थे, उन्होंने सगुण देवताओं के लिए भी सर्वश्रेष्ठ उद्बोधक श्लोकों की रचना की है। निर्गुण की श्रेष्ठता को समझने के लिए सगुण भक्ति पूर्ण रूप से वैध मार्ग है।

अद्वैत अध्यात्म में, मनुष्य के मस्तिष्क में तीन तत्व होते हैं – बुद्धि; अहंकार; और निःशब्द, अलौकिक पर्यवेक्षक की अनुभूति के लिए चित या चेतना। बुद्धि, बंदर की तरह एक शाखा से दूसरी शाखा पर कूदती रहती है, वह सदा के लिए – और अमूमन निष्प्राण होते हुए सक्रिय रहती है; अहंकार 'मैं' के प्रति सनक पैदा करता है, हमेशा के लिए एक भ्रांति पैदा करता है कि क्षणभंगुर निजी दुनिया एकमात्र वास्तविकता है। बुद्धि और अहंकार दोनों को ही शांत करने की ज़रूरत होती है ताकि चित को जगाया जा सके। आत्मसमर्पण यानी भक्ति के कारण सगुण ईश्वर के प्रति पूर्ण समर्पण की ज़बरदस्त अनुभूति बुद्धि और अहंकार को शांत करने में मदद करती है। इससे ब्रह्मानुभव का मार्ग प्रशस्त होता है जब चित हम सब में मौजूद आत्मा को ब्रह्म के साथ एकाकार हो जाने के मार्ग खोलता है, क्योंकि दोनों ही आनंद के असीमित स्रोत हैं और हमसे दूर इसलिए होता है क्योंकि हम सिर्फ बुद्धि और अहंकार की सीमा में ही बंधे रहते हैं। इस तरह, सगुण ईश्वर की भक्ति इस प्रकार है: महत्वपूर्ण प्रारंभिक चरण - अपरा विद्या, जैसाकि शंकराचार्य ने इसे कहा है - निर्गुण ब्रह्म की प्राप्ति। व्यावहारिक और परमार्थिक स्तर के धार्मिक-आध्यात्मिक अनुभव के बीच में कोई विरोधाभास नहीं है, जैसाकि शेल्डन पोलॉक मानते हैं। व्यावहारिक या मानवीय स्तर पर किसी देवता की पूजा और अलौकिक या

परमार्थिक स्तर पर परम चेतन ब्रह्म का अनुभव आम लक्ष्य मोक्ष की ओर बिना रुकावट के बढ़नेवाले कदम हैं। इसलिए निर्गुण और सगुण एक-दूसरे के विरोधाभासी नहीं हैं, न ही यह "एक सम्मिश्रण है जो हिंदू दार्शनिकों ने सगुण भक्ति परंपरा पर लादा है,"[22] जैसाकि डोनिगर उपहासपूर्ण ढंग से कहती हैं बल्कि खुद की खोज की एकीकृत प्रक्रिया के पूरक चरण हैं।

डोनिगर और उनके ही जैसे विद्वान सबसे बड़ी ग़लती यह करते हैं कि वे हिंदू आध्यात्मिकता की शब्दशः व्याख्या करते हैं। इसलिए ये लोग गहरे एकात्म दृष्टि जो हिंदू धर्म के अंदर सतह पर दिखाई पड़नेवाले विरोधाभासों के परे जाता है, उसकी अपर्याप्त व्याख्या करनेवाले लोग हैं। हिंदू पूजा में लिंगम की जो व्याख्या डोनिगर करती हैं वे इस अपर्याप्तता का अच्छा उदाहरण है। उनके लिए, हिंदू लिंगम का वास्तविक अर्थ समझने के क्रम में अगर उसे सिर्फ एक चिह्न या निशान या प्रतीक समझते हैं, लैंगिक चिह्न नहीं तो इसका अर्थ यह है कि वे पाखंडी बनते हैं। वे दलील देती हैं कि यह पाखंड मुस्लिम आक्रांताओं के क्रोध की वजह से है जिन्होंने लिंगम को लिंग का प्रतिरूप समझा और इसलिए इसे अश्लील मूर्तिपूजा मानकर उसे नष्ट किया। या फिर, उन्होंने ब्रितानी आक्रांताओं के ख़िलाफ़ ग़ुस्से को आत्मसात कर लिया जो यह मानते हुए इससे घृणा करते थे कि यह पुरुष अंग की अश्लील पूजा है। यह सच है कि कुछ दक्षिणपंथी हिंदू सदस्य अस्वीकार्य रूप से इस बात से अनभिज्ञ हैं कि कैसे हिंदू विश्व दृष्टि ने विशिष्ट तरीक़े से एक संतुलित जीवन में इंद्रीय सुख – धर्म, अर्थ, काम, मोक्ष को स्थान दिया है और हिंदू समाज और उसके आचरण पर एक बाहरी विक्टोरियायी युग की नैतिकता को थोपने का प्रयास करते हैं। लेकिन इससे कहीं ज़्यादा महत्वपूर्ण यह है कि हिंदू धर्म के अंदर ही जो साक्ष्य मौजूद हैं उनके मूल्यांकन के आधार पर यह तय किया जाए कि लिंगम का महत्व क्या है।

डोनिगर अस्पष्ट हिंदू धार्मिक या मिथकीय ग्रंथों की स्वामिनी हैं। ऐसा करके वे अपने मंतव्य के बारे में शर्मिंदा भी नहीं हैं। "संस्कृत ग्रंथों की रचना एक ऐसे समय में हुई थी जब यौन मामले में खुलेपन और जानकारियों के लिहाज़ से गौरवशाली समय था और मैंने अमूमन ग्रंथ के उन्हीं हिस्सों पर अपना ध्यान केंद्रित किया है..." अगर यह उनको अकादमिक उत्तेजना देता है, तो फिर यही सही। लेकिन इस तरह की वस्तुओं में जिनमें अधिकांशतः तुच्छ, कहीं से उठाकर या ग़ैर-सामान्य प्रकृति के हैं, का प्रयोग ऐसी दलील के लिए करना कोई और बात है, जिसमें उन मज़बूत साक्ष्यों पर ग़ौर नहीं किया जाए जो विपरीत निष्कर्षों पर पहुँचाता हो। अगर इस संतुलन को जानबूझकर त्याग दिया जाता है तो यह एक तरह की नई प्राच्यवादी उदासीनता हो जाती है जिस पर अकादमिक ज्ञान का मुलम्मा चढ़ा होता है। उदाहरण के लिए उनके ही शब्दों में, "वे इस तरह की बातों, ऋग्वेद

का एक अश्लील श्लोक एक नर गधा और देवता इंद्र के बीच यौन प्रतिस्पर्धा के बारे में है।"[23] को ग्रंथ से उठाती हैं यह दलील देने के लिए कि "इंद्र अपनी कुछ मिथकों के बारे में शिव को बताते हैं जिनमें बधियाकरण का मिथक भी शामिल है।" या वे दूसरे ग्रंथ का प्रयोग करती हैं जिसमें "भिक्षुणी त्वचा के लिंगम से अपनी खुजली मिटाती है।"[24] या फिर वे आंध्र प्रदेश के गुड़ीमल्लम मंदिर में जाएँगी जहां उत्कीर्ण लिंगम "निश्चित रूप से" नर यौन अंग है। ज़्यादा दिलचस्प बात यह है कि वे लिंगम को सिर्फ लिंग के रूप में अनुचित व्याख्या करने के लिए अंग्रेजों की आलोचना करने के बाद पॉल स्कॉट के उपन्यास *स्टेइंग ऑन* के एक काल्पनिक चरित्र भूलाभाई को उद्धृत करती हैं जो कहता है कि उसको जितनी बार भी उत्तेजना होती है, यह उसे शिव लिंगम की याद दिलाता है! इतना कुछ हासिल करने के बाद वे निष्कर्षतः कहती हैं कि "ग्रंथ इस बात को प्रमाणित करते हैं प्राचीन भारत में लोग लिंगम को नर यौन अंग से जोड़कर देखते थे।"[25]

शायद विगत में कुछ लोगों ने ऐसा किया, और कुछ लोगों को शायद आज भी लिंगम के बारे में यही परिकल्पना है। प्रजनन का चमत्कार भी ईश्वर का एक उपहार है और शिव के साथ इसको जोड़ना ग़लत नहीं है। हिंदू धर्म व्याख्या की इस स्वतंत्रता की इजाज़त देता है। लेकिन डोनिगर जिन साक्ष्यों का उल्लेख करती हैं उसके ख़िलाफ़ यह मानने का सुबूत ज़्यादा है कि अधिकांश हिंदू लिंगम को महादेव का प्रतिरूप मानते हैं, जो किसी पदार्थीय विशेषता से रहित है, यह ब्रह्मांड की गुंबज का प्रतिरूप है, पवित्र यज्ञ का केंद्रीय स्तंभ है, "जो पृथ्वी की आदिम ऊर्जा को आकाश से जोड़ता है,"[26] अकेला और अनासक्त जो इस बात की याद दिलाता है कि शिव मौलिक रूप में खुद क्या हैं अजन्मम्, अखंडम्, और निराकार। उपनिषद लिंगम के बारे में चर्चा करते हुए उसे उसका चिह्न बताते हैं; अथर्ववेद उसे प्रकाशस्तंभ बताता है, इसकी न तो शुरुआत है और न ही अंत, यह अनंत है; जिसकी शुरुआत और अंत का ब्रह्मा और विष्णु भी पता नहीं लगा सकते। शिव की पूजा के दो बहुत ही पवित्र स्थल हिमालय में केदारनाथ और काशी के विश्वनाथ मंदिरों में लिंगम निर्गुण विशेषताओं को लिए हुए है, पत्थर का महज़ एक टुकड़ा पृथ्वी से निकला हुआ है। बहुसंख्यक हिंदुओं के लिए लिंगम ब्रह्मांडीय ऊर्जा है जिसे शिव ने मूर्तिमान किया है; यह शाश्वत संन्यासी का प्रतीक है जो शिव हैं; यह दुष्ट के विनाशकर्ता का प्रतीक है जो शिव हैं; यह मंगलकामना का प्रतीक है जो शिव हैं; यह शिव के तांडव का शाश्वत अचल प्रतीक है।

हिंदू धर्म के ग्रंथों में जो व्यापक सामग्रियाँ उपलब्ध हैं वह शोधकर्ताओं को इस अनोखी बात पर निश्चित रूप से अपना ध्यान केंद्रित करने का मौक़ा दे सकती हैं। लेकिन यह आलस्य भरा विकल्प है, सनसनी फैलाने के लिए तो अच्छा है पर अंतर्दृष्टि के लिए नहीं। इससे भी कहीं ज़्यादा कठिन कार्य है विचारों के व्यापक संचलन को समझना,

जोकि परिपाटी को जीवंत बनाता है, प्रधान मुद्दों का पता लगाता है और उस संपूर्ण और अति महत्वपूर्ण दृष्टि की पहचान करता है जो बड़े धर्मों को प्रेरित करता है। इसके बाद ही हम अभिधा को दर्शन की ऊँचाई तक ले जा सकते हैं न कि दर्शन को अभिधा तक। जैसाकि यू.आर अनंतमूर्ति ने ठीक ही कहा है: "हम में से जो लोग भारत में लिख रहे हैं, उनके लिए यह महत्वपूर्ण नहीं है कि अंग्रेज़ी में अनुवाद योग्य क्या है और पश्चिम के साहित्यिक लोकाचार को क्या स्वीकार्य होगा। अगर हम यह सोचना शुरू कर दें कि अच्छा वह है जिसका अनुवाद आधुनिक पश्चिमी लोकाचार में संभव है, तो हमें माफ़ नहीं किया जा सकता।"[27]

शिव के वास्तविक स्वरूप की काल्पनिक भव्यता का दर्शन तब होता है जब वे तांडव के दौरान ब्रह्मांडीय चक्र का सृजन, उसकी रक्षा और संहार की दृश्य-रचना करते हैं। चोला और कुरकिहारा की कांस्य प्रतिमाओं में उन्हें ब्रह्मांड के अंतहीन भँवर के तीव्र लयात्मक चित्रण में नृत्य करते हुए दिखाया गया है। उनके चारों ओर आग का खाँचा है जो स्पंदनशील ऊर्जा के ब्रह्मांड में संचरण का द्योतक है; उनके ऊपरी दाहिने हाथ में डमरू है जो सृजन की आदिम ध्वनि का प्रतीक है; उनके ऊपरी बाएँ हाथ में ज्योति है जो हर क्षणभंगुर वस्तु के संहार की ओर इशारा करती है; उनका निचला दाहिना हाथ आशीर्वाद की मुद्रा में उठा है; और बाईं ओर का उनका निचला हाथ उनके पैर के नीचे दबे राक्षस की ओर है, जो इस बात का प्रतीक है कि हमें अज्ञानता से हमेशा ही लड़ना चाहिए। पूर्ण सामंजस्य की स्थिति में उनकी गति इतनी तेज और तीव्र होती है कि उनके हाथ में जो ज्वाला है उसकी जिह्वा अग्नि चक्र का भ्रम पैदा करती है और डमरू की ध्वनि, ऐसा लगता है कि हर दिशा से आ रही है। इस ओजस्वी नृत्य के बीच उनकी मुखाकृति शांत है जो उनके ज्ञानातीत होने का प्रतीक है जहां इस ब्रह्मांडीय नृत्य में वे अंतर्भूत हैं लेकिन पूर्णतः इसके ऊपर। इसलिए नटराज के रूप में, वे सृष्टि, सृजन, स्थिति, सुरक्षा, संहार, विनाश; भ्रम, और अनुग्रह के प्रतीक हैं।

सृजन और संहार के इस ब्रह्मांडीय चक्र के प्रतीक के रूप में इस तरह की छवि बनाने के लिए आध्यात्मिक परिकल्पना की ऊँचाई हमें विस्मय में डाल देती है। महान कला इतिहासकार और दार्शनिक आनंद कुमारस्वामी बिना किसी हिचक के कहते हैं कि आदिम लयात्मक ऊर्जा का इस तरह चित्रण, "ईश्वर की गतिविधि का सर्वाधिक स्पष्ट चित्र है जिस पर किसी भी कला या धर्म को फ़ख़्र हो सकता है।"[28] फ्रिटजॉफ़ कैप्रा जो सैद्धांतिक भौतिकी के प्रसिद्ध विद्वान हैं, निष्कर्षतः कहते हैं कि शिव का तांडव नृत्य विश्व का मिथकीय प्रतिरूप है जो उस "ऊर्जा के अजस्र बहाव का प्रतिनिधित्व करता है जो असीमित तरह के प्रतिमानों से होकर गुजरती है जो एक-दूसरे में समा जाती है।" "आधुनिक भौतिकी ने इस तरह यह रहस्योद्घाटन किया है कि परमाणुओं से छोटा हर

कण न केवल ऊर्जा नृत्य करता है बल्कि यह ऊर्जा नृत्य भी है; सृजन और संहार की एक स्पंदनशील प्रक्रिया।"[29] शिव का लौकिक नृत्य, इस तरह, दुनिया की नृत्य रचना है, जिसे सर्वव्यापी लेकिन निर्गुण ब्रह्म ने संभव बनाया है। यह महत्वपूर्ण है कि चूंकि यह ऊर्जा नृत्य का प्रतिनिधित्व करता है, नटराज के रूप में शिव की मूर्ति को यूरोपियन ऑर्गेनाइजेशन फॉर न्यूक्लियर रिसर्च (सीईआरएन) में स्थापित किया गया है।

हिंदू धर्म में देवत्व का अन्य चित्रण धार्मिक भक्ति के साथ-साथ मस्तिष्क के प्रयोग का भी विशिष्ट समुच्चय है। राम और कृष्ण, विष्णु के दो सर्वाधिक महत्वपूर्ण अवतार इसके अच्छे उदाहरण हैं। रामायण से वाल्मीकि ने राम की कथा को अमर कर दिया है, जिसकी रचना उन्होंने पाँचवीं सदी ईसा पूर्व से प्रथम सदी ईसा पूर्व के बीच संस्कृत में की। इसके बाद से अब तक, इस कथा के अनगिनत स्थानीय स्वरूप सामने आ चुके हैं जिसमें तुलसीदास का *रामचरितमानस* भी है। तुलसीदास ने इसकी रचना सोलहवीं सदी में की। कृष्ण की कहानी भी अनगिनत बार कही गई है जिसमें *हरिवंश*, *विष्णु पुराण* और *भागवत पुराण* शामिल हैं।

यहाँ हमारी मंशा इन दोनों देवों की कहानियों पर विस्तार से चर्चा करने की नहीं है, जिसने पिछले एक हज़ार साल से लोगों के मन-मस्तिष्क पर अनायास ही क़ब्ज़ा किया हुआ है। इनकी कहानियाँ न केवल भारत में बल्कि विदेशों में भी काफ़ी प्रचलित हैं और दुनिया भर में इनका प्रदर्शन और वर्णन होता है। हमारे लिए यहाँ महत्वपूर्ण है इस बात को बताना कि इन दोनों देवों की परिकल्पना किस तरह से की गई है। राम की कल्पना मर्यादा पुरुषोत्तम के रूप में की गई है जो सत्य-परायणता की पराकाष्ठा हैं, त्रुटिहीन व्यवहार की कसौटी हैं और निष्कलंक मानव समुदाय के लिए आदर्श हैं। वे ब्रह्मांड को चलाने में व्यवस्था और स्थायित्व, संतुलन और समरूपता की प्रतिमूर्ति हैं, जहां पसंद का निर्धारण सनक से नहीं होता, जबकि दूसरी पसंद को चुनने का विकल्प खुला हुआ था, उस स्थिति में इस चेतन विचार से कि अपने आप में एक साध्य के रूप में सही क्या है। दूसरी ओर, कृष्ण की लीला की कल्पना की गई है जो चंचल, सनकी देव का मानव अवतार है और जो रूढ़िमुक्त, प्रचलित मान्यता को नहीं माननेवाला, प्यारा, शरारती, ईश्वर का अवतार मूर्खों की तरह अगर व्यवहार करता है तो सिर्फ इस वजह से कि वे हमें आनंद पहुँचा सके। इस तरह, राम जहां एक आज्ञाकारी पुत्र, सबका ख्याल रखनेवाला भाई, समर्पित पति, अविचल रूप से एक पारिवारिक व्यक्ति है, तो कृष्ण एक ऐसा प्यारा बालक है जो मक्खन चुराता है, बाल-प्रौढ़ किशोर है जो गोपियों के साथ प्रेम का दिखावा करता है, बांसुरी बजानेवाला एक ऐसा आशिक़ है जो यमुना के तट पर जवान और बूढ़ी महिलाओं के साथ ठिठोली करता है, अपनी प्रेमिका राधा का नहीं सुधरनेवाला बेवफ़ा आशिक़ है।

हिंदू धर्म के दो सर्वाधिक लोकप्रिय देवताओं का इस तरह का दो विरोधाभासी व्यक्तित्व नहीं हो सकता। हिंदू मस्तिष्क ने इस तरह के दो एकदम विपरीत देवताओं को क्यों बनाया? उसने भक्ति के उद्देश्य से देवत्व का एकवर्णी प्रतिनिधित्व क्यों नहीं रचा और इसके बदले एक विस्फोटक बहुरंगी और परस्पर विपरीत विशेषताओंवाले देवों की रचना क्यों की? इसका उत्तर हिंदुत्व की दिमाग़ी जटिलताओं को समझने के लिए महत्वपूर्ण है कि कैसे इसने देवत्व की प्रचुरता की झलक दिखाने के लिए अस्वाभाविक की बेहिचक थाह लेने का निर्भीक निर्णय लिया। अगर परम सत्ता परिभाषा के परे है पर संतृप्ति का जीवंत स्वरूप है तो उस स्थिति में उसको साधारण और पूर्वानुमेय तरीक़े से चित्रित नहीं किया जा सकता। चूंकि उसके सभी अनंत पक्ष का चित्रण संभव नहीं है, क्योंकि वे सर्वव्यापी और सर्वशक्तिमान भी है, इसलिए असंख्य तरीक़े से इसका चित्रण कर अनंत की ही झलक प्रस्तुत की जा सकती है जिनमें से प्रत्येक इस संपूर्ण का महज़ एक अंश है, लेकिन इसके बावजूद यह उस अनंत कैनवास के अंदर झांकने की खिड़की हो सकती है। मर्यादा पुरुषोत्तम राम इस विश्व की पूर्वानुमेय भव्यता के एक पक्ष हैं; लीला पुरुषोत्तम कृष्ण ब्रह्मांड की चंचल ऊर्जा के दूसरे पक्ष हैं। दोनों ईश्वर की समेकित कृपा और ब्रह्म के सर्वज्ञ होने के पक्षों का प्रतिनिधित्व करते हैं।

अगर दैवी विस्तार के एक छोर पर मर्यादा का अर्थ परंपरागत व्यवस्था के बने रहने का आश्वासन है, तो इसके दूसरे छोर पर लीला इसमें उलटफेर करनेवाला है, जैसाकि आधुनिक विज्ञान बताता है, भौतिक विश्व निरंतर रूप से एक ही समय बन और बिगड़ रहा है। इस तरह से, मर्यादा और लीला एक ही दैवी सिक्के के दो पहलू हैं। सृजन, बचाव और संहार रक्षा के शाश्वत चक्र में व्यवस्था और अव्यवस्था दोनों एक-दूसरे से मिल जाते हैं; पूर्वानुमेय अपूर्वानुमेय से जुड़ता है, रचनात्मकता ध्वंसात्मक से मिल जाती है; और निरंतर परिवर्तनशील से संवाद करता है। दैवीय का प्रतिनिधित्व के लिए आवश्यक है कि वे इस प्रक्रिया का संज्ञान ले, और इसे एक ऐसी सत्ता नहीं समझे जो इससे असंबद्ध है। इसके संज्ञान के लिए एक को आघात पहुँचाने के लिए कृष्ण के लिए यह आवश्यक है कि वे परंपरागत दैवत्व की सभी मान्यताओं का त्याग कर मक्खन चुराएँ, उनके लिए यह जरूरी है कि वे पूर्वानुमेय नैतिकता को त्याग दें और एक हज़ार प्रेमिकाएँ रखें; यह हो सकता है कि वे अच्छे व्यवहार वाला बालक न होकर विद्रोही बालक हों; उन्हें आवश्यक है कि वे अक्षम्य रूप से दिलफेंक किशोर हों; यह जरूरी है कि वे एक से ज़्यादा शादियाँ रचानेवाले एक मुकम्मल आशिक़ हों; उनके लिए यह आवश्यक है कि वे एक ऋषि की तरह हों जो अर्जुन को भगवदगीता का उपदेश देते हैं; और यह जरूरी है कि वे एक चतुर रणनीतिकार हों जो पांडवों को महाभारत में विजय दिला दें। अगर सच्चे तरीक़े से चित्रित करने की इच्छा है, तो दैवत्व को किसी

निर्धारित खाँचे में नहीं रखा जा सकता। अगर राम दैवत्व के स्वीकार्य ख्याल हैं, तो कृष्ण अपने व्यक्तित्व के व्यापक पक्षों में इसके विपरीत प्रतिरूप हैं। भक्तों के समान रूप से प्यारे इन दो ध्रुवों से इस बात का निचोड़ पैदा होता है कि दैवत्व अनंत रूप से बहुआयामी, अपरिभाषित रूप से ज्ञात मानवीय श्रेणियों के पर और परम सत्ता की असीमितता का सच्चा प्रतिनिधित्व है।

लीला की परिकल्पना, विशेषकर हिंदू धर्म का विशिष्ट पक्ष है और एक बार फिर, यह सगुण और निर्गुण के बीच सामंजस्यपूर्ण गत्यात्मकता का निरूपण है। लीला के दौरान ईश्वरत्व खुद को प्यार से मानव के स्तर तक उतार देते हैं। वे भक्त के फ़ायदे के लिए ऐसा करते हैं, ताकि वे ईश्वर के सगुण स्वरूप की पहुँच को अलंकृत कर सके। इस तरह, कृष्ण, जो खुद ईश्वर हैं, उनको उनकी माँ यशोदा मक्खन चुराने पर डाँटती हैं; उनके प्रेमालाप के कारण राधा उन्हें दंडित करती हैं; और कौरव महाभारत में 'धोखा देने' के लिए उन्हें भला-बुरा कहते हैं। राम जो खुद परम सत्ता हैं, अपने जन्म के दौरान अपने ईश्वरीय व्यक्तित्व को समेट लेने के अपनी माँ के आग्रह को विनम्रता से स्वीकार कर लेते हैं और ऐसा मौक़ा आता है जब यह सर्वशक्तिशाली ईश्वर एक नवजात शिशु बन जाता है जो अपनी माँ की बाँहों में रोता है; 14 साल तक जंगल प्रवास के षड्यंत्र का वे जानबूझकर शिकार बन जाते हैं; और वे जो सभी दुखों को दूर करनेवाला है, उस समय फूट-फूटकर रोता है जब सीता को रावण उठाकर ले जाता है। इस तरह की भूमिकाओं के अनगिनत उदाहरण हैं। लेकिन भक्त इस बात को जानते हैं कि यह देव की आकर्षक मांगलिक लीला है। वास्तविकता में, जिसे डाँटा जाता है, या जो अपनी पत्नी के खो जाने पर रोता-बिलखता है, वे ज्ञानातीत, सर्वज्ञ, सर्वशक्तिशाली, सर्वव्यापी निर्गुण ब्रह्म है। निर्गुण उसका आवश्यक स्वभाव है; सगुण उसकी लीला का लावण्य है। तुलसीदास इसे बहुत सुंदर तरीक़े से बताते हैं – अगुन सगुन दुई ब्रह्म स्वरूपा, अकथ अगाध अनादि अनूपा : निर्गुण और सगुण ब्रह्म के दो स्वरूप हैं। ये दोनों ही अकथनीय, अथाह, अनादि और अनुपम हैं। इसके बाद वे दार्शनिक तर्क के स्वर को संक्षिप्त करते हुए कहते हैं क्यों निर्गुण सगुण बन जाता है – अगुन अरूप अलख अज जोई, भगत प्रेम बस सगुन हो जोई: जो निर्गुन यानी कोई भी गुण रहित है, अरूप यानी निराकार है, अलख यानी अव्यक्त और अजन्मा है, वही भक्तों के प्रेम में वशीभूत होकर सगुन हो जाता है।

दैवत्व के प्रतिनिधित्व को संकीर्ण एक वचन तक सीमित नहीं रखने का निर्णय यह भी बताता है कि लैंगिक प्रभुत्व को लेकर श्रेष्ठता का परंपरागत ख्याल रखनेवाला हिंदू धर्म क्यों बड़े धर्मों में शायद अकेला होगा जिसने अपने देवों के भक्ति लोक में देवी को भी बराबर का स्थान दिया है। ऐसा करना हिंदू समाज की पितृसत्तात्मक प्रकृति को न्यून

करना नहीं है, जैसाकि वह बाद में बना और जो महिलाओं की व्यापक पराधीनता में तब्दील हुआ। हम आगे इन सभी बातों पर ग़ौर करेंगे। यहाँ हमारी चर्चा का केंद्र है दैवत्व की संकल्पनात्मक अवधारणा जिसमें वास्तविक सामाजिक परिपाटी के बावजूद स्त्री सिद्धांतों को पूरी जगह दी गई है। हमने ग़ौर किया है कि कैसे हड़प्पा सभ्यता में मातृदेवी की प्रथा व्यापक रूप से प्रचलित थी। शुरुआती वैदिक देवता भी अमूमन स्त्री थे, उदाहरण के लिए अग्नि। बाद में, त्रिदेव के हर देवता की अपनी पत्नी हुई – ब्रह्मा की सरस्वती, विष्णु की लक्ष्मी और शिव की पार्वती। इसके अलावा, राम की चर्चा सीता के बिना नहीं हो सकती, और कृष्ण हमेशा के लिए राधा से जुड़े हैं। स्त्री दैवत्व को कई बातों से जोड़ा जाता है। पृथ्वी खुद ही भूदेवी है। गंगा नदी गंगा माँ है। भारत भर के धार्मिक स्थलों पर ऐसे मंदिरों की कमी नहीं जो सिर्फ देवियों के ही हैं। जम्मू के वैष्णो देवी में रिकॉर्ड संख्या में श्रद्धालु जाते हैं। सिर्फ देवी को समर्पित त्योहार की लोकप्रियता अद्वितीय है, उदाहरण के लिए दुर्गा पूजा जो विशेषकर बंगालियों का एक बड़ा धार्मिक त्योहार है। भारत में देवी भारतीय सभ्यता की दिशा निर्देशक ताक़तों में एक है। पूरी दुनिया में इससे बढ़कर स्त्री दैवत्व की कोई ज़्यादा पूर्ण गाथा की शायद ही कल्पना की जा सके।"[30]

हमेशा की तरह, देवी की इस विपुल भक्ति के पीछे भी कोई शक्तिशाली दिमाग़ी निर्मिति काम कर रही है। देवी का मतलब है माया की अविश्वसनीय रचनात्मकता जो ऐसी दुष्प्राप्य ऊर्जा है जो इंद्रीय सुखवाली दुनिया का भ्रम पैदा करता है और साथ ही इससे मुक्त होने का रास्ता भी बताता है। सांख्य दर्शन में इसके बारे में बहुत ही सुंदर ढंग से वर्णन करते हुए कहा गया है कि वे प्रकृति का प्रतीक, भौतिकता की ताक़त है जो पुरुष की शुद्ध चेतना के संपर्क में आने पर सृजन का मार्ग प्रशस्त करता है। अंततः प्रथम दोनों के परिणामस्वरूप वे शक्ति का रूप है जो जड़ और चेतन सभी में व्याप्त है। सामान्य रूप से कहें तो शिव के संदर्भ में सृजन की आध्यात्मिक व्याख्या में इसे बहुत ही अच्छे तरीक़े से दर्शाया गया है। जैसाकि हम पहले चर्चा कर चुके हैं, ब्रह्म सर्वव्यापी अमूर्त ऊर्जा है; पर अगर मानवीय उद्देश्यों के लिए इसे मूर्त रूप दे दिया जाता है, तो उस स्थिति में शिव चित हैं, हम सभी में मौजूद शुद्ध, विशेषता-हीन चेतना और शक्ति चितरूपिणी है जो उस चेतना में अंतर्निहित शक्ति है। शक्ति शिव के बिना शून्य है पर इसी तरह शिव भी शक्ति के बिना शक्तिशून्य हैं। दोनों एक-दूसरे के उस सीमा तक पूरक हैं जहां जाकर दोनों के बीच का भेद मिट जाता है। वे हर तरह से बराबर हैं चाहे वे अधिष्ठान (रहने की जगह), अनुष्ठान (पेशा), अवस्था, रूप या फिर नाम क्यों न हो। दोनों में से कोई भी दूसरे के बिना अस्तित्व में नहीं रह सकता और साथ होकर ही ये इस ब्रह्मांड को यथार्थ कर इसके परे जा सकते हैं। देवी की प्रशंसा में लिखे अपने सौंदर्य लहरी के पहले छंद में ही शंकर इस समुच्चय पर नतमस्तक हैं:

ओ भगवती,
अगर शिव आपके साथ संयुज्य हैं तभी वे सृजन कर सकते हैं
आपके बिना, ओ शक्ति, वे हिल भी नहीं सकते
ओ माँ, हरि, हर और ब्रह्मा आपकी ही पूजा करते हैं
विगत में अपने नेक कार्य के कारण
क्या मैं आपकी वंदना कर सकता हूँ!

इस तरह की परिकल्पना में, शिव ब्रह्म हैं, स्थिर और परिवर्तनहीन संभावना जबकि शक्ति उनके अंदर की शुषुप्त ताक़त हैं। जो अभी भी पूर्णता में है और दूसरा जो इस स्थिरता को इसमें समाहित ब्रह्मांडीय डिज़ाइन के हिस्से के रूप में बदल सकता है, इस शिव-शक्ति निर्मिति का हिस्सा है। अगर शिव ब्रह्मांडीय सरोवर का ठहरा हुआ पानी हैं, तो शक्ति इस पानी में उठ रही तरंग है। यह तरंग ब्रह्म के रूप में इस ब्रह्मांडीय एकता का हिस्सा है पर उसके अंदर मौजूद ऊर्जा के प्रतीकस्वरूप ईश्वरवाद के उद्देश्य से यह देवी के रूप में मूर्तिमान है।

यह महत्वपूर्ण है कि आदि शंकराचार्य ने जिन चार मठों की स्थापना आठवीं सदी में की उन्हें शक्ति पीठ के नाम से जाना जाता है। श्रृंगेरी जहां उन्होंने पहले मठ की स्थापना की, वहाँ शारदा देवी का मंदिर है। इस मंदिर के प्रवेशद्वार पर उपनिषद के महावाक्य – अहम ब्रह्मास्मि: मैं ही ब्रह्म हूँ, उत्कीर्ण है जो इस बात को रेखांकित करता है कि शक्ति, देवी के अपने ईश्वरवादी रूप में, ब्रह्म की अद्वैत सर्वज्ञता का हिस्सा है। “शारदा परम सत्ता के सगुन रूप का प्रतिनिधित्व करती हैं दुनिया की महान आव्यूह हैं, जिनके हाथ में अमृत का घड़ा है, दूसरे हाथ में पुस्तक है जोकि सर्वोच्च ज्ञान का प्रतीक है, एक हाथ में माला है जिसके मनके बीजों के रहस्यपूर्ण अक्षर के प्रतीक हैं जिससे विश्व का सकल स्वरूप निकलता है और चिनमुद्रा जोकि जीव और ब्रह्म की चेतना के लिए है। वे सभी उपनिषदीय ज्ञानों का प्रकाश है और इसलिए ब्रह्मविद्या है।”[31]

तांत्रिक विद्या में, श्री चक्र, जोकि ज्यामितीय आकार में देवी का प्रतिनिधित्व करता है, संपीड़ित ऊर्जा का सर्वाधिक बड़ा स्वरूप माना जाता है। यह डिज़ाइन प्रतीकवादों से भरा है। बिंदु का मतलब आनंद और चेतना से है जोकि आदिम दैवत्व का प्रतिनिधित्व करता है। जब यह शुद्ध चेतना खुद को ज़ाहिर करना चाहती है, तो उस स्थिति में विमर्श शुरू होता है। शिव आदिम अविभाज्य चेतना हैं और शक्ति वह विमर्श जो सृजन का मार्ग प्रशस्त करती है। श्री चक्र में, ऊपर की ओर रुखवाले त्रिकोणों का शीर्ष शिव हैं और ऐसे त्रिकोण जो नीचे की ओर होते हैं, उनके शीर्ष शक्ति का प्रतिनिधित्व करते हैं। दोनों का संयोग गतिहीन और गतिशील दोनों ही स्थितियों में ब्रह्म को चित्रित करता है।

केनोपनिषद के अपने भाष्य में शंकराचार्य सर्वज्ञ आत्मा और उसके चित, शक्ति के पूर्ण एकाकार होने की बात पर जोर देते हैं – सा आत्मा सर्व प्रत्यय दर्शी चित शक्ति स्वरूपा मात्रः। इसलिए यह कोई अचरज की बात नहीं है कि उन्होंने अपने सभी मठों में शक्ति की उपासना को अनिवार्य कर दिया।

अपने सगुण रूप में, देवी या शक्ति को विविध रूप में प्रस्तुत किया जाता है, जितने की पुरुष देवता। उनके नाम अनेक हैं – दुर्गा, अम्बा, गौरी, भवानी, काली और अन्य। एक बार फिर, यहाँ हमारा प्रयास दैवत्व के जितने भी पक्षों की चर्चा कर सकें, उतने पक्षों की चर्चा करना है। सरस्वती ज्ञान, संगीत, कला, भाषण, बुद्धि और शिक्षा की देवी हैं। उनको श्वेत परिधान में अपने हाथों में कमल, पुस्तक धारण किए हुए और वीणा बजाते हुए दिखाया गया है। उनका वाहन हंस या मोर है। लक्ष्मी सौभाग्य, समृद्धि, धन, प्रजनन क्षमता और सभी विलासितापूर्ण ज़रूरतों की देवी हैं, वे अमूमन लाल परिधान में होती हैं और उनके हाथ में कमल का फूल होता है। पार्वती शिव की शक्ति का प्रतिनिधित्व करती हैं। वे गौरवर्णीय और सुंदर हैं और अमूमन अपने व्यवहार में काफ़ी शालीन हैं। सीता आदर्श पत्नी की प्रतीक हैं और राधा – जिस तरह कृष्ण राम के ठीक विपरीत हैं – पूरी तरह विपरीत ध्रुव पर हैं, वे परकिया या ऐसी स्त्री हैं जिनका कृष्ण के साथ विवाहेतर संबंध हैं। शायद देवी का सबसे ज़्यादा नाटकीय रूप काली का है जो पार्वती का ही दूसरा रूप है। गुमसुम रहनेवाली पार्वती के विपरीत, उनको भूमि पर लेटे किंतु शांत शिव के शरीर पर बेतहाशा रूप से नृत्य करते हुए दिखाया गया है।उन के शरीर का रंग काला है, नशे में होने के कारण उनकी आँखों का रंग लाल है, उनके बाल बिखरे हुए हैं और उनकी जीभ उनके मुंह से बाहर निकली हुई है; उनके गले में मानव मुंडों की माला है और उनके कई हाथ हैं जिनमें से एक में शमशीर है, एक हाथ में एक कटा हुआ सिर और एक अन्य हाथ में कटे हुए सिर से बहते खून को एकत्र करने के लिए एक खोपड़ी है। वे श्मशान भूमि में रहती हैं।

अधिकांश विदेशी पर्यवेक्षकों के लिए यह दैवत्व का एक अजीबोग़रीब प्रदर्शन है, एक ऐसा आदिमवाद है जिसे स्वीकार नहीं किया जा सकता। जिस हिंदू के लिए परम सत्ता अमूर्त ब्रह्म है वे इस तरह के देव की पूजा क्यों करेगा? इसका कारण हिंदू भक्ति परिकल्पना में निहित है जो सिर्फ इस वजह से कि दैवत्व को परिभाषित नहीं किया जा सकता और किसी भी दृष्टि से वे मानव मस्तिष्क की परिकल्पना से परे है, उसके सर्वाधिक पक्षों का चित्रण करता है ताकि उसके कुछ प्राचुर्य का दर्शन हो सके। काली को वे लोग नहीं समझ सकते जो दैवत्व को पूर्वानुमेय और एक रेखीय देखने के आदी हैं। वे उन लोगों के लिए पूरी तरह स्वाभाविक हैं जो उन्हें दैवत्व के एक पक्ष का प्रतिनिधित्व समझते हैं – एक अपराजिता क्रुद्ध महाकाली – जो दुष्टों का संहार करनेवाली, समय की देवी और अपराजेय शक्ति की प्रतीक हैं। उनका यह रूप उनके

भक्तों का ध्यान भंग नहीं करता जो अपने उन भक्तों के लिए शक्ति की सर्वशक्तिशाली अवतार हैं। भक्त उनमें दैवी संरक्षण, प्यार और करुणा की एक बहुत ही भयंकर ताक़त देखते हैं। जैसाकि एक सचेत पश्चिमी विदेशी विद्वान ने लिखा है: "उनको देखकर हम न केवल भयाक्रांत हो जाते हैं, बल्कि सुरक्षित भी किए जाते हैं: काली की कल्पना हमें उन बाधाओं के पार ले जाती है, जिसके ज़रिए और जिसके अंदर हम जीते हैं। काली हमें मुक्त करती हैं।"[32]

महत्वपूर्ण तथ्य यह है कि माँ काली भूमि पर औंधे मुँह लेटे शिव के शरीर पर पागलों की तरह नृत्य करती हैं। उनके भावावेश और ताक़त की मौजूदगी में शिव भूमि पर एक शव की तरह ख़ुशी-ख़ुशी लेटे हुए हैं। देवी प्रधान हैं। छठी सदी के ग्रंथ *देवी माहात्म्य* में उनकी तुलना एकमात्र परम सत्य से की गई है जो देवों से आगे हैं। एक हज़ार साल बाद, तुलसीदास के *रामचरितमानस* में सीता गिरिजा (जोकि पार्वती का दूसरा नाम है) की स्तुति इन शब्दों में करती हैं – *नहि तव आदि मध्य अवसाना, अमित प्रभाउ बेदु नहिं जाना; भव भव बिभव पराभव कारिनि, बिस्व, बिमोहनि स्वबस बिहारिनी*: हे देवी, आपका न आदि है, न मध्य है और न अंत है। आपका असीम प्रभाव वेद के लिए भी रहस्य है। आप संसार का सृजन, पालन और नाश करनेवाली हैं। आप ब्रह्मांड को मोहित करने वाली और स्वतंत्र रूप से विचरण करने वाली हैं।

दैवत्व का चित्रण करने के दौरान हिंदू धर्म अमूमन जानबूझकर असंगत जुड़ाव की बौद्धिक निर्मिति का प्रयोग करता है। काली जो देखने में कुरूप हैं, दैनिक कल्पना की उड़ान को अंतर्दृष्टि के एक नए स्तर तक ले जाने के उद्देश्य की पूर्ति करता है, यह एक ऐसी स्थिति है जब मस्तिष्क दैवत्व की उस शक्ति को समझने की स्थिति में होता है जो मानवीय क्षमता के परे है। इसलिए, इसे अर्धनारीश्वर – जो नारी और पुरुष दोनों है, के रूप में भी चित्रित किया जाता है।

हिंदू धर्म के देव लोक में अन्य प्रमुख देवताओं की कल्पना की गई है। प्रिय गणेश को आधे मानव, आधे हाथी के रूप में चित्रित किया गया है। इसे उपहासपूर्ण तरीक़े से आदिम 'हाथी देव' बताकर ख़ारिज किया जा सकता है, या फिर यह बात समझने का ज़रिया हो सकता है कि परंपरागत मानवीय श्रेणियों को ऐसी कल्पना करने पर लागू नहीं किया जा सकता जो इन श्रेणियों के परे है। जब दैवत्व को इस तरह के असंभाव्य जुड़ाव में पेश किया जाता है तो यह दिमाग़ को झकझोर कर उसे विचारों की ज्ञात बाधाओं से दूर ले जाता है। यह अनुभव वास्तव में गणेश की तरह ही उत्कृष्टता का अनुभव है। वे बाधाओं को दूर करने वाले विघ्नेश्वर के प्रतीक हैं, बुद्धि के स्वामी और इसलिए अक्षर और विद्या के देव हैं, उनकी पहचान ॐ मंत्र से की जाती है। एक अन्य सर्वाधिक पूजनीय देवता हनुमान हैं, जिन्हें विदेशी 'वानर भगवान' के नाम से पुकारते

हैं। हालाँकि, पशुओं की दुनिया सहित हर वस्तु में दैवत्व को आवश्यक रूप से देखने की ज़रूरत महसूस करने के सिद्धांत को बताने के लिए, हिंदू आध्यात्मिक कल्पना की आवश्यकता होती है। अपने प्रत्यक्ष रूप में हनुमान एक वानर हैं। पर अपने तत्व रूप में और जिस रूप में वे पूजे जाते हैं, वे राम की शाश्वत भक्ति के प्रतीक हैं जो सार रूप में एक ब्रह्मचारी, योगी के अवतार, महान पराक्रम और वीरता के प्रतीक और ज्ञान-गुण-सागर हैं।

अमूर्तन और मूर्तन की परिकल्पना और छवि और निर्मिति, निरूपण और अर्थ के द्वंद्व के परे आम लोगों को अपने जीवन की वास्तविक दुनिया के दैनिक कार्य और दायित्वों में अर्थ और उद्देश्य ढूँढ़ने के लिए विचारधारात्मक ढाँचे की ज़रूरत होती है। आध्यात्मिकता और धर्म सांत्वना और आशा बँधाते हैं, लेकिन जीवन के सिद्धांत और विश्वास की ज़रूरत होती है जो सिर्फ पूजा या दार्शनिक चिंतन पर ही लागू नहीं होता बल्कि वास्तविक रूप से जीवन जीने के लिए भी जरूरी होता है। एक बार फिर, हिंदू धर्म का बौद्धिक स्रोत भगवदगीता के संदेशों के माध्यम से इसको बचाने के लिए सामने आता है। हम पहले ही देख चुके हैं कि यह ग्रंथ कृष्ण और अर्जुन के बीच संवाद के रूप में है जिसमें अर्जुन निराश है और वह कौरवों के ख़िलाफ़ युद्ध करने से मना कर देता है क्योंकि वे सब उसके अपने रिश्तेदार हैं। इसके बाद कृष्ण उसको परामर्श देते हैं और यही गीता का सार है।

गीता की महानता किसी एक स्कूल के विचार की दार्शनिक पवित्रता में नहीं होकर उस अस्तित्ववादी दुविधा को दूर करने के बारे में दी गई सांत्वना में है जिससे मानव समुदाय अमूमन दो-चार होता है – आदमी पैदा होता है, ज़िंदा रहता है, और मर जाता है और इनके बीच ख़ुशी हो सकती है पर इसमें दुख और दर्द भी होता है। इस ऊसर, पूर्वानुमेय पहेली की कठोरता से छुटकारा नहीं है और अमूमन महत्वाकांक्षा और उपलब्धि, कारणों और लक्ष्यों के उद्देश्य अपारदर्शी हो जाते हैं। इस अर्थ में अर्जुन में निरर्थकता और श्रांति के इस भाव का पैदा होना मानव-सुलभ था। एक असाधारण दुनिया जो अड़ियल तरीक़े से अकथनीय था, वे इसमें युद्ध करने की ज़रूरत को समझ नहीं पाए। गीता की महानता यह है कि उसने कृष्ण को अपने विमर्श के माध्यम से अस्तित्ववादी दुविधा से जूझ रहे अर्जुन जैसे व्यक्ति को इसका उद्देश्य और अर्थ समझाने में मदद की।

गीता ने जिस बहुत ही महत्वपूर्ण परिकल्पना को प्रतिपादित किया वह था निष्काम कर्म जिसका अर्थ है समर्पण के साथ स्वार्थरहित होकर कर्म करना और इस बात के बारे में नहीं सोचना कि इसका फल उन्हें क्या मिलेगा।

कृष्ण कहते हैं :

> अर्जुन, काम के समर्पण के बारे में मेरे सच को सुनो। ओ उत्कृष्ट व्यक्ति, समर्पण तीन तरह का होता है।
> त्याग के कार्यों और स्व-सामंजस्य को छोड़ना नहीं चाहिए, बल्कि इसे पूरा करना चाहिए; क्योंकि ये शुद्धीकरण के कार्य हैं।
> लेकिन अर्जुन, ये कार्य भी शुद्ध समर्पण की तरह किया जाना चाहिए और किसी पुरस्कार की उम्मीद के बिना। यह मेरा अंतिम शब्द है।
> जिस पवित्र कार्य को किया जाना ही है उसको बिना किए छोड़ना ठीक नहीं है। अपने कार्य को नहीं करना अंधकार का भ्रम पैदा करेगा।
> और वे जो अपने कर्तव्य को तकलीफ़ के डर से छोड़ देते हैं तो उसका समर्पण राजस है और सच में, उसको कोई फल नहीं प्राप्त होता।
> पर, अर्जुन, जो धार्मिक काम करता है क्योंकि उसे किया जाना है, और अपने स्वार्थ और फल की अपेक्षा का त्याग कर देता है, उसका काम शुद्ध होता है, और उसे शांति मिलती है।
> यह व्यक्ति दृष्टिसंपन्न है और उसका मन संदेहरहित है: वह समर्पण करता है, वह शुद्ध है और उसको शांति है। कार्य, चाहे वह सुखदायी हो या दुखदायी, उसके लिए आनंददायक होता है।
> क्योंकि पृथ्वी पर ऐसा कोई व्यक्ति नहीं है जो पूरी तरह कार्य को छोड़ दे, पर जो अपने काम के फल का त्याग कर देता है, सच में वही त्यागी है।
> जब किसी फल के लिए कोई काम किया जाता है, तो उस समय काम से सुख, या दुख या दोनों ही प्राप्त होता है; पर जब कोई व्यक्ति अमरत्व के लिए काम करता है, तो अमरत्व ही उसका फल होता है।[33]

इस तरह, गीता का निष्काम कर्म व्यक्ति को तक़ाज़े की सांसारिक दुनिया में कर्म करने के दौरान विकल्प चुनने और संतुलन और समभाव बनाए रखने के लिए सुझाया गया व्यावहारिक फ़ॉर्म्युला है। उपनिषदों ने कहा है कि तत् त्वम असि – यानी हम वह हैं – पर वे इसको विस्तार से नहीं बताते कि इस वास्तविकता को देखते हुए हम प्रतिदिन प्रयोगाश्रित स्तर पर जीवन से कैसे तालमेल बिठाते हैं। गीता इन सवालों का जवाब यह कहते हुए देता है कि इस दुनिया में कोई भी व्यक्ति कर्म को पूरी तरह छोड़कर जीवन नहीं जी सकता है। हालाँकि, कर्म के कारण हमारे अंदर जो नकारात्मक भावनाएँ बनती हैं उनसे हम छुटकारा पा सकते हैं अगर हम बिना किसी फल की आशा किए, अनासक्त और समर्पण के भाव से अपना कर्म करें। इस तरह की धारणा गीता के इस उद्घोष के अनुरूप है कि ब्रह्म ही वह शाश्वत वास्तविकता है जो ब्रह्मांड में हर जगह व्याप्त है और

उसको थामे हुए है। तथ्यतः, गीता कहती है कि निष्काम कर्म वही व्यक्ति कर सकता है जिसने यह समझ लिया है कि सार रूप में वास्तविकता सचमुच में क्या है:

> जो व्यक्ति ब्रह्म को देखता है वह ब्रह्म में विश्वास करता है; उसका तर्क संतुलित होता है, और उसका भ्रम दूर हो चुका होता है। जब सुख होता है, वह आंदोलित नहीं होता, और जब दुख होता है, वह काँपता नहीं है।
> वह बाहरी वस्तुओं से बंधा नहीं होता, और अपने अंदर उसे मिलती है आंतरिक ख़ुशी। उसकी आत्मा ब्रह्म से एकाकार होती है और उसे अनंत आनंद प्राप्त होता है।
> दुनिया से जो आनंद प्राप्त होता है उसमें छिपा होता है आनेवाला दुख। वे आते हैं और चले जाते हैं, वे क्षणिक हैं: ज्ञानी इसमें आनंद की खोज नहीं करते।
> पर इस पृथ्वी पर जो अपने मृत्यु से पहले इच्छाओं और मुश्किलों के बवंडर में दृढ़ बना रहता है, वह व्यक्ति योगी होता है, उस व्यक्ति को आनंद प्राप्त होता है।
> इस व्यक्ति को आंतरिक आनंद मिलता है, उसको आंतरिक ख़ुशी मिलती है, और उसका अंतरतम प्रकाशित हो जाता है। ऐसे योगी को ब्रह्म का निर्वाण प्राप्त होता है: वह ईश्वर के साथ एकाकार हो जाता है और ईश्वर के पास चला जाता है।
> पवित्र लोग ब्रह्म के निर्वाण को प्राप्त करते हैं: उनका पाप समाप्त हो जाता है, उनके संदेह दूर हो जाते हैं, उनकी आत्मा सदभाव में है, उनका आनंद सभी की अच्छाई में होता है।

उपनिषदों की तरह, गीता इस बात को दृढ़ता से कहती है कि हर व्यक्ति में आंतरिक स्वभाव – आत्मन – ब्रह्म के ब्रह्मांडीय ओज के समतुल्य है। कृष्ण अर्जुन से कहते हैं कि आपके संदेह और दुख अनुपयुक्त हैं क्योंकि ब्रह्म के अभिन्न अंग के रूप में आपकी मूल प्रकृति मृत्यु के परे है। सिर्फ भौतिक शरीर का ही क्षय होता है और वह मरता है और आप स्वयं एक अपरिवर्तनीय शाश्वत का हिस्सा हैं:

> वह न तो कभी जन्मता है और न ही कभी मरता है। वह शाश्वत है: वह हमेशा के लिए है। वह अजन्मा और सनातन है, बीते हुए या आने वाले समय के परे, शरीर के मरने पर वह नहीं मरता।

लेकिन अर्जुन, किसी अन्य मनुष्य की तरह सिर्फ आध्यात्मिक अभिकथन से ही संतुष्ट नहीं था। वह एक ऐसे दैवत्व का आश्वासन चाहता था, जिसकी वह पहचान कर सके निजी देव के रूप में जिस तक उसकी पहुँच निर्गुण ब्रह्म से कहीं ज़्यादा है। "आपने

कृपा करके मुझे आत्मा के गूढ़ रहस्य के बारे में बताया है और आपके शब्दों ने मेरे भ्रम को दूर कर दिया है," उन्होंने कृष्ण से कहा, "लेकिन हे योगेश्वर, एक परमात्मा के रूप में आप मुझे अपनी खुद की प्रभुता दिखाइए।" और कृष्ण ने उनकी यह इच्छा पूरी की और अर्जुन को अपना विराट रूप दिखाया:

> और अर्जुन ने उस रूप में आश्चर्य के अनगिनत दृश्य देखे: असंख्य चेहरों के नेत्र, असंख्य दिव्य आभूषण, असंख्य दिव्य शस्त्र; दिव्य मालाएँ और परिधान, विविध सुगंधों से उपलिप्त स्वरूप। अनंत देवता चारों दिशाओं में दिख रहे थे, दुनिया के सारे चमत्कार उनमें समाये हुए थे।
> अगर आकाश में एक साथ हज़ार सूर्य अचानक चमक उठें तो ऐसे में उत्पन्न होनेवाली ज्योति की तुलना इस सर्वश्रेष्ठ आत्मा से की जा सकती है।
> और अर्जुन ने प्रकाश पुंज में कई तरह के ब्रह्मांड देखे, जो देवों के देव के शरीर से एकाकार होकर एक जगह खड़े थे।
> श्रद्धा-मिश्रित भय और आश्चर्य से काँपते हुए अर्जुन नतमस्तक हुआ, उनकी प्रशंसा में हाथ जोड़कर ईश्वर से कहा :
> "हे ईश्वर, मैं आप में सभी देवों को देख रहा हूँ; और आपकी सृष्टि के विविध प्राणियों को देख रहा हूँ। मैं ब्रह्मा को कमल पर बैठा हुआ देख रहा हूँ और सभी ऋषियों और दिव्य सर्पों को देख रहा हूँ।"

विराट रूप के प्रदर्शन के इस एक कार्य से गीता ने जो एक बड़ी उपलब्धि हासिल की है वह है अपरिभाष्य ब्रह्म – उपनिषदों की आत्मा को एक व्यक्तिगत देव के रूप में परिवर्तित कर देने का चमत्कार। निर्गुण-सगुण निर्मिति की पुनर्स्वीकृति करते हुए, गीता ने भी निर्गुण ब्रह्म को भक्तिमय ईश्वरवाद के साथ लाकर खड़ा कर दिया है, जोकि इस मानवीय आग्रह का परिणाम है जोकि दैवत्व को व्यक्तिगत देव के रूप में देखना चाहता है। पर इस क्रम में उसने ब्रह्म की परम सत्ता को बरकरार रखा है। अर्जुन को उपदेश देकर कृष्ण ने मोक्ष के कई मार्गों का वर्णन किया है और इनमें से सभी को हिंदू परंपरा की स्वीकृति प्राप्त है – ज्ञान मार्ग; कर्म मार्ग; और भक्ति मार्ग, जोकि एक व्यक्तिगत ईश्वर के प्रति भक्ति है।

हमारे इतिहास के नींव पड़ने के एक हज़ार साल के दरमियान साम्राज्य बने और नष्ट हुए, सेनाओं ने विजय प्राप्त की और वे परास्त हुए, राजा आए और गए और शहर आबाद और बर्बाद हुए, लेकिन मस्तिष्क की दार्शनिक अकादमियां कभी अस्त नहीं

हुई। हम कौन हैं, विश्व का अस्तित्व क्यों है और मानव के अस्तित्व का अंतिम ध्येय क्या है, ये सभी प्रश्न एक स्पंदनपूर्ण सातत्य बने रहे। विचारों के सिद्धांत, एक बार जब इनको सामने रख दिया गया, ये कभी नष्ट नहीं हुए। कुछ जैसेकि ख़ासकर बौद्ध धर्म को राजाओं का संरक्षण प्राप्त हुआ और भारत के तटों से दूर यह पहुँच गया। दूसरे, राजाश्रय नहीं मिलने के बाद भी, उनके समर्पित अनुयायियों ने इनको संहिताबद्ध कर, इन पर विमर्श और इन विचारों की आधारशिला रखनेवालों की शिक्षा की व्याख्या को जारी रखा। व्याख्यात्मक भाष्यों की भारतीय व्यवस्था या टीका ने यह सुनिश्चित किया कि विचारों की संरचना नष्ट न हो। इसके साथ ही, बहस और विमर्श की परंपरा ने, कई बार कुछ कटु होने के बावजूद, आलोचकों और उन आलोचनाओं का बचाव करनेवालों की सक्रियता को बचाए रखा। महत्वपूर्ण बात यह थी कि ये सभी बहस सिर्फ साधुओं के आश्रमों या मठों तक या दूर दराज के इलाक़े में अपने गुरुओं के चरण बैठे सिर्फ मुट्ठी भर शिष्यों तक सीमित नहीं थे, बल्कि इनके प्रसार और लोकप्रियता में गति आई और यह आम लोगों तक पसरी, जिन्होंने अध्यात्म की सूक्ष्म बातों से अनभिज्ञ रहने के बावजूद इसके सार के बारे में सामान्य से अधिक जानकारी रखी। गहराई, दलीलों की मज़बूती, दृढ़ विश्वास से उपजा साहस और सहमत नहीं होने की अनुमति और जहां भी आवश्यक हो, इसका निचोड़ तैयार करने की प्रक्रिया ने हिंदू सभ्यता के दार्शनिक फलक को एक अलग रंग प्रदान किया। यह दार्शनिक, मानसिक अनुसंधान, धार्मिक परिपाटी और आध्यात्मिक अन्वय की एक आश्चर्यजनक पच्चीकारी थी और इसकी व्यापक विविधता में अंतर्निहित था एक सुसंगत एकीकरण।

अब हम इस बात की पड़ताल करेंगे कि संज्ञानात्मक सोचवाली इस परंपरा ने सभ्यता के दूसरे पक्षों जैसे कला और रचनात्मकता, विज्ञान, समाज और विज्ञान के साथ-साथ राजनीति को कैसे प्रभावित किया।

3

विचार के इलाक़े में

हिंदू सभ्यता की आध्यात्मिक आकांक्षा और उसकी संरचना का निर्माण करने के लिए जिस गहरे विचार की ज़रूरत हुई, उसने मानवीय प्रयासों के दूसरे क्षेत्रों को भी अपने प्रभाव में लिया। कला और संस्कृति ऐसे ही क्षेत्रों में शामिल थे। यहाँ हमारी मंशा इनकी रचनात्मकता के विभिन्न पक्षों की चर्चा करना नहीं है भले ही यह नृत्य, संगीत, नाटक, साहित्य, मूर्तिकला या वास्तुशिल्प ही क्यों न हो। ऐसी असंख्य पुस्तकें हैं जो इनमें से प्रत्येक विषयों पर लिखी गई हैं। सौंदर्य के बारे में उनकी धारणा, सुंदरता क्या है और कला किसको कहेंगे इस बारे में हुए दिमाग़ी चिंतन पर यहाँ हम अपना ध्यान केंद्रित करेंगे। ये वो विशिष्ट पक्ष हैं जिनकी सावधानी से अध्ययन की ज़रूरत है ताकि हम अपनी सभ्यता की नींव पड़ने के समय उनकी विशेषताओं को समझ सकें। कलात्मक वस्तुओं के निर्माण से पहले जो चिंतनशील दर्शन मौजूद था उसके मुताबिक़ रचनात्मकता सिर्फ उत्कृष्टता प्राप्त करने का ही लक्ष्य नहीं था, बल्कि उत्कृष्टता की परिभाषा स्वयं ही परिणाम था इस मौलिक विचार का कि उत्कृष्टता को क्या होना चाहिए। लगभग 200 सदी ईसा पूर्व और संभवतः इससे भी पहले, भरत मुनि नामक एक व्यक्ति हुए हैं। जैसाकि शब्द 'मुनि' से पता चलता है, वह एक ऋषि थे। भरत ने *नाट्य शास्त्र* की रचना की जिसमें 36 अध्याय हैं और कुल छह हज़ार श्लोक हैं। एक स्तर पर *नाट्य शास्त्र* परफ़ॉर्मिंग आर्ट्स के लिए सार-संग्रह था, जिसमें विस्तृत निर्देश दिए गए थे। इसके विषयों में नाटकीय संयोजन, नाटक की रचना, मंच का निर्माण, अभिनय के प्रकार, शरीर का संचलन, श्रृंगार, पोशाक, कला निर्देशक की भूमिका और लक्ष्य, संगीत के स्केल्स, संगीत के साज और नाट्यकला में संगीत का एकीकरण। इस तरह के व्यापक ग्रंथ की उस समय में रचना, एक मैन्यूअल के रूप में ही सही, बहुत विशिष्ट उपलब्धि थी। यह इस बात का ठोस प्रमाण है कि हमारे इतिहास में इतने पहले नाट्यकला अपनी उन्नति की किस ऊँचाई पर थी। लेकिन *नाट्य शास्त्र* की वास्तविक महानता उसके अध्याय छह और सात में वर्णित विषयों से है। यह है रस का सिद्धांत, कला के संबंध में सौंदर्य के दर्शन का विषद वर्णन। अनुभव या कलात्मक अनुभव क्या होना चाहिए इसके बारे में सर्जक और पर्यवेक्षक दोनों के लिए और अपने आप में एक साध्य के रूप में बौद्धिक मध्यस्थता उन दिनों दुनिया

में अनसुनी बात थी और आज भी रचनात्मकता की दुनिया को भारत का अप्रतिम योगदान है।

हम यहाँ मानव के क्रमिक विकास के एक ऐसे समय में बहुत ही उन्नत और विकसित कलात्मक अनुभव की परिकल्पना के विकास की चर्चा कर रहे हैं, जब दुनिया के कई हिस्सों में लोग अभी पेड़ से नीचे भी नहीं उतरे थे। हालाँकि अगर आप दर्शन के रूप में सौंदर्य शास्त्र की उत्पत्ति को लेकर पश्चिमी समझ को स्वीकार करते हैं, तो इस बात की उम्मीद है कि आपको कहा जाए कि इसकी शुरुआत पत्रकार जोसेफ ऐडिसन के *द प्लेज़र्ज़ ऑफ़ द इमेजिनेशन* श्रृंखला के आलेखों के *द स्पेक्टेटर* में 1712 में प्रकाशन से हुई! अंग्रेज़ी के शब्द Aesthetics (सौंदर्य शास्त्र) की उत्पत्ति ग्रीक शब्द ऐस्थेटिकोज (Aesthetikos) से हुई है, पर अगर आप इंटरनेट पर खोजें तो आपको पता चलेगा कि दर्शन शास्त्र की एक शाखा के रूप में सौंदर्य शास्त्र की शुरुआत 1712 के बाद ही हुई। पश्चिमी और यहाँ तक कि भारतीय अकादमिक भी इस बात की कोई कद्र नहीं करते कि भारत में इस विषय पर विस्तार से दो हज़ार साल पहले ही लिखा जा चुका है। लेकिन यह अज्ञानता का ऐसा वजन है जो उपनिवेशी शासन के अंदर रहे देशों को आवश्यक रूप से उठाना पड़ता है, और एकीकृत विश्व की सांस्कृतिक विषमता में आज भी उसे इसके साथ जीना होता है। इस बात को भी समझा जा सकता है कि अठारहवीं सदी के आगे पश्चिम में सौंदर्य शास्त्र के विभिन्न पक्षों पर काफ़ी जोशोखरोश से चर्चा हुई पर भारत में जहां इसकी उत्पत्ति हुई, औपनिवेशिक शासन के अंदर यह बौद्धिक निष्क्रियता के भार से दबा रहा, अतीत को भुला दिया गया और अगर इसकी चर्चा भी कभी हुई तो संग्रहालय में रखे किसी अवशेष के रूप में।

पर हम ज़रा भरत मुनि और उनके रस के सिद्धांत की ओर लौटें। भरत कहते हैं कि रस मूल है, वह विशेष अर्क और कला के अनुभव की वह आंतरिक अनुभूति है। इस अनुभव की प्रकृति सिर्फ हिंदू धर्म की आध्यात्मिकता की आधारभूत बातों से जुड़ी हो सकती है, जो हर रचना से होकर गुजरती है और हर वस्तु में मौजूद है। ब्रह्म वैसे स्वयं निर्गुण है पर जो ब्रह्मानुभव करते हैं, उनके लिए व्यापक और अचूक अनुमान का यह अनुभव चित या चेतना का, और आनंद का अनुभव है। आनंद हिंदू धर्म का बीज शब्द है। हमारी निज या आत्मा की मूल प्रकृति आनंद का है; विश्व आनंद है। हम आनंद से ही उत्पन्न हुए हैं और आनंद में ही लौट जाते हैं, यह हमारा एकमात्र तत्व है – जन्म से पहले, जीवन के दौरान और मृत्यु होने पर। हमने जिन कारणों का ऊपर वर्णन किया है, उनकी वजह से आनंद, जोकि हमारे वास्तविक जीव का स्वभाव है, को हाशिए पर धकेल दिया जाता है, क्योंकि हमेशा सक्रिय रहनेवाली और कभी भी नहीं रुकनेवाली बुद्धि और अहंकार से हमारा जीवन प्रभावित बना रहता है। तो उस स्थिति में जीवन का आध्यात्मिक उद्देश्य मन को

शांत करना और अहंकार को परास्त करना है, ताकि चित या आत्मा जो हमारे अंदर बैठा मूक और आनंदपूर्ण पर्यवेक्षक है, जाग जाता है और हमें इस बात के प्रति सचेत कर देता है कि हम वास्तव में क्या हैं – पूर्णता और संतृप्ति। जैसाकि स्टेला क्रैमरिश्च, जोकि ऐसी पहली पश्चिमी पर्यवेक्षकों में शामिल थीं, जिन्होंने हिंदू कला में रचनात्मक और उदात्त के बीच संबंध को समझा, लिखती हैं: "कला महत् (महान चेतना) से जन्म लेती है और बुद्धि में इसका विकास होता है। इसके बाद, अहंकार इसको पकड़ लेता है और अपनी सीमा के अनुरूप, आगे चल रहे कार्य को संशोधित करता है पर रचनात्मक प्रक्रिया में इसकी कोई भूमिका नहीं होती।"[1]

तो इस स्थिति में कला का उद्देश्य आवश्यक रूप से हमें आनंद के नज़दीक ले जाना होना चाहिए। यह आवश्यक है कि वह किसी तरह हमें दुनियादारी की दैनिक और व्यस्तताओं से बाहर खींच लाए और हमारी चेतना का स्वरूप परिवर्तित कर दे, ताकि हम इस लायक़ बन जाएं कि हम वास्तव में क्या हैं, इसकी खोज कर सकें। सुंदर अवश्य मुक्तिदायक हो। जैसेकि *नाट्य शास्त्र* का एक श्लोक कहता है: "नाट्य को हम पाँचवां वेद मानें जो हमें आनंद और आध्यात्मिक मुक्ति की ओर ले जाए।" उपनिषद उद्घोष करता है कि – रसो वै स: - वह रस है। यहाँ "वे" ब्रह्म है। ब्रह्म आनंद है। इसलिए, रस या कलात्मक अनुभूति के स्वाद का आनंदपूर्ण होना या ऐसा होना जरूरी है, जो हमें ज्ञानातीत का अनुभव प्राप्त करने लायक़ बना सके। "हिंदू मस्तिष्क प्रक्रिया को सुझाव देने या पुनः निर्माण करने के साधन के रूप में देखता है, भले ही वह कितना ही क्षणभंगुर क्यों न हो; और कला को एक मानता है पूर्ण अवस्था के समान आनंद की स्थिति का अनुभव करने का साधन जोकि आनंद की चरम अवस्था या जीवन-मुक्ति है।"[2] उस स्थिति में सौंदर्यबोध-संपन्न अनुभव उस समय कुछ रूपों में सार्थक हो जाता है, अगर वह किसी रूप में उस ढाँचे से हमें मुक्त कर दे जो हमारी अनुभूति में बाधक बनता है। आध्यात्मिक और उतने ही धर्मनिरपेक्ष - हिंदू आध्यात्मिकता में आनंद की धारणा हमें अपने ऊपर स्वयं के लगाए नित्य अस्तित्व के प्रतिबंधों से मुक्ति देती है, भले ही वह क्षणिक क्यों न हो। इसी संदर्भ में हमारे लिए यह जरूरी है कि हमें *वास्तु सूत्र उपनिषद* क्या कहता है उसको समझें: "कला के ज्ञान से दैवीय ज्ञान की उत्पत्ति होती है, और इस तरह का ज्ञान मुक्ति का मार्ग प्रशस्त करता है।" रचनात्मकता को आध्यात्मिकता से जोड़ने से कलात्मक दृष्टि का स्वरूप बदल जाता है। इससे सुंदरता "किसी वस्तु की जागीर न होकर कला, या नहीं तो इससे अधिक एक अनुभव और जीव की अवस्था हो जाती है।"[3]

वैसे दैवत्व की तुलना रस से होती है, पर इसे सिर्फ़ विशेषकर धार्मिक अर्थ में ही नहीं लेना चाहिए और ऐसी कल्पना भी नहीं की गई थी। हालाँकि, आनंद का आध्यात्मिक ख्याल, जोकि हिंदू दर्शन में काफ़ी प्रभावशाली है, सुसंगत है। ब्रह्म के अनुभव के आनंद

को उस आनंद का मानदंड या उसकी परिभाषा के रूप में प्रयोग किया जाता है जिसको पैदा करने की ताक़त कला में होती है। कलाकार आकृति, शब्द, संगीत या नृत्य के द्वारा इस संभावना को साकार करता है। फिर भी इसमें असंगति की आशंका से इंकार नहीं किया जा सकता। स्पष्ट है कि कला सिर्फ ख़ुशी के सकारात्मक भावनाओं के बारे में ही नहीं हो सकती। कई बार अच्छी कला का मतलब विसंगति और जीवन में बहुतायत रूप में मौजूद नाख़ुशी से भी है। हम आगे इस बारे में बताएँगे कि इन सभी बातों पर ग़ौर किया गया। लेकिन रस का सिद्धांत अभी भी इस बात में विश्वास करता है कि अंततः कला का उद्देश्य हमारी चेतना को ऊँचाई देना होना चाहिए। ऐसा अंतर्निहित रूप से जो आनंददायक है उसके माध्यम से और उस आनंद से अपमान के चित्रण द्वारा किया जा सकता है। इन दोनों को ही कलात्मक संतृप्ति के अनुभव तक ले जाना चाहिए जो चेतना में परिवर्तन से हमें इस बारे में सचेत करता है कि हमारी और इस ब्रह्मांड की सच्ची प्रकृति है – आनंद।

हर्षा देहजिया ने आनंद- ब्रह्म के आकर्षण के बारे में बहुत ही अच्छी पंक्तियाँ लिखी हैं।" अंतिम विश्लेषण में यह आनंद- ब्रह्म ही है जो भारतीय मस्तिष्क के कई और भिन्न अभिव्यक्तियों को एक साथ बांधे रखता है, यह एक समुद्र की तरह है जिसमें सारी नदियाँ आकर मिलती हैं, यह वह स्थिर केंद्र है जहां सारी गतियाँ आकर रुक जाती हैं, यह वह मूक नाद है जहां आकार सभी ध्वनियाँ समाप्त हो जाती हैं, यह बुद्ध का मस्तिष्क है जो हर प्रश्न को समझता है पर किसी का उत्तर देने की ज़रूरत नहीं समझता, रास-मंडल के केंद्र में बैठा यह कृष्ण है जो हर बात को एक साथ बनाए रखता है और और इसके आदिशेष पर विष्णु हैं, यह अमूर्त विश्रांति है जिसका अनुभव शिव तब करते हैं जब वह आनंद तांडव करते हैं, यह सभी तरह के रूपों के परे एक विराम बिंदु है। यह पातंजलि का चित्त-वृत्ति निरोध भी है। ...ख़ूबसूरती के परे यह विलक्षण सुंदरता का क्षण है'।[4] रस के सिद्धांत के अनुसार, कलाकार अपने अंदर के आनंद की तलाश से प्रेरित होता है, हालाँकि इसको वह अपने बाहर प्रकट करता है। भारतीय कलाकार दुनिया को खुली आँखों से देखते हैं और आंतरिक दुनिया को अपनी आँखें बंद करके देखते हैं ...ईश्वर नाम है और कलाकृति शरीर और घर की तरह है जिसमें निराकार, आकार के परे, मुक्ति का लक्ष्य और सभी साकारों का स्रोत स्वयं को प्रकट करता है... भारतीय कला में आकृतियों को साँस से प्रतिरूपित किया जाता है जो छाती को फुलाता है और यह अनुभव कराता है जैसे शरीर से जीवन का संचार करते हुए उसे उँगलियों के शीर्ष तक ले जाता है। कला में इस आंतरिक चेतना को स्थायी आकार दिया गया।"[5]

रस के आह्वान में भरत ने आठ तरह के प्रभावी भावों का ज़िक्र किया है। ये हैं – श्रृंगार, हास्य, करुण, रौद्र, वीर, भयानक, वीभत्स, और अद्भुत। बाद में टिप्पणीकारों ने

इसमें नौवें भाव शांतम को भी जोर दिया। ये भाव रस को अंतर्निहित करने में विभाव, अनुभाव, और व्यभिचारी के रूप में काम करते हैं। जैसाकि देखा जा सकता है, भावों की सूची में वे सब हैं जिनको सहज रूप में आनंद से जुड़ा नहीं कहा जा सकता, जैसेकि भयानक, रौद्र, वीभत्स, और करुण। लेकिन दुख आनंद का अस्थायी ठहराव है, जैसे वीभत्स श्रद्धा के लिए, क्रोध धीरता के लिए और कुरूप सुंदरता के लिए है। एक साथ मिलकर, अलग-थलग में या किसी भी क्रम में मिलकर, भरत के अनुसार, अच्छी कला का उद्देश्य इन भावों के माध्यम से दर्शक की चेतना को बदल देना होना चाहिए। उसे इस लायक़ होना चाहिए कि वह इस लौकिक दुनिया से असंबद्धता का भाव पैदा करे, कौतुक की स्थिति पैदा करे और अंततः चेतना के बदले हुए स्वरूप की स्थिति में दर्शक को स्वयं के साथ विरोध और उनका वास्तविक स्वत्व क्या है के निकट लाएँ जोकि नाखुशी की स्थिति में भी सिर्फ अंतिम आनंद की संभावना को देखने की योग्यता है।

इस स्थिति में भरत के लिए सौंदर्य शास्त्र का संबंध कलाकृति से उतना ही है, जितना यह मस्तिष्क की स्थिति और दर्शक की दृष्टता या अनुभूति की क्षमता से है। इसमें परिकल्पना के दोहरे स्तर पर वह देखने की क्रिया, दृष्टि में शामिल एक पर्यवेक्षक-भागीदार हो जाता है। दर्शन सतह पर, देखने की सहज क्रिया है, दृष्टि, जोकि दृश्य संज्ञा से बनी है, सिर्फ देखना या सुनना भर नहीं है बल्कि अनुभूति, अनुभव और प्रकाशित अंतर्दृष्टि से जो देखा और सुना गया है उसको समाविष्ट करना है। *नाट्य शास्त्र* की चिंता यह है कि सुंदर कलाकृति की दृष्टता उस मनोस्थिति में है कि नहीं कि उसके स्वरूप परिवर्तन का अनुभव उसे हो सके। इसके लिए, सबसे प्रथम और सर्वोपरि यह है कि दर्शक का अपने मस्तिष्क पर नियंत्रण होना चाहिए। अगर मस्तिष्क अंतहीन बाहरी विचारों में डूबा हुआ है, या अहंकार की गिरफ़्त में है, तो कलात्मक अनुभव में शामिल होने की योग्यता अगर नष्ट नहीं होती है तो कम ज़रूर हो जाती है। उस स्थिति में यह एक छिछला अनुभव हो जाता है, जहां इंद्रियां सतही रूप से सक्रिय होती हैं और ग़ैर वस्तुनिष्ठ चेतना में रुकावट पैदा करती हैं। कला और उसके दर्शक के बीच संवाद के इस अवमूल्यन से रसानुभूति में अवमूल्यन होता है।

कला में प्रतिभागी को पूर्ण सौंदर्यात्मक अनुभूति तभी संभव है जब मन स्थिर हो। स्थिर-चित्त रचनात्मक अनुभूति को आत्मसात करने के लिए ज़्यादा अनुकूल होता है। वह मस्तिष्क जो अपने अंदर आनंद का अनुभव करता है, वही बाहर की सुंदरता को परखने की कोशिश कर सकता है। हिंदू सौंदर्य शास्त्र दर्शक में इसी मानसिक अनुशासन की माँग करता है। जब कला का सर्जक आनंद से प्रेरित होता है और दर्शक का मस्तिष्क शांत और चिंतनशील सजगता दोनों ही स्थितियों में होती है, तो सुंदरता की प्रशंसा की घटना चेतना के दूसरे स्तर पर घटित होती है। अंतर हृदयाकाश ऐसा स्थान है जहां

सुंदरता का सबसे बेहतर रूप में दर्शन होता है, जहां देखनेवाले और जिसे देखा गया उसके बीच सबसे बेहतर सामंजस्य मौजूद होता है।[6] इस परिकल्पनात्मक अर्थ में, सौंदर्य शास्त्र आध्यात्मिक को रचनात्मक से जोड़ता है। जैसाकि *ऐतरेय ब्राह्मण* कहता है : अब (वह) कलाओं को महिमामंडित करता है; कलाएँ स्वयं का परिष्कार हैं; इनके माध्यम से उपासक स्वयं की रचना करता है।

नाट्य शास्त्र में रस के सिद्धांत की व्याख्या करते हुए कई महत्वपूर्ण ग्रंथ लिखे गए। आठवीं सदी में उद्भट को भरत मुनि के आठ भावों में नौवें भाव शांतम को जोड़ने का श्रेय जाता है। रुद्रता जोकि समकालीन थे, उनको इसमें दसवें भाव अनुराग को जोड़ने का श्रेय है। लोल्लता (नौवीं सदी की शुरुआत) और दंडिन ने बताया कि भाव इससे भी अधिक हो सकते हैं; कोई भी चरम भाव रस हो सकता है। नायक (दसवीं सदी का अंत) का कहना था कि रस का अनुभव तब होता है, जब दर्शक असुखकर और सांसारिक भावनाओं पर विजय पा लेता है।

हालाँकि, अभिनवगुप्त (लगभग 950-1020 ईसवी) रस पर सबसे प्रभावी टिप्पणी करनेवाले व्यक्ति हैं। वह कश्मीर के शैव विचारक थे, जिनका ग्रंथ *अभिनव भारती* एक सार्वकालिक श्रेष्ठ रचना है। अभिनव गुप्त ने *नाट्य शास्त्र* को *नाट्य वेद* कहा है। उन्होंने अपना ध्यान अनुभूति पर केंद्रित किया है – कला के प्रदर्शन को किस नज़रिए से देखा जाता है? क्या यह तत्व या उच्चतर सत्य या सचाई के उच्चतर स्तर का प्रतिनिधित्व करता है या यह केवल एक आरोप है?

उनके अनुसार, रस संपूर्ण रूप से ज्ञानातीत है, इसका अनुभव वह करता है जिसमें रसिकत्व है, जिसने अपने अंदर यह योग्यता पैदा की है कि वह सौंदर्य के तत्वों की पहचान कर सके। इसके लिए सहृदयत्व या सौंदर्य की सुग्राह्यता होनी चाहिए, ताकि कला या कलात्मक प्रदर्शन पर ध्यान केंद्रित किया जा सके। सौंदर्य के प्रति यह झुकाव मानसिक चित्रण की उच्चस्तरीय क्षमता से आता है जो अपने शीर्ष रूप में प्रतिभा कहलाती है। इसके बाद दर्शक को विशुद्ध चिंतन की अवस्था में भेज दिया जाता है जहां वे अपने वस्तुनिष्ठ अनुभूति के परे चले जाते हैं और वह अविभाजित एकाग्रता के एक ऐसे स्तर को प्राप्त करता है जो आनंद के बराबर है। आनंद के उस क्षण में, "नाम और रूप" की भाषा उसका आह्वान करती है जो रूप (पररूप और अरूप) के परे है,[7] उपनिषद के इस वाक्य को याद करते हुए कि एकं रूपं बहुधा करोति: अंत में सभी रूप एक ही रूप के विविध रूप हैं। अव्यक्त से व्यक्त प्रेरित है। रूप अरूप का उद्गार बन जाता है। अभिनवगुप्त कहते हैं कि ज़रूरत इस बात की है कि रसिक हों जिनके मन में सौंदर्य के प्रति अनुराग हो, जो इस तरह की भावना का अनुभव करने के योग्य हों और उनमें उत्साह हो और इसको पाने का अवसर।

प्राचीन और काफ़ी व्यापक रूप से प्रयुक्त होनेवाली यह उक्ति 'सत्यम शिवम् सुंदरम' भी सौंदर्य शास्त्र के विचारों से जुड़ी हुई है। सत्यम का अर्थ है शाश्वत सत्य। यह कि सत्य ब्रह्म है, जोकि अंतिम और परिवर्तनहीन वास्तविकता है, यह किसी विशेषता के परे है, पर आनंद के रूप में जिसको अनुभव किया जा सकता है। शिव ब्रह्म का सगुण स्वरूप है। इस तरह वे सौभाग्यकारी (मंगल) हैं क्योंकि वे आनंद की प्रचुरता के अग्रदूत हैं। वे जोकि सत्य के प्रतिनिधि हैं और सौभाग्यकारी हैं, सुंदर हैं। इस तरह आनंद और सुंदरता के बीच एक संबंध स्थापित किया जाता है। एक से दूसरे तक पहुँचा जा सकता है और यह कला के दर्शक को कला से जोड़ता है। इसका माध्यम शिव हैं। वे पंचकृत्य – सृजन, पालन, संहार, माया को समाप्त करना और मोक्ष – का संचालन करते हैं। कला भी इसी तरह घूमती है – सृजन से मोक्ष तक – अज्ञानता और अहंकार की विकृति को इस तरह आगे बढ़ते हुए नष्ट करती है। आनंद जिसे हिंदू सौंदर्य शास्त्री सुंदरता से जोड़ते हैं, विछिन्न नहीं है। इसके उलट, यह व्यापक रूप से संपूर्ण है जोकि एक अविभाज्य संपूर्ण का प्रतिनिधित्व करता है और जरूरी है कि यह कलात्मक कल्पना के पूरे कैनवास पर फैल जाए।

सभी तरह की कलात्मक अभिव्यक्ति और अनुभूति का अंतर्संबंध होना जरूरी है। कला की विभिन्न शाखाएँ अलग लग सकती हैं जोकि अलग-अलग कौशलों और प्रशिक्षण का प्रतिनिधित्व करती हैं, लेकिन रचनात्मकता के सभी रूपों में सुंदरता का वही ख्याल मूल रूप में प्रवाहमान होता है। किसी भी एक कलात्मक प्रयास को अलग-थलग करके नहीं देखा जा सकता और कला की कोई एक शाखा दूसरे के ज्ञान के बिना पूर्ण नहीं है। "प्राचीन ग्रंथ *विष्णुधर्मोत्तर* (पाँचवीं सदी के मध्य में) की शुरुआत एक राजा और एक ऋषि के बीच वार्तालाप से होती है। राजा कला के संपूर्ण अर्थ को जानना चाहता है पर उसे कहा जाता है कि पहले उसे नृत्य के सिद्धांत को आवश्यक रूप से समझना होगा। वह इससे सहमत हो जाता है, क्योंकि नृत्य के नियमों में वे सिद्धांत भी शामिल थे जो चित्रकारी में लागू होते हैं। लेकिन ऋषि ने आगे जोर देते हुए कहा कि राजा को इसकी शुरुआत संगीत और गीत के अध्ययन से शुरू करनी चाहिए, क्योंकि कलाओं के ज्ञान के बिना समय और स्थान के दायरे में उनके प्रयास को पूरी तरह समझा नहीं जा सकेगा और न ही इसके उद्देश्य की प्राप्ति हो सकेगी।"[8]

अलग-अलग माध्यमों में कला के लिए एक आम आध्यात्मिक प्रेरणा दिखती है। *नाट्य शास्त्र* ने भरतनाट्यम नृत्य में 108 मुद्राओं की बात कही है। इन्हें नृत्य के दौरान देखा जा सकता है और चोल शासनकाल की कांसे की मूर्तियों में और चिदम्बरम मंदिर के पत्थर की दीवारों पर उत्कीर्ण इनकी अद्भुत संपूर्ण मुद्राओं को देखा जा सकता है। केरल का कथकली नृत्य लकड़ी के उस तख़्त पर जीवंत हो उठता है जिस पर उसके नृत्य की

मुद्राओं को चित्रित किया जाता है या लकड़ी का वह तख़्त नृत्य प्रदर्शन के दौरान जीवंत हो उठता है। *नाट्य शास्त्र* की 108 मुद्राएं मूर्तिकला के सभी रूपों – हिंदू, बौद्ध और जैन में इनके प्रदर्शन के दौरान जीवंत की जाती हैं। अजंता के भित्तिचित्रों में महिलाओं के चेहरे पर उत्कीर्ण सुंदरता बुद्ध की उत्कृष्ट गांधार शैली में बनी मूर्तियों की शांति की याद दिलाती है। मंदिरों में दिन के किसी विशेष समय पर गाए जानेवाले शास्त्रीय रागों को, ऐसा लगता है कि मंदिर में देवताओं की पूजा को अनायास ऊँचाई देने के लिए रचा गया है। महिलाओं की प्रशंसा में लिखी गई कविताओं की अभिव्यक्ति देवियों और अप्सराओं के मादक चित्रण में हुई है, जिन्हें पत्थर या रेतीले पत्थर पर पूर्ण रूप से उत्कीर्ण किया गया है। रूप और गति में इसी तरह की स्थिरता प्राचीन भारत में कला के सभी रूपों में माहौल का निर्माण करती है और "इसे चेतन संपूर्ण बनाता है, जिसमें जीवन के सभी आयामों का आपसी जुड़ाव और एक-दूसरे पर निर्भरता और ओवरलैपिंग के अपने मूल संबंध में एक साथ माना जाता है।" यह 'बहुस्तरीय सहमति' यह 'एकांगी दृष्टि' रस के सिद्धांत में समाहित है जोकि "सर्जक का चरम अनुभव है, दर्शक और श्रोता एक समान... ताकि क्षण भर के लिए भी सुंदरता या आनंद के ज्ञानातीत अनुभव का आह्वान किया जा सके।"[9]

रस का हिंदू सिद्धांत, इसलिए, सुंदरता के बारे में प्रधानतः आदर्श प्रतिमान गढ़ता है। यह सभी कलाओं में अपरिवर्तित रहनेवाला कारक है। पहले सिद्धांत के बारे में बताने के बाद, यह बहुत सारे निर्देशों, मैन्यूअल्स को हिदायत देता है जोकि कला के किसी एक रूप के बारे में विशेष रूप से होते हैं। एकता और बाहुल्य, इस तरीक़े से एक पृथक विमर्श का हिस्सा बन जाते हैं। यह निर्गुण-सगुण जुड़ाव की तरह ही है। निर्गुण ब्रह्म शाश्वत और नियत सत्य है। एक बार जब इस परम सत्य की विलक्षणता स्वीकृत हो जाती है, सगुण उस एक सच के अनंत रूपों को घेरने के लिए स्वतंत्र होता है। कपिला वात्स्यायन ने इस एकीकृत द्वैत को एक उदाहरण से बहुत ही ख़ूबसूरती से बताया है। वह हिंदू दृष्टि की तुलना दो रीड वाली बांसुरी से करती हैं: "एक रीड सार्वकालिक खिंचाव है, शक्तिवर्धक, बदलाव-रहित खुली जगह और समय; दूसरा रीड तत्काल समय और जगह के सुर को साधता है। एक पुनरावर्ती किंतु स्थायी है; दूसरी बदलती है। दोनों एक साथ मिलकर संगीत की रचना करते हैं जोकि अलग-अलग समय पर अलग-अलग ध्वनित होता है।"[10] अपरिवर्तित रहनेवाली बाँसुरी को शाश्वत और सनातन कहते हैं। जो बदलता है उसको परंपरा या विशेष परंपरा कहते हैं। बिना शर्त और सशर्त, अनधिकृत और अधिकृत, और अपरिवर्तनीय और अनिश्चित के बीच संवाद आध्यात्मिक और रचनात्मक क्षेत्र के तहत एक निरंतर प्रक्रिया है।

गहन विचार के बाद कलात्मक अभिव्यक्ति के हर एक क्षेत्र के लिए विशेष नियम निर्धारित किए गए। आइए हम इस विपुल दिमाग़ी कसरत के कुछ उदाहरणों पर ग़ौर

करें। *नाट्य शास्त्र* और *विष्णुधर्मोत्तर* के अलावा कला के विभिन्न पक्षों को लेकर अनेक शास्त्रों की रचना हुई है जिसमें इसकी परिकल्पना, छवि-निरूपण, अनुपात, सामग्रियों की तैयारी, माध्यम, कौशल विकास और प्रशिक्षण के बारे में विस्तृत निर्देशों का उल्लेख है। स्थापत्य कला के नियमों को एकाधिक ग्रंथों में संहिताबद्ध किया गया, जिनमें सर्वाधिक प्रसिद्ध है *मायामतम* और *मानसार* जिनका संग्रह हज़ार साल पहले चोल राजाओं के शासनकाल में हुआ।

कहा जाता है कि दैवी शिल्पकार माया ने *मायामतम* के 3,300 श्लोकों और 36 अध्यायों की रचना की, जिसमें स्थानों का चुनाव, निर्माण के स्वरूप और निर्माण की विधि की व्यापक चर्चा है। *मानसार* भी इसी तरह का है और इससे कहीं ज़्यादा बड़ा है। इसमें 70 अध्याय और 5400 श्लोक हैं। इन दोनों ही ग्रंथों से लगभग एक हज़ार साल पहले *वास्तु शास्त्र* अस्तित्व में आया जोकि वेदों के काल में ही काफ़ी ख्याति अर्जित कर चुका था। इनमें से कई ग्रंथ अब अस्तित्व में नहीं हैं पर जो हैं उनमें इनकी चर्चा की गई है जो इस विषय पर विद्वता की दीर्घ परंपरा का साक्ष्य प्रस्तुत करते हैं। उदाहरण के लिए, समरांगण सूत्रधारा की रचना धार के महाराज भोज (लगभग 1010-1055 ईसवी) ने की और यह अभी तरह की कलाओं की संपूर्ण नियमावली है। हालाँकि इस पुस्तक में वास्तुकला पर विशेष ध्यान केंद्रित किया गया है, पर इसमें चित्रकारी की भी चर्चा है जिससे इन ग्रंथों में अंतरविषयी संबंधों का पता चलता है। इस ग्रंथ के अनुसार, चित्रकला में छह अंग होने चाहिए – प्रमाण (उचित आकार); रूपभेद (रूप में अंतर); सादृश्य (वास्तविकता की प्रतिबिंब); भाव योजना (वांछित मनोभाव पैदा करने की क्षमता); लावण्य योजना (सुंदरता की झलक); और वर्णिकाभंग (उचित रंग का चुनाव)।

कला को भावना से जोड़ने के लिए जो चिंतन हुआ, रंग उसका बहुत ही चित्ताकर्षक उदाहरण है। रंग शब्द 'रंज' से लिया गया है, जो मानसिक अवस्था का परिचायक है, उदाहरण के लिए मनोरंजन, जिसका अर्थ है सुख की अनुभूति। हमारे मन की आंतरिक अवस्थाओं को 'अंतरंग' कहा जाता है।[11] इसलिए, इसमें कोई आश्चर्य नहीं कि अलग-अलग रंग अलग-अलग वस्तुओं या भावनाओं को दर्शाते हैं। नीला रंग विष्णु का है। यह अनंत आकाश के भाव का वाहक है और यह असीमितता का बोध कराता है। कृष्ण और उनके विभिन्न मनोभावों को गहरे मानसून के रंग से निरूपित किया जाता है जोकि सूखी धरती के लिए राहत लेकर आता है। शिव को कर्पूर के रंग से निरूपित किया जाता है। लाल रंग लालसा का प्रतीक है, लेकिन शुभ और शुभेच्छा से भी यह जुड़ा है। लक्ष्मी जोकि प्रचुरता और सौभाग्य की सूचक हैं, उन्हें लाल से निरूपित किया जाता है। हरा प्रकृति की उर्वरता, वसंत और प्रकृति या वातावरण के साथ संतुष्टि का प्रतीक है। केसरिया वीरता का रंग है लेकिन यह अनासक्ति और आध्यात्मिकता का भी प्रतीक

है। *विष्णुधर्मोत्तर* और *चित्रसूत्र* जैसे ग्रंथ रंगों के चुनाव और वे किस तरह की भावनाओं को जाग्रत करते हैं, इसकी चर्चा करते हैं। बहुत कम लोग जानते हैं कि वात्स्यायन का *कामसूत्र* जोकि लगभग तीसरी सदी में लिखा गया था, न केवल यौन क्रिया के बारे में है बल्कि इसमें चित्रकारी के तकनीकों की भी विस्तार से चर्चा की गई है।

मूर्तिकला हिंदू भारत की सबसे बड़ी कलात्मक उपलब्धियों में से एक थी। अद्भुत चोल और कुर्किहारा कांस्य प्रतिमाएँ इसकी अप्रतिम उदाहरण हैं। अच्छी मूर्तिकला पर अनेक शिल्प शास्त्र रचे गए हैं जिसमें इनकी नियमावलियाँ हैं। इस तरह, "ऋषि पिप्पलाद के अनुसार, मूर्तिकार को छह आवश्यक बातों में महारत हासिल करनी होती है: पत्थर की जानकारी; संरचना का रेखांकन; नक़्क़ाशी करना और पत्थर को सजाना; किसी मूर्ति के विभिन्न अवयवों को व्यवस्थित करना; मूर्ति की मनोदशा को उकेरना; और उसके सभी अंगों को अंततः एक साथ जोड़ पाने की क्षमता।"[12] इससे यह निष्कर्ष नहीं निकालना चाहिए कि इतने विस्तृत निर्देशों के होने की वजह से कलाकारों को अपने अंदर छिपी प्रतिभा को दिखाने का अवसर ही नहीं मिला। इस तरह के विहित ग्रंथ निर्देशों और प्रशिक्षण के लिए थे। इनका प्रयोग अति कुशल शिल्पकार पूरे प्रदेश में कलाकारों के समूह में पढ़ाने के उद्देश्य से करते थे। हालाँकि, वे प्रतिभाशाली कलाकारों को परिकल्पना और इसको मूर्त रूप देने की पूरी स्वतंत्रता देते थे।

शास्त्रों के अनुसार, स्थापति ब्रह्मा का अवतार होता था, जोकि विश्वकर्मा के रूप में स्वयं का सृजनकर्ता है। इसका उद्देश्य स्थापत्य को धार्मिक बनाना नहीं है, बल्कि स्थापत्य को दैवीय रूप से गंभीर समझना है। स्थापति के दल में सूत्रग्राही (नक़्शानवीस), वर्धकी (चित्रकार) और तक्षक (पत्थर का मिस्त्री) शामिल होते थे। वैदिक ग्रंथों में किलों और दुर्गों की चर्चा है और *ऋग्वेद* एक ऐसे महल की चर्चा करता है, जिसमें एक हज़ार द्वार हैं और उतने ही खंभे। मौर्य शासनकाल (321-232 ईसा पूर्व) में भारतीय शिल्पियों ने प्राकृतिक पत्थरों से स्तूपों, चैत्यों एवं विशाल परिसरों के साथ-साथ दुनियावी भवनों का निर्माण किया, जिसे हम पाटलिपुत्र (आधुनिक पटना) में राजभवन के भग्नावशेषों में देख सकते हैं। भाषा विज्ञानी पाणिनि (520-460 ईसा पूर्व) पूर्ण रूप से विकसित हिंदू मंदिर की चर्चा की है जो बाद में उत्तर की नागर शैली, जिसमें नीचे से ऊपर तक पिरामिड की शक्ल की संरचना होती है और द्रविड़ शैली के रूप में विकसित हुई।

हिंदू मंदिरों को डिज़ाइन तैयार करने में एक निश्चित तरीक़े का अनुसरण होता था। इसके लिए स्थान का चुनाव बहुत ही सावधानी से होता था, क्योंकि इसे दुनिया की धुरी, पृथ्वी के अक्ष और आध्यात्मिक ऊर्जा का विकिरण करनेवाला होना चाहिए। प्रवेश द्वार हमेशा ही विशाल होता था जिसकी काफ़ी सज-धज की जाती थी और जिसके

शीर्ष पर टॉवर होता था जिसके आगे आँगन या खंभों पर खड़ा हॉल होता था। इससे होकर एक रास्ता गर्भगृह की ओर जाता था जो मंदिर का अंतरतम हिस्सा होता था, जहां देवता या लिंगम की स्थापना होती थी। इस डिज़ाइन का मतलब यह बताना होता था कि आध्यात्मिक यात्रा अंदर की ओर निर्देशित होनी चाहिए। अध्यात्म की तह तक पहुँचने के लिए लोगों को भौतिक संसार से गुजरना होता है और जैसे-जैसे वह आगे बढ़ता है, उसे भौतिक रूप से अलंकरणहीन लेकिन भावनात्मक रूप से निजी – लगभग रहस्यात्मक – आध्यात्मिक साक्षात्कार के लिए स्वयं को तैयार करता है। अचानक बाहरी दुनिया का कोलाहल समाप्त होता जाता है और यह वास्तुशिल्पीय फैलाव से होते हुए निजी समागम की संभावना तक जाने का मार्ग प्रशस्त करता है। कई बार देवता स्वयं आडंबरहीन होता है और केदारनाथ और काशी में विश्वनाथ के शिव मंदिरों में वे लगभग रूपहीन-से हैं जोकि सगुण पूजा के विधि-विधानों में निर्गुण सिद्धांतों के समायोजन जैसे हैं। शिखर आकाश की ओर ऊँचा जाता है जोकि गर्भगृह के ठीक ऊपर होता है, जो नीचे गर्भगृह में बैठे देवता की शक्ति का प्रदर्शन करता है, जो भौतिकवादी दुनिया के दायरे के बाहर मुक्ति की संभावना का अवसर दे सकता है।

ए के रामानुजन ने कहा है कि हिंदू मंदिरों को इस तरह डिज़ाइन किया गया है कि वे मानव शरीर का प्रतिनिधित्व करते हैं। "मंदिर बनाने की शुरुआत धरती को खोदने और उसके अंदर बीजारोपण से होती है। ऐसा माना जाता है कि आदमी की तरह, मंदिर इस बीज से निकलता है। मंदिर के विभिन्न हिस्सों का नामकरण शरीर के विभिन्न हिस्सों के नाम पर होता है। बगल के दोनों हिस्सों को हस्त या पंख कहा जाता है; स्तंभ को पाद कहा जाता है। मंदिर के शीर्ष को शिखर कहा जाता है। पीठ और मंदिर का सबसे अंतरतम अंधकारमय स्थान गर्भगृह कहलाता है। इस तरह ईंट-पत्थर से बना मंदिर मानव शरीर की आरंभिक रूपरेखा है।"[13] भुवनेश्वर का विशाल लिंगराज मंदिर, पुरी का जगन्नाथ मंदिर और तंजावुर और कांचीपुरम में बने मंदिर कुछ इसी शैली में बने मंदिर हैं। इनके अलावा पाँचवीं और दसवीं सदी के बीच चरणाद्रि की पहाड़ियों के खड़े हिस्से को काटकर बनाए गए बौद्ध, जैन और हिंदू मंदिर भी इसी श्रेणी में आते हैं।

एलोरा में बना बहुमंज़िली कैलाश मंदिर जोकि कैलाश पर्वत पर शिव के निवास को चित्रित करने के लिए बनाया गया है, स्थापत्य कला की दृष्टि से अद्भुत है। क्षेत्रफल में एथेंस के पार्थेनन से दोगुना, इसे एक ही पहाड़ को ऊपर से नीचे तक एक निश्चित ज्यामितीय आकार में काटकर बनाया गया है, जिसके लिए 200,000 टन पत्थर चट्टान को खोदकर निकाला गया था। जैसाकि स्टेला क्रैमरिश्च कहती हैं: "अपने विकास के पूर्ण रूप में भारत में मंदिर की स्थापत्य कला स्थान की दृष्टि से सर्वोच्च सिद्धांत तक पहुँचने के लिए बौद्धिक और वास्तविक दृष्टिकोण है और देवता सिर्फ सांकेतिक है।"[14]

यज्ञों की तैयारी या अनुष्ठान अभिषेक समारोह ख़ास गणितीय डिज़ाइन के परिणाम थे। जिस जगह का अभिषेक होना है उसका चुनाव, केंद्रीय स्तंभ का गाड़ना और वेदी के निर्माण पर काफ़ी विचार विमर्श होता था। "वेदी का निर्माण ईंट से होता है। पर ये ईंट निर्दिष्ट माप और आकार की ही होनी चाहिए – ये अध्यार्ध (आयताकार), अध्यार्धअर्ध (त्रिकोण) या पंचमी (वर्गाकार) होनी चाहिए। प्रत्येक ईंट समय की एक ईकाई का प्रतिनिधित्व करती है और 360 ईंट साल के 360 दिनों का प्रतिनिधित्व करती है... ईंट की पाँच तह पाँच मौसम का प्रतिनिधित्व करती है और प्रत्येक की प्रतिष्ठापना अलग-अलग दिन होती है।"[15] इस पूरे समारोह के दौरान श्लोकों का पाठ होता है, जो इन वस्तुओं की प्रतिष्ठापना करता है और इन्हें लौकिक महत्व का दर्जा देता है। भू: भुव: स्व: पृथ्वी, आकाश और स्वर्ग है। सटीक माप में मंत्रोच्चार (जैसे ऋग्वेद का वाक्) इस प्रतिष्ठापना की पद्धति है।"[16]

बूँद के आकार में बौद्ध स्तूप का निर्माण भी जानबूझकर किया जाता था, ताकि इससे 'ब्रह्मांड' का अर्थ ध्वनित हो जिससे प्रतीकात्मक रूप से पौराणिक मेरु पर्वत का भान हो, जिसके चारों ओर स्वर्ग और पृथ्वी माला की तरह लटके हुए लगते हैं।"[17] हिंदू और बौद्ध कलाओं में प्रतीकों, रूपांकनों और डिज़ाइनों की मुक्त रूप से अदला-बदली होती रहती थी। गांधार और मथुरा में बहुत ही अद्भुत कला शैली विकसित हुई जो यह बताती है कि स्थानीय रूप से विकसित कलात्मक परंपरा ने मूर्तिकला में यूनान के प्रभावों को किस तरह आत्मसात कर लिया। गांधार काबुल घाटी और उसके आसपास का क्षेत्र है, जोकि वर्तमान में अफ़ग़ानिस्तान है, प्रथम सदी ईसा पूर्व से पाँचवीं सदी ईसा पूर्व के बीच मध्य एशिया कुषाणों के शासन के अधीन आया। कुषाणों के शासन का विस्तार मथुरा तक था जोकि उस समय कई व्यापार-मार्ग पर पड़ता था और वह कला का एक महत्वपूर्ण केंद्र बन गया। मध्य-एशियाई प्रभाव के तहत आने के कारण मूर्ति में बुद्ध के चित्रण की शैली बदल गई। इससे पूर्व मौर्य राजवंश के शासन के दौरान मूर्तिकला की शैली में बुद्ध की मूर्ति बनाने में संयम बरता जाता था, क्योंकि बौद्ध दर्शन के अनुसार वह निर्वाण की अनस्तित्वता में प्रवेश कर चुके थे और उनको सांकेतिक रूप में उनका निरूपण ही बेहतर था। लेकिन कुषाणों के शासनकाल में यह सब कुछ बदल गया। यहाँ बुद्ध और बाद में विष्णु और शिव की बहुत ही सुंदर विवरणों वाली, त्रि-आयामी और आदमकद मूर्ति बनने लगी, जो बाद में गुप्त शासनकाल में मूर्तिकला के और पल्लवित-पुष्पित होने की प्रेरणा बनी। नई बातों को इस तरह आत्मसात करने और इनका आदान-प्रदान अकस्मात् नहीं हुआ। यह एक ऐसी सभ्यता में ही संभव था, जिसमें सौंदर्य शास्त्र के सिद्धांत के विकास के लिए काफ़ी उच्च स्तर का चिंतन-मनन किया गया था।

जब तक रस के भाव का अनुसरण किया जाता है, 'बाह्य' प्रभावों को शांतिपूर्वक आत्मसात करना समृद्धिकारक ही हो सकता है।

यद्यपि गांधार और मथुरा मानव रूपों के निर्बाध वास्तुशिल्पीय विवरण के स्पष्ट रूप से दिखाई देनेवाले प्रमाण हैं, शरीर स्वयं हिंदू सौंदर्य शास्त्र के केंद्र में था। यह रस की रचना और उसके अनुभव के लिए, भौतिक और आध्यात्मिक के बीच शरीरम यज्ञ, सूक्ष्म और स्थूल, संवेदी और ज्ञानातीत और विषयासक्त और वैराग्य दोनों के लिए माध्यम था। इसलिए, गतिमान और स्थिर दोनों ही स्थितियों में इसके हर पक्ष का अध्ययन जरूरी था। शिव को नटराज कहा जाता है और कृष्ण को नटवर। हम शिव के आनंद तांडव की चर्चा कर चुके हैं जिसमें अद्भुत गति और स्थिरता है। *नाट्य शास्त्र* में भरत ने नृत्य की 108 मुद्राओं का वर्णन किया है और इनमें से प्रत्येक शरीर के लचीलेपन, सुंदरता और उसके लालित्य संतुलन को चित्रित करता है। हिंदू सौंदर्य शास्त्र में कला के मानवीय रूप को प्रशंसनीय माना जाता था, क्योंकि दैवीय उपहार के रूप में यह रस से भरा हुआ है। जब शरीर का श्रृंगार किया जाता है तो रस का पता चलता है पर तपस्यालीन बुद्ध के तेज, या सिर्फ दिगम्बर (आकाश) में लिपटे महावीर के प्रभावशाली अनासक्ति में भी इसका दर्शन होता है।

मूर्तिकला में हम शरीर को कांस्य या पत्थर में जमा हुआ देखते हैं, पर वह गतिमान प्रतीत होता है। नृत्य में हम उसको गतिमान देखते हैं, पर इस गति के अंदर स्थिरता भी होती है। रुकावट और रुकावट के विरुद्ध जो अद्भुत संवाद है वह कलाकारों की महान उपलब्धि है। एक बार जब इसको स्वीकार कर लिया गया कि रस के निरूपण के लिए शरीर एक कैनवास की तरह है, इसको पूरी भव्यता से निरूपित करने पर कोई रोक नहीं है। इस तरह, मूर्तियों और चित्रों में जिन महिलाओं को चित्रित किया गया है, उनमें उनके पूर्ण विकसित स्तन, गत्यात्मक नितम्ब, पतली कमर जैसे शारीरिक सौष्ठव दिखाया गया है और ऐसा करने में संकोच की जो कमी है वह एक सामान्य स्त्री पर वैसे ही लागू है जितनी अप्सराओं या देवियों पर। मानव रूप को उसके असंख्य सुंदर रूपों में चित्रित किया जाता है, जो कामुक (इस पर ज़्यादा चर्चा बाद में) और उभयलिंगी दोनों होता है। इस तरह, हिंदू कला में मूर्ति बनाने की कला में, अर्धनारीश्वर का चित्रण भी हुआ है जो आधा नर और आधा नारी है। इसको कलाकारों ने बहुत ही नफ़ासत और कौशल से चित्रित किया है जिसमें शरीर का आधा हिस्सा पुरुष आकृति को और आधा हिस्सा स्त्री आकृति को दर्शाता है। दिलचस्प यह है – पर आश्चर्य की बात नहीं – कि अर्धनारी कलात्मक परिकल्पना का अनायास चित्रण मात्र नहीं है। जैसाकि सांख्य दर्शन में कहा गया है, यह पुरुष और प्रकृति के साथ आने की दार्शनिक परिकल्पना का वास्तविकीकरण है, शिव और पार्वती जोकि शाश्वत रूप से अमूर्त ब्राह्मण और इसमें अंतर्निहित शक्ति के बीच आचरण का निरूपण है।

भारत में शास्त्रीय नृत्यकला के सात मान्य रूप हैं – भरतनाट्यम, कुचीपुड़ी, ओडिशी, मोहिनीअट्टम, मणिपुरी, सत्रीया और कथक। मेरी मंशा इन सबकी यहां चर्चा करना नहीं है, इसलिए मैं बुनियादी रस सिद्धांत की दृष्टि से भरतनाट्यम नृत्य की पड़ताल करूँगा जोकि भारत की सर्वाधिक पुरानी शास्त्रीय नृत्य परंपरा है। दूसरी सदी के तमिल महाकाव्य *शिलपट्टिकरम* में इसके विकसित अस्तित्व की चर्चा है और इसकी मुद्राएं संपूर्ण भारत, विशेषकर दक्षिण भारत के प्राचीन मंदिरों में चित्रित पाई जाती हैं। भरतनाट्यम का प्रदर्शन लय, गति, छंद और अर्थ की सावधानीपूर्वक संयोजित वाद्यवृंद रचना है जिसका उद्देश्य दर्शक में रस के गहरे भावनात्मक और संतृप्ति के अनुभव का भाव जगाना है।

परंपरागत भरतनाट्यम की प्रस्तुति के क्रमिक प्रवाह से इसका अनुमान स्पष्ट लगाया जा सकता है। इसकी शुरुआत अलरिप्पु से होती है जोकि शुद्ध लय की वर्षा की तरह है जहां नृत्य करनेवाले सिर्फ मृदंगम और झाँझ की ताल पर अपने नृत्य की गत्यात्मक विशिष्टता से दर्शकों का ध्यान आकृष्ट करते हैं। इसके बाद जातिस्वरं की प्रस्तुति होती है जिसके छंद में धुन जोड़ी जाती है और इस तरह दर्शकों को उच्चतर स्तर की प्रस्तुति में डूबने का आमंत्रण मिलता है। इस प्रस्तुति के बाद शब्दं में धुन और छंद में अर्थ का समावेश किया जाता है। प्रस्तुति के इस स्तर तक आते-आते दर्शक से अपने मन के सामान्य भटकाव से परे चले जाने की उम्मीद की जाती है और वे इस नाट्य प्रस्तुति की भावनात्मक गहराई में डूब जाते हैं। वर्णम अगली प्रस्तुति होती है जिसमें नृत्य करनेवाले को अपनी ओर से इसमें सुधार करने और चुने हुए गीत या पद के भावनात्मक कैनवास पर अपनी रचनात्मकता के प्रदर्शन की छूट होती है। इस बिंदु पर आकर कलाकार और श्रोता दोनों ही रस के इस आह्वान में एक आम प्रतिभागी के रूप में एक-दूसरे से एकाकार हो जाते हैं। इसका अगला चरण होता है पदम का जिसमें जानबूझकर चिंतनशील विराम की स्थिति पैदा की जाती है जिसमें संगीत बहुत धीमा हो जाता है, कलाकार अभिनय या नाट्य-संगीत प्रस्तुत करता है और दर्शकों में एक हद तक की खामोशी छा जाती है और उन पर श्रद्धा का भाव हावी हो जाता है। इस खामोशी के बाद तिल्लाना की प्रस्तुति होती है जोकि इस प्रस्तुति का चरम है जिसमें संगीत और छंद की पूर्ण जुगलबंदी में नृत्य करनेवाला शुद्ध नृत्य की प्रस्तुति के चरण में प्रवेश करता है और दर्शकों को विशुद्ध आनंद की अनुभूति कराता है जोकि रस का उद्देश्य होता है।

इस प्रस्तुति की रचना ऐसे की जाती है जो दर्शक को रस के अनुभव की ओर ले जाता है और यह आवश्यक है कि कलाकार के लिए भी वह यही उद्देश्य प्राप्त करे। नर्तक के पास प्रस्तुति का बड़ा ख़ज़ाना होता है। इसमें पहला है शरीर की गति की ज्यामिति, शरीर का अचल ऊपरी हिस्सा, मनमोहक ढंग से मुड़ी हुई टांगें, घुटने को सुंदर तरीक़े से घुमा सकने की क्षमता और अद्भुत चपलता। नृत्य की कम से कम बीस मुद्राएँ योग के आसन

हैं। दूसरी है सांकेतिक भाषा की उन्नत परिष्कृत शब्दावली – हाथ की मुद्राएं, आँखों को घुमाना, अपने चेहरे की मांसपेशियों को कलात्मक तरीक़े से फड़काना। तीसरा है संगीत, लयात्मक आकृति और नृत्य के लिए भावुक शब्द। चौथा है नर्तक का आकर्षक परिधान और शरीर पर किया गया विशेष मेकअप। पाँचवां है प्रस्तुति के लिए मंच तैयार करना। इन सभी क्षेत्रों में उत्कृष्टता हासिल करने के लिए किसी गुरु के अधीन वर्षों और दशकों की साधना की आवश्यकता होती है। लेकिन अंततः नर्तक का अपने अंदर रस के आह्वान के लिए नृत्य की प्रस्तुति इन कौशलों के महज़ प्रदर्शन से ज़्यादा बहुत कुछ और है। हिंदू सौंदर्य सिद्धांत में, कलाकार जिस भावना को प्रकट करने की कोशिश करता है उसमें उसे अवश्य ही डूब जाना चाहिए। उनके लिए यह जरूरी है कि वे उस क्षण से ऊपर उठें और निजी चेतना के उच्चतर स्तर को प्राप्त करें। उनकी प्रस्तुति ऐसी हो जो तकनीकी दक्षता से ऊपर जाते हुए ज्ञानातीत के स्तर को प्राप्त करे। संगीत और छंद पर उनकी गत्यात्मकता उनके आंतरिक लय और आत्मा के माधुर्य से अलंकृत होना चाहिए। इसके बाद ही वे *नाट्य शास्त्र* के मुताबिक़ रस के मूर्त रूप बनते हैं।

इसी वजह से रस को पवित्रता का दर्जा प्राप्त है। भरतनाट्यम की महान हस्ती बालासरस्वती का कहना है : "भरतनाट्यम की प्रस्तुति को एक महान मंदिर की शक्ल में बनाया गया है: हम अलरिप्पु के बाह्य हिस्से में प्रवेश करते हैं, जातिस्वरं रूपी हॉल को आधा पार करते हैं, फिर शब्दं के महान हॉल को पार करते हैं और इसके बाद वर्णं में प्रवेश करते हैं जोकि देवता का पवित्र स्थल है। ...बाहरी गलियारे का विस्तार और इसके दीप्ति गर्भगृह के अंतरतम अंधकार में तिरोहित हो जाते है; और वर्णं का लयात्मक कौशल आत्मा को झकझोड़नेवाले संगीत और पदम के अभिनय के आगे समर्पण कर देता है। ...इसके बाद तिल्लाना अगरबत्ती के अंतिम रूप में जलने जैसी गत्यात्मकता पैदा करता है।"[18] रस के अनुभव को पवित्र के साथ मिश्रित कर देने की ज़रूरत की बात *नाट्य शास्त्र* में नहीं कही गई है। यह तो वह विशिष्ट, शुद्ध, ऊँचाई पर ले जानेवाला और आनंददायक अनुभव है जो उसको पवित्र बनाता है। इस अनुभव की तीव्रता और इससे मिलनेवाली संतृप्ति को देखते हुए, नर्तक और श्रोता, रसेश्वरी और रसिक दोनों ही, ऐसा लगता है कि आध्यात्मिक-से लगनेवाले अनुभव में हिस्सा लेते हैं। इस अर्थ में, भारतीय शास्त्रीय नृत्य "आध्यात्मिक अनुशासन, साधना के शीर्ष स्तर पर एक सत्व का दिग्दर्शन कराता है और इसे योग माना जाता है। इसकी प्रस्तुति आनुष्ठानिक कार्य या यज्ञ है जो एक उच्चतर ज्ञानातीत सत्ता के समक्ष व्यक्तिगत स्व की बलि चढ़ा देना है। यह एक माध्यम है जो आनंद की चरम अवस्था का आह्वान करता है और यह मुक्ति का साधन, मोक्ष है।"[19]

रस का सिद्धांत तीन स्तंभों पर टिका हुआ है – पहला, भावनात्मक अनुभव के संदर्भ में एक ज्ञानातीत आदर्श का निर्धारण; दूसरा, उस आदर्श की खोज के लिए जरूरी

कौशल प्राप्त करने के लिए वस्तुनिष्ठ नियमों को तैयार करना; और तीसरा, व्यक्तिगत अभिव्यक्ति के लिए उन नियमों के दायरे में व्यक्तिपरक स्वतंत्रता।

नृत्य की तरह ही, भारतीय शास्त्रीय संगीत भी इन तीनों के बारे में दिलचस्प उदाहरण पेश करता है। हमारे शास्त्रीय संगीत की उत्पत्ति की जड़ वेदों, ख़ासकर *साम* और *ऋग्वेद* में है। *ऋग्वेद* के श्लोकों के संगीतमय पाठ से *सामवेद* के 12 विभिन्न स्वरों को कूट रूप देने और उनके असंख्य बंदिशों को गढ़ने में मदद मिली, ताकि श्लोकों का स्वरोच्चारण हो सके। इस कूट रूप में संगीत, लय, और छंद के गठन का संकेत था। *नाट्य शास्त्र* में तारों वाले वाद्य यंत्र, खोखले (वायु) वाद्य यंत्र, ठोस वाद्य यंत्र और ढके हुए वाद्य यंत्र के बारे में चार अध्याय हैं। बाद के पुराणों – *भगवत, मार्कण्डेय, वायु* और *लिंग* – और *विष्णुधर्मोत्तर* जैसे ग्रंथों में भी संगीत वाद्य यंत्रों और सिद्धांतों पर बड़े अध्याय शामिल हैं। कई दूसरे भी महान ग्रंथ हैं जिनमें संगीत पर पांडित्यपूर्ण चर्चा की गई है। ये ग्रंथ अब मौजूद नहीं हैं पर हम यह जानते हैं कि इनका अस्तित्व था क्योंकि इन ग्रंथों का संदर्भ कुछ ऐसे ग्रंथों में दिया गया है जो आज भी मौजूद हैं। इसलिए यह स्पष्ट है कि प्राचीन भारत में संगीत अध्ययन का एक बहुत ही गंभीर विषय था।

यहाँ मेरा उद्देश्य रस के सिद्धांत का अभिसरण और संगीत की परिकल्पना दिखाना है। कला की किसी अन्य विधा से ज़्यादा, भारतीय शास्त्रीय संगीत व्यापक रूप से रस के आह्वान के लिए सही मनोस्थिति के निर्माण के लिए समर्पित है। निश्चित रूप से, दुनिया में संगीत की कोई अन्य संगठित शैली इस तरह विशिष्ट रूप से तैयार नहीं की गई है। इस धारणा की शुरुआत ध्रुपद संगीत में देखी जा सकती है जिसका वर्णन *नाट्य शास्त्र* में है। 'ध्रुपद' शब्द 'ध्रुव' से निकला है जिसका अर्थ होता है अटल या स्थायी। ध्रुपद संगीत भावपूर्ण है और सुदृढ़ होने के बावजूद कोमलता का अनुभव कराता है, जो वांछित भावदशा के निर्माण के लिए आह्वान की इसकी क्षमता को बढ़ा देता है। ध्रुव के निर्धारित और अपरिवर्तनशील प्राथमिक सुर से यह बाहर की ओर संगीत के निरंतर वृत्तीय प्रसार में गुंजायमान होता है और चुने हुए राग के लिए भावदशा का निर्माण करता है।

राग हमारी संगीत परंपरा के केंद्र में है। हर राग में एक निर्धारित सुर होता है, जोकि स्वरों की अपरिवर्तित रहनेवाली व्यवस्था है। अंग्रेज़ी में 'स्वर' का अनुवाद नोट (note) है और "इस स्वर का कोई पश्चिमी समतुल्य शब्द नहीं है, क्योंकि स्वर में न केवल बुनियादी नोट होता है बल्कि उसमें संगीतमय प्रतिध्वनि भी होती है – यह एक ऐसी व्यवस्था होती है जो उसे घेरे रहती है।"[20] किसी राग विशेष की स्वर संरचना मज़बूती से निर्धारित है; पर किसी संगीत मर्मज्ञ के लिए इसकी प्रस्तुति असीमित रूप से लचीला होता है। नियमों की यह दृढ़ता और इसमें सुधार की पूरी स्वतंत्रता का यह मेल रागों की महत्वपूर्ण विशेषताओं में एक है। यह सही है कि नृत्य की तरह ही प्रस्तुति के दायरे

में रहते हुए इसमें भी सुधार किया जाता है। इस तरह ध्रुपद गायन सामान्य रूप से चार अवस्था से गुजरता है – स्थायी, जिसमें राग की सुर संरचना को मंद गति से गाया जाता है, अंतरा, जिसमें राग को कुछ ज़्यादा विस्तार से गया जाता है, संचारी, जिसमें राग के सुरों को कई तरह के बदलाव और संयोजन को दक्षता के साथ प्रदर्शित किया जाता है, और अभोग, जिससे इस प्रस्तुति की समाप्ति होती है। ख्याल में भी इसी तरह की प्रस्तुति होती है। मध्यकाल में ख्याल गायकी की शुरुआत इस्लामिक प्रभाव का परिणाम था। ख्याल में राग शुरू में विलंबित से गुजरता है जिसमें राग की प्रस्तुति धीमी होती है, इसके बाद अंतरा और अंत में द्रुत से गायकी की समाप्ति होती है। कर्नाटक संगीत भी रागों पर आधारित है पर इसमें अलग विशिष्ट शैली और छंद का प्रयोग होता है और इसकी गायकी में भी यही रास्ता अपनाया जाता है।

किसी प्रस्तुति में इन अनुक्रमिक चरणों को इस तरह तैयार किया गया है, ताकि कलाकार किसी विशेष राग के लिए अधिकतम भावदशा या रस का सृजन कर सके। प्रत्येक राग अपने आप में एक भावदशा का प्रतिरूप है। इस तरह, राग किसी दिन के उस समय के भावदशा को निरूपित कर सकता है – प्रातःकाल, दोपहर, शाम और देर शाम। यह बदलते हुए मौसम की मनोदशा को भी निरूपित कर सकता है, उदाहरण के लिए, राग मल्हार मानसून की मनोदशा को निरूपित करता है। राग विभिन्न तरह की भावनात्मक मनोदशा – प्रेम, अवसाद, जुदाई, ख़ुशी, अपेक्षा, वियोग आदि को भी निरूपित करता है। एक विशिष्ट संगीत को रचने के लिए सुरों की विभिन्न संरचनाओं का चुनाव और फिर संगीत का इसी के समरूप किसी ऐसी भावदशा से पहचान करना, जिसका आह्वान वह करना चाहता है, इन सबके लिए जिस तरह के अध्ययन की ज़रूरत हुई होगी, इसकी कल्पना पर सिर्फ विस्मित हुआ जा सकता है। समय बीतने के साथ, विभिन्न घरानों ने किसी राग को पृथक करने या इन्हें गाने के बारे में अपने ही तरीक़े ईजाद किये। बाद में चित्रों की एक श्रृंखला – रागमाला चित्रकारी – बनाई गई जिसने विभिन्न रागों की मनोदशा को चित्रों में निरूपित किया।

आश्चर्यजनक बात यह है कि कलाकार – चाहे वह गायक हो या कोई साज बजानेवाला – उसके समक्ष सुर का अंकन नहीं होता था, पर इसके बावजूद वे घंटों तक उस राग को प्रस्तुत कर सकते थे। राग की संरचना वर्षों की साधना और सीखने के कारण गायक या वादक के दिमाग़ में अंकित हो जाती थी। इसकी संरचना से तिल भर भी हटे बिना कलाकार को पूरी व्यक्तिगत आज़ादी होती थी कि वह राग को विस्तार दे, जो उसकी प्रतिभा के अनुरूप होती थी पर ऐसा करते हुए बिना भटकाव के रस की रचना के प्राथमिक लक्ष्य से हमेशा निर्देशित होता है। "हमें यह मानना होगा कि हमारा संगीत दुनिया में बहुत ज़्यादा उन्नत, प्राचीन और विकसित है। दुनिया में कहीं भी हमें

ऐसी व्यवस्था नहीं मिलती है। जहां हर सुर जीवंत होता है क्योंकि यह किसी ख़ास राग की आवृत्ति की ज़रूरत के हिसाब से लागू होता है। कालमापी यंत्र के पैमाने पर 12 सुर होते हैं लेकिन हमारे संगीत में 22 श्रुतियाँ होती हैं और किसी विशेष राग के किसी विशेष सुर के लिए हर श्रुति के अमल के अपने चरण होते हैं। हमारी राग व्यवस्था एक संगीतमय परिकल्पना है जो दुनिया में अपनी तरह की अनोखी है।"[21]

संगीत और नृत्य दोनों की जड़ में लय है और रचनात्मक अभिव्यक्ति की हर शाखा का यह हिस्सा है। यह कोई महज़ संयोग नहीं है कि शिव को अपने हाथ में डमरू लिए दिखाया गया है जोकि लौकिक लय की क्रीड़ा का प्रतीक चिह्न है। अनहद नाद जिसे ओंकार ध्वनि भी कहा जाता है, जोकि एक ऐसी मिथकीय ध्वनि है जो गहरे ध्यान के दौरान एक ही समय अपने आप पैदा होती है। किसी जिज्ञासु की एकाग्रता की तीव्रता और उसकी मानसिक पवित्रता के अनुरूप, यह ध्वनि ही उस जिज्ञासु को चेतना के शीर्ष स्तर पर ले जा सकती है जहां पर मस्तिष्क की अनवरत जारी रहनेवाले गतिविधि रुक जाती है जिसके कारण तुरिया अवस्था का निर्माण होता है। तुरिया अवस्था एक ऐसी अवस्था है जहां व्यक्ति आनंद से इतना ज़्यादा मदहोश हो जाता है कि उसके चारों ओर क्या घटित हो रहा है उससे वह बिलकुल बेख़बर हो जाता है। जब ध्वनि का संगीत और नृत्य से सही ताल के साथ मेल होता है, इसकी परिणति रस के रचना में होती है। हिंदू सौंदर्य शास्त्र की दृष्टि से, आदिम ध्वनि और आदिम लय दोनों मिलकर कलाओं की रचना करते हैं। *नाट्य शास्त्र* में एक पूरे अध्याय में ताल की ही चर्चा की गई है। इस तरह, प्राचीन काल में विस्पंदन और छंद के लयबद्ध प्रतिमान का अध्ययन अविश्वसनीय रूप से उन्नत स्तर तक पहुँचा।

हर संगीत और नृत्य में एक तरह का विस्पंदन होता है। लेकिन भारत में, यह माना जाता था कि विस्पंदन और छंद विश्व के लय का मूल तत्व है। यह विस्तृत ब्रह्मांड जिस तरह से चलता है उसमें एक तरह की संगति और समरूपता है। मौसमों का बदलना, जन्म, जीवन और मृत्यु, ग्रहों की परिक्रमा, आकाशगंगाओं का परिक्रमण – हर वस्तु अलौकिक लय से स्पंदित होती है। यही वह लय है जो हमारी रचनात्मक अभिव्यक्ति में प्रतिध्वनित होती है। "भारतीय सौंदर्य शास्त्र और कला-निर्माण के संदर्भ में दो महत्वपूर्ण बातें हैं: छंदोमय और आनंद। छंदोमय लय, संतुलन, समानुपात और सामंजस्य जोकि सभी तरह की प्रकृति और जीवन का मूल तत्व है।"[22]

ऐसा कहा जाता है कि शब्द 'ताल' की उत्पत्ति दो शब्दों से हुई है – ता आया है शिव के तांडव से और ल आया है पार्वती के लास्य से। लास्य से लय के आरोह-अवरोह की बात ध्वनित होती है जोकि किसी विस्पंद का मद्धिम गति से प्रतिमान में ढलना है। ता का मतलब विस्पंदन ही है।

मोटे तौर पर, सभी तालों को जीवन के गति के अनुरूप तीन मुख्य श्रेणियों में बाँटा गया है – विलंबित, मध्य और द्रुत। इस विस्तृत ढाँचे के अंतर्गत असंख्य प्रकार के क्रम परिवर्तन और संयोजन मौजूद हैं। उत्तर भारतीय संगीत के कुछ प्रसिद्ध ताल हैं दादरा, रूपक, कहरवा, झप्पताल, चौताला, एकताल, दीपचंदी, झुमरा और धमार। कर्नाटक संगीत के ताल इससे कुछ भिन्न हैं और वे काफ़ी वैज्ञानिक हैं। उत्तर भारत में, सर्वाधिक प्रचलित वाद्य यंत्र है, तबला जबकि दक्षिण में मृदंग है। सभी ताल एक विशेष समय-संरचना से बंधे होते हैं जोकि सटीक गणितीय गणना पर आधारित होता है। यह चक्रीय होता है और इसका समापन सम पर होता है जो चक्र के पूरा होने और दोबारा शुरू होने का संकेत भी है। यह समय के बारे में हिंदू दार्शनिक परिकल्पना के अनुरूप है क्योंकि समय भी चक्रीय होता है – सृजन, पालन और संहार और फिर इसके बाद समय का चक्र दोबारा शुरू होता है, जो अनादि है, अनंत है। अत्युत्तम समरूपता क़ायम करते हुए सम संगीत और छंद के विस्फोटक रूप से एक साथ आने का यह संकेत है जो ब्रह्मांड के घूमते हुए हिस्सों के विशाल नेटवर्क के बावजूद दुनिया में व्यवस्था और दुरुस्ती का संकेत देते हैं। संगीतज्ञ और वाद्य यंत्र बजानेवाले इस उन्मादपूर्ण तादात्म्य के इस क्षण का आनंद उठाते हैं जबकि श्रोता को भी आनंद और मुक्ति की ऐसी ही मूर्त भावना का आभास होता है। दिलचस्प बात यह है कि इसमें खाली की परिकल्पना भी है और यह वह अवस्था है जब लय की जटिल संरचना के बीच विस्पंदन अनुपस्थित होता है। छंद के उभार के दौरान चुप्पी का यह क्षण प्रस्तुति में चाह जगानेवाली नि:शब्दता पैदा करता है। इसका मतलब गतिमान और स्थिरता, ध्वनि और चुप्पी के वृहत सिद्धांत से है जोकि नृत्य और संगीत की प्रस्तुति में एक साथ चलते हैं। इस विशाल ब्रह्मांड का आधार संगीतमय है। इस संगीत में लय है। जब यह संगीत और लय सटीक अनुभव से मिल जाते हैं तो रस की प्राप्ति होती है।

उत्पादन और विधा में विलक्षण प्राचीन भारतीय साहित्य ने रस और लिखे हुए शब्दों के बीच संबंधों की व्यापक गहन पड़ताल और विश्लेषण किया। इस अध्ययन में अगम (धार्मिक ग्रंथ) से लेकर शास्त्र, इतिहास, पुराण, आख्यान को भी शामिल किया गया था। लेकिन काव्यों और कविताओं में इसका असर ज़्यादा दिखा। दो प्रसिद्ध महाकाव्य हैं महाभारत और रामायण। दोनों को काव्य भी कहा जा सकता है। मूल बिंदु यह है कि काव्य साहित्य जोकि पाँचवीं सदी ईसा पूर्व में विकसित हुआ, उसका रूप काफ़ी व्यवस्थित हो गया, अलंकारों से व्यापक रूप से सुसज्जित, शैली की दृष्टि से कसी हुई, छंदों की विपुलता और सबसे ज़्यादा श्रोता, सुननेवाला या पाठक में व्यवस्थित रूप से परिभाषित सुरुचिपूर्ण अनुभव पैदा करना इसका उद्देश्य था।”[23] *नाट्य शास्त्र* में नाट्य प्रस्तुतियों के भावनात्मक लब्धि की विस्तार से चर्चा की गई है और यह इस बात पर

निर्भर करता है कि यह मूल आठ भावों को किस हद तक आंदोलित किया है। इन आठों भावों की चर्चा हम पहले कर चुके हैं।

बाद में, कई विद्वानों ने *नाट्य शास्त्र* के रस सिद्धांत को संपूर्ण साहित्यिक कैनवास पर लागू कर दिया – कविता, गद्य और कहानी, सब पर। पाँचवीं सदी से कुछ पहले भामहा ने कहा कि उचित वक्रोक्ति और वास्तविकता के विखंडन और अलंकारिकता के सहारे उचित रस पैदा किया जा सकता है। विशुद्ध रूप से अनुभवजन्य बातों के वर्णन से वह सौंदर्यात्मक गरिमा प्राप्त कर लेता है बशर्ते कि यह अलंकार और वक्रोक्ति दोनों ही से अलंकृत हो और जो रूप परिवर्तन की ताक़त रखते हों, ताकि पाठकों का ध्यान आकर्षित किया जा सके। उन्होंने आलंकारिक भाषा के प्रयोग के लगभग तीन दर्जन रास्ते सुझाए हैं। सातवीं सदी में दंडिन ने बहुत ही सलीके से शैली के दस गुणों का विश्लेषण किया है जो एक अच्छे साहित्य की रचना में योगदान देते हैं। वामन ने इस विश्लेषण को और ऊँचाइयाँ दी और रुद्रट ने भी ऐसे ही किया, जिन्होंने कई तरह के अलंकार जोड़े पर उन्होंने रूप और विषयवस्तु के बीच सामंजस्य की ज़रूरत पर जोर दिया। ग्यारहवीं सदी में आनंदवर्धन ने व्यंग्य की महत्ता पर प्रकाश डाला, जिसमें जो अर्थ समझ में आ रहा है वह कहने की मंशा से काफ़ी अलग हो सकता है। उनके समकालीन कुंतक ने भामहा के वक्रोक्ति सिद्धांत को विस्तार दिया और उन्होंने ऐसे छह तरह की अभिव्यक्तियों की पहचान की जो इसको सबसे उत्कृष्ट तरीक़े से बाहर लाता है - ध्वन्यात्मक, शाब्दिक, व्याकरणिक, भावुक, संदर्भात्मक और संपूर्ण कृति। इसके समानांतर, उद्भट (आठवीं सदी), लोल्लट (नवीं सदी की शुरुआत), नायक (नौवीं सदी का अंत), धनंजय (1000 ईसवी) और भोज (ग्यारहवीं सदी) ने भाव और साहित्य के बीच संबंधों पर विद्वतापूर्ण ग्रंथ लिखे और शांतम और स्नेह जैसी नई भावनाओं को जोड़ा। भोज ने दलील दी कि 'संवेदनशीलता' सभी रसों की रानी है, क्योंकि यह रस के मूल तत्व को अपने अंदर छिपाए होती है।

इस बात को मान्यता दी गई कि रस न केवल भावुकता के प्रति संवेदनशील होने के कारण पैदा होता है, बल्कि साहित्यिक तकनीकों के कारण भी इसके लिए समान रूप से ज़िम्मेदार है। इस तरह, ऐसी कई बातों का विश्लेषण किया गया जो लेखन से जुड़े हुए थे जैसे भ्रांति, रूपक, उल्लेख, समासोक्ति या संकेत और इसके माध्यम से किसी अलग तरह के भाव का आह्वान, श्लेष या व्यंग्य का प्रयोग, पुरयोक्त या सविस्तार वर्णन, असंभव या अद्भुत या आश्चर्य के भाव को पैदा करना, विषम या जानबूझकर असंगति पैदा करना, अधिक या अतिशयोक्ति और युक्ति या गुप्त अर्थ का भाव। स्पष्ट रूप से, हमारे इतिहास के शुरुआती दिनों में साहित्य के विश्लेषण पर बहुत व्यापक विद्वतापूर्ण काम हुआ। महत्वपूर्ण बात यह थी कि विचारों के बाहुल्य और व्यापक अध्ययन पर

आधारित विमर्श के जोश को देखते हुए जो समझ बनी उसमें आवश्यक रूप से इस बात की सैद्धांतिक एकता थी कि कला के अन्य क्षेत्रों की तरह ही अच्छे साहित्य को इस लायक़ होना चाहिए कि वह वांछित रस की रचना कर सके। इनमें से ऐसे अधिकांश महत्वपूर्ण साहित्यिक रचनाओं की भाषा संस्कृत थी। इसका व्याकरण कठोर अध्ययन और परिष्कार का विषय था। महान वैयाकरण पाणिनी (चौथी से छठी सदी ईसा पूर्व के बीच) ने *अष्टाध्यायी* नामक मौलिक रचना की जो दुनिया के किसी भी हिस्से में उन्नीसवीं सदी से पहले व्याकरण पर हुई सर्वाधिक वैज्ञानिक और विस्तृत कोश की रचना है। आश्चर्य की बात यह है कि इसकी प्राचीनता के बावजूद यह अपनी श्रेणी का पहला ग्रंथ नहीं था बल्कि यह भाषायी अध्ययन की दीर्घ परंपरा को आगे बढ़ाने की ही यह कड़ी थी। पाणिनी ने अपने से पहले संस्कृत विद्वानों जैसे कश्यप, गार्गी, गालव, चर्करावर्मन, भारद्वाज, सकत्यना, साकल्य, सेनेका और स्फोटायन के महान योगदानों को स्वीकार किया है। कात्यायन ने *अष्टाध्यायी* पर *वर्तिका* नामक बहुमूल्य भाष्य की रचना की; इसके बाद दूसरी सदी ईसा पूर्व में पातंजलि ने *महाभाष्य* की रचना की और पाँचवीं सदी ईसा पूर्व में भर्तृहरि ने *वाक्यपदीय* की। उस समय इस तरह के विषयों पर जिस मनोयोग से अध्ययन होता था उसे देखते हुए इन ग्रंथों का सरोकार जितना ही व्याकरण से था उतना ही व्याकरण के दर्शन से भी।

समय बीतने के साथ ही, संस्कृत ने वैदिक काल की सीमित संरचना के घेरे से बाहर निकलकर एक समधर्मी भाषा का रूप ग्रहण किया। इससे निकली स्थानीय भाषाओं की शाखाएँ जैसे पाली और प्राकृत ने इसे जन-जन तक पहुँचाया। संस्कृत ग्रंथों का कई अन्य भाषाओं में अनुवाद हुआ। उदाहरण के लिए, *महाभारत* और *स्कंद पुराण* का तमिल अनुवाद आठवीं सदी में हुआ। ग्यारहवीं सदी में कंबन ने तमिल में प्रथम *रामायण* की रचना की। *महाभारत* और *रामायण* का कन्नड़ में अनुवाद दसवीं और बारहवीं सदी में हुआ और इसके कुछ समय बाद इनका तेलुगु में अनुवाद आया। विभिन्न तरह के बौद्ध और जैन परंपराओं की भाषा भी बनी। निस्संदेह, प्राचीन भारत की यह मुख्य भाषा थी और संस्कृतिकरण की प्रक्रिया (जैसाकि समाजशास्त्री एम एन श्रीनिवास ने 1952 में इसे नाम दिया) जिसमें संस्कृत की विषयवस्तु की पहुँच लोकप्रिय परंपरा और विचारों की प्रक्रिया तक हो गई, लेकिन इसके ठीक उलट 'देशीकरण' की प्रक्रिया भी हुई, जिसके तहत विभिन्न स्थानीय परंपराओं के विचारों ने संस्कृत में अपनी जगह बनाई। इस तरह, हम देखते हैं कि प्राचीन भारत में "संस्कृत और स्थानीय परंपराओं का बहाव दोनों ही दिशाओं में था, जिसकी वजह से निम्नवर्गीय शब्द और विचार ब्राह्मणों की दुनिया का हिस्सा बने और इसी तरह ब्राह्मणों की दुनिया के शब्द और विचार निम्नवर्गों की दुनिया का हिस्सा बने।"[24]

हालाँकि, शेल्डन पोलॉक जैसे विद्वानों का कहना है कि संस्कृत मूल रूप से संभ्रांत लोगों की भाषा थी और राजनीतिक और सांस्कृतिक दबदबा क़ायम करने का यह साधन था। यह सही है कि कई दूसरी शास्त्रीय भाषाओं की तरह संस्कृत का प्रयोग संभ्रांतों तक सीमित था। उदाहरण के लिए, यही बात लेटिन के बारे में भी कही जा सकती है जिसे आज भी यूनाइटेड किंगडम के संभ्रांत शैक्षणिक संस्थानों जैसे ईटन और हैरो में पढ़ाया जाता है। लेकिन इसके बावजूद, संस्कृति, संस्कार और विचारों की भाषा के रूप में लैटिन समादृत है। लैटिन की विषयवस्तु इससे निकली कई यूरोपीय भाषाओं जैसे इतालवी, फ्रांसीसी, पुर्तगाली, स्पेनी और अंग्रेज़ी में जीवित है। यहाँ तक अठारहवीं सदी तक लेटिन शास्त्रीय साहित्य की भाषा होने के अलावा विज्ञान, तकनीक, चिकित्सा और क़ानून की भाषा थी। यूरोप में यह अंतर्राष्ट्रीय संचार, विद्वता और राजनय की भाषा भी थी। चूंकि कुछ देश, जहां पर ऐसी भाषा बोली जाती है जो लैटिन से निकली हैं और इसे प्राचीन और शास्त्रीय भाषा और ज्ञान का ख़ज़ाना माना जाता है, निर्दयी उपनिवेशवादी भी थे, तो क्या यह लैटिन को सिर्फ शोषकों की भाषा बन जाती है? वेटिकन और पोप क्या सिर्फ उपनिवेशवादी हैं, क्योंकि लैटिन अभी भी इस पवित्र शहर की आधिकारिक भाषा है?

विचारणीय बात यह है कि क्या शेल्डन पोलॉक इस बात से सहमत होंगे कि लैटिन को इन्हीं संकीर्ण नज़रिए से देखा जाए। तो फिर संस्कृत के प्रति भी उनका नज़रिया उसी तरह क्यों नहीं है? राजीव मल्होत्रा ने इस तरह के दोहरे मानदंडों की काफ़ी जमकर आलोचना की है और अमेरिकी भारतीय विशेषज्ञता के एक वर्ग में व्याप्त इस धारणा को नव प्राच्यवाद की संज्ञा दी है। वे यह मानते हैं कि संस्कृत संभ्रांतों की भाषा थी और इनके कुछ ग्रंथों में सामाजिक और लैंगिक बहिष्करण की बात कही गई है। लेकिन यह ज़रूरी है कि अन्य शास्त्रीय भाषाओं की तरह ही इनको सीमित रूप से ख़ारिज करने की बात को सही संतुलन और विवेकपूर्ण मूल्यांकन से संतुलित किया जाए। राजीव मल्होत्रा जोर देकर कहते हैं कि संस्कृत दर्शन, कला, स्थापत्य, लोकप्रिय गीत, शास्त्रीय संगीत, नृत्य, थिएटर, मूर्तिकला, चित्रकारी, साहित्य, तीर्थयात्रा, कर्मकांड और धार्मिक आख्यानों का भंडार है। इसमें प्राकृत विज्ञान की सभी शाखाएँ और तकनीक – चिकित्सा, वनस्पतिशास्त्र, गणित, इंजीनियरिंग, आहार विज्ञान आदि समाहित हैं।"[25] किसी और बात से ज़्यादा, यह पिछले एक हज़ार सालों में महान आध्यात्मिक, दार्शनिक और रचनात्मक ज्ञान के निचोड़ का साधन है। मल्होत्रा आगे कहते हैं कि यह सिर्फ संवाद का साधन मात्र नहीं था, बल्कि "चिरस्थायी पवित्रता, सौंदर्य शक्ति, आध्यात्मिक तीक्ष्णता का वाहन और कई क्षेत्रों में ज्ञान उत्पन्न करने की योग्यता भी थी।"[26] और अंत में, जहां तक भाषा का सवाल है, भाषायी पुनर्संरचना के क्षेत्र में यह बहुत बड़ी उपलब्धि

थी जिसमें गहन विचार और व्याकरण और स्वर विज्ञान के अध्ययन को शामिल किया गया था।

इसलिए यह ज़रूरी है कि जब भी संस्कृति – यह शब्द जो संस्कृत से बना है, की बात होती है तो उस स्थिति में हिंदू भारत को उसकी पूर्णता में देखा जाए। रचनात्मकता के महत्वपूर्ण पक्षों पर दिमाग़ी चिंतन को अलग-थलग होकर काम कर रहे सिर्फ कुछ संभ्रांत विद्वानों की बपौती नहीं माना जाना चाहिए बल्कि संपूर्ण सभ्यतागत काल का आवर्ती विचार समझा जाना चाहिए।

आश्चर्य की बात नहीं कि इस क्षेत्र में बड़े पैमाने पर जिन दर्शनों और विचारों का सृजन हुआ, उसने कारीगरों और शिल्पियों के नेटवर्क के माध्यम से समाज के सभी स्तरों तक प्रवेश किया और इसकी केंद्रीय विषय वस्तु असंख्य क्षेत्रीय और स्थानीय रूप में लोगों तक पहुँची और उसे स्वीकार किया गया। अगर आम लोगों ने किसी कलाकृति के व्यावहारिक रूप से निर्माण की सैद्धांतिक निर्मिति का ज्ञान प्राप्त किया, या रस की परिकल्पना को उसी तरह समझा जिस तरह वह उनके दैनिक जीवन के भावों में प्रकट होता है, वास्तविक ज्ञान पर आधारित शाही संरक्षण ने भी इसकी लोकप्रियता को आमजनों में फैलाया। गुप्तकाल (लगभग 300-600 ईसवी) में, जिसे स्वर्ण काल कहा गया है, क्योंकि इस अवधि के दौरान उन सभी रचनात्मक विचारों की फसल काटी गई, जिनके बीज पिछली सदियों में बोये गए थे, विद्वानों ने इस बात की पहचान की है, "उप-महाद्वीप के कई हिस्सों में सौंदर्य का यह आदर्श असाधारण रूप से फैला हुआ है। कला और साहित्य दोनों ही सुंदरता के आदर्श को लेकर अपनी तुलनाओं के बारे में बताते हैं," यह संकेत देते हुए कि गुप्तकाल के शासक आम कलात्मक मुहावरे के प्रसार के लिए ज़्यादा ज़िम्मेदार थे... "मज़बूत बौद्धिक ज्ञान से लबालब, यह प्रतिनिधि विश्वसनीयता और अमूर्त प्रवृत्तियों के बीच उत्तम संतुलन का प्रदर्शन था।"[27] यह सिर्फ़ संयोग नहीं हो सकता कि राजा समुद्र गुप्त (लगभग 335-375 ईसवी), जिसका साम्राज्य पश्चिम में रावी नदी से पूरब में ब्रह्मपुत्र तक और हिमालय से दक्षिण में विंध्य तक फैला था और इसके कुछ सहायक राज्य दक्षिण में और आगे तक थे, ने विशेष प्रकार के गढ़े हुए सोने के सिक्कों की श्रृंखला जारी की थी जिस पर उसको विजेता और संगीतज्ञ दोनों ही रूप में चित्रित किया गया था। यह भी यूँ ही नहीं हो गया था कि उनका उत्तराधिकारी, चंद्रगुप्त द्वितीय जिसने गुप्तकाल के शीर्ष समय में शासन किया, कवियों, दार्शनिकों, वैज्ञानिकों, संगीतज्ञों और मूर्तिकारों के बहुत बड़े संरक्षक थे।

जब रचनात्मकता की बारीकियों और इसके सार पर विचारों को हज़ारों सालों से पोषित किया गया है, तो सौंदर्यपरक आदर्शों के अनुगमन में इसका प्रतिबिंबित होना लाज़िमी है। राजाओं में सुसंस्कृत दिखने की ललक थी क्योंकि आम लोगों की यह

अपेक्षा थी कि वे ऐसे दिखें। शाही संरक्षण ने आम जनता में सांस्कृतिक ज्ञान की लोकप्रिय अपेक्षाओं को मजबूत किया और उनके सौंदर्य संबंधी संतृप्ति और आमोद-प्रमोद के लिए संस्थागत अवसर उपलब्ध कराए। इस तरह, गुप्तकाल के कुछ सदी बाद हमारे सामने राजा भोज (1010-1050 ईसवी) का उदाहरण आता है जिन्होंने मालवा क्षेत्र के विशाल भू-भाग पर शासन किया, उनकी राजधानी धार थी जो वर्तमान समय में भोपाल के पास है। यद्यपि उनकी जीत मामूली नहीं थी, भोज की ज़्यादा ख्याति कला, साहित्य और विज्ञान के संरक्षक के रूप में है। एक विद्वान-राजा के रूप में वे बाद के हिंदू सम्राटों जैसे विजयनगर राजवंश के कृष्णदेवराय के लिए आदर्श बने जो स्वयं को 'अभिनव भोज' कहते थे। भोज के शासन के तहत धार ने एक महत्वपूर्ण बौद्धिक केन्द्र के रूप में ख्याति अर्जित की। ऐसा कहा जाता है कि उनके राज में सामान्य जुलाहे भी संस्कृत में छंदमय काव्यों की रचना करते थे। भोज ने ज्योतिष, कोशरचना, संस्कृत व्याकरण, काव्यशास्त्र, नाट्यकला और पतंजलि के *योग सूत्र* पर एक भाष्य की रचना सहित कम से कम चौरासी पुस्तकों की रचना की। वे स्वयं एक महान कवि थे और *श्रृंगार प्रकाश* उनकी महत्वपूर्ण पुस्तकों में से एक है। इसके अलावा वे प्रसिद्ध संगीतकार भी थे।

हमारे इतिहास के हिंदू काल में विचारों, परिकल्पनाओं और सारग्रहण को अनुमति देने के प्रति झुकाव था ताकि ये रचनात्मकता की क्षितिज को जानबूझकर व्यापक बनाने की अनवरत बौद्धिक यात्रा का हिस्सा बन सकें। यही कारण है कि एक ओर जहां हमारे महाकाव्य *रामायण* और *महाभारत* के केंद्रीय विषयवस्तु में लड़ाई है, वहीं इनमें अस्तित्व जैसे मुद्दे से जुड़े लंबे, चिंतनशील छंद भी हैं जिसका युद्ध में जीत या हार से कोई प्रत्यक्ष मतलब नहीं है। महाभारत में, उदाहरण के लिए, यक्ष और पांडवों में सबसे बड़े युधिष्ठिर के बीच दिलचस्प संवाद है। पाँचों पांडव और द्रौपदी द्वैतवन के जंगल में निर्वासन में हैं और वे अपनी प्यास बुझाने के लिए पानी खोज रहे हैं। सभी छोटे भाई एक तालाब के किनारे पहुँचते हैं पर इससे पहले कि वे पानी पी सकें, इस तालाब के यक्ष ने उनसे ऐसा नहीं करने और पहले उनके प्रश्नों का उत्तर देने को कहा। चारों ने यक्ष की मनाही को नज़रंदाज़ किया और वे सब के सब मर गए। युधिष्ठिर वहाँ सबसे अंत में आए और अपने भाइयों के उलट उन्होंने यक्ष के प्रश्नों का उत्तर देने की बात मान ली। रात भर यक्ष उनसे जीवन और मृत्यु, ख़ुशी और तकलीफ़, सफलता और विफलता, प्यार और परितोष, उद्देश्य और मंतव्य, मिथक और वास्तविकता – के बारे में प्रश्न पूछते रहे, जो जीवन से जुड़ी कुछ महत्वपूर्ण बातें हैं। इनमें से कुछ दिलचस्प संवाद:

हवा से ज़्यादा अस्थिर दूसरा कौन है? यक्ष ने पूछा, और घास से ज़्यादा संख्या किसकी है?

ओ यक्ष, मस्तिष्क हवा से ज़्यादा अस्थिर है। विचार घास की तरह हैं, उपजाऊ, अनगिनत।

और कहो, ओ युधिष्ठिर, जिस व्यक्ति को मौत बुला रही है उसका सबसे बड़ा दोस्त कौन है?

मुक्ताकाश तक पहुँचते हुए, बिना किसी इच्छा के विनती। जो मरनेवाला है उसका सबसे बड़ा दोस्त है दान।

ओ कुंती के पुत्रों में सबसे ज्ञानी, बताओ मुझे, वास्तव में सुखी कौन है?

वह व्यक्ति है सुखी जो घर से नहीं निकलता, अपना भोजन स्वयं पकाता है, जो क़र्ज़ में नहीं है, और जो अकेले रहकर खुश है।

ओ आर्य, अपनी सधी हुई वाणी में, अब मुझे बताओ, इस दुनिया में सबसे आश्चर्यजनक क्या है?

लाखों मरते हैं, फिर भी जीवित बचे लोग सोचते हैं कि वे नहीं मरेंगे। इस आश्चर्यजनक झूठ से ज़्यादा आश्चर्यजनक और क्या हो सकता है?[28]

यही वो थमने और सोचने, विचारों के निर्माण से प्राप्त होनेवाली ख़ुशी के क्षण हैं, सिर्फ साहित्य में नहीं बल्कि कला के उन सभी क्षेत्रों में जिसने उस समय रचनात्मकता की शुरुआत की जब हमारे इतिहास की नींव रखी जा रही थी। मस्तिष्क के अन्वेषण की कोई सीमा नहीं है और दिमाग़ी पड़ताल की भावना, आध्यात्मिकता और तत्व-मीमांसा के क्षेत्र में अन्वेषण और पड़ताल जो हमने देखें हैं, इसका सांस्कृतिक क्षेत्र को भी प्रभावित करना लाज़िमी था। रस का सिद्धांत दिमाग़ के इसी साँचे का परिणाम था; इसने संस्कृति के क्षेत्र में अद्भुत उपलब्धि हासिल की और इसके परिणाम भी अद्भुत रहे।

जब संस्कृति का अनुसरण और इतनी तीव्र और धरोहर इतना विशाल हो जाए तो यह लाज़िमी है कि अपनी सामान्य भौगोलिक सीमा के बाहर जाकर यह अपना प्रभाव दिखाए। एक हज़ार साल से अधिक समय से भारतीय संस्कृति ने दक्षिण और दक्षिण-पूर्व एशिया को जिस तरह से प्रभावित किया है वह इस बात को साबित करता है। शायद यह प्राचीन और मध्यकाल में बिना किसी सैनिक विजय अभियान के महत्वपूर्ण सांस्कृतिक निर्यात दुनिया का इकलौता उदाहरण है। छठी सदी ईसा पूर्व के बाद बौद्ध धर्म की महत्वपूर्ण बातों को विदेश ले ज़ाया गया और यह केवल संस्कृत में नहीं था बल्कि चीन और दक्षिण एशिया के अधिकांश हिस्सों में यह पाली भाषा के माध्यम से पहुँचा। दूसरी सदी में अमरावती काल से लेकर बाद के सदियों में गुप्त, पल्लव, पाल और चोल राजवंशों के शासनकाल से होते हुए बारहवीं सदी तक हिंदू संस्कृति संपूर्ण दक्षिण और दक्षिण-पूर्व एशिया में फला-फूला। दुनिया का सबसे बड़ा हिंदू मंदिर और

ब्रह्मा के मात्र दो मंदिरों में से एक, कम्बोडिया के अंगकोर वाट में है। कम्बोडिया, लाओस, थाईलैंड और म्यांमार में स्थानीय विविधताओं से भरी रामायण की कहानी काफ़ी लोकप्रिय है। आधुनिक वियतनाम में जिस चम्पा राजवंश ने हज़ारों सालों तक शासन किया वह हिंदू राजवंश था और वहाँ भारत की संस्कृति और आचार-विचार का अनुसरण किया जाता था, जिसमें शाक्य पांचांग भी शामिल है। मलेशिया और सिंगापुर में तमिल आधिकारिक रूप से स्वीकृत भाषा है। आधिकारिक रूप से बौद्ध देश थाईलैंड में लोगों और स्थानों के नाम संस्कृत से लिए गए हैं। इस पूरे क्षेत्र में फिलीपींस तक में जो पुरातात्विक साक्ष्य मिले हैं उससे यह पता चलता है कि संस्कृत और इससे भी अधिक महत्वपूर्ण इसके धार्मिक और धर्मनिरपेक्ष ग्रंथ स्थानीय संस्कृतियों का हिस्सा थे। इंडोनेशिया में बोरोबुदूर मंदिर हिंदू दर्शन और स्थापत्य कला से संबंधित सिद्धांतों के प्रभावों का ज्वलंत उदाहरण है; और बाली तो अभी भी एक मुस्लिम बहुल देश में हिंदू एनक्लेव है और मैंने भारत सहित जिन स्थानों को देखा है, उनमें यह एकमात्र ऐसी जगह है जहां शहर के मुख्य भाग में भीम की विशालकाय मूर्ति है।

दुर्भाग्य से, कुछ इतिहासकारों में प्राचीन भारत की सांस्कृतिक उपलब्धियों को नज़रंदाज़ या इन्हें कमतर आंकने की प्रवृत्ति रही है। उनके लिए, इस तरह की उपलब्धि ऐसी इतरोक्ति है जिससे बचा जा सकता था, यह एक महत्वहीन पक्ष था जिसका उद्देश्य महत्वपूर्ण बातों जैसे उत्पादन के साधन का निर्धारण करना था, या यह निर्णय करना था कि समाज सामंती था या आदिम या फिर इन दोनों के बीच का कुछ था। मैं यह निष्कर्ष निकालने का लोभ संवरण नहीं कर सकता कि ऐतिहासिक वास्तविकता को नज़रंदाज़ करने की यह लापरवाही एक अक्षम्य विरूपण था। रोमिला थापर थोड़ा हिचकिचाते हुए – और आंशिक रूप से ही – इससे सहमति जताती हैं। "संस्कृति, मान्यताओं और विचारधाराओं पर ध्यान केंद्रित करना ऐतिहासिक रूप से राजनीति और अर्थव्यवस्था पर जोर देने के पूर्व के प्रयासों में एक जरूरी योग हो सकता है, लेकिन यह कोई नियत इतिहास नहीं है, क्योंकि इतिहास में यह जरूरी है कि किसी ग्रंथ को पढ़ने और इसके बहुस्तरीय संदर्भों में संबंध हो।"[29] सचमुच में, इस संबंध को स्थापित करने में कोई नुकसान नहीं है। हालाँकि, महत्वपूर्ण बात के रूप में सांस्कृतिक परिष्कार और उसके आकलन की स्वायत्त प्रकृति का इससे महत्व कम नहीं हो जाता है। डॉक्टर उपिन्दर सिंह कहती हैं: मार्क्सवादी लेखन ने अमूमन रेखीय ऐतिहासिक मॉडल पर काम करने की धारणा दिखाई जो पश्चिमी इतिहास और मानविकी से जुड़े लेखनों से उधार लिया गया है। ...धर्म और संस्कृति को अमूमन परे धकेल दिया गया या सामाजिक-आर्थिक संरचनाओं के रूप में यंत्रवत उन्हें पेश किया गया... यह विचारों के इतिहास और

साहित्य, कला और स्थापत्य में जो भारतीय अतीत का सौंदर्यात्मक आयाम प्रतिध्वनित हुआ है उस पर भी लागू होता है।"[30]

परे हटाने की इसी बात को ठीक करने की हमारी मंशा है। हिंदू भारत को उसके सांस्कृतिक कैनवास, दिमाग़ी ऊर्जा, मौलिकता और नवाचार जिससे वह स्पंदित था और सौंदर्य के सिद्धांत और इस पर अमल के बीच जो विशिष्ट संवाद उसने हासिल किया उसके अकल्पनीय सामर्थ्य के लिए उसको उसका श्रेय अवश्य ही मिलना चाहिए। लेकिन दुख की बात यह है कि बहुत सारे लोगों को इसकी जानकारी नहीं है। उदाहरण के लिए, अपनी काफ़ी लोकप्रिय पुस्तक *अ हिस्ट्री ऑफ़ सिविलाइज़ेशन*[31] में पश्चिमी इतिहासकार फ़र्नांद ब्रौडेल लिखते हैं : "सदियों बाद (अशोक 264-226 ईसा पूर्व के बाद) ...हिंदू धर्म के विजयी निशान या जिसे हिंदू "नवजागरण" भी कहा जाता है, के तहत एक शास्त्रीय भारत ने आकार लिया, चूंकि यह समय उसकी कलात्मक उत्कर्ष का था *जब भारत ने उन सभी बातों में महारत हासिल कर ली जो उसने दूसरे जगहों से सीखा था। इसमें विशेष रूप से शामिल है यूनान की कला, जो इंडस क्षेत्र की 327-325ईसा पूर्व में सिकंदर महान के विजय से आया* (ज़ोर मेरा है)।"[32] आज भी सोचिए, भारत के सौंदर्य की विरासत को यूनानी प्रभाव के चश्मे से देखा जाता है और यह समझने की कोशिश नहीं की जाती कि हज़ारों साल पहले शुरू एक तीव्र कलात्मक यात्रा पर यह प्रभाव महज़ सतही था। जब कोई इस तरह के मौलिक तथ्यों से अनभिज्ञ होता है, तभी वह विश्व सभ्यताओं को जानने का दावा करनेवाली पुस्तक में यह दावा करता है कि हिंदू भारत का सांस्कृतिक नवजागरण उस समय हुआ जब "भारत ने उन सभी बातों में महारत हासिल कर ली जो उसने कहीं और से सीखी थी।" यह स्वीकार करने का समय आ गया है कि कला, संस्कृति और सौंदर्य शास्त्र के क्षेत्र में प्राचीन भारत शायद दुनिया की सबसे ज़्यादा उन्नत और परिष्कृत सभ्यता थी और इसकी उपलब्धियाँ इसकी अपने मिट्टी से निकली थीं, बाहर से इन्हें नहीं लिया गया था।

प्राचीन सभ्यताएं जटिल सामाजिक व्यवस्थाएँ पैदा करती हैं। ये सब उन बातों का परिणाम है कि कुछ लोग अपनी बाह्य पारिस्थितिकी को ध्यान में रखते हुए और जीवन में किस बात का महत्व है इस बारे में उनकी आंतरिक विश्व दृष्टि क्या है इसका ख्याल रखते हुए किसी ख़ास तरह के व्यवहार को अपनाते हैं। संस्कृति की तरह ही, यहाँ हमारी मंशा इस अवधि की सामाजिक परिपाटियों के बारे में व्यापक जानकारी देना नहीं है। हम उन कुछ महत्वपूर्ण पक्ष की पड़ताल पर अपना ध्यान केंद्रित करेंगे, जो उन्हीं चिंतनों को प्रतिबिंबित करता है जो अध्यात्म और संस्कृति के क्षेत्रों में हिंदू सभ्यता का मूल चरित्र रहा है।

मानव स्वयं को जिस तरह से संगठित करता है और अपने मूल्यों की संरचना को गढ़ता है वह किसी ऐतिहासिक चरण से गुजर रहे सभी समाजों की तरह ही होता है। और इसके बावजूद, कुछ ऐसे सामाजिक चलन होते हैं और कुछ ऐसी परिपाटियाँ होती हैं जो हर सभ्यता की अपनी विशिष्टता होती है और जो उसे किसी मानवीय स्थिति से निपटने में मदद करती है। सामूहिक रूप से, ये परिपाटी और दर्शन, परिकल्पना और निर्मिति, पसंद और प्राथमिकता, आचार और संस्थाएँ दोनों का प्रतिनिधित्व करती हैं। इनमें से सभी कलंक-रहित नहीं हैं। समाज अमूमन सामाजिक अनौचित्य की शुरुआत करने या इसको बढ़ावा देने का मंच बन जाता है और इस अर्थ में वह संगठित मानवीय व्यवहार के अनुचित पक्षों को प्रतिबिंबित करता है। इस अवधि के सामाजिक परिवेश का मोटे तौर पर आकलन करने के समय इन बातों पर भी आवश्यक रूप से ग़ौर करने की ज़रूरत है।

हिंदू भारत इस अर्थ में विशिष्ट था कि वहाँ जीवन के चार आश्रमों से गुजरने की बात मानी जाती थी। शुरुआती जीवन ब्रह्मचर्य कहलाता था और जो मुख्य रूप से ज्ञान प्राप्त करने और अविवाहित जीवन जीने से जुड़ा था; अगला चरण गृहस्थ जीवन का था, जो पारिवारिक जीवन जीने से जुड़ा था जिसमें जीवन-यापन और भौतिक आनंद का अनुभव करने की बात थी; इसके बाद वानप्रस्थ जीवन आता है जो मध्य चरण है जब व्यक्ति की पारिवारिक ज़िम्मेदारियाँ समाप्त हो जाती हैं और व्यक्ति दैनिक जीवन की मारामारी में अपनी प्रत्यक्ष भागीदारी से शिष्टतापूर्वक स्वयं को अलग करने की तैयारी शुरू कर देता है; और अंत में, जीवन के अंतिम वर्षों को संन्यास के माध्यम से मुक्ति के आनंद में समर्पित कर देना, किसी भी तरह की लालसा को पूरी तरह समाप्त कर देना।

जीवन शुरुआत और अंत लिए है। हर मानव को बचपन, प्रौढ़ावस्था, वृद्धावस्था और मृत्यु से गुजरना होता है। इन अवश्यंभावी बातों के बरक्स हमारे प्राचीन ग्रंथों ने इनके अनुकूल प्राथमिकताएँ तय की हैं। यह सोचा गया कि अगर मानव जीवन सौ साल का है, तो इसके प्रथम पच्चीस साल अध्ययन और ब्रह्मचर्य जीवन बिताने में बीतना चाहिए, दूसरे पच्चीस साल एक पारिवारिक व्यक्ति के रूप में, तीसरे पच्चीस साल जीवन और इसके क्षणभंगुर सुखों से स्वयं को अलग करने में और अंतिम पच्चीस साल जीवन के मायाजाल से मुक्ति की प्राप्ति में। मानव जीवन की शुरुआत और इसके फलीभूत होने तक की अवधि का यह अद्भुत संतुलन था जिसमें इस तथ्य की स्वीकारोक्ति भी थी कि समय बीतने के साथ-साथ मानव शरीर और मस्तिष्क दोनों की क्षमताओं और ज़रूरतों में बदलाव के अनुरूप व्यवहार और प्राथमिकता में क्रमिक विकास और इसमें परिवर्तन होना आवश्यक है। इसी स्वीकारोक्ति में उद्धार छिपा है।

इस बात को स्पष्ट करना महत्वपूर्ण है कि चार आश्रम न तो आदेशात्मक थे और न ही सबके लिए आवश्यक। जीवन को चार हिस्सों में बाँटना संकेतात्मक था और कोई स्त्री या पुरुष कब यह महसूस करने लगता है कि उसे एक आश्रम से दूसरे आश्रम में प्रवेश करना चाहिए इसमें भिन्नता हो सकती है। अनुक्रमिक चरण में भी किसी तरह की बाध्यता नहीं थी। लोग यह तय करने के लिए स्वतंत्र थे कि उन्हें पूरा जीवन ब्रह्मचारी रहकर ज्ञानार्जन में बिताना है, या अध्ययन समाप्त करने के बाद सीधे त्यागी बन जाना है, या कभी पारिवारिक जीवन में नहीं जाना है, या काफ़ी लंबे समय तक दुनियादारी में लगे रहना है और अपने जीवन के अंतिम वर्षों में एकांत और जीवन से अनासक्ति की बात को पूरी तरह छोड़ देना है। फिर, प्रत्येक आश्रम के केंद्र-बिंदु का दूसरे से घालमेल हो सकता है। इस तरह, कोई पारिवारिक व्यक्ति त्याग का इस तरह का गुण प्रदर्शित कर सकता है जो वानप्रस्थ आश्रम के अनुरूप है; इसी तरह, कोई व्यक्ति ब्रह्मचारी के लिए उपयुक्त ज्ञानार्जन में बहुत ज़्यादा समर्पित हो सकता है और पारिवारिक जीवन व्यतीत करते हुए भी वह ज्ञानार्जन में तल्लीन हो सकता है।

आश्रम जीवन के पर्यवेक्षण पर आधारित विश्वदृष्टि है। एक व्यक्ति क्या कर सकता है, या वह क्या करना पसंद करता/करती है, वह उस समय अलग होता है जब वह युवा होता है पर यह स्थिति बदल जाती है जब उसकी आयु बढ़ती है। इस शारीरिक, हार्मोन संबंधी और मानसिक सचाई संबंधी सत्य से लड़ना प्रत्येक मानव की अपनी पसंद है। लेकिन इसके साथ बहना और इसे समभाव और ख़ुशी से स्वीकार कर लेना, जीवन को शिष्टता बख्शना है जोकि इससे भी ज़्यादा पूर्ण ख़ुशी का द्वार खोल देता है, यह अलग बात है कि आदमी की उम्र जैसे-जैसे बढ़ती है और वह मृत्यु की अपरिहार्यता के नज़दीक आता-जाता है, यह ख़ुशी कुछ अलग रंग लिए होती है। इस तरह के दृष्टिकोण में जीवन की गूंज और वह जिस तरह की ख़ुशी का उपहार लाता है उसकी नकार नहीं है, बल्कि इस बात की गहरी समझ है कि इस गूंज और ख़ुशी की परिभाषा समय के साथ बदल जाती है। जवानी और वयस्क जीवन की ख़ुशी उस समय में ज़्यादा वासनासिक्त और तृप्ति देने वाले हो सकते हैं जब ये हमारे सामने उभरते हैं, लेकिन जो व्यक्ति अपने बाद के जीवन में चिरस्थायी शांति, संतोष, स्थिरता, निश्चिंतता और शर्तहीन ख़ुशी चाहता है उसके लिए हो सकता है कि यह शायद क्षणभंगुर, अल्पकालिक, यहाँ तक कि निरर्थक हो।

चार आश्रम और जीवन के जिन चरणों को ये निरूपित करते हैं, जीवन की ख़ुशी को कम करने के लिए नहीं बल्कि इनको पुनर्परिभाषित करने के लिए है। परिवर्तन अनुभवजन्य अस्तित्व का शाश्वत चिह्नक है। जीवन को ईश्वर का उपहार समझना और इसका भरपूर आनंद उठाने का मतलब यह नहीं है कि हम इसका आनंद उठाने की अपनी बदलती क्षमताओं के प्रति या ऐसा करने के भिन्न तरीक़ों की तलाश की अपनी

ज़रूरत से अनभिज्ञ हो जाएं। जब हम जवान होते हैं, तो जीवन की संभावनाएँ हमें भौतिक समय के संदर्भ में असीम लगती हैं। जब हमारी उम्र बढ़ जाती है, तो हमें यह ज्ञात होता है कि समय को शाश्वत रूप से खींचकर बढ़ाया नहीं जा सकता। इसके साथ शिष्टतापूर्ण तालमेल बिठाने में एक तरह की आध्यात्मिक प्रांजलता है।

हिंदू विश्व दृष्टि जीवन के अंतिम दिनों में ज़्यादा बड़ी ख़ुशी की संभावना का प्रस्ताव देती है। इस तरह, चार आश्रम निराशावादी या उदास नहीं है बल्कि आशावादी हैं। हो सकता है कि यह विरोधाभासी लगे, क्योंकि परंपरागत ख़ुशी का आनंद उठाने की क्षमता जैविक और शारीरिक रूप से जवान होने के समय अधिक होती है। लेकिन इस तरह की परंपरागत ख़ुशी हम जितना चाहते हैं उसकी तुलना में क्षणिक या अल्पजीवी हो सकती है, जबकि हमारे जीवन के बाद के वर्षों में जो आनंद हमारा हो सकता है, ज़्यादा स्थायी हो सकता है क्योंकि यह बाह्य शर्तों से मुक्त होता है और इसकी निर्भरता आंतरिक और स्वायत्त रूपांतरण पर ज़्यादा होती है। पहाड़ से निकलनेवाली मचलती हुई नदी का हिस्सा होने में एक तरह का आनंद है; समुद्र के साथ मिलने के नज़दीक पहुँचनेवाली मतवाली/शांत नदी का हिस्सा होना जो गहरी, अविचल और संतुष्ट है, एक अलग तरह का आनंद है। हिंदू नज़रिया हमें जीवन के मानदंडों के अनुरूप एक तरह की ख़ुशी से दूसरी तरह की ख़ुशी और कई मायने में उससे भी बड़ी ख़ुशी को गले लगाने को कहता है।

आसक्ति से थोड़े समय के लिए ख़ुशी मिलती है और यह पीड़ा भी सुनिश्चित करता है। आसक्ति से परे जाना अंतहीन ख़ुशी सुनिश्चित करना और पीड़ा से सुरक्षा है। जब किसी के पास चाहत की कोई बाध्यता नहीं है, तो उसके पास जो भी होता है उसी में वह खुश होता है। यह पराजयवाद नहीं है, बल्कि उच्च स्तर की व्यावहारिकता है। इस अर्थ में, चार आश्रम हिंदू आध्यात्मिकता और *भगवदगीता* के संदेश से अविच्छिन्न रूप से जुड़े हुए हैं। जीवन के शिकंजा माने जानेवाले तीन गुणों – रजस (गतिविधि, वासना), तमस (कोलाहल, विनाश, अंधकारमय) और सत्त्व (अच्छाई, सामंजस्य) – जो सामूहिक रूप से अनुभवजन्य जीवन का निर्माण करते हैं, से मुक्ति, जीवन का अंतिम लक्ष्य है। ये तीन गुण हमारे व्यक्तित्व का निर्माण करते हैं और हमें भ्रमजाल में फँसाए रखने के लिए ये माया के हथियार हैं। ऐसी स्थिति में पहुँचना जब यह भ्रम दूर हो जाए और हम अकारण खुश हों, ब्रह्म जोकि विशुद्ध परम सुख और शांति है, उसके साथ एकाकार हो जाना जीवन का सर्वोच्च आशीर्वाद है। जीवन उस लक्ष्य को पाने का उपकरण है। इसके लिए जो माध्यम है उसमें यह क्षमता होनी चाहिए कि वह अनित्य के पार जाकर शाश्वत की ओर बढ़ सके। अगर हम सफल रहते हैं, तो इससे प्राप्त होनेवाला आनंद उससे कहीं ज़्यादा है जो हमें अनित्य को शाश्वत मानने से प्राप्त होता है। प्रबुद्ध जीवन, जब वह हमको अपने विभिन्न आयामों से परिचित कर रहा होता है, को अवश्य ही ऐसा होना

चाहिए कि वह हमें अनियत और शाश्वत के बीच में फ़र्क़ सिखाए। अगर हमारे जीवन के प्रथम दो चरण हमें इस तरह का उपहार देते हैं कि हम अनित्य में ही डूबे रहें, तो अंतिम दो हमें यह मौक़ा देते हैं कि हम शाश्वत की ओर अपने कदम बढ़ाएँ।

क्या इसका मतलब यह है कि हम जब जवान होते हैं तो हमारी सामान्य ख़ुशी में इसके अनियत होने की निराशा का भी पुट होता है? जिन्होंने चार आश्रमों की परिकल्पना की उनकी मंशा और इस तरह का निराशाजनक दृष्टिकोण कतई नहीं रहा होगा। लेकिन हिंदू आध्यात्मिकता एक ऐसे जीवन की मांग करता है जो आसक्ति में पूरी तरह डूबा न हो। भगवद गीता का निष्काम कर्म का संदेश कि जीवन के लक्ष्य पर अनासक्ति भाव, समर्पण और ऊर्जा के साथ काम करते रहना और किसी फल की चिंता नहीं करना, मस्तिष्क की शांति के लिए निर्देश है जिसकी चर्चा हम पहले कर चुके हैं। भगवद गीता आवश्यक रूप से जीवन के त्याग का निर्देश नहीं देता है। एक व्यक्ति के रूप में, हमें कौशल प्राप्त करने हैं, उसका उत्पादक तरीक़े से प्रयोग करना है, परिवार बनाना है, संपत्ति जमा करनी है – संक्षेप में, जीवन में वैध आडंबर का हिस्सा होना है। लेकिन इन सभी का आनंद उठाने से हमारी क्षमता बढ़ेगी, घटेगी नहीं, अगर इन सबके बीच हम अनासक्ति का भाव भी अपने अंदर पालें, जिस तरह का परिणाम हम चाहते हैं और जिस पर हमारी निर्भरता इतनी अधिक है, उससे दूरी बनाए रखें। इस तरह का दृष्टिकोण संतुलन और साम्य पैदा करता है, जीवन के उतार-चढ़ाव को सहने और नाकामियों को बेहतर तरीक़े से आत्मसात करने की क्षमता आती है, ताकि हम अपने लक्ष्यों को ज़्यादा सक्षमता से प्राप्त कर सकें।

यह अनासक्ति, ख़ुशी से नहीं बल्कि ख़ुशी के नशे से, जीवन के आगे बढ़ने के साथ आवश्यक रूप से बढ़नी चाहिए, क्योंकि तभी हम स्वयं को पहचानने के सर्वोपरि लक्ष्य को प्राप्त कर सकते हैं। हिंदू विश्वदृष्टि में चार आश्रम जीवन में बिना किसी रुकावट के सामान्य उद्यमों को हासिल करते हुए उस लक्ष्य की ओर ले जाने का विशिष्ट और विनम्र तरीक़ा है। उस अर्थ में, वे न केवल समय के भौतिक बँटवारे का द्योतक हैं, बल्कि मनोभाव का भावनात्मक विकास भी और वह भी इस तरह कि सुबह के आनंदातिरेक से लेकर शाम के परमानंद तक जीवन असीमित रूप से एक संतृप्त वृत्तखंड की तरह लगता है।

"चार व्यवस्था को जिस तरह से बनाया गया है वह भारतीय समाज की विशिष्ट विशेषता है। हालाँकि, इतिहासकार इनमें से मात्र एक से ही – पारिवारिक जीवन - अपना वास्ता रखते हैं, पर वे इस बात से इंकार नहीं कर सकते कि अन्य तीन ने उस पर अवश्य ही अपना प्रभाव डाला होगा।"[33] हिंदू समाज में ये चार आश्रम आम जीवन के साथ आध्यात्मिकता के समावेश का ज़रिया था। वेंडी डोनिगर जैसी कुछ इतिहासकारों का इसे ब्राह्मणवादी षड्यंत्र बताना इस परिकल्पना की विशालता की जानबूझकर अनदेखी कर

इसमें किसी मौलिक अनर्गल अभिप्राय को कैसे भी ढूँढ़ना है। उनके अनुसार, आश्रमों की परिकल्पना 'संन्यास की इच्छा रखनेवाले ब्राह्मणों की ओर से उस रास्ते को अन्य बड़े रास्तों यानी पारिवारिक जीवन से जोड़ देना था।"[34] ब्राह्मण कई काम ऐसे करते थे जो वाक़ई उत्पीड़नकारी और एक ऐसे अनुचित वर्गीकरण को बनाए रखते थे जो उनके हित में थे। इस तरह के मंतव्य को चार आश्रमों में देखना दूर की कौड़ी और यहाँ तक कि शरारतपूर्ण व्याख्या है। सभी ब्राह्मण संन्यासी जीवन जीने के इच्छुक नहीं थे। अन्य वर्गों की तरह ही वे समाज का हिस्सा थे। फिर, आश्रम में संन्यासी जीवन के ख़िलाफ़ गृहस्थ जीवन को ला खड़ा करने के ध्रुवीकरण जैसी कोई बात नहीं है। यह परिकल्पना समग्रता की थी, जिसमें एक संतुलित जीवन के क्रमिक विकास के हिस्से के रूप में दोनों ध्रुवों में सामंजस्य स्थापित किया गया था। यह जीवन के मूल्य को उसकी संपूर्णता में देखने की हिंदू जीवन पद्धति थी, जिसमें आवश्यक रूप से आनेवाले परिवर्तन को मान्यता दी गई थी और एक ऐसी व्यवस्था बनाई गई थी जहां इस तरह के परिवर्तनों को समझा जा सके और जीवन की ख़ुशी और उसकी पूर्णता की संभावना को कम किए बग़ैर इससे निपटा जा सके।

हिंदू जीवन पद्धति में एक अन्य महत्वपूर्ण संस्था थी चार पुरुषार्थ जो जीवन के लक्ष्य थे। ये थे – धर्म, अर्थ, काम और मोक्ष। हम इनमें से प्रत्येक की अलग-अलग चर्चा करेंगे, लेकिन सामूहिक रूप से ये संतुलित जीवन की रचना करते हैं जोकि मनमाने या अवास्तविक बहिष्करण पर आधारित नहीं थे बल्कि आनुपातिक समावेश पर आधारित थे ताकि अंततः व्यक्ति संपूर्ण जीवन जीने के बाद उस मोक्ष को प्राप्त कर सके जो सतत शांति और सुख की मंगलकामना की परिणति है। हिंदू विचारों की प्रक्रिया की यह विशेष बात है कि कोई भी लक्ष्य सामान्य आज्ञा की तरह नहीं है। प्रत्येक में विचारों की जटिलता है और आदेशात्मक या आवश्यक निर्देश देने जैसी बातों से आम तौर पर बचा गया है, हर व्यक्ति को इस लक्ष्य को आत्मसात करने और अपनी स्थिति के मुताबिक़ परिस्थिति के संदर्भ को ध्यान में रखते हुए प्रतिक्रिया देने का पूर्ण अवसर दिया गया है।

शायद सबसे ज़्यादा जटिल है धर्म की परिकल्पना जोकि 'ध्र' मूल से लिया गया है जिसका अर्थ होता है समर्थन देना, जायज़ ठहराना और बनाए रखना। इस शब्द का आसान अर्थ है एक आचार संहिता, कर्तव्य, सद्‌गुण, अच्छाई, सम्यक कार्य, धर्मपरायणता, क़ानून और रीति-रिवाज। लेकिन इनमें से कोई भी इसका पूर्ण अर्थ नहीं बताता। यह शब्द *ऋग्वेद* के समय से लगभग सभी महत्वपूर्ण ग्रंथों में बार-बार सामने आता है। धर्मशास्त्र (600-300 ईसा पूर्व) और धर्मसूत्र (200 ईसा पूर्व से 900 ईसवी) धर्म के विमर्श पर दो विशेष ग्रंथ हैं। दावा किया जाता है कि ये श्रुति (वैदिक ग्रंथों), स्मृति (श्रुतियों पर भाष्य) और सामान्य शिष्टाचार पर आधारित है। इनमें सर्वाधिक प्रसिद्ध था *मनुस्मृति* (दूसरी सदी)।

धर्म हिंदू आचार-नीति का केंद्रीय वस्तु है। सही आचार क्या है? क्या ऐसा कोई अचूक तरीक़ा है जिससे क्या सही है इसका फ़ैसला किया जा सके? सम्यक व्यवहार क्या है इसकी घोषणा करने का अधिकार किसे है? क्या ऐसे नियम हैं जिनमें बदलाव नहीं हो सकते और जो सब पर लागू होते हैं? क्या नैतिक आचरण संदर्भ और परिस्थिति के अनुसार बदलता है, या यह हर परिस्थिति में अपरिवर्तित रहता है? अधिकांश सभ्यताओं ने यह माना है कि कुछ बातें पूरी तरह सही हैं या पूरी तरह ग़लत। उदाहरण के लिए बाइबिल की परंपरा में हमारे पास दस धर्मादेश है। इस्लाम ने भी इस बात को स्पष्टता से सामने रखा है कि किस बात की अनुमति है और किसकी नहीं। दूसरी ओर, हिंदू दृष्टिकोण काफ़ी बारीक और जटिल है, जो कुछ नैतिक सद्‌गुणों पर भी ज़ोर डालता है जिसका पालन किया जाना चाहिए और इसके साथ-साथ संदर्भ, स्थिति और हालात के आधार पर इस आदर्श से च्युत होने की बात भी करता है।

कई पर्यवेक्षकों ने इस अंशांकित अस्पष्टता का अर्थ यह निकाला है कि यह कमजोर नैतिक सापेक्षतावाद है। उनकी दलील है कि हिंदू समाज इस अर्थ में कलंकित है कि उसके पास कोई ठोस नैतिक ढाँचा और इस बारे में कोई स्पष्ट निर्देश नहीं हैं कि क्या करना है और क्या नहीं जबकि नैतिक ज़िम्मेदारियों से बचने के लिए उसने सुविधाजनक बहानों को जगह दी है। सच यह है कि हिंदू धर्म ऐसी निश्चितता को समर्थन देने में हिचकिचाता है जो सार्वभौमिक तौर पर सही नहीं ठहराए गए हैं। एक परिस्थिति में जो सही है, वह दूसरी में ग़लत हो सकता है। नैतिकता का उद्देश्य तब सर्वाधिक पूरा होता है जब नैतिक व्यवहारों के बारे में कोई निर्देशात्मक ढाँचा होता है जिसमें सभी तरह के विचलनों के लिए कठोर या पूर्ण निंदा जैसे प्रावधान नहीं होते। किसी भी तरह के अनुचित धारणात्मक निर्देश का अभाव इस तथ्य से प्रभावित हुआ है कि हिंदू विश्व-दृष्टि में सभी तरह के नियम दो व्यापक श्रेणियों में आते हैं। एक है पारमार्थिक वास्तविकता जिसमें व्यक्ति ब्रह्मानुभव प्राप्त करने के लिए आध्यात्मिक रूप से उस हद तक विकसित होता है जहां वह सही-ग़लत की परंपरागत श्रेणियों के परे होता/होती है। शंकराचार्य के शब्दों में इस अवस्था में उनकी मनोस्थिति पुण्यम और पापम, सौख्यम एवं दुक्खम से ऊपर होती है। ये लोग अपनी प्रज्ञा और चिंतनशील भावातीत, निवृत्ति-लक्षण धर्म के लिए जाने जाते हैं। इस स्तर की चेतना के लिए किसी पूर्ण नैतिक संहिता का निर्देश नहीं दिया जा सकता। दूसरा स्तर है व्यावहारिक, दैनिक जीवन की अनुभवजन्य दुनिया है जहां प्रवृत्ति-लक्षण धर्म का बोलबाला है और जहां पर संहिता नैतिक व्यवहार को निर्देशित करता है। इस दुनिया में मानवों के लिए मानव नियम बनाते हैं। लोग नियमों को मानें इसके लिए धार्मिक प्रतिबंधों का सहारा लिया जाता है लेकिन इसके साथ इस बात को समान व्यावहारिक मान्यता मिली थी कि अनुभव के स्तर पर नैतिकता की परिभाषा

न ही अपरिहार्य हो सकती है और न ही सार्वभौमिक। समाज पर एक सरसरी निगाह डालने से रीति-रिवाजों, सामाजिक प्रयोगों, स्वीकृत व्यवहार के बारे में भिन्न नियम और कर्मकांड एवं सामुदायिक परिपाटी में अंतर का पता चलता है। एक वर्ग के लोगों के लिए जिसे नैतिक व्यवहार माना जाता था, दूसरे लोग उसे अनैतिक मानते थे। इसे देखते हुए, हिंदू मन ऐसी असंदिग्ध नैतिक अनिवार्यताओं को स्वीकार करने में हिचक रहा था जोकि मतैक्यता का दावा करती थीं। "चूंकि सभी अनुभवजन्य बातें क्षणिक होती हैं, इनका कोई निर्णायक महत्व नहीं होता या स्वयंसिद्ध नैतिक मूल्य नहीं होता। भारतीय नैतिकता में पाप जैसी कोई चीज़ नहीं होती, सिर्फ संज्ञेय गलती होती है जो अविद्या या अनभिज्ञता है।"[35]

इसका मतलब यह नहीं है कि हिंदू समाज में पूरी तरह कोई नैतिक कसौटी या प्रतिपादित अनैतिकता नहीं थी। उसके पास यद्यपि सरल नैतिक निश्चितता को चुनौती देने का साहस था, हिंदू ग्रंथ में ऐसे सुझावों की कमी नहीं है कि नैतिक व्यवहार किसे कहा जा सकता है। मनुस्मृति, जोकि वैसे एक विवादास्पद ग्रंथ है, धर्म के दस तत्व की बात करता है - *धृतिः क्षमा दमोऽस्तेयं शौचमिन्द्रियनिग्रहः। धीविद्या सत्यमक्रोधो दशकं धर्मलक्षणम्॥* धैर्य, क्षमा, स्व-नियंत्रण, जो कार्य ग़लत है उसको करने से बचना, पवित्रता, इंद्रियों पर नियंत्रण, विवेक, ज्ञान, सचाई और क्रोध का नहीं होना। ये धर्म के दस रूप। अन्य ग्रंथ तीन 'द' पर ज़ोर देते हैं – दान, जो दूसरों का है वह उसको देना; दया, सभी प्राणियों के प्रति दया का भाव रखना; और दाम, अपनी वासना को क़ाबू में रखना। *महाभारत* में एक श्लोक में कहा गया है: "क्रोध को अवश्य ही दया से नियंत्रित किया जाना चाहिए; डर को निगरानी से; आसक्ति और विरक्ति को धैर्य से; भ्रम और संदेह और आलस्य को सक्रियता से; लालच को संतोष से; अधर्म को सदाशयता से; धर्म को सावधानीपूर्ण चिंतन से; किसी वस्तु के प्रति आसक्ति को इसकी क्षणभंगुरता का ध्यान कर; ज़्यादा बोलने की प्रवृत्ति को मौन रहकर; दंभ को करुणा से; भौतिक संपन्नता और संपत्ति के सभी दुष्प्रभावों का साझेदारी से।"[36] *महाभारत* बारंबार इस पर ज़ोर देता है कि *अहिंसा परमो धर्मः* यानी अहिंसा सबसे बड़ा धर्म है। इस महाकाव्य में भीष्म कहते हैं: जिसकी भी शुरुआत न्याय में है, उसे ही धर्म कहा जा सकता है; जो भी अन्याय है और उत्पीड़क है, अधर्म है। यह नियम शिष्ट पुरुषों ने निर्धारित किया है।"[37] वे आगे कहते हैं कि "अगर एक धर्म दूसरे धर्म को नष्ट करता है तो यह धर्म की आड़ में दुष्टता है, धर्म नहीं है। सच्चे अर्थों में धर्म वही है जो दूसरे धर्म को नीचा दिखाए बिना और उसके विरोध के बिना स्थापित होता है।"[38] धम्म (पाली भाषा में धर्म के लिए शब्द) की बौद्ध विचारधारा जिसे सम्राट अशोक ने अपने शिलालेखों के माध्यम से व्यापक रूप से फैलाया, उसमें उन्होंने दूसरों के प्रति अहिंसा, सहिष्णुता, दया और करुणा पर ज़ोर दिया।

इस तरह, नैतिक व्यवहार के मानदंड संबंधी ढाँचे की कमी नहीं थी। लेकिन, ऐसे अच्छे गुणों को आदर्श मानकर उन्हें प्राप्त करने की आकांक्षा रखते हुए, हिंदू सोच आधारभूत प्रश्न पर केंद्रित रहती है – क्या नैतिक मूल्य सभी लोगों के लिए सभी प्रकार से एक ही रहते हैं, या क्या नैतिक व्यवहार में मानवीय स्तर पर शामिल व्यक्ति के संदर्भ को ध्यान में रखना होता है: ऐसा व्यवहार किसका था, किसके साथ हुआ, किस तरह से हुआ, किस स्थिति में हुआ, किस तरह की बाध्यता थी और किस लक्ष्य की प्राप्ति के लिए हुआ? आदर्शवाद को छोड़ा नहीं गया; उसका ज़ोरदार ढंग से समर्थन किया गया। पर इसमें यथार्थवाद का मिश्रण भी किया गया और इस तथ्य को स्वीकार किया गया कि आदर्श भले ही कितना नेक क्यों न हो, मानव व्यवहार पर तत्कालीन परिस्थिति का असर पड़ेगा जो हो सकता है कि ग़लत न हो पर जो इस आकलन के लिए कारक हों कि किस हद तक नैतिक व्यवहार कठोर और अव्यावहारिक परमतत्ववाद से विचलित हुआ।

इसलिए, व्यवहार में, धर्म पर कई बातों का असर पड़ सकता है। इसमें शामिल हो सकते हैं किसी व्यक्ति का देश धर्म या अलग-अलग क्षेत्रों में उसका व्यवहार, आश्रम धर्म या जीवन के चरण, कुल धर्म या परिवार और समुदाय के प्रति निष्ठा, जाति धर्म या कौन किस जाति का है इसका विचार, स्वभाव धर्म या किसी की निजी प्रकृति, स्वधर्म या विवेक का विकल्प और अप्पधर्म या जब आपातकालीन स्थिति थी उस समय कार्रवाई की गई। वैसे तो आदर्श नैतिक व्यवहार की उम्मीद की जाती है, पर मानव जिस तरह के फ़ैसले लेता है उसके पीछे कई तरह के कारक काम कर रहे होते हैं और विवाद का बिंदु यह है कि तत्काल मौजूद स्थिति भले ही जो रही हो, लोगों को अलग तरह से व्यवहार करना चाहिए था। तो इसका मतलब यह हुआ कि मानव व्यवहार पर फ़ैसला सुनाना आवश्यक है और वह भी किसी एक मानदंड के आधार पर नहीं बल्कि उस समय मौजूद कई कारकों के आधार पर। इसीलिए, युधिष्ठिर, जिसे धर्मराज भी कहा जाता है, वह यक्ष के इस प्रश्न का उत्तर नहीं दे पाए: धर्म क्या है? "अनिश्चयात्मक, तर्करहित या आधारहीन होने की वजह से कारणों के उपयोग सीमित होते हैं," उन्होंने यक्ष से कहा। "पवित्र ग्रंथ भी इसमें मददगार नहीं हैं क्योंकि ये एक-दूसरे के विपरीत हैं; न ही कोई एक ऐसा ऋषि है जिसके मंतव्य को प्रामाणिक कहा जा सकता है।" निराशा में अपने हाथ उठाते हुए धर्मराज ने अंतिम रूप से अपने उत्तर में कहा: "धर्म के बारे में सत्य गुफा में छिपा है।"[39]

नैतिकता के बारे में हिंदू ख्याल की विशिष्टता यह है कि यह आँख मूँदकर निर्देश देने से मना करता है या मानवों के साथ ऐसे पेश आने से मना करता है मानो वे स्कूली बच्चे हों और हर परिस्थिति में, उन्हें व्यवहार के बारे में नियमों का पालन करना है जो एक आदेश के रूप में उन पर ऊपर से लाद दिया गया है। नैतिक निरंकुशता की परिणति पूर्ण पाखंड में होती है। इसलिए, यह बेहतर है कि नैतिकता को आम तौर पर वांछित आदर्शों

में परिभाषित किया जाए और इस क्रम में उन परिस्थितियों को भी ध्यान में रखा जाए जिसमें उसका अनुपालन हमेशा संभव नहीं हो सकता। दूसरे शब्दों में, हिंदू धर्म स्वयं को किसी नैतिक ढाँचे से वंचित किए बिना लोग अमूमन मुश्किल समय में किस तरह का विकल्प चुनते हैं इसकी पूरी ज़िम्मेदारी उन्हीं पर डाल देता है। ऐसा करते हुए, वह अनैतिक व्यवहार को प्रोत्साहित नहीं करता बल्कि सिर्फ इस बात को मान्यता देता है कि हर व्यक्ति अपनी स्थिति को देखते हुए स्वयं इस बात का निर्णय करे कि दी गई स्थितियों में क्या करना सही होगा। इसीलिए, जब द्रौपदी से कहा गया कि उसे पाँचों पांडव भाइयों की पत्नी बनना होगा, तो उसने युधिष्ठिर पर धर्म का उल्लंघन करने का आरोप लगाया और कहा: "द्रौपदी, धर्म सूक्ष्म है। इसे किसने परिभाषित किया है? मुझे इससे प्रसन्नता है, इसीलिए यह ज़रूर सही होगा।"

गुरचरन दास का कहना है कि महाभारत वह अन्यतम ग्रंथ है जो मनुष्यों के नैतिक विकल्पों की जाँच करता है। इस ग्रंथ का अमूमन हर पात्र इस उलझन में पड़ता है कि सही क्या है और ग़लत क्या और इस क्रम में वे अनगिनत समझौते करते हैं यह जताने के लिए कि सिद्धांतों को संतुलित करने की कोशिश कर रहे मनुष्यों को विकल्प चुनने होते हैं कि उस परिस्थिति को देखते हुए क्या करना आदर्श है और क्या करना आदर्श नहीं है। कोई भी पूरी तरह निष्कलंक नहीं है और न ही कोई पूरी तरह से शैतान है। धर्मराज युधिष्ठिर जो धर्म के प्रति अपने समर्पण पर गर्व करते हैं, उन्हें जुआ खेलने की लत लगी है और यहाँ तक कि अपनी पत्नी द्रौपदी को भी जुए में हार जाते हैं। जो अच्छे समझे जाते हैं, कई बार वे ग़लत भी हो जाते हैं, और जो बुरे माने जाते हैं, कई मौक़ों पर बहुत ही सम्मानजनक व्यवहार करते हैं।

नैतिकता को साधारण और पांडित्यपूर्ण संदर्भ में पूरे आत्मविश्वास से परिभाषित करना अपेक्षाकृत काफ़ी आसान है। इस बात को स्वीकार करने में हिम्मत की ज़रूरत होती है कि इस तरह का आत्मविश्वास ग़लत भी हो सकता है और अंतिम फ़ैसले लेने के समय ज़्यादा सतर्क रहने की ज़रूरत हो सकती है। उदाहरण के लिए, अप्पधर्म की स्थिति में जहां जीवन पूरी तरह से ख़तरे में है, कोई मनुष्य अपनी रक्षा में जैसा सर्वाधिक उचित समझता है, वैसा व्यवहार कर सकता है जिसमें निषेध के बावजूद हिंसा का प्रयोग भी शामिल है। युद्ध के समय हिंसा का सहारा लेना भी ज़रूरी है। आधुनिक न्याय विधान भी जुर्म की गंभीरता को कम करने की बात को मान्यता देता है जिसके तहत यद्यपि अपराध दंडनीय होता है पर इसकी गंभीरता और अचानक उकसावे को देखते हुए इसे माफ़ कर दिया जाता है। अगर कोई व्यक्ति भूख से मर रहा है तो क्या किसी धनी व्यक्ति के सेब लदे बाग़ान से सेब चुराना उसके लिए ग़लत होगा, या जुर्म को कम करने की परिस्थिति को देखते हुए क्या इस अपराध को माफ़ किया जा सकता है? क्या कोई झूठ हर स्थिति में

निंदनीय है, या अगर कोई जान बचाई जा सकती है तो उसको बचाना उचित है? किसी कार्य के नैतिक लब्धि पर अंतिम फ़ैसला देने से पहले नैतिकता के हिंदू विचार को इस तरह की दुविधाओं से जूझने को बाध्य किया जाता है।

इसलिए हिंदू विश्व दृष्टि पर नैतिक सापेक्षवाद का आरोप लगाना ग़लत होगा। अन्य सभ्यताओं और समाजों की तरह हिंदू धर्म नैतिक आचार संहिता को मान्यता देता है और इसको बार-बार स्पष्ट करता है, लेकिन यह समझने की परिपक्वता उसमें है कि इस तरह की कोई संहिता वे लोग लागू करेंगे, जिन्हें अपने विवेक के आधार पर ऐसा निर्णय लेने की ज़रूरत होगी। यह मानवीय अप्रिय स्थिति है जिसमें जो किया जाना चाहिए वह ज्ञात है, लेकिन इसके बावजूद, दी गई परिस्थिति की वजह से इसमें कमी आती है या इससे भटकाव पैदा होता है। जैसाकि ए के रामानुजन कहते हैं, रस, मोक्ष, संन्यास, स्फोट और भक्ति किसी भी सांदर्भिकता के परे है।[40] इसलिए, कुछ विकल्प, भले ही वे नैतिक नहीं हों, संदर्भ को देखते हुए पूरी तरह से उन्हें माफ़ नहीं किया जा सकता और संबंधित व्यक्ति को इसका परिणाम अवश्य ही भुगतना चाहिए। अंततः, हमारा वास्ता लोगों से है देवों से नहीं। इस स्थिति में कौन कह सकता है कि सभी मामलों में और स्थितियों में क्या सही है और क्या ग़लत? दिशानिर्देश दिया जा सकता है पर हम में से प्रत्येक को अपने विवेकानुसार और हम जिस स्थिति में हैं उसको देखते हुए हमें क्या करना है इसका निर्णय स्वयं करना है। हिंदुओं की नैतिक व्यवस्था इसके साथ ही नैतिक व्यवहार के आदर्शों को निरूपित करता है और मौलिक मानवीय स्थिति में मौजूद ग़लती करने की धारणा पर ग़ौर करता है जोकि नियत, कमजोर, आकस्मिक, सशर्त, और सत्तामूलक संदर्भ में, क्षणभंगुर है। जैसेकि युधिष्ठिर यक्ष को कहता है: "भ्रांति रूपी इस कड़ाह में, जिसमें सूर्य आग और दिन एवं रात इसकी समिधा हैं, महीना और ऋतु इसको चलाने के लिए कलछुल की तरह हैं, समय या मौत सभी प्राणियों को पकाता है: यही वह सरल सत्य है।"[41]

महाभारत में कृष्ण की गतिविधियाँ स्वयं ही ग्रंथों में जिस ईमानदारी की बात कही गई है, उसमें और व्यावहारिक विकल्पों के बीच अंतर को निरूपित करता है। महाकाव्य में कम से कम छह ऐसी घटनाएँ हैं जोकि कौरवों और पांडवों के बीच युद्ध के परिणामों की दृष्टि से महत्वपूर्ण हैं। इसमें उस समय प्रचलित न्यायपूर्ण व्यवहार की संहिता के संदर्भ में, या कम से कम उनसे न्यायपूर्ण व्यवहार की अपेक्षा को लेकर उनके कदमों की नैतिकता पर सवाल उठाए गए हैं। युद्ध के मौक़े पर, कृष्ण ने बहुत ही बड़े योद्धा कर्ण को कौरवों से अलग कर अपने पक्ष में मिलाने का प्रयास किया। ऐसा उन्होंने इंसाफ़ के बारे में कर्ण के विचारों की दुहाई नहीं दी, या उन्हें पांडवों के दावों की वैधता पर ग़ौर करने के लिए नहीं मनाया। इनके बदले उनकी रणनीति कर्ण की निजी ज़िंदगी के बारे में कुछ महत्वपूर्ण सूचनाओं का प्रयोग कर अपने बचपन के मित्र और हितचिंतक दुर्योधन के

प्रति उनके अटूट समर्पण को तोड़ दिया जाए। वास्तविकता में, कर्ण कुंती के पहले पुत्र थे जो सूर्य के साथ उनके विवाहपूर्व अवांछित संबंध से पैदा हुए थे। कृष्ण इस बात को जानते थे और उन्होंने इस सच को कर्ण पर ज़ाहिर करने के लिए इस वक़्त को चुना। इस युवा योद्धा को इस भेद के ज़ाहिर होने से बहुत बड़ा आघात लगा। एक ही झटके में, जिन पांडवों को वह अपना सबसे कट्टर दुश्मन समझते थे, उनके बारे में उन्हें पता चला कि वे उनके भाई हैं। कृष्ण यहीं तक नहीं रुके। उन्होंने कर्ण को यह भी बताया कि अगर वह अपनी वफ़ादारी बदल लेते हैं तो इससे कर्ण को क्या-क्या फ़ायदे हो सकते हैं:

> "तुम जानते हो कि यदि जब कोई स्त्री कुंवारी हो, तब उसके पुत्र उत्पन्न हो जाए, तो क़ानून के मुताबिक़ वह उस व्यक्ति का पुत्र हो जाता है जिससे वह स्त्री शादी करती है। तो इस हिसाब से तुम एक पांडव हो। तुम पांडवों में सबसे बड़े हुए। तुम अपने पिता के पक्ष से पांडव हुए। अपनी मां के पक्ष से तुम वृष्णि हुए, मेरा चचेरा भाई, मेरा रिश्तेदार। अब तुम हमारे साथ हो जाओ। मैं युधिष्ठिर से मिलने जा रहा हूँ। तुम्हारे भाई तुम्हारे चरणों में होंगे। वे सारे राजा जो पांडवों की मदद के लिए इकट्ठा हुए हैं, तुमको पांडवों में सबसे बड़े होने की वजह से तुम्हारा सम्मान करेंगे। वे लोग तुम्हें अपना राजा घोषित करेंगे। तुम राजा बनोगे और युधिष्ठिर युवराज होंगे। वह तुम्हारी उपस्थिति में तुम्हारे रथ के श्वेत अश्वों को हांकेंगे और तुम्हें तुम्हारे स्थान पर बैठाएँगे। श्याम वर्ण की सुंदर द्रौपदी तुम्हारी होगी क्योंकि तुम पांडव हो। युधिष्ठिर तुम्हारे रथ में बैठने के बाद रथ में बैठेंगे। बलशाली भीम तुम्हारे सिर के ऊपर छत्र ताने खड़ा रहेगा। तुम्हारा छोटा भाई अर्जुन तुम्हारा सारथी होगा। वह तुम्हारे घोड़ों की लगाम थामेगा। नकुल और सहदेव और मैं तुम्हारे रथ के पीछे चलेंगे।"[42]

कृष्ण का मिशन सफल नहीं हुआ क्योंकि इन प्रलोभनों के बावजूद कर्ण ने दुर्योधन के साथ अपनी दोस्ती ख़त्म करने से इंकार कर दिया जो उसके साथ उस समय समर्थन में खड़ा रहा था जब उसे इस समर्थन की ज़्यादा ज़रूरत थी। पर कृष्ण का आग्रह पूरी तरह विफल भी नहीं रहा। कर्ण का भावुक संतुलन चकनाचूर हो गया। पांडवों के प्रति उसकी शत्रुता कमजोर हो गई। अभी तक युद्ध के लिए जिस तरह से वह प्रतिबद्ध था, उसकी चूलें हिल चुकी थीं। कृष्ण ने उससे कुंती के लिए सर्वाधिक महत्वपूर्ण वरदान प्राप्त करने की ज़मीन तैयार कर दी जो कर्ण से कुछ दिन बाद मिलीं। कुंती भी उसे दुर्योधन का साथ छोड़ने के लिए नहीं मना सकीं; हालाँकि, अपनी मां को पूरी तरह निराश करने की इच्छा नहीं रखनेवाले कर्ण ने कुंती से वादा किया कि वह युधिष्ठिर, भीम, नकुल और सहदेव पर हमला नहीं करेगा। अर्जुन के साथ युद्ध करने का उसने प्रण कर रखा था, पर उसने कुंती को आश्वासन दिया कि उसके कम से कम पाँच बेटे ज़िंदा रहेंगे।

युद्ध के दौरान, पांडव कृष्ण के कहने पर कौरव सेना के शीर्ष योद्धाओं को इस तरह मारने में सफल रहे जिसे अच्छे शब्दों में कहा जाए तो यह तिकड़म थी और बुरे शब्दों में यह कपटपूर्ण और अनुचित था। भीष्म पांडवों की सेना में मौजूद किसी भी योद्धा से कहीं बड़े योद्धा थे। उनके तीर पांडवों की सेना पर क़हर ढा रहे थे। कृष्ण के साथ परामर्श के बाद पांडवों ने भीष्म से मिलने का निर्णय किया ताकि उनसे वे पूछ सकें कि उन्हें किस तरह हराया जा सकता है। यद्यपि वे धृतराष्ट्र की ओर से युद्ध लड़ने के लिए कर्तव्यों से बंधे थे, निजी स्तर पर भीष्म पांडवों को सर्वाधिक प्यार करते थे। कृष्ण का स्पष्ट तर्क यह था कि अगर युधिष्ठिर भीष्म को यह प्रश्न पूछते हैं तो भीष्म पितामह ज़रूर इसका उत्तर बता देंगे। और यह योजना कामयाब रही। "योद्धा शिखंडी को मेरे सामने रखो," भीष्म ने कहा और उस स्थिति में मुझे अपने धनुष नीचे रख देने होंगे।" भीष्म ने कभी भी किसी स्त्री पर हमला नहीं करने का प्रण लिया था और इसमें ऐसा पुरुष भी शामिल था जो पहले स्त्री रह चुका है। शिखंडी सिर्फ दिखने में ही पुरुष था। वास्तव में वह काशी की राजकुमारी अंबा का अवतार था। अंबा भीष्म से शादी करना चाहती थी पर भीष्म ने ब्रह्मचर्य का व्रत ले रखा था और इसलिए अंबा से शादी करने से इंकार कर दिया। राजकुमारी ने इस अपमान का बदला लेने का प्रण किया। वह अगले जन्म में शिखंडी के रूप में पैदा हुई, और उसने श्रद्धेय भीष्म पर हमले की अगुवाई की। भीष्म ने अपने हथियार रख दिए और अर्जुन के तीरों ने तत्काल उनके शरीर को बेध डाला और वे नीचे गिर पड़े। कुरु वंश के सम्मानित गुरु द्रोण ऐसे ही एक अन्य ताकतवर दुश्मन थे जिनके हमले पांडवों की सेना के लिए भारी पड़ रहे थे। उनको मारने की कृष्ण की योजना चालाकी से भरी थी।

द्रोण अपने पुत्र अश्वत्थामा को बहुत प्यार करते थे, यह सर्वविदित था। कृष्ण ने कहा कि अगर उनसे कहा जाए कि अश्वत्थामा मर गया, तो द्रोण लड़ने की सारी लालसा त्याग देंगे। लेकिन द्रोण इस बात पर तभी विश्वास करेंगे अगर यह समाचार उन्हें युधिष्ठिर से मिले जो कभी भी झूठ नहीं बोलते थे। युधिष्ठिर से जब उनकी इस भूमिका के बारे में बताया गया तो उन्होंने इसका विरोध किया; अर्जुन ने भी मना कर दिया। पर कृष्ण ने जिस तरह से दलील रखी वह पूरी तरह प्रेरक थी। "अगर द्रोण आधा दिन भी ज़िंदा रहते हैं, तो पांडवों की सेना नष्ट हो जाएगी," उन्होंने कहा। "जीवन बचाने के लिए झूठ बोलना अनैतिक नहीं है। तथ्य तो यह है कि कुछ स्थिति में झूठ बोलने की अनुमति है।"

इस योजना को बहुत ही चालाकी से लागू किया गया। भीम ने एक हाथी को मारा था जिसका नाम भी अश्वत्थामा था। युधिष्ठिर, जोकि इस षड्यंत्र में अनिच्छा से शामिल थे, उन्होंने जब यह कहा कि "अश्वत्थामा मर गया!" तो उन्होंने पूरी तरह से झूठ नहीं बोला और फिर धीमे स्वर में कहा, "अश्वत्थामा नामक हाथी।" आहत द्रोण, युधिष्ठिर पर बिना किसी शक के विश्वास करते हुए लड़ने की इच्छा गँवा बैठे। भीम की ओर से इस बात के कुछ ताने

सुनने के बाद कि इस तरह अकारण लोगों की हत्या करना एक ब्राह्मण के लिए उचित नहीं है, उनको और ज़्यादा उत्साहहीन होकर अपने हथियार नीचे डाल देने के लिए काफ़ी था और द्रुपद के पुत्र धृष्टद्युम्न ने फुर्ती से उनका सिर धड़ से अलग कर दिया।

कर्ण उस समय मारा गया जब अर्जुन के साथ अपनी लड़ाई में ज़मीन में धँसे अपने रथ के पहिए को निकालने के लिए रथ से उतरा। किसी निहत्थे पर आक्रमण करना युद्ध के नियमों के ख़िलाफ़ था और कर्ण ने अर्जुन से कहा था कि वह इस आचार संहिता का पालन करे। पर कृष्ण ने तत्काल हस्तक्षेप किया। उन्होंने कहा कि युद्ध में ईमानदारी की अपेक्षा का उन लोगों के लिए कोई मतलब नहीं है जो स्वयं ऐसी ईमानदारी नहीं बरतते। दुर्योधन की ग़लत बातों का समर्थन कर कर्ण ने अपने साथ ईमानदारी के व्यवहार का अधिकार खो दिया है। क्रोध से आँखें लाल करते हुए कृष्ण ने उस घटना को याद किया, जब कुछ ही दिन पहले कर्ण ने अन्य महान कौरव योद्धाओं के साथ मिलकर अर्जुन के कम उम्र के बेटे को मार दिया था। "इससे पहले कि वह रथ पर वापस आए, कर्ण को मार दो," कृष्ण ने अर्जुन पर दबाव डाला और दूसरे क्षण, युद्ध के मैदान में कर्ण का सिर उसके धड़ से अलग हो गया।

सिंधु का शासक और धृतराष्ट्र का जमाई जयद्रथ अगर सांसारिक नियमों से नहीं तो दैवीय तिकड़म से मारा गया। जयद्रथ ने अभिमन्यु की मौत में महत्वपूर्ण भूमिका निभाई थी। अर्जुन ने प्रण लिया था कि वह जयद्रथ का सूर्यास्त से पहले वध करके अपने बेटे की मौत का बदला लेगा या फिर आग में कूदकर अपने प्राण त्याग देगा। अर्जुन के प्रण की बात सुनने के बाद जयद्रथ जिसको कौरवों की पूरी सेना की सुरक्षा प्राप्त थी, प्रभावी तौर पर पकड़ में आने से बचता रहा। युद्ध की पूरे दिन की थकान के बाद भी वह अर्जुन की पहुँच के बाहर था। सूर्यास्त का संकेत देते हुए क्षितिज पर अंधकार गहरा रहा था। कृष्ण चिंतित हो उठे। जयद्रथ अपने छिपने के स्थान से विजयी मुद्रा में यह बखूबी सुनिश्चित करने के बाद बाहर आया कि सूर्यास्त हो गया है। पर उसने जैसे ही ऐसा किया, सूर्यदेव अनायास ही अंधकार से निकलते हुए चमक उठे। इस बार अर्जुन ने मौक़े को अपने हाथ से जाने नहीं दिया। अर्जुन के चलाए एक तीर ने जयद्रथ की जान ले ली। कृष्ण शाम हो जाने का भ्रम फैलाकर जयद्रथ को अपने छिपने के स्थान से बाहर लाने में कामयाब रहे और इस तरह उन्होंने प्रण के विफल होने की स्थिति में अर्जुन को आत्मदाह करने से बचा लिया।

कौरव भाइयों में से दुर्योधन मारा जाने वाला अंतिम व्यक्ति था। युधिष्ठिर ने सम्मान से उदारता दिखाते हुए उसे यह प्रस्ताव दिया था कि वह अपने पसंदीदा हथियार के साथ जिसे भी चुने उस पांडव बंधु से अकेले-अकेले युद्ध कर सकता है। कृष्ण ने युधिष्ठिर को इस तरह का बेवक़ूफ़ी भरा उदार प्रस्ताव देने के लिए डाँटने में समय नहीं गँवाया। उन्होंने कहा, दुर्योधन इतना बड़ा योद्धा है कि शायद भीम को

छोड़कर किसी के भी लिए उसको हराना मुश्किल है। सौभाग्य से, भीम ने दुर्योधन को स्वयं ही गदा की लड़ाई के लिए ललकारा और उसने स्वीकार कर लिया। यह लड़ाई लंबी और कटु थी। दोनों ही योद्धा ताक़त में एक-दूसरे के समतुल्य थे। लेकिन कुछ समय के बाद यह स्पष्ट हो गया कि इसके बावजूद भीम दोनों में विशालकाय था, दुर्योधन ज़्यादा फुर्तीला और ज़्यादा अच्छा योद्धा था। कृष्ण, जो पूरी तन्मयता से इस लड़ाई को देख रहे थे, उन्होंने अर्जुन से कहा कि भीम कभी भी उचित लड़ाई में दुर्योधन से जीत नहीं सकता है। उसे अनुचित तरीक़े से हराना होगा। "क्या भीम दुर्योधन की जाँघों को तोड़ने की अपनी प्रतिज्ञा भूल चुका है?" कृष्ण ने अर्जुन से इतनी ज़ोर से पूछा कि भीम को भी यह सुनाई दिया। अर्जुन कृष्ण किस ओर इशारा कर रहे थे, समझ गया और उसने अपनी जाँघ पर हाथ मारा ताकि वह इसका संकेत भीम को दे सके। भीम ने संकेत को समझा। उसने अपनी गदा के एक चोट से दुर्योधन की जाँघों को तोड़ दिया। इस वजह से वह कराह उठा और ज़मीन पर गिर गया। किसी के लिए भी नाभि के नीचे हमला करना युद्ध के नियमों के ख़िलाफ़ था। इसलिए दुर्योधन यह उम्मीद नहीं कर रहा था कि उसकी जाँघों पर हमला होगा। अगर कृष्ण ने स्पष्ट रूप से नहीं कहा होता तो भीम भी युद्ध के नियमों को नहीं तोड़ता। बलराम जोकि इस लड़ाई को देख रहे थे, वे इस अनुचित तरीक़े को अपनाने पर नाराज़ हुए। वे भीम पर हमला करने के लिए तैयार थे पर कृष्ण ने उन्हें रोक लिया। तब दुर्योधन, जो उस समय मरने की कगार पर तो था, परंतु दिमाग़ी रूप से अभी भी सचेत था। अपने अंतिम शब्दों में उसने कहा युद्ध के दौरान कृष्ण ने जो अनुचित तरीक़े अपनाए उसकी कठोर निंदा की। मरते हुए इस योद्धा ने प्रत्येक ऐसी घटना का उल्लेख किया – भीष्म को शस्त्रहीन करना, द्रोण और कर्ण को मारना और स्वयं उसको परास्त करने के लिए की गई चालबाज़ी। उसकी आवाज़ में घृणा के भाव स्पष्ट थे; और स्वर्ग भी ऐसा लगता था कि उसके पक्ष का समर्थन कर रहा हो और इसका सुबूत था मृत्यु के समय उसके सिर पर आकाश से हुई पुष्प वर्षा।

कृष्ण ने दुर्योधन के आरोपों का जो जवाब दिया वह काफ़ी दिलचस्प है। पहला, उन्होंने इस बात को स्वीकार किया कि उन्होंने अनुचित तरीक़े अपनाए। उन्होंने कहा, "कौरव, जोकि क्षत्रिय पराक्रम के फूल थे, उन्हें न्यायोचित तरीक़े से नहीं मारा जा सकता था। काम्यका वन में उन्होंने द्रौपदी को जो वचन दिया था उसे वे छल से ही पूरा कर सकते थे। कृष्ण ने कहा कि जब दुश्मन ताक़तवर हो तो धोखा देना स्वीकार्य है। "देव स्वयं भी इससे ऊपर नहीं हैं; हमने सिर्फ़ उनके उदाहरणों का अनुसरण किया है," उन्होंने कहा। "कौरव अधर्म के प्रतीक थे। उन्हें परास्त करना जरूरी था।" उन्होंने कहा कि इस तरह की स्थिति में, "लक्ष्य साधन को उचित ठहराता है।" उस समय जो हालात थे, 'अकलंकित

न्यायपरायणता' पर भरोसा नहीं किया जा सकता। चौथा युग जोकि कलयुग है, उसकी शुरुआत हो चुकी है। इस युग में, पूर्ण नैतिकता बेमतलब की बात होगी।

दैवगति और भाग्य सही और ग़लत को अपना केंद्र-बिंदु बनाए रखने की अनुमति नहीं देते। "यह समय का नियम है। भाग्य कौन सी राह पकड़ती है, आपको उसको बदलने की कोशिश आवश्यक रूप से नहीं करनी चाहिए। वह अपना रास्ता चुन लेगी। वह अन्यायप्रिय भी है और वह कई तरीक़े से स्वयं को संतुष्ट करती है और इनमें से अधिकांश तरीक़े न्यायोचित नहीं होते।" कृष्ण की अंतिम दलील थी कि अपने मानव अवतार में, उनको मनुष्य की तरह अपना खेल खेलना था। "जब मैं एक देव के रूप में रह रहा हूँ, तो मैं देव की तरह व्यवहार करता हूँ; जब मेरा रूप किसी गंधर्व या किसी नाग का है तो मेरे कार्य और मेरा व्यवहार भी इसी के अनुरूप होता है; अब जबकि मैं मानव मां-बाप से पैदा हुआ हूँ, मुझे आवश्यक रूप से वैसे ही कार्य और व्यवहार करने होंगे जैसे मानव करते हैं'।"[43]

सत्य शायद यह है कि युद्ध में कृष्ण का व्यवहार युद्ध के बारे में उन सिद्धांतों और शासन कला की नैतिक संहिता का प्रतिबिंब था जो उस समय प्रचलित थी। दंडनीति यानी राजनीति में बल का प्रयोग और राजनीति यानी राजाओं के व्यवहार प्राचीन भारत में बहुत ही सुविकसित क्षेत्र था। इसमें कोई संदेह नहीं कि इस विषय पर एकाधिक ग्रंथ का अस्तित्व था। इसके बावजूद कि ये ग्रंथ अब उपलब्ध नहीं हैं, वैदिक और पाली साहित्य में इस बात के पर्याप्त साक्ष्य हैं कि इन क्षेत्रों को काफ़ी ज़्यादा महत्व दिया जाता था। शायद, शासन कला से संबंधित सर्वाधिक महत्वपूर्ण ग्रंथ कौटिल्य का *अर्थशास्त्र* है जिसकी रचना चंद्रगुप्त मौर्य (324-313 सदी ईसा पूर्व) के शासनकाल में हुई। "*अर्थशास्त्र* युद्ध में न्यायोचित व्यवहार के बारे में कुछ नहीं कहता और स्पष्ट रूप से दानवी क़िस्म के विजय को बहुत ज़्यादा लाभकारी और उपयुक्त बताता है... युद्ध के नियम सिर्फ वही राजा बनाए रख सकता है जो अपनी जीत या हार के प्रति आश्वस्त है। जहां इसकी उम्मीद कम थी, स्वयं की सुरक्षा अवश्यंभावी रूप से वहाँ ज़्यादा मुखर रही।"[44]

इसलिए, धर्म पत्थर पर लिखा सार्वभौमिक नैतिक न्यायादेश न तो था और न ही हो सकता है। हिंदू सभ्यता इतनी निर्भीक और व्यावहारिक दोनों थी कि वह इसे बखूबी समझ रहा था और इस क्रम में उसने नैतिक मूल्यों की स्वायत्त महत्ता को कम नहीं होने दिया। धर्म सूक्ष्म, भ्रांतिपूर्ण और परिष्कृत था; दूसरी ओर, अर्थ, यानी भौतिक सुख की आकांक्षा स्थूल, ठोस और प्राप्य थी। एक ऐसी सभ्यता जो अध्यात्म और दर्शन की बातों में इतनी ज़्यादा खोई रही, उसमें भौतिकता की तलाश को बेहिचक विचारधारात्मक स्वीकृति दे देना कई लोगों को चकित कर सकता है। हालाँकि, हिंदू विश्व दृष्टि ने आध्यात्मिक और भौतिक को एक दूसरे के आमने-सामने खड़ा करने का

प्रस्ताव नहीं किया। दोनों में से प्रत्येक का संतुलित जीवन के रूप में अपना महत्व था।

सचमुच में, हिंदू धर्म शायद पहला ऐसा धर्म रहा होगा जिसने स्पष्ट रूप से भौतिक लालसाओं और संपन्नता को जीवन के शीर्ष लक्ष्यों में शामिल किया। चाणक्य ने अपने *अर्थशास्त्र* में अर्थ को धर्म और काम दोनों से ऊपर रखा है। "(कुछ शिक्षकों का कहना है कि) मानव प्रयत्नों के तीन लक्ष्य (धर्म, अर्थ और काम) एक दूसरे पर निर्भर हैं और इनकी प्राप्ति का प्रयास समान रूप से होना चाहिए। इनमें से किसी भी एक को ज़्यादा महत्व देना न केवल इस लक्ष्य को नुकसान पहुँचाता है बल्कि दूसरों को भी। हालाँकि, चाणक्य का कहना है: अर्थ सर्वाधिक महत्वपूर्ण है क्योंकि धर्म और काम दोनों ही इस पर निर्भर हैं।"[45]

भौतिक सुख को कभी भी मोक्ष के रास्ते की बाधा नहीं माना गया; उल्टे, ऐसे लोग जिनके पास आजीविका है उन्हीं से उम्मीद की जाती है कि वे निर्वाण के लिए किए जानेवाले प्रयत्न में स्वयं को उचित तरीक़े से समर्पित कर पाएँगे। हिंदू समाज ने संपत्ति की संतुलित स्वीकृति का जो अनुमोदन किया है वह बाइबिल के इस नाटकीय निषेधाज्ञा से अलग है कि धनी व्यक्ति के लिए स्वर्ग में प्रवेश असंभव होगा। वाल्मीकि रामायण में सुझाव दिया गया है: धनमार्जय काकुत्स्थ, धनमूलं इदं जगत, अंतरं नाभिजानामि निर्धनस्य मृतस्य च: धन संग्रह कीजिए। दुनिया के पास उसकी जड़ के रूप में संपत्ति है। एक ग़रीब व्यक्ति और एक मृत व्यक्ति में कोई अंतर नहीं है। महाभारत भी कहता है, "यह अनुभूति कि मनुष्य को उसके पास जो भी संपत्ति है उसका त्याग कर देना चाहिए और संपत्ति के बारे में अवहेलना का भाव पैदा करना चाहिए, यह किसी अव्यवस्था से कम नहीं है: अव्यवस्था, इसलिए क्योंकि इस तरह की धारणा मानवीय वास्तविकता के ख़िलाफ़ है। यह कहता है: निर्धनता में न तो स्वतंत्रता है, न ही संपत्ति में दासता।"[46] थिरुवल्लुवर के कोई दो हज़ार साल पहले प्रज्ञा का भंडार समझे जानेवाले तमिल भाषा में लिखे ग्रंथ *थिरक्कुरल* में कहा गया है: "पिनी इमाई सेल्वम विलैविनबम इमाम अनीयेम्बा नातिरकिव वेनथु: एक राष्ट्र को बनानेवाले महत्वपूर्ण तत्व हैं: बीमारी से मुक्त होना; संपत्ति; उच्च उत्पादकता; सामंजस्यपूर्ण जीवन और मज़बूत प्रतिरक्षा (ज़ोर मेरा है)।"

इसलिए, यह आश्चर्य की बात नहीं है कि हिंदू जीवन में दो महत्वपूर्ण देव हैं लक्ष्मी और गणेश। लक्ष्मी, जैसाकि हम पहले देख चुके हैं, सौभाग्य, धन और संपन्नता की देवी हैं। आज भी देश भर के शहरों और गाँवों के हर घर में एक समान रूप से उनकी सर्वत्र उपस्थिति है। जैसाकि उम्मीद की जा सकती है, व्यापारियों, कार्यालयों, व्यावसायिक प्रतिष्ठानों के लिए उनका विशेष महत्व है और खाते को काला बनाए रखने और अपने भक्तों को सोना, घोड़ों, पशुओं और सभी दुनियावी संपन्नताओं और लालसाओं से भरा-पूरा रखने के अनुग्रह की अपेक्षा उनसे की जाती है। गणेश भी भौतिक संपत्ति के देव

हैं विशेषकर वाणिज्यिक सफलता के। हिंदुओं के कोई और देवता इतने सर्वव्यापी नहीं हैं। हर दुकान, कार्यालयों, घरों के प्रवेश द्वार पर इनकी उपस्थिति सौभाग्य का प्रतीक है और ज़ाहिर है कि यह एक अद्यतन चली आ रही लंबी परंपरा का हिस्सा है। फिर, उनका डील-डौल, खाते-पीते व्यक्ति की तरह बाहर निकला पेट, इन सबका वैराग्य में स्वयं की दिलचस्पी से उस इंकार का कोई लेना-देना नहीं है, जिसे अमूमन ग़लती से हिंदुओं के अध्यात्म के साथ जोड़कर देखा जाता है। न ही लक्ष्मी कोई कृशकाय वैरागी हैं। वे अत्यंत सुंदर हैं और उन्हें दूध के समुद्र से निकलता हुआ दिखाया गया है – संपन्नता की दीप्तिमान अग्रदूत।

भौतिक लालसा का जीवन के उचित लक्ष्य के रूप में अनुमोदन शायद इतना पहले प्राचीन भारत में एक जीवंत सौदागर वर्ग का विकास हुआ। हमारे पास इस बात के प्रमाण हैं कि हड़प्पा सभ्यता में सौदागर मैसोपोटामिया तक से वस्तुओं की ख़रीद-फ़रोख़्त करते थे और वैदिक काल के व्यापारी भी इतने ही साहसी थे। वस्त्र उद्योग विशेष रूप से विकसित था; व्यापार संघ का बोलबाला था; वरदुशिका (साहूकारी) व्यवस्था की जड़ अच्छी तरह जमी हुई थी; वृद्धि (ब्याज का वाणिज्यिक दर) का प्रचलन था; और प्रायोजक (निवेशक) मुनाफ़े के लिए एक दूसरे से प्रतिस्पर्धा करते थे। यह दिलचस्प है कि सूदख़ोरी यद्यपि आम बात थी, पर साहूकारी को उतना ख़राब नहीं माना जाता था जितना इसे ईसाई और इस्लाम में ख़राब माना जाता था।

भारतीय सभ्यता की नींव, इसलिए, सर्वाधिक प्रबुद्ध थी क्योंकि उसने वांछित वस्तुओं की श्रेणी में दुनियावी संपत्ति की स्थिति को स्वीकार किया। एकमात्र प्रतिवाद था कि धनोपार्जन दूसरे के ख़िलाफ़ हिंसा से नहीं होना चाहिए और संपन्नता को हमेशा ही धर्मदान के महत्व को नहीं भूलना चाहिए। प्रोफ़ेसर ए एल बाशम, जिन्होंने प्राचीन भारत पर सर्वाधिक व्यापक ग्रंथ लिखे हैं, इस बारे में कहते हैं:

> यह अमूमन कहा जाता है कि प्राचीन समाज अर्जक समाज नहीं था... यह एक नहीं, कई बार कहता है कि निर्धनता ज़िंदा रहते मर जाना है... ऋग्वेद, जिसमें संपत्ति के बारे में कई प्रार्थनाएँ हैं, के समय से, आम आदमी के लिए दुनियावी संपत्ति नैतिक रूप से वांछनीय माना जाता था और एक पूर्ण और सभ्य जीवन के लिए वास्तव में आवश्यक। जो साधु स्वेच्छा से अपनी संपत्ति छोड़ देते थे, वे परित्याग का एक कार्य करते थे जिसकी वजह से उन्हें सर्वाधिक आदर का हक़ मिलता था – (लेकिन) संन्यासी का जीवन एक आम आदमी की तरह नहीं होता था और जीवन के चार चरणों का सैद्धांतिक वर्गीकरण दूसरे चरण में पारिवारिक जीवन जीनेवालों को इसका कुछ हिस्सा भौतिक सुखों पर खर्च करने का पर्याप्त

> अवसर देता था। इस तरह, प्राचीन भारत के आदर्श, जोकि शायद पश्चिम की तरह नहीं थे, में धनोपार्जन को किसी भी तरह से वर्जित नहीं किया गया था। भारत में न केवल विलासिता-पसंद और आनंद से प्राप्त करने की इच्छा रखनेवाले अनुरागी लोग थे, बल्कि संपत्ति की चाहत रखनेवाले सौदागर और संपन्न शिल्पी भी थे, जो हालाँकि ब्राह्मण और क्षत्रियों से कम सम्मानित थे, पर समाज में उनको आदरपूर्ण स्थान प्राप्त था।[47]

वही बौद्धिक व्यावहारिकता जो धनार्जन के लालसा की स्वीकृति देता है, हिंदू व्यवस्था में चार सर्वाधिक बड़े लक्ष्यों में कामना को भी वैधता प्रदान है। दार्शनिक स्तर पर, मनोरथ और यौन इच्छा को एक आध्यात्मिक खाँचे में एक साथ मिलाने का प्रयास था, जिसमें कामुकता उसका स्वाभाविक गुण था और इन सबके बीच कामना पर विजय पाने की ज़रूरत पर भी समान रूप से जोर दिया गया था और वैराग्य इसका विचलनकारी गुण था। *ऋग्वेद* का कहना है कि अमूर्तन की ताक़त से प्राणी बनने के बाद 'उसमें' कामना के रूप में पहली गतिविधि पैदा हुई।" उसमें कामना पहले जागी जोकि मस्तिष्क का आदिम अंकुर है; (और जिसे) ऋषियों ने अपने ज्ञान से इसकी तलाश करते हुए अपने हृदय में ऐसा बंधन पाया है जो सत्ता को ग़ैर-सत्ता से जोड़ता है।"[48] इस इच्छा की मज़बूती ने एक आध्यात्मिक बात बताने के लिए एक रूपक के प्रयोग के उपयुक्त बना दिया। *वृहदारण्यक उपनिषद* कहता है: एक मनुष्य की तरह, जिसे उसकी पत्नी ने अपने आलिंगन में कस लिया है, उसे न तो अंदर की सुध होती है और न बाहर की, वही हाल इस 'व्यक्ति' का होता है जिसे स्व ने अपने आलिंगन में जकड़ लिया है, जिसमें ज्ञान भी शामिल है, उसे भी न तो बाहर के बारे में कुछ पता है और न ही अंदर के बारे में।"[49] इसी उपनिषद में एक श्लोक ऐसा भी है जिसमें यज्ञ की अग्नि के बारे में बताने के लिए स्त्री के जननांग का प्रतीक के रूप में प्रयोग हुआ है: "स्त्री अग्नि है, गौतम: लिंग उसकी समिधा है; केश उसका धुआँ है; योनिमुख उसकी लौ है; जब कोई पुरुष उसके योनि में प्रवेश करता है, तो यह उसका कोयला है; उल्लास उसकी चिंगारी है।"[50] जैसाकि हम ग़ौर कर चुके हैं, हिंदू धर्म के सभी महत्वपूर्ण देवताओं की पत्नियाँ हैं। उनको शायद ही कभी ब्रह्मचारी वैरागी बताया जाता है; सात्त्विक अर्थ में उनको वासना के परे कहा जा सकता है, पर अपने अवतारी रूप में वे अपने विपरीत लिंग के प्रति स्पष्ट रूप से आकर्षण का प्रदर्शन करते हैं। देवियाँ इसमें पीछे नहीं हैं। अपने पतियों या प्रेमियों के प्रति उनके प्यार को अमूमन ज़ोरदार ढंग से पार्थिव और कामुक रूप में निरूपित किया जाता है। देव और देवियाँ चेतन द्वैतवाद, पुरुष और प्रकृति का प्रतिनिधित्व करते हैं और एक-दूसरे के पूरक हैं।

वृहत धार्मिक और आध्यात्मिक दृष्टि में लालसा को शामिल करने से उसे मान्यता भी मिली और दार्शनिक वैधता भी। काम, जोकि प्यार का देवता है वैसे ही जैसे यूनानी इरोस, या रोमन क्यूपिड या आमोर की तरह, उसकी *अथर्ववेद* के एक श्लोक में सर्वश्रेष्ठ देवता और सृजनकर्ता के रूप में प्रशंसा की गई है। "काम पहले पैदा हुआ। न तो देवता, न पिता, न आदमी ने उसकी बराबरी की है। तुम इन सब में श्रेष्ठतर हो और सार्वकालिक महान।"[51] *ऋग्वेद* भी उसके प्रति इसी तरह सम्मान प्रकट करता है और पूजा के लिए उसकी सराहना करता है, क्योंकि वे देवों के तुल्य नहीं है। "तीर को अच्छी तरह से ठीक दिशा में रखते हुए, पीड़ा जिसके पंख हैं, जो लालसा-बिद्ध है, और जिसमें उसके अन्यायपूर्ण व्यवहार की लालसा है वह काम उसके हृदय को बींध दे।"[52] *तैत्तिरीय ब्राह्मण* के अनुसार, काम धर्म का पुत्र है जो न्याय का देवता है और श्रद्धा विश्वास की देवी है। एक दूसरे दृष्टांत के अनुसार, उसकी उत्पत्ति ब्रह्मा के हृदय से हुई। इसके अलावा दूसरे ग्रंथ भी हैं जिनका दावा है कि वह आत्म-भू है यानी उसका स्व-अस्तित्व है। हरिवंश कहता है कि काम विष्णु और लक्ष्मी का बेटा है और यह सर्वाधिक मान्य विचार है।

हिंदू मिथ के अनुसार, वह काम ही था जो शिव में पार्वती के लिए प्रेमातुर विचारों को पैदा कर उनके गहरे ध्यान को भंग करने में सफल रहा था। उसने ऐसा ब्रह्मा के कहने पर किया, क्योंकि ताड़क जैसे भयानक राक्षस को शिव का पुत्र ही मार सकता था और शिव को पुत्र तब तक नहीं होगा जब तक कि उनका ध्यान भंग नहीं होता। *सौर पुराण* का कहना है कि जब ब्रह्मा ने काम को यह कार्य करने को कहा, तो काम ने कहा: "कोई नायक नहीं है, कोई अभिमानी स्त्री नहीं है, कोई ज्ञानी व्यक्ति मेरे लिए ज़्यादा शक्तिशाली नहीं है। सृजनकर्ता ब्रह्मा से शुरू होकर, मैं पूरे ब्रह्मांड में व्याप्त हूँ, मैं चलायमान और स्थिर भी हूँ।"[53] तुलसीदास के *रामचरितमानस* में एक वर्णन है कि काम जैसे-जैसे शिव की ओर बढ़ता है, उसके आसपास की हर चीज़ काम से प्रभावित होने लगती है। काम को आते देखकर संयम, दृढ़ता, ज्ञान, त्याग, समर्पण और बुद्धि सब में हड़कंप मच जाती है; धर्म ग्रंथ पहाड़ की कंदराओं में छिप जाते हैं; हर कृति – चाहे वह सजीव हो या निर्जीव – उसके स्पर्श से सजीव हो उठी; उफनती नदी समुद्र से मिलने चली; छोटी नदियाँ, खाड़ी, एक-दूसरे से मिलने को इच्छुक हुई; पेड़ एक-दूसरे की ओर झुक गए; पक्षियों और जानवरों पर उसका जादू फैल गया; यहाँ तक कि संन्यासी और योगी भी उसके प्रभाव का विरोध नहीं कर सके।

कहानी यह है कि शिव अपने ध्यान के भंग हो जाने से क्रोधित हो गए और उन्होंने काम को जलाकर राख कर दिया। इसके बाद उन्होंने पार्वती से वरदान माँगने को कहा जिस पर पार्वती ने जवाब दिया: "अब जबकि काम मृत्यु को प्राप्त हो चुका है, आपके

वरदान का आज हमारे लिए क्या प्रयोजन? क्योंकि काम के बिना स्त्री और पुरुष के बीच कोई भावना नहीं हो सकती जोकि एक करोड़ सूर्यों के बराबर है। जब भावनाओं को नष्ट कर दिया जाता है, तो सुख कैसे प्राप्त किया जा सकता है? शिव ने वरदान का प्रस्ताव दोबारा रखा और पार्वती ने कहा कि काम को पुनर्जीवित कर दिया जाए, ताकि दुनिया को इसकी गरमाहट दोबारा नसीब हो, क्योंकि उसके बिना वह उनसे कुछ भी माँगना नहीं चाहती और इस तरह काम पुनर्जीवित हुआ और *भागवत पुराण* के अनुसार, इस बार कृष्ण और रुक्मिणी के पुत्र प्रद्युम्न के रूप में। इस कहानी का दूसरा रूप यह है कि शिव ने कहा कि वे काम को उसी रूप में पुनर्जीवित नहीं कर सकते जिस रूप में वह नष्ट होने से पहले था। पर वह उसे भाव, निराकार लेकिन अपने प्रभाव में सर्वव्यापी होने जैसी स्थिति में पुनर्जीवित करने पर सहमत हो गए।

लगभग गुरुत्वाकर्षण की तरह, आकर्षण के आदिम शक्ति के रूप में कामदेव की ब्रह्मांडीय स्वीकृति की वजह से वे लालसा, प्रेम, कामुकता जैसी भावनाओं का जीवंत रूप बन गए और इसके कारण उन्हें मानव जीवन के चार शीर्ष के पुरुषार्थ में जगह मिल गई। धर्म और काम अब एक -दूसरे के विरोधी लक्ष्य नहीं है बल्कि संतुलित जीवन के हिस्से के रूप में वे एकसरे के साथ सामंजस्य से रह रहे उचित तत्व के रूप में उनको देखा जा सकता है। महाभारत में भीम ज़ोर देकर कहता है कि काम, धर्म और अर्थ दोनों से श्रेष्ठ है क्योंकि काम के बिना अर्थ या धर्म दोनों में से किसी के लिए कोई लालसा नहीं हो सकती; यहाँ तक कि ध्यान में डूबा संन्यासी भी काम से प्रभावित हो जाता है; काम सर्वश्रेष्ठ है क्योंकि यह सुख पहुँचाता है। हालाँकि, आम राय यह उभरी कि धर्म, अर्थ और काम का साथ आना जीवन की बहुरंगी पच्चीकारी में समान महत्व का है*। मनुस्मृति*, त्रिवर्ग, यानी जीवन के तीन लक्ष्यों की बात करता है: "यह कहा जाता है कि धर्म और अर्थ अगर मिल जाएं तो वे सर्वोत्तम संयोजन बनाते हैं, या धर्म अकेले ही सबसे श्रेष्ठ है, या अर्थ का स्थान शीर्ष पर है, लेकिन सबसे श्रेष्ठ है त्रिवर्ग का अनुसरण करना, तीनों को एक साथ देखना।"[54]

प्यार करने की कला पर लिखे गए अपने प्रसिद्ध ग्रंथ *कामसूत्र* (प्रथम सदी से पाँचवीं सदी) में वात्स्यायन इस संतुलित विचार को दोहराते हैं। वात्स्यायन लिखते हैं: "मनुष्य, जिसके जीवन की अवधि सौ साल है, को धर्म, अर्थ और काम पर अलग-अलग समय पर ऐसे अमल करना चाहिए कि उनमें आपस में सामंजस्य पैदा हो और उनमें किसी तरह टकराव न हो ...एक व्यक्ति जो धर्म, अर्थ और काम का अनुसरण करता है, वह इस दुनिया में और आनेवाली दुनिया में सुख भोगता है। ...ऐसा कोई कार्य जो धर्म, अर्थ और काम पर एक साथ, किसी दो, या यहाँ तक कि इनमें से किसी एक पर अमल करने में मदद करता है, उसे किया जाना चाहिए, पर अगर ऐसी कोई कार्यवाही जिसकी वजह

से इनमें से किसी एक पर अमल होता है शेष अन्य दो की क़ीमत पर तो ऐसा काम नहीं किया जाना चाहिए (ज़ोर मेरा है)।"[55] अगर हम अपने चार पुरुषार्थों के पीछे हिंदू विचार को समझना चाहते हैं तो यह एक बहुत ही महत्वपूर्ण बिंदु है। धर्म, अर्थ और काम का अनुसरण सामंजस्यपूर्ण मेल से होना चाहिए और किसी को भी छोड़ा नहीं जाना चाहिए; हर लक्ष्य अपने आप में जायज़ है, लेकिन इन पर अन्य दो के साथ मिलकर अनुपात में अमल होना चाहिए, ताकि संतुलित जीवन के अंतिम लक्ष्य को प्राप्त किया जा सके।

इसलिए, काम की अनुमति सुखवाद के लिए नहीं है। यह अनियंत्रित व्यभिचार के लिए छूट नहीं है। हिंदू विचारों में श्रेष्ठता इस बात में थी कि जीवन के चार लक्ष्यों में भौतिक और वासनात्मक लक्ष्य को भी शामिल किया गया। मानव जीवन में ये जिस तरह की महत्वपूर्ण भूमिका का निर्वाह करते हैं और उनके आकर्षण की प्रबलता को देखते हुए ऐसा किया गया था। इनका कोई महत्व नहीं है और कोई महत्व होना भी नहीं चाहिए, ऐसा कहना अव्यवहारिक और बहुत बड़ा पाखंड होगा। पर इसकी अनुमति देने के बाद, आदेश यह है कि इनमें से किसी पर अलग-अलग अमल नहीं हो और यह कि ये तीनों संतुलित जीवन की गारंटी तभी देते हैं जब इन पर समानुपात में अमल हो। यह जीवन के चार चरणों के साथ जुड़ाव पैदा करता है – कई बार कुछ विशेष वक़्त और क्षण में कुछ प्राथमिकताओं को ज़्यादा महत्व देना होता है; यह आवश्यक नहीं होता, बल्कि अनुभवजन्य पर्यवेक्षण के आधार पर वैध निष्कर्ष होता है। इन प्राथमिकताओं में चार पुरुषार्थों की झलक दिख सकती है और अगर इनमें से प्रत्येक पर सामंजस्य और संतुलन से अमल हो तो यह जीवन में तृप्ति के साथ-साथ मोक्ष के लक्ष्य की तैयारी का रास्ता भी साफ़ करता है।

कामसूत्र कहता है, "काम दिमाग़ की मदद आत्मा के सहयोग से पाँच इंद्रियों सुनने, अनुभव करने, देखने, स्वाद लेने और सूंघने के द्वारा किसी उचित चीज़ का आनंद उठाना है।" किसी लालसा के सच्चे अर्थों में तृप्तिदायक होने के लिए इसे भौतिक के परे ले जाना होगा। आदर्शत:, इससे एक ऐसा संपूर्ण अनुभव होने की उम्मीद की जाती है जिसमें वासना का भावना, परिवेश और सौंदर्य के अनुभव के साथ सामंजस्य हो। तभी जाकर कोई उस मनोभाव, उस रस, उस स्वाद, उस सत्व, आनंददायक क्षण के उस गुप्त स्वाद का अनुभव कर सकता है। प्रेमी कृष्ण सर्वश्रेष्ठ रसिक (जो रस के बारे में जानता है, इसमें डूबा है, और दूसरों में इसे जागृत कर सकता है) हैं। वृंदावन में यमुना के तट पर कृष्ण की गोपियों के साथ प्रेमक्रीड़ा – जैसाकि *भागवत पुराण*, *विष्णु पुराण* और *हरिवंश* में कहा गया है – ऐसा था जिसमें शारीरिक के साथ संगीत, लावण्य, माधुर्य, उस क्षण का महत्व, विन्यास और प्रकृति की आभा सब का साहचर्य था। श्रृंगार रस इस मादक संसर्ग का परिणाम था। ग्रंथों में कृष्ण की रासलीला के वर्णन में कोई कोताही नहीं बरती गई

है, पर एक बार जब वे वृंदावन से विदा हो गए, आम रूप से यह प्रसिद्ध है कि वे दोबारा वहाँ वापस नहीं आए। उनकी यह निर्णायक विदाई यह संदेश देती है कि – काम वैध है, पर विशेष वैधता नहीं; लालसा दैवत्व तक पहुँचने के लिए एक खिड़की की तरह है पर यह एकमात्र खिड़की नहीं है; कामुकता आनंद का स्रोत है, लेकिन ग़ैर-कामुकता से भी ऐसा हो सकता है।

जीवन की हिंदू दृष्टि को दो समानांतर विषयों ने हमेशा ही आकार दिया है – एक ने लालसा की वैधता पर जोर दिया जबकि दूसरे का जोर इस तरह की ख़ुशियों के परे जाने पर था। शिव पार्वती के साथ काम-क्रीड़ा में रत होकर इतने लंबे समय तक नाचते थे कि दूसरे देवताओं को चिंता हो जाती थी; पर वही शिव अपने सभी इंद्रियों को पूरी तरह भुलाकर वर्षों तक ध्यान में डूबे रहते थे। हिंदू धर्म का द्वंद्ववाद या तो यह या वह नहीं था। इसमें यह बात नहीं थी कि एक रास्ता सही है और दूसरा ग़लत। दोनों ही वैध थे क्योंकि अंतिम रूप से यही माना जाता था कि अनंत के सुख का अनुभव करने के एक से अधिक रास्ते हैं। मिथक किसी भी एक ही दृष्टिकोण की विशिष्टता को सही करने का उपकरण बन गया।

संतुलित जीवन पर कनफ़्यूशियस की धारणाओं के अनुरूप जोर डालने की वजह से कलाओं में बेपरवाह कामुकता को काफ़ी हद तक जगह मिली क्योंकि इसमें काम को वैध भूमिका निभाने की अनुमति है। साहित्य में, कालिदास, जोकि चौथी सदी में चंद्रगुप्त मौर्य द्वितीय के दरबार की शोभा थे और जिन्हें भारतीय साहित्याकाश का सबसे महान नाटककार होने का गौरव प्राप्त है, उनकी कृतियों में काफ़ी हद तक कामुकता को जगह दी गई है। अपनी कृतियों में स्त्री पात्रों, भले ही वह शकुंतला हो या उर्वशी या अन्य, उनके शारीरिक सौष्ठव के व्यापक रूप से वर्णन में उनको विशेष महारत हासिल है। उनके लिए, एक की भौहें पानी में उठनेवाली छोटी तरंगों की तरह थी, दूसरे के स्तन फूलों के गुच्छों की तरह, किसी अन्य की जाँघें हाथी की सूंड की तरह और किसी चौथे के निचले होंठ लाल बिंब फल की तरह। जहां उन्होंने देवियों का वर्णन किया है वहाँ भी उनकी कलम से ऐसे ही वर्णन निस्सृत हुए हैं। अपने नाटक *कुमारसंभव* में उन्होंने पार्वती के रूपों का ऐसा कामुक वर्णन किया है कि ऐसा कहा जाता है कि भगवान भी कुपित हो गए और इसका दंड उन्हें यह मिला कि कालिदास कुष्ठ रोग़ के शिकार हो गए। पर इस अप्रामाणिक दंड से उस समय के अन्य महान कवि डरे नहीं। पाँचवीं सदी के दार्शनिक-कवि भर्तृहरि ने निर्बाध रूप से कामुकता का वर्णन किया है और चालुक्य राजा विक्रमादित्य षष्ठम् (1076-1127 ईसवी) के दरबार में अपनी सेवाएँ देनेवाले बिल्हण ने भी ऐसा ही किया। कृष्ण के प्रेम की कहानियाँ राधा के साथ उनका तीव्र अलौकिक और भावनात्मक रोमांस ने निर्णायक रूप से बाद में श्रृंगार-प्रधान कविताओं को जन्म दिया जिसकी शुरुआत

बारहवीं सदी में जयदेव के *गीत गोविंद* से हुई। लेकिन महत्वपूर्ण बात यह है कि आदि शंकराचार्य ने पार्वती को देवी माँ कहते हुए उनकी प्रशस्ति में जिस सौंदर्य लाहिरी की रचना की है उसमें निर्णायक रूप से कामुक पुट है।

कई हिंदू मंदिरों में भी आध्यात्मिकता और कामुकता के बीच इसी तरह का संबंध देखा जा सकता है, विशेषकर खजुराहो और कोणार्क के मंदिरों में। मध्य प्रदेश में खजुराहो समूह के अधिकांश मंदिरों का निर्माण 885 ईसवी से 1050 ईसवी के बीच चंदेल राजवंशों के शासन के दौरान हुआ। इनमें से अधिकांश शिव और विष्णु को समर्पित हैं पर कुछ जैन तीर्थंकरों को भी। ये मंदिर आंशिक रूप से ऐसे चित्रों से सुसज्जित हैं जो स्पष्ट रूप से कामुक हैं जिसमें जोड़ों को यौन क्रियाओं में लिप्त दिखाया गया है। पुरी के नज़दीक कोणार्क मंदिर का निर्माण तेरहवीं सदी में पूर्वी गंगा राजवंश के राजा नरसिम्हन के शासन काल में हुआ था। यह मंदिर सूर्य देव को समर्पित है। इस मंदिर में भी हम यौन क्रियाओं में लिप्त जोड़ों के चित्र बने देख सकते हैं। बिना किसी हिचक के इस तरह के चित्रों की मंदिर जैसे सार्वजनिक स्थल पर मौजूदगी हिंदू धर्म में काम को दार्शनिक वैधता प्रदान करने का सुबूत है। हालाँकि, ये कामुक मूर्तियाँ मंदिरों की संपूर्ण सजावट का एक छोटा हिस्सा भर हैं। इन्हें एक पूर्ण और संतृप्त जीवन में कई तरह की लालसाओं की पूर्ति के हिस्से के रूप में दिखाया गया है। लालसा की वैधता और बुद्धिमत्तापूर्ण अनुपात में इसे पाने की ज़रूरत को इस तरह से मुखर किया गया है। फिर, यह तथ्य कि मंदिरों की दीवारों पर कामुक चित्र बने हैं, इस बात के सुबूत हैं कि लालसा को हिंदू धर्म में देवत्व के प्राचुर्य का हिस्सा माना जाता है। हिंदू धर्म में पवित्र और अपवित्र के बीच किसी तरह का द्विभाजन नहीं है। तथाकथित अपवित्र, पवित्र का हिस्सा है। पवित्र भंगुर नहीं है; यह आवृत नहीं है; यह नियत नहीं है; यह सर्व-समावेशी और सर्वव्यापी है। "कला जिस तरह की सिर्फ जरूरी कामुक सजगता पैदा करती है, उससे ऐसा ईंधन पैदा होता है जो लोकोत्तर आग में नष्ट हो जाता है।"[56] जब लालसा इस तरह के दृष्टिकोण से भरी होती है, तो उस स्थिति में यह अपवित्र के परे भी जाती है और उसको बुलंद भी करती है। धर्म से जुड़ी और सामंजस्यपूर्ण जीवन के हिस्से के रूप में मनोरथ उस परम के साथ एक्य को प्राप्त करने का साधन बन जाता है, इसकी ईश्वर के साथ तन्मयता होती है और वह मनोरथ और वांछित वस्तु के बीच झूठे द्वैतवाद से छुटकारा पा लेता है। अच्छी तरह और सही तरीक़े से जिया हुआ जीवन, जोकि उन सभी बातों से परिपूर्ण है जो जीवन दे सकता है, हमें मोक्ष प्राप्त करने के अनुभव के लिए तैयार करता है। यहाँ शर्तहीन और अकलुषित आनंद की तीव्रता धर्म, अर्थ और काम की शुरुआती श्रेणियों की सीमाओं के पार जाती है। जैसाकि आदि शंकराचार्य ने *निर्वाण शतकम्* में कहा है – न धर्मो, न चार्थो, न कामो, न मोक्षा, चिदानन्दरूपः

शिवोऽहम् शिवोऽहम्: न धर्म, न अर्थ, न काम और न ही मोक्ष का कोई महत्व है, क्योंकि मैं अलौकिक आनंद और चेतना हूँ, मैं शिव हूँ! मैं शिव हूँ!

जीवन के कई पक्षों पर ग़ौर करने, इनकी जानकारी प्राप्त करने और विश्लेषण में खुलापन और इनको संपूर्णता में देखने की स्थिति ने ज्ञान की खोज की प्रवृत्ति को जन्म दिया। दुनिया के दूसरे हिस्सों में विश्वविद्यालय की स्थापना के सदियों पहले भारत ने शिक्षा के उन्नत केंद्र विकसित किए थे जो पूरे देश में फैले हुए थे। उत्तर-पश्चिम में गांधार स्थित प्रसिद्ध तक्षशिला विश्वविद्यालय की स्थापना छठी सदी ईसापूर्व में हो चुकी थी। शिक्षा के अन्य प्रमुख केंद्र थे विक्रमशिला, श्रावस्ती, काशी, पाटलिपुत्र, सोमपुरी और ताम्रलुक जो क्रमशः आधुनिक उत्तर प्रदेश, बिहार और बंगाल में मौजूद थे। उज्जैन, पद्मावती, वनवासी, वल्लभी और पालिताना मध्य और पश्चिम भारत के शैक्षिक केंद्र थे। दक्षिण में छात्र मदुरै, काँचीपुरम, नागार्जुन विद्यापीठ और कंथालूर विश्वविद्यालय में पढ़ने के लिए जमा होते थे। कंथालूर को 'दक्षिण का नालंदा' भी कहा जाता था।

निस्संदेह, सर्वाधिक प्रसिद्ध विश्वविद्यालय वर्तमान बिहार में मौजूद नालंदा था। इस बात के प्रमाण हैं कि इसकी स्थापना पाँचवीं सदी ईसा पूर्व में हुई होगी, पर इतना तो तय है कि गुप्त काल के दौरान यह अपने उत्कर्ष पर था। दस हज़ार से अधिक छात्रों को प्रवेश परीक्षा पास करने के बाद ही इस विश्वविद्यालय में प्रवेश मिलता था और वे सब वहीं पर रहकर शिक्षा पाते थे और उस समय के सर्वाधिक योग्य शिक्षक उन्हें पढ़ाते थे। विश्वविद्यालय के रख-रखाव के लिए कोई राशि नहीं होती थी; हिंदू और बौद्ध दोनों ही समुदायों के राजाओं की ओर से मिलनेवाले संरक्षण के अलावा लगभग सौ गाँवों से प्राप्त होनेवाले राजस्व को इस कार्य के लिए दिया गया था। नालंदा में चीन, जापान, कोरिया और तिब्बत से पढ़ने के लिए छात्र आते थे। सभी छात्रों को कपड़े, भोजन, रहने को जगह और उनके स्वास्थ्य के देखभाल की सुविधा उपलब्ध कराई जाती थी। नालंदा में एक सौ कक्षाएँ थीं, पांडुलिपियों को रखने के लिए एक अलग भवन था। यह भवन एक अलग पुस्तकालय में था जिसे 'ज्ञानशाला' कहा जाता था। इस विश्वविद्यालय का वातावरण प्रश्न पूछने और सवाल करने वाला था। छात्रों को महज़ ज्ञानार्जन से आगे जाकर बुद्धिमानी हासिल करने को उत्साहित किया जाता था। नालंदा में पाँच साल बितानेवाले चीनी-बौद्ध विद्वान ह्वेन त्सांग इस बात को प्रमाणित करते हैं। "विस्तार से प्रश्न पूछने और उत्तर देने के लिए एक दिन कभी पर्याप्त नहीं होता है", उन्होंने लिखा। "सुबह से रात तक वे विमर्श में व्यस्त रहते थे; बूढ़े और युवा एक-दूसरे की मदद करते थे।"[57]

शिक्षा को जो महत्व दिया गया था और विषयों को मन में प्रश्न पूछने के ध्येय के साथ अध्ययन करने को उत्साहित किया जाता था, न कि उन्हें कंठाग्र सीखने का और

ज़ाहिर है कि इस तरह की शिक्षा का मौलिक और यहाँ तक पथ-प्रवर्तक परिणाम मिलना लाज़िमी था। हमने तर्क, दर्शन, भाषा विज्ञान और व्याकरण के क्षेत्र में किए गए अग्रणी अध्ययन की बात की है। गणित, खगोल विद्या और तकनीक के क्षेत्र में भी उत्कृष्टता के उच्चस्तरीय मानक स्थापित हुए। पूछताछ करने और किसी घटना के बारे में प्रश्न पूछने की प्रवृत्ति ने वैज्ञानिक शोध को पोषित किया। "हम जिसे 'विज्ञान' कहते हैं, संदेहवादी होना उसकी अपरिहार्य आधारशिला है। वैज्ञानिक पड़ताल की मौलिक बात यह है कि बार-बार प्रयोग और खोज से किसी अज्ञात सत्य के बारे में पता लग सकता है। हठधर्मी विचार को आगे बढ़ानेवाले वैज्ञानिक होने की बात नहीं कर सकते।"[58] हड़प्पा सभ्यता अपने ज्यामितीय आकारवाली शहरी योजना एक लिए प्रसिद्ध थी, अच्छी तरह पकी इसकी मानक आकार की ईंटें और तौल और माप की व्यवस्थित व्यवस्था जिसमें सटीक अनुपात का पालन होता था जो प्राचीन दुनिया के लिए एक विशिष्ट बात थी। वैदिक काल में जिन भवनों में वेदी बनी होती थी, उनके लिए विस्तृत अंकगणितीय और ज्यामितीय गणना की ज़रूरत होती थी। *शुल्ब सूत्र* जोकि कर्मकांडों की नियमावली से संबंधित ग्रंथ "*श्रौत सूत्र* की ज्यामितीय परिशिष्ट है, इसमें पाइथागोरस के सिद्धांत से विख्यात दुनिया के सबसे पुराने सिद्धांत को शामिल किया गया है जिसे वैदिक काल में वेदी-भवन के निर्माण के लिए विकसित किया गया था।"[59] पहली सदी के आसपास संस्कृत में रचित *सूर्य सिद्धांत* ने अपनी गणना से सिद्ध किया कि पृथ्वी गोलाकार है और पृथ्वी और चंद्रमा के व्यास का लगभग सही माप बताया। कार्ल सगान के अनुसार, "हिंदू ब्रह्मांड विज्ञान पृथ्वी और ब्रह्मांड के लिए एक समय-मान देता है जोकि आधुनिक ब्रह्मांड विज्ञान के अनुरूप है।"[60] सर्वाधिक प्रसिद्ध हिंदू खगोल-विज्ञानियों में आर्यभट्ट प्रथम (499 ईसवी), उसके शिष्य लतादेव (505 ईसवी), वराहमिहिर (550 ईसवी), ब्रह्मगुप्त (छठी सदी), और आर्यभट्ट द्वितीय (950 ईसवी) शामिल हैं। ब्रह्मगुप्त को 'शून्य' को लागू करने के लिए एक चिह्न – जोकि संख्याओं के नीचे एक बिंदु है – विकसित करने का श्रेय जाता है। आर्यभट्ट द्वितीय ने इसके बाद इसका दशमलव प्रणाली में व्यापक रूप से प्रयोग किया। यहाँ दार्शनिक पड़ताल के उस समय की भावना के अनुरूप, यह जानना दिलचस्प है, "ऐसा लगता है कि हिंदू गणितज्ञों को संख्याओं और क्रम एवं श्रृंखला में इनके व्यवस्थित होने के बारे में अंतर्ज्ञान था अंतर्दृष्टि थी, जिसे आगमनिक सामान्यीकरण कहा जा सकता है", और इसने विश्लेषण के तरीक़ों को जन्म दिया जिसने "दशमलव की व्यवस्था को उत्कृष्ट बनाया और ...और कई ऐसे समीकरणों को हल किया जो पहले हल नहीं हुए थे।"[61]

चरक जिनके बारे में कहा जाता है कि वे प्रथम सदी के आसपास कनिष्क के दरबारी चिकित्सक थे, उन्होंने आयुर्वेद की व्यवस्था बनाई जोकि मानव शरीर किस तरह से कार्य

करता है और एक संपूर्ण प्राणी के रूप में इसके इलाज की अंतर्दृष्टि के लिए विशिष्ट है। इसमें दैहिक और मानसिक कारकों पर एक साथ ग़ौर किया जाता है। इससे कई सदी पहले पातंजलि ने अपने *योग सूत्र* में दार्शनिक बातों के अलावा हठ योग की व्यवस्था विकसित की जिसमें आसनों और संपूर्ण मानसिक और दैहिक तंदुरुस्ती के बारे में बताया गया है। सुश्रुत, जिन्होंने *सुश्रुत संहिता* (800 सदी ईसा पूर्व) की रचना की, उन्हें दुनिया का पहला शल्य चिकित्सक माना जाता है। इन योगदानों के साक्ष्य का अनुमान इस तथ्य से लगाया जा सकता है कि प्रथम सदी तक आते-आते आम प्रयोग में आनेवाले शल्य चिकित्सा के उपकरणों में बीस तरह के चाकू और सुई, तीस शलाका, बीस नलीदार उपकरण, और घावों को बंद करने में काम आनेवाले छब्बीस उपयंत्र शामिल थे।"[62] यह ग़ौर करना महत्वपूर्ण है कि वैज्ञानिक उपलब्धियाँ अनाज रखने की किसी जगह में बैठकर नहीं हो सकता; ज्ञान के क्षितिज की तलाश और उसको व्यापक बनाने की ललक ने कई क्षेत्रों में, एकाधिक और एक साथ प्रभाव दिखाया। उदाहरण के लिए, जिसने भी बिहार के सुल्तानगंज में बुद्ध की ताँबे की मूर्ति देखी है, या दिल्ली में लौह स्तंभ को देखा है, धातुकर्म के क्षेत्र में इतने समय पहले हुई प्रगति को देखकर अचंभित हुए बिना नहीं रह सकते।

यह महत्वपूर्ण है कि कई हिंदू निर्मिति और दार्शनिक परिकल्पनाओं को आज का विज्ञान सही ठहरा रहा है। ब्रह्म की अनंत, शाश्वत, निर्गुण चेतना जोकि ब्रह्मांड में व्याप्त है, के रूप में परिकल्पना को खगोल विज्ञान, क्वांटम भौतिकी और तंत्रिका विज्ञान के क्षेत्र में हुई सही नवीनतम खोज ठहरा रहे हैं। खगोल विज्ञान आज इस बात को स्वीकार कर रहा है कि ब्रह्मांड अमात्र (अनियत) है; कि यह अनंत है, जहां बड़े धमाके के बाद बड़ा संकुचन सृजन, अस्तित्व और विनाश (काल) का कभी ख़त्म न होनेवाला चक्र है; और यह कि सर्वोच्च रूप से बुद्धिमत्तापूर्ण है क्योंकि ब्रह्म सर्वप्रत्ययदर्शिनी है। क्वांटम भौतिकी ने यह साबित किया है कि अनुभवजन्य वास्तविकता जिसे हम वास्तविक समझते हैं, वह नहीं है जो दिखाता है, और अगर आइंस्टीन को मानें तो समय और विस्तार (स्पेस) भी सापेक्ष हैं और पदार्थ और ऊर्जा अंतर-परिवर्तनीय (माया) हैं; और ब्रह्मांड अकथनीय है बशर्ते हम यह माने कि निर्विशेषश्चिन्मात्रम् (चेतना) प्राथमिक और पदार्थ उससे निकाला हुआ उत्पाद है। तंत्रिका विज्ञान के क्षेत्र में हुई नवीनतम खोज से पता चलता है कि मस्तिष्क जब गहरे ध्यान में होता है, तो उसे ब्रह्मानुभव (विशुद्ध आनंद और सुख) का अनुभव होता है, जोकि आत्मन (स्व) और ब्रह्म की प्रकृति है और यह अद्वैत की घोषणा से पूर्ण रूप से मेल खाता है। (मेरी पुस्तक *आदि शंकराचार्य : हिंदुइज्म्स ग्रेटेस्ट थिंकर* के अध्याय द *रिमार्केबल वैलिडेशन ऑफ़ साइंस* में इस विषय पर विस्तार से चर्चा की गई है।)

वर्तमान में पारिस्थितिकी और पर्यावरण को बचाने की ज़रूरत को लेकर जिस तरह की चिंता की जाती है वह हिंदू सभ्यता के प्रकृति पर जोर देने की बात से मेल खाता है। उपनिषद के शांतिमंत्र कहते हैं: स्वर्ग शांतिमय हो, आकाश शांतिमय हो; पृथ्वी शांतिमय हो; जल शांतिमय हो; पेड़ और प्रकृति शांतिमय हों; ईश्वर शांतिमय हों। हिंदू विचार सभी पदार्थों को – जड़ या चेतन – को दैवत्व की अभिव्यंजना मानता है। प्रकृति के तत्व को विशेष सम्मान दिया जाता है। सभी जीवन को पंचभूत या पाँच तत्वों विस्तार (स्पेस), पृथ्वी, अग्नि, जल और हवा से बना हुआ माना जाता है। इसके बाद ये तत्व स्वयं अपने आप में दैवत्व की स्थिति को प्राप्त करते हैं। पृथ्वी देवी है, भूमि देवी; नदियाँ जल का भंडार हैं और देवियाँ भी हैं; अग्नि की पूजा होती है। ऋग्वेद की शुरुआती ऋचाओं में प्रकृति का गुणगान है। आयुर्वेद के सिद्धांत में, सभी पादपों में औषधीय गुण हैं। भवन निर्माण का विज्ञान, वास्तु शास्त्र प्रकृति के अनुरूप भवन निर्माण की बात पर ज़ोर देता है। प्राचीन जंगलों और पहाड़ों को ऋषियों का प्राकृतिक निवास माना जाता है। तुलसी और पीपल के पेड़ों की पूजा होती है। भारी संख्या में पशुओं को प्रत्यक्ष रूप से देवों के दैवी वाहन के रूप में देखा जाता है और उनका सम्मान किया जाता है और पूजा की जाती है। संस्कृति शब्द 'प्रकृति' आदिम ऊर्जा का बोध कराता है।

कई औपनिवेशिक टिप्पणीकार और बाद के आधुनिकतावादियों ने समय की हिंदू परिकल्पना का मज़ाक़ उड़ाया है जिसके अनुसार सृजन की प्रक्रिया चक्र में चलती है और हर चक्र में चार युग होते हैं – सत्य युग, द्वापर युग, त्रेता युग और कलि युग। समय की हिंदू ईकाई माइक्रो सैकंड से लेकर खरबों सालों तक का है। समय की गणना की हिंदू विधि की दो मौलिक सीख है, पहली यह कि समय रेखीय नहीं है चक्रीय है – यह ख़त्म होना शुरू होता है और ख़त्म होता है शुरू होने के लिए; और दूसरा, परंपरागत समय सापेक्ष है। ये दोनों ही परिकल्पनाओं को आज विज्ञान की मान्यता प्राप्त है। जहां तक युगों से जुड़े समय के अत्यधिक लंबे होने की बात है, जोकि अरबों वर्ष तक जाता है और जहां पौराणिक कथा, ज्योतिषीय गणना और गणितीय अनुमान आपस में जुड़ते हैं, खगोलशास्त्र आज हमें समय के अपनी परंपरागत श्रेणियों की ओर दोबारा देखने को कह रहा है। उदाहरण के लिए, आज दुनिया की उम्र वैज्ञानिक रूप से जो बताई जाती है, वह हमारे मानवीय समय क्षितिज को पलक झपकने में लगनेवाले समय से भी कम होता है।

हम समय को हज़ार वर्षों के गुणक में मापने के आदी रहे हैं। ईसा पूर्व (बीसी) और ईसा बाद (एनो डोमिनी/एडी) को ज़्यादा धर्मनिरपेक्ष सामान्य युग (सीई) या सामान्य युग से पहले (बीसीई), लेकिन समय और प्राचीनता के बारे में हमारी कल्पना अभी भी हज़ारों में ही है। ब्रह्मांड की आयु का 13.7 अरब वर्ष होने का अनुमान लगाया गया है। सूर्य जोकि हमारी सौर प्रणाली के केंद्र में है, के लगभग 4.6 अरब वर्ष पुराने होने की बात

कही जा रही है। सूर्य और उसकी परिक्रमा करनेवाले ग्रह आकाश गंगा की एक परिक्रमा करने में 2200 लाख वर्ष लगाते हैं। हमसे सर्वाधिक नज़दीक आकाश गंगा है ऐंड्रॉमेडा जोकि 25 लाख प्रकाश वर्ष दूर है। हमसे सर्वाधिक दूरी पर मौजूद हमें दिखाई पड़नेवाली आकाश गंगा 45 अरब प्रकाश वर्ष दूर है। इस आकाश गंगा से चलनेवाली प्रकाश की किरणों को हम तक पहुँचने में 13 अरब वर्ष लगेंगे। समय की हमारी प्राचीन धारणा के अनुसार एक कल्प या ब्रह्मांड के सृजन और दोबारा सृजन के बीच की गणना करने पर इसका 4.32 अरब वर्ष होना क्यूँ इतना असंगत लगना चाहिए? हमारी प्राचीन गणना कई बार अनुमान के काफ़ी नज़दीक रही है और इस तरह उसने समय की परंपरागत मानवीय श्रेणियों से दूर हटकर एक ऐसे पैमाने के नज़दीक होने की क्षमता का प्रदर्शन किया है जोकि इस अर्थ में विशिष्ट है कि आज हम अपने ब्रह्मांड के बारे में जो जान रहे हैं, उसके वह काफ़ी अनुरूप है।

राजनीति विज्ञान मौलिक सोच के इस वर्णक्रम का अपवाद नहीं हो सकता। उदाहरण के लिए, एक विचार यह व्यक्त किया जाता है कि यूनान में जो हुआ उसके उलट प्राचीन भारत ने कोई सुविचारित राजनीतिक दर्शन का विकास नहीं किया। हाल के समय में, उपनिवेशवादी सिद्धांतकारों और वामपंथी इतिहासकारों की इस विचित्र जोड़ी ने विगत की बादशाहतों और साम्राज्यों को 'प्राच्य निरंकुशतावाद' की निंदात्मक टिप्पणी के माध्यम से नीचा दिखाया है। मुझे लग रहा है कि अब समय आ गया है कि जल्दबाज़ी में किए गए इस सामान्यीकरण से परे हटा जाए और जो साक्ष्य उपलब्ध हैं उनकी निष्पक्षता से जाँच की जाए।

हिंदू मस्तिष्क आरटीए में विश्वास करता था जिसका मतलब था व्यवस्था, परिपाटी, धर्म, संस्थान और क़ानून के शासन से जोकि जरूरी नहीं है कि लोकतांत्रिक अर्थों में हो जैसाकि आज हम उसकी व्याख्या करते हैं बल्कि व्यवहार के नियमों के स्थापित ढाँचे की प्रकृति में जो लोगों को एक संगठित समाज के कामकाज को चलाने में मदद दे। आरटीए का उल्टा सिर्फ अराजकता ही हो सकता है, जिसमें जंगल का नियम काम करता है और सिर्फ वही ठीक हो सकता है। प्राचीन ग्रंथों में इस तरह की स्थितियों के बारे में जो वर्णन मिलता है उसे 'मत्स्य न्याय' कहा गया है जिसमें बड़ी मछलियाँ छोटी मछलियों को खा जाती हैं। राजपद की व्यवस्था आरटीए को बचाए रखने और अराजकता को रोकने के लिए आवश्यक थी। इस तरह, किसी राजा के अस्तित्व के लिए दार्शनिक अनुमति, जैसाकि कुछ इतिहासकार बताते हैं, लॉक के सामाजिक अनुबंध के सिद्धांत के अनुरूप था। दो हज़ार साल बाद में सामने रखा गया था, जिसमें लोग स्वयं अपने हित में अपने में से किसी के शासक के रूप में सत्ता संभालने पर राज़ी होते थे ताकि अराजकता को समाप्त कर परिपाटी और क़ानून को लागू किया जा सके।

जैसाकि *वाल्मीकि रामायण* में कहा गया है: "जो भूमि राजारहित है वहाँ धनी लोग सुरक्षित नहीं होते, गड़रिया और किसान घर में ताला लगाकर सोते हैं।" *महाभारत* में भी कहा गया है कि अराजकता झेल रहे लोगों ने मनु को अपना राजा चुना और उसे कर चुकाया; इसके बदले राजा ने इस बात का वादा किया कि वह अपनी प्रजा को सुरक्षा और संरक्षण देगा।

समय बीतने के साथ, और इस ज़रूरत के परिणामस्वरूप, राजतंत्र राज्य का केंद्रीय स्तंभ बन गया। राज्य के सात अंग होने की उम्मीद की जाती थी। इनमें शामिल थे राजा, मंत्रीपरिषद, राजधानी, भू-भाग, राजकोष, सेना और विदेशी मित्र देश। बड़े साम्राज्यों के अस्तित्व में आने के साथ ही ज़्यादा स्पष्ट और व्यापक राजनीतिक दर्शन की ज़रूरत दिनोदिन बढ़ने लगी। मौर्य साम्राज्य पहला लगभग अखिल-भारतीय सत्ता था जैसाकि बाद में गुप्तकाल हुआ। राजा प्रभावोत्पादक शाही उपाधि धारण करता था जैसे 'चक्रवर्ती' या 'दिग्विजय' यानी विश्व विजेता। राजनीतिक सिद्धांतों और इस पर अमल के बारे में ग्रंथों के इस क्षेत्र में विकास के साथ ही समांतर रचना हुई। एक ऐसी सभ्यता जिसने विचारों के विकास और इसकी निर्मिति पर इतना ज़ोर दिया, इस बात की संभावना कम थी कि ऐसा यहाँ नहीं होगा। राजनीति विज्ञान पर सबसे महत्वपूर्ण ग्रंथ कौटिल्य का *अर्थशास्त्र* , महाभारत में शांतिपर्व, *रामायण* के कुछ हिस्से, धर्मशास्त्र, तिरुवल्लुवर की *थिरक्कुरल* और बाद में गुप्तकाल में कामंदका रचित *नीतिसार* और जैन विद्वान सोमदेव सूरी रचित *नीतिवाक्यामृत*। कौटिल्य लिखते हैं कि उनके ग्रंथ के आने से पहले कम से कम राजनीति विज्ञान के पाँच स्कूल मौजूद थे और वे इसे लिखनेवाले कम से कम तेरह लेखकों का ज़िक्र करते हैं जो उनसे पहले हुए।

कुल मिलाकर, शासन कला के हिंदू विचार के दो पक्ष थे जोकि अगर उनको अलग-अलग देखा जाए तो वे एक-दूसरे के एकदम विपरीत थे पर एक साथ देखने पर इनमें सामंजस्य था। इनमें से पहले का जोर राज्य को बचाए रखने, राजा को मज़बूत बनाने और अंदर और बाहर के दुश्मनों को दूर रखने पर था। इन लक्ष्यों को प्राप्त करने के लिए, शासन कला रूखेपन की हद तक भावनाहीन, क्रूर और अनैतिक हो सकती है। *अर्थशास्त्र* और शांति पर्व दोनों ही ऐसे उपायों का ज़िक्र करते हैं जो पूरी तरह से राजा की शक्ति और इसके माध्यम से राज्य की ताक़त को बढ़ाने के लिए समर्पित है। राज्य से उम्मीद की जाती थी कि वह लगभग निरंकुश होगा और उसे पारिवारिक मामले सहित समाज के सभी क्षेत्रों में हस्तक्षेप का सैद्धांतिक अधिकार होगा। गड़बड़ी और विद्रोह की आशंका को रोकने के लिए गुप्तचरी का सुझाव दिया जाता था और इसका प्रभावी तरीके से कैसे प्रयोग किया जाए, अर्थशास्त्र में इसके बारे में व्यापक निर्देश दिए गए हैं। विद्रोहियों को भरमाने के लिए धोखा देने को बहुत ही प्रभावी औज़ार माना जाता

था। व्यावहारिक नैतिकता के स्तर से, इसे किसी भी हद तक ले जाने की अनुमति थी। शांति पर्व में शर-शय्या पर मौजूद भीष्म कहते हैं: "जब (राजा को) मारने की इच्छा हो, तो विनम्र होकर बोलें; मुस्कुराने के बाद उसको और ज़्यादा विनम्र होना चाहिए; अपनी तलवार से सिर काट देने के बाद उसे दुख जताना और आंसू बहने चाहिए।"[63]

दंडनीति यानी कठोर सजा देने का अधिकार, आवश्यक रूप से राज्य की प्रभुता को अक्षुण और सामाजिक व्यवस्था को बनाए रखने के लिए था। *मनुस्मृति* इस बारे में स्पष्ट कहती है: "दंड से ही सभी सृजित प्राणी पर शासन किया जा सकता है, एकमात्र दंड उनकी रक्षा करता है, जब वे सो रहे होते हैं तो दंड ही उनकी रक्षा करता है; ज्ञानी दंड को क़ानून के जैसा ही घोषित करते हैं... पूरी दुनिया में दंड से ही व्यवस्था क़ायम रखी जाती है क्योंकि ऐसा कोई मनुष्य मिलना मुश्किल है जिसमें छल न हो; दंड के भय से पूरी दुनिया उस सुख को त्याग देती है जो उसे देना होता है।"[64] राज्य को यह मानते हुए आगे बढ़ना चाहिए कि छूट दे दी जाए तो लोग भ्रष्ट हो जाएंगे। कौटिल्य कहता है कि कोई सरकारी अधिकारी कब राज्य को धोखा दे रहा है यह पता करना उतना ही मुश्किल है जितना यह जानना कि मछली पानी कब पीती है।

साम्राज्य के हित को संरक्षित और सँवर्धित करने के लिए, *अर्थशास्त्र* चार उपायों के प्रयोग की बात कहता है – साम (बातचीत से), दाम (लालच/क़ीमत देकर), भेद (फूट डालकर) और दंड (सजा देकर)। वह आसनों की बात भी कहता है, जिसका अर्थ हुआ किनारे रहकर किसी निर्णय को जानबूझकर टालना। संकट के समय में, राजा को राज्य की सुरक्षा के लिए किसी भी तरह के उपायों का सहारा लेने की अनुमति है। शांति पर्व के मुताबिक़, अप्पधर्म, यानी आवश्यक रूप से जरूरी धर्म (जिसके बारे में हम पहले चर्चा कर चुके हैं)। वैसे ही राज्य का अधिकार है जैसे कि आधुनिक काल में लोकतांत्रिक सरकारें राष्ट्रीय आपातकाल के समय निजी स्वतंत्रता को निलंबित कर देती हैं। "(शांति पर्व के) जिस खंड आपदाकाल का ज़िक्र है, उसमें राजनीतिक सिद्धांत के इतिहास के कुछ सर्वाधिक निर्दयतापूर्ण वास्तविकता का वर्णन है।"[65]

राजनीतिक सिद्धांत के एक हिस्से पर जहां ताक़त का जुनून सवार था, दूसरा, हिंदू मस्तिष्क के चरित्र के बिलकुल अनुरूप ठीक इसके विपरीत मत की अनुशंसा करता था, जैसे उस ताक़त के प्रयोग की सीमाओं का। राजा, हालाँकि सर्वशक्तिमान होता था, पर अगर वह यह ताक़त अपने पास बनाए रखना चाहता था तो शर्त यह थी कि उसे धर्म के अनुरूप आचरण करना होगा, उन स्थापित परंपराओं को आदर देना होगा जिनके उल्लंघन की मनाही थी और उसे राजर्षि या ऋषि-दार्शनिक के आदर्शों को अपनाते हुए अपनी सारी ऊर्जा लोगों के कल्याण में लगानी होगी। महाभारत प्रबुद्ध राजपद के बारे में दिशानिर्देशात्मक सिद्धांतों को बताता है: "सर्वप्रथम, राजा को स्वयं को अनुशासित

करने दें। इसके बाद ही वह अपने मातहत और प्रजा को अनुशासित कर सकता है, क्योंकि यही अनुशासन की उचित व्यवस्था है। जो राजा स्वयं को अनुशासित किए बिना अपनी प्रजा को अनुशासित करने की कोशिश करता है, वह उपहास का पात्र बनता है क्योंकि वह अपनी ही कमी नहीं देख पाता है। उसकी प्रजा का हित ही उसका सर्वोपरि हित है, उनकी भलाई ही उसकी भलाई है, जो उनको प्रिय है वही उसको भी प्रिय है उनकी अच्छाई में ही उसकी अपनी अच्छाई है। उसके पास जो भी है वह उन्हीं लोगों के लिए है, क्योंकि उसके अपने लिए कुछ नहीं है।"[66]

अर्थशास्त्र भी समान रूप से स्पष्ट है: राजा का पवित्र प्रण है उसका हमेशा ही कार्रवाई, बलिदान और अपने कर्तव्य को निभाने के लिए तैयार रहना। अपनी प्रजा की ख़ुशी में ही राजा की ख़ुशी है, अपनी प्रजा के ही कल्याण में उसका कल्याण है। राजा के लिए वह अच्छा नहीं है जो उसको स्वयं को अच्छा लगता है, बल्कि वह जो उसकी प्रजा को अच्छा लगता है।"[67] इसी वजह से अर्थशास्त्र राजा के प्रशिक्षण के लिए बहुत ही सटीक व्यवस्था और सत्ता संभालने के बाद पालन किए जानेवाले नियमों का सुझाव देता है। ये नियम इतने कठोर हैं कि अगर इनका शब्दशः पालन किया जाए तो राजा के पास सोने के लिए सिर्फ साढ़े चार घंटा और भोजन और मनोरंजन के लिए तीन घंटे का समय ही मिलेगा।

महाकाव्यों में उन दुर्गुणों का भी ज़िक्र है जिससे राजा को आवश्यक रूप से दूरी बनाकर रहना चाहिए। ये हैं झूठ, अनियंत्रित क्रोध, लापरवाही, टालमटोल, पक्षपात का अभाव, आलस्य, विषयासक्त, ग़लत सलाह लेना, राजकीय गोपनीयता को बनाए नहीं रख पाना और एक समय में ज़रूरत से ज़्यादा काम करने की कोशिश करना। इनके विपरीत राजा में जिस तरह के गुण अवश्य होने चाहिएं, उसके बारे में भगवान बुद्ध ने स्वयं ही स्पष्ट रूप से लिखा है। ये हैं दान (उदारता, परोपकार), सिला (नैतिकता), परिक्कगा (आम लोगों की भलाई के लिए आत्म-त्याग), अज्जवा (ईमानदारी और सचाई), मद्दवा (दया), तप (सादगी और स्व-नियंत्रण), अक्कोडा (अक्रोध और घृणा से मुक्ति), अहिंसा(अहिंसा), खांती (धैर्य) और अविरोध (सामंजस्य से शासन)।"[68]

राजा को सलाह दी गई है कि वे गुण के आधार पर मंत्रियों का चयन करे; मंत्रियों को भी सलाह दी गई है कि वे अपने विचार निडर होकर रखें। राज्य से उम्मीद की जाती है कि वे आम लोगों की राय के प्रति संवेदनशीलता दिखाएगा; लोगों पर ज़रूरत से ज़्यादा कर नहीं लगाया जाना चाहिए और शुल्क वसूलने के बारे में तो जैसाकि *मनुस्मृति* में कहा गया है कि यह वैसे ही किया जाना चाहिए जैसे मधुमक्खी फूलों से शहद इकट्ठा करती है या कोई बछड़ा धीमे से दूध पीता है या कोई जोंक बूंद-बूंद खून चूसता है। अशोक (268-232 सदी ईसा पूर्व) के शासन के दौरान उनके शिलालेख स्पष्ट रूप से शासक को एक परोपकारी संरक्षक के रूप में दिखाते हैं जो अपनी प्रजा की भलाई के लिए समर्पित

था। वह लोक समग्रह या वैश्विक कल्याण में विश्वास करते थे और उनका एक शिलालेख कहता है: "मैं कड़ी मेहनत या राज्य के कामकाज को पूरा करके ही संतुष्ट नहीं हूँ क्योंकि मैं समझता हूँ कि मेरा काम पूरी दुनिया का कल्याण करना है।" एक राजा को राजनीतिक वैधता शासितों की प्रशंसा पाने से मिलती है। कालिदास एक शासक के राजधर्म की परिभाषा देते हुए इसे प्रवर्ततम् प्रकृतिहिताय पार्थिवा: (अपनी पूरी प्रजा के कल्याण के लिए काम करना) कहते हैं। *अर्थशास्त्र* दो टूक कहता है कि जिस काम से आम लोग नाराज़ हों, ऐसा काम करना राजा के लिए अधार्मिक है। "*महाभारत* स्पष्ट रूप से ऐसे राजा के ख़िलाफ़ विद्रोह की अनुमति देता है जो उत्पीड़क है या संरक्षण के कार्य में विफल रहता है और कहता है कि ऐसा शासक राजा कतई नहीं है और उसे पागल कुत्ते की तरह मार दिया जाना चाहिए।"[69] महाकाव्य यह भी कहता है कि ऐसा उत्तराधिकारी जो लायक़ नहीं है, भले ही वह इकलौता या इकलौती हो, उसे कभी गद्दी पर नहीं बैठना चाहिए।

राजनीतिक ग्रंथ, विशेष रूप से प्रसिद्ध *अर्थशास्त्र*, व्यापक प्रशासनिक संरचना का सुबूत पेश करता है जो गाँव तक फैला था। राजकोष, सेना की तैयारी और विदेश नीति के मामले पर बहुत ध्यान दिया जाता था। वास्तविक राजनीति राजनय का सार तत्व था। राजाओं को यह मानकर चलना होता था कि पड़ोस के साम्राज्य स्वाभाविक दुश्मन हैं जबकि पड़ोसियों के पड़ोसी स्वाभाविक सहयोगी। विदेशी साम्राज्यों से कैसे निपटा जाए इस बारे में विस्तृत उल्लेख है जोकि उनकी सैनिक ताक़त और आंतरिक स्थायित्व के आकलन पर आधारित होता है। उदाहरण के लिए, एक कमजोर राजा से उम्मीद की जाती है कि वह अपने मज़बूत पड़ोसी की बात मानेगा; अगर किसी राजा को युद्ध में हरा दिया जाता है तो लक्ष्य जीते हुए राजा को उचित सम्मान देकर उसका उद्देश्य राज्य को बरकरार रखना होना चाहिए। जीत में इस बात की आम सहमति होती थी कि विजित राजा को जागीरदार बना दिया जाए और उसे उसके साम्राज्य में पुनर्स्थापित कर दिया जाए और विजित लोगों के रीति-रिवाजों और परंपराओं का सम्मान किया जाए।

साम्राज्यों के उत्थान के साथ ही 'गणतंत्रों' का भी उदय हुआ, जिसका शासन वरिष्ठों की एसेंबली करती थी जहां निर्णय आम सहमति से लिए जाते थे न कि शाही आज्ञा से। अब यह अलग सवाल है कि इस तरह के गणतंत्र अपने काम-काज में कितने लोकतांत्रिक थे पर इस बारे में संदेह की गुंजाइश नहीं है कि ग़ैर-राजवंशीय साम्राज्य का अस्तित्व था और उनकी ताक़त थी सर्वसम्मति से शासन करना न कि आदेश से। इन वृज्जियन संघ इनमें सर्वाधिक प्रसिद्ध था और लिच्छवी आदिम जाति इसका हिस्सा थी। ऐसा कहा जाता है कि भगवान बुद्ध स्वयं लिच्छवियों के प्रशंसक थे, अपने अनुयायियों को वह लिच्छवियों की सभा के काम काज के तरीक़ों का अध्ययन करने की सलाह देते थे। जहां तक उनके अपनी परंपराओं को बचाने की बात है, उन्होंने मौर्य

सम्राट अजातशत्रु को कहा कि उन्हें हराया नहीं जा सकता है। अजातशत्रु उन पर विजय की योजना बना रहे थे। जैसाकि स्वाभाविक है, तेज़ी से उभरते साम्राज्यों और स्वतंत्र मिजाज वाले राजमंडलों के बीच विवाद था। राजवंश और केंद्रीकृत साम्राज्यीय हुकूमत और उसके विस्तार के समर्थक कौटिल्य ने *अर्थशास्त्र* में इनके विनाश का पुरज़ोर समर्थन किया है। दूसरी ओर, शांति पर्व इन राज्यों का समर्थन करता है और इनको बचाने की वकालत। यह स्पष्ट दिखाई पड़ता है कि एक समय यह अपेक्षाकृत ज़्यादा लोकतांत्रिक राज्य-व्यवस्था राजनीति के महत्वपूर्ण कारक थे। सिक्के और आलेख इस बात का संकेत देते हैं कि उनका अस्तित्व बना रहे और विशेषकर पश्चिम भारत में ये पाँचवीं सदी तक फलते -फूलते भी रहे।

विचारों, निर्मितियों और परिकल्पनाओं के इस बहुक्षेत्रीय कैनवास पर जाति के आधार पर भेदभाव करनेवाले संस्थान एक बदनुमा दाग की तरह थे। इसकी उत्पत्ति *ऋग्वेद* के पुरुष-सूक्त में बताई जाती है। इसकी प्रभावकारी पंक्तियाँ हैं: "जब उन्होंने पुरुष का विभाजन किया, तो उसे कितने भागों में बाँटा? उन्होंने उसके मुँह उसकी दो भुजाओं, जाँघ और पाँवों को क्या कहा? उसके मुंह से ब्राह्मण; उसकी भुजाओं से राजन्य; उसकी जाँघ से वैश्य; और उसके पाँवों से शूद्रों की उत्पत्ति हुई।"[70] जिस समय इसकी रचना हुई, उस समय समाज में किसी तरह का अनुक्रम आदेशात्मक नहीं था। "(पूर्ण) ग्रंथ में यह स्पष्ट कहा गया है कि संपूर्ण का कोई हिस्सा दूसरे पर विशेष रूप से महत्वपूर्ण या श्रेष्ठ होने का दावा नहीं कर सकता; सहयोग और सेवाओं का आदान-प्रदान इस जैविक सिद्धांत का मूल है, उस कथित पुरुष के शरीर-चित्र के विभिन्न अंग उसकी संरचनात्मक अनुरूपता से संबंधित हैं।"[71] इस बात की संभावना है कि इसके बाद के कुछ शुरुआती सदियों में जाति बहिष्करणकारी नहीं था; यह – जैसाकि भगवान कृष्ण ने *महाभारत* में कहा है – चार वर्णों की रचना कार्य के आधार पर गुणों के अनुरूप की गई है; जाति को जन्म आधारित बनाने की बात का ज़िक्र नहीं है।

आनुवंशिकी में जो नवीनतम अध्ययन हुए हैं वे इस विचार का समर्थन करते लगते हैं। टोनी जोसेफ जिन्होंने डीएनए संबंधित ऐतिहासिक साक्ष्यों का अध्ययन किया है, उनका स्पष्ट कहना है: "भारत में जाति व्यवस्था उप महाद्वीप में 'आर्यों' के आगमन से जुड़ा नहीं है। यह भारतीय समाज में दो हज़ार वर्ष बाद आया। और जब यह आया, तब तक अलग-अलग हद तक आपस में इनका अंतर्मिश्रण हो चुका था।"[72] शुरू में वर्ण व्यवस्था का कामकाज भेदभावपूर्ण भी नहीं था। उदाहरण के लिए, *रामायण* और *महाभारत* दोनों की रचना ऋषियों ने की है जोकि ब्राह्मण मां-बाप से पैदा नहीं हुए थे – वाल्मीकि के पिता शूद्र थे और वेद व्यास का जन्म मछुआरिन के घर हुआ था। *महाभारत* में ऐसे श्लोक हैं जो स्पष्ट रूप से जाति-मूलक अवरोधों का विरोध करते हैं। जब भृगु

भारद्वाज से कहते हैं, "जाति विभाजन विभिन्न मनुष्यों के शारीरिक गुणों में अंतर के बारे में है जोकि त्वचा के रंग में प्रतिबिंबित होता है, तो भारद्वाज इसका उत्तर न केवल एक ही जाति के अंदर त्वचा के रंगों में काफ़ी अंतर होने की बात की ओर इशारा करते हैं, बल्कि यह महत्वपूर्ण प्रश्न भी पूछते हैं: 'हम सब पर इच्छा, क्रोध, भय, दुख, चिंता, भूख और श्रम का असर होता है; तो फिर हम में जाति का अंतर कैसे है?' एक अन्य प्राचीन ग्रंथ *भविष्य पुराण* में वंश के बारे में संदेह व्यक्त किया गया है: 'चूंकि सभी चारों जातियों के सदस्य भगवान के बच्चे हैं, वे सब एक ही जाति के हैं।'"[73] अमीश त्रिपाठी भी बताते हैं यहाँ तक कि *जबाली उपनिषद* जैसे *श्रुति ग्रंथ* की रचना जबाली ने की जोकि एक अविवाहित शूद्र महिला की संतान थे और उनके पिता के बारे में कुछ भी ज्ञात नहीं।[74]

प्रथम सदी के आसपास जाति व्यवस्था ने उस समय उत्पीड़नकारी विशेषताओं को गले लगा लिया जब निहित स्वार्थ के वशीभूत हो लोगों ने धर्मशास्त्रों का दुरुपयोग किया और एक ऐसी जाति व्यवस्था वाले सामाजिक अनुक्रम को लागू कर दिया जो अपरिवर्तनशील था। *मनुस्मृति* में कुछ श्लोकों का प्रयोग बहिष्करण, उत्पीड़न और पराधीन करने को धार्मिक स्वीकृति देने के लिए हुआ, यद्यपि स्मृति स्वयं न तो धार्मिक अनुमति देती है और न ही यह कोई सुसंगत ग्रंथ है। संभवतः इसके मूलपाठ में भिन्नता की वजह से हमें अंतर्विवाह के सख़्त नियमों के भी दुरुपयोग का उदाहरण मिलता है। "इस तरह कई राजा पैदाइश से शूद्र या ब्राह्मण थे, क्षत्रिय नहीं और जब मुस्लिम शासक भारत पहुँचे तो उन्हें यहाँ अपने विरोधियों में किसी वर्ग या किसी जाति की सही पहचान करने में मुश्किलों का सामना करना पड़ा।"[75] रोमिला थापर भी इस बात को स्वीकार करती हैं, "भारतीय समाज में जाति के वास्तविक क्रिया-कलापों में स्थानीय परिस्थितियों के अनुरूप विभिन्नता की अनुमति थी,"[76] और धर्मशास्त्रों के शाब्दिक अर्थ निकालने से इस बारे में निष्कर्ष नहीं निकाला जा सकता। दार्शनिक स्तर पर भी, यह स्वाभाविक था कि आदि शंकराचार्य जैसे अद्वैत दर्शन के प्रवर्तक जाति के आधार पर होनेवाले भेदभाव का विरोध करें। अगर ब्रह्म जड़-चेतन, सभी वस्तुओं में व्याप्त हैं तो फिर मानवों की अलग श्रेणियाँ कैसे हो सकती हैं? यही कारण है कि शंकर अपने *मनीषापंचकम* में उद्घोष करते हैं: चण्डालोस्तु स तु द्विजोस्तु गुरुरित्येषा मनीषा मम जिसके पास भी परम ब्रह्म का ज्ञान है, वह गुरु है, भले ही वह चांडाल हो या ब्राह्मण। कहा जाता है कि शंकर ने इसकी रचना उस समय तत्काल की जब काशी में एक चांडाल से उनकी भेंट हुई।

हालाँकि, इस तरह के उच्च विरोधों के बावजूद, इस बात से इंकार नहीं किया जा सकता कि वास्तविक सामाजिक व्यवहार में जाति हर जगह बुराई की तरह व्याप्त है। यह भारत की सभ्यतागत विरासत पर लगा कभी न मिटनेवाला दाग था और है; इसने जनसंख्या के एक बड़े हिस्से को संस्थागत रूप में हिंदू भारत की उपलब्धियों से दूर

रखा है, और उन लोगों को अमानवीय यातनाएँ दी जिनका अपराध सिर्फ यह था नीची जातियों में उनका जन्म होना जिसके लिए वे ज़िम्मेदार नहीं थे।

स्त्रियों की स्थिति और उनके आदर को लेकर सिद्धांत और व्यवहार में वही अंतर देखने में आता है। दर्शन के स्तर पर, हिंदू धर्म, जैसेकि हम पहले ही चर्चा कर चुके हैं, ने देवी को बहुत ज़्यादा महत्व दिया जोकि देवी, शक्ति की अलौकिक शक्तियों का प्रतिनिधित्व करती है। उसी शक्ति के प्रतीक के रूप में स्त्रियों को उसी तरह ज़्यादा आदर दिया जाना चाहिए था। ऐसा प्रतीत होगा कि प्राचीन भारत के प्रारंभिक काल में सही में यही स्थिति थी। *बृहदारण्यक उपनिषद* में उस वाक़ये का ज़िक्र है जब विदेह कर राजा जनक ने ज्ञानियों की एक बड़ी सभा बुलाई थी और गार्गी उसमें याज्ञवल्क्य जैसे प्रसिद्ध विद्वान से बहस करती हैं। एक ऐसा भी समय आया जब उनके प्रश्नों से सम्मानित शिक्षक को ग़ुस्सा आया, लेकिन गार्गी पीछे नहीं हटीं और तभी शांत हुई जब उनको उनके प्रश्न का उत्तर मिला। याज्ञवल्क्य की पत्नी मैत्रेयी का भी इस लिहाज़ से उल्लेख मिलता है कि उन्होंने अपने पति से बहुत ही महत्वपूर्ण सवाल किए थे। जीवन से अवकाश लेकर जंगल जाने का विचार कर रहे याज्ञवल्क्य मैत्रेयी और अपनी दूसरी पत्नी कात्यायनी के बीच कुछ निपटारा करना चाहते हैं। इसी मौक़े पर मैत्रेयी उनसे पूछती हैं कि क्या संपत्ति अमरता की गारंटी दे सकता है? याज्ञवल्क्य कहते हैं नहीं, ऐसा नहीं हो सकता, इस पर मैत्रेयी उनसे पूछती है कि अमरत्व हासिल करने के लिए वह क्या कर सकती है? और ऋषि इसके बाद आत्मा और जीव के विषय में विस्तार से बताते हैं। स्पष्ट है कि स्त्रियों को इस तरह के मामले में मध्यस्थ के रूप में स्वीकार किया जाता था और उनको इसमें बराबरी का दर्जा दिया जाता था।

महाभारत में भी सशक्त स्त्रियों का ज़िक्र है वो वही करती हैं जिसे वे ठीक समझती हैं। द्रौपदी को दाँव पर लगा दिया गया और युधिष्ठिर उन्हें जुए के उस प्रसिद्ध खेल में हार बैठे पर जब उन्हें पुरुषों की सभा में लाया जाता है तो वे एक ऐसी महिला के रूप में नहीं होती जो कुछ नहीं बोल रही हैं और अपमानित महसूस कर रही हैं। वे इस पूरे प्रकरण की नैतिकता पर सवाल उठाती हैं और यह मौलिक प्रश्न पूछती हैं – क्या युधिष्ठिर को उन्हें दाँव पर लगाने का अधिकार है? अगर वे अपनी स्वतंत्रता पहले ही खो चुकें हैं तो इस बात का निर्णय वे कैसे ले सकते हैं कि मेरे (द्रौपदी के) साथ उन्हें क्या करना चाहिए? अगर कोई महिला पुरुषों की सभा में इतनी स्वतंत्रता और ज़ोरदार ढंग से बोल सकती है तो यह इस बात का संकेत है कि महिलाएँ इतनी कमजोर नहीं थीं। द्रौपदी, जैसाकि सबको पता है, राज परिवार से थीं पर इससे यह निष्कर्ष निकाला जा सकता है कि महिलाओं को जब अपमानित करने का प्रयास किया जाता था उस समय भी उनको बिना किसी भय के अपने विचार रखने की सामाजिक अनुमति थी। यह महाकाव्य ये भी कहता है कि द्रौपदी युधिष्ठिर से कैसे मज़बूती से बहस करती हैं

और पांडवों के साथ हुए अन्याय का बदला लेने के लिए उन्हें कौरवों के ख़िलाफ़ हथियार उठाने को कहती हैं।

दूसरे प्राचीन ग्रंथ भी हैं जिसमें महिलाओं को समाज में अपेक्षाकृत बराबरी का दर्जा दिए जाने के साक्ष्य मिलते हैं। *सतपथ ब्राह्मण* कहता है कि स्त्री अपने पति की अर्धांगिनी होती है। यह अर्धनारीश्वर की परिकल्पना के अनुरूप है जिसमें ईश्वर को शारीरिक रूप से उभयलिंगी, आधा पुरुष और आधा नारी दिखाया गया है। हमें कुछ ग्रंथों में महिलाओं को आदर देने और उनकी पूजा करने के बारे में आदेशात्मक बातें भी मिलती है; अगर स्त्रियों को उचित आदर नहीं मिलता है तो देवता स्वयं भी नाराज़ हो जाते हैं और इस आदेश के उल्लंघन पर कठोर दंड देने की बात भी कही गई है। *अर्थशास्त्र* जोकि तत्कालीन समय के व्यवहार को लेकर सर्वाधिक व्यापक ग्रंथ है, कहता है कि मौर्यकाल में स्त्रियाँ राजा की अंगरक्षक हो सकती थीं, प्रशासन में अपनी सेवाएँ दे सकती थीं, संन्यासी का जीवन व्यतीत करने का निर्णय ले सकती थीं और स्वेच्छा से अपना धन मंदिरों या मठों को दान में दे सकती थीं।

हालाँकि, इस बात में कोई संदेह नहीं है कि दूसरी सदी में *मनुस्मृति* के लिखे जाने के आसपास स्त्रियों का दर्जा काफ़ी हद तक कम हो गया था और पितृसत्तात्मक समाज ने अपनी पकड़ पूरी तरह मज़बूत कर ली थी। *मनुस्मृति* कहती है: "एक लड़की, एक युवा स्त्री या यहाँ तक कि एक वृद्ध स्त्री, को कुछ भी स्वतंत्र होकर नहीं करना चाहिए, अपने घर में भी नहीं। बचपन में एक स्त्री को उसके पिता के नियंत्रण में, जवानी में पति के नियंत्रण में, और जब पति मर जाए तो अपने बेटे के नियंत्रण में होना चाहिए। उसे स्वतंत्र नहीं छोड़ना चाहिए।"[78] उसमें इस तरह की निषेधाज्ञा भी है: "एक सच्चरित्र पत्नी को लगातार अपने पति की भगवान की तरह सेवा करते रहनी चाहिए, भले ही पति का बर्ताव बुरा हो, वह काम वासनाओं में मुक्त होकर लिप्त रहता है और उसमें किसी भी तरह का गुण नहीं है।" हालाँकि, स्मृति स्वयं भी कोई समरूप ग्रंथ नहीं है, और कई बार वह स्वयं का ही खंडन करती नज़र आती है जो इस बात का संकेत है कि इसे एक से अधिक लेखकों ने लिखा है। उदाहरण के लिए, इस ग्रंथ में एक जगह पर कहा गया है कि द्विज पुरुष और शूद्र स्त्री को आपस में शादी नहीं करनी चाहिए। पर वह 'ऊँची' जाति के किसी व्यक्ति से शादी करनेवाली शूद्र स्त्री को संपत्ति देने की अनुमति भी देता है। इसी तरह, स्मृति में विधवाओं के पुनर्विवाह की मनाही है जबकि वह यह भी कहती है कि अगर किसी महिला का पति लापता हो गया है तो दोबारा शादी करने से पहले महिला को कितने समय तक अपने पूर्व पति के आने का इंतज़ार करना चाहिए। इन विरोधाभासों के बावजूद प्रथम सदी की शुरुआत के आसपास सामाजिक अनुमति के माध्यम से महिलाओं को पूरी तरह पराधीन करने का एक संगठित प्रयास किया गया।

पहले जो स्वतंत्रता मिली थी, आदर मिला था और जिस तरह की समानता का लाभ वे उठा रही थीं उसकी तुलना में यह गिरावट काफ़ी निंदनीय थी। हिंदू सभ्यता के निष्पक्ष मूल्यांकन को इस तरह की विफलताओं को अवश्य ही स्वीकार करना चाहिए और इनको नज़र अन्दाज़ करना पतन है और यह अक्षम्य है। आलोचकों ने इन ग़लतियों का प्रयोग इस समय की अन्य उपलब्धियों को बदनाम करने के लिए किया है, और यह सही भी है। हिंदू समाज में बहुत पहले हो जानेवाले जरूरी सामाजिक सुधार को लागू करने की ज़रूरत पर आगे और चर्चा की गई है। लेकिन इन अक्षम्य विफलताओं के बावजूद हमारे इतिहास की इस अवधि की कुल उपलब्धियाँ वाक़ई विशिष्ट हैं, और वे जोर से पुकारकर इसे देर से ही सही, स्वीकार किए जाने को कह रही हैं। हमें जो बात समझनी है वह यह है कि संपूर्ण भारतवर्ष में हज़ारों सालों में एक ऐसी सभ्यता विकसित हुई, जिसमें संगठित और अमूर्त मानवीय व्यवहार के हर पक्ष में मस्तिष्क का व्यापक प्रयोग हुआ। इसने विभिन्न तरह के महान और साहसिक सोच की क्षमता का प्रदर्शन किया, स्वयं को सरल प्रमाणों तक सीमित रखने को स्वीकार नहीं किया और उन परिकल्पनाओं और निर्मितियों में गहरे डुबकी लगाने की इच्छा जताई जो परंपरागत विचारों को चुनौती देते थे। विचारों के जिन कैनवासों से वह उलझा, उनका निचोड़ निकाला और उन्हें आत्मसात किया, वह व्यापक था – अध्यात्म, दर्शन, धर्म, रचनात्मकता, सौंदर्यशास्त्र, समाजशास्त्र, नीतिशास्त्र, विज्ञान, राजनीतिक सिद्धांत, विदेश नीति, युद्ध-योजना, अर्थशास्त्र, वाणिज्य – और स्वयं मानव जीवन का व्यवहार। ग़ौर करनेवाली बात थी सार-संग्रहवाद की भावना जो इसकी विशिष्टता थी, और संवाद, विमर्श और मतभेद के प्रति इसका खुलापन। अगले अध्याय में हम इस बात की जाँच करेंगे कि तुर्कों के आक्रमण और बाद में ब्रितानी औपनिवेशीकरण का इस सभ्यता पर क्या प्रभाव पड़ा।

4

इस्लामिक साम्राज्य

भारत पर विदेशी आक्रमण की शुरुआत महमूद ग़ज़नी (1001-1025 ईसवी) के सत्रह आक्रमणों से हुई जिसके बाद दिल्ली में मोहम्मद गौरी के नेतृत्व में 1202 ईसवी में गौरी साम्राज्य की स्थापना हुई। इन आक्रमणों ने हिंदू भारत को भौतिक रूप से नष्ट कर दिया और वह मानसिक रूप से आतंकित हो गया। इससे पहले, सिकंदर के नेतृत्व में यूनानियों ने चौथी सदी ईसा पूर्व में उत्तरी भाग पर आक्रमण किया था और उसकी मौत के बाद अगले 400 वर्षों तक छोटे-मोटे यूनानी आक्रमण होते रहे। मध्य एशिया की एक विदेशी आदिम जाति शकों ने भी 57 ईसवी में हमला किया पर यह अल्पकालिक साबित हुआ। इन आक्रमणों और उनकी सफलताओं की वजह से पराधीनता बढ़ी और जान-माल का नुक़सान हुआ। लेकिन हिंदू सभ्यता ने इस्लामिक तुर्की जैसे विध्वंसकारी आक्रमणकारी नहीं देखे थे जो आँख मूँदकर किसी संस्कृति को नष्ट करने पर आमादा थे, जिन्हें अपने धर्म की श्रेष्ठता पर जुनून की हद तक विश्वास था, जो उनके धर्म के नहीं थे उनके प्रति अतिशय घृणा से वे भरे थे और इस्लाम में विश्वास नहीं करनेवालों का धर्म परिवर्तन कराने की ललक थी उनमें।

ऐसा कहने का उद्देश्य गड़े मुर्दों को उखाड़कर वर्तमान में ज़हर घोलना नहीं है, बल्कि इतिहास के प्रति सचाई दिखानी है। विशेषकर 1947 के बाद से, इतिहास के तथ्यों को नज़रंदाज़ करने का संयुक्त, संगठित और कपटपूर्ण प्रयास चल रहा है। ऐसा इस झूठे विश्वास को ध्यान में रखकर हो रहा है कि ऐसा करना भारत में धर्मनिरपेक्षता को संरक्षित करने के हित में होगा। हालाँकि, अब हम इस बेईमानी के ख़िलाफ़ विद्रोह देख रहे हैं। वास्तव में क्या हुआ उसके बारे में सचाई को स्वीकार करने की ज़रूरत है, ताकि उसके आगे हमारे बहुधार्मिक और मिश्रित लोकतंत्र को मज़बूत बनाने की ज़रूरत की ओर हम कदम बढ़ा सकें।

उन कुछ झूठी दलीलों की यहाँ पड़ताल करना उपयोगी होगा जो इस्लामिक विजेताओं के आक्रमण से हुई बर्बादियों की व्यापकता को कमतर बताने के लिए बोलीं गईं। मार्क्सवादी इतिहासकारों ने जोर देकर कहा है कि मुस्लिमों ने आतंक नहीं मचाया और लूटपाट नहीं की, बल्कि हिंदुओं ने स्मृतियों के सामाजिक भेदभाव की तुलना में उस समतावाद को वरीयता दी जिसकी शरीयत गारंटी देता था। इस बात का किसी भी

तरह समर्थन नहीं किया जा सकता। पराजित हिंदुओं को किसी भी तरह के लोकतांत्रिक विकल्प दिए जाने का कोई सवाल ही नहीं था। आक्रांताओं का मानना था कि यहाँ के लोगों ने उनको पसंद किया है, क्योंकि वे इस्लाम में विश्वास करनेवाले हैं, और जो इसमें विश्वास नहीं करते थे वे काफ़िर हैं और उनके लिए इसमें जगह नहीं है। काफ़िरों के भू-भाग को दार-अल-हर्ब कहा जाता था जिसका अर्थ हुआ ऐसी जगह जिसे तलवार के बल पर जीतने की ज़रूरत थी ताकि उसे दार-अल-इस्लाम, यानी इस्लाम की भूमि बनाया जा सके। जाति व्यवस्था के रूप में हिंदू समाज में उत्पीड़न था, यह मानना होगा, और हमने इस बात को पहले स्वीकार भी किया है, पर यह निष्कर्ष निकालना कि हिंदू भारी संख्या में ख़ुशी-ख़ुशी इस्लाम धर्म कुबूल करना चाहते थे, या जिन्होंने उनके मंदिर तोड़े, उनके घरों को मलबे में तब्दील कर दिया, निर्दयता से उनकी हत्या की और उनकी संस्कृति को नेस्तनाबूद कर दिया उन्हें अपना समर्थन देना चाहते थे, कुतर्क की पराकाष्ठा है।

इन बातों के समर्थकों का इस बारे में कुछ और भी सिद्धांत हैं जिन पर विश्वास नहीं किया जा सकता। ऐसा ही एक सिद्धांत है जिसे अलीगढ़ मुस्लिम विश्वविद्यालय के स्वर्गीय प्रोफ़ेसर मोहम्मद हबीब ने प्रतिपादित किया है। इसमें नृशंसता को यह कहकर हल्का करने की कोशिश की गई है यह 'लूट की लालसा' से प्रेरित था और कोई भी विजेता इस तरह से कर सकता है। 1924 में पहली बार प्रकाशित अपनी पुस्तक *सुल्तान महमूद ऑफ़ ग़जनी* में उन्होंने हिंदू मंदिर को बार-बार नष्ट किए जाने की बात को ज़्यादा तवज्जो नहीं दी है। यह सही हो सकता है कि मंदिर पर हमले इसलिए हुए, क्योंकि मंदिरों में अपार संपत्ति होती थी; पर यह कल्पना की बड़ी उड़ान ही मानी जाएगी अगर यह मान लिया जाए कि ग़ैर-मुस्लिमों के ख़िलाफ़ कट्टर दुश्मनी इसकी प्रेरणा नहीं थी। दुर्भाग्य की बात यह है कि इस्लामिक धर्मांधता को कमतर आंकने के इस प्रयास को जवाहरलाल नेहरू जैसे प्रबुद्ध और विद्वान व्यक्तियों ने जायज़ ठहराया था। अपनी पुस्तक *ग्लिंप्सेज ऑफ़ वर्ल्ड हिस्ट्री* में नेहरू अपनी बेटी इंदिरा को एक पत्र में लिखते हैं कि महमूद ग़जनी 'कोई धार्मिक व्यक्ति नहीं था' और उसने हिंदू मंदिरों की स्थापत्य कला की प्रशंसा की थी।[1] हालाँकि वह यह बताना भूल गए कि प्रो. हबीब खुद ही यह मानते हैं कि महमूद ने सैकड़ों मंदिरों को जलाने का निर्देश दिया था।

यह दलील भी दी जाती है कि अकेले तुर्की के आक्रांताओं को दूसरे धर्म के लोगों पर हमले का दोष नहीं दिया जा सकता; हिंदुओं ने भी बौद्ध और जैन मंदिरों को तोड़ा। हालाँकि, मैं यह नहीं मानता कि हिंदुओं ने बौद्ध और जैन धर्मों के पवित्र स्थलों को उस पैमाने पर अपवित्र किया जिस तरह मुस्लिम विजेताओं ने किया। भारतीय धर्मों के बीच हिंसा की कुछ घटनाएँ हुई होंगी, लेकिन जैसाकि हम पहले ही दलील दे चुके हैं, ज़बरदस्त ऐतिहासिक साक्ष्य किसी भी संदेह के परे यह साबित करते हैं कि भारत में बौद्ध

और जैन धर्म हिंदू धर्म के वृहत विश्व दृष्टि के तहत फलते-फूलते रहे और हिंदू राजा, इन दोनों धर्मों के प्रति शत्रु-भाव रखने के बजाय, इनके विहारों और मठों के संरक्षक थे और इनके सिद्धांतों के घोषित अनुयायी भी। जो भी हो, जिसके बारे में साक्ष्य कम है ऐसी गलती को उद्धृत कर इसके बारे में सफ़ाई देना, एक ऐसी दलील है जिसका समर्थन नहीं किया जा सकता।

'धर्मनिरपेक्षतावादियों' का सबसे लोकप्रिय सिद्धांत है कि हिंदू संस्कृति, सभ्यता और धर्म के ख़िलाफ़ लक्षित हमला 'काव्य अतिशयोक्ति' है क्योंकि इस बारे में अधिकांश साक्ष्य उन लोगों से प्राप्त हुए हैं जो अमूमन मुस्लिम दरबारी इतिहासकार थे और जिनका काम शासकों की प्रशंसा करना और उसकी विजय शक्ति का गुणगान करना होता था। अगर हम यह मान भी लें कि इस तरह के साक्ष्य में बड़बोलापन मिश्रित है, तो भी कोई निष्पक्ष इतिहासकार इन सुबूतों में मंदिरों को नष्ट किए जानेकी हद के बारे में निष्कर्ष से इंकार नहीं कर सकता। टोरंटो विश्वविद्यालय में संस्कृत एंड इंडियन स्टडीज़ के प्रोफ़ेसर ए के वॉर्डर जिनके पास दोनों ही पक्षों में से किसी भी पक्ष के साक्ष्य को नज़रंदाज़ करने में अपना कोई हित नहीं है, लिखते हैं: "आधे भारत पर लगभग 900 से 1300 ईसवी के बीच तुर्कों की जीत मानव इतिहास की सबसे विनाशकारी घटना है। मुस्लिम के रूप में विजेताओं ने न केवल अन्य सभी धर्मों को केवल नष्ट करने का लक्ष्य किया, बल्कि धर्मनिरपेक्ष संस्कृति को भी समाप्त कर दिया।"[2] सभ्यताओं के प्रसिद्ध इतिहासकार विल दूरां भी उतने ही स्पष्ट हैं: "भारत पर मुसलमानों का आक्रमण शायद इतिहास की सर्वाधिक रक्त-रंजित कहानी है... इसकी स्पष्ट सीख है कि सभ्यता बहुत ही मूल्यवान वस्तु है जिसकी व्यवस्था और स्वतंत्रता, संस्कृति और शांति की नाज़ुक बनावट को बर्बर लोग कभी भी नष्ट कर सकते हैं।"[3] प्रसिद्ध कला इतिहासकार हेनरिख ज़िमर ने भी इस भौतिक बर्बादी को सच बताया है और दुख प्रकट करते हुए लिखा है कि उत्तर भारत में "मुस्लिमों के आक्रमण से पहले जो भी प्राचीन भवन थे उसका बहुत छोटा हिस्सा ही बचा है: सिर्फ कुछ क्षत-विक्षत धार्मिक स्थल ही बचे हैं।"[4]

अमर्त्य सेन स्वीकार करते हैं कि "मुस्लिम आक्रांताओं का काटो और जलाओ की संस्कृति ने... कई शहरों को तबाह कर दिया और कई मंदिरों को नष्ट कर दिया, जिसमें विशेष रूप से प्रसिद्ध मथुरा, कन्नौज और (सोमनाथ) शामिल थे।"[5] वह अरब-ईरानी यात्री अल बरुनी की बात को भी स्वीकार करते हैं जो महमूद के साथ भारत आया था और इस विनाश का साक्षी था। "महमूद ने देश की संपन्नता को बुरी तरह नष्ट किया और ऐसा बड़ा पराक्रम दिखाया, जिससे की हिंदू धूल के कणों की तरह चारों ओर सभी दिशाओं में बिखर गए।"[6] हालाँकि, वे मानते हैं कि हिंदुत्व आंदोलन जानबूझकर

मुस्लिमों के हाथों हुए विनाश को तवज्जो दे रहा है और इसके लिए "जानते-बुझते ऐसी बातों को चुना गया है और उन पर इरादतन जोर देने के साथ-साथ बार-बार उनको बढ़ा-चढ़ा कर पेश कर रहा है।"[7] वे मुस्लिम आक्रमणों की बर्बरता के मुद्दे से दूर जाने और उस हिंदू-मुस्लिम साझी संस्कृति की चर्चा की उनको जल्दबाज़ी है जिससे इंकार नहीं किया जा सकता पर जो बहुत बाद में समय के साथ विकसित हुआ।

यह संभव है कि हिंदू समाज में राजनीतिक रूप से जुड़े कुछ वर्ग विगत में जानबूझकर मुसलमानों के अत्याचार की चर्चा करते रहना चाहते हैं, ताकि वे समाज में धार्मिक विभाजन पैदा कर सकें और इसका अपने फ़ायदे के लिए प्रयोग कर सकें। इस तरह का नज़रिया ग़लत है और इसका विरोध होना चाहिए। हालाँकि, आज की 'धर्मनिरपेक्ष' ज़रूरतों के मुताबिक़ इतिहास को छिपाना और उसको झुठलाना भी उतनी ही बड़ी गलती है। 1947 के बाद के दशकों तक राजनीतिकों, इतिहासकारों और टिप्पणीकारों के समूह की एक सोची-समझी योजना के तहत ऐतिहासिक सच को दबाने की वजह से अब हिंदुओं में इसकी प्रतिक्रिया हो रही है जोकि धर्मनिरपेक्षता की सुरक्षा के लिए ज़्यादा बड़ा ख़तरा है। अंतिम लक्ष्य भले ही कितना प्रशंसनीय क्यों न हो, ऐतिहासिक सच को मिटाया नहीं जा सकता, इससे इनकार नहीं किया जा सकता या इसको छिपाया नहीं जा सकता, क्योंकि इससे बचने से या इसको दबाने से उतनी ही बड़ी और इससे ज़्यादा ख़तरनाक प्रतिक्रिया होती है विशेषकर तब जब जिसे दबाया जा रहा है, उसके सही होने का अकाट्य प्रमाण बाहर आने लगता है। इतिहास के साथ सबसे अच्छा समझौता तब होता है जब इसे स्वीकार किया जाता है, इससे बचने या इसको दबाकर नहीं।

आज भारी मात्रा में जो साक्ष्य जमा किए गए हैं वे शुरुआती आक्रांताओं के ही नहीं बल्कि उसके बाद भारत में स्थापित होनेवाले सदियों के औपनिवेशिक शासन के निरंतर सांस्कृतिक और भौतिक विनाश से भी संबंधित हैं। सीता राम गोयल ने अपनी दो भागों में लिखी पुस्तक *हिंदू टेम्पल्ज़: व्हाट हैपेंड टु देम* में इन साक्ष्यों को सहेजा है।[8] ये साक्ष्य – स्थापत्य संबंधी, साहित्यिक और पुरालेख संबंधी हैं – जिसने इस बारे में किसी भी तरह के संदेह की कोई गुंजाइश नहीं छोड़ी है। जैसाकि पहले कहा गया है, मुस्लिम शासक दरबारी इतिहासकारों को रखना पसंद करते थे, ताकि उनके शासन का लेखा-जोखा रखा जा सके। ये दस्तावेज, अगर आलंकारिक भाषा और अपने संरक्षणदाता को खुश करने की ज़रूरत को नज़रंदाज़ भी कर दिया जाए तो भी याद आते हैं, तो ये उन मंदिरों, पुस्तकालयों और सांस्कृतिक कलाकृतियों को नष्ट करने के बारे में विस्तार से विशिष्ट ब्योरा उपलब्ध कराते हैं जो एक ऐसी जीवंत सभ्यता की धड़कनें थीं जिसका कभी अस्तित्व था। हज़ारों की संख्या में मंदिरों को ज़मींदोज़ कर दिया गया; देवताओं के अंग-भंग कर दिए गए; पत्थर और धातु, दोनों ही तरह की मूर्तियों को तोड़ दिया गया; ज्ञान

के केंद्रों को ढहा दिया गया। तेरहवीं सदी के इतिहासकार मौलाना मिन्हाज-उस-सिराज अपने तबक़ात-इ-नज़ीरी में बताते हैं कि महमूद के "इस उत्कृष्ट कार्य के बारे में इस्लाम की दुनिया की परिधि के भीतर सभी लोगों को पता चल गया जब उसने हज़ारों मंदिरों को मस्जिद में तब्दील कर दिया।"[9] उनके अनुसार, महमूद सोमनाथ से मूर्ति उठाकर ले गया और उसे चार टुकड़ों में तोड़ दिया; इनमें से एक टुकड़े को उसने ग़जनी के मुख्य द्वार पर गाड़ दिया और इसके दूसरे टुकड़े को सुल्तान के महल के प्रवेश द्वार पर। दिल्ली के क़ुतुब मीनार पर क़ुतुबुद्दीन ऐबक ने क़ुव्वत-अल-इस्लाम मस्जिद बनवाया जिस पर आज भी एक पट्टा लगा है जिसमें कहा गया है: "इस किले को जीता गया और यहाँ वर्ष 587 (1192 ईसवी) में आमिर (ऐबक) ने जामी मस्जिद का निर्माण किया... अल्लाह इनके मददगारों को ताक़त दें। 27 मंदिरों के मलबे का प्रयोग इस मस्जिद को बनाने में हुआ।" तेरहवीं सदी की शुरुआत में बख़्तियार ख़िलजी ने विक्रमशिला में ओदंतपुरी और बिहार के नालंदा में विश्वविद्यालयों को नष्ट कर दिया। नालंदा दुनिया के सबसे प्रतिष्ठित शैक्षिक केंद्रों में था और दुनिया का पहला पूर्ण रूप से आवासीय विश्वविद्यालय था। इसमें दस हज़ार छात्र पढ़ते थे और उनको पढ़ाने के लिए वहाँ दो हज़ार शिक्षक थे। ख़िलजी ने जो वहाँ क़त्लेआम किया उसमें छात्रों और शिक्षकों की पूरी पीढ़ी नष्ट हो गई। नालंदा का पुस्तकालय जिसके बारे में कहा जाता है कि वहाँ 90 लाख बहुमूल्य पांडुलिपियाँ थीं और यह सदियों से संस्थागत ज्ञान का प्रतिनिधित्व करती थी, जिसे आग के हवाले कर दिया गया और उसके हमले के महीनों बाद तक यह आग जलती रही। इस धार्मिक कट्टरता से प्रेरित तोड़फोड़ के कई और उदाहरण दिए जा सकते हैं पर यह कहना पर्याप्त होगा कि इस आक्रमण का सामूहिक प्रभाव ऐसा रहा कि इसने हिंदू सभ्यता को लगभग नष्ट कर दिया और अगर यह जीवित बचा है तो इसका श्रेय इसके अंदर मौजूद लचीलेपन और बदली हुई परिस्थिति में खुद को ढाल लेने की क्षमता को जाता है, न कि नए शासकों की ओर से प्रयासों में किसी तरह की कमी को।

झूठा करार दिया गया इतिहास अपना मिथ खुद गढ़ता है। लेखकों और बुद्धिजीवियों की प्रजाति आज भी इस कोशिश में लगी है कि इस्लामिक आक्रमण को महान समन्वयात्मक समारोह जैसा कुछ बताया जाए जहां आक्रांता आए और उन्होंने मिठाई की स्थानीय दुकान पर मिठाई का आनंद लिया और पराजितों ने बिरयानी का लुत्फ़ उठाया और दोनों ने साथ बैठकर गंगा-जमुनी तहज़ीब की तरकीब सामने रखी जिसे आज हम इतना ज़्यादा महत्व देते हैं। इस परिकल्पित आदर्श लोक की सस्ती भावुकता तथ्यों के बारे में नहीं जानने या इसको जानबूझकर विकृत करने की स्थिति में कारगर साबित होता है। अमीर खुसरो (1253-1325 ईसवी) इस मामले में एक उदाहरण है। कई लोग यह मानते हैं कि वे एक सूफ़ी कवि थे, अपने समकालीन महान सूफ़ी संत निज़ामुद्दीन

औलिया के आध्यात्मिक शिष्य; उन्हें हिंदवी, एक ऐसी भाषा जो फ़ारसी और ब्रज भाषा के संयोग से बनी है, का जन्मदाता माना जाता है और जो आम लोगों की भाषा थी; कहा जाता है कि उन्होंने खड़ी बोली का मार्ग प्रशस्त किया जो आज बोली जानेवाली हिंदी का प्रारंभिक स्वरूप था; उन्हें उर्दू और क़व्वाली का 'जनक' भी कहा जाता है और शायद सितार और तबला का आविष्कारक भी; उनके प्रशंसकों ने उन्हें 'तूती-ए-हिंद' (हिंद का तोता) की उपाधि दी है; भारत के बारे में उनके प्रेम का गुणगान हुआ है; और उनकी क़व्वालियाँ आज भी पूरे भारत में बहुत ही लोकप्रिय हैं।

लेकिन अमीर खुसरो का एक और पक्ष है। वे दिल्ली पर शासन करनेवाले पाँच सुल्तानों के दरबार में प्रमुख सदस्य के रूप में रहे और इनमें अल्लाउद्दीन ख़िलजी सबसे महत्वपूर्ण था। अपनी इस क्षमता में उन्होंने उनके हमलों और विजयों के बारे में व्यापक रूप से लिखा और काफिरों के मंदिरों को नष्ट किए जाने के बारे में भी। अपनी पुस्तक *खैज़ान उल फ़ुतूह* में उन्होंने लिखा है कि कैसे 'इस्लाम की लात' ने चिदंबरम में नृत्य करते शिव के सुंदर मंदिर को नष्ट कर दिया। जब अल्लाउद्दीन के जनरल मलिक काफ़ूर ने चिदंबरम मंदिर पर हमला किया तो, अमीर खुसरो के विजयी शब्दों का अगर प्रयोग करें तो "ब्राह्मणों और मूर्तिपूजकों का सिर उनके गर्दन से नाचते हुए अलग हो गया और उनके पाँवों के पास नीचे जा गिरा और खून का दरिया बह चला।" पत्थर की मूर्ति जिसे लिंग महादेव कहा जाता था, जिसे काफ़ी पहले उस जगह पर स्थापित किया गया था और जिस पर काफिरों की स्त्रियाँ संतुष्टि के लिए अपनी योनि रगड़ती थी, इन्हें इस्लाम की लात उस समय तक तोड़ने में सफल नहीं हुई थी। मुसलमानों ने सभी लिंगों को तोड़ दिया और देव नारायण नीचे गिर गए और अन्य देवता जिनको आसपास स्थापित किया गया था, उन्होंने अपने पाँव उठाए और इतना ऊँचा कूदे कि एक छलांग में ही लंका के किले पहुँच गए।"[10] इस तरह के अपने दूसरे वर्णनों में भी उन्होंने इसी तरह का अंदाज़ और इसी तरह की भाषा का प्रयोग किया है।

अमीर खुसरो एक बहुत ही दिलचस्प उदाहरण हैं। निस्संदेह, उनकी रचनात्मकता के जो परिणाम यह दिखाते हैं कि उन्होंने हिंदू सभ्यता (उनकी माँ हिंदू थी) की कुछ बातों को आत्मसात किया था, विशेषकर भाषा और संगीत के क्षेत्र में। इसके साथ ही साथ वे इस बात का पर्याप्त प्रमाण देते हैं कि हिंदू मंदिरों के तोड़फोड़ में उनकी सहमति थी और काफिरों के धर्म से उनका वैर था। दुर्भाग्य से, जो इतिहास को छिपाना चाहते हैं, वे सिर्फ़ भारत की मिश्रित 'धर्मनिरपेक्ष' संस्कृति में उनके योगदानों पर ही गौर करते हैं। जानबूझकर भुला देने के इस रुख की वजह से इतिहास का यह विरूपण ग़लत है और इसे दुरुस्त करने की ज़रूरत है क्योंकि सच को छिपाना अब ज़्यादा निरर्थक होता जा रहा है। सही आकलन यह होगा कि समन्वयात्मक संस्कृति के अंततः विकास में उनके

सांस्कृतिक योगदान की सराहना की जाए और साथ में यह भी स्वीकार किया जाए कि इससे हिंदू धर्म के प्रति उनके वैर-भाव की बात बदल नहीं जाती और न ही इससे मुस्लिम शासकों का हिंदू धार्मिक और सांस्कृतिक कलाकृतियों को तोड़ना जारी रखने की बात में कोई कमी आती है या इसका प्रभाव कम हो जाता है।

महान मुग़ल बादशाह अकबर (1556-1605 ईसवी) को बार-बार सहिष्णुता और हिंदू एवं इस्लामिक संस्कृति के बीच संपर्क के लिए याद किया जाता है। यह सही है कि उन्होंने इस्लामिक शासन के उदार पक्ष को सामने रखा जो अभी तक सामने नहीं आया था। अकबर ने हिंदुओं पर लगाए जानेवाले जज़िया कर को समाप्त कर दिया, आमेर की हिंदू राजकुमारी से शादी की, उनके दरबार में बीरबल और टोडरमल जैसे प्रमुख हिंदू मंत्री थे, दीवाली और दशहरा जैसे हिंदू त्योहारों को मनाते थे, उन्होंने हिंदुओं को अपने न्यायिक अदालतों और निजी क़ानूनों की मदद लेने की छूट दी, वे ज़्यादा समावेशी चिश्ती सूफ़ी पंथ का माननेवाले थे उन्होंने विभिन्न धर्मों के विद्वानों के बीच खुले धार्मिक विमर्श के लिए एक मंच बनाया था जिसका नाम था दीन-इ-इलाही। उनके धार्मिक उदारवाद का अनुमान इस घोषणा से लगाया जा सकता है कि वेदांत का ज्ञान सूफ़ीवाद का ज्ञान है, और उनका यह विश्वास कि सभी धर्म या तो समान हैं या सब के सब भ्रम हैं।

हालाँकि, उनको भारत में मुस्लिम शासन के प्रतीक के रूप में चुनने में सावधानी बरतने की ज़रूरत है। मुस्लिम आक्रमण के तीन सदी बाद मूल तुर्क आक्रमण की मूर्ति भंजन की भयंकरता वाली बात कम दिखाई पड़ने की उम्मीद की जा सकती है, विशेषकर इसलिए क्योंकि अकबर की पत्नी हिंदू थीं। हालाँकि, इस बात के साक्ष्य रिकॉर्ड में मौजूद है कि इसके बावजूद, अकबर ने मंदिरों को मस्जिदों में बदला और नागरकोट, हिमाचल प्रदेश के मंदिर को नष्ट किया। फिर, उसकी धार्मिक उदारता का शक्तिशाली कट्टरपंथी इस्लामिक उलेमाओं ने विरोध किया और इन लोगों ने उसे विधर्मी घोषित कर दिया और उसके ख़िलाफ़ मुसलमानों को विद्रोह करने का फ़तवा जारी हुआ। निश्चित रूप से यह साबित करता है कि धार्मिक विश्वासों के मामले में उसकी सहिष्णुता से संभ्रांत मुस्लिम शासक वर्ग के अन्य सदस्य सहमत नहीं थे जिन्हें बादशाह ने वैसे तो दूर रखा पर वे इनको प्रभावहीन नहीं कर सके और बाद के मुग़ल शासकों के शासन इस बात को स्पष्ट रूप से साबित करते हैं।

अकबर के उत्तराधिकारी जहांगीर ने पहले दिखा दिया कि उसके पिता की व्यापक सोच संस्थागत नीति नहीं होकर ज़्यादा निजी थी। जहांगीर को हिंदू धर्म के प्रति किसी भी तरह की हमदर्दी नहीं थी न ही उसे अंतर-धार्मिक विमर्श के प्रति कोई आदर था। ऐतिहासिक दस्तावेज बताते हैं कि उसने मंदिरों को नष्ट करने की नीति पर अमल शुरू कर दिया – काँगड़ा में एक दुर्गा मंदिर और अजमेर में एक विष्णु मंदिर इसके प्रमुख

उदाहरण हैं। उसने न ही कोई नया हिंदू मंदिर बनाने का आदेश दिया। उसका बेटा और बादशाह शाहजहाँ खुलेआम असहिष्णु था। वह ग़ैर-मुस्लिमों के साथ भेदभाव करता था और उसने कई हिंदू मंदिरों को नष्ट किया जिसमें अकेले वाराणसी के सत्तर मंदिर शामिल थे। कश्मीर में उसने अनंतनाग में एक प्राचीन मंदिर को तोड़ दिया (द सर्पेंट ऑफ इन्फ़िनिटी), यह नाम है उस स्वर्गिक शेषनाग का जिस पर भगवान विष्णु आराम करते हैं और उस शहर का नाम बदलकर इस्लामाबाद कर दिया। ...जब उसने दिल्ली में महान जामा मस्जिद बनाई तो उसने एक विशेष वीथिका जोड़ दी जिसमें अलग-अलग तरह के खंभे थे जो तोड़े गए उन सताइस मंदिरों के थे।"[11]

औरंगज़ेब (1605-1707 ईसवी) अगला बादशाह था जो भयंकर रूप से हिंदुओं और हिंदू धर्म के ख़िलाफ़ था। उसने हिंदुओं पर जज़िया दोबारा लगा दिया, हिंदू तीर्थ यात्रियों पर शुल्क लगा दिया, हिंदू सौदागरों पर कर बढ़ा दिया, हिंदू मंदिरों के कुछ मौजूदा दान को समाप्त कर दिया, हिंदू मंदिरों को बिना किसी रोक-टोक के नष्ट किया (अकेले राजस्थान में उनहत्तर), हिंदू गुरुकुलों को तोड़ दिया, धर्म परिवर्तन को सक्रियता से लागू किया, धर्म का अपमान करने के लिए सिख गुरु तेग़ बहादुर की हत्या कर दी, अंतिम सिख गुरु, गुरु गोबिंद सिंह को मार दिया और हिंदुओं के कुछ सर्वाधिक पवित्र स्थलों पर ज़बरन मस्जिद बनवा दिए, जैसेकि वाराणसी का विश्वनाथ मंदिर और मथुरा का केशव देव मंदिर। न केवल धर्म, संस्कृति भी इस संकीर्ण इस्लामिक दृष्टि का शिकार हुई, कविता, संगीत, नृत्य और संगीतकारों पर प्रतिबंध लगाए गए और इस तरह हिंदू सभ्यता के रचनात्मक संसाधनों और हिंदू-मुस्लिम संस्कृति के बीच उभरते संवाद को एक और बड़ा धक्का लगा।

इन दस्तावेज़ों को देखते हुए, यह आश्चर्य लगता है कि, "डॉक्टर अमर्त्य सेन यह दावा करते हैं कि अकबर ने धर्मनिरपेक्ष वैधानिक संरचना और राज्य के धार्मिक निष्पक्षता की औपचारिक आधारशिला रखी।"[12] पहली बात तो यह कि इस तरह का सपाट बयान इस तथ्य को नज़रंदाज़ करता है कि अन्य धर्मों के लिए सहिष्णुता और लोगों के धार्मिक पसंद के बारे में राज्य की निष्पक्षता हमारे इतिहास के हिंदू काल में सदियों से अमल में रही है। हिंदू साम्राज्य ने सभी धर्मों के प्रति आदर की बात कही, उन्होंने बौद्ध और जैन धर्मों को संरक्षण दिया और अपनी प्रजा के धार्मिक पसंद में वे खुद निष्पक्ष बने रहे – और सेन खुद भी इस बात का अमूमन ज़िक्र करते रहते हैं। तो फिर, किस आधार पर वे अकबर को इस परंपरा का 'श्रीगणेश' करनेवाला मानते हैं? अकबर की प्रशंसनीय धार्मिक सहिष्णुता व्यक्तिगत झुकाव का प्रतिनिधित्व करती थी और उसने किसी 'धर्मनिरपेक्ष क़ानूनी संरचना' की आधारशिला नहीं रखी और यह बात उनके अपने ही उत्तराधिकारियों ने पर्याप्त रूप में दिखा दी। सेन खुद इस ऐतिहासिक तथ्य को

स्वीकार करते हैं कि अकबर के बेटे जहांगीर ने इस्लाम का साथ छोड़ देने के लिए अपने बाप का विरोध किया। यह भी सच है कि अब्दुल हक़्क़ देहलवी जो उस समय के सबसे प्रसिद्ध इस्लामिक धर्मशास्त्री थे, ने दीन-इ-इलाही को महज़ एक 'नवाचार' कहकर उसे ख़ारिज कर दिया और अकबर के मुस्लिम धर्मावलंबी होने की बड़े गर्व से घोषणा की। अब्दुल क़ादिर बदायूनी जो समकालीन इतिहासकार थे, वे भी इन प्रयोगों के सख़्त ख़िलाफ़ थे।

दिलचस्प प्रश्न है कि ऐसी स्थिति में क्यों जानकार टिप्पणीकार ऐसे ही ऐतिहासिक तथ्यों को चुनकर सामने रखते हैं या स्पष्ट रूप से अपर्याप्त दिखाई पड़नेवाले साक्ष्यों के आधार पर स्पष्ट निष्कर्ष निकालते हैं? जहां तक सेन की बात है, उनके कारण छिपे हुए नहीं हैं। "हिंदुत्व के आलोचक कई बार विशेषकर औरंगज़ेब की असहिष्णुता पर ध्यान केंद्रित करते हैं... यह सही है कि कुछ हिंदुत्ववादी कट्टरपंथी मुसलमानों के ख़िलाफ़ भेदभाव में ऐतिहासिक न्याय का मौक़ा देखते हैं और इसका कारण यह है कि औरंगज़ेब के बारे में कहा जाता है कि उसने सत्रहवीं सदी के अंत में उल्टी नीति अपनाते हुए – हिंदुओं के ख़िलाफ़ भेदभाव किया।"[13] वे सही कह रहे हैं कि इतिहास का प्रयोग गड़े मुर्दे उखाड़कर विगत में हुई हिंसा का बदला वर्तमान में लेने के लिए नहीं होना चाहिए। पर अगर 'हिंदुत्व कट्टरपंथी' – जैसाकि सेन ने अपने विवरण में प्रयोग किया है – औरंगज़ेब की धर्मांधता पर ज़्यादा ज़ोर देते हैं, तो सेन जैसे अच्छे ख़याल वाले धर्मनिरपेक्षता के समर्थक इस मुद्दे के दूसरे छोर पर खड़े होकर यही ग़लती करते हैं, अकबर को संपूर्ण रूप में मुस्लिम शासन के प्रतीक के रूप में उसे विषम आनुपातिक दृष्टि से इसका श्रेय देते हैं। इन दो विपरीत छोरों के बीच, सचाई मारी जा रही है। दोनों ही पक्षों का लक्ष्य यह नहीं रह जाता कि विगत में वास्तव में जो हुआ उसका ब्योरा तैयार किया जाए, बल्कि पूरे वृत्तांत को विचारधारात्मक जामा पहना दिया जाए। दोनों में से कोई भी पक्ष दूसरे को यक़ीन दिलाने में विफल है, प्रत्येक पक्ष दूसरे की नेकनीयती को संदेह की दृष्टि से देखता है और दोनों में से कोई भी क्षत-विक्षत ऐतिहासिक प्रमाणों की पुनर्संरचना की दिशा में सकारात्मक रूप से बढ़ते नहीं दिखाई देते।

नोबेल पुरस्कार विजेता वी एस नायपॉल ने अपनी पुस्तक *अमंग द बिलीवर्ज़* इस्लामिक दुनिया में व्यापक भ्रमण के बाद लिखी है। अमर्त्य सेन जोकि हमेशा ही भारत में मुसलमान शासन के विनाशकारी धार्मिक प्रसार को कमतर आंकते हैं, के उलट, नायपॉल स्पष्ट बोलने से खुद को रोकते नहीं हैं कि इसका क्या असर पड़ा। 1998 में द *हिंदू* अख़बार को दिए एक साक्षात्कार में उन्होंने कहा: "मैं समझता हूं कि जब आप देखते हैं कि दसवीं सदी और इससे पहले के इतने अधिक हिंदू मंदिरों को नष्ट कर दिया गया तो आपको पता चलता है

कि जो हुआ है वह बहुत ही बुरा था। मैं महसूस करता हूँ कि उस दुनिया की सभ्यता को उन आक्रमणों ने घातक रूप से लहूलुहान कर दिया था। पुरानी दुनिया को नष्ट कर दिया गया। प्राचीन हिंदू भारत को नष्ट कर दिया गया था।"[14] अगले साल, उन्होंने *आउटलुक* पत्रिका के साथ अपनी बातचीत में इन बातों को दोहराया: "सहस्राब्दी की शुरुआत मुसलमानों के आक्रमणों और उत्तर की हिंदू-बौद्ध संस्कृति को कुचल देने से शुरू हुई। यह इतना बड़ा और इतना ख़राब घटनाक्रम था कि लोगों को इसके बारे में बोलने के लिए संयत, भाग्य को धता बतानेवाले तरीक़े से बोलने के रास्ते अपनाने पड़े हैं। कला और इतिहास की पुस्तकों में लोग भारत में मुसलमानों के 'आगमन' के बारे में लिखते हैं, जैसेकि मुसलमान पर्यटकोंवाली बस में बैठकर आए और फिर चले गए। भारत पर हमलों के बारे में मुस्लिमों के विचार ज़्यादा सच हैं। वे धर्म के विजय, मूर्तियों और मंदिरों को नष्ट किए जाने, लूट, स्थानीय लोगों को दास बनाकर ले जाने के बारे में बात करते हैं। ...स्थापत्य संबंधी साक्ष्य – उत्तर में हिंदू स्मारकों का नहीं होना, विश्वसनीय साक्ष्य है। आक्रमण ऐसा था जैसा पहले कभी नहीं हुआ था। इस अवधि के कोई हिंदू दस्तावेज उपलब्ध नहीं हैं। पराजित लोग कभी अपना इतिहास नहीं लिखते।"[15]

इसी साक्षात्कार में नायपॉल दलील देते हैं कि मुस्लिम आक्रांता 'हिंदू भारत को कुचल देने में' सफल रहे। लूट और डाके और विनाश और इस्लाम में विश्वास नहीं करनेवालों के प्रति उनका धार्मिक बैर सिर्फ मूल विदेशी आक्रांताओं तक सीमित नहीं था बल्कि इस्लामिक शासन के पूरे दौर की यह विशेषता रही। इस संदर्भ में वे विजयनगर का उदाहरण देते हैं। "चलिए हम अंतिम दो तारीख़ों पर ग़ौर करें। वर्ष 1565 में, शेक्सपियर के जन्म के एक साल बाद, दक्षिण में विजयनगर नष्ट हो गया और उसकी महान राजधानी (हम्पी) बर्बाद हो गई। 1592 में, अकबर के भयानक आक्रमण ने पूरब में उड़ीसा को उजाड़ दिया। इसका मतलब यह कि इंग्लैंड जैसा एक देश जब अपनी रानी के शासन के अधीन महान बनने की कोशिश कर रहा था, छठी शताब्दी में पीछे खिसक रहे पुराने भारत को आज भी तुच्छता में धकेला जा रहा है। विजयनगर साम्राज्य और उड़ीसा के ऐश्वर्य और रचनात्मकता, शिल्पी और स्थापत्य को अवश्य ही नष्ट कर दिया गया होगा, उनकी आभा नष्ट कर दी गई होगी।"[16] नायपॉल जिस बड़ी बात को बताना चाहते हैं वह यह है कि इस तरह की लूटपाट ने हिंदू सभ्यता के रचनात्मक आवेग को बहुत बड़ा धक्का पहुँचाया। "यहीं भारतीय आपदा के साथ हमारा साक्षात्कार होता है। जब विजयनगर और उड़ीसा जैसी जगहों को नष्ट किया गया तो इसके साथ ही सभी रचनात्मक प्रतिभाएँ भी नष्ट हो गई होंगी। निरंतरता को समाप्त कर दिया गया। हमारे पास यह जानने का कोई ज़रिया नहीं है कि मुस्लिमों के आने से पहले उत्तर में किस तरह की स्थापत्य कला थी। हम सिर्फ़ इस बारे में निश्चित हो सकते हैं कि कोणार्क और काँचीपुरम जैसे वैभव रहे होंगे।"[17]

ब्रिटिश अख़बार द *गार्डियन* में लेखक-इतिहासकार विलियम डेलरिंपल ने नायपॉल की बेबाक़ी का खंडन करने की कोशिश की है। वे लिखते हैं कि नायपॉल के पूर्वाग्रहपूर्ण विचार का कारण था, 'विक्टोरियाकालीन ब्रिटेन का साम्राज्यवादी इतिहास' लेखन जिसमें ब्रिटिश ने मुस्लिमों को लुटेरा दिखाने की कोशिश की है, ताकि वे 'सभ्य बनाने के अपने मिशन' को यहाँ ला सकें। वे कहते हैं कि सोलहवीं सदी तक आते-आते विजयनगर का इस्लामीकरण हो गया था। इसे इस तथ्य से समझा जा सकता है कि, "विजयनगर के हिंदू राजा जनता के दरबार में नंगे छाती नहीं आते थे जैसाकि हिंदू भारत में परंपरा थी, बल्कि इस्लामिक दरबार में प्रचलित मिले -जुले परिधानों में आते थे, ऐसा वे अमेरिकी संस्कृत विद्वान फ़िलिप वैग्नर के मतों के आधार पर कह रहे थे और जो इस बात का संकेत था कि वे ज़्यादा सार्वभौमिक इस्लामिक संस्कृति में भागीदारी कर रहे थे।" विजयनगर ने मुस्लिम सुल्तानों के प्रशासनिक, कर संग्रह और सैनिक तौर-तरीक़ों को अपना लिया था जिनसे वे घिरे हुए थे – "जैसे रकाब, घोड़े की नाल, घोड़े के बख्तर और एक नए तरह का ज़ीन। इसकी स्थापत्य कला में भी मेहराब और गुंबद का प्रयोग दिखता है जैसाकि उत्तर के इस्लामिक अधीनता वाले क्षेत्र में प्रयोग में था।"[18] इसके अनुरूप ही, इस्लामिक सल्तनतों पर भी हिंदू प्रभाव देखे जा सकते हैं जिनके साथ विजयनगर साम्राज्य कई बार रणनीतिक गठजोड़ करता था।

मैं, हालाँकि, इस बारे में स्पष्ट नहीं हूँ कि इन दलीलों से क्या साबित होता है। क्योंकि विजयनगर के राजा नंगे छाती जनता दरबार में नहीं आते थे, या इसलिए कि वे रकाब या घोड़े के नाल का प्रयोग करते थे और क्योंकि वे जहां भी राजनीतिक रूप से सही समझते थे, वे किसी मुस्लिम सल्तनत के साथ समझौता करते थे, ताकि दूसरे को मात दे सकें, इन सबकी वजह से क्या विजयनगर हिंदू साम्राज्य नहीं था? या यह कि जब उसे हरा दिया गया, क्या मुस्लिम सुल्तानों ने शहर को निर्दयता से नष्ट नहीं कर दिया और विशेषकर उसके भव्य मंदिरों पर हमले नहीं किए? स्थापत्य, पोशाक और प्रशासनिक मामलों में हिंदू-मुस्लिम समन्वयता के कुछ उदाहरणों को उद्धृत करना सदियों के उस मिलाप को स्वीकार करना है जिससे बचा नहीं जा सकता था और यह काफिरों के बारे में मुस्लिम आक्रांताओं के सोच और हिंदू सांस्कृतिक और धार्मिक कलात्मक वस्तुओं को नष्ट करने के कार्य में किसी भी तरह का बदलाव नहीं है।

यह भी बहस का बिंदु है कि विजयनगर के राजा मुस्लिम सल्तनतों को जीतने के बाद उतने ही निष्ठुरता से मस्जिदों को नष्ट करते या नहीं। ऐतिहासिक रिकॉर्ड स्पष्ट रूप से बताते हैं कि कृष्णदेवराय (1509-1528 ईसवी), जोकि विजयनगर के सर्वाधिक प्रसिद्ध राजा थे और भारत के सर्वाधिक महान राजाओं में गिने जाते हैं, सभी धर्मों का आदर करते थे। वे खुद वैष्णव थे पर उन्होंने शैव, जैन और अन्य पंथों को पूर्ण रूप से संरक्षण

दिया। उन्होंने अपनी सेना में मुस्लिमों को भी रखा, उन्हें राजधानी में बसने को उत्साहित किया और 1439 में उनके लिए एक मस्जिद का निर्माण किया, ताकि वे वहाँ नमाज़ पढ़ सकें। अपने दरबार के मुसलमान अधिकारियों के लिए उन्होंने अपनी राजगद्दी के पास कुरान की एक प्रति रखवाई थी, ताकि वे अपने धर्म के अनुरूप किसी आज्ञा के ख़िलाफ़ कोई पाप किए बिना उसका सम्मान कर सकें, जबकि विजयनगर साम्राज्य की स्थापना मुस्लिमों के हमलों से हिंदुओं और हिंदू संस्कृति की रक्षा के लिए हुई थी। ईसाई धर्म माननेवाले पुर्तगालियों ने भी राजधानी में अपना निवास स्थापित किया। पुर्तगाली यात्री बारबोसा जिसने कृष्णदेवराय के शासन के दौरान हम्पी का दौरा किया था, लिखता है: "राजा ने ऐसी स्वतंत्रता दे रखी है कि हर व्यक्ति कभी भी आ और जा सकता है और अपने धर्म के अनुरूप बिना किसी कष्ट या इस तरह की जाँच की चिंता के बिना कि कोई ईसाई, यहूदी, हब्शी या काफ़िर है, अपना जीवन व्यतीत कर सकता है।"

तथ्य यह है कि मुस्लिम शासकों के लिए हिंदू धर्म के विरुद्ध हिंसक धार्मिक असहिष्णुता की नीति अपवाद न होकर मानक था। इसके उलट, हिंदू सभ्यता में, जो उनके आने से पहले ही यहाँ मौजूद थी और ऐसे हिंदू राजा, जो इनके आक्रमण में बच गए, की गतिविधियों में धार्मिक स्थलों को इस तरह से नष्ट करना अपवाद की बात थी न कि मानक था। हमने कृष्णदेवराय का उदाहरण दिया है और उदाहरण के लिए यही बात शिवाजी के बारे में भी कही जा सकती है जिन्होंने 1647 ईसवी में महाराष्ट्र में अपने साम्राज्य की स्थापना की। शिवाजी ने विजयनगर के ख़िलाफ़ युद्ध छेड़नेवाले मुस्लिम सल्तनतों में एक, बीजापुर पर क़ब्ज़ा कर लिया। उन्होंने इसके ख़ज़ाने, घोड़े और हाथियों पर क़ब्ज़ा कर लिया, पर उनके शासन का इतिहास लिखनेवाले ख़फ़ी खान ने लिखा है कि उन्होंने मस्जिदों को अपवित्र नहीं करने और महिलाओं को नहीं पकड़ने की अपनी नीति का उल्लंघन नहीं किया।[19]

धार्मिक रूढ़िवादिता की परिधि के भीतर सूफ़ीवाद, जिसने इस्लाम को रहस्यवाद के संदर्भ में व्याख्या की और सत्य की खोज और धार्मिक कर्मकांड की जगह आध्यात्मिक संवाद पर जोर दिया, हिंदू अध्यात्म और भक्ति आंदोलन से प्रभावित था। मुस्लिम शासन की स्थापना के बाद के सैकड़ों वर्षों तक भक्ति आंदोलन फलता-फूलता रहा। सूफ़ी आंदोलन, जिसके संतों ने आम लोगों की भाषा में बात की, उन्होंने भारत में इस्लाम की मौजूदगी को व्यापक किया, विशेषकर ग्रामीण क्षेत्रों में। लेकिन सूफ़ी पंथ ने कभी भी इस्लाम को ख़ारिज नहीं किया और इसकी कई प्रमुख हस्ती अमीर खुसरो की तरह, मुस्लिम शासकों के धार्मिक आधार पर मूर्तिभंजन की नीति के मुखर समर्थक थे। नक़्शबंदी सूफ़ी मत के प्रमुख प्रतिनिधि शेख़ अहमद सरहिंदी (1564-1624) ने जज़िया कर हटाने के अकबर के फ़ैसले का जमकर विरोध किया, उन पर इस्लाम की पवित्रता

को दाग़दार करने का आरोप लगाया और गुरु नानक और कबीर को शरिया को नहीं मानने के लिए उनकी आलोचना की। इस्लाम के कोमल चेहरे को सामने लाने के क्रम में अगर हमेशा नहीं तो अमूमन सिक्के के दूसरे पहलू इस्लामी इंजीलवाद इस्लाम के प्रचार को भी हवा देता था। सुल्तान की तलवार और सूफ़ियों के उपदेश मिलकर काम करते थे; दोनों का उद्देश्य इस्लाम का प्रचार था। जब विलियम डेलरिंपल यह कहते हैं, "भारत में इस्लाम के प्रचार में तलवार के बल की तुलना में सूफ़ियों की भूमिका ज़्यादा थी,"[20] वे दोनों को एक-दूसरे के विपरीत ध्रुव पर होने के रूप में पेश करने की गलती कर रहे हैं। पहला, वे सूफ़ीवाद की भूमिका को बढ़ा-चढ़ा कर बता रहे हैं, जिसने बहुत बाद में अपनी पहुँच और अपनी रहस्यवादी विचारधारा की ताक़त बढ़ा ली, जो काफ़ी हद तक हिंदू अध्यात्म और भक्ति आंदोलन के प्रभावों का परिणाम है। दूसरा, वे तलवार की भूमिका को कमतर आंक रहे हैं जिसने ऐतिहासिक रिकॉर्ड के अनुसार, औरंगज़ेब के काल तक अपना विनाशकारी विध्वंस जारी रखा जोकि सूफ़ी आंदोलन के चरमोत्कर्ष का काल था जिसे उसने निरंतर संरक्षण दिया।

यहाँ उद्देश्य भारत में सूफ़ी आंदोलन को कलंकित करना नहीं है, बल्कि इस बात पर जोर देना है कि मुस्लिम शासन के दौरान उसकी भूमिका के आकलन में संतुलन बरतने की ज़रूरत है। सूफ़ीवाद की कई मुक्तिकामी विशेषताएँ थीं जिसमें भक्ति की प्रधानता, समर्पण और ईश्वर से मिलन का आनंद शामिल है। इसने आमतौर पर धार्मिक मामलों में ज़्यादा सहिष्णुता का प्रदर्शन किया और इसके पीर, औलिया और दरगाहों तक सभी धर्मों के सभी लोगों को जाने की छूट थी जिसने मुस्लिम शासन के विनाशकारी पक्ष को संयमित किया। पर यह दलील देना ग़लत होगा कि इसने पूरी तरह या आंशिक तरह भी हिंदू धर्म के प्रति मुस्लिम शासकों के दृष्टिकोण को बदला। यह सही है कि अध्यात्म और दर्शन के क्षेत्र में इसने हिंदू और इस्लामिक विचारों के बीच सापेक्षिक संगम का प्रतिनिधित्व किया और यह सांस्कृतिक आदान-प्रदान निश्चित रूप से दूसरे क्षेत्रों में भी अच्छा परिणाम देनेवाला साबित हुआ। भारत में लगभग छह सौ वर्षों से अधिक के इस्लामिक शासन में, हिंदू और मुस्लिम संस्कृति ने संगीत, कविता, स्थापत्य, चित्रकारी, भोजन, सामाजिक व्यवहार, रीति-रिवाज और यहाँ तक कि धार्मिक अभ्यासों के क्षेत्र में भी एक-दूसरे को सुसंपन्न किया। यह गंगा-जमुनी तहज़ीब की बुनियाद है जिसकी हम आज चर्चा करते हैं और जो भारत को विशिष्ट बनाता है।

गलती यह है कि हम इस सांस्कृतिक आदान-प्रदान को भारत में मुसलमानों की जीत की प्रभावी विशेषता मान लेते हैं जिसमें इसके विनाशकारी होने, इसकी धार्मिक असहिष्णुता और हिंदू मंदिरों और सभ्यता को हुए भारी नुक़सान पहुँचाने के ठोस सुबूत के बावजूद इसे जानबूझकर नज़रंदाज़ करने का लक्ष्य होता है। इतिहास के आख्यान

द्वंद्वात्मक नहीं है कि या तो यह या वह। निश्चित रूप से क्रमिक समन्वयता भी थी, वैसे ही जैसे कि इन सबके बावजूद धार्मिक असहिष्णुता के आधार पर हमलों में निरंतरता बनी रही। इस बात की ओर स्पष्ट रूप से संकेत करनेवाले नायपॉल सही हैं। हम इतिहास को वैसे ही बताए जाने की बात कर रहे हैं जैसा वह है और इसमें वहाँ वर्तमान पैदा करने की कोशिश नहीं कर रहे हैं जहां विगत की या तो मुस्लिमों या हिंदुओं ने मिथ्या रचना की है या विगत में जो हुआ उसके लिए आज के मुसलमानों को उन बातों की सजा दी जा रही है। मैं नहीं मानता कि नायपॉल की भी यह मंशा थी। उनके एकमात्र उपन्यास *अ बेंड इन द रिवर* का मुख्य पात्र सलीम, मुसलमान है। उनकी पत्नी नादिरा भी मुसलमान हैं।

प्रख्यात लेखक और फ़िल्म अभिनेता स्वर्गीय गिरीश कर्नाड नायपॉल के मुखर आलोचक थे और उन पर मुसलमानों के बारे में प्राच्यवादी विचारों को थोपने का आरोप लगाया और कहा, "वे भारतीय मुसलमानों के ख़िलाफ़ ज़हर उगल रहे हैं।"[21] यह दलील कि भारत में मुस्लिम शासन का ईमानदार आकलन 'प्राच्यवादी' है और यह ब्रिटिश दृष्टिकोण से प्रभावित है, जैसाकि डेलरिंपल भी दलील देते हैं, मज़बूत दलील नहीं है। क्या भारतीय इस लायक़ नहीं हैं कि इस अवधि में क्या हुआ उसके बारे में उपलब्ध साक्ष्यों की खुद पड़ताल कर सकें? ब्रिटिश आए और गए। उनके औपनिवेशिक पूर्वाग्रह और यह बताने की कोशिश कि वे सभ्यता का पाठ सिखानेवाले लोग थे, का अब पूरी तरह पर्दाफ़ाश हो चुका है। वे हिंदू सभ्यता के उतने ही बड़े विनाशक थे जितने कि मुस्लिम शासक। भारतीय अब ऐतिहासिक साक्षों को नज़रंदाज़ किए बिना उपलब्ध साक्ष्यों के आधार पर अपने इतिहास को वैसे ही देखने की कोशिश कर रहे हैं जैसे वह था। समन्वयता को विनाश पर तरजीह देकर तथ्यों से मुंह मोड़ने की बात को आगे नहीं बढ़ाया जा सकता, बल्कि इसके लिए दोनों को परिप्रेक्ष्य में रखकर देखना होगा।

"समन्वयवादी' हालाँकि, अमूमन भावुक हो जाते हैं। कर्नाड कहते हैं, " नायपॉल के भारतीय संस्कृति के विश्लेषण के साथ यह एक समस्या है।" "वह संगीत के बारे में नहीं जानते और इसलिए वह इस बात की परिकल्पना नहीं कर सकते कि मुस्लिमों ने हमारे इतिहास में क्या योगदान दिया। अगर आप संगीत को नहीं समझ पाते हैं तो आप भारतीय इतिहास को नहीं समझ सकते, क्योंकि भारतीय संस्कृति का वास्तविक विकास संगीत के माध्यम से हुआ है।"[22] हम कर्नाड के साथ इस बात पर बहस कर सकते हैं कि संगीत एकमात्र ऐसा विषय है जिसके माध्यम से हम इतिहास को परख सकते हैं। हालाँकि, अगर हम इस बात को मान भी लें कि वे भारतीय संस्कृति में इस्लामिक शासन के योगदान को बताने के लिए संगीत को एक रूपक के रूप में प्रयोग कर रहे हैं, तो भी यह इस तथ्य को नकारता नहीं है कि यह बड़े पैमाने पर सांस्कृतिक और धार्मिक बर्बरता के समतुल्य है। हम क़व्वाली, शास्त्रीय गायन में ख़याल गायकी की शैली, तबला और

सितार के आविष्कार, उर्दू की भव्यता के प्रति बिना किसी शर्त के प्रशंसा भाव रख सकते हैं, लेकिन इस बात को भी स्वीकार करने की ज़रूरत है कि हिंदू भारत के सांस्कृतिक ख़ज़ाने का एक बड़ा हिस्सा मुस्लिम शासन के कारण सदा के लिए नष्ट हो गया। इतिहास के आकलन में अंततः कोई किस पैमाने का प्रयोग करता है? क्या हम भव्य मंदिरों, नालंदा और शिक्षा और कला के हिंदू सांस्कृतिक केंद्रों पर हमले को तराज़ू के एक पलड़े पर और ख़याल शास्त्रीय संगीत के अंततः विकास को इसके दूसरे पलड़े पर रखते हैं? अगर बाद के इंडो-इस्लामिक स्थापत्य कला में ऐसे हिंदू रूपांकन हैं जिन्हें स्पष्ट रूप से देखा जा सकता है, तो क्या इसका मतलब यह है कि मंदिरों को नष्ट नहीं किया गया? अगर दुर्भाग्यशाली राजकुमार दारा शिकोह, जो शाहजहाँ के बाद गद्दी पर बैठ नहीं सका, का उपनिषदों के बारे में दृष्टिकोण प्रशंसात्मक था और उसने फ़ारसी में इनका अनुवाद करवाया, तो क्या इसका मतलब यह है कि उसका भाई औरंगज़ेब, जोकि गद्दी पर बैठा और दारा को मार दिया, धर्मांध नहीं था? ज़रूरत इस बात की है कि दोनों ही पक्षों पर ग़ौर किया जाए और यह निष्कर्ष निकाला जाए कि जब दोनों के बीच बड़े पैमाने पर सांस्कृतिक आदान-प्रदान हुए, इसके समानांतर बड़े पैमाने पर धार्मिक असहिष्णुता और प्रचंड हैवानियत का प्रदर्शन भी हुआ।

मुस्लिम शासन को प्रभावी तौर पर एक सांस्कृतिक संयोग के रूप में देखने की सही मंशायुक्त इच्छा इतिहास को छिपाकर फलीभूत नहीं हो सकती। इस तरह का प्रयास सही अर्थ में धार्मिक मेल-मिलाप के वास्तविक प्रयास को कमजोर करता है। डेलरिंपल विदेशी विद्वानों डेविड गिल्मार्टिन और ब्रूस लॉरेन्स को उद्धृत करते हैं, जिन्होंने अपनी *बीआंड तुर्क एंड हिंदू* में कहा है कि मध्यकालीन भारतीय सभ्यता "उसके बहु-धार्मिक विशेषताओं और हिंदू-इस्लामिक सभ्यता के बीच इस वजह से हुई प्रेरणास्पद आपसी संयोग का परिणाम था।"[23] यह सही है कि यह काल बहु-धार्मिक था पर इस बारे में कोई संदेह नहीं है कि इस्लाम की धार्मिक कट्टरता के बावजूद हिंदू धर्म बचा रहा और हिंदू एवं इस्लामिक सभ्यता के बीच आपसी संयोग के अतिरिक्त हिंदू संस्कृति, जोकि मध्यकालीन भारत से पहले से मौजूद थी, को अप्रत्याशित पैमाने पर नष्ट किया गया। आपसी संयोग की दलील उस समय निरर्थक रूप से विचित्र लगती है जब डेलरिंपल कहते हुए उस हद तक चले जाते हैं कि शायद ही किसी मंदिर को नष्ट किया गया। वे अपनी सम्मति देते हुए *बीआंड तुर्क एंड हिंदू* पुस्तक में लिखनेवाले रिचर्ड ईटॉन को उद्धृत करते हैं जो अपनी दलील में कहते हैं कि, 'ऐतिहासिकता के आधार पर यह निश्चित लगता है', मुस्लिम शासन के दौरान सिर्फ अस्सी के आसपास मंदिरों को ही नष्ट किया गया। और वह भी 'हिंदू शासकों के सीधी सैनिक पराजय की स्थिति' में ही हुआ, या "जब प्रमुख मंदिरों के हिंदू संरक्षकों ने उन इंडो-मुस्लिम साम्राज्य के प्रति वफ़ादारी नहीं

दिखाई जिनकी सेवा में वे थे। अन्यथा, इंडो-मुस्लिम संप्रभु क्षेत्र में मौजूद मंदिर राज्य की संरक्षित संपत्ति मानी गई और उनसे कोई छेड़छाड़ नहीं हुई।"[24]

इसी तरह का झूठ, जिनको ऐतिहासिक विद्वता कहकर प्रचारित किया जाता है, समस्या पैदा करता है। यह अपुष्ट दावा कि छह सौ वर्षों के इस्लामिक शासन में सिर्फ अस्सी मंदिर ही नष्ट किए गए, इस बारे में दस्तावेज़ों, स्थापत्य और उत्कीर्ण अभिलेखों के रूप में मौजूद विपरीत साक्ष्यों का मज़ाक़ उड़ाते हैं। एक ज़्यादती दूसरे के लिए रास्ता साफ़ करती है और जो दूसरे छोर पर मौजूद तथ्यों का समर्थन करते हैं, मुस्लिम शासन को सिर्फ बर्बादी और विनाश का पर्याय मानते हैं और इस क्रम में होनेवाले महत्वपूर्ण सांस्कृतिक आदान-प्रदान, जो इसके आंशिक परिणाम थे, के महत्व का पूरी तरह अवमूल्यन करते हैं। उस स्थिति में दोनों ही पक्ष ऐतिहासिक तथ्य को जानबूझकर नज़रंदाज़ करते हैं और जिन कल्पनाओं के साथ वे जीना चाहते हैं उसके कपोलकल्पित विरोधियों के साथ भिड़ते रहते हैं। इसका समझदारी भरा विकल्प तो यह है कि इतिहास को उसी रूप में स्वीकार किया जाए जिस रूप में वह हुआ, हिंदू सभ्यता का मुस्लिमों के हाथों हुए विनाश के विचलित करनेवाले आघातों को स्वीकार किया जाए, इस बात को स्वीकार किया जाए कि हमारे इतिहास में एक लंबे दौर के दौरान सामूहिक भौतिक और बौद्धिक परिसंपत्ति को इससे असीमित नुकसान हुआ और यह मान लिया जाए कि इस्लामिक शासकों का धार्मिक कट्टरपन ऐसे अधिकांश विनाश का कारण था। हिंदुओं को निर्दयता से पराधीन कर दिया गया और मुस्लिम साम्राज्य ने उनके साथ भेदभाव किया। इस्लामिक शासन ने एक महान सभ्यता की निरंतरता और उसके क्रमिक विकास को नष्ट कर दिया; उसने इतिहास की उस उल्लेखनीय अवधि के रचनात्मक लय को बाधित कर दिया; उसने उसकी सांस्कृतिक कलाकृतियों को बड़े पैमाने पर नष्ट कर दिया; और उसने उस समय तक के भारतीय इतिहास को व्यापक हिंसक धार्मिक असहिष्णुता का प्रथम सौग़ात दिया। सच्ची धर्मनिरपेक्षता इतिहास से समझौता करके ही प्राप्त की जा सकती है, सच को दबाने से नहीं क्योंकि इससे प्रति आख्यान के उग्रवाद को ही मज़बूती मिलती है। जैसाकि अमीश त्रिपाठी कहते हैं: "इंकार की परिणति अंततः सच को दबाने में होती है और यह घृणा और क्रोध जैसी अशोभनीय बातों को जन्म देती है, जैसाकि हम भारत के कुछ हिस्सों में आज देख रहे हैं। आनेवाले समय में यह समाज की सेहत के लिए अच्छा होगा कि वह सच को स्वीकार करना, उससे निपटना और उसको संभालना सीख ले।"[25]

हिंदू धर्म तुर्की आक्रमणकारियों के ज़बरन धर्म परिवर्तन के ज़बरदस्त अभियान के बावजूद कैसे ज़िंदा बच गया? यह एक महत्वपूर्ण सवाल है, क्योंकि इसके बाद जो

इस्लामिक शासन स्थापित हुआ उसने इस्लाम की श्रेष्ठता के प्रचार के लिए सत्ता की ताक़त का प्रयोग किया और वे ज़्यादा से ज़्यादा काफिरों को धर्म परिवर्तन के द्वारा इस्लाम धर्म के तहत लाने में यक़ीन करते थे। इंडोनेशिया जैसे देश का हमारे पास उदाहरण है जहां तेरहवीं सदी की शुरुआत में इस्लामिक सल्तनत की स्थापना के बाद बड़ी संख्या में हिंदू और बौद्ध धर्मावलंबियों में से लगभग सभी को तीन सौ वर्ष के भीतर इस्लाम में धर्मांतरण कर दिया गया। भारत में ऐसा क्या हुआ कि वह उस इस्लामिक शासकों के धर्म परिवर्तन कराने की ताक़त के सामने अपेक्षाकृत कम नुक़सान झेलकर खड़ा रह पाया जिसने इस पूरे देश पर छह सौ साल से अधिक समय तक शासन किया?

इसका सरल उत्तर यह है कि हिंदू धर्म ने भक्ति आंदोलन के द्वारा खुद की पुनर्खोज की। इससे हिंदू धर्म का लोकतांत्रिक विकेंद्रीकरण हो पाया और यह उत्कंठा और विश्वास से इतना ज़्यादा लबालब था कि इतिहास में इसका कोई और उदाहरण नहीं मिलता। कई हिंदू मंदिर जिसने धर्म को संरक्षित करने और उसके प्रचार-प्रसार में महत्वपूर्ण भूमिका निभाई थी, उन्हें नष्ट कर दिया गया; हिंदू सभ्यता के विकास और इसमें स्फूर्ति पैदा करने में जिस दिमाग़ी संवाद ने इतनी बड़ी भूमिका अदा की वह कड़ी टूट गई; शिक्षा के केंद्र और ग्रंथों और उन पर लिखे गए भाष्यों को रखने की जगह सचमुच में तबाह कर दिए गए; जिस संरचना में हिंदू धर्म के पालन की बात की निश्चिंतता थी उसे गहरा धक्का लगा; हिंदुओं के साथ जज़िया और तीर्थयात्रा कर के माध्यम से भेदभाव किया गया। लेकिन हिंदू धर्म उस पिंजरे में मौजूद संकीर्ण दरारों से बाहर निकलने में सफल रहा जिस पिंजरे में उसे क़ैद करने की बात सोची गई थी। उसने खुद को पुनः खोजा पर इसके लिए उसे किसी तरह की सांस्थानिक संरक्षण की मदद नहीं मिली जो उसे पहले राजाओं से मिला करती थी या ब्राह्मण वर्ग के निषेधाज्ञाओं से प्राप्त होता था, बल्कि इसके लिए उसने सीधे अपने अनुयायियों को गले लगाया। इस प्रक्रिया में, धर्म और उसका प्रचार भक्ति की आंतरिक दुनिया, आत्मसमर्पण और निजी विश्वास का हिस्सा बन गया; धर्म की औपचारिक व्यवस्था काफ़ी हद तक अनावश्यक हो गई; पुरोहित वर्ग अपेक्षाकृत हाशिए पर जा चुका था; और औपचारिक कर्मकांडों को अधिकतर अनावश्यक माना जाता था। इसका सकल परिणाम शक्तिशाली सुधार आंदोलन के माध्यम से हिंदू धर्म की पुनर्खोज के रूप में हुई जिसने बाहर की बजाय अंदर झांका और आम लोगों पर आश्रित रहा न कि शीर्ष पर बैठे दुर्लभ बन चुके मुट्ठी भर अभिजात वर्ग के निर्देशों पर। इस प्रकृति की इंद्रधनुषी तितली – जिसमें भक्ति का उत्साह, व्यक्तिगत स्वायत्तता और सामाजिक अपमान, सब कुछ था, उसे विजेता के तलवार से मारे जाने की कोई चिंता नहीं थी।

हिंदू धर्म हमेशा से जीवन जीने का रास्ता रहा है – इसमें केवल एक ही पुस्तक नहीं है, न ही एक ईश्वर, न ही एक धार्मिक संस्था, और न ही कर्मकांड का कोई एक

निर्देश। धर्म की इस तरह की संरचना बनाई गई ताकि यह अपने विश्वास की व्यवस्था और इसके अमल के विनाश से बच जाए और किसी भी केंद्रीय स्तंभ के अभाव में, अगर इसको नष्ट किया जाता है तो पूरी संरचना ख़तरे में पड़ जाएगी। इसके अलावा हिंदू धर्म ने अपने विचार और इस पर अमल की बहुत ही मज़बूत बुनियाद विकसित की थी और यह सब इस्लामिक आक्रमण से एक हज़ार साल पहले हो चुका था। इस ताक़त का एक महत्वपूर्ण पक्ष था विकसित होने और किसी भी स्थिति के अनुरूप खुद को ढाल लेना। हमने यह विस्तार में देखा है कि दैवत्व का निर्गुण पक्ष सगुण भक्ति की दार्शनिक अनुमति के रूप में तब्दील हो गया। भक्तिपरक आस्तिकवाद की बुनियाद रामानुज ने ग्यारहवीं सदी में रखी। व्यक्तिगत देव के प्रति भक्ति के लिए जगह बनाते हुए रामानुज और उनके परवर्ती दार्शनिकों ने एक ऐसी व्यवस्था क़ायम की जिसकी ज़रूरत काफ़ी समय से महसूस की जा रही थी। आठवीं सदी में रचित *भागवत पुराण* में एक बालक के रूप में कृष्ण की लीला और एक प्रेमी के रूप में उनके अप्रतिरोध्य आकर्षण का वर्णन है। *भगवद गीता* का कृष्ण, जिसे कई सदी पहले लिखा गया – जिसने अपने अनुयायियों से निजी समर्पण की बात कही थी – अब दैवत्व के अपने शीर्ष आसन से नीचे उतरता है और एक ऐसे देव के रूप में सामने आता है जिसे निजी रूप में हासिल किया जा सकता है। जयदेव के *गीत गोविंद* (बारहवीं सदी) जिसने राधा और कृष्ण के बीच प्यार को अमर कर दिया, इस प्रक्रिया को और आगे ले गया। जिस समय *भागवत पुराण* की रचना हुई उसी समय के आसपास या उससे पहले दक्षिण में नयनारों और अलवरों के पंथ क्रमशः शिव और विष्णु के बारे में भक्ति के एक नए रूप का प्रचार प्रसार कर रहे थे जिसमें कर्मकांड और पूजा की आवश्यकता को समाप्त कर दिया गया था। इस्लामिक आक्रमण से पहले इस तरह की नई बातों ने हिंदुओं को उनके धर्म के लोकतंत्रीकरण और विकेंद्रीकरण के लिए तैयार कर दिया था। मूल संस्कृत से *भागवत* का अनुवाद लगभग सभी स्थानीय भाषाओं में हुआ। अकेले बांग्ला में इसके चालीस अनुवाद हुए।

किसी धार्मिक परंपरा का किसी स्थानीय भाषा द्वारा भाषाई विनियोग जोकि पहले संस्कृत के माध्यम से होता था, ने, भक्ति आंदोलन का पूरे भारत में प्रसार सुनिश्चित करने में महत्वपूर्ण भूमिका अदा की। इस नवजागरण का सबसे शुरुआती प्रभाव महाराष्ट्र में देखा जा सकता है। ज्ञानेश्वर (1271-1296 ईसवी) *भावार्थपादिका* की रचना की जिसे *ज्ञानेश्वरी* भी कहा जाता है जोकि *भगवत गीता* पर दीर्घ टीका है। मराठी में रचित यह ग्रंथ शीघ्र ही काफ़ी लोकप्रिय हो गया, विशेषकर इस वजह से क्योंकि इसे एक तुकबंदी छंदों में लिखा गया था, ताकि इसे गाया और इसका सस्वर पाठ भी किया जा सकता था; इसमें उपमा और उदाहरण इसके जनसाधारण पाठकों के आम जीवन से उठाए गए थे, जिसकी

वजह से आम लोगों में इसका आकर्षण और बढ़ गया। ज्ञानेश्वर जो ज्ञानदेव के नाम से भी प्रसिद्ध थे, वरकरी संप्रदाय के थे जिन्होंने पंढरपुर के विठोबा मंदिर की लोकप्रिय नियमित तीर्थयात्रा शुरू की। यह मंदिर विष्णु को समर्पित है। इन तीर्थयात्रियों में समाज के सभी वर्गों के लोग होते थे जो अपनी यात्रा के दौरान कीर्तन करते थे और इस तरह अपने संप्रदाय को उन्होंने ज़्यादा लोकप्रिय आधार दिया।

नामदेव (1270-1350 ईसवी), जो ज्ञानेश्वर के समकालीन थे पर वे उनकी तुलना में पाँच दशक ज़्यादा जीवित रहे, वह भी विठोबा के बहुत बड़े भक्त थे। नामदेव के भजन की भाषा ऐसी है जिसे आम आदमी भी समझ सकता है और इसकी विशेषता है भक्ति की गहरी और तीव्र भावना जिसे आम हिंदुओं ने आत्मसात कर लिया था।

मैं मर जाऊँगा अगर तुम्हारा सहारा न मिलेगा,
ओ मेरे देव और राजा, जल्दी से आओ!
मेरी मदद करना मामूली बात है,
फिर भी ओ मेरे देव और राजा! तुम जल्दी करना!
हे आओ, (नाम का चीत्कार उठता है)
शीघ्रता करो और आओ, मेरे देवता और राजा![26]

एक नई शुरुआत करते हुए, नामदेव ने जाति के पदक्रम को कोई महत्व नहीं दिया। उनके निकट सहयोगियों में शामिल थे एक नाई, एक माली, एक कुम्हार, एक महिला (घरेलू काम करनेवाली ज्ञानबाई) और चोखा जोकि 'अछूत' था। उन्होंने जो महत्वपूर्ण संदेश दिया, वह यह था कि जहां भक्ति है वहाँ सामाजिक पदक्रम या कर्मकांड की शुद्धता का कोई मतलब नहीं है।

मुस्लिमों ने पंढरपुर के मंदिर को नष्ट कर दिया पर वे भक्ति आंदोलन को नष्ट नहीं कर पाए। एकनाथ (1533-1599 ईसवी) ने इस आंदोलन में नई जान फूंक दी। उन्होंने *ज्ञानेश्वरी* का पुनर्प्रकाशन किया और *वाल्मीकि रामायण* और *भागवत पुराण* पर विद्वतापूर्ण टीका लिखी। "लेकिन एकनाथ ने इससे ज़्यादा किया। उन्होंने गहरे धार्मिक जीवन के एक नए रूप को सामने रखा जिसके लिए किसी संस्थान या मठ या दुनिया छोड़ने की ज़रूरत नहीं थी। वे एक समर्पित, सरल, पारिवारिक व्यक्ति थे जिनका जीवन उनके चूल्हे और धर्मग्रंथ के इर्द-गिर्द घूमता था, लेकिन इसके बावजूद वे एक आध्यात्मिक व्यक्ति थे। उन्होंने दिखा दिया कि मुस्लिम लोग रास्ते में जितनी भी मुश्किल पैदा करें, हिंदू आम जीवन जीते हुए अपने धर्म का गहनतम अनुभव करने की अभिलाषा रख सकते हैं। वे हर दिन कीर्तन करते थे और उनके भजन मराठी धरोहर का हिस्सा हैं। इनका आधार गहरी

नैतिकता है, ये जीवन के निहायत ही साधारण पक्षों से जुड़े हैं लेकिन इसके बावजूद यह निजी रहस्यवाद की महान ऊँचाई तक जाते हैं।"[27]

अगर नामदेव ब्राह्मण थे, तो तुकाराम (1598-1650 ईसवी) जिन्हें महाराष्ट्र का सर्वाधिक महान भक्त कवि माना जाता है, अनाज व्यापारी के एक साधारण परिवार में पैदा हुए थे। अपने भजन में उन्होंने उस परमानंद को प्राप्त करने की इच्छा ज़ाहिर की है जो शीर्षतम स्तर का आध्यात्मिक अनुभव है जिसके सामने संगठित धर्म का पूजा-पाठ और समारोह कोई मायने नहीं रखता। परम सत्ता से एकाकार होने की निजी चाहत के बारे में लिखे अपने भजन में वे अपने श्रोताओं को धर्म के साथ जुड़ाव के एक निहायत ही निजी ऊँचाई तक ले जाते हैं।

जैसे तट पर पड़ी रहती है बेचारी मछली
हाँफती है और दर्द से तड़पती है, या
चिंतातुर आँखों से कोई व्यक्ति चाहता है
व्यर्थ ही छिपा सोना –
ऐसा ही दुखों से भरा मेरा हृदय और पुकारता है
आपके पास आने के लिए एक बार फिर
ईश्वर, आप जानते हैं दुख उस
बिछड़े बच्चे के विलाप का, जो चाहता है
देखना अपनी मां का चेहरा (मैं कितनी बार दुहराऊँ इस कहानी को!)
हे, तुम्हारे पाँवों पर अंधकारमय दुनिया का
रहस्य होता है उजागर! [28]

बंगाल भी भक्ति आंदोलन के उत्थान और इसके प्रचार-प्रसार का केंद्र था। चंडीदास जोकि चौथी और पंद्रहवीं सदी के दौरान थे, उन्होंने बांग्ला में रचना की और कई लोग उन्हें आधुनिक बांग्ला साहित्य का जनक कहते हैं। उनकी कविताओं में उनके निजी अनुभव की तीव्रता मिश्रित है। वे गाँव के पुजारी थे पर वे रमिनी नामक एक धोबिन से प्रेम करते थे। गाँव के लोग इन दोनों के बीच इस संबंध से खुश नहीं थे पर भक्ति आंदोलन के कई प्रमुख हस्तियों का जाति को प्रमुखता नहीं देने की बात को देखते हुए, चंडीदास उसे छोड़ने के लिए तैयार नहीं थे। उल्टे, वे राधा और कृष्ण के बीच प्रेम से प्रेरणा और और संबल प्राप्त करते थे।

कृष्ण और राधा भक्ति आंदोलन के अन्य हस्ताक्षरों और लेखकों के लेखन के भी केंद्र में थे। विद्यापति (1352-1448 ईसवी) जोकि चंडीदास से छोटे थे पर समकालीन

ही थे और बिहार में मिथिला के थे और मैथिली में लिखते थे। सूरदास (1483-1563 ईसवी) ब्रजभाषा में लिखते थे जो मथुरा क्षेत्र की भाषा थी। बिहारी (1595-1664 ईसवी) भी ब्रजभाषा में ही रचना करते थे और जयसिंह के दरबारी कवि थे जो राजस्थान में अम्बर साम्राज्य के राजा थे। गोविंददास सोलहवीं सदी में हुए और वे ब्रजबुलि में लिखते थे जोकि बांग्ला और मैथिली का मिश्रण है।

ये सभी कवि काफ़ी लोकप्रिय हुए। इनकी रचनाओं में कामुकतापूर्ण सादगी थी जिसकी ताक़त थी स्थानीय मुहावरे और लोकोक्तियाँ। आम लोगों को इन्होंने ऐसी रचनाएँ दीं जिसे वे आसानी से बिना किसी प्रयास के समझ सकते थे और छंदबद्ध होने के कारण वे इसका भरपूर आनंद उठा सकते थे। उनके लेखन में सीधी अपील है जिसकी वजह से इनका प्रभाव तत्काल हुआ। इनके भजन भक्तों की ज़ुबान पर आसानी से बैठ गए। आश्चर्य नहीं कि कीर्तन – इसकी तेज गति और भक्तिपरक गीतों का सामुदायिक गायन – इन सभी बातों का इनकी कृतियों की लोकप्रियता से सीधा संबंध था। इस समय तक आते-आते, जयदेव के *गीत गोबिंद* और बिल्वमंगल के *कृष्णलीलामृत* (ग्यारहवीं सदी ईसवी) का भी अन्य क्षेत्रीय भाषाओं में अनुवाद हो चुका था। इसका समग्र प्रभाव यह हुआ कि कृष्ण की पूजा और विशेषकर राधा के साथ उनके प्रेम की कहानी मंदिर के गर्भ गृह से निकलकर दैनिक जीवन की आपाधापी में प्रवेश कर गई। कृष्ण की कामुक प्रेम-क्रीड़ा संस्कृत कविता के परिष्कृत भावभूमि से निकलकर स्थानीय भाषा के माध्यम से आम लोगों के सांसारिक जीवन में फैल गई। राधा और कृष्ण जिनका जयदेव ने मानवीकरण किया, अब वे मानव प्रेमियों के जीवन के संभवतः हर पक्ष और हर परिस्थितियों में विराजमान हैं। यह किसी देव का मानव का अनुकरण करने और देव से मानव का समृद्ध होने जैसा था। कमल के फूल पर विराजमान प्रभु और उनकी प्रेमिका को उनके लतागृह और स्वर्गिक कुंज से निकालकर काव्य कौशल ने उन्हें आम मानवीय जीवन के हालातों में रख दिया। उनकी रासलीला पूरे जोश से अनवरत जारी रही लेकिन नई परिस्थिति में अब इसका प्रेरणास्रोत आम लोगों के नीरस दैनिक जीवन का कोलाहल था। इस तरह चंडीदास के कृष्ण ने राधा को गाँव की नदी से आते हुए देखा जो अपनी भीगी हुई साड़ी को किसी ग्रामीण स्त्री की तरह ही सुखाने के लिए निचोड़ रही थी:

कौन थी वह लड़की?
मित्रों, कौन थी वह लड़की
जो नदी में आग लगा रही थी
अपनी सुंदरता से?
सोने का हार सुसज्जित

उसके स्तन के ऊपर
बर्फाच्छादित पहाड़ पर चमकता है चाँद जैसे
आंसुओं में अंधकार,
चाँद की छाया,
उसके नितंबों से लिपटती उसकी केश राशि।
वह निकलती नदी से
चाँद का कोई टुकड़ा हो निकला जैसे
गोधूली वेला के अंधकार में दमकती।
मैं रहा निहारता उसे और
खो बैठा हूँ खुद को,
वह मेरी आत्मा को भी मरोड़कर चली गई
अपनी साड़ी के साथ – जल गिरता उससे, नीला।
मेरा दिल अभी भी तड़फ रहा है प्यार के बुखार से।[29]

बिहारी की आँखों ने बड़े-बूढ़ों के बीच बैठे कृष्ण और राधा को संदेशों का आदान-प्रदान करते हुए देखा:

जब उसने देखा राधा को बैठी हुई
बुजुर्गों के बीच
आपको पता है, चालाक कृष्ण ने क्या किया?
उसने कुमुदनी से अपने माथे को रगड़ा
जिसका अर्थ होता है
हाँ कहो, मेरी प्यारी प्रिय,
देखो, मैं तुम्हारे पाँव पड़ रहा हूँ!
चतुर राधा
मान गई,
सूरज की ओर उसकी दर्पण वाली अंगूठी चमक उठी
और अपने हाथ को
अपने स्तनों के बीच छिपा लिया
जैसे कह रही हो:
"जब सूरज पहाड़ों के पीछे छिप जाएगा
प्रियतम, मैं तुम्हारे पास आऊँगी।"[30]

आम मानस में, कृष्ण और राधा प्रेमी-प्रेमिकाओं के लिए वैश्विक प्रतीक बन गए। कृष्ण आदर्श नायक थे और राधा आदर्श नायिका। एक विषय के रूप में उनके बारे में लिखी गई कविताओं को रीतिकाल या श्रृंगारकाल की कविताएं माना गया। प्रेम में डूबी राधा की गुप्त रूप से उल्लासपूर्ण दुनिया में इन कवियों की विशेष दिलचस्पी है। किशोर वय से वयस्क बनने की उनकी यात्रा, उसके अंतर का कोलाहल, उसके मन की अस्थिरता, सरलता और उसकी भावनाओं की तीव्रता, लालसा और स्वाभाविक लज्जा – इन विषयों ने उन्हें आकर्षित किया। सूरदास ने राधा की कृष्ण के साथ पहली भेंट का वर्णन किया है – वो उबलती हुई इच्छाएं जो अभी तक सरलता के अपारदर्शी सतह के नीचे दबी रही है :

"कौन हो तुम, ओ सुंदरी?" काला व्यक्ति पूछता है,
"और कहाँ है तुम्हारा परिवार, तुम्हारा घर?
तुम्हें ब्रज की गलियों में नहीं है देखा,"
"बुरा मत मानना – मैं अपने घर में रहती हूँ
और इसके दरवाज़े के पीछे खेलती हूँ, कभी नहीं निकलती बाहर, जहां
मैंने सुना है नंद के लड़के
चुरा लेंगे हमारे मक्खन और दही"
"देखो, मैं तुम्हारा क्या चुरा सकता हूँ?
छोड़ो, आओ हम सँग खेलें"
प्रेम का भूखा, सूर का देव, अपने शब्दों से
बेचारी सीधी-सादी राधा का मन मोह लेता है।[31]

यहाँ जो हम देख रहे हैं, वह दैवत्व को व्यक्तिगत स्तर की भक्ति तक ले आना जोकि औपचारिक धर्म की संरचना की क्षमता के बाहर है। सूरदास वल्लभाचार्य या वल्लभ (1471-1531 ईसवी) के बहुत बड़े अनुयायी थे, जो तेलुगु दार्शनिक थे जिन्होंने शुद्धाद्वैत सिद्धांत का प्रतिपादन किया और उत्तर भारत के ब्रज क्षेत्र में कृष्ण पंथ की स्थापना की। विश्वंभर मित्र जिन्हें लोग चैतन्य (1486-1534 ईसवी) के नाम से जानते हैं, बंगाली संत जिन्होंने वैष्णव भक्ति को नई ऊँचाइयाँ दीं। अपने अनुयायियों के लिए वे श्री कृष्ण चैतन्य महाप्रभु थे, खुद कृष्ण के अवतार। चैतन्य का मानना था कि कई विशेषताएँ दैवत्व को परिभाषित करती हैं जिनमें तीन प्रमुख हैं जीव शक्ति, माया शक्ति और स्वरूप शक्ति। व्यक्तिगत आत्माएँ ईश्वर के जीव शक्ति को प्रवाहित करती हैं; दिखाई पड़नेवाली दुनिया

को ईश्वर की माया शक्ति ने सृजित किया है; खुद ईश्वर के आनंद को प्रकट करना स्वरूप, शक्ति है। इन शक्तियों के बीच संबंध अचिंत्यभेदाभेद यानी कल्पनातीत एकता और अंतर जिसमें प्रत्येक अलग है लेकिन कृष्ण में जाकर सब एक हो जाते हैं। चैतन्य के लिए कृष्ण केवल विष्णु का अवतार नहीं हैं बल्कि वे दैवत्व की शीर्ष अभिव्यक्ति हैं, उसका परम रस। इस संदर्भ में, जब वे राधा, शीर्षतम शक्ति के साथ मिलते हैं, माधुर्य का ऐसा अनुभव होता है जिसे प्राप्त किए बिना आप नहीं रह सकते और भक्त को इसी को प्राप्त करने का प्रयास करना चाहिए। कहा जाता है कि अपने इस दर्शन के प्रतिपादन के लिए चैतन्य ने अपने छह गोस्वामियों या धर्मशास्त्रियों को वृंदावन भेजा ताकि वे इस माधुर्य का वास्तव में अनुभव कर सकें। वे जिस पूजा के समर्थक थे उसमें मंदिर या किसी गूढ़ ग्रंथ की ज़रूरत नहीं थी, बल्कि आनंद विभोर होकर गाने और नाचने और हरे कृष्ण महामंत्र का उच्चारण शामिल है जोकि उस गौड़ीय वैष्णव पंथ का मूल है जिसकी उन्होंने स्थापना की। उन्होंने सामाजिक सुधार पर कोई विशेष रूप से ध्यान केंद्रित नहीं किया, वे जिस तरह की भक्ति में विश्वास करते थे उसमें जातिगत भेदभाव का कोई स्थान नहीं था और उन्होंने समतावादी भक्ति को बढ़ावा दिया जिस कारण से इसका आकर्षण बढ़ा।

कई तरह से अप्रतिम व्यक्तित्व के धनी कृष्ण, मक्खन चुरानेवाला प्यारा बच्चा और एक भावुक प्रेमी के रूप में बहुत आसानी से भक्ति आंदोलन के विकास में सहायक बन गए। लेकिन मर्यादा पुरुषोत्तम राम को भी महत्वपूर्ण तरीक़े से इसमें शामिल किया गया है। रामानंद (1400-1470 ईसवी) का जन्म संभवतः दक्षिण भारत में हुआ था जहां वे रामानुज के वैष्णव पंथ के अनुयायी थे। बाद में वे वाराणसी चले आए, जहां उन्होंने अपने अलग पंथ रामानंदी की स्थापना की। वाल्मीकि रामायण इस महाकाव्य पर आधारित अन्य कृतियों की लोकप्रियता के बावजूद, इस बात का कोई प्रमाण नहीं है कि यह पंथ इससे पहले सिर्फ़ राम को ही समर्पित था। रामानंद राम को शीर्ष ईश्वर मानते थे; सीता को उनकी शक्ति और हनुमान को उनका विश्वासपात्र सेवक और ये तीनों उनकी भक्ति की त्रिमूर्ति थे। "रामानंद जाति संबंधी प्रतिबंधों और अन्यायों के घोर ख़िलाफ़ थे। उन्होंने अपने पंथ का दरवाज़ा सभी के लिए खोल दिया और उनके बारह निजी शिष्यों में ऐसा कहा जाता है कि एक स्त्री भी थी जो 'चांडाल' थी और एक मुसलमान भी था। यह स्पष्ट समानता का आधार और स्थानीय भाषा के प्रयोग ने इस पंथ को कई अन्य पंथों से अलग कर दिया।"[32] दुर्भाग्य से मुस्लिम आक्रमणों में अधिकांश मूल्यवान हिंदू विरासत जिस तरह सदा के लिए खो गए, रामानंद का एक ही भजन अब उपलब्ध है।

जिस व्यक्ति ने राम की भक्ति के ज्वार को पैदा किया वे थे गोस्वामी तुलसीदास (1532-1623 ईसवी) उनकी महान कृति *रामचरितमानस*, राम के बारे में लिखी सर्वोत्कृष्ट रचना है। भक्ति आंदोलन के अन्य लेखकों की तरह तुलसीदास, जो वैसे

तो संस्कृत के अच्छे जानकार थे, ने इस ग्रंथ को अवधी में लिखना पसंद किया जोकि उत्तर भारत में आम लोगों की भाषा है। वाल्मीकि के मौलिक कथानक पर आधारित तुलसीदास के *रामचरितमानस* में 12,800 पंक्तियाँ हैं जो 1,073 दोहों और सात काण्डों में बँटे हुए हैं। यह दुनिया की महानतम साहित्यिक कृतियों में शुमार है जिसे शानदार तुकों और छंदों में लिखा गया है जिसकी वजह से इसे आम भक्त आसानी से कंठस्थ कर सकते और गा सकते हैं। इसकी लोकप्रियता को देखते हुए हिंदुओं के लिए इसे बाइबिल से तुलना की जाती है, विशेषकर उत्तर भारत में। महात्मा गांधी इसे 'भक्ति साहित्य का महानतम ग्रंथ' बताते हैं।

तुलसीदास सही में, ब्राह्मण वर्ग के पक्षपाती थे और वे खुद इसी वर्ग के थे। पर उनका मुख्य योगदान एक दार्शनिक चिंतन देना था जोकि सगुण और निर्गुण के बीच के द्विभाजन को मिलाता है और राम की भक्ति को उन्होंने एकमात्र मुक्तिकारक आध्यात्मिक उद्यम बताया है – अगुन सगुन दुई ब्रह्म सरूपा, अकथ अगाध अनादि अनूपा: निर्गुण और सगुण एक ही ब्रह्म के दो रूप हैं – जो अकथनीय, अथाह, शाश्वत और अनुपम है। लेकिन राम के प्रति विशुद्ध भक्ति दोनों से ही बड़ी है, क्योंकि उनके नाम के उच्चारण मात्र से मुक्ति की प्राप्ति निश्चित है। इसलिए सगुण और निर्गुण के दार्शनिक विमर्शों पर व्यर्थ समय खर्च करने की कोई आवश्यकता नहीं है – बिनु पद चलइ सुनई बिनु काना। कर बिनु करम करई बिधि नाना।। आनन रहित सकल रस भोगी। बिनु बानी बकता बड़ जोगी।। वह (ब्रह्म) बिना पैर के चलता है, बिना कान के सुनता है, बिना हाथ के नाना प्रकार के काम करता है; बिना मुंह (जिव्हा) के ही सारे (छहों) रसों का आनंद लेता है और बिना वाणी के बहुत योग्य वक्ता है। तुलसीदास निर्गुण ब्रह्म को नकारते नहीं हैं। पर उनकी दलील है कि – अगुन अरुप अलख अज जोई। भगत प्रेम बस सगुन सो होई: ब्रह्म जो निर्गुण, निराकार, अव्यक्त और अजन्मा है, भक्तों के प्रेम के कारण वह सगुण (राम का स्वरूप) हो जाता है।

भक्ति की शक्ति का बखान करते हुए तुलसीदास अपने सर्वोत्तम मनोभाव में होते हैं, क्योंकि भक्ति उनके जैसे आम आदमी के लिए मुक्ति का सबसे बड़ा और सबसे आसान रास्ता है। यह मुक्ति का पूर्ण और स्वतंत्र रास्ता है; यह ज्ञान और विज्ञान के पचड़े में नहीं पड़ता और ज्ञान और तर्क के ऊपर है। सही में, ज्ञान भक्ति के अधीन है। भक्ति के मार्ग पर आसानी से जाया जा सकता है जहां प्रभु की कृपा आसानी से प्राप्त की जा सकती है। भक्ति सांसारिक वस्तुओं से अनासक्ति पैदा करता है और भक्त को दिव्य प्रेम से भर देता है। एक बहुत ही सुंदर चौपाई में तुलसीदास कहते हैं कि जब किसी भक्त का शरीर राम का गुणगान करते हुए ख़ुशी से स्पंदित होता है, जब उसकी वाणी आनंद से छलकने लगती है और राम के प्रति समर्पण में उसकी आँखें भर आती हैं और वह स्त्री/पुरुष

अहंकार, लालसा और दंभ से पूर्णतया मुक्त हो जाता है, तब राम भक्त के लिए पूरी तरह सुगम हो जाते हैं। इस ख़ुशी को देखते हुए और कोई बात मायने नहीं रखती। तुलसीदास के शब्दों में राम ने शबरी को यही बात कही थी, जो समाज के सबसे निचले वर्ग की थी पर जिसने अपना संपूर्ण जीवन उनके स्वार्थहीन सेवा में लगा दिया था – जाति पाँति कुल धर्म बड़ाई। धन बल परिजन गुन चतुराई।। भगति हीन नर सोहइ कैसा। बिनु जल बारिद देखिअ जैसा।। जाति, पाँति, कुल, धर्म, प्रतिष्ठा, संपत्ति, परिवार, गुण, चतुरता ऐसे व्यक्ति के लिए कोई मायने नहीं रखता जिसके पास भक्ति नहीं है, ऐसा व्यक्ति बिना जल के बादल की तरह लगता है। दिलचस्प यह है कि वैष्णव पंथ में होने की योग्यता रखने के साथ-साथ तुलसीदास शैवों के साथ भी अंतर को पाटते हैं – अपने *रामचरितमानस* में राम शिव की काफ़ी प्रशंसा करते हैं और शिव राम की।

पंजाब में महान गुरु नानक (1469-1539 ईसवी) ने सिख धर्म की स्थापना की और वे भी भक्ति आंदोलन से काफ़ी प्रभावित थे। नानक के अधीन सिख धर्म और उनके बाद हुए नौ गुरुओं ने उल्लेखनीय रूप से एक उत्कृष्ट और शक्तिशाली एकदेववादी धर्म की स्थापना की जो निर्गुण भक्ति में विश्वास करता है। गुरु गोबिंद सिंह (1666-1708 ईसवी) इसके अंतिम गुरु थे। स्पष्ट रूप से वेदांतिक लहजे में, इसका मूल मंत्र है – इक ओंकार: एक ही सर्वोच्च ईश्वर है, जोकि एक शक्तिशाली वैश्विक आध्यात्मिक अपील है। ब्रह्म की तरह ही, सिख परम देव भी निरंकार है, अकाल (समयहीन) है, करता पुरख (सृजनकर्ता) है, अगम अगोचर (जिसको समझना दुष्कर हो और जो अदृश्य) है और वाहेगुरु (चमत्कारी गुरु) है। इस धर्म ने देवों के अद्वैत होने की बात को प्रचारित किया – एक नूर ते सब जग उपजा: एक ही चमकते प्रकाश से संपूर्ण विश्व पैदा हुआ है। इस एक पंक्ति में उसने परंपरागत धार्मिक रूढ़िवादिता के ऊपर से छलांग लगा दी।

सिख धर्म की महत्वपूर्ण बात है मेहर, कृपा, करम। गुरु नानक ने बताया कि इसे प्राप्त करने के लिए सर्वाधिक महत्वपूर्ण पूजा है भक्ति। गुरु अर्जन ने सुखमनी साहिब में बताया है कि सच्चा धर्म ईश्वर के प्रति प्रेमपूर्ण समर्पण है। स्वार्थहीन भक्ति और सेवा सच खंड या सच की दुनिया तक पहुँचा सकता है जोकि ईश्वर की भावना के साथ हमारा अंतिम रूप से एकाकार हो जाना है और यह अद्वैत के ब्रह्मानुभव की ही तरह है। इस तरह, सिख धर्म में ईश्वर का सिमरन (ध्यानमग्न होकर ईश्वर को याद करना) और जपना (ईश्वर के नाम को जपना का कीर्तन) धर्म के पालन का आवश्यक हिस्सा है। गुरु ग्रंथ साहिब में लिखे गुरु के भजन को गाने का अभ्यास शबद कीर्तन से किया जाता है। गुरु ग्रंथ साहिब एकमात्र पूजा के योग्य दैवी प्रतीक है जिसे सिख धर्म की मान्यता मिली हुई है। गुरु ग्रंथ साहिब के पदों को कवित्वमय छंदों में लिखा गया है और शास्त्रीय संगीत के इकत्तीस रागों में इसे निबद्ध कर अद्भुत तरीक़े से गाया जा सकता है। धार्मिक परिपाटी में सेवा या मानवता की

सेवा को भी रेखांकित किया गया है और इसमें वंड चक्को या समुदाय के फ़ायदे के लिए जरूरतमंदों को दान देने पर भी ज़ोर दिया गया है। आज भी, सामुदायिक सेवा में सिख सबसे आगे रहते हैं। इनके गुरुद्वारे सबके लिए खुले हुए हैं, भले ही कोई किसी भी धर्म, किसी पृष्ठभूमि, जाती या वंश का क्यों न हो। वहाँ परोसे जानेवाले लंगर भी सबके लिए है और जाति, धर्म या मत का कोई भेद यहाँ नहीं किया जाता।

उस अवधि के अन्य भक्ति आंदोलनों के उलट, सिख धर्म को सैनिक तेवर अपनाने को बाध्य होना पड़ा था ताकि वे मुस्लिम उत्पीड़न का मुक़ाबला कर सकें। दो सिख गुरुओं, गुरु अर्जन और गुरु तेगबहादुर को मुग़ल शासक जहांगीर और औरंगज़ेब ने क्रमशः निर्दयता से मार दिया था – दोनों को मारने का एक ही कारण था कि उन्होंने इस्लाम क़ुबूल करने से मना कर दिया था। सिख धर्म की दिशा, हालाँकि, सारग्राही थी। सिख धर्म ग्रंथों में शिव, ब्रह्मा, पार्वती, लक्ष्मी, राम और कृष्ण और अल्लाह का ज़िक्र उनकी पूजा के लिए नहीं है बल्कि यह बताने के लिए कि उस एकमात्र ईश्वर के ये नाम भी हैं। गुरु ग्रंथ साहिब का संकलन 1678 ईसवी में गुरु गोबिंद सिंह ने किया और इसमें न केवल सिख गुरुओं के बारे में भजन संकलित हैं बल्कि हिंदू भक्ति आंदोलन के तेरह संतों जैसे रामानंद और नामदेव की परंपराओं और उनके उपदेशों को भी शामिल किया गया है। इसमें मुस्लिम सूफ़ी शेख़ फ़रीद और कबीर को भी शामिल किया गया है जो गुरु ग्रंथ साहिब में कहते हैं: "न तो मैं हिंदू हूँ और न मुसलमान।"

कबीर (1440-1518 ईसवी) भक्ति आंदोलन के सर्वाधिक मुखर परंपरा विरोधी थे। वे वाराणसी में या तो मुसलमान परिवार में पैदा हुए या उनका पालन-पोषण मुस्लिम जुलाहा परिवार में हुआ। अपने जीवन के प्रारंभिक दिनों में वे रामानंद के अनुयायी हो गए जहां वे न केवल भक्ति में दीक्षित हुए बल्कि अद्वैत दर्शन की ओर उनका झुकाव बढ़ा। स्थानीय भाषा अवधी, ब्रज भाषा, यहां तक कि भोजपुरी जिसे आम आदमी आसानी से समझता था, कबीर ने इन भाषाओं में गंवई अंदाज़ में अपने गूढ़ दोहों जिसे 'बानी' कहते हैं, की रचना की। उन्होंने विनम्रता, त्याग, अनासक्ति, ध्यान, एकांत, दया, प्रेम और भक्ति के माध्यम से आंतरिक सत्य के खोज की बात कही। उनके लिए, ईश्वर को राम या हरि, या अल्लाह या खुदा किसी भी नाम से पुकारा जा सकता है, लेकिन वेद के एकेश्वरवाद की स्पष्ट पहचान उनकी रचनाओं में की जा सकती है और उनके दोहों का संग्रह निर्गुणी भजन कहलाता है:

अगर ईश्वर मस्जिद में रहता है, तो यह दुनिया किसकी है? अगर राम
उस चित्र में रहता है जिसे आप अपनी तीर्थयात्रा में पाते हो
तो वहाँ यह जानने के लिए कौन है कि बाहर क्या हो रहा है?

हरि पूरब में है, अल्लाह पश्चिम में
अपने हृदय में देखो क्योंकि वहीं तुम्हें करीम और राम दोनों मिलेंगे
संसार के सभी स्त्री और पुरुष उसके जीवित स्वरूप हैं
कबीर अल्लाह और राम का बेटा है: वह मेरा गुरु है, वह मेरा पीर है।[33]

धार्मिक कर्मकांडों, पवित्र ग्रंथों और पाखंडी उपदेशकों के प्रति कबीर का विरोध मुखर था:

नहाने के पवित्र स्थलों में पानी के अलावा और कुछ नहीं है; और मैं
जानता हूँ कि ये व्यर्थ हैं क्योंकि मैंने इनमें डुबकी लगाई है।
सारी छवियाँ जीवनरहित हैं, वे बोल नहीं सकते; मैं
जानता हूँ, क्योंकि मैं उनके सामने जोर-जोर से रोया हूँ।
पुराण और कुरान महज़ शब्द हैं;
पर्दे को ऊपर उठते, मैंने देखा है।[34]

निचली जाति के जुलाहा परिवार के कबीर के पास जाति के प्रतिबंधों और उनकी स्थिति के लिए कोई समय नहीं था :

किसी संत की जाति के बारे में पूछना मूर्खता के अलावा और कुछ नहीं है;
नाई ने ईश्वर की भक्ति की है, धोबी और बढ़ई – यहाँ तक
रैदास ने भी भगवान की भक्ति की है।
स्वपच ऋषि जाति से चर्मकार थे।
हिंदूओं और मुस्लिमों ने एक समान रूप से उस लक्ष्य को प्राप्त किया है
जहां नहीं बच जाते हैं भेदभाव के निशान।[35]

यह कहा जाता है कि जब कबीर मरे तो हिंदू और मुसलमान दोनों ने ही उनके शव के अंतिम संस्कार का दावा किया। उनके उपदेशों को सुरक्षित किया गया और उनके अनुयायी कबीरपंथियों ने इसका प्रचार-प्रसार किया। कबीर भक्ति आंदोलन की जैविक एकता के प्रतीक हैं – वे रामानंद के शिष्य थे और गुरु नानक कबीर से बहुत ज़्यादा प्रभावित थे।

दक्षिण भारत में भी बहुत विशिष्ट बातें घटित हो रही थीं। नयनार और अलवर जिनकी चर्चा हम पहले कर चुके हैं, उन्हें भक्ति आंदोलन का संस्थापक कहा जा सकता है और

यह स्मरणीय है कि उत्तर में भक्ति आंदोलन के कई प्रमुख हस्ताक्षर जैसे वल्लभ या रामानंद दक्षिण के थे। नयनार शिव के भक्त थे और छठी से आठवीं सदी के दौरान इनकी अगुवाई तिरसठ तमिल संतों का समूह कर रहा था। राज राजा चोला प्रथम (947-1014 ईसवी) के शासनकाल में नयनारों के भजन को कई भागों में संकलित किया गया जिन्हें तिरुमुराई कहा जाता था और इसे तमिल वेद भी कहा जाता था। अलवर का अर्थ होता है 'जो ध्यान में मग्न हैं' और ये विष्णु और कृष्ण के अनुयायी थे और इनकी अगुवाई बारह सर्वश्रेष्ठ तमिल संतों ने की जो सातवीं से दसवीं सदी के बीच हुए। अलवरों के भजनों का भी संग्रह हुआ जिसे 'नलायिरा प्रबंधन' नाम दिया गया जिसमें 4,000 भजन संग्रहीत हैं। नयनार और अलवर एक जगह से दूसरी जगह जाते हुए तीव्र रहस्यमयी भक्ति में डूबे रहते थे, जोकि उनके परमानंद में होने जैसा था और जिसमें प्रपत्ति या ईश्वर के प्रति पूर्ण समर्पण की बात थी। इनके अनुयायी सर्वाधिक निचली जातियों सहित सभी वर्ग़ों के थे; इन्होंने कर्मकांड को त्याग दिया और ये परम सत्ता के साथ प्रत्यक्ष, निजी संवाद में विश्वास करते थे जिसमें बचौलिए के रूप में पुरोहित वर्ग की कोई भूमिका नहीं थी।

कर्नाटक में हुए शक्तिशाली वीरशैव भक्ति आंदोलन की जड़ तमिल नयनार परंपरा में थी। वीरशैव 'शिव के वीर उपासक' थे, और इन्हें लिंगायत भी कहा जाता है। इन्होंने मंदिर में जाकर पूजा करने, कर्मकांड और ब्राह्मणों की श्रेष्ठता का विरोध किया और इसके बदले लिंग, जाति या वर्गीय भेदभाव के बिना इन्होंने व्यक्तिगत तौर पर शिव की पूजा का समर्थन किया। पूजा का इनका एक ही रूप था जिसे इष्ट-लिंग कहा जाता था जिसमें इनके गर्दन में लटकी माला में एक लटकन में शिव लिंग की आकृति होती थी। बसवन्ना (1105-1167 ईसवी) लिंगायत वीरशैव पंथ के सबसे महत्वपूर्ण व्यक्तित्व थे और उन्हें 'भक्ति भंडारी' भी कहा जाता है जिसका शाब्दिक अर्थ हुआ 'भक्ति का ख़ज़ांची'। बासवन्ना के वचन या भजन बहुत ही लयात्मक और भक्ति से सराबोर हैं और इसमें शिव के साथ व्यक्तिगत साक्षात्कार की लालसा है, प्राचीन सामाजिक नियमों, निषेधों, और अंधविश्वासों, मूर्तिपूजा यज्ञ जैसे कर्मकांड और जानवरों की बलि देना और जाति व्यवस्था का विरोध भी है। उनके आराध्य थे कुडलसंगमदेव जिसका मतलब है कर्नाटक के कप्पादिसंगम शहर स्थित शिव जहां तीन नदियाँ मिलती हैं – यानी, नदियों के संगम के देवता:

धनी
शिव का मंदिर बनाएँगे
मेरे जैसा ग़रीब आदमी
क्या करेगा?

मेरी टांगें खंभा हैं
मेरा शरीर मंदिर
सिर सोने का गुंबज।
सुनिए, हे तीन नदियों के संगम के प्रभु,
जो आज खड़ा है, गिरेगा
पर जो घूम रहा है, बचा रहेगा।[36]

भक्ति के महत्व पर जोर देते हुए वह संगठित धर्म के आडंबर मंदिर में होनेवाली पूजा का मज़ाक़ उड़ाते हैं:

मैं कैसे सही महसूस करूँ
उस ईश्वर के बारे में जो खाता है लाह और पिघल जाता है,
जब नज़दीक होता है आग के?
मैं कैसे सही महसूस करूँ?
उन ईश्वरों के बारे में जिन्हें तुम बेच देते हो ज़रूरत पड़ने पर,
और वो देवता जिन्हें तुम गाड़ देते हो चोरों के डर से?
नदियों के संगम के देवता,
स्वयंजनित, खुद के साथ एकाकार
वही एकमात्र सच्चा देवता है।[37]

अल्लामा प्रभु, जो बासवन्ना के समकालीन थे और अक्का महादेवी लिंगायत आंदोलन के संरक्षक संत माने जाते हैं। कन्नड़ कवि चामरस ने उनके जीवन के बारे में महत्वपूर्ण बातें लिखी हैं;

अल्लामा के गूढ़ वचनों को देखते हुए, इस पुस्तक का नाम रखा गया है द *अचीव्मेंट ऑफ़ नथिंगनेस*। भक्त और शिव के बीच समर्पण और अनुग्रह की एकल चेतना जिसके बीच धर्म का कोई बाहरी तत्व मौजूद नहीं है, अलमा अल्लामा के भी लेखन का विषय था:

अपनी कीमियागिरी से
तुम पैदा करते हो धातु,
लेकिन कोई तत्व नहीं।
अपने कई गुना योग से, तुम

प्राप्त करते हो
एक शरीर, पर भावना नहीं।
अपने भाषण और दलील से तुम
रचते हो शब्दों का जाल
लेकिन परिभाषित नहीं कर सकते भावना को।
अगर तुम कहो
कि तुम और मैं एक हैं,
तुम मैं थे
पर मैं तुम नहीं था।[38]

भक्ति के साथ-साथ बासवन्ना और अल्लामा प्रभु बहुत शक्तिशाली समाज सुधारक भी थे। सिख परंपरा की तरह, उन्होंने मानवता की सेवा पर जोर दिया। बासवन्ना ने सिखाया कि 'कर्म ही पूजा है' और दया सबसे बड़ा सद्‌गुण। कन्नड़ में उनकी सबसे प्रसिद्ध उक्ति है, 'कहाँ है प्रेम-कृपा के बिना धर्म?' रूढ़िवादिता और निर्धारित सामाजिक पदक्रम को उन्होंने अस्वीकार कर दिया जिसका आधार था अल्लामा प्रभु की पूर्ण मदद से लिखा *अनुभव मंडप* इसकी रचना उन्होंने कल्याण में की जहां वे राजा बिज्जला द्वितीय के दरबार में मुख्यमंत्री थे। सभी सामाजिक और आर्थिक पृष्ठभूमि के लोगों को मंडप में आने और आध्यात्मिक प्रश्नों या आम महत्व के किसी भी मुद्दे पर खुलेआम विचार-विमर्श करने की अनुमति थी। इस तरह के किसी संस्थान का अकबर के दीन-ए-इलाही से सदियों पहले अस्तित्व होना इस बात को रेखांकित करता है कि ऐसा व्यापक सामाजिक और धार्मिक सुधार के बिना नहीं हो सकता जिसकी लौ भक्ति आंदोलन ने प्रज्वलित की थी।

यहाँ तक कि आज भी, लिंगायत कर्नाटक में एक बहुत ही शक्तिशाली संप्रदाय है जो वहाँ शैव भक्ति की अगुवाई कर रहा है और उनकी संख्या बल को देखकर कई बार वे यह निर्णय करने की स्थिति में होते हैं कि ये राज्य राजनीतिक सत्ता पर किसका क़ब्ज़ा होगा। यद्यपि शिव बहुत ही प्रभावी विषय थे, वैष्णव साहित्य को भी कन्नड़ भक्ति की परंपरा में जगह मिली। दार्शनिक माधव जोकि अद्वैतवाद दर्शन के माननेवाले थे और रामानुज के पदचिह्नों पर चलते थे, की पैदाइश 1199 ईसवी में कर्नाटक में उडुपि के पास हुई। उन्होंने *ब्रह्म सूत्र*, *गीता* और उपनिषदों पर भाष्य लिखा और *भगवत पुराण* पर एक टीका लिखी। रामानुज का विशिष्टाद्वैत जोकि घोषित एकेश्वरवाद है, के उलट, माधव खुलेआम द्वैतवादी थे। उनके लिए ईश्वर, आत्मा और ब्रह्मांड शाश्वत रूप से तीन अलग सत्ता थी। उपनिषद की यह घोषणा कि 'तत्वं असि' का मतलब यह नहीं था कि आत्मा

और ब्रह्म एक हैं बल्कि सिर्फ़ यह कि आत्मा के गुण ब्रह्म के गुण जैसे ही हैं। माधव मानते हैं कि ब्रह्म परम सिद्धि का मूर्त रूप है, लेकिन वे कहते हैं कि विष्णु इसके अवतार में, एक सृजनकर्ता, पालनकर्ता और विनाशकर्ता के रूप में अपार निरंकुश शक्तियों के मालिक हैं। लक्ष्मी जो विष्णु की पत्नी हैं, उनके साथ सह-शाश्वत हैं और उनकी रचनात्मक ऊर्जा का प्रतिनिधित्व करती हैं। एक भक्त का मुक्ति प्राप्त करने का एकमात्र तरीक़ा है निर्बाध भक्ति, क्योंकि सिर्फ भक्ति ही भगवान को अपनी कृपा दिखाने के लिए प्रेरित करती है। रामानुज ने भक्ति पर जो जोर दिया है, माधव उसे उत्साह की नई ऊँचाई पर ले जाते हैं। भक्तों को अपने शरीर पर विष्णु के प्रतीकों से सजाने के लिए उत्साहित किया जाता है, और सभी अनुष्ठान, तीर्थयात्रा और बलि देने, अपने विचारों और कर्मों से पूजा करने को कहा जाता है, क्योंकि मोक्ष के ये एकमात्र उपाय हैं। विजयनगर के राजाओं ने वैष्णव भक्ति को और प्रोत्साहन दिया। उन्होंने *महाभारत, रामायण* और *भागवत पुराण* का कन्नड़ में अनुवाद करवाया और इनकी लोकप्रियता से प्रेरित होकर दास या भिखारी गायक विष्णु, कृष्ण और राम की प्रशंसा में गाते हुए घूमते थे। चैतन्य ने 1510 ईसवी में दक्षिण भारत का भ्रमण किया जिससे इसको और ज़्यादा प्रोत्साहन मिला।

वर्तमान आंध्र प्रदेश में एक तेलुगु ब्राह्मण निम्बार्क का प्रभाव था, जो माधव से कुछ पहले हुए थे और उन्होंने द्वैताद्वैत के सिद्धांत का प्रतिपादन किया। यह सिद्धांत विशेष रूप से ब्राह्मण के उपदेश-रहित चरित्र को नकारता है और आदि शंकराचार्य से यह कहते हुए थोड़ा और दूर हटता है कि ब्राह्मण, वास्तव में, परिणाम या बदलाव से गुजरता है और इस क्रम में वह जीव और प्रकृति जैसे निर्भर लेकिन स्वायत्त सत्ता का निर्माण करता है। जो सृजित होता है वे ब्रह्म से अलग होता है पर पूरी तरह अलग भी नहीं क्योंकि इसका अस्तित्व ब्रह्म पर निर्भर होता है। सृजन का भौतिक कारण शक्ति की ताक़त है जो ब्रह्म में अंतर्निहित है। एक जैसे लेकिन सत्ताओं की आपसी निर्भरतावाली दुनिया को ईश्वर, सर्वोपरि भगवान प्रशासित करता है जिसे निम्बार्क वैष्णव परंपरा के अनुरूप कृष्ण के रूप में पहचान करते हैं। जैसाकि रामानुज जोर देकर कहते हैं, और जिसे बाद में माधव भी स्वीकार करते हैं, निम्बार्क भी मानते हैं कि प्रेम मिश्रित भक्ति एवं प्रपत्ति यानी पूर्ण भक्ति और समर्पण ब्रह्मसाक्षात्कार या ईश्वर को प्राप्त करने का रास्ता है।

इन दार्शनिक बुनियादों पर, लेखक नन्नया (ग्यारहवीं सदी) ने तेलुगु में महाभारत के अनुवाद को आंशिक रूप से पूरा किया; इस महत्वपूर्ण कार्य को तिक्कना (1220-1300 ईसवी) और येर्राप्रगाडा (1280-1350 ईसवी) ने पूरा किया। रामायण और पुराणों का तेलुगु अनुवाद इसके तुरंत बाद हुआ। पोटाना (1400-1475 ईसवी) जोकि गाँव में ग़रीबी का जीवन जी रहा था, भगवत पुराण का एक बहुत ही व्यापक रूप से पढ़ा जानेवाला अनुवाद किया। वेमना जोकि निचली जाती का था, ने अपने कहावती शैली

में बहुत ही लोकप्रिय गीतों के माध्यम से शिव भक्ति का प्रचार किया। ये भजन कर्मकांड संबंधी रूढ़िवादिता और परंपरागत धार्मिक परिपाटियों पर कठोर प्रहार करते हैं:

तुम अपने शरीर पर भस्म लगाने के अलावा और किस काम के हो?
तुम्हारा मन सिर्फ ईश्वर में होना चाहिए;
अन्य बातों के लिए, तुम गधे की तरह धूल में लोट सकते हो।
वे पुस्तकें जिन्हें कहा जाता है वेद वे दरबारी वेश्या की तरह है,
पुरुषों को छलनेवाली और पूरी तरह अथाह;
लेकिन ईश्वर का प्रच्छन्न ज्ञान एक इज़्ज़तदार पत्नी की तरह है।
वे जो उपवास करता है वह (अपने अगले जन्म में) गाँव का सूअर बनेगा; वह
जो ग़रीबी को गले लगाता है, भिखारी बनेगा;
और वे जो पत्थरों के सामने सिर झुकाते हैं एक जीवनहीन चित्र की तरह बन जाएंगे।[39]

भक्ति आंदोलन का एक महत्वपूर्ण पक्ष था तेज-तर्रार महिला भक्त का सामने आना जिन्होंने किसी साँचे जैसे परंपरागत समर्पण, दासता और पुरुषों से कमतर समझे जाने जैसी खाँचे में फिट होने से मना कर दिया। आंताल को उन बारह अलवर संत-कवियों में गिना जाता है जो नौवीं सदी में तमिलनाडु में हुए। उन्हें पेरियलवार तिम्मोली ने तुलसी के एक पौधे के नीचे लावारिस अवस्था में पाया। तिम्मोली बहुत बड़े अलवर संत-कवि थे और उन्होंने उन्हें गोद ले लिया। उनका अपना कोई परिवार नहीं था और उन्होंने कभी शादी नहीं की। मीराबाई 1498 ईसवी में मेवाड़ के एक प्रतिष्ठित व्यक्ति के घर पैदा हुई थीं। कहा जाता है कि बचपन में ही उन्हें कृष्ण की एक छवि भेंट की गई थी और उन्हें इसके प्रति इतना लगाव हो गया कि उसकी मां मज़ाक़ में कहा करती थीं कि एक दिन कृष्ण उनके दूल्हा बन जाएंगे। उनका बचपन और उनकी जवानी के दिन काफ़ी दुख और निराशा भरे थे। जब वे काफ़ी छोटी थीं, तभी उनकी मां की मृत्यु हो गई। उनके पिता अधिकांशतः युद्ध अभियानों पर रहते थे। 1516 ईसवी में उनकी शादी भोज राज से कर दी गई जोकि मारवाड़ का राजकुमार था। इस शादी में उनकी कोई संतान नहीं हुई और उनके पति की शादी के शीघ्र बाद मृत्यु हो गई। इसके बाद मीरा ने अपनी चर्चा एक ब्रह्मचारिणी के रूप में की है।

आंताल और मीरा के बीच एक बात आम यह थी कि दोनों कृष्ण को अपना पति मानती थीं। दोनों यह मानती थीं कि पिछले जीवन में वे लोग वृंदावन की गोपियाँ थीं। मीरा खुद को ललिता नामक गोपी का अवतार मानती थीं जिसकी चर्चा *भागवत पुराण* में हुई है। आंताल ने थिरुबरंगम के रंगनाथ भगवान (सोते हुए विष्णु) से ही शादी कर ली।

आंताल ने दो मुख्य रचनाएँ छोड़ी हैं। उनकी एक रचना का नाम है *तिरूपावै* जिसमें तीस छंदों की एक कविता है। वे इसमें कृष्णा की तुलना ऐसी वर्षा से करती हैं जो उर्वरता पैदा करनेवाला होता है। उनकी दूसरी और लंबी कृति में 143 पद हैं जो स्पष्ट रूप से काफ़ी भावमय हैं। अपने एक सपने में वे देखती हैं कि उनकी शादी विष्णु से हुई है लेकिन कृष्ण नज़र से दूर ही रहते हैं। उनके साथ शारीरिक संपर्क की उत्कट इच्छा उनके छंदों की मुख्य बात यहाँ है:

उसने मेरे अंदर प्रवेश कर मुझे कई टुकड़ों में चूर कर दिया; उसने
मेरे प्राण को निकल जाने दिया और मुझे नाचते हुए आनंद से देखता रहा (पीड़ा में)।
मेरी हड्डियाँ पिघल रही हैं, मेरी आँखों से नींद ग़ायब है
कई दिनों से। मैं भँवर में फँसी हूँ और डूब गई हूँ
दुख के सागर में जहां कोई नाव नहीं है, वेंकट के स्वामी।
मेरे स्तन और मेरे लाल होंठ आकर्षणहीन हो गए हैं
जब से हृषिकेश ने मेरे साथ रति की।
उनसे मिलन की एकमात्र इच्छा में मेरे स्तन बड़े हो गए
और ख़ुशी से झूम उठे। अब
वे मेरे जीवन को द्रवित कर रहे हैं और मुझे काफ़ी
काफ़ी दुख दे रहे हैं।[40]

यह जानना दिलचस्प है कि इस तरह के भावुक और कामुक भक्तिमय लेखन पश्चिम में भी हुए हैं। सोलहवीं सदी में, टेरेसा ऑफ़ अवीला कल्पना करती है कि कैसे एक सुंदर देवदूत 'आग की नोक वाला सोने के एक लंबे बल्लम से कई बार मेरे हृदय पर वार करता है जिसकी वजह से यह मेरी अंतड़ियों तक पहुँच जाता है।' वह लिखती हैं कि 'यह दर्द इतना ज़्यादा वास्तविक था कि वह जोर से कराहने के लिए बाध्य हो गई, लेकिन इसके बावजूद वह इतना बड़ा सुखद था कि मैं इससे छुटकारा नहीं पाना चाहती थी।'[41]

आंताल के कल्पनाओं की तीव्रता का अंत काफ़ी विस्फोटक और हिंसक है:

मैं रोऊँ या उनकी पूजा करूँ, वे
मुझे अपना रूप नहीं दिखाएँगे
वे मुझे गले लगाने के लिए नहीं आते हैं, मुझे अपने नज़दीक रखने,
मेरे अंदर प्रवेश करने और मुझसे लिपट जाने के लिए...
दबाओ, सपाट कर दो, मेरे स्तनों को कसकर बांधे रखो

ताकि उनकी सुंदर मज़बूत बाँहों को इसे समर्पित करने का दाग
धुल जाए...
वे मेरे पीछे मेरा हाल नहीं पूछते, इस बात की परवाह
नहीं करते कि मैं पिघल रही हूँ, मिट चुकी हूँ।
मैं काट कर फेंक दूँगी अपने इन स्तनों को जड़ से
क्योंकि उन्हें कोई लाभ नहीं मिला उनकी ओर देखने से जो
डाका डालता है, लूटता है और जो फ़रेब से भरा है।
मैं उन्हें उसकी छाती की ओर फेंक दूँगी ताकि उनकी जलन
शांत हो जाए।[42]

यह भक्ति आंदोलन की प्रकृति ही थी कि कृष्ण के प्रति इस तरह की कामुक भाषा में अपने विचारों को पारदर्शी तरीक़े से व्यक्त करने के बाद भी आंताल को अलवर संतों में बहुत ही प्रमुख और सम्मानजनक स्थान प्राप्त है। उन्हें लक्ष्मी का अवतार माना जाता था। विजयनगर के महान राजा कृष्णदेवराय ने तेलुगु में *अमुक्तमाल्यदा* नामक एक महान कविता की रचना की जिसे उन्होंने उसे और कृष्ण या विष्णु के विरह में जो उसे दुख सहना पड़ा उसको समर्पित किया है। आज भी कई दक्षिण भारतीय वैष्णव मंदिरों में उनका अलग मंदिर होता है।

मीराबाई के गीत जिसे पदावली के रूप में जाना जाता है, शायद कम कामुक हैं पर इनकी तीव्रता में कोई कमी नहीं है। ये गीत काफ़ी अंतरंग और व्यक्तिगत हैं जिसमें कृष्ण के सिवा और किसी का अस्तित्व नहीं है, जिसको वे प्राप्त करने की इच्छा रखती हैं। आंताल की ही तरह मीरा भी सपने में कृष्ण को ब्याही हैं:

बहन, ग़रीबों के प्रभु आए हैं
मुझे शादी करने सपने में।
छप्पन करोड़ देवता शामिल हैं बारात में।
और दूल्हा है ब्रज का भगवान।
अपने सपने में मैंने देखा निर्मित शादी मंडप को
और भगवान ने मेरा हाथ थामा।
अपने सपने में
मेरी शादी का समारोह हुआ और
और में शादी-शुदा हो गई।
गिरधर ने खुद ही मीरा से कहा है: उसका

भाग्य पिछले जन्मों के अच्छे कर्मों के कारण है।[43]

मीरा अपना सब कुछ कृष्ण को समर्पित कर देने की इच्छा में मग्न है:

गिरधर मेरा सच्चा प्रेमी है:
उसकी सुंदरता को देखकर, मुझे उसको पाने की और इच्छा होती है।
जैसे ही रात होती है, मैं उसे देखने निकल पड़ती हूँ और
पौ फटते ही वापस आती हूँ।
दिन और रात मैं उसके साथ रहती हूँ
जैसे भी हो सकता है, मैं उसे रिझाती हूँ।
वह मुझे जिस तरह का वस्त्र पहना देता है, मैं वही पहनती हूँ।
वह मुझे जो भी देता है, मैं वही खाती हूँ।
उसके लिए मेरा प्रेम बहुत पुराना और लंबे समय के लिए है
उसके बिना मैं ज़िंदा नहीं रह सकती हूँ।
वह जहां भी मुझे रखता है, मैं वहाँ रहती हूँ।
अगर वह मुझे दासी बना देता है, तो मुझे
स्वीकार है।
मीरा के प्रभु सुसभ्य गिरधर हैं
वह उनके लिए बार-बार अपना बलिदान देगी।[44]

आंताल की तरह ही, मीरा भी विद्रोही थीं। कृष्ण को लेकर वे इस तरह से दीवानी थीं कि वे महिलाओं पर उन दिनों लागू होनेवाले परंपरागत प्रतिबंधों को भी भूल गई थीं। महिलाओं के आवास में वे साधुओं की संगत में रहने लगीं और शहर के मंदिरों में अकेले ही जाने लगीं। उनके पति के परिवारवालों को यह पसंद नहीं था, ऐसा कहा जाता है, और उनको ज़हर देकर मार देने का प्रयास हुआ। कृष्ण के साथ उनके संबंध, इस सबके बावजूद वैसे ही बने रहे:

मैंने घुँघरू पहने और नाची
लोगों ने कहा 'मीरा पागल हो गई है'।
मेरी सास ने घोषणा की
कि मैंने परिवार की इज्जत मिटा दी है।
राजा ने मुझे एक प्याला ज़हर भेजा

जिसे मैंने हंसते हुए पी लिया
मैंने अपना शरीर और मन
हरि को समर्पित कर दिया है
और उनके दर्शन का अमृत पीऊँगी
मीरा के प्रभु सुसभ्य गिरधर हैं
मेरे प्रभु मैं आपके शरण में आऊँगी।[45]

आंताल और मीरा शायद सर्वाधिक प्रसिद्ध नाम हैं, कश्मीर में, लाल डेड भी थीं (1320-1392), जिन्हें लल्लेश्वरी के नाम से भी जाना जाता है, जिनकी शैव भक्ति थी, वख्स नामक संस्कृत कविताओं में व्यक्त रहस्यवादी कविता की शैली की निर्माता थी, लेकिन इनसे कम ख्यातिनाम दूसरे लोग भी हैं जो भक्ति के माध्यम से ईश्वर पर जुनूनी अधिकार जताने के महिलाओं के प्रयास को प्रदर्शित करते हैं। उदाहरण के लिए, नयनार संतों में गिने जानेवाले करैक्काल अमैयर। उन्होंने अपने पति का साथ छोड़ दिया और हिमालय की यात्रा के बाद अलंकटु शहर में एक श्मशान में रहने लगीं जहां उन्होंने भजन लिखे (जो तिरुमराई में संग्रहित है) जिसमें उन्होंने अपने स्त्री होने की बात को भुलाकर किस तरह मृतकों के बीच शिव के तांडव नृत्य का आनंद उठाया है:

उसके स्तन सूख गए हैं और उसकी नसें फूल गई हैं,
उजले दांतों की जगह
खाली जगह झांकते हैं।
उसके पेट पर सुर्ख़ बाल हैं
दो विषदंत, गाँठदार टखने और लंबी पिंडलियाँ हैं
यह राक्षस स्त्री उस वीरान श्मशान में विलाप करती है जहां
हमारे प्रभु,
जिसकी लटकती जटा
सभी आठों दिशाओं में घूमती है
ज्वाला में नृत्य करता है और
अपने पैर को सुकून देता है
अलंकटु उसका निवास है।[46]

महादेवी उतनी ही विशिष्ट हैं जो अक्का या बड़ी बहन के नाम से प्रसिद्ध हैं। वह बासवन्ना की समकालीन थीं। शिव उनके प्रियतम और पति थे और उनके पास इस दुनिया के

प्रेमियों और यहाँ तक कि अपने पति कौशिका के लिए भी कोई समय नहीं था जोकि स्थानीय प्रमुख था। जब कौशिका ने उसके साथ ज़बरदस्ती करनी चाही तो उन्होंने अपना घर छोड़ दिया और घुमंतू संन्यासिन बन गईं, अपने वस्त्र त्याग दिए और सिर्फ अपनी जटाओं से ही वे खुद को ढँककर रखती थी। इस रूप में, वे कल्याण स्थित अनुभव मंडप पहुँचीं जहां उनके और बसवन्ना के बीच प्रसिद्ध संवाद हुआ। जब उनसे पूछा गया कि उनका पति कौन है? उन्होंने कहा 'चेन्नमल्लिकार्जुन', जिसका अर्थ है, 'वे भगवान जो चमेली के फूल की तरह श्वेत है' – यह उस मंदिर में शिव का नाम है, जहां वे बचपन में उनसे प्यार करने लगी थीं। जब उनसे पूछा गया कि वह निर्वस्त्र क्यों हैं? तो उनका गहराई वाला विचारोत्तेजक जवाब था:

जब तक अंदर फल पका है
त्वचा नहीं गिरेगी।
मेरा अनुभव है, इससे आपको नुकसान होगा
अगर मैं शरीर पर प्यार के निशान को दिखाऊँगी।
ओ बंधु, मुझे मत चिढ़ाओ अनावश्यक
मैंने खुद को पूरी तरह समर्पित कर दिया है
उस प्रभु को जो चमेली की तरह श्वेत है।[47]

विशिष्ट तथ्य यह है कि इस प्रचंड दिखनेवाली, पूरी तरह से अपरंपरागत स्त्री को लिंगायत पंथ में शामिल कर लिया गया। उन्होंने जो वचन लिखे वे न केवल वीरशैव पंथ के लिए बल्कि पूरे भक्ति आंदोलन की बहुत ही प्रभावशाली कृति है:

जैसे रेशम का कीड़ा बुनता है
अपना घर अपनी मज्जा के प्रेम से,
और मर जाता है
अपने शरीर के तन्तुओं में
कसे हुए घुमाव, एक के बाद एक
मैं जलती हूँ
उस इच्छा के साथ जिसकी चाहत है मेरे हृदय को
ओ ईश्वर दूर करो
मेरे हृदय के लालच को
और दिखाओ मुझे

इससे निकलने का रास्ता
ओ चमेली की तरह श्वेत प्रभु।[48]

सबसे विशिष्ट बात यह इन महिला कवयित्रियों का स्थापित परंपराओं का भंजक होना, परंपरागत अपेक्षाओं के ख़िलाफ़ उनका विद्रोह और भगवान के प्रति अपना भक्तिभाव प्रकट करने में आनंद का अनुभव भले ही इसका परिणाम जो भी हो। यहाँ महादेवी अक्का अपनी भक्ति दिखाते हुए अभिमान के साथ कहती हैं:

माया के रूप में मेरे पास मेरी सास हैं;
मेरे ससुर की दुनिया है;
तीन देवर हैं शेर की तरह;
और पति के विचार भरे हैं
खिलखिलाती महिलाओं से;
यह व्यक्ति अच्छा नहीं है।
और मैं ननदों से झगड़ नहीं सकती
लेकिन मैं इस युवती का
साथ छोड़ूँगी
और अपने पति हर, मेरे प्रभु, के साथ व्यभिचार करूँगी।[49]

भक्ति आंदोलन की प्रमुख महिला हस्ताक्षरों ने लैंगिक रूढ़िवादिता और *मनुस्मृति* को आधार बनाकर पुरुषों की परंपरागत श्रेष्ठता को चुनौती दी। इन संकोचरहित महिला भक्तों की तीव्र भावना ने इस विचार को स्थापित करने में मदद की कि भक्ति पर सबसे बेहतर अमल तभी हो सकता है जब भक्त खुद को स्त्री होने की कल्पना करें। तमिल और तेलुगु भाषाओं में शुरुआती छंदों की रचना पुरुष कवियों ने महिलाओं की आवाज़ में की है। चैतन्य को उनके कई अनुयायी राधा का अवतार समझते थे और उनका रहस्यवादी-भावविभोर होकर पूजा करने की परंपरा ने पुरुष अनुयायियों को खुद को गोपियों की भूमिका में होने की कल्पना करने के लिए उत्साहित किया। एक रिकॉर्ड के रूप में यह हमारे समक्ष है कि कई प्रमुख संतों को कृष्ण के साथ सर्वाधिक गहरे जुड़ाव के क्षण में खुद के पुरुष नहीं होने का आभास होता था। गुजराती संत नरसी मेहता मीरा से सौ साल पहले पैदा हुए। उन्होंने लिखा है: "प्यार के संवाद के दौरान मैंने गोपियों के उस प्रेमी का हाथ अपने हाथ में लिया। ...मुझे कोई सुध नहीं रही। यहाँ तक कि मेरा पुरुषत्व भी मेरा साथ छोड़ गया। मैं एक स्त्री की तरह गाने और नाचने लगा। ऐसा लगा जैसे मेरा शरीर

बदल रहा है और मैं गोपी बन गया। ...ऐसे मौक़ों पर मैंने अतुलनीय मिठास और ख़ुशी अनुभव की।"[50] दक्षिण में, वैष्णव मत के प्रमुख प्रतिपादक वेदांत देशिका कृष्ण की पूजा करने के दौरान स्त्रियों के वस्त्र में होते थे। चेन्नई में आज भी इस संत की याद में एक वार्षिक उत्सव मनाया जाता है जिसमें स्त्री परिधान में उनके चित्र के साथ शोभायात्रा निकाली जाती है।

सोलहवीं सदी में कृष्ण भक्ति के तहत एक विशिष्ट समूह के रूप में राधा-वल्लभी का उदय हुआ। इस आंदोलन के प्रणेता थे हित हरिवंश (1503-1553 ईसवी)। इनकी सबसे महत्वपूर्ण रचना है *राधा सुधा निधि* जिसमें उन्होंने राधा की प्रशंसा की है; वे अमृत की वास्तविक समुद्र हैं, जबकि कृष्ण महज़ एक बूँद। राधा का सर्वाधिक गुणगान करनेवाला पंथ है सखी-भावकों का जिसने अठारहवीं सदी के अंत तक आते-आते एक अलग समूह का रूप ले लिया और बंगाल और मथुरा इसके गढ़ बन गए। इसके अनुयायियों का मानना था कि वे खुद को गोपी मानकर ही कृष्ण की आराधना कर सकते हैं। स्वामी रामकृष्ण परमहंस (1836-1886 ईसवी), जो बंगाल के बहुत ही ख्यातिनाम संत हुए, वे भी बहुत मज़बूती से इस बात में विश्वास करते थे कि कृष्ण के बारे में सर्वश्रेष्ठ कल्पना वे तभी कर सकते हैं जब वे खुद को स्त्री समझें। "एक वयस्क के रूप में, रामकृष्ण कृष्ण की स्त्री के रूप में उनकी व्यवस्थित भक्ति में तल्लीन रहे। ...लगभग छह माह तक (उन्होंने) महिलाओं के परिधानों और आभूषणों (साड़ी, जालीदार दुपट्टा, अंगिया, कृत्रिम केश) में रहे और महिलाओं की चाल, बातचीत, मुस्कुराने के तरीक़े, देखने और उनकी मुद्राओं की नक़ल की।"[51]

भक्ति आंदोलन हिंसा और धर्म परिवर्तन करानेवाले इस्लामिक आक्रमण के ख़िलाफ़ हिंदू धर्म का जवाब था। इस अर्थ में, यह नवीनीकरण के बारे में जितना था उतना ही यह खुद को बचाने का भी था। अगर हिंदू धर्म ने खुद की फिर से तलाश करने के लिए लचीलापन और ऊर्जा नहीं दिखाई होती और पहले की संरचना की तरह भंगुर और निष्क्रिय बना रहता और भक्ति आंदोलन को आम लोगों का जिस तरह समर्थन मिला वैसा अगर नहीं मिला होता तो उसका भी यही हश्र होता जैसा (बौद्ध धर्म का) इंडोनेशिया में इस्लाम के आने के बाद हुआ। हिंदू धर्म इस्लामिक शासन के आने के हज़ारों साल पहले से मौजूद रहा है। यद्यपि यह एक टॉप-डाउन मॉडल था, जीवंत रहने के बावजूद उस समय हुए स्थानीय अनुकूलन ने परम्परा का संवर्धन किया और उन्हें प्रभावित किया जो इस मॉडल के शीर्ष पर मौजूद थे। हालाँकि, भक्ति आंदोलन, कीर्तन, स्थानीय भाषाओं में भजनों की रचना और पूजा का सरल और व्यक्तिगत स्वरूप और प्रचंड भक्ति सामाजिक पिरामिड के सर्वाधिक निचले अर्धांश से उभरा और इसने आम लोगों तक हिंदू धर्म की पहुँच का महत्वपूर्ण तरीक़े से विस्तार किया, जहां वे न केवल इसमें शरीक हो रहे

थे, बल्कि वे धार्मिक और आध्यात्मिक गतिविधियों के चलन को शुरू करनेवाले भी थे। "भक्ति कवि-संत अपनी ही सभ्यता, इसके ब्राह्मणवादी हिस्से और इसके आडंबर के साथ संवाद कर रहे थे। वास्तविकता यह थी कि वे मानव आत्मा के खुद के साथ आवेशपूर्ण संवाद में व्यस्त थे और ईश्वर के साथ एकाकार की इच्छा रखे हुए थे।"[52] इस प्रक्रिया में, यह एक सुधार आंदोलन भी हो गया क्योंकि कई रूढ़िवादी बातें, विशेषकर जाति और लैंगिक भेदभाव को ख़त्म कर दिया गया। जैसाकि ए के रामानुजन लिखते हैं: "भक्ति संतों के जीवन में जो सबसे अंतिम था वही पहला था: पुरुष अपना पौरुष छोड़ स्त्री की तरह बन जाना चाहते हैं; ऊँची जाति के पुरुष अपना अहंकार, विशेषाधिकार और संपत्ति छोड़ना चाहते हैं, बदनामी और खुद की दुर्दशा चाहते हैं और अछूत भक्त से सीखते हैं।"[53] निश्चित रूप से, भक्ति आंदोलन कठोर जाति पदक्रम, ब्राह्मणवादी व्यवस्था की श्रेष्ठता और कर्मकांड और परंपरागत धार्मिक रूढ़िवादिता पर हमला था। इसका मतलब यह नहीं है कि महिलाओं की ग़ुलामी या निचली जातियों का उत्पीड़न समाप्त हो गया। लेकिन इसने इन कमियों पर लगातार काफ़ी लंबे समय तक सवाल उठाए और इस तरह हिंदू धर्म को उस दिशा में ले गए जिधर उसकी धार्मिक परिपाटियों और सामाजिक संवादों की कुछ बहुत ही पवित्र अभ्युक्तियों की पुनर्परीक्षा बेहद जरूरी हो गई थी।

5

ब्रिटिश शासन और इसके परिणाम

भारत में ब्रिटिश शासन की स्थापना ने हिंदू सभ्यता को काफ़ी गहरा प्रभावित किया। न केवल इसके लोगों को शारीरिक रूप से पराधीन किया और उनको अपमानित किया बल्कि लोगों के दिमाग़ का भी औपनिवेशीकरण करने में उसने सफलता अर्जित की। हालाँकि, सभी औपनिवेशिक ताक़तों का यही लक्ष्य रहा पर ब्रिटिश इस नीति को लागू करने में ज़्यादा सफल रहे। इसलिए, मेरी मंशा यहाँ दिमाग़ के औपनिवेशीकरण की इस प्रक्रिया की पड़ताल करनी है और ब्रिटिश हमलों के राजनीतिक घटनाक्रमों और व्यापक वित्तीय लूट-खसोट जोकि उसका हिस्सा था, की चर्चा करने के बजाय मुझे यहाँ यह जाँच करनी है कि हिंदू और भारतीय संवेदनशीलता को इसने कैसे प्रभावित किया। यह कहना पर्याप्त होगा कि 1757 में प्लासी की लड़ाई, जिसमें प्रतिद्वंद्वी औपनिवेशिक शक्ति फ्रांस की हार हुई और 1764 में बक्सर की लड़ाई जिसके बाद बंगाल, बिहार और उड़ीसा पर क़ब्ज़ा हो गया, ब्रिटिश ईस्ट इंडिया कंपनी भारत में सबसे बड़ी राजनीतिक ताक़त बन गया। उपनिवेशवादियों के ख़िलाफ़ 1857 के विद्रोह में हार के बाद संपूर्ण भारत प्रत्यक्ष रूप से ब्रिटिश शासन के अधीन हो गया और वह वृहत्तर ब्रिटिश साम्राज्य का 'मुकुट में जड़ा रत्न' बन गया।

यह समझने की ज़रूरत है कि ब्रिटिश लक्ष्य इस देश के स्थानीय लोगों को यह बताना था कि शासक वर्ग श्रेष्ठ सभ्यता का प्रतिनिधित्व करते हैं और उनका निहित उद्देश्य था शासितों को सभ्यतागत रूप से उन्नत बनाना। इस परियोजना की उद्घोषणा और इस पर अमल के पीछे दो तरह के लक्ष्य थे। पहला लक्ष्य था, ब्रिटिश शासन के लिए सांस्कृतिक औचित्य पेश करना। दूसरा था, अधीनस्थ लोगों में उनकी अपनी सभ्यता, संस्कृति, इतिहास और परंपरा के बारे में हीनता का भाव भरना। इन दोनों ही लक्ष्यों में, ब्रिटिश अकल्पनीय सीमा तक सफल रहे। एक बहुत ही परिष्कृत, कुशल, दिमाग़ी जटिल और सूक्ष्म दृष्टिवाली सभ्यता जिसका हज़ारों साल से अस्तित्व था – हाँ, इस पर कुछ दाग ज़रूर थे – इस दोहरी रणनीति को सफलतापूर्वक लागू करने का समग्र प्रभाव काफ़ी विनाशकारी था और ब्रिटिश शासकों के इस देश से चले जाने के इतने दिन बाद इसके परिणामों को आज भी देखा जा सकता है।

राजनीति स्वतंत्रता भले ही एक निर्धारित दिन को प्राप्त कर ली गई हो; सांस्कृतिक औपनिवेशीकरण के पदचाप दशकों बाद आज भी सुनाई देते हैं। इस अध्याय में, मैं प्रमुख व्यक्तियों और वृहत्तर प्रक्रियाओं के कुछ महत्वपूर्ण चित्रों के माध्यम से यह दिखाने की कोशिश करूँगा कि – कैसे ब्रिटिश साम्राज्य ने उपनिवेशित लोगों की सोच को प्रभावित किया और हिंदू संवेदनशीलता और उसके आत्मसम्मान को अंततः इसने कैसे नष्ट किया। अन्य औपनिवेशिक सत्ताओं के उलट, जिन्होंने अपने शासन को मज़बूत करने के लिए सिर्फ ताक़त का सहारा लिया, ब्रिटिश ने अपना खेल मनोवैज्ञानिक रूप से कहीं ज़्यादा सूक्ष्म तरीक़े से खेला, वे स्थानीय संस्कृति के साथ इस तरीक़े से पेश आया जैसे वह इनके सभ्यतागत लोकाचार के साथ सहयोग कर रहा है और पीड़ितों के साथ पूर्ण रूप से सहयोग कर रहा है।

लॉर्ड थॉमस बैबिंटॉन मैकॉले (1800-1859) 1834 में सुप्रीम काउंसिल के सदस्य के रूप में कार्यभार संभालने भारत आये। इस प्रस्ताव को उसने तत्काल मान लिया था, क्योंकि इससे उन्हें भारतीय लोगों को यूरोपीय ज्ञान देने की अपनी दीर्घ कामना को पूरा करने का मौक़ा मिल रहा था ताकि "वे आगे चलकर यूरोपीय संस्थानों की माँग कर सकें।" अगर ऐसा होता है, तो यह एक स्थायी जीत होगी भले ही आगे चलकर ब्रिटिश साम्राज्य के पास से सत्ता छिन जाए। क्योंकि, जैसाकि हाउस ऑफ़ कॉमंस में उसने भविष्यवाणी करते हुए अपने प्रसिद्ध बयान में कहा, "कुछ जीत ऐसी होती हैं जिनके बाद कोई हार नहीं होती। एक ऐसा साम्राज्य है जो नष्ट होने के सभी प्राकृतिक कारणों से सुरक्षित है। ये जीत बर्बरता पर तर्कों की शांतिप्रिय जीत है; वह साम्राज्य हमारी कला और हमारी नैतिकता, हमारे साहित्य और हमारे क़ानूनों का साम्राज्य है जो कभी नष्ट नहीं होगा।"[1]

कलकत्ता में उसके आगमन के बाद भारत का भाषायी भाग्य उसके गोद में लगभग तत्काल ही जा गिरा। ब्रिटिश सरकार ने जो कमेटी ऑफ़ पब्लिक इंस्ट्रक्शन बनाई थी वह पिछले कुछ समय से अटक गई थी क्योंकि पाँच सदस्य उसके समर्थन में थे तो पाँच ख़िलाफ़। इस कमेटी के पाँच लोग आवश्यक रूप से यह चाहते थे कि भारत में शिक्षा का आधार उसकी शास्त्रीय भाषाएं – संस्कृत, पर्शियन और अरबी होनी चाहिए; अन्य लोग यह चाहते थे कि प्राथमिक शिक्षा का माध्यम 'स्थानीय' भाषा हो और अंग्रेज़ी उन्हें ऊँची कक्षाओं में पढ़ने को कहा जाए। सुप्रीम काउंसिल ने मैकॉले को जनवरी 1835 में इस कमेटी का अध्यक्ष बना दिया ताकि गतिरोध ख़त्म हो। और उन्होंने ऐसा करने में कोई वक़्त ज़ाया नहीं किया। 2 फ़रवरी को उन्होंने अपना कुख्यात 'शिक्षा पर ब्योरा' जारी किया और अपने एक ही गर्वोक्ति में उसने भारतीयों के संपूर्ण सभ्यतागत धरोहर को कूड़ा बता दिया। उपनिवेशोत्तर काल के इस विस्मरण वाले समय में, इस व्यक्ति की

मानसिकता को याद करना महत्वपूर्ण है। मैकॉले ने अंग्रेज़ी का पक्ष लिया क्योंकि बिना किसी भी तरह के संदेह के, उसका मानना था कि यह एक श्रेष्ठतर सभ्यता और संस्कृति की उपज है। उन्होंने लिखा, "जो भी अंग्रेज़ी जनता है, उसको उस विशाल बौद्धिक संपदा तक पहुँच हासिल है जिसे इस पृथ्वी के सभी सर्वाधिक ज्ञानी देशों ने पैदा किया है और नब्बे पीढ़ी से इसे बचाकर रखा है। यह कहा जा सकता है कि अब इस भाषा में उपलब्ध साहित्य उन सभी साहित्यों से गुणवत्ता में श्रेष्ठ है जो पिछले तीन सौ वर्षों से दुनिया की सभी भाषाओं में उपलब्ध रही है।"[2] और यह श्रेष्ठता के उसके ख़याल से संबंधित था और इसी तरह, उसे इस बारे में भी काफ़ी यक़ीन था कि देशी लोगों की संस्कृति न केवल दोषपूर्ण है बल्कि यह ऐसी स्थिति में है कि इसको बचाया नहीं जा सकता। सार्वजनिक खर्चे पर वे कैसे 'चिकित्सा सिद्धांतों को पढ़ा सकते हैं जो घोड़े के पैर में नाल लगानेवाले अंग्रेज़ के लिए भी अपमानजनक होगी – खगोल विज्ञान जिस पर अंग्रेज़ी बोर्डिंग स्कूल की लड़कियां हंसे बिना नहीं रह सकती – इतिहास जिसमें राजा तीस फ़ीट ऊँचा होता है और जो तीस हज़ार साल से शासन कर रहा है – और भूगोल जोकि शीरे के समुद्र और मक्खन के समुद्र से बना है।"[3] यह जानते हुए कि उसके आलोचक इस बात की ओर इशारा कर सकते हैं कि हर भारतीय भाषा के नाम सदियों का परिष्कार और उसकी अप्रतिम साहित्यिक उपलब्धि है, एक उजड्ड की भाषा में उन्होंने इस पर अपनी प्रतिक्रिया में कहा: "क्या इस बात से कोई अंतर पड़ता है कि कोई व्यक्ति बेतुकी बात कहने के लिए किस व्याकरण का प्रयोग करता है, वह कितने शुद्ध उच्चारण में हमें बताता है दुनिया मक्खन के समुद्र से घिरी है, वह किस बेहतरीन वाक्य का प्रयोग कर हमें बताता है कि मेरु का पहाड़ दुनिया का केंद्र है?" वह इस बात को मानता है कि प्राच्य विज्ञान में कुछ बात सही हो सकती है पर आगे इनको ख़ारिज करते हुए जोड़ा: "इस व्यवस्था में सर्वाधिक क्रूर और बर्बर आदिम कैफ्रेनिया और न्यू हॉलैंड जातियाँ भी हैं।"[4]

मैकॉले को इस बारे में यक़ीन था कि 'हिंदुओं' के पवित्र ग्रंथ सिर्फ "कुश घास के प्रयोग और देवता में समावेश के रहस्य से भरे हैं।"[5] जब 'हिंदुओं' ने अपने ग्रंथ का अध्ययन किया तो उन्होंने सिर्फ़ यह सीखा कि "किसी गधे को छूने के बाद खुद को शुद्ध कैसे किया जाता है, या किसी बकरे को काटने पर प्रायश्चित करने के लिए वेद के किस मंत्र का जाप करना है।"[6] इस तरह, देशी लोगों की भाषा में दिलचस्पी लेने का कोई सवाल ही नहीं था भले ही वह शास्त्रीय हो या स्थानीय। अंग्रेज़ी को वरीयता देना ज़रूरी था और संस्थानों के माध्यम से इसका तत्काल प्रचार-प्रसार शुरू होना था और ऐसा करते हुए इसका दीर्घकालिक लक्ष्य उपयोग पर आधारित था और पूरी तरह से स्पष्ट था: "इस समय हमें अपना सर्वश्रेष्ठ प्रयास कर एक ऐसा वर्ग बनाना है जो हमारे और लाखों शासितों के बीच दुभाषिये का काम करे: लोगों का एक ऐसा वर्ग जिसका खून और रंग

भारतीय हो पर जो पसंद, ख़याल, नैतिकता और बौद्धिकता की दृष्टि से अंग्रेज़ हो।"[7] समय आने पर यह वर्ग "(हमारे) ज्ञान को जनसंख्या के विशाल वर्ग तक पहुँचाने का सटीक ज़रिया बनेगा।"[8]

अपने विचारों को बिना किसी दुविधा के स्पष्ट करने के बाद मैकॉले ने नाटकीय ढंग से इस्तीफ़ा दे दिया, इस ख़्याल से कि अगर उसके सुझावों को न माना जाए, तो वह ऐसी व्यवस्था का हिस्सा बनने की शर्मिंदगी से बच सके जो "बेतुके इतिहास, बेतुके अध्यात्म, बेतुके भौतिक शास्त्र और बेतुके धर्म शास्त्र को बढ़ावा देती है।"[9] पर उसको चिंता करने की ज़रूरत नहीं थी। 7 मार्च 1835 को उन्हीं लॉर्ड बेंटिक ने मैकॉले के प्रस्तावों को पूर्ण स्वीकृति दी जिन्होंने मैकॉले के साथ कलकत्ता जाते हुए ऊटी में कुछ वक़्त बिताया था। अब संपूर्ण सार्वजनिक फंड का प्रयोग लोगों को अंग्रेज़ी सिखाने पर खर्च होना था; प्राच्य संस्थानों में प्रवेश लेनेवाले किसी भी नए छात्र को छात्रवृत्ति नहीं दी जानी थी; इस तरह के संस्थानों में प्रोफ़ेसर के पदों पर भर्ती नहीं होनी थी; देशी भाषाओं में कुछ भी छापने के लिए कोई सरकारी पैसे नहीं दिए जाने थे; और बंगाल के प्रमुख शहरों में अंग्रेज़ी पढ़ाने के लिए पाँच स्कूल तत्काल खोलने की बात तय हुई।

अंग्रेज़ी उपनिवेश के बारे में दिलचस्प बात यह थी कि यद्यपि उसका लक्ष्य अचल और केंद्रित था, व्यवहार में वह विशिष्ट रूप से सूक्ष्म भेद लिए हुए था और यह संदेश दे रहा था कि हर निर्णय का विमर्शीय पक्ष है जिसमें बहस, बातचीत और सहमत नहीं होने की आज़ादी थी। अंग्रेजों में मैकॉले के विरोधी थे। प्राच्यवादी दल ने भारत से जुड़ी हर बात को अपमानजनक रूप से ख़ारिज कर दिए जाने और अंग्रेज़ी को अपनाने में उसकी हठधर्मिता के वे विरोधी थे। ब्रिटिश विजय के शुरुआती दिनों में यह दल काफ़ी मुखर और शक्तिशाली था। 1781 में विलियम हेस्टिंग्स ने कलकत्ता मदरसा या अरेबिक कॉलेज की स्थापना की ताकि मुसलमान इस्लामिक क़ानूनों के सिद्धांतों और उस पर अमल के बारे में जान सकें। एक दशक बाद विद्वान-प्रशासक जोनाथन डंकन ने बनारस में संस्कृत कॉलेज की स्थापना की ताकि हिंदुओं के क़ानून, साहित्य और धर्म को संरक्षित किया जा सके। लॉर्ड वेल्सले ने 1800 में कलकत्ता में फ़ोर्ट विलियम कॉलेज की स्थापना की। यहाँ ईस्ट इंडिया कंपनी के नौकरों को अरबी, फ़ारसी और संस्कृत और छह भारतीय भाषाएं सीखनी पड़ती थीं। दिलचस्प बात यह है कि जहां वे अंग्रेज़ी क़ानून और यूरोपीय इतिहास पढ़ते थे, वहीं उन्हें हिंदू और मुस्लिम क़ानून और भारतीय इतिहास का भी अध्ययन करना होता था। फ़ोर्ट विलियम कॉलेज के लिए भारत में कंपनी के नौकरों के वेतन से थोड़ी राशि काटकर भी कुछ धन जुटाए गए थे। 1824 में लॉर्ड एमहर्स्ट ने कलकत्ता में एक संस्कृत कॉलेज की स्थापना की और एक साल बाद शाहजहांनाबाद में दिल्ली कॉलेज की स्थापना हुई जहां अंग्रेज़ी की पढ़ाई शुरू हुई पर यहाँ पढ़ाई का माध्यम अरबी, फ़ारसी या संस्कृत ही रहा।

कंपनी का लक्ष्य भारत पर शासन करना था और यह तब तक संभव नहीं था जब तक उन्हें यह पता नहीं हो कि वे किस पर शासन करने जा रहे हैं। पर इस उपयोगितावादी तर्क के अतिरिक्त, शुरुआती दौर में देशी लोगों और उनकी संस्कृति के प्रति आदर और उसके बारे में जानने की वास्तविक उत्सुकता थी। सर विलियम जोंस (1746-1794), जो 1783 के सितम्बर में कलकत्ता पहुँचे और सुप्रीम कोर्ट के जज के रूप में काम करना शुरू किया, वे इस विद्वतापूर्ण संवाद के महत्वपूर्ण व्यक्ति थे। वह वेस्टमिन्स्टर में पैदा हुए और हैरो में शिक्षा प्राप्त की। वे भाषा विशेषज्ञ थे और 22 साल की उम्र तक आते-आते ग्रीक, लैटिन, अरबी, फ़ारसी और चीनी भाषा में उन्हें महारथ हासिल हो गई थी। मैकॉले के उलट जिसने किसी उद्देश्य से गिबॉन, दाँते और वॉल्टेयर को दोबारा पढ़ा था, जोंस 'क्रोकोडाइल'नामक जहाज़ से कलकत्ता के लिए चले थे और यात्रा के दौरान उन्होंने एक सूची तैयार की कि भारतीय संस्कृति और सभ्यता के बारे में क्या-क्या पढ़ने की ज़रूरत है। इस सूची में शामिल था हिंदू और मुस्लिम क़ानून, प्राचीन ग्रंथ, आधुनिक राजनीति और हिंदुस्तान का भूगोल, चिकित्सा शास्त्र, रसायन शास्त्र, शल्य चिकित्सा और भारतीयों की शरीर रचना, उनकी कविता, साहित्य शास्त्र और संगीत। 15 जनवरी 1784 को यहाँ पहुँचने के चार महीने के भीतर उन्होंने एशियाटिक सोसायटी की स्थापना कर दी जो आज तक क़ायम है और अपने समय में यह भारतीय धरोहर और प्राचीनता का सबसे जीवंत संस्थान था।

इस सोसायटी की पहली बैठक में कलकत्ता सुप्रीम कोर्ट के ग्रांड जूरी रूम में ब्रिटिश और यूरोपीय मूल के तीस लोग साथ बैठे। इनमें शामिल थे, न्यायमूर्ति जॉन हाइड, जॉन करनैक, हेनरी वैंसितार्त, जॉन शॉर, चार्ल्ज़ विल्किंज़, फ्रैन्सिस ग्लैड्विन, जोनाथन डंकन एवं अन्य। विलियम जोंस ने उन्हें बताया कि कैसे एशिया को 'विज्ञानों का नर्स' और "आकर्षक और उपयोगी कला का आविष्कारक कहा जाता है।"[10] गवर्नर जनरल वॉरेन हेस्टिंग्स को इस सोसायटी का पहला अध्यक्ष चुना गया और जोंस उसके उपाध्यक्ष बने। अगले कई दशकों तक इस सोसायटी के सदस्यों ने भारतीय संस्कृति के विभिन्न पक्षों पर अग्रणी शोध कार्य किया और इसके महत्वपूर्ण ग्रंथों का अनुवाद किया। विलियम जोंस ने खुद संस्कृत सीखी और कालिदास के *अभिज्ञान शाकुंतलम*, जयदेव के *गीत गोविंद*, और *मनुसंहिता* का अंग्रेज़ी में अनुवाद किया और कालिदास के *ऋतुसंहार* का संपादन किया। भारतीय शास्त्रीय संगीत पर पेपर लिखनेवाले वे पहले पश्चिमी विद्वान थे। उनकी इच्छा हिंदू और मुस्लिम क़ानून पर एक संग्रह लिखने की थी पर वे इसे पूरा नहीं कर सके। उनकी पुस्तक *इंस्टिट्यूट ऑफ़ हिंदू लॉ* का प्रकाशन 1794 में हुआ और *मुहम्मडन लॉ ऑफ़ इनहेरिटेंस* 1792 में प्रकाशित हुई थी। एशियाटिक सोसायटी की तीसरी बैठक 1786 में हुई जिसमें उन्होंने अपने प्रसिद्ध भाषण में कहा कि शायद संस्कृत, ग्रीक एवं

लैटिन का मूल एक ही है। उन्होंने कहा, "संस्कृत भाषा, चाहे वह कितनी ही प्राचीन क्यों न हो, इसकी संरचना बहुत ही अद्भुत है; यह ग्रीक से ज़्यादा अचूक है, लैटिन की तुलना में ज़्यादा विपुल और दोनों में से किसी से भी अद्भुत रूप से ज़्यादा परिष्कृत है, लेकिन इसके बावजूद, क्रियाओं के मूल और व्याकरण के रूपों में दोनों से काफ़ी ज़्यादा जुड़ी हुई है और ऐसा दुर्घटनावश नहीं हो सकता; यह इतना मज़बूत है कि कोई भी दार्शनिक इन तीनों पर बिना यह सोचे ग़ौर नहीं कर सकता कि इन तीनों का कोई आम स्रोत रहा है जोकि शायद अब अस्तित्व में नहीं है।"[11]

संस्कृत को ग्रीक और लैटिन से जोड़ने का जोंस का प्रयास निश्चित रूप से इस बात से प्रेरित था कि जिस भाषा से वे इतना ज़्यादा प्रेम करते हैं उसको यूरोपीय खाँचे में शामिल कर लिया जाए, क्योंकि उन्हें पश्चिमी सभ्यता की श्रेष्ठता में कोई संदेह नहीं था। यह याद रखनेवाली बात है कि वे और उनके जैसे भारतीय सभ्यता संस्कृति से प्रेम करनेवाले ब्रिटिश सभ्यता की श्रेष्ठता या देशी लोगों को सभ्य बनाने के ब्रिटिश अधिकारों पर सवाल नहीं उठा रहे थे; वे सिर्फ़ इस बारे में ज़्यादा खुले थे कि जिन लोगों पर उन्हें शासन करने को कहा गया है उनकी सांस्कृतिक विरासत है जिसे झुठलाया नहीं जा सकता और यह सच है कि कई क्षेत्रों में ये सम्मान के लायक़ हैं। उनका लक्ष्य था भारतीयों के लिए भारत की गौरवशाली विरासत को दोबारा ढूँढ़ना और इस बारे में उनकी उपलब्धि किसी आश्चर्य से कम नहीं थी। सर चार्ल्ज़ विल्किंज़ (1750-1833) ने 1785 में *भगवद गीता* और *हितोपदेश* का अंग्रेज़ी में अनुवाद किया। एच टी कोलब्रुक जोकि सोसायटी के 1806 से 1815 तक अध्यक्ष थे, उन्होंने अमरकोश पर महत्वपूर्ण पुस्तक प्रकाशित की। एच एच विल्सन, जो सोसायटी के सचिव थे, उन्होंने लगभग उसी अवधि के दौरान पुराणों का अनुवाद अंग्रेज़ी में किया और कल्हण की *राजतरंगिनी* का संस्करण प्रकाशित किया। उन्होंने तीन भागों में *थिएटर ऑफ़ द हिंदुज* नामक ग्रंथ प्रकाशित किया जिसका अनुवाद फ्रेंच और जर्मन में भी हुआ। सर जॉन शोर जो 1794 में जोंस की जगह सोसायटी के अध्यक्ष बने, ने *योग वशिष्ठ* का अंग्रेज़ी में संक्षिप्त संस्करण प्रकाशित किया। सोसायटी को 1805 में स्थायी जगह दी गई जो पार्क स्ट्रीट और चौरंगी के एक कोने में थी, जहां आज भी यह मौजूद है। इसके पास एक विशाल पुस्तकालय है और इसने 1814 में एक सार्वजनिक संग्रहालय की शुरुआत भी की।

यह उत्सुकता और यहाँ तक कि भारतीय संस्कृति के प्रति आदर भी, कलकत्ता तक ही सीमित नहीं था। जब 1805 में, मिशन ऑफ़ विलियम केरी ने पास के सेरमपोर शहर में संस्कृत रामायण के अनुवाद के लिए आर्थिक सहायता माँगी, तो उन्हें 5,500 दिये गये। 1803 में बंबई में एशियाटिक सोसायटी की एक शाखा की शुरुआत हुई। कुछ

प्राच्यवादी मद्रास में भी सक्रिय थे। दिल्ली में रह रहे ब्रिटिश नागरिक चार्ल्स मैटकाफ़ को पर्शियन क्लासिक पढ़ने में आनंद आता था। विलियम फ़्रेज़र, जिन्होंने उसका स्थान लिया, उनको स्थानीय लोगों की तरह उर्दू और पर्शियन आती थी और उसके पास पर्शियन और अरबी पुस्तकों का शानदार पुस्तकालय था। कई ब्रिटिश पर्शियन और उर्दू में शेरो-शायरी भी करते थे; कई ने तो तख़ल्लुस 'उपनाम' भी रख लिए – जोसेफ बेन्सले 'फ़ना', जॉर्ज पुएच 'शोर' और अलेक्जेंडर हैथरली 'आज़ाद'।

अंग्रेजी समर्थकों और प्राच्यवादियों के बीच, इस तरह जो अंतर था वह वास्तविक और दीर्घकालिक था। एचएच विल्सन ने 1835 में अपने एक बंगाली मित्र को लिखा, "अंग्रेज़ी को भारत की भाषा बनाने की बात सोचना दूरदर्शी नेतृत्व के रूप में मूर्खता है।"[12] लंदन में भी उनके समर्थक थे। बोर्ड ऑफ़ कंट्रोल ऑफ़ द ईस्ट इंडिया कंपनी के 1822 से 1828 तक अध्यक्ष रहे चार्ल्स विलियम विन भारतीयों पर अंग्रेज़ी थोपने की कोशिश से काफ़ी दुखी थे। जॉन कैम हॉबहाउस जो बाद में इसके अध्यक्ष बने, ने 1836 के वसंत में लॉर्ड ऑक्लैंड को लिखा, "यहाँ ऐसे लोगों का एक मज़बूत समूह है जो यह सोचते हैं कि युद्ध में विजय पा लेने के अधिकार का मतलब भाषा को नष्ट करने का अधिकार पा लेना नहीं है और वे मानते हैं कि प्राच्यवादी शिक्षा को आगे बढ़ाने के लिए हर तरह के समर्थक को रोक देना बड़ी अभद्रता होगी।"[13] जेम्स प्रिंसेप जोकि 1883 में एशियाटिक सोसायटी के सचिव थे और जिन्होंने 1837 में ब्राह्मी लिपि को पढ़ने में प्रशंसनीय सफलता प्राप्त की जिसकी वजह से हम अशोक के शिलालेखों को पहली बार पढ़ पाए, उन्होंने इस "अब जो कुछ अस्तित्व में है उसका तीव्रता पूर्ण विनाश" का विरोध किया।

फिर, सर अलेक्जेंडर जॉन्स्टन जैसे व्यक्ति ने मैकॉले की मूर्खता को और उजागर किया। भारत में 1775 में पैदा हुए जॉन्स्टन ने सीलोन (श्रीलंका) के काउंसिल के अध्यक्ष (1811) के रूप में तमिल, तेलुगु और हिंदुस्तानी सीखी थी और वहाँ एशियाटिक सोसायटी की एक शाखा खोलने में मदद की थी। बाद में वे प्रिवी काउंसिल की न्यायिक समिति के सदस्य बने। श्रीलंका से अपनी एक रिपोर्ट में उन्होंने लिखा था, "भारतीयों ने 1500 ईसा पूर्व तक तर्क शास्त्र और अध्यात्म में वैसी ही प्रगति हासिल की जैसी यूनानियों ने, सदियों पहले यूनानियों के पास कानून थे, जो उनके क़ानून के बराबर और कुछ क्षेत्र में बेहतर थे, उन्हें संख्या पद्धति का शुरुआती ज्ञान था जिसने केप्लर, न्यूटन, ला प्लेस और नेपियर की उपलब्धियों को संभव बनाया, उन्होंने 3000 ईसा पूर्व में महत्वपूर्ण खगोलीय तालिका बनाई।"[14] मैकॉले के कुख्यात 'मिनट' के नीति बन जाने के बाद भी, इससे असहमति रखनेवाले लोग थे। 1853 में एचएच विल्सन ने इस बात का विश्लेषण करने की कोशिश की कि मैकॉले ने क्यों गलती की। उन्होंने हाउस

ऑफ लॉर्ड्स चयन समिति से कहा: "मैं मैकॉले की प्रतिभा का बड़ा सम्मान करता हूँ, पर वे भारत में नए आए थे और वे लोगों के बारे में कुछ नहीं जानते थे; उन्होंने अपने आसपास उस समय जो देखा उसके आधार पर उसने कुछ भी कहा और विशेषकर अंग्रेज़ी का समर्थन करनेवालों ने इस आधार पर यह सबसे बड़ी गलती की है। वे देश के बारे में कुछ नहीं जानते हैं: वे यह नहीं जानते कि लोग क्या चाहते हैं; वे सिर्फ़ बड़े शहरों के लोगों को जानते हैं जहां अंग्रेज़ी का उपयोग है और इसको प्रभावी तरीक़े से लागू किया जा रहा है।"[15]

इतने विरोधों के बावजूद, मैकॉले ने जो चाहा वही हुआ, क्योंकि उसका दृष्टिकोण देश में अभी-अभी अपनी राजनीतिक सत्ता को मज़बूत करनेवाली ईस्ट इंडिया कंपनी के विचारों से मेल खाता था। सांस्कृतिक श्रेष्ठता का दबदबा हमेशा ही राजनीतिक ताक़त से संबंधित होता है। भारत में कंपनी के शुरुआती सैनिक गतिविधियों में, उसके कर्मचारी कम धर्मांध थे और अपने सांस्कृतिक आदान-प्रदानों में उनका रुख लचीला था। मैकॉले के भारत पहुँचने के समय तक, कंपनी की सत्ता पूरी तरह लगभग स्थापित हो चुकी थी। सिराजुद्दौला को 1757 में प्लासी की लड़ाई में हराया जा चुका था; मीर क़ासिम को 1764 में बक्सर की लड़ाई में हराया जा चुका था और इसके तुरंत बाद मुग़ल बादशाह शाह आलम द्वितीय ने क्लाइव को दीवानी दे दी जिसका मतलब था बंगाल, बिहार और उड़ीसा पर उसका सदा के लिए आधिपत्य स्थापित हो गया। मैसूर के टीपू सुल्तान को 1799 में हरा दिया गया और 1803 और इसके बाद 1819 में मराठों को अंग्रेज हरा चुके थे। 1761 में फ्रांसीसियों को हराने के बाद भारत में ब्रिटिश सत्ता को चुनौती देनेवाली कोई विदेशी ताक़त मौजूद नहीं थी। प्राच्यवादियों को इस बात का श्रेय देना होगा कि युद्ध के मैदान में अंग्रेजों की जीत के बावजूद उन्होंने एक सीमा तक सांस्कृतिक रूप से अपनी सोच को व्यापक बनाए रखा। पर उन्हें भी इस बात का कभी संदेह नहीं रहा कि वे एक ऐसी सभ्यता का प्रतिनिधित्व करते हैं जिसको शासन करना है। एशियाटिक सोसायटी के ईमानदार और ऊँची सोचवाले सदस्यों ने- जोकि भारतीय संस्कृति के बारे में शोध कर रहे थे, 1829 तक किसी ग़ैर-यूरोपीय व्यक्ति को इस सोसायटी का सदस्य नहीं बनने दिया। इसकी स्थापना के 45 साल बाद ऐसा हो पाया। वैसे सोसायटी के सदस्य जो भी शोध कार्य कर रहे थे, अनुवाद कर रहे थे, उन सभी सामग्रियों के संग्रह के लिए वे सैकड़ों ऐसे भारतीय विशेषज्ञों पर निर्भर थे जो संस्कृत, अरबी, फ़ारसी के अच्छे जानकार थे। जब कोलब्रुक का *अमरकोश* का महत्वपूर्ण संस्करण भारत में प्रकाशित हुआ, लगभग उसी समय 1814 में लॉर्ड हेस्टिंग्स ने अपने जर्नल में नोट किया: "ऐसा लगता है कि हिंदू सिर्फ पशु कार्यों तक ही खुद को सीमित रखते हैं और इसमें भी वे उदासीन दिखते हैं, एक कुत्ते, एक हाथी या एक बंदर से ज़्यादा ऊँची बौद्धिकता [रखने] वाले नहीं।"[16]

भारतीय प्राचीनता की मेहनत से की गई प्रशंसा और इस तरह के बयानों के बीच जो विरोधाभास है उसे इस बात से समझा जा सकता है कि राजनीतिक शक्तियाँ सांस्कृतिक प्रशंसा को भी अपनी अकड़ से लाद देती हैं। कंपनी के पास भौतिक संपत्ति और सैनिक ताक़त थी। यहाँ तक कि उसका छोटा कारिंदा भी देशी नौकरों की भारी-भरकम जमात से घिरा रहता था – ख़िदमतगारों, दरबानों, साईसों (घोड़े की देखभाल करनेवाला), धोबियों, भिश्तियों(पानी ढोनेवाला), हरकारों (संदेशवाहक), पंखावाला, पालकी उठानेवाला कुत्ता घुमानेवाला, माली, ख़ानसामा, आया और सफ़ाईकर्मी। यह स्वाभाविक ही था कि इस तरह की परिस्थिति सांस्कृतिक और यहाँ तक कि नैतिक श्रेष्ठता और अधिकाधिक रूप में नस्लभेदी अहंकार का जन्मदाता बन जाए। भारतीयों को हमेशा ही 'काला' कहा जाता था (क्लाइव ने व्यंग्यपूर्ण संतुष्टि से नोट किया था कि प्लासी में कंपनी के जो 70 के आसपास लोग मारे गए थे उनमें से अधिकांश 'काले' थे) पर अब 'निगर' जैसे अपमानजनक शब्द का प्रचलन शुरू हो गया। लेफ़्टिनेंट कर्नल एचबी हेंडरसन जोकि 19वीं सदी की शुरुआत में भारत में तैनात थे और जिन्होंने 1829 में अपने यादों की पुस्तक प्रकाशित की, ने कंपनी के कई अधिकारियों के दृष्टिकोणों का इस तरह से वर्णन किया है: "कोई देशी, भले ही वह कितने ऊँचे ओहदे पर हो, किसी अंग्रेज से गज भर की दूरी पर भी नहीं खड़ा हो सकता; और जब भी कोई अंग्रेज किसी बाबू से हाथ मिलाता है, वह हमारे प्रभुत्व के आधार को हिला देता है।"[17]

मिनट्स ऑन एजुकेशन इन इंडिया के लेखक मैकॉले ब्रिटिश विजय की इस प्रक्रिया और राजनीतिक और आर्थिक प्रभुत्व के सर्वोत्कृष्ट उत्पाद थे। उनको सालाना £10,000 का भारी भरकम वेतन मिलता था, उनके पास नौकरों की पूरी फ़ौज थी; उन्होंने खुद स्वीकार किया कि वे अपने घर को काउंसिल के किसी भी सदस्य से ज़्यादा शानदार ढंग से रखते थे; अपने दैनिक कार्य के रूप में वे दोपहर के भोजन के बाद अपनी बहन हैना को फ्रेंच और ग्रीक पढ़कर सुनते थे; शाम को वे अपनी गाड़ी में बैठकर नदी किनारे सैर के लिए जाते थे और उनके नौकर उनके पीछे दौड़ते हुए चलते थे। असीमित अहंकार और पूरे विश्वास के साथ वे यह कहते थे: "किसी लड़के को रॉबिंसन क्रूसो दो। यह विश्व के संपूर्ण अलंकारों और तर्कों का भंडार है।" और अपने *मिनट्स ऑन एजुकेशन* में उसने लिखा है: "मेरा मानना है कि यह कहना कोई अतिशयोक्ति नहीं है कि संस्कृत भाषा में लिखी गई सभी पुस्तकों से जो संपूर्ण ऐतिहासिक सूचनाएँ इकट्ठा की गई हैं वह इंग्लैंड के प्राथमिक स्कूलों के लिए जो मामूली संक्षिप्त पुस्तकें लिखी गई हैं उनसे भी बेकार हैं। भौतिक या नैतिक दर्शन के हर क्षेत्र में इनकी स्थिति अपेक्षाकृत वही है।"[18]

मैकॉले की बहन के पति, जॉर्ज ट्रेवेल्यन को तो देशी लोगों की संस्कृति से और भी ज़्यादा नफ़रत थी। उसको इस बात में ज़्यादा विश्वास था कि अंग्रेज़ी को जितना जल्दी हो,

शिक्षा का एकमात्र माध्यम बना दिया जाना चाहिए। मैकॉले खुद अविवाहित था और वह अपनी बहन हैना के साथ कलकत्ता आया था जिससे वह बेहद प्यार करता था। ट्रेवेल्यन कंपनी में एक युवा अधिकारी था, भारत पहुँचने के तुरंत बाद सामाजिक रूप से उससे मिला। दिसंबर 1834 में दोनों की शादी हो गई और ट्रेवेल्यन मैकॉले के घर में रहने लगा। ट्रेवेल्यन मिशनरी उत्साह के साथ देशी लोगों को 'ऊपर उठाना' चाहता था। मैकॉले ने इस बात पर ग़ौर किया, "उसका दिमाग़ नैतिक और राजनीतिक सुधारों की योजनाओं से भरा हुआ है और उसकी बातों में उत्साह की यह झलक मिलती है... प्रणय निवेदन में भी उसके विषय होते हैं भाप से चलनेवाले जहाज़ और स्वदेशी लोगों की शिक्षा।" ट्रेवेल्यन की एक पसंदीदा परियोजना थी सभी भारतीय भाषाओं को रोमन लिपि में लिखने की ताकि अनेक भाषाएँ बनाने के दैवी अभिशाप (बैबेल के अभिशाप) को समाप्त किया जा सके और राष्ट्रीय साहित्य की स्थापना में मदद मिल सके जोकि पूर्णतया यूरोप की सभ्य दुनिया पर आधारित हो। उसके अनुसार, 'सद्गुण' या 'सार्वजनिक भावना' या 'देशभक्ति' या 'सम्मान' के लिए स्थानीय भाषाओं में कोई समानार्थी शब्द नहीं हैं। अपनी पत्नी के भाई के 'मिनट' को 1834 में सरकारी नीति के रूप में स्वीकार कर लिए जाने के बाद ट्रेवेल्यन ने भविष्यवाणी की कि लॉर्ड बेंटिक को आनेवाली पीढ़ी याद करेगी क्योंकि "उसके समय में प्राच्यवादी पागलपन जोकि लॉर्ड वेलस्ली की सरकार के समय में फूट पड़ा था और जो लॉर्ड मिंटो के शासनकाल में आगे बढ़ा, लॉर्ड हेस्टिंग्ज़ के समय में जो अपने उत्थान के शीर्ष पर था; और लॉर्ड एमहर्स्ट के शासनकाल में जिसकी अवनति शुरू हुई, वह अब पूरी तरह समाप्त हो गया है।"[19]

पड़ताल का एक महत्वपूर्ण पक्ष यह है कि स्वदेशी लोगों की भाषा और उनके साहित्य को नकारने का भारतीयों पर क्या असर पड़ा। इस नए शासक के अधीन अधिकांश संख्या में लोग जो अशिक्षित और ग़रीब थे, वैसे ही जैसे इससे पहले के कई शासकों के अधीन वे थे, नेकदिल भृत्यभाव की स्थिति में बने रहने के लिए अभिशप्त थे और उनमें यह क्षमता नहीं थी कि अंग्रेज़ी भाषा और साहित्य के समर्थक और प्राच्यवादियों के बीच जो बहस चल रही थी उसको वे समझ सकें। पर शिक्षित भारतीय संभ्रांतों की स्थिति क्या थी जिनको अपनी साहित्यिक और सांस्कृतिक विरासत का ज्ञान था और जिनको इसके प्रति दिखाए जानेवाले अपमान के प्रति संवेदनशील होना चाहिए था? ब्रिटिश लोगों के बीच यह बहस काफ़ी समय तक खुलेआम होती थी; प्राच्यवादियों के हर बयान का दूसरा पक्ष उतनी ही तत्परता से जवाब देता था। जब विलियम जोंस ने कालिदास की तुलना शेक्सपियर से की तो ट्रेवेल्यन ने इसका जवाब यह कहते हुए दिया, "सर्वाधिक लोकप्रिय (प्राच्य साहित्य) शीर्ष स्तर की अनैतिकता और अपवित्रता से भरा है।" उपयोगितावादी जेम्स मिल का कहना था कि, "भारतीय नाटकों में छंदबद्धता और

भावना भोग-विलास में डूबे समाज की पहचान है और यह 'निरंकुश राज्य' की देन थी।" मिल की दलील थी कि परिष्कृत लोग जंगल में होनेवाले उस विवाह को नहीं मानेंगे जैसाकि कालिदास के *अभिज्ञान शाकुंतलम* की नायिका और उसके प्रेमी के बीच हुआ जिसमें प्रेमी जोड़े ने वासनाओं के वशीभूत एक-दूसरे से मिलने का पाप किया।" ट्रेवेल्यन इस बारे में पूरी तरह स्पष्ट था कि ब्रिटिश सरकार को "ऐसे कामुक संस्कृत नाटकों के प्रकाशन पर कोई पैसा नहीं खर्च करना चाहिए जो वासना के शीर्ष रूप का प्रदर्शन करता है और व्यभिचार की शिक्षा देता है।"

क्या भारत के संभ्रांत लोगों को इस बात पर ग़ुस्सा आया? क्या उन्होंने विदेशी भाषा को अपने ऊपर थोपे जाने और अपनी भाषा को अपमानित किए जाने के ख़िलाफ़ किसी तरह का विरोध प्रकट किया या वे कंपनी की एजेंडा को लागू करने के षड्यंत्र में शामिल हो गए? भारतीय संभ्रांत वर्ग का प्रत्युत्तर क्या था इसका एक अनुदेशात्मक तरीक़ा यह यह है कि उसके तत्कालीन सदस्यों में सर्वाधिक प्रसिद्ध शख़्सियत राजा राम मोहन रॉय के जीवन का अध्ययन किया जाए। इसका उद्देश्य जीवन में अच्छे ध्येय से प्रेरित होकर उन्होंने जो निर्णय लिया उस पर सवाल उठाना नहीं है। कोई भी व्यक्ति उस समय और तत्कालीन परिस्थिति की उपज होता है और इन बातों का ध्यान नहीं रखकर बीते समय के आधार पर उसके बारे में कोई निर्णय देना अनुचित होता है।

पर इसके बावजूद, उपनिवेशी शासन जिस सफ़ाई और प्रत्यक्ष तरीक़े से शासितों को सहयोग करता है और उसे अपनी परियोजना में सहायक बना लेता है उसको समझना उपयोगी है। शासकों की व्यापक पैनी नज़र के नीचे पीड़ित भावनाओं की कई जटिल प्रक्रियाओं से गुजरता है – क्रोध, नकार, खुद के मूल्य का ह्रास, सहमति, अनुकरण और अंततः समर्पण। वे बहुधा आत्मसम्मान के क्षय और भौतिक लाभों की लालसा, दीर्घ अवधि के नुकसान और अल्प अवधि के फ़ायदे और उन्हें किस बात को पकड़कर रखना चाहिए और अपनी विरासत की किस बात को छोड़ देना चाहिए इसके बीच के अंतर को समझ नहीं पाते हैं। शासकों के समूह में यह बहस कि उनके लिए सर्वश्रेष्ठ रास्ता क्या है, का मंत्रमुग्ध करनेवाला किंतु भ्रामक प्रभाव होता है। उनका यह सोचना सही है कि इस बहस के केंद्र में उनका अपना हित है और जो विचार अंततः क़ायम रह जाता है वह उनके सर्वाधिक हित में है। अब इस सांस्कृतिक सह-विकल्प की अंतर्निहित बात ज़ाहिर है कि ताक़त है पर जो इसके शिकार होते हैं वे इसे देख नहीं पाते हैं। वे मानते हैं कि जो विकल्प चुन रहे हैं वह उनके मुक्त विचारों का परिणाम है और शासकों की संस्कृति के जिन बातों को वे स्वीकार करते हैं वे उनकी अधिकारसम्मत नियति है।

राम मोहन रॉय हुगली ज़िला के राधानगर में 1772 में पैदा हुए थे। उनके पिता का कहना था कि वे लोग पंद्रहवीं सदी के प्रसिद्ध वैष्णव संत चैतन्य के वंशज हैं। उनकी माँ

के परिवार के लोग शाक्त पंथ के मुख्य पुरोहित थे और उन्होंने अपने जीवन का अंतिम वर्ष पुरी के जगन्नाथ मंदिर में बिताया था। रॉय खुद स्वभाव से काफ़ी धार्मिक थे और चौदह साल की उम्र में संन्यासी बन जाने की बात सोची थी। ऐसा कहा जाता है कि जब तक वह *भागवत पुराण* का एक अध्याय पढ़ नहीं लेते थे, तब तक वे जल भी ग्रहण नहीं करते थे। उनकी प्रारंभिक शिक्षा बांग्ला माध्यम में हुई और पंद्रह वर्ष की उम्र तक आते-आते उन्होंने संस्कृत, अरबी और पर्शियन में महारत हासिल कर ली थी। चौबीस साल के होने तक उन्होंने अंग्रेज़ी नहीं सीखी थी और पश्चिमी संस्कृति और साहित्य के साथ उनका पहला परिचय एक दशक बाद उस समय हुआ जब उन्हें ईस्ट इंडिया कंपनी में एक अधिकारी, जॉन डिग्बी के सहायक के रूप में नौकरी मिली। रंगपुर कलेक्टर कार्यालय में एक मेहनती क्लर्क के रूप में डिग्बी रॉय के साथ ठीक से पेश आते थे और शायद उन्होंने अपने अंग्रेज़ साथियों से कहा था कि उनके आने तक वे उनको अपने बीच खड़ा नहीं रखें जोकि उन दिनों शीर्ष पद पर मौजूद देशी व्यक्तियों को भी करना पड़ता था।

दस साल की सेवा के बाद, रॉय ने स्वैच्छिक सेवानिवृत्ति ले ली और कलकत्ता में उस घर में बस गए जिसे उन्होंने यूरोपीय शैली में बनाया था। ब्रिटिश ने कुछ बंगाली संभ्रांतों में पश्चिमी जीवन शैली को अपनाए जाने पर आत्मसंतुष्टि जाहिर की। बिशप रेजिनल्ड हेब्बर ने लिखा है कि उन्होंने अपने घर को कोरिंथियन स्तंभों से सजाना शुरू कर दिया था और उनके घर अंग्रेज़ी शैली के फर्नीचर से सजे थे। कलकत्ता में रॉय आत्मीय सभा का आयोजन करते थे जिसमें बंगाली संभ्रांत शामिल होते थे और भारतीयों को उनकी उस कठिन परिस्थिति से निकालने के उपायों पर वे चर्चा करते थे जिसमें वे गिर गए थे। कलकत्ता के कुछ धनी और शहरी लोगों में यूरोपीय साहित्य और विज्ञान के अध्ययन की बात जोर पकड़ रही थी और रॉय ने एक अंग्रेज़ व्यापारी डेविड हेर और बंगाल के मुख्य न्यायाधीश सर हाइड ईस्ट को हिंदू कॉलेज की स्थापना में मदद की जिसका स्पष्ट उद्देश्य हिंदू धर्म शास्त्र और अध्यात्म को त्यागकर पश्चिमी इतिहास, साहित्य और प्राकृतिक विज्ञान को अपनाना था।

रॉय ने 11 दिसंबर 1823 को गवर्नर जनरल लॉर्ड एमहर्स्ट को संस्कृत पढ़ाने के विरोध में और पश्चिमी विज्ञान की पढ़ाई शुरू करने के लिए एक याचिका भेजी। इस दस्तावेज में उन्होंने लिखा :

> संस्कृत भाषा इतनी कठिन है कि इसको ठीक से सीखने के लिए पूरे जीवन भर की मेहनत की ज़रूरत होती है, अफ़सोस की बात है कि युगों से यह ज्ञान के प्रसार के रास्ते में बाधा बना हुआ है; और इसके अभेद्य पर्दे के नीचे जो ज्ञान जमा है वह कहीं से भी इसको प्राप्त करने पर होनेवाली मेहनत के बराबर नहीं है... किसी छात्र

> को अपने जीवन के बहुमूल्य दर्जन भर वर्ष संस्कृत का व्याकरण पढ़ने के लिए कहने से इसमें कुछ सुधार नहीं होनेवाला है। उदाहरण के लिए, इस तरह की बातों पर बातचीत करना सीखना: खाद, जिसका अर्थ खाने से है, खादुति, कोई खाता है; प्रश्न: क्या अपने समग्र रूप में खादुति शब्द उस अर्थ को व्यक्त करता है जो वह खाता है, या वह खाती है या इस अर्थ के अलग-अलग हिस्से हैं जो शब्द के अलग-अलग हिस्सों से व्यक्त हुए हैं? जैसेकि अंग्रेजी भाषा में यह पूछा गया हो कि खाने शब्द में कितने अर्थ समाहित हैं, 'एस' में कितना है, और क्या शब्द का पूरा अर्थ इसके इन भागों द्वारा स्पष्ट रूप से व्यक्त किया गया है, या संयुक्त रूप से?
>
> न ही इस तरह की अटकलों से ऐसे सुधार हो सकते हैं जैसाकि वेदांत सुझाता है: देव में आत्मा किस तरह से अवशोषित हो जाती है? दिव्य सार के साथ उसका क्या रिश्ता है? न ही वेदांत के सिद्धांतों के आधार पर युवाओं को समाज के बेहतर सदस्यों में तब्दील किया जा सकता है जो उन्हें यह विश्वास करना सिखाता है कि दिखाई पड़नेवाली सभी वस्तुओं का कोई वास्तविक अस्तित्व नहीं है। ...फिर, मीमांसा के छात्रों को यह जानकर कोई भौतिक लाभ नहीं होनेवाला है कि ऐसी क्या बात है कि बकरों की हत्या करनेवाला वेद के कुछ श्लोकों को पढ़ने से हत्या के पाप से मुक्त हो जाता है ...फिर, न्याय शास्त्र के छात्रों के बारे में यह नहीं कहा जा सकता कि यह जानने के बाद कि इस दुनिया की वस्तुओं को कितने आदर्श वर्ग़ों में बाँटा जा सकता है और आत्मा का शरीर से क्या रिश्ता है, शरीर का आत्मा से, आँख का कान से आदि से, छात्रों के दिमाग़ में सुधार हुआ है।[20]

यह याचिका लिखने के पीछे रॉय की मंशा प्रशंसनीय थी। वे चाहते थे कि पश्चिमी गणित, रसायन और शरीर रचना विज्ञान भारतीय विज्ञान की पढ़ाई की सुविधा इस समय भारतीय छात्रों को उपलब्ध हो। उन्होंने यूरोपीय शिक्षकों से पढ़ाए जाने की बात की और ऐसे शैक्षणिक संस्थानों की स्थापना की बात की जिसमें इस पढ़ाई के लिए जरूरी पुस्तकें और आवश्यक उपकरण हों। लेकिन महत्वपूर्ण बिंदु यह है कि यह सब मांगने के लिए उन्हें *अपनी सभ्यता और विरासत का मज़ाक़ उड़ाना पड़ा*। संस्कृत का विद्वान छात्र होने के नाते वे यह अवश्य ही जानते होंगे कि यह भाषा सिर्फ बोरियत भरे निरर्थक क्रियापदों तक ही सीमित नहीं है – संस्कृत व्याकरण पर पाणिनी का वह अद्भुत ग्रंथ *अष्टाध्यायी* जिससे भाषा विज्ञान का इतिहास शुरू होता है, की रचना चौथी सदी ईसा पूर्व में ऐसे समय हुई जब ब्रिटिश स्पष्ट रूप से कोई भाषा बोलने से सदियों दूर थे। हिंदू दर्शन की छह व्यवस्था ने दुनिया की एक अप्रतिम आध्यात्मिक संरचना रची है, और इसके बावजूद कि उन्होंने न्याय शास्त्र को नकार दिया है, रॉय दूसरी सदी में रचित इस ग्रंथ की खूबियों से ज़रूर परिचित होंगे जो बहस और उदाहरण पर जोर देते हुए सही ज्ञान के विज्ञान पर जोर

देता है। फिर, वेदांत के छात्र के रूप में, रॉय इस तथ्य से अनभिज्ञ नहीं रहे होंगे कि आदि शंकराचार्य का वास्तविक और अवास्तविक के बारे में चिंतन निष्कर्षत: वास्तविकता की प्रकृति के बारे में गहरी अंतर्दृष्टिपूर्ण पड़ताल थी।

विडंबना यह है कि एमहर्स्ट को अपनी याचिका देने से कुछ ही वर्ष पहले, रॉय ने *केन*, *ईष*, कठ और *मांडुक्य* उपनिषदों पर विद्वतापूर्ण लेख लिखा था और वेदांत के सिद्धांतों पर *वेदांतसार* नामक एक संस्करण की रचना की थी। तो फिर ऐसी क्या बात थी कि उन्होंने अपनी असाधारण भाषायी और दार्शनिक विरासत को कैसे धता बता दिया? अगर यह ब्रिटिश अथॉरिटीज़ का सहयोग लेने की रणनीतिक चाल थी या रूढ़िवादी हिंदू संस्थाओं में अपने आलोचकों को जवाब देना था, तो यह इस सबके बावजूद शासकों द्वारा अपनी संस्कृति की सतही पर निरंतर निंदा बहुत ही अपमानजनक रहा होगा।

ब्रिटिश के लिए, रॉय एक महत्वपूर्ण सहयोगी थे: विलियम बेंटिक उन्हें 'प्रबुद्ध देशी' कहता था। यह ग़ौर करना दिलचस्प है कि मैकॉले के उस कुख्यात 'मिनट' में वह भारत की प्राचीन सभ्यता को कूड़ा बताने के लिए जो उदाहरण देता है उसमें वह रॉय की याचिका का ज़िक्र करता है। अपने पत्र में रॉय ने दर्शन के मीमांसा स्कूल की विरासत को एक बकरे को काटने के पाप से मुक्त करने तक सीमित कर दिया; एक दशक बाद मैकॉले ने लिखा कि हिंदुओं ने अपने ग्रंथों के अध्ययन से जो सीखा वह यह था कि 'एक गधे को छूने के बाद खुद को कैसे शुद्ध करें या बकरे को मारने के बाद उन्हें वेदों का कौन सा श्लोक पढ़ना चाहिए।'

रॉय ने शायद सबसे प्रशंसनीय काम जो किया वह था सती प्रथा की समाप्ति। ऐसा कहा जाता है कि अपने भाई की विधवा को भाई की चिता में ज़िंदा जलाए जाने की घटना देखकर वे काफ़ी दुखी हुए थे और उनके अंदर गहरा विकर्षण पैदा हुआ था। उन्होंने 1818 में पहली बार इस प्रथा के ख़िलाफ़ लिखा और पवित्र हिंदू ग्रंथों का उदाहरण देते हुए अपने विचारों को सही ठहराया। दो साल बाद, उन्होंने एक खंडात्मक लेख लिखा जिसमें हिंदू क़ानूनों को उद्धृत किया था। इसके बाद एक पुस्तिका का प्रकाशन हुआ जिसका शीर्षक था *ब्रीफ़ रिमार्क्स रिगार्डिंग मॉडर्न एंक्रोच्मेंट्स ऑन द ऐन्शन्ट राइट्स ऑफ़ फ़ीमेल्ज़ अकोर्डिंग टु द हिंदू लॉ ऑफ़ इनहेरिटेंस*। वे *संबाद कौमुदी* नामक एक बंगाली अख़बार प्रकाशित करते थे जिसमें वे इसकी भर्त्सना करते थे। इस मुद्दे पर, रॉय एक बहुत ही मुखर और वास्तविक सामाजिक सुधारक थे जो अपने समाज को इस कुप्रथा से निजात दिलाना चाहते थे पर धार्मिक कट्टरपंथी धर्म में इसको सही ठहराने का आधार तलाश रहे थे। स्वाभाविक था कि ब्रिटिश इस अभियान को समर्थन दे रहे थे, क्योंकि यह उनके इस विचारों का समर्थन करता था कि उनका पाला बर्बर एवं पथभ्रष्ट लोगों से पड़ा है जिनको उनसे ही बचाए जाने की ज़रूरत है। राज की विचारधारा का

अपने अध्ययन में कैम्ब्रिज विश्वविद्यालय के प्रोफ़ेसर थॉमस मैटकाफ़ ने जोर देकर कहा, "इन बुराइयों का नाटकीय प्रतिनिधित्व राज की अपनी छवि के लिए आवश्यक था।" उन्होंने लिखा, "भारत में खुद को एक नैतिक सुधारक के रूप में देखने से ज़्यादा ख़ुशी उन्हें और कोई गतिविधि नहीं देती है।"[21] लॉर्ड बेंटिक, जिन्होंने 1829 में सती प्रथा को समाप्त करने के लिए क़ानून बनाने की पहल की, एक आदम क़द प्रतिमा स्थापित की गई जिसमें उन्हें एक महिला को चिता से बचाते हुए दिखाया गया था। इस प्रतिमा को आज भी विक्टोरिया मेमोरियल संग्रहालय में देखा जा सकता है पर उन दिनों इसे कलकत्ता में सार्वजनिक रूप से प्रदर्शित किया गया था।

सती प्रथा वास्तव में एक बहुत ही घृणित प्रथा थी। पर इस मुद्दे में ब्रिटिश हस्तक्षेप को लेकर विरोधाभास और निराशा को समझना जरूरी है। ब्रिटिश जब महाद्वीप में अपनी स्थिति को अभी मज़बूत बनाने में लगे थे, उस समय उन्होंने सती प्रथा की ओर कोई ध्यान नहीं दिया था जो भारत में अपना सैनिक और राजनीतिक प्रभुत्व क़ायम करने के बाद भारत को सभ्य बनाने के उनके मिशन का केंद्रीय हिस्सा बन गया और वे इसे नैतिक और बौद्धिक श्रेष्ठता के विचार से जोड़ना चाहते थे। अपनी 1829 की 'ऑन रिचुअल मर्डर इन इंडिया' नामक रिपोर्ट में बेंटिक ने लिखा है: "जब हमारा पड़ोसी शक्तिशाली था और हमें अपनी सुरक्षा के बारे में संदेह का ज़्यादा बड़ा कारण था, तो फ़ायदे के लिहाज़ से प्रत्यक्ष और ज़्यादा सतर्कता बरतने की बात कही जा सकती थी, पर अब जब हमारी श्रेष्ठता क़ायम हो गई है, मैं निश्चित रूप से एक खुला, स्वीकृत और आम निषेध के पक्ष में हूँ।" हक़ीक़त यह है कि ब्रिटिश ने 1813 में सती को *वैध* बना दिया था। सती को धार्मिक ग्रंथों की मान्यता के बारे में हिंदू उच्च जातियों में भी कभी मतैक्य नहीं रहा पर ब्रिटिश अथॉरिटीज़ ने यह कहकर कि इसे धार्मिक ग्रंथों की मान्यता प्राप्त है, इसे क़ानूनी मान्यता दे दी।

कई हिंदू विद्वान और सुधारक सती प्रथा के ख़िलाफ़ आवाज़ उठा रहे थे और कह रहे थे कि कोई भी धार्मिक ग्रंथ यह नहीं कहता है कि विधवा अपने पति की चिता में जल कर मर जाए। इन बातों को उठानेवालों में मृत्युंजय विद्यालंकार, गौरीशंकर भट्टाचार्य, कालीनाथ रॉयचौधरी एवं अन्य शामिल थे। इन सभी लोगों की बातों पर कोई ध्यान नहीं दिया गया और 1813 का क़ानून पास कर दिया गया। बाद में भी, समाज सुधारक सती प्रथा के ख़िलाफ़ आवाज़ उठाते रहे – और जैसाकि सब जानते हैं, इनमें प्रमुख थे राम मोहन रॉय। इनमें से कई ने सती की वास्तविक प्रकृति को समझा कि यह सामाजिक पतन है और यह भी जानते थे कि इससे लड़ने का सबसे अच्छा तरीक़ा है आंतरिक सुधार। राम मोहन रॉय खुद इस मामले में आधिकारिक हस्तक्षेप के समर्थक नहीं थे और उन्होंने बेंटिक को सुझाव दिया था कि ब्रिटिश सरकार इसमें हस्तक्षेप नहीं करे और क़ानून नहीं

बनाए। यह मूल्यवान सुझाव था और वे इस बात को अच्छी तरह समझते थे। लेकिन इसके बावजूद जब 1829 में सती प्रथा को समाप्त करने को लेकर प्रस्ताव XVII पास हुआ, उन्होंने इसको पूरा समर्थन दिया।

यह भी याद रखना महत्वपूर्ण है कि सती प्रथा कभी भी उतना ज़्यादा प्रचलित नहीं थी, जितना ज़्यादा इसके ख़िलाफ़ शुरू हुआ अभियान इसके बारे में प्रचारित कर रहा था। ब्रिटिश इसकी संख्या हज़ारों में बताते थे और यह कि उपमहाद्वीप के सभी हिंदू इस पर अमल करते थे – बेंटिक ने अपनी रिपोर्ट *ऑन रिचुअल मर्डर इन इंडिया* में लिखा है: "मुझे इस बारे में कोई संदेह नहीं है कि कुछ अपवादों के साथ, हर पंथ के हिंदुओं की यह ईमानदार सोच है कि यह (सती) पवित्र है," और ऐसा वे अपनी इस विश्वास का कोई आधार बताए कर रहा है। हालाँकि, उस समय के काग़ज़ और लिखित दस्तावेज़ों में इसके ख़िलाफ़ पर्याप्त सुबूत हैं और कई समकालीन विद्वानों ने यह लिखा है – इसमें सबसे प्रसिद्ध हैं *आनंद ए यांग* और *लता मणि*। सती की ज़्यादा घटनाएँ कुछ चुनिंदा जातियों और परिवारों तक सीमित थीं और पूर्वी और उत्तरी भारत में इसका अमूमन नामोनिशान नहीं था। वर्ष 1815 और 1828 के बीच सती की कुल दर्ज घटनाओं का 63 प्रतिशत कलकत्ता डिवीजन में हुआ (दिलचस्प बात यह है कि उस समय यह उपनिवेशी सता का केंद्र था)।[22] अगर 1824 में अंग्रेजों के जुटाए आँकड़ों पर ही ग़ौर करें तो बंगाल प्रेज़िडेन्सी में जो 250,000 महिलाएँ विधवा हुईं उनमें से 600 महिलाओं ने खुद को जला लिया – जोकि विधवाओं की कुल संख्या का 0.2 प्रतिशत है।[23] हिंदुओं के पवित्र शहर वाराणसी का आँकड़ा तो और भी आँखें खोल देनेवाला है। यहाँ पर सती की घटनाएँ काफ़ी सीमित थीं और "बनारस के मजिस्ट्रेट ने अचरज व्यक्त करते हुए नोट किया कि 1820 से 1828 के बीच के नौ वर्षों में यहाँ सिर्फ 125 मामले ही हुए।"[24] स्पष्ट रूप से, "सती स्थानीय, धर्मनिरपेक्ष मामला था, न कि सार्वभौमिक और धार्मिक।"[25] लेकिन ब्रिटिश ने इसको काफ़ी बढ़ाया-चढ़ाया ताकि इसका प्रयोग हिंदू जीवन को बदनाम करने के लिए किया जा सके और ब्रिटिश शासन को वैध ठहराया जा सके। सती को ग़ैरक़ानूनी ठहराए जाने का क़ानून पास करने के बाद प्रमुख मिशनरी विलियम कैरी ने लिखा, "बीस शताब्दियों के दौरान पहली बार... गंगा अविरल बहकर समुद्र में मिल गई।"[26]

इसी तरह ठग के मामले को भी उपनिवेशवादियों ने जानबूझकर बढ़ा-चढ़ा कर ग़लत तरीक़े से पेश किया। ठग मामूली डकैत थे पर अंग्रेजों ने उन्हें जितना ख़ूँख़ार बताया उसका दसवाँ हिस्सा भी वे नहीं थे। वे यद्यपि भारत के उत्तरी क्षेत्र के एक छोटे से इलाक़े तक सीमित थे, उन्हें इतना बड़ा और व्यापक ख़तरा बनाकर पेश किया गया कि किसी पर्यवेक्षक को यह आसानी से लग सकता था कि पूरा भारतीय समाज ही उनकी हिंसा

और छल-कपट का प्रतिनिधित्व करता है। उनके ऊपर नाटक लिखे गए और उनके रहस्यात्मक और खून-ख़राबे की गतिविधियों पर सनसनीख़ेज़ उपन्यास लिखे गए; और तो और, ठग शब्द अंग्रेज़ी भाषा का हिस्सा बन गया। प्रोफ़ेसर मैटकाफ़ ने अंत में लिखा है, "सती के ख़िलाफ़ अभियान ने इस ख़याल को पुख़्ता किया कि भारतीय महिलाएँ धर्म की निस्सहाय शिकार हैं जबकि ठगों की सनसनीख़ेज़ कहानियों ने इस विचार को आगे बढ़ाया कि भारतीय कपटी और अविश्वसनीय होते हैं।"[27]

रॉय शायद इस बात से अनभिज्ञ थे कि उनका आदर्शवाद बहुत ही अच्छे तरीक़े से अंग्रेजी शासन के व्यापक उद्देश्यों की पूर्ति करता था। अपनी ही संस्कृति के ख़िलाफ़ देशी लोगों के विरोध ने उन्हें वह नैतिक आधार दिया, जिस पर उन्होंने बाद में अपने साम्राज्य का महल खड़ा कर लिया। उन्होंने भारतीय बौद्धिकों की अच्छी मंशा वाले सुधारपरक अभियानों को तोड़-मरोड़ कर उसे इस तरह अपना लिया कि वह उनके साम्राज्य की विचारधारा को औचित्य प्रदान कर सके। संस्कृत भाषा और इससे जुड़ी संस्कृति और दर्शन को नीचा दिखाकर उसने पूरी सभ्यतागत विरासत का अवमूल्यन कर दिया और इस तरह शासितों पर अपनी संस्कृति और भाषा थोपने की शासकों की इस परियोजना को इसने और मज़बूत किया। उन दिनों हिंदू धर्म के पालन और जिस तरह के सामाजिक रीति-रिवाजों की इसके तहत अनुमति थी उसमें बहुत कुछ ख़राबी थी, यह बात सही है। पर इनमें से चुनिंदा सर्वाधिक बर्बर बातों पर ध्यान केंद्रित करना इस महत्वपूर्ण औपनिवेशिक दलील के लिए समर्थन हासिल किया गया कि उनका पाला एक ऐसी सभ्यता से पड़ा है जो डूब रही है जिसे सिर्फ उनका शासन ही बचा सकता है। शायद रॉय को इस साम्राज्यवादी खेल में मोहरा बन जाने का दोषी करार नहीं दिया जा सकता पर इस तरह के मामलों में अंग्रेजों के साथ उनके संवाद की महीन बातों और उनके सुधारवादी हस्तक्षेपों को चुनिंदा रूप में समर्थन दिए जाने को समझना महत्वपूर्ण है।

अपने ही समाज और धर्म के लिए रॉय घिसी-पिटी लीक पर न चलनेवाले बहादुर और प्रबुद्ध व्यक्तियों में शामिल थे। 1828 में उन्होंने ब्रह्म समाज की स्थापना की जोकि एक ईश्वर और विश्व बंधुत्व पर आधारित था, जो जाति और धर्म की सीमाओं से बंधा नहीं था। यह अपने समय के सामाजिक चलन के ख़िलाफ़ उनका विद्रोह था। लेकिन अंग्रेजों के साथ अपने व्यवहार में उन्होंने अपनी स्वतंत्रता और निजता के साथ समझौता किया और अंग्रेज देशियों से अपने जिन विचारों और दृष्टिकोणों का समर्थन चाहते थे वैसा समर्थन अंग्रेजों ने उनसे हासिल कर लिया। इतिहासकार आर सी मजूमदार लिखते हैं कि "राम मोहन रॉय को ब्रिटिश सरकार के न्याय और भलाई में असीम विश्वास था और उन्होंने ब्रिटिश शासन को दैवी सौभाग्य समझकर स्वीकार कर लिया... और

भारतीयों को सभ्य बनाने में उनकी भूमिका का महिमा-मंडन किया।" 15 दिसम्बर 1829 को कलकत्ता टाउन हॉल में एक बैठक में रॉय ने सार्वजनिक रूप से कहा, "यूरोपीय भद्र लोगों से हमारा संवाद जितना ही अधिक होगा, साहित्यिक, सामाजिक और राजनीतिक मामलों में हममें उतना ही ज़्यादा सुधार होगा।" उन्होंने नील की खेती करनेवाले अंग्रेजों की भी प्रशंसा की जबकि यह साफ़ दिख रहा था कि इनके लालच ने बिहार और बंगाल के किसानों की कमर तोड़ दी थी। रॉय ने कहा, "नील की खेती करनेवालों ने हो सकता है कि आंशिक नुक़सान पहुँचाया हो, लेकिन कुल मिलाकर उन्होंने देशी लोगों के लिए यूरोपियों के किसी अन्य वर्ग से कहीं ज़्यादा भलाई की है भले ही वह सेवा के लिहाज़ से की गई हो या नहीं।" इसी समय के आसपास उन्होंने फ्रांसीसी वनस्पति विज्ञानी और भूगर्भ शास्त्री विक्टर जाकमोंट को लिखा: "अगर विजय प्राप्त करनेवाले लोग पराजित लोगों से ज़्यादा सभ्य हों तो उस स्थिति में हारे हुए लोगों को सभ्यता का लाभ पहुंचता है। भारत को अंग्रेज़ी सभ्यता के अधीन और ज़्यादा समय गुजारने की ज़रूरत है ताकि जब वे अपनी राजनीतिक स्वतंत्रता वापस ले रहे हों, तो उन्हें बहुत ज़्यादा बातों का नुक़सान न हो।"

उपनिवेशवाद जो कई तरह के विरोधाभासों को जन्म देता है वह सब राजा के जीवन में झलकता है। वे हिंदू विचारों और दर्शन के विद्वान थे, पर इसके बावजूद उनकी परिकल्पना का उन्होंने उपहास किया। संस्कृत भाषा का विद्वान होने के बावजूद उन्होंने खुलेआम उसकी सीख और उसकी शिक्षण की निंदा की – और जब मिशनरियों ने गॉस्पेल के बारे में उनके ज्ञान को लेकर उन पर हमला किया तो उन्होंने वेदांत से उदाहरण देकर खुद का बचाव किया जिसकी विरासत को उन्होंने नकार दिया था। उनका घोषित लक्ष्य था अपने देशवासियों का भाग्योदय; लेकिन इसके बावजूद उन्होंने हाउस ऑफ़ कॉमन्स में घोषणा की कि भारतीयों पर हमेशा ही अंग्रेजों का शासन होना चाहिए। सभ्य बनाए जाने की ब्रिटिश शासन की भूमिका में गहरा विश्वास रखनेवाले रॉय को ब्रिटिश अधिकारियों के असभ्य व्यवहार के ख़िलाफ़ विरोध करना पड़ा था। उन्होंने ब्रिटिश कानून के न्याय और स्वतंत्रता का खुलेआम समर्थन किया पर उनके मनमाने प्रतिबंधों या दिल्ली के मुग़ल बादशाह के साथ अनुचित व्यवहार के ख़िलाफ़ अपील का उन्हें कभी कोई जवाब नहीं मिला।

अपने निजी जीवन में, राजा उपनिवेशी शासन के अधीन रहनेवाले लोगों की अस्तित्वगत दुविधा से भी ग्रस्त थे। यह कहा जाता है कि उनके पास कलकत्ता में दो घर थे, जिसमें से एक घर में उनको छोड़कर सब कुछ पश्चिमी शैली का था, और दूसरे घर में उनको छोड़कर सब कुछ भारतीय था। एक ऐसे व्यक्ति के रूप में जोकि हिंदू समाज में सुधार के लिए समर्पित था, उन्होंने सती प्रथा के ख़िलाफ़ अपनी याचिका को लॉर्ड

हेस्टिंग्स को समर्पित किया था। उन्होंने हिंदू धर्म के अंध रूढ़िवादों के विरोध को अपना मिशन बना लिया था, लेकिन जब वे इंग्लैंड की यात्रा पर गए तो अपने साथ खाना पकाने के लिए नौकर ले गए, शुद्ध दूध मिले इसके लिए दो गाय भी ले गए थे। इंग्लैंड, जिसकी वे मुक्त कंठ से प्रशंसा करते थे, यात्रा करने की अपनी इच्छा को पूरा करने के लिए जहाज़ से जाते हुए उन्हें काफ़ी असुविधा हुई, क्योंकि उन्हें चूल्हे की खुली आग नहीं मिली, जिस पर वे ब्राह्मणवादी शुद्धता का पालन करते हुए खाना बनाते। वे इस बात से बहुत अभिभूत हुए कि अंग्रेज राजा से उन्हें मिलने का मौक़ा मिला और उनसे उन्होंने कहा, "*भारत में मिश्रित समुदाय होना चाहिए और उन्हें अंग्रेज़ी मूल की समृद्धि प्राप्त होनी चाहिए,*" पर उन्होंने ब्रिस्टल में अपने प्रवास के अंतिम दिनों में अंग्रेज़ी नर्सों की सेवा लेने से मना कर दिया। अपनी मृत्युशैया पर उन्होंने इच्छा जताई कि उनको किसी ईसाई क़ब्रगाह में या ईसाई रीति से नहीं दफ़नाया जाए, लेकिन इसके बावजूद उनका अंतिम संस्कार न करके उनको दफ़ना दिया गया। उनके लिए स्मारक का डिज़ाइन एक ब्रिटिश नागरिक ने बनाया लेकिन इसका खर्च एक भारतीय को उठाना पड़ा, जिसने यह उचित नहीं समझा कि उनके स्मारक पर बांग्ला या संस्कृत – दो भाषाएँ जो वे किसी अन्य भाषाओं से ज़्यादा अच्छी तरह जानते थे – में कुछ लिखा जाए।

रॉय उपनिवेशवादी नीति की उपज थे और इसके शिकार भी। इस तरह की नीति के सफल होने के लिए जरूरी है कि वे देशी लोगों के समक्ष पसंद का भ्रम पैदा करे कि क्रूर सैनिक ताक़त नरम रुख, बातचीत, निष्पक्षता और उदारता का परिचय दे रहा है। यह ज़रूरी है कि वे देशी लोगों को अपनी योजना को फैलाने में शामिल करे और वह भी उनको इस बात की जानकारी हुए बिना। और उसको यह समझने में सक्षम होना चाहिए और उनकी अपेक्षाओं और असंतोषों से इस तरह से निपटना चाहिए कि इससे शासकों को अपने लक्ष्य की पूर्ति में मदद मिले लेकिन शासितों को इस बात का भरोसा दे कि यह उनके हित में है। इस बात की संभावना काफ़ी कम है कि रॉय जैसा विद्वान और तीक्ष्ण बुद्धि व्यक्ति अंग्रेजों का ऐसा मुखर समर्थक बन जाता अगर अंग्रेज उग्र रूप अपनाते हुए भारत की सभी बातों को साधारण तरीक़े से नकार देते और देशी अभिजातों को बन्दूक़ की नोक पर अंग्रेज़ी सीखने को कहते।

उन्नीसवीं सदी में पश्चिमी विज्ञान के विकास और दैनिक जीवन में इसके प्रयोग की बात के कई शिक्षित भारतीय प्रशंसक थे और वे इसका अनुकरण करना चाहते थे। अंग्रेज़ी पढ़ना इस नई वैज्ञानिक शिक्षा तक पहुँचने का ज़रिया था। पर भारतीय लोगों पर अंग्रेज़ी भाषा थोपने को लेकर ब्रिटिश प्रशासकों के अपने अलग तर्क थे। उनका मुख्य उद्देश्य भविष्य के भारतीय आइंस्टीनों का पोषण करना नहीं था, बल्कि तत्काल प्रयोग के लिए अंग्रेज़ी जाननेवाले क्लर्कों की फ़ौज तैयार करनी थी। कुछ

भी हो, अगर उनका उद्देश्य देशी लोगों को वैज्ञानिक अध्ययन के लिए तैयार करना होता तो यह बहुत आसानी से किया जा सकता था – और बहुत ही प्रभावी ढंग से – अगर यूक्लिड का संस्कृत या देशी भाषाओं में अनुवाद कर दिया जाता। अंग्रेज़ी को विज्ञान और तकनीक की एकमात्र भाषा बताना कहीं ज़्यादा व्यावहारिक था। मुट्ठी भर अंग्रेजों ने बेहतर हथियार और छल-कपट से भारत के अधिकांश हिस्सों पर क़ब्ज़ा कर लिया पर वे चापलूस बाबुओं की फ़ौज के बिना शासन नहीं कर सकते थे, क्योंकि ये ऐसे लोग थे जो देशी लोगों की भाषा और बोल समझ सकते थे। लॉर्ड बेंटिक ने खुलेआम कहा कि उन्हें न्यायिक और प्रशासनिक पदों पर भारतीय लोग चाहिए ताकि खर्च में कटौती की जा सके, क्योंकि अंग्रेजों की उपलब्धता सीमित थी और वे ज़्यादा वेतन माँगते थे। अंग्रेजपरस्त जो यह मानते थे कि सिर्फ अंग्रेज़ी का ज्ञान ही देशी लोगों का स्तर ऊँचा कर सकता है, उनके विचारधारात्मक सहयोगी थे, पर वे दोनों ही खुश होते अगर नए छात्रों की अंग्रेज़ी भाषा में कुशलता छिछले स्तर तक सीमित होती, काम चलाऊ लेकिन साहित्यिक प्रवाह के कहीं भी आसपास नहीं। देशी लोगों का काम चलाऊ अंग्रेज़ी सीख लेना ही काफ़ी था ताकि, मैकॉले की ही उस प्रसिद्ध उक्ति के अनुसार, वे मध्यस्थ की भूमिका निभा सकें। नीति यह थी कि उन्हें अपनी भाषा पढ़ने से रोककर उन्हें उपनिवेशवादियों की भाषा के आधे-अधूरे ज्ञान से लैस किया जाए; उन्हें 'सभ्य' भाषा सिखाकर उनमें सुधार लाया जाए, पर यह सुनिश्चित किया जाए कि भाषा के साथ यह परिचय उस भाषा पर अधिकार या उससे होनेवाले सशक्तीकरण में तब्दील न हो।

इस नीति की सफलता इस में थी कि धीरे-धीरे शीर्ष पदों पर नौकरी उन्हीं लोगों के लिए आरक्षित कर दी जाए जो अंग्रेज़ी जानते थे। मैकॉले के 'मिनट्स' के दो साल बाद, वायसराय ऑकलैंड ने लिखा कि भारतीय इस योजना के प्रति अच्छा उत्साह दिखा रहे हैं और वे इस बात को समझने लगे हैं कि अंग्रेज़ी के बिना, "वाणिज्य में सफलता और निजी और सार्वजनिक रूप से उन्नति ज़्यादा कठिन हो जाएगी।" उपनिवेशवादी प्रशासनिक संरचना के शीर्ष पर था सिविल सर्विसेज़। मैकॉले ने सोचा कि अंततः कुछ भारतीय इसमें सफल होंगे, यद्यपि वर्तमान में ऐसा कोई नहीं है, "जिसको देशी लोगों पर दया दिखाते हुए इस पद पर बैठाया जा सके।"

मैकॉले यह भी मानता था कि अंग्रेज़ी को लागू करने से देशी लोगों की धर्म के प्रति उनकी निष्ठा में कमी आएगी। अपने पिता को 12 अक्टूबर 1836 को एक पत्र में उसने लिखा: "कोई हिंदू जिसने अंग्रेज़ी शिक्षा ली है, कभी अपने धर्म से निष्ठापूर्वक जुड़ा नहीं रहता है। कुछ लोग नीति मानकर इसको अपनाए रखते हैं; पर कई खुद को विशुद्ध रूप से आस्तिक मानते हैं; और कुछ ईसाई धर्म क़ुबूल कर लेते हैं। यह मेरा दृढ़ विश्वास है

कि अगर शिक्षा के बारे में हमारी योजना पर अमल हुआ, तो तीस साल बाद बंगाल के सम्माननीय वर्ग में एक भी मूर्तिपूजक नहीं बचेगा।"[28] यह शायद एकमात्र ऐसा पक्ष था जहाँ मैकॉले सही नहीं था। उसने जितना सोचा था, 'हिंदू' उससे कहीं ज़्यादा जटिल और चालाक थे। वे सिर्फ इतना भर जताना चाहते थे कि अपने धर्म के प्रति उनमें सम्मान थोड़ा कम है ताकि उन्हें कोई नौकरी मिल जाए या प्रोमोशन मिल जाए या अंग्रेज़ी पढ़ानेवाले किसी संस्थान में प्रवेश मिल जाए। पर इनमें से बहुत कम लोगों ने ईसाई धर्म क़ुबूल किया। हालाँकि, इस बात में कोई संदेह नहीं कि अपनी भाषा के प्रति उनका जुड़ाव कम हो गया और अपनी संस्कृति और जीवन शैली के प्रति उनका आत्मविश्वास कम हो गया और यह उम्मीद के अनुरूप थी। ऑरिएंटल हेराल्ड ने 1825 में *ऑन द इनिफिशन्सी ऑफ द मींस नाउ इन यूज फ़ॉर द प्रोपेगेशन ऑफ क्रिस्चीऐनिटी* जैसे भद्दे शीर्षक से प्रकाशित लेख में लिखा कि समय की मांग है, "उन्हें (देशी लोगों को) अपने प्राचीन राजकुमारों की बर्बर भव्यता से घृणा करना सिखाया जाए... और उन्हें इस देश की ओर ऐसी प्रशंसा से देखने लायक़ बनाया जाए जैसे कोई युवा छात्र यूनान की शास्त्रीय मिट्टी के बारे में महसूस करता है।"[29]

इस तरह भाषा, कई तरह के ध्येयों को पूरा करने का रणनीतिक उपकरण बन गई और इनमें से किसी का भी देशी लोगों को साहित्यिक स्तर की अंग्रेज़ी बोलना और सिखाना इससे कोई लेना-देना नहीं था। *ऑन द एजुकेशन ऑफ़ द पीपल ऑफ़ इंडिया* शीर्षक से 1838 में छपे एक लेख में जॉर्ज ट्रेवेल्यन ने काफ़ी बेबाक़ और भविष्यद्रष्टा होने का परिचय दिया है। उसने लिखा कि अंग्रेज़ी पढ़ने से देशी लोगों का अंग्रेज़ी के संरक्षण और उसके निर्देश में खुद ही हित बढ़ जाएगा। उसने लिखा, "देशी लोग हमारे ख़िलाफ़ खड़े नहीं होंगे, क्योंकि हम उनको उठाने के लिए खुद झुकेंगे," और अगर कभी ब्रिटिश शासन समाप्त हुआ, तो अंग्रेज़ी को लागू करने से शासकों को "अंग्रेज़ी शिक्षित जनता के बदले और ज़्यादा लाभकारी सहयोग प्राप्त होगा।"[30] आश्चर्य नहीं कि जिन लोगों ने अंग्रेज़ी भाषा में शीर्ष स्तर की पटुता हासिल की वे 1857 के विद्रोह में अंग्रेजों के प्रति निष्ठावान बने रहे। भारत में तैनात युवा अधिकारी जॉर्ज कैम्पबेल ने 1853 में लिखा: "अंग्रेज़ी शिक्षा में सर्वाधिक उन्नत और जो अख़बार की तरह अंग्रेज़ी बोलते हैं, वे लोग अभी ऐसे नहीं हैं जिनसे हमें किसी भी तरह से डरने की ज़रूरत है।"[31]

कैम्पबेल का आकलन महज़ उम्मीदों पर नहीं बल्कि सावधानीपूर्वक किए गए पर्यवेक्षण पर आधारित था। अंग्रेज़ी माध्यम के युवा, उत्साही रंगरूट को पश्चिमी सभ्यता की श्रेष्ठता के बारे में सर्वाधिक आसानी से मनाया जा सकता था। 1850 के दशक में हुगली कॉलेज, कलकत्ता के छात्र नोबिनचंदर दास ने एक लेख में लिखा कि "एशियाई गौरव और श्रेष्ठता की वह अल्प अवधि अब बीत चुके हैं, सभ्यता की धारा

ने उल्टी दिशा में बहना शुरू कर दिया है; पहले यह एशिया से यूरोप की ओर बहता था, अब लेकिन इसकी प्राचीन शक्ति और तेज़ी से अधिक, यह यूरोप से एशिया की ओर बहता है... प्राचीन और आधुनिक दोनों ही समयों में यूरोप दर्शन और सभ्यता का केंद्र रहा है। इंग्लैंड... विशेषकर भारत में सुधार के लिए काम कर रहा है। वह न केवल भारत के साथ व्यापार करता है बल्कि वह देशी लोगों को पूरी तन्मयता से कला और विज्ञान, इतिहास और राजनीतिक अर्थ शास्त्र, की शिक्षा दे रहा है और तथ्य तो यह है कि वह सब कुछ कर रहा है जो उनकी समझ को ऊँचा कर सके, उनकी स्थिति सुधार सके, उनके संसाधनों को बढ़ा सके... अंग्रेज हमारे लिए वैसे ही हैं जैसे रोमन अंग्रेजों के लिए थे।"[32]

इसमें संदेह नहीं कि नोबिनचंदर दास ने अपने अध्ययन में अच्छा किया होगा और ब्रिटिश प्रशासन में क्लर्क बनने की कड़ी प्रतिस्पर्धा में शायद सफल भी रहे होंगे। यद्यपि अंग्रेज़ी का उनका ज्ञान अच्छा था, पर अंग्रेजों को उनकी अंग्रेज़ी, "अख़बार की तरह बोलता है," जैसा ही लगा होगा। लोग अख़बार की तरह उस समय बोलते हैं जब वे अपनी भाषा नहीं बोल रहे होते। वे बड़े-बड़े शब्द सीख लेते हैं पर उन लोगों जैसी पटुता हासिल नहीं कर पाते जिनकी वह भाषा है। हाउस ऑफ़ लॉर्ड्स की सीलेक्ट कमेटी के समक्ष 1853 में जॉर्ज ट्रेवेल्यन ने ख़ुशी ज़ाहिर करते हुए कहा कि हिंदू लोग, "हमारी तुलना में ज़्यादा शुद्ध अंग्रेज़ी बोलते हैं, क्योंकि वे उसे सर्वाधिक शुद्ध मॉडल से उठाते हैं; वे *स्पेक्टेटर* की भाषा बोलते हैं, ऐसी अंग्रेज़ी जो इंग्लैंड में कभी नहीं बोली जाती।"[33] ट्रेवेल्यन अच्छी अंग्रेज़ी बोलने के लिए भारतीयों की प्रशंसा नहीं कर रहा था, बल्कि किसी प्रोग्राम्ड पिस्सू की तरह शासकों द्वारा बनाई भाषायी धुन पर प्रदर्शन करने की अपनी योग्यता के लिए अपनी ही पीठ ठोंक रहा था। उसकी टिप्पणी में ब्रिटिश सरकार की उस भाषायी नीति की सफलता का वास्तविक गर्व झलकता था, जिसने ऐसा विद्रूप चरित्र पैदा किया जो वैसी अंग्रेज़ी नहीं बोलता जैसा इंग्लैंड में बोली जाती थी, बल्कि सर्वाधिक 'विशुद्ध' रूप में बोलता था जैसाकि *स्पेक्टेटर* जैसे अख़बार में लिखी जाती थी। इससे उस जनता की गंभीरता की भी प्रशंसा की गई है जिन्होंने इस विदेशी भाषा को सीखने के लिए खुद को तैयार किया। मैकॉले को यह देखकर आश्चर्य हुआ कि हिंदू कॉलेज के छात्रों ने, "एलिज़ाबेथ और जेम्स प्रथम के काल के सभी नाटककारों के नाम कंठाग्र कर लिए थे, इस बात की शायद पूरी संभावना थी कि उन्हें इन नाटककारों की कृतियों की प्रति कभी देखनी नसीब न हो।"[34] एक सदी से ज़्यादा समय बाद जब नीरद चौधरी 1950 के दशक में अपनी पहली यात्रा पर इंग्लैंड गए तो यह देखकर उन्हें आश्चर्य हुआ कि अंग्रेजों के एक समूह को यह बताना पड़ा कि थॉमस बैकेट कौन थे और द *ब्लैक प्रिन्स'* क्या है, जबकि वे खुद इन दोनों बातों के बारे में "पूर्वी बंगाल के

जंगल में बारह वर्ष की उम्र से पहले जान गए थे।"[35] देशी लोग काफ़ी मेहनती थे और ब्रिटिश लोग इस बात से खुश थे कि उनमें से सर्वाधिक मेहनती लोगों ने उससे भी ज़्यादा किताबी अंग्रेज़ी सीखी थी जितना उन्हें क्लर्की मध्यस्थ की भूमिका अदा करने के लिए सीखनी जरूरी थी। पर संपूर्ण निष्ठा और मेहनत के बावजूद शासकों के लिए वे एक भाषायी उत्सुकता ही बने रहे, ऐसे निपुण छात्र जिनकी असंगति उनको खुद को दिखाई नहीं दे रही थी।

केन्या के नोबेल पुरस्कार विजेता, प्रोफ़ेसर वांगरी मथाई ने एक बार मुझे कहा था कि उपनिवेशी शासकों ने ही भाषा की महत्ता को सच्चे तौर पर समझा। यही कारण है कि वह पहली चीज़ थी जो उन्होंने छीन ली। सौभाग्य नहीं, बल्कि कई बार बहुत ही मौलिक स्तर की क्षमता अंग्रेज़ी बोलनेवाले नए भारतीयों में से बहुलांश की उपलब्धि थी। ऐसे लोगों की संख्या बहुत कम थी जिनके बारे में यह कहा जा सकता था कि उन्होंने इस भाषा में एक स्तर की वाकपटुता हासिल की है। और यह विचार कि अंग्रेज़ी भाषा का कौशल आम लोगों तक पहुँच जाएगा वाक़ई संभव नहीं था और, किसी भी सूरत में, इसे कभी गंभीर रूप से लागू नहीं किया गया। इसने अंग्रेज़ी बोलनेवाले अभिजात को जन्म दिया जोकि ज़्यादा से ज़्यादा प्रशासनिक और पेशेवर वर्ग तक सीमित रहा। इनमें सबसे सर्वव्यापी थे बाबू, जिसे वेबस्टर शब्दकोश, "अंग्रेज़ी लिखनेवाला देशी क्लर्क" बताता है। बांग्ला लेखक बंकिम चंद्र चटर्जी ने 1873 में लिखा: "ये बाबू बात करने में कभी थकते नहीं, एक विशेष विदेशी भाषा में पारंगत होते हैं और अपनी ही मातृभाषा के विरोधी। ...कुछ बहुत ही बुद्धिमान बाबू तो पैदायशी अपनी भाषा में बात नहीं कर पाते हैं। ...उदाहरण के लिए विष्णु की तरह उनके दश अवतार होते हैं जैसे क्लर्क, शिक्षक, ब्रह्म, एकाउंटेंट, डॉक्टर, वक़ील, मजिस्ट्रेट, भूपति, संपादक और बेरोज़गार। ...बाबू अपने घर में पानी पीते हैं, मित्र के घर में शराब पीते हैं, वेश्याओं को ग़ाली देते हैं और कर्मचारियों को अपमानित करते हैं।"[36]

जैसे ज़्यादा से ज़्यादा शिक्षित भारतीयों में अंग्रेज़ी सीखने की ललक पल रही थी, यह बात पैनी नज़र रखनेवाले लॉर्ड कर्ज़न की समझ में आ गयी थी कि वास्तव में हुआ क्या है। कर्ज़न 1899 में गवर्नर जनरल बनकर भारत आए थे। उन्होंने पाया कि सरकारी नौकरी के लिए अंग्रेज़ी सीखने की शर्त से कंठाग्र करने की प्रक्रिया को बल मिला है। उसने यह भी ग़ौर किया कि देशी भाषाओं के प्रति घृणा बढ़ रही है और मातृभाषा में प्राथमिक शिक्षा के ह्रास पर उसने अफ़सोस ज़ाहिर किया। उसने कहा कि यह सब 'मैकॉले की वाकपटुता की ठंडी आहों' की वजह से था। कर्ज़न की टिप्पणी आधिकारिक ब्रिटिश नीति नहीं थी। उसकी चिंता एक जानकार पर्यवेक्षक की थी और एक प्रसंगोक्ति टिप्पणी, मैकॉले की दृष्टि और इस पर आधारित नीतियों को उलटने का निर्णय नहीं था यह। एक

साम्राज्यवादी ताक़त के रूप में, ब्रिटेन के पास जुलाई 1853 में ब्रिटिश संसद में मैकॉले के इस विजयी उद्घोष पर सवाल उठाने का कोई कारण नहीं था कि उनके 'मिनट' ने सही में 'एक क्रांति को जन्म दे दिया था।'

उपनिवेशी शासन ने हिंदू सभ्यता की भाषायी प्रतिभा को गंभीर आघात पहुँचाया। हज़ारों साल से यह सभ्यता न केवल संस्कृत के बल पर बल्कि अपनी क्षेत्रीय भाषाओं की जीवंतता के बल पर समृद्ध होती रही है जैसाकि भक्ति आंदोलन के समय में देखा गया। अब, उन्हें यह अनुभव करने के लिए बाध्य किया गया कि उनकी अपनी भाषा पूरी तरह निकृष्ट है, असंगत है, रचनात्मक अभिव्यक्ति के अयोग्य, जिसे सिर्फ आपस में अनौपचारिक आत्मीय संवाद के लिए प्रयोग किया जा सकता है पर बौद्धिक संवाद के योग्य नहीं है जिसके लिए अंग्रेज़ी ही उपयुक्त और आधुनिक माध्यम है, विशेषकर इसलिए क्योंकि अंग्रेज़ी का ज्ञान रोज़गार और समाज में उच्च श्रेणी प्राप्त करने से जुड़ा हुआ है। देश को जो यह अपरिमेय नुकसान हुआ वह मैकॉले की दृष्टि और उसके बाद जानबूझकर अपनायी गई औपनिवेशिक नीति का परिणाम था और इसका कुप्रभाव आज भी महसूस किया जा सकता है।

ब्रिटिश शासकों का दूसरा लक्ष्य देशी संस्कृति और रचनात्मकता का उपहास करना था, ताकि वे अपनी सभ्यता की श्रेष्ठता साबित कर सकें। कुछ मुट्ठी भर ब्रिटिश लोगों का ईमानदारी से प्राचीन भारत की प्रतिभा की तलाश करने और इसका मूल्यांकन करने का प्रयास अल्पजीवी साबित हुआ है और सभी देशी बातों को अंततः मैकॉले की उपहासजनक विचारों की खाई में दफ़ना दिया गया। इसके बाद आनेवाले दशकों में, अज्ञानता से उपजी इस समीक्षा को लागू करना मानक औपनिवेशिक नीति बन गई। बाद में, इस मान्यता पर विश्वास करने के लिए एक निश्चयात्मक सिद्धांत बनाया गया। शासकों का एक पसंदीदा सिद्धांत था कि भारतीय रचनात्मकता विशिष्ट होने का दावा नहीं कर सकती है। इस मामले में सिर्फ ऐसे तत्व अपवाद हैं जो भारत के बाहर से आए हैं। विशेषकर यूनानी प्रभाव जो 326 ईसा पूर्व में पंजाब पर सिकंदर के संक्षिप्त आक्रमण का परिणाम था और गांधार कला जिसका प्रतिनिधित्व करती है। इसे भारत की किसी भी कलात्मक उपलब्धियों से श्रेष्ठ माना गया। पुरातत्व के पहले ब्रिटिश निदेशक अलेक्जेंडर कनिंघम ने भारतीय कला में यूनान के महत्वपूर्ण प्रभाव के बारे में व्यापक रूप से लिखा; इतिहासकार विन्सेंट स्मिथ, जिनकी किताबें मैंने स्कूल में पढ़ी, उनकी दलील थी कि गांधार मथुरा स्कूल से काफ़ी श्रेष्ठ था; लॉर्ड कर्ज़न ने फ़रवरी 1900 में एशियाटिक सोसायटी में अपने भाषण में कहा कि "अधिकांश भारतीय प्राचीन कलाएँ शानदार हैं इन्हें विदेशी विजेताओ द्वारा इस देश में लाया गया, जिन्होंने मूर्तिकला का पाठ मध्य एशिया के पर्शिया, अरब और अफ़ग़ानिस्तान में सीखा था।"[37]

दिलचस्प तथ्य यह है कि इस तरह का सपाट बयान क्षेत्रों में किए गए अध्ययन और शोध पर आधारित था, ऐसा माना जाता है। उदाहरण के लिए, डब्ल्यू अर्सकिन ने एक विद्वतापूर्ण पुस्तक प्रकाशित की जो एलोरा के गुफ़ा मंदिरों पर थी और इस क्रम में हिंदू मूर्ति निर्माण कला के बारे में पर्याप्त ज्ञान हासिल किया और महेशमूर्ति की प्रतिमा में शिव के तीन चेहरों की ठीक-ठीक पहचान की। परन्तु वे अब भी यह मानते थे, "आमतौर पर आकृतियों को बनाने और उनको अंतिम रूप देने की प्रक्रिया... अमूमन बहुत ही दोषपूर्ण है और किसी भी स्थिति में यह उत्कृष्ट नहीं जान पड़ती। आकृतियों में कुछ ऐसी बातें हैं जो उन पर रूखेपन का भाव लाती है और लगता है कि अभी उसे अंतिम रूप देना बाक़ी है, कई बार अनुपात का ध्यान नहीं रखा गया है, ऐसा लगता है कि उन पर भावों को थोपा गया है और सब कुछ बचकाना लगता है।"[38] इस तरह की 'विद्वतापूर्ण' निंदा ने बाद के आलोचकों को आँख मूँदकर ख़ारिज करने का साहस दिया। उन्नीसवीं सदी के अंतिम दशक में ब्रिटेन के सर्वाधिक प्रभावशाली कला समीक्षकों में शुमार जॉर्ज बर्डवुड ने बुद्ध की एक गुप्तकालीन मूर्ति की तुलना 'उबले हुए स्वीट पुडिंग' से की और निष्कर्ष निकालते हुए कहा कि कला के अपने अठत्तर साल के अध्ययन में उनको भारत में ऐसा कुछ नहीं मिला जिसे 'अच्छा, भव्य और सच्चा' कहा जा सके।"[39] ब्रिटिश ने भारतीय कला और स्थापत्य को शासकों के इस विश्वास की नज़र से देखा कि सौंदर्य शास्त्र और आकृति के उनके सिद्धांत आदर्श हैं; इस दृष्टि से, जैसाकि जेम्स फर्ग्यूसन ने *हिस्ट्री ऑफ़ इंडियन एंड ईस्टर्न आर्किटेक्चर* में कहा है, भारतीय स्थापत्य "एक गलती है जिसे कोई ठीक नहीं कर सकता।" उनकी नज़र में दक्षिण की सुंदर मूर्तियों का कोई मोल नहीं था, क्योंकि "उनमें वे ऊँचे लक्ष्य और नेक परिणाम की कमी थी जोकि एक सच्ची स्थापत्य कला की विशेषता और महानता होती है।"[40] मदुरै मंदिर को उन्होंने विशेष रूप से बर्बर पाया: "भारत के सभी मंदिरों में सर्वाधिक अशिष्ट, जबकि साँची में न तो लालित्य है और न श्रेष्ठता।"[41]

बर्डवुड ने 1910 में यह भी लिखा, "भारत में ललित कला के रूप में स्थापत्य और चित्रकारी का नामोनिशान भी नहीं है।" इस तरह का चकित करनेवाला बयान, सदियों की उपलब्धि को ख़ारिज करने, उदाहरण के लिए चोल साम्राज्य की कांस्य की मूर्तियों को विन्सेंट स्मिथ जैसे इतिहासकारों का समर्थन हासिल था जिन्होंने प्रोत्साहित करने के स्वर में 1889 में लिखा था "अजंता के भित्तिचित्र की तुलना दुनिया की महान कलाकृतियों से नहीं हो सकती – किसी भी भारतीय कलाकृति की नहीं हो सकती – पर दूसरे और तीसरे वर्ग में इन्हें सम्मान के साथ रखा जा सकता है।"[42]

कला की दूसरी विधाएँ जैसे संगीत और नृत्य पर भी प्रतिकुल टिप्पणी की गई। अधिकांश ब्रिटिश पर्यवेक्षकों ने सभी तरह के शास्त्रीय नृत्यों को या तो 'नाच' का या

फिर देवदासी व्यवस्था का विस्तार माना जोकि पथभ्रष्ट था और वेश्यावृत्ति से शायद ही अलग। भारतीय शास्त्रीय संगीत पश्चिमी संगीत परंपरा से इतना अलग था कि उसे शायद ही कोई प्रशंसा या संरक्षण मिला और रागों के भावपूर्ण विस्तार को एक अंग्रेज ने तो यह कहते हुए ख़ारिज कर दिया कि यह 'लोरी' से थोड़ा ही बेहतर है। उपनिवेशवादियों के लिए यह दिखाना जरूरी था कि जिन लोगों पर वे शासन कर रहे हैं उनकी रचनात्मक अभिव्यक्ति अविकसित है, इसके अलावा, जैसाकि इतिहासकार पार्थ मित्तर लिखते हैं, दोनों अनजान संस्कृतियों के बीच समझ के स्तर में वास्तविक अंतर था: "आवश्यक रूप से भिन्न, यहाँ तक कि दो विरोधी सांस्कृतिक और सौंदर्य शास्त्रीय मूल्यों के बीच टकराव का बेहतर अध्ययन हिंदू मूर्तिकला, चित्रकारी और स्थापत्य की यूरोपीय व्याख्या से अधिक और कहीं नहीं किया जा सकता है।"[43]

औपनिवेशिक स्मृति लोप उस समय होता है, जब शासित वर्ग उन लोगों की प्रशंसा और उन्हें सम्मानित करता रहता है जो उनकी संस्कृति और सभ्यता को अनादरपूर्वक ख़ारिज करते हैं। वायसराय का महल जोकि अब राष्ट्रपति भवन कहलाता है, उसको डिज़ाइन करनेवाले एडविन लटियंस (1869-1944) और जिनको उनके सहयोगी हर्बर्ट बेकर के साथ नई दिल्ली – 'लटियंस दिल्ली' – का डिज़ाइन करने के लिए अभिजात भारतीय जिनकी प्रशंसा करते नहीं अघाते, इस मामले में एक अच्छा उदाहरण है। अगर कोई एक व्यक्ति था जो सबसे ज़्यादा मुखर था और भारत की हर रचनात्मकता और सौंदर्य की तीव्र आलोचना करता था वह लटियंस ही था। पर शिक्षित भारतीय अभी भी एक दूरदर्शी वास्तुविद के रूप में उनका सम्मान करते हैं, जैसाकि विकिपीडिया के एक आलेख में (जिसे शायद किसी भारतीय ने लिखा है) लिखा है: "उनके बारे में कहा जाता है कि उसने कल्पनाशीलता का परिचय देते हुए अपने समय के अनुरूप परंपरागत वास्तुशिल्पीय शैली को अपनाया था।"

लंबे समय से स्थापित औपनिवेशिक उपहास को आगें बढ़ाते हुए, भारतीय वास्तुकला के बारे में लटियंस ने सर्वाधिक मुखर निंदा की थी। उसने लिखा, "निजी तौर पर मैं नहीं मानता कि वास्तव में कोई भारतीय वास्तुकला या कोई महान परंपरा है। वे महज़ मशरूम की तरह उग आए राजवंशों की बनाई संरचना थी, जिसमें बुद्धि का उतना ही निवेश हुआ था जितना किसी भी नई कला में होता है। ...और फिर, अंततः यह बचकानी भवन निर्माण शैली है।"[44] वह इस बारे में निश्चित था कि भारतीय वास्तुकला में अगर कुछ है जिसको बचाया जा सकता है तो इसकी वजह पश्चिम का प्रभाव है पर इसे भी देशी लोगों ने नष्ट कर दिया। "हिंदुओं को कुछ भी पता नहीं था और मुग़ल निर्माण की नीति शास्त्र और कला के बारे में उनकी तुलना में उनसे कुछ ज़्यादा जानते थे। मुग़लों ने इतालवी शैली को अपनाया और उसे बिगाड़

दिया।"[45] उनकी राय में भवन निर्माण की मुग़ल शैली भारी-भरकम ख़राब तरीक़े से निर्मित भवन से कुछ ज़्यादा है, "जो पत्थर और संगमरमर के दीवार से घिरा है पश्चिमी समझ के लिहाज़ से थकाऊ है।" आश्चर्य नहीं कि उनके बयान ने कटु ढंग से भारतीय स्थापत्य की सभी विशिष्ट निशानियों को ख़ारिज कर दिया और इस तरह अन्य सामाजिक-सांस्कृतिक परंपराओं की जीवन शैलियों के प्रति अव्वल दर्जे की संवेदनहीनता दिखाई। उसने दिल्ली के लाल क़िला के दीवान-ए-ख़ास में की गई सुंदर नक़्क़ाशी का मज़ाक उड़ाया, क्योंकि यह किसी व्यक्ति को सिर्फ 'पालथी मारकर ही बैठने' की इजाज़त देता है। पीएट्रा डूरा (रत्न-जड़ित नक़्क़ाशी) की उत्कृष्ट पट्टियों में उत्कीर्ण पशु-पक्षियों को उसने 'कूड़ा' बताया। संगमरमर की सिल्लियों को जोड़ने की भारतीय तकनीक को उसने निरी मूर्खता बताया। क़ुतुब के बारे में उसके विचार थे: "ग्रीक स्तंभों की सुंदर बारीकी को हम इस भद्दे और असावधानीपूर्वक बनाए गए अनजाने और अनदेखे आकार पर क्यों गवाएँ?"[46] मध्य भारत में मांडू का प्राचीन शहर उसके लिए 'बचकाना और महत्वहीन था और खुद ही नष्ट किए जाने के लिए इसका निर्माण हुआ था', कुछ हद तक सुंदर था पर "बुद्धि का इस्तेमाल इसमें नहीं हुआ था, यह सिर्फ़ उन्हीं लोगों के लिए अच्छा था जो कपड़े नहीं पहनते और जिन्हें फ़र्नीचर नहीं चाहिए 'क्रॉस-लेग्ड स्क्वाट' ...पागलों जैसी बदसूरती, मलिन और कोई वास्तविक कोमलता नहीं।"[47] बनारस के घाटों के आसपास हिंदू मंदिर और बौद्ध मठ नागफनी की तरह या किसी, "खड़ी पहाड़ी पर बच्चों के खिलौने के पेड़ की तरह उग आए हैं जिनके सबसे ऊपर बांस के खंभे में झंडा लगाकर सजाया गया है।"[48] बॉम्बे का होलकर राजभवन 'काफ़ी बदसूरत' था और उदयपुर का महल 'बर्बर'। बीकानेर का विशालकाय क़िला "एक बड़ा बर्बर ढेर था जिस पर लाह के कुछ अच्छे काम थे और अंदर से इसमें कुछ सजावट की गई थी। इनमें से कुछ तो इतने ख़राब थे कि इन्हें शब्दों में बयां नहीं किया जा सकता। देव-देवियाँ, खुदे और सजे और चित्रित किए हुए राजा – ऐसे कि पक्षियों को डराने के लिए लगाया गया कोई पुतला इससे डरावना नहीं हो सकता।"[49] एलीफैंटा की गुफा कुछ प्रशस्ति बटोर पाई : "काफ़ी भव्य और वास्तविक सुंदरता का कुछ नामो-निशान," उसने माना। "पर आप गणेश के साथ कैसे सुंदरता का प्रतिमान खड़ा कर सकते हैं...?"[50]

यहाँ तक कि भव्य ताजमहल भी इस व्यक्ति के लिए कुछ नहीं था। "लोग ताजमहल की प्रशंसा में न जाने क्या-क्या बोलते हैं," उसने अपनी पत्नी को लेक्चर दिया, "पर अगर महान यूनानियों, बाईज़न्टाइन, रोमनों, यहाँ तक कि मनसार्ड रेन आदि के लोगों के सामर्थ्य को देखें... यह छोटी पर बहुत ही महँगी बीयर है और मिस्र के लोगों के सामने तो कुछ भी नहीं। तीसरा आयाम ऐसा लगता है कि (देशी लोगों के) दर्शन के परे है और

वे दरी पर बने आकृतियों और अपनी दरियों से कभी आगे नहीं जा सकते... अपनी स्थापत्य को प्रेरित नहीं कर सकते।" दुनिया के आश्चर्यों में से एक की भव्य सुंदरता को पूर्णिमा की रात को देखने की बात भी हमारे नकचढ़े सौंदर्योपासक को डिगा नहीं सकी। पूर्णिमा की रात को ताज "ऐसा वीरान और अनिश्चित हो जाता है," उसने लिखा। "यह भव्य है पर इसकी स्थापत्य कला नहीं... और यही हाल सभी भारतीय निर्माताओं का है। अगर कुछ भी वास्तव में प्रशंसनीय किया गया है तो वह इतालवियों और चीनियों ने किया है। अन्य सभी के लिए यह पैटर्न है – किसी टंगी हुई दरी की तरह।[51] भवन पत्थर के बने तंबू और इससे बस थोड़ा कुछ ज़्यादा है। हौदा की तरह ऊँचाई लिए, पत्थर के जिन भवनों को खड़ा किया गया, उसमें हर जगह बस नक़्क़ाशी और सिर्फ नक़्क़ाशी की हुई है, जिसका पत्थर, इसके उद्देश्य या स्थानीयता से कोई लेना-देना नहीं है। आज के भारतीयों को सुसज्जित निर्माण का कोई शऊर नहीं है।"[52] उसकी भर्त्सना में संदेह की कोई गुंजाइश नहीं है। यह निरंतर और स्पष्ट रूप से विरोधी है। उसका मुख्य रूप से मानना यह है कि "भारत के पास कोई महत्वपूर्ण वास्तुशिल्प नहीं है, सिर्फ पत्थर, कंक्रीट और संगमरमर के विशालकाय दीवारों को बढ़ई की तरह जोड़ा गया है... पर कोई वास्तविक वास्तुशिल्प नहीं, ऐसा कुछ भी निर्मित नहीं किया गया है जो दीर्घकाल तक क़ायम रहे, यहाँ तक कि ताज भी नहीं।"[53]

जिन भारतीय शिल्पियों के साथ उनको काम करने के लिए बाध्य किया गया उन्होंने उन्हें निराश किया। वायसराय के महल पर बंगाल के चित्रकार काम कर रहे थे, पर लटियंस को लगा कि उन्हें बमुश्किल चित्र बनाना आता था। "उन्हें पैटर्न बनाना नहीं आता है सिर्फ़ टेढ़ी-मेढ़ी आकृतियाँ बनानी आती है और बदसूरत चेहरेवाले तनाव के स्रोत देवी-देवता और रहस्यवादी और ईश्वर की तरह होने के लिए आपको हर चीज़ को ग़लत तरीक़े से ड्रॉ करना आना चाहिए – मूर्खतापूर्ण तरीक़े से बिना किसी क़ायदे के। उस ईश्वर को धन्यवाद कि उसने हमारी दुनिया को इस तरह की लाइनों पर नहीं गढ़ा।"[54] जब सजावट का काम हो रहा था, उसने सोचा कि फ्रेंच और इंग्लिश वस्तुओं के सामने 'भारतीय वस्तुएँ हास्यास्पद लगती हैं।' सजावट के अंतिम चरण में जब उसने अपने काम पर नज़र डाली, तो उसे लगा कि "भारतीय कितने लापरवाह होते हैं... वस्तुओं को स्थायी तौर पर नुक़सान पहुँचाते रहते हैं और गड़बड़ी फैलाते हैं! भयानक! और भारतीय कभी भी किसी काम को पूरा नहीं करते और अस्थायी रूप से जो काम वे करते हैं उसके पचास फ़ीसदी हिस्से का नुक़सान कर देते हैं।"[55] वह अपनी पत्नी के लिए बुद्ध की एक प्रतिमा ख़रीदना चाहता था पर तय नहीं कर पा रहा था। "ईश्वर, भारतीय और एंग्लो-इंडियन कितने बदसूरत होते हैं," उसने निराश होकर कहा। वह भारतीय शिल्पियों को किसी भी तरह शिक्षित करना चाहता था पर उसको लगा कि

ऐसा करना निरर्थक होगा। "मैं इस बारे में निश्चित हूँ कि किसी जर्जर हो चुकी स्थापत्य कला की अक्षमताओं के स्तर तक गिरकर अपनी ईमानदारी के बोध को भोथरा करने का कोई फ़ायदा नहीं है।"[56]

इन बातों में व्यापक तिरस्कार, यह तंगदिल विश्वास झलकता है कि उसकी अपनी सभ्यता सहज रूप से श्रेष्ठ रही है और 'देशी' लोगों के प्रति खुलेआम घृणा दिखाई पड़ती है। बीसवीं सदी के इतने समय बीत जाने के बाद भी एक कट्टर साम्राज्यवादी के लिए ऐसा करना खलनेवाला है। राजनीतिक की दुनिया के बाहर का कोई व्यक्ति जोकि कला में दीक्षित है, से यह उम्मीद की जाती है कि उसमें, भले ही कम हो, पर जिस देश में वह काम करने आया है उसकी संस्कृति के बारे में उसमें समझदारी होगी। पर इसकी संभावना नहीं थी; लटियंस का दिमाग़ बंद था। "मैं पश्चिमी सोच पर पूरब की श्रेष्ठता को हावी नहीं होने दूँगा," उसने घोषणा की, "चीनी लोग शायद इसके अपवाद हैं, पर हिंदू और मुसलमान तो इस खेल में नौसिखिए हैं।"[57] जाहिर है कि इस मानसिकता ने लटियंस के कार्यों को प्रभावित तो किया ही, भारतीयों के साथ उसके संवाद को भी जिसमें ऐसे भारतीय भी शामिल थे जिनकी पृष्ठभूमि उसे सुहाती थी। 27 फ़रवरी 1929 को लिखे एक पत्र में उसने एक जलसे में 'किसी पंडित नेहरू' से भेंट होने की बात का ज़िक्र किया है। ये मोतीलाल नेहरू थे और लटियंस को लगा कि यह शख़्स 'थोड़ी बुद्धिवाला' है तो उसने उन्हें दोपहर के भोजन पर आमंत्रित लिया। जो कुछ घटित हुआ उसके वर्णन से पता चलता है, दावत में अधिकांशतः मेज़बान का भारतीय कला की अवनति और यह कैसे अफ़सोसनाक तरीक़े से, समय से पिछड़ गया है, इस पर एकालाप चल रहा था। वायसराय के महल का निर्माण भारतीय राजमिस्त्री और शिल्पकारों के लिए आवश्यक रूप से शिक्षा की तरह है, उसने अपने मेहमानों को बताया – जिन्होंने शायद – इस बात से इतेफ़ाक जताया कि लटियंस की इस प्रतिभा पर तो उन्होंने ग़ौर ही नहीं किया था। "भारत में एक ही चीज़ जीवित (है) वह आधी-पकी शासन कला और आंदोलन", महान भवन निर्माता ने कॉफ़ी और शराब के दौर के बीच कहा। भोज संतोषजनक था, विशेषकर इस वजह से कि लटियंस को लगा कि उसकी बातों ने मोतीलाल नेहरू को प्रभावित किया और इस वजह से वे समान सोच के व्यक्ति हैं। "वे बहुत ही प्यारे व्यक्ति हैं, व्हिस्की, वाइन आदि पीते हैं, मांस खाते हैं। काले कोट और जोधपुर जिस पर मैंने बटन लगा दिए ताकि वे एकदम अंग्रेज बिशप की तरह दिखें। और अगर उन्होंने भारत को भौतिक रूप से समृद्ध नहीं किया तो इससे ज़्यादा के लायक़ वे नहीं हैं।"[58] आश्चर्य नहीं कि भारतीय रूपांकनों में सर्वाधिक उपयोग हाथी के पाँव और बलुआ पत्थर की घंटियों का हुआ है – जिन्हें राष्ट्रपति भवन के प्रवेश द्वार और रक्षक गृह द्वार पर देखा जा सकता है। इसके अलावा छज्जा, छतरी और जालियां

एवं मंदिर की घंटियों के रूपांकनों का भी छिटपुट प्रयोग लटियंस के इस विश्वास में डूब गया कि एकमात्र शास्त्रीय यूरोपीय शैली का भवन ही उपयुक्त होगा, जिसकी अग्रभित्ति विशालकाय कोरिंथियन स्तंभों पर टिकी होगी और गुंबदाकार छत वाला दरबार हॉल हेड्रीयन के पैंथियन की शैली का होगा।

उपनिवेशवाद बहुत ही भारी उलटफेर वाला साबित हुआ, क्योंकि इसके निरंतर आलोचक को इसके शिकार के रूप में आत्मसात कर लिया गया। चूँकि यह अवमानना शासकों ने की थी, इसलिए उसके विचारों का सहज प्रसार और कोई संगठित विरोध नहीं हुआ; राज्य के सभी अंग शैक्षणिक संस्थानों और पाठ्यक्रम जिसमें अंग्रेज़ी को आधिकारिक तौर पर शिक्षा के माध्यम के रूप में थोपा गया था – यह अवमानना लोगों तक फैलाने और इसको मान्यता दिलाने के लिए उपलब्ध थी। फिर, यह अवमानना विद्वता के जुड़ाव के साथ आई जिसमें औपनिवेशिक पूर्वाग्रह को व्यापक फ़ील्ड सर्वे और आँकड़ों के ढेर में छिपा दिया गया था। औपनिवेशिक इतिहासकार और कला के मध्यस्थों ने यूँ ही कोई बयान देने का प्रयास नहीं किया, उन्होंने कोई एक लाइन के साम्राज्यवादी निर्देश के रूप में किसी फ़ैसले की घोषणा नहीं की; उनका नकार अध्ययन, शोध और तथाकथित 'तुलनात्मक' विश्लेषण का लबादा ओढ़े हुए था। दुख की बात यह थी कि स्थानीय जनसंख्या ने इस अवमानना को अमूमन स्वीकार कर लिया; भारतीय कला और स्थापत्य कला पर अंग्रेज़ी इतिहासकारों की लिखी पुस्तकें 1947 के कई साल बाद तक स्तरीय पुस्तकों के रूप में स्कूलों में पढ़ाई जाती थीं। यह पूरी एकपक्षीय आलोचना और नकार शिक्षित भारतीयों और विशेषकर अभिजातों के मानस में गहरे बैठ गया।

यह निर्बाध आलोचना किस हद तक भारतीयों को प्रभावित करने में सफल रही इसका अंदाज़ा एक विदेशी पर्यवेक्षक के लेखों से लगाया जा सकता है जो एक प्रखर अंग्रेज पर्यवेक्षक था। अर्नेस्ट बेनफ़ील्ड हैवल कलकत्ता के गवर्नमेंट स्कूल ऑफ़ आर्ट के प्रिंसिपल थे। उन्होंने अवनींद्रनाथ टैगोर के साथ काम किया था और भारतीय मूर्तिकला और चित्रकारी, बनारस और भारतीय कला के सिद्धांतों पर पुस्तक लिखी थी। उन्होंने 1912 में बहुत ही कठोर शब्दों में एक खंडात्मक लेख[59] कि कैसे ब्रिटिश शासन ने भारत की कलात्मक परंपराओं को विकृत किया है, इसके शिक्षित वर्ग को अपने सांस्कृतिक जड़ से काट दिया है और उन्हें पश्चिमी फ़ैशन का अंधानुकरण करनेवाला बना दिया है। हैवल ने लिखा, "धनी और अभिजात भारतीय, जिन्होंने अपने अंतरंग घरेलू जीवन में भारतीय कलात्मक परंपरा को कमोबेश बनाए रखा था, पर भेदभाव की जिज्ञासा-मिश्रित चाहत के तहत अपने घर के एक हिस्से को अर्ध-यूरोपीय फ़ैशन में रंगकर भी रखते थे।" उन्होंने लिखा, "गर्व की यही चाहत और अपनी परंपरागत संस्कृति में इसी विश्वास की

ख्वाहिश भारतीय कला के लिए ज़्यादा विनाशकारी रही है न कि यूरोपियन लोगों की अज्ञानता और इनके प्रति उनका भेदभाव।" उन्होंने लिखा, 'संवैधानिक हीनता' की तुलना में और कोई बात बौद्धिक रूप से ज़्यादा निराशाजनक नहीं होती, जिससे भारतीय उस समय ग्रस्त लगते थे। "अपनी सारी कलात्मक परंपराओं को समर्पित करना, और कई शिक्षित भारतीय ऐसा करके संतुष्ट थे, एक बौद्धिक और नैतिक ह्रास था और संपूर्ण यूरोपीय विज्ञान और साहित्य इसकी भरपाई नहीं कर सकता था, और न ही पूर्ण राजनीतिक स्वतंत्रता ही ऐसा कर सकती है... जिसे वे त्याग कर खो चुके हैं।" शिक्षित भारतीयों की रचनात्मकता को जो एक बड़ा अभिशाप खाए जा रहा था वह था यूरोपीय कलात्मक परंपराओं की नक़ल करने की प्रवृत्ति। हैवल ने लिखा कि नक़ल करने की इस प्रवृत्ति को ब्रिटिश शिक्षा प्रणाली ने प्रोत्साहन दिया। "एंग्लो-इंडियन शिक्षा नक़ल पर आधारित थी और यह भारतीय कला के लिए किसी काम की नहीं थी। एंग्लो-इंडियन शिक्षा व्यवस्था में भारतीय कला को पूरी तरह नज़रंदाज़ किया गया और इसने इसके अवसान को तेज किया, क्योंकि इसकी वजह से शिक्षित भारतीय इसके प्रति उदासीन हो गए।"

ह्वेल की टिप्पणियों में उस हद तक का वास्तविक आक्रोश देखा जा सकता है, जो जिस हद तक एक महान सभ्यता के उत्तराधिकारियों ने अपनी सांस्कृतिक पहचान को कमजोर कर दिया था। उनकी तीव्र मंशा उनकी औपनिवेशिक संवेदनशीलता को झकझोर कर उन्हें इससे बाहर निकालने की थी। उन्होंने कहा, "आप अपने प्रसिद्ध भारतीय भवन निर्माताओं को अपना भवन बनाने दीजिए जो शिल्प शास्त्र में दीक्षित हैं; अपने घर के फ़र्नीचर भारतीय डिज़ाइन के रहने दीजिए; महाकाव्यों को अपने बच्चे को पढ़ाए जाने दीजिए और उन्हें अपने स्कूलों की दीवारों, भवनों पर उनका चित्र बनाने दीजिए, जैसाकि पहले से होता आ रहा है; प्राचीन चित्रशालाओं को पुनर्जीवित कीजिए, धनी और सबल लोग उसको संरक्षण दें।" वह अंग्रेज़ी शिक्षा प्राप्त कर चुके भारतीयों के इस बात से परेशान थे कि वे अपने यूरोपीय मेहमानों को अपने "उच्च घरेलू आदर्शों के बारे में नहीं बताकर उन्हें लंदन के बोर्डिंग हाउस के बारे में बताते थे और अपने ही देश के ऐसे लोगों को 'जंगली' बताते थे जो भारतीय परंपरा के तहत घरेलू जीवन जीते थे।" एक प्रमुख शिक्षा संस्थान के संचालन का बागडोर संभाल रहे हैवल ऐसे लोगों से संवाद करते थे जिन्हें ब्रिटिश शिक्षा से सबसे ज़्यादा लाभ मिल रहा था और वह एक ऐसी निष्पक्षता से यह सब देखते थे जो एक विदेशी पर्यवेक्षक ही देख सकता है कि अपने ही सांस्कृतिक लोकाचार की भावना से वे कितने दूर जा रहे थे। उन्होंने जोर देकर कहा, "अगर वे आँख मूँदकर यूरोपीय फ़ैशन की नक़ल करना बंद कर देते हैं तो भारतीयों को काफ़ी फ़ायदा होगा और यह केवल नैतिक और बौद्धिक रूप से

ही नहीं, बल्कि राजनीतिक रूप से भी क्योंकि यह भेद नहीं कर पाने से शिक्षित भारतीय यूरोप की आँखों में गिर गए हैं। ...जब तक उनकी मुख्य अभिलाषा यूरोप जो कर रहा है उसकी सफलता से नक़ल करने की है, तब तक वे राजनीतिक हीनता की स्थिति में बने रहेंगे – और यह सही भी है क्योंकि आँख मूँदकर नक़ल करना हीनता बोध को स्वीकार करना है जोकि अंततः हस्तक्षेप की ताक़त और हर तरह की रचनात्मकता के विकास को बाधित करता है।" इस तरह की स्थिति में, ऐतिहासिक स्मृति उपाख्यान जैसी बन जाती है, इसके बीच की अवधि सामूहिक स्मृतिलोप की धुँध में अदृश्य हो जाती है। जो उपनिवेश के अधीन होते हैं उनके लिए अतीत ऐसा हितैषी नहीं होता कि वर्तमान के साथ उसकी निरंतरता को आसान बना दे। यह या तो नकार या अस्वीकार या अत्यधिक जोर देने या स्मृतिलोप का नमूना बन जाता है और शासकों के चले जाने के बाद भी लंबे समय तक असंतुलन बना रहता है।

जिस तरह एक ईश्वरीय प्रेमी के अवतार के रूप में कृष्ण की छवि की काट-छाँट की गई वह इसका उत्कृष्ट उदाहरण है हिंदू धर्म में कृष्ण को पूर्ण अवतार कहा जाता है क्योंकि उसमें मानवीय शिष्टता के सभी सोलह गुण पाए जाते हैं जिसमें श्रृंगार रस भी शामिल है। एक ईश्वरीय प्रेमी के रूप में उनकी भूमिका हिंदू विश्व दृष्टि में जीवन के चार पुरुषार्थों के लक्ष्य के अनुरूप है जो हैं – धर्म, अर्थ, काम और मोक्ष। अगर राधा और वृंदावन की गोपियों के साथ एक बालक के रूप में कृष्ण का रोमांस काम को सही ठहराता है, तो महाभारत में पांडवों के सलाहकार के रूप में उनकी भूमिका अर्थ को सही ठहराती है; और गीता में कृष्ण जब अर्जुन को निःस्वार्थ कर्म का उपदेश देते हैं तो वे धर्म की प्रतिमूर्ति हैं। श्रृंगार रस, इसलिए बहुत तरह से भव्य एक आदर्श जीवन का उदाहरण है और इसका सिर्फ एक पक्ष ही है। एक प्रेमी के रूप में कृष्ण की परिकल्पना एक ऐसे ही संतुलित विश्व दृष्टि का एकीकृत और व्यावहारिक हिस्सा है जोकि जीवन के आनंदमय उत्सव में पवित्र और अपवित्र को जोड़ता है। यह निश्चित रूप से आदिम सुखवाद या फिर सनक भरी कामुकता नहीं थी।

पर ब्रिटिश ने एक प्रेमी के रूप में कृष्ण की पूरी कहानी का या तो उपहास किया या फिर इसे घृणास्पद माना। उन्नीसवीं सदी के मध्य तक चार्ल्स ग्रांट और विलियम विल्बरफ़ोर्स ने ईसाई धर्म के उत्साह और मिल्स भाइयों के उपयोगितावाद की खुराक के बल पर भारत को एक ऐसा देश माना जो अंधकार में डूबा हुआ है और जहां मूर्तिपूजक अनैतिकता और दुष्टता में आकंठ डूबे हुए हैं। ईसाई नैतिकता और मूल्यों के बरक्स इसको रखने पर विशेष ध्यान दिया गया और इस सबमें देशी लोगों को दुष्ट

नैतिकता का बताया गया। उनके लिए हिंदू लोग "घृणास्पद, भयानक अंधविश्वासों और रीति-रिवाजों से बंधे हैं – ऐसे विचार जिनकी चर्चा तक नहीं की जा सकती। उनकी अंधकारमय दुनिया 'वासना' से भरी हुई है और उनकी संस्कृति की कोई 'नैतिक संहिता' नहीं है – वे बहुपतित्व और बहुविवाह को मानते हैं और शीर्ष स्तर की कामुकता का समर्थन करते हैं।" पूजा का उनका तरीक़ा 'काफ़ी हद तक घृणास्पद और अनैतिक है' और हिंदुओं की 'यौन दुर्गति ऐसी हुई जिसका कोई उदाहरण दुनिया में नहीं है।' मद्रास के क्रिश्चन लिटरेरी सोसायटी की नज़र में कृष्ण सीधे-सीधे एक व्याभिचारी और परस्त्रीगामी थे। सर मैथ्यू सॉसे, बॉम्बे हाईकोर्ट में ब्रिटिश जज ने 1862 में एक फ़ैसला दिया, जिसमें उसने रासलीला (गोपियों के साथ कृष्ण के नृत्य) को व्याभिचारी को बढ़ावा देनेवाला करार दिया: "कृष्ण की पूजा से संबंधित सभी गीत जिन्हें हमारे समक्ष लाया गया, वे सब के सब अनैतिक प्रकृति के थे... लिखित और परंपरागत इन गीतों और कथाओं में जिसे धार्मिक प्रकृति का माना जाता है, यौन क्रिया इनमें सर्वाधिक प्रमुख विषय हैं। सभी तरह के लोगों का व्याभिचारी से परिचय कराया जा रहा है; कहीं भी ऐसा नहीं करने या इनकी निंदा नहीं की गई है, बल्कि उल्टे, कुछ कथाओं में जिन व्यक्तियों ने इस तरह के बड़े नैतिक और सामाजिक अपराध किए हैं उनकी प्रशंसा की गई है।"[60]

सिर्फ कृष्ण को ही ब्रिटिश ने अपना निशाना नहीं बनाया – पूरा हिंदू धर्म उसके निशाने पर था। अकबर के दरबार में रानी एलिज़ाबेथ के दूत राल्फ़ फ़िच 1584 में हिंदू मूर्तियों को देखकर बहुत दुखी हुए और उन्हें "काले और अत्यंत पसंदीदा, उनके मुंह को राक्षस की तरह करार दिया, जिनके कान सोने से मढ़े हुए और गहनों से भरे हुए हैं।" क्रिश्चन मिशनरियों को 1813 तक आते-आते पूरी छूट दे दी गई थी। ब्रिटेन में और भारत में मौजूद ब्रिटिश बयानों के आधार पर उनकी प्रविष्टि तैयार की थी जिसमें हिंदुत्व का मज़ाक़ उड़ाया गया था। इसका एक अच्छा उदाहरण है रॉबर्ट साउथी, जो बाद में ब्रिटेन के प्रतिष्ठित कवि हुए, उनका 1810 का यह कहना है: "हिंदुओं का धर्म... इसकी कल्पित कथाओं में सभी झूठे धर्मों में सर्वाधिक कुरूप और अपने प्रभाव में सर्वाधिक घातक है।"[61] दिलचस्प यह है कि साउथी कभी भारत नहीं आया था, तो वह जो कुछ भी कह रहा था उसे उसने अपनी आँखों से नहीं देखा था, बल्कि हिंदू धर्म और हिंदू सभ्यता के बारे में उसकी आम घृणा की भावना थी। विलियम विल्बरफ़ोर्स ने मिशनरियों का पूरी तरह समर्थन किया, क्योंकि 1813 में हाउस ऑफ़ कॉमन्स में अपने एक भाषण में उसने कहा था, "हमारा धर्म उत्कृष्ट, शुद्ध और परोपकार करनेवाला है (जबकि) उनका धर्म तुच्छ, अनैतिक और क्रूर है।" उसके लिए, हिंदू देवता "पूरी तरह वासना, अन्याय, दुष्टता और क्रूरता के दैत्य थे, हिंदू धर्म किसी भी समय मानव जाति को परेशान और अपमानित

करनेवाला सर्वाधिक विशाल और पीड़ादायी अंधविश्वासी था और हिंदू मानव जाति का सर्वाधिक ग़ुलाम हिस्सा।"

ब्रिटिश को कभी यह संदेह नहीं था कि वे न केवल शासक हैं बल्कि धर्म परिवर्तन करानेवाला विजेता भी। इस विश्वास को बनाए रखने के लिए उन्हें इस बात की ज़रूरत थी कि अधिकांश भारतीय जिस धर्म को मानते हैं उसका वे मज़ाक़ उड़ाएँ। इस तरह के मूल्यांकन में हिंदू धार्मिक ग्रंथों और हिंदू सभ्यता के पक्षों के लिए थोड़े समय के लिए भी प्रशंसात्मक भाव का कोई अवसर नहीं था जैसाकि एशियाटिक सोसायटी के कुछ ब्रिटिश सदस्यों ने शुरू में व्यक्त किया था, जिन्होंने हिंदू धर्म और संस्कृति के बारे में कुछ महत्वपूर्ण अध्ययन और अनुवाद का काम किया था। इसके पीछे उद्देश्य था देशी लोगों को उनके धर्म को लेकर शर्मसार करना, उन्हें यह मानने के लिए बाध्य करना कि यह आदिम था, पूर्वाग्रह और अंधविश्वासों से भरा, और 'वैज्ञानिक दृष्टिकोण' और 'यूरोपीय आधुनिकता' जोकि भविष्य का एकमात्र रास्ता था, के बरक्स समय से काफ़ी पीछे था। ऐसा करते हुए उन्हें प्रगति के रास्ते में अवरोध के रूप में हिंदू धर्म का अवमूल्यन और यहाँ तक कि उसे नकारना था, क्योंकि यह हिंदुओं को ज़्यादा सभ्य बनाने वाले इंग्लैंड के ईसाई धर्म को अपनाने में बाधा बन रहा था। ब्रिटिश आलोचना को अन्य प्रमुख यूरोपीय अकादमिकों का समर्थन भी मिला। इमैन्यूल काँट (1724-1804), आधुनिक पश्चिमी दर्शन का सर्वाधिक प्रभावशाली व्यक्तित्व ने लिखा: "विकृत के प्रति भारतीयों में लगाव प्रभावशाली है... उनके धर्म में विकृतियाँ भरी हैं। भयानक रूप वाली मूर्तियाँ, विशालकाय बंदर हनुमान के अमूल्य दांत, फ़क़ीरों के अस्वाभाविक प्रायश्चित यह सब उनकी पसंद है।"[62] एक अन्य महान जर्मन दार्शनिक फ़्रीड्रिक हेगल (1770-1831) ने अपने *लेक्चर्ज़ ऑन द हिस्ट्री ऑफ़ फ़िलासफ़ी* में लिखा है: "अगर हमें पहले भारतीय समझ की प्राचीनता में विश्वास करने का संतोष था और उसके प्रति आदर था, अब हमने भारतीयों के महान खगोलीय आंकड़ों से परिचित होकर उन सभी आँकड़ों के ग़लत होने का पता लगाया है जिनका उल्लेख किया गया है। भारतीयों के कालक्रम से ज़्यादा भ्रमित, ज़्यादा अपूर्ण कुछ नहीं हो सकता।"[63] इसलिए, हेगल को लगा कि जिनकी संस्कृति भारतीयों की तरह घटिया है, तो वे उपनिवेश बनाए जाने के लायक़ हैं: "ब्रिटिश, या कहें कि ईस्ट इंडिया कंपनी, भारत के मालिक हैं क्योंकि यह एशियाई साम्राज्यों की घातक नियति है कि वे खुद को यूरोपियन के अधीन कर दें।"[64]

उन्नीसवीं सदी के हिंदू पुनरुत्थानवादी आंदोलन जिनमें सर्वाधिक महत्वपूर्ण था ब्रह्म समाज (जिसकी स्थापना राजा राम मोहन रॉय ने 1830 में की थी) और आर्य समाज (जिसकी स्थापना दयानंद सरस्वती ने 1875 में की) की स्थापना के पीछे नेक

नीयत थी, भारत के सामाजिक और धार्मिक विरासत की कई विकृतियों को साफ़ करना जो सैकड़ों वर्षों की अवधि में इसमें प्रवेश कर गई है। लेकिन ऐसा करते हुए, उन्होंने ब्रिटिश नज़रों में प्रतिष्ठा प्राप्त करनी चाही और खुद को 'ऊपर' उठाना चाहा ताकि वे उपनिवेशवादियों के विज्ञान और उदारवाद को बेहतर आत्मसात कर सके जिसका वे प्रतिनिधित्व करते हैं। इसलिए, उनके सुधार प्रयासों का जोर अपनी सामूहिक धार्मिक विरासत से किसी भी और सभी तत्वों को दूर करने पर थी और उम्मीद थी कि एंग्लो-ईसाई परिप्रेक्ष्य से इसकी आलोचना की जाएगी। राम मोहन रॉय भी इस बात के समर्थक थे कि ईसाई मिशनरियों को शिक्षा के क्षेत्र में प्रवेश की अनुमति दी जाए। जिन लोगों ने इसके प्रति सबसे शुरू में दिलचस्पी दिखाई उसमें चर्च ऑफ़ स्कॉट्लैंड के रेवरेंड अलेक्जेंडरडफ़ शामिल थे। जब उनको स्कूल के लिए जगह ढूँढ़ने में मुश्किल हो रही थी, राम मोहन ने उसे एक हॉल दे दिया। पहले ही दिन, बच्चों के हाथों में बाइबिल थमा दी गई लेकिन रॉय ने इसके ख़िलाफ़ विरोध प्रदर्शन कर रहे छात्रों और उनके मां-बाप को समझा-बुझाकर शांत कर दिया। ऐसा हॉल जिसमें सिर्फ एक सौ बीस लोग ही बैठ सकते थे, उस हॉल में प्रवेश लेने के लिए तीन सौ लोग जमा हुए। डफ़ के अनुसार, छात्रों ने प्रवेश के लिए हाथ जोड़े। उसने इन छात्रों की मिन्नतों के बारे में लिखा है: 'मैं आपकी अच्छी पुस्तकों को पढ़ना चाहता हूँ, मुझे प्रवेश दे दीजिए'; 'मैं अच्छा लड़का हूँ'; 'मैं ग़रीब लड़का हूँ'; 'मैं आपके धर्मादेश को जानता हूँ: मुझसे पहले तुम्हारे पास कोई भगवान नहीं था'; 'मुझे प्रवेश दे दें'; 'मुझे प्रवेश दे दें, मैं आपसे प्रार्थना करता हूँ।'[65] वास्तव में, ब्रह्म विचारधारा को 'काफ़ी हद तक आत्मसात किया गया, साथ में थोड़ा सा ईसाई धर्म (विशेषकर इसके एकेश्वरवाद का) अपनाया गया। साथ में यूरोपीय ज्ञानोदय के कुछ देववाद। ब्रह्म समाज की तीसरी पीढ़ी के नेता केशब चंद्र सेन (1838-1884) ने नैज़रेथ के यीशू के लिए ईसाई-जैसी श्रद्धा व्यक्त की और आदमी के पाप से व्यापक रूप से घिरे होने की ईसाई परिकल्पना को आत्मसात किया,'[66] जोकि हिंदू दर्शन के इतना ज़्यादा उलट था।

ब्रिटिश शासन के तहत आर्य समाज सर्वाधिक प्रभावशाली आंदोलन था। इसके पीछे हिंदू धर्म को उसकी कुछ बुराइयों, जैसे अंधविश्वास, पूर्वाग्रह, जातिगत भेदभाव और लैंगिक असमानता से छुटकारा दिलाने की मंशा काम कर रही थी। लेकिन हिंदू धर्म की उपनिवेशवादी आलोचना के असर को इसके कई सिद्धांतों में आसानी से देखा जा सकता है। दयानंद सरस्वती, जिन्होंने समाज की स्थापना की, एक परंपरागत हिंदू परिवार के थे। उनके पिता शिव के बड़े भक्त थे और दयानंद भी शुरू में ऐसे ही थे। कहा जाता है कि बचपन में वे शिवरात्रि के दिन शिव की आराधना में रात भर जगे रहे। हालाँकि उनके विश्वास को उस समय गहरा धक्का लगा जब उन्होंने शिव को चढ़ाए गए प्रसाद को एक

चूहे को खाते देखा – अगर भगवान एक चूहे से अपनी रक्षा नहीं कर सकते तो वह दुनिया को कैसे बचा सकते हैं? युवा दयानंद के दिमाग़ में यह प्रश्न उठा।

इस तरह की किंवदंती से भरे तर्क हिंदू धर्म की विशेषताओं के प्रति दयानंद की निराशा के बारे में बताते हैं। लेकिन आर्य समाज अंदर से बदलाव का आंदोलन था और इनमें से अधिकांश बदलाव शासकों के धर्म और हिंदू धर्म की उसकी आलोचना से प्रेरित था। चूंकि ईसाई धर्म के पास केवल एक ही धार्मिक ग्रंथ, बाइबिल था, आर्य समाज ने भी वेदों को छोड़कर हिंदू धर्म के सभी ग्रंथों को ख़ारिज कर दिया। वेदों को श्रुति माना जाता था। चूंकि ब्रिटिश मूर्ति पूजा को घृणा की दृष्टि से देखते थे, समाज ने मूर्ति पूजा को ख़ारिज कर दिया। (संयोग से सी एफ एंड्रयूज ने गांधी और रवीन्द्रनाथ टैगोर के बीच एक बातचीत का हवाला दिया है जिसमें गांधीजी ने यह कहते हुए मूर्तियों का बचाव किया कि लोग अचानक ख़ुद को अमूर्त विचारों के स्तर तक नहीं उठा सकते[67]) शासकों ने सोचा कि हिंदू धर्म कर्मकांड के अलावा और कुछ नहीं है और समाज ने मंदिर में पूजा के ख़िलाफ़ अपना विचार आगे रखा। ब्रिटिश 'अजीबोग़रीब' हिंदू देवी-देवताओं की संख्या में बेतहाशा वृद्धि को घृणा की दृष्टि से देखते थे; और जैसीकि उम्मीद थी, समाज ने एकेश्वरवाद को दृढ़ता से समर्थन किया और व्यक्तिगत देवता की धारणा को ख़ारिज कर दिया और राम और कृष्ण को देवता नहीं मानकर उन्हें ऐतिहासिक चरित्र माना। ब्रिटिश विज्ञान और आधुनिकता के समर्थक थे इसलिए समाज ने धार्मिक परिपाटी के रूप में विज्ञान के महत्व पर जोर दिया। दयानंद ने कहा, "एक अच्छे हिंदू के पास विज्ञान का व्यावहारिक प्रशिक्षण होना चाहिए, उसे उपकरणों को ठीक से चलाना सीखना चाहिए, उनके काम करने के तरीक़े के बारे में महारत हासिल करनी चाहिए और जानना चाहिए कि इनका प्रयोग कैसे किया जाता है और यह बात वे भूल गए कि प्राचीन हिंदू सभ्यता ने वैज्ञानिक शोध के क्षेत्र में यूरोप से कहीं पहले महत्वपूर्ण उपलब्धि हासिल कर ली थी। ईसाई धर्म में धर्मांतरण की अनुमति थी और समाज ने भी शुद्धि आंदोलन द्वारा धर्मांतरण को आगे बढ़ाया। ईसाई धर्म दूसरे धर्मों से घृणा करता था और समाज भी अन्य धर्मों – सिख, बौद्ध, जैन, इस्लाम और ईसाई धर्मों के बारे में अपमानजनक बातें कहता था और इस तरह सभी धर्मों के आदर की हिंदू परंपरा को उन्होंने तिलांजलि दे दी।

एक ऐसा आंदोलन था जो प्रथमत: शासकों की ओर से इसकी कटु आलोचना की प्रतिक्रिया में शुरू हुआ था और इस वजह से इसमें क्षत-विक्षत विरोधाभास का होना अवश्यंभावी था। इसलिए, समाज हिंदू धर्म के एकमात्र अपरिहार्य ग्रंथ के रूप में वेदों का गुणगान करता है पर वे कई अन्य मौलिक ग्रंथों को नज़र अंदाज़ कर देता है, जैसे *भगवद गीता*, *ब्रह्मसूत्र* और हिंदू दर्शन की छह शाखाएँ। इनके अलावा, वेदों के चुनाव में भी मनमानी की गई है – वैदिक दर्शन को सबसे ऊपर माना गया है, पर ब्राह्मणों, जिन्हें

कर्मकांड और धार्मिक अनुष्ठानों की नियमावली माना गया है, और वे वेद का हिस्सा भी हैं, उन्हें पूरी तरह नज़रंदाज़ कर दिया गया है। व्यक्तिगत देवों की परिकल्पना को ख़ारिज कर आर्य समाज ने निर्गुण और सगुण के बीच इतनी सावधानी से निकाले गए दार्शनिक निचोड़ को ख़ारिज कर दिया और भक्ति आंदोलन ने भक्ति का जो जोश जगाया था उसे कूड़ेदान में डाल दिया। एकेश्वरवाद की नक़ल में फँसकर समाज ने *रामायण* और *महाभारत* जैसे महान ग्रंथों को ख़ारिज कर दिया। स्पष्ट था कि आर्य समाज की विश्व दृष्टि केवल इस बात की वास्तविक अनुभूति से नहीं हुई थी कि हिंदू धर्म को सुधार की ज़रूरत है बल्कि उस श्रेणी से भी जिसमें इस तरह का 'सुधरा हुआ' धर्म शासकों का अनुमोदन प्राप्त कर सके। वेंडी डोनिगर इसे 'एक तरह से उपनिवेशी और धार्मिक स्टॉकहोम सिंड्रोम' कहती हैं जिसमें उपनिवेशवादियों की संस्कृति की खुलेआम प्रशंसा के परिणामस्वरूप कई ऊँचे पदों पर मौजूद कई हिंदुओं ने "प्रोटेस्टेंट लाइन को खुद ही निगल लिया और न केवल हिंदू धर्म के उन पक्षों के लिए नई प्रशंसा बटोरी जिनका ब्रिटिश अनुमोदन करते थे (*गीता*, उपनिषद, एकेश्वरवाद) बल्कि उन पक्षों के लिए शर्मिंदगी महसूस की जिससे ब्रिटिश को घृणा थी (पुनर्जन्म, बहुदेववाद, असभ्य और कामुक पक्ष) और यहाँ तक कि हिंदू धर्म के नए रूपों को विकसित किया जैसे आर्य समाज और ब्रह्म समाज, जोकि ब्रिटिश प्रोटेस्टेंटवाद से काफ़ी ज़्यादा प्रभावित था।"[68]

यहाँ तक कि वे लोग भी जो तीव्र राष्ट्रवादी भावनाओं से सराबोर थे वे भी अमूमन देशभक्ति, औपनिवेशिक अनुभव और अतीत की कुछ बातों को समाप्त करने के बीच के संबंध से बच नहीं पाए। उदाहरण के लिए, यह तथ्य कि हिंदू देवों की पत्नियाँ थीं और यह कि शक्ति की ताक़त जो देवी की प्रतीक हैं और जो देवत्व का एक महत्वपूर्ण पक्ष था, ईसाई देवत्वारोपण के एकल पुरुष देव के बरक्स रखने पर अब उसे नकारात्मक रूप में देखा जाता है। ब्रिटिश ज़रूरत से ज़्यादा स्त्रैण होने की वजह से भारतीयों की लगातार खिल्ली उड़ाते रहे। ईस्ट इंडिया कंपनी के भारत आने के तत्काल बाद इतिहासकार रॉबर्ट ऑर्म ने घोषणा की 'हिंदू इस दुनिया के सर्वाधिक स्त्रैण निवासी हैं।' बंगाली पुरुष जो धोती पहनते हैं उसे महिलाओं की पोशाक कहा जाता था; भारतीय पुरुषों के बारे में कहा जाता था कि उनमें 'पुरुषोचित आत्मनियंत्रण' का पूर्ण अभाव है (उनके भोजन, जिसमें चावल की प्रधानता होती थी, को इस बीमारी का संभावित कारण माना जाता था)। बैडेन-पॉवेल, जिन्होंने स्काउट मूवमेंट की स्थापना 1908 में की और सैन्य-मानसिकता वाले जो भारतीय पुरुष आज भी उनकी प्रशंसा करते थकते नहीं हैं, इस बात को लेकर आश्वस्त थे कि भारतीय लड़कों को अपनी मांसपेशियों को मज़बूत करने की ज़रूरत है, क्योंकि वे 'स्वभाव से चरित्रहीन हैं' और उनमें लेशमात्र भी स्व-अनुशासन या सम्मान नहीं है। इस आलोचना को किस तरह उन लोगों ने भी आत्मसात किया जो वैसे वीर्यवान

राष्ट्रवाद के प्रस्तावक थे इसका उत्कृष्ट उदाहरण है जयदेव की संस्कृत भाषा में रचित *गीत गोविंद* के प्रति बंकिम चंद्र चटर्जी (1838-1896) की प्रतिक्रिया में देखा जा सकता है: बंकिम ने पश्चाताप करते हुए कहा, "शुरू से अंत तक, इसमें एक भी उद्गार ऐसा नहीं है जो पौरुष का अनुभव कराए – स्त्रैण भावना की भरमार है। ...किसी विशेष आलंकारिक संदर्भ में उनकी काव्यात्मक प्रतिभा से मैं इंकार नहीं करता... पर इससे वे कोई स्त्रैण और कामुक वर्ग से कोई कमतर कवि नहीं नहीं हो जाते।"[69]

मुद्दा यह है कि औपनिवेशिक शासन, राजनीतिक रूप से अपमानजनक तो था ही, हिंदुओं की सोच में उनके धर्म और उनकी संस्कृति को लेकर इसने जिस तरह के परिवर्तन को जन्म दिया, उससे यह आनेवाले दिनों में काफ़ी लंबे समय के लिए ज़्यादा नुक़सान पहुँचानेवाला था। "विद्वानों ने इस बारे में एक पैटर्न देखा है जिसमें औपनिवेशिक सत्ता के अधीन लाए गए लोग एक ऐसा मुखौटा लगा लेते हैं जिसका आधार वह छवि होती है जो उपनिवेशवादी औपनिवेशिक शासन में रह रहे लोगों के बारे में बनाते हैं। इस क्रम में वे उपनिवेशवादियों की उपनिवेशी शासन में रह रहे लोगों की अनुभूति की नक़ल करते हैं।"[70] यह लक्षण हज़ारों रूप में सामने आता है जिसमें 'देशी' लोग एक स्वायत्त सत्ता होने के बदले सिर्फ इस लायक़ रह जाते हैं कि शासक उस पर नज़र रख सके और विश्वास और रचनात्मकता की जिस दीर्घ परंपरा की नींव रखी गई थी उसको तहस-नहस कर दिया जाता है। उदाहरण के लिए, अठारहवीं सदी के उत्तरार्ध में जब ब्रिटिश शासन की नींव मज़बूत हो गई, चित्रकारी के क्षेत्र में (उपनिवेशवादियों के देश में) मित्रों और परिवार के लोगों की ओर से 'देशी लोगों' और उनकी 'अनोखी' संस्कृति के बारे में बड़े-बड़े चित्रों की भारी माँग थी ताकि वे उसे देखकर उसका आनंद उठा सकें।

शुरू में ब्रिटिश कलाकारों के एक चुनिंदा विशेष समूह ने इस मांग को पूरा किया जो भारत के लोगों, उसके स्मारकों और दर्शनीय स्थलों का चित्र बनाने के लिए भारत आए। विलियम हॉजेज़ ने 1780-1783 के बीच भारत का दौरा किया और उसने 1787 में अपना 'सिलेक्ट व्यूज़ ऑफ़ इंडिया' जारी किया; इसके बाद थॉमस और विलियम डेनियल चाचा-भतीजा की जोड़ी भारत आई जिन्होंने कलमकारी पर 'ऑरिएंटल सीनरी' नाम से छह भागों की श्रृंखला जारी की। लैंड्स्केप और पोर्ट्रेट बनानेवाले अन्य प्रमुख कलाकार थे विलियम सिम्पसन, एडवर्ड लीयर और एमिली ईडन, टिली केटल, जॉन ज़ोफ़नी, रॉबर्ट होम और जॉर्ज चिनेरी।

इन कलाकारों की कलाकृतियों ने ब्रिटेन में काफ़ी उत्सुकता जगा दी और बढ़ती माँगों को पूरा करने के लिए भारतीय कलाकारों का एक चित्र खाना बनाने की आवश्यकता महसूस की गई जो अपने गुरुओं के विषयों और शैली में चित्र बना सकें। भारतीय कलाकार इस कार्य के लिए अनुबंधित किए जाने के लिए उपलब्ध थे, उन्हें पैसे की ज़रूरत थी

क्योंकि भारतीय राजाओं का संरक्षण कम हो गया था, क्योंकि वे अब अपेक्षा के अनुरूप, ब्रिटिश कलाकारों की ओर ज़्यादा आकृष्ट हो गए थे; और वे लोग नई शैली की जरूरतों के मुताबिक खुद को ढालने के लिए तैयार थे। इस तरह कंपनी स्कूल ऑफ़ पेंटिंग का अस्तित्व सामने आया जिसमें कई बड़े भारतीय चित्रकारों ने अपनी खुद की परंपरा और प्रशिक्षण में बदलाव किया ताकि वे उन शैली और तकनीकों को अपना सकें जो ब्रिटिश को ब्रिटिश दर्शकों के लिए पसंद है। अपने ब्रिटिश संरक्षकों और कभी-कभार भारतीय राजाओं के इशारे पर इन लोगों ने अठारहवीं सदी के मध्य से उन्नीसवीं सदी के मध्य तक अपने ही बारे में – उनके स्मारकों, लोग, पोशाक, त्योहार, पेशे, नाच करनेवाली लड़कियों, शिल्पों आदि विषयों पर – काफ़ी बड़ी संख्या में कलाकृतियों की रचना की। पर ये कलाकृतियाँ एक ऐसी शैली में थी जो विदेशी श्रोताओं के लिए पराई थी।

यह ऐसा पहला 'दोलन' था, एक ऐसी गति जोकि उस कलात्मक निरंतरता से दूर थी जो सामान्य परिस्थिति में खुद को व्यक्त करता। कंपनी स्कूल की भी ख़ासियत थी, पर यह ज़बरन थोपा गया था, एक कृत्रिम निर्मिति थी जोकि किसी निचोड़ का या सामान्य रचनात्मक विकास का परिणाम नहीं था और इसलिए, इसके पीछे की प्रक्रिया के विश्लेषण की ज़रूरत है। जब लोग अपनी ही संस्कृति का विषय बन जाते हैं, तो उनकी रचनात्मक अभिव्यक्ति में स्व-आश्वस्ति और सहजता होती है, इसलिए वे संवाद की एक विशिष्ट और प्रभावी भाषा गढ़ते हैं भले ही उसका व्याकरण अनगढ़ हो, क्योंकि उनके मुहावरे प्रामाणिक होते हैं। लेकिन जब लोग विदेश संस्कृति के अभिप्राय बन जाते हैं तो एक भारी बदलाव आता है। अचानक, किसी रचनात्मक कार्य के बारे में फ़ैसला उसके अंतर्निहित मूल्य को ध्यान में रखकर या किस विरासत से यह आया है या हिस्सा है, इस आधार पर नहीं होता है बल्कि इस आधार पर कि एक बाहरी व्यक्ति की संस्कृति के यह कितना अनुरूप है और उसमें इसे किस हद तक समझा गया है। यह प्रक्रिया उस समय ज़्यादा विकृतिकारी हो जाती है जब यह बाहरी उस समय का प्रभावी राजनीतिक और सैनिक ताक़त होती है और उसकी आँखों में पूर्वाग्रह और रियायत का भाव होता है। जब यह होता है, सहजता एक संकोची सामान्य दर्जे में बदल जाती है; रचनात्मकता खुद को साबित करने की अनुमति मांगती है; प्रामाणिकता नक़ल तक नीचे गिर जाता है; आत्मविश्वास की जगह नकार ले लेता है। एक पूरी संस्कृति खुद को ऐसे व्याख्यायित करने की कोशिश करती है जो उसको किसी तरह प्रभावशाली बाहरी की स्वीकृति दिला सके। वस्तु में बदल दिए गए लोग इसके बाद एक विचित्र वस्तु के रूप में ही बचे रहते हैं; उसकी ऐतिहासिक भूमिका पर्यवेक्षित की हो जाती है; उनके साथ जो कुछ बाहरी होता है –और कुछ भी अंतर्निहित मूल्य का नहीं होता – उसको समानुक्रमित किया जाता है, वर्गीकृत किया जाता है और इसको जाँचा जाता है और अंततः बाहरी दुनिया के लिए वे

व्यंग्य-चित्र बन जाते हैं, अपने खुद के सांस्कृतिक वातावरण से अलग और सदा के लिए अन्यदेशीय – नक़ल की अपनी बेहतर कोशिशों के बावजूद।

नैसर्गिक कलात्मक विकास में यह बाधा, यह 'दोलन' को साबित किया जा सकता है पर ब्रिटिश पसंद को थोपने का काम किसी खाली साँचे पर नहीं हुआ। सिंधु घाटी के चित्रित मिट्टी के बर्तन 3000 सदी ईसा पूर्व के हैं और ये इस बात के सुबूत हैं कि उसी समय रेखा और रंग विकसित हो चुके थे। अलेक्जेंडर गाट्लीब बॉमगार्टन ने 1735 में 'अस्थेटिक्स' शब्द को गढ़ा पर इसके कोई दो हज़ार साल पहले *नाट्य शास्त्र*, जिसका ज़िक्र हम पहले कर चुके हैं, ने सौंदर्य शास्त्र की संरचना और इससे जिस तरह के रस या भाव पैदा होते हैं उसका विश्लेषण कर दिया था। चित्रकारी के क्षेत्र में विशेषकर, कई प्राचीन ग्रंथ उपलब्ध हैं। *विष्णुधर्मोत्तर*, जिसकी रचना दूसरी सदी में हुई, चित्रकारी के नियमों, किस तरह की वस्तुओं का प्रयोग करना चाहिए, इसकी तकनीक और रंगों के बारे में विस्तार से चर्चा करनेवाला ग्रंथ है। इतने पहले लिखे गए इस ग्रंथ में जोर इस बात पर दिया गया है कि कैसे अपने अंदर की मूल बात को बाहर लाया जाए, सिर्फ़ इसके भौतिक प्रतिनिधित्व तक यह सीमित नहीं है। इस तरह, विभिन्न मनोभावों या रसों को प्रकट करने के लिए अलग-अलग रंगों के प्रयोग की बात सुझाई गई है – व्यंग्य के लिए उजला, श्रृंगार के लिए गहरा नीला, क्रोध के लिए लाल, भयानक के लिए काला, करुणा के लिए धूसर, पीला लिए हुआ उजला वीरता के लिए और पीला अद्भुत के लिए। भित्तिचित्र, पूरे प्राचीन काल में आम था, और अजंता के भित्तिचित्र जो इस परंपरा की उत्कृष्टता का प्रतिनिधित्व करते हैं, गुप्तकाल में पाँचवीं और छठी सदी में बनाए गए। यह परंपरा जारी रही, इस बात का प्रमाण है एलोरा की चित्रकला जोकि आठवीं और दसवीं सदी की हैं और केरल और राजपूताना के राजमहलों और गुजरात के जैन मंदिरों में मौजूद मध्यकाल के भित्तिचित्र।

मुग़लों के आगमन के बाद इसमें एक नया तत्व जुड़ गया। सोलहवीं सदी में, बादशाह अकबर ने एक शाही चित्रशाला शुरू की जिसमें संपूर्ण भारत से सर्वाधिक प्रतिभाशाली कलाकारों को उन्होंने अपने दरबार में आमंत्रित किया। इस शाही संरक्षण द्वारा उस समय हिंदू और पर्शियन कला का सम्मिलित रूप सामने आया और आनेवाले बादशाहों, जहांगीर और शाहजहाँ के शासनकाल में यह और मज़बूत हुआ। मुग़लकालीन कला काफ़ी व्यापक थी और इसमें जीव-जंतु, जंगल-पहाड़, परिदृश्य, चित्र और सचित्र पांडुलिपियाँ शामिल थीं। इस काल की सर्वाधिक श्रेष्ठ कलाकृति लघुचित्र शैली में है जो मुग़ल दरबार से निकलकर राजस्थान और हिमालय की तलहटी में मौजूद हिंदू राजाओं के साम्राज्यों तक फैल गई। इन कलाकारों के कला के विषय वस्तु उनके अपने परिवेश और इतिहास के थे – इनमें से अधिकांश कलाकृतियाँ राधा और कृष्ण के बीच प्रणय से

संबंधित है लेकिन उतने ही महत्वपूर्ण थे अन्य विषय भी, जैसे शास्त्रीय रागों पर आधारित रागमाला या फिर मौसमों के बदलने पर आधारित बारहमासा लघु चित्र।

ब्रिटिश ने इस क्षेत्र पर जो अपनी मर्ज़ी की कलात्मकता थोपी उसको इस संदर्भ में देखना जरूरी है ताकि इसकी वास्तविक प्रकृति को समझा जा सके कि कैसे इसने परंपरा और सांस्कृतिक विकास को तहस-नहस कर दिया। अपने अलावा किसी और विश्व दृष्टि को अपनाने की योग्यता का नहीं होना और इस बारे में अनिच्छा से लैश, ब्रिटिश यह नहीं समझ सके कि जिन कलाकारों ने अजंता के भित्तिचित्रों को बनाया उनको किसी रूप को वैसे ही चित्रित करने की चिंता नहीं थी जितना इसके अंदर हिलोरें मार रही आंतरिक भावों को उकेरने की। इस स्थिति में उनका फ़ैसला था कि भारतीय कलाकारों को चित्र बनाना नहीं आता और उन्हें प्रशिक्षित करने की ज़रूरत है। वर्तमान कला कौशलों को संरक्षण देने का कोई सवाल ही नहीं था; उनका सारा ध्यान इनके बदले तत्कालीन यूरोपीय कला परंपराओं को स्थान देना था। इसलिए, जब विलियम डैलरिंपल कहते हैं, "अंग्रेज़ी कागज़ पर अंग्रेज़ी जलरंग के साथ प्रस्तुत की गई मुग़ल तकनीक ने कंपनी स्कूल ऑफ़ आर्ट की नींव डाली,"[71] तो विस्मित हुए बिना नहीं रहा जा सकता। उनका आकलन अनायास ही उपनिवेशी परियोजना को स्वच्छ-धवल कर देता है और इसे दो बराबर के बीच हुआ आदान-प्रदान करार दे देता है और उस समय मौजूद संशोधनवाद की धारणा को आगे बढ़ाता है, जिसने साम्राज्य की गरिमा को अनुक्रमित किया और उपनिवेशवादी नीतियों को या तो प्रबुद्ध हस्तक्षेप के रूप में या साम्राज्यवादी कृपा के रूप में पेश किया। भारत ने पिछले हज़ारों सालों में असंख्य प्रभावों को आत्मसात किया पर ब्रिटिश के साथ उसका यह संवाद अलग था, क्योंकि यह बातचीत पर आधारित नहीं होकर निर्देश पर आधारित था, एक दूसरे से संवाद पर आधारित नहीं होकर अस्वीकार पर आधारित था और इसलिए इसने संश्लेषण की किसी भी संभावना को समाप्त कर दिया जोकि दोनों ही संस्कृतियों को समृद्ध करता। जैसाकि प्रतिभाशाली कला इतिहासकार शक्ति माइरा ने कहा है: "ब्रिटिश उपनिवेशीकरण तक, भारतीय कला... के अपने चरण, अपनी गति और विकास थे। संरक्षकों ने इसके आकार को दोबारा गढ़ा, जैसा मुग़लकाल में हुआ जिसमें उन्होंने धार्मिक रूप से ज़्यादा उचित, अमूर्त, ज़्यादा फूल-पत्तियोंवाली या ज़्यादा पर्शियन कला को तरजीह दी और इसके बावजूद इसने भारत की पहले से मौजूद कला को एक व्यापक विस्तार दिया। पहले से मौजूद कला या ग़ैर-इस्लामिक कला को विस्थापित करने या जड़ से उखाड़ देने के बदले, इसमें कुछ जोड़ा गया। मंदिर और बड़े पैमाने पर कला में निरंतरता बनी रही और उसके आत्मविश्वास को यह कहकर कोई धक्का नहीं पहुँचाया गया कि वह निचले दर्जे का, आदिम, अकुशल, अप्रगतिशील या तुच्छ है। पर यह सब कुछ ब्रिटिश के साथ हुआ और समकालीन कला परिदृश्य में

अभी तक भारत उस चोट से नहीं उबरा है जो उस दौरान उसके आत्मविश्वास को पहुँचाई गई थी।"[72]

अगर कंपनी स्कूल ने कलाकारों को उनके विषय और उनकी तकनीक से हटाने को मजबूर किया ताकि कला क्लर्कों की एक पूरी नई पीढ़ी तैयार हो सके, बॉम्बे और कलकत्ता में उन्नीसवीं सदी के मध्य में जो औपचारिक कला विद्यालयों की स्थापना हुई, उनका ध्येय भारतीय कलाकारों को 'रॉयल एकेडमी' की चित्रकारी शैली में दीक्षित करना था। भारत में बरानेत्सू के पहले उपाधि पानेवाले सर जमशेदजी जीजेभोय, के नाम पर जे.जे. स्कूल ऑफ़ आर्ट्स की स्थापना हुई। उन्होंने मार्च 1857 में स्थापित इस कॉलेज की स्थापना के लिए एक लाख रुपए का शुरुआती अनुदान दिया। इस कॉलेज के पहले प्रिंसिपल थे लॉक्वुड किपलिंग और उनका बेटा रुडयार्ड किपलिंग इसी कैम्पस में पैदा हुआ। कलकत्ता का गवर्नमेंट स्कूल ऑफ़ आर्ट की स्थापना 1864 में हुई और एचएच लॉक इसके पहले प्रिंसिपल थे। इन कॉलेजों से चित्रकारों की एक पीढ़ी पैदा हुई जिन्होंने ब्रिटिश अकादमिकों से यूरोपीय कला के श्रेष्ठ सिद्धांतों को सीखा था। भारतीय कलाकारों को 'उन्नत बनाने' का ईसाई धर्म संबंधी उद्देश्य ताकि वे यूरोपीय स्तरों तक ऊपर उठें और उससे प्रेरणा लें, कभी भी संदेह के घेरे में नहीं रहा। जे.जे. स्कूल ने अपनी पहली वार्षिक रिपोर्ट में भारतीय कलाकारों की आदतों की चर्चा की कि, "वे कुछ भी नया किए बिना और वास्तविक जीवन की ओर देखे बिना परंपरागत कंपोज़िशन को दोहराते हैं जो उनको विरासत में मिली है। इसलिए सुधरने के बजाय उनमें और गिरावट आ जाती है। हिंदू मंदिरों के हर भाग में मनुष्यों और जानवरों की विकृत छवियाँ इतनी ख़राब हैं कि इनको सुधारा नहीं जा सकता। वनस्पतियों की इनकी बनाई मूर्तियाँ पूर्ति तरह चरित्र में अमूर्त हैं। ऐसा लगता है कि इस दोषपूर्ण और डिज़ाइन के कृत्रिम तरीक़े को कला के यूरोपीय शैली से जो मिला है उसको नष्ट किए बिना दोबारा बनाने का सबसे सुरक्षित रास्ता है छात्रों को प्रकृति की वस्तुओं, पुरुषों और स्त्रियों को ईमानदारी से नक़ल करने को कहा जाए। ...इस तरह, समय रहते डिज़ाइन का एक स्कूल सामने आएगा, जो वैसे तो सच्चे अर्थों में देशी होगा, पर यह शुद्धता, सचाई और प्राकृतिक सुंदरता में यूरोपीय प्रेरणा का ऋणी होगा, लेकिन अपनी वस्तुओं को यह पूर्णतया भारतीय शैली में ढालेगा।"

उन्नीसवीं सदी के अंतिम दशकों में बंगाल स्कूल कला में इस उपनिवेशी पूर्वाग्रह के ख़िलाफ़ प्रतिक्रिया के रूप में सामने आया और यह दूसरा 'दोलन' साबित हुआ, इस बार इसने विपरीत दिशा में, उपनिवेशकाल से पहले की कलात्मक परंपराओं की ओर कदम बढ़ाया। यह आंदोलन ईबी हैवल की देखरेख में शुरू हुआ जोकि 1896 से 1905 तक कलकत्ता आर्ट कॉलेज के प्रिंसिपल थे। हैवल, जैसेकि हम चर्चा कर चुके

हैं, इस बारे में आश्वस्त थे कि भारतीयों को अपनी परंपराओं की ओर लौट जाने की ज़रूरत है। रवीन्द्रनाथ के चचेरे भाई अबनींद्रनाथ टैगोर को उन्होंने कॉलेज का वाइस प्रिंसिपल नियुक्त किया था और उन्होंने कॉलेज में लगे औसत दर्जे के यूरोपियन तस्वीरों की प्रतियों और ग्रीक मॉडलों के प्लास्टर साँचों को हटाना शुरू किया। बंगाल स्कूल की पुनरुत्थानवादी विचारधारा भारत के अतीत के दर्शन और विरासत से बहुत ज़्यादा प्रभावित थी और हिंदू महाकाव्यों, अजंता के भित्तिचित्रों, मुग़ल और राजपूत लघुचित्रों से प्रेरणा ली। घड़ी की सुई को पीछे की ओर ले जाने का निर्णय जानबूझकर लिया गया था और इसके लिए ऐसे लोगों का समर्थन मिला जो अचंभे में डालनेवाला था। जापानी चित्रकारों का एक दल बीसवीं सदी के शुरू में कलकत्ता दौरे पर आया था और इसमें सर्वाधिक प्रसिद्ध चित्रकार काकुज़ो ओकाकुरा भी शामिल थे जिन्होंने पश्चिम के अंधानुकरण का विरोध किया और उन्होंने यह दिखाया कि अजंता की शैली में रेशम और काग़ज़ पर कैसे चित्र बनाया जा सकता है।

उपनिवेशवाद किस तरह के विरोधाभासों को जन्म देता है, यह उस पर एक टिप्पणी है कि बंगाल स्कूल की ऊँची मंशा को सभी भारतीयों का भी समर्थन प्राप्त नहीं था। कलकत्ता कॉलेज के छात्रों ने हड़ताल की और स्थानीय प्रेस ने भी इसका विरोध किया और भारत के अतीत की भर्त्सना करने और उसे अधोगामी बताकर पश्चिमी आधुनिकता को गले लगाने की बात की निंदा की। यह विचारधारात्मक भ्रम जहां, जो पश्चिमी है उसको संगत मानना भले ही वह अन्यदेशीय है, और जो देशी है उसको असंगत मानना, उपनिवेशवाद का सबसे घातक परिणाम है। यह सही है कि किसी भी पुनरुत्थानवादी प्रयास के तीव्र हो जाने का ख़तरा होता है और अबनींद्रनाथ और उनके समर्पित अनुयायियों की कुछ आलोचना पूरी तरह से ग़लत नहीं थी। विद्वान कला समीक्षक और कलकता आर्ट कॉलेज 1960 के दशक में प्रिंसिपल रह चुके मुकुल डे का यह कहना सही है कि बंगाल स्कूल के कलाकार, "शुरू में आधुनिक जीवन से डरे हुए थे कि कहीं वे नक़ल करने में फँस कर न रह जाएं। इसकी वजह से उन्होंने लैंड्स्केप या पोर्ट्रेट्स, वर्तमान समय की वस्तुओं और घटनाओं के चित्रण को नज़रंदाज़ किया, इसलिए उनकी कृतियाँ इस अर्थ में कृत्रिम बनी रहीं कि ये उनके अपने वास्तविक अनुभव के प्रतिफल नहीं थे, बल्कि एक स्वप्न-लोक था जिसमें रंग भरकर और उसको स्वरूप देकर उन्होंने उसे वास्तविक बना दिया। ...उनके स्वप्नवत जीवन को अभिव्यक्ति देने के लिए चित्रकारी को सबसे बढ़िया माध्यम पाया गया और इसलिए अबनींद्रनाथ के शिष्यों के पहले समूह ने मूर्तिकला, स्थापत्य कला या कृतियों को दोबारा उकेरने की तकनीकों लिथोग्राफी, वुडकट, एचिंग आदि को पूरी तरह नज़रंदाज़ किया। तैल रंग को भी नापसंद किया गया, क्योंकि इसे निर्णायक रूप से यूरोपीय माना गया।"

बंगाल स्कूल का शुद्धतावादी फूहड़पन समय के साथ नरम पड़ता गया; नंदलाल बोस और जामिनी रॉय जैसे कलाकार लोक कलाओं के मुहावरों में डूब गए और ऐसी कलाकृतियों की रचना जिनमें कलात्मक अपील काफ़ी थी और ये पुराने दिनों की जकड़ी हुई आत्मचेतना के शिकार भी नहीं थे। लेकिन उपनिवेशपूर्व अतीत का जानबूझकर गौरव गान करने की प्रतिक्रिया होगी, यह तय था। तीसरा 'दोलन' काफ़ी बाद में, स्वतंत्रता प्राप्ति के बाद हुआ जब देश के कई भागों में प्रमुख चित्रकारों ने बंगाल स्कूल के पुनरुत्थानवाद और सरकारी कला महाविद्यालयों में पढ़ाई जानेवाली रॉयल एकेडमी की शैली दोनों के विरोध में खड़े हुए। इस घटना ने प्रोग्रेसिव आर्टिस्ट्स ग्रुप (पीएजी) के गठन का रास्ता साफ़ किया, जिसकी स्थापना 1947 में एफ एन सूज़ा, के एच आरा और एस एच रज़ा ने की और इसमें एम एफ हुसैन, एच ए गाड़े और एस के बाकरे भी शामिल थे।

भारतीय कला में ब्रिटिश के आने के बाद तीन 'दोलन' उपनिवेशवादी विकृति का प्रत्यक्ष परिणाम था। कंपनी स्कूल जिसने प्रतिक्रियाओं की एक श्रृंखला को जन्म दिया था, विगत से नाता ज़बरन तोड़ दिया था; बंगाल स्कूल इसकी ओर वापसी का एक प्रयास था; और प्रोग्रेसिव आर्टिस्ट्स ग्रूप और इसके सहयोगी संगठन ने इन दोनों के प्रति अपने ग़ुस्से का इज़हार करते हुए उपनिवेशी तकनीकों को लादने और अतीत को बिना किसी सोच-विचार के पुनर्जीवित करने का विरोध किया। इसलिए, डेढ़ सौ साल से अधिक समय से भारतीय कला का मतलब सिर्फ प्रतिक्रिया से था, सामान्य विकासवादी प्रगति से नहीं। विकासात्मक प्रगति एक विलासिता की तरह थी, जिसका आनंद उपनिवेशवादी सत्ता ही उठा सकता थी। इस विकासवादी प्रगति के अंतर्गत, मौलिक बदलाव का अवसर था जैसे उदाहरण के लिए डाडेइज़्म, क्यूबिज़म और यूरोपीयन अवां गार्द का सम्पूर्ण कोष, लेकिन ये सभी बदलाव अंदर की उत्तेजना से पैदा हुए थे, बाहर से थोपी गई किसी बात की प्रतिक्रिया के ये परिणाम नहीं थे। जिन को उपनिवेशित किया गया था उनको क्या विकल्प उपलब्ध थे उससे अंतर स्पष्ट है – भारतीय कलाकारों को अपने स्वाभाविक कलात्मक विरासत का अपने अंदर दमन करने के अलावा और कोई विकल्प उपलब्ध नहीं था ताकि वे कंपनी स्कूल की अर्हता को पूरी कर सकें; बंगाल स्कूल की नेकनीयत अग्रिम पंक्ति के कलाकार उपनिवेशवादियों ने जो बातें थोपी थीं, उनको समाप्त करने के लिए आँख मूँदकर अतीत की ओर लौटने के अलावा कुछ सोच भी नहीं सकते थे; और सूज़ा और उनके जैसे अन्य लोगों के लिए सिर्फ यह जरूरी था कि वे इन दोनों ही तरह की प्रतिक्रियाओं के ख़िलाफ़ खड़े हों। कंपनी स्कूल के प्रसिद्ध भारतीय कलाकार जिन्होंने विदेशियों की जिज्ञासा को ध्यान में रखते हुए बाज़ार के दृश्यों और धार्मिक मेलों और जुलूसों का चित्र बनाया था और नाइयों, लुहारों और बुनकरों

के आदम-क़द चित्र बनाए थे, वे अपनी इच्छा के ख़िलाफ़ अपना उपहास करा रहे थे। बंगाल के कलाकार जो ऐसा कुछ भी प्रयोग नहीं करना चाहते थे जो उनके गौरवशाली अतीत का हिस्सा नहीं था, अब इस सीमा को स्वीकार कर अपनी ही प्रतिभा का मज़ाक़ उड़ा रहे थे। और बॉम्बे के प्रोग्रेसिव आर्टिस्ट्स किसी शर्त से बंधे बिना अराजकतापूर्ण स्वतंत्रता की मांग कर रहे थे, जो अपने अतीत से अपना संबंध तोड़ने के क्रम में, अनजाने में भविष्य के अपने विद्रोही दृष्टिकोण का मज़ाक़ उड़ा रहे थे। पीएजी और स्वतंत्रता प्राप्ति के बाद के इसी तरह के अन्य समूह और विशेषकर तेज तर्रार सूज़ा काफ़ी हद तक अस्वाभाविक रूप से यूरोपीय आधुनिकतावाद से प्रभावित थे जिन्हें प्रमुख कला समीक्षक जॉन बर्गमैन को यह टिप्पणी करनी पड़ी कि, "सूज़ा कई परंपराओं में अपना पैर जमे होने की बात करते हैं पर वह किसी को भी अपना नहीं पाए हैं।"

हमने रचनात्मक अभिव्यक्ति – चित्रकारी – के क्षेत्र के बारे में विस्तार से ज़िक्र किया है सिर्फ यह दिखाने के लिए कि उपनिवेशी शासन ने प्राचीन सभ्यताओं की कलात्मक परंपराओं की यादों और उसके विकास को कैसे प्रभावित किया। यह बहुत ही विकसित सौंदर्य के आत्मविश्वास से भरे उत्तराधिकारी को निस्सहाय लेकिन शासक की संस्कृति का इच्छुक सहायक उपस्कर बना देता है और उन बाध्यताओं को स्वीकार करने के लिए उन पर इस तरीक़े से दबाव डालता है कि अपने सर्वाधिक सुविचारित-अभिव्यक्ति में भी यह विकृति लगती है।

अगर तुर्की आक्रांताओं और भारत में इसके बाद के मुस्लिम राजवंशों के प्रचंड विनाश ने हिंदू सभ्यता के स्वाभाविक विकास को आतंकित कर दिया और उसको उसके कई सर्वाधिक मूल्यवान सांस्कृतिक कलाकृतियों से वंचित कर दिया, ब्रिटिश शासन ने हिंदू दिमाग़ को उपनिवेशित किया और उसका आत्मसम्मान और आदर उससे छीन लिया। उसने उपनिवेशी शासन के सभ्यतागत प्रभुत्व को फैलाने में इच्छुक सह-अपराधियों की एक फ़ौज पैदा कर दी और यह प्रक्रिया और ज़्यादा विडंबनापूर्ण थी, क्योंकि अधिकांश मामलों में ऐसा पीड़ित के सहयोग से किया जाता था जिनको सफलतापूर्वक यह समझा दिया गया था उनका अतीत आदिम या असंगत था या बोझ था और इससे मुक्ति का रास्ता यह है कि शासकों के सांस्कृतिक, आर्थिक और राजनीतिक आदर्श की नक़ल की जाए। हिंदू धर्म ने खुद को दुबारा गढ़ा जिसकी वजह से वह इस्लामिक आक्रमण के बावजूद बचा रहा जिसमें भक्ति आंदोलन के लोकतंत्रीकरण और विकेंद्रीकरण ने महत्वपूर्ण भूमिका निभाई। निस्संदेह, ऐसे कुछ क्षेत्र थे जिनमें इस्लाम के साथ सांस्कृतिक मेल हुआ जिसने दोनों संस्कृतियों को समृद्ध किया पर इसने इस चुनौती की गंभीरता को समाप्त नहीं कर दिया जो हिंदू धर्म और हिंदू संस्कृति को बचे रहने के लिए झेलना पड़ा। दूसरी ओर, ब्रिटिश शासन की वजह से शासकों का कोई

महत्वपूर्ण भारतीयकरण नहीं हुआ; ब्रिटिश शासकों का भारतीय परिवेश में समावेश मुस्लिम शासन की तुलना में काफ़ी सीमित था। हालाँकि, देशी लोगों के दिमाग़ को उपनिवेशित करने के लिए ब्रिटिश परियोजना का प्रसार कहीं ज़्यादा गहरा था और यह भाषा, रचनात्मकता, विचारों की प्रक्रिया और अपने धर्म का खुद अपमान करने तक चली आई थी। हमने यह दिखाने का प्रयास किया है कि इस उपनिवेशीकरण ने कैसे कुछ महत्वपूर्ण व्यक्तियों के संदर्भ में काम किया और इसकी व्यापक प्रक्रिया समानांतर ढंग से कैसे हमारे सामने फैला। अंततः, ब्रिटिश हमले का प्रयोग शासकों ने हिंदुओं की नज़र में हिंदू धर्म और हिंदू सभ्यता का अवमूल्यन, उसको कमतर बताने और उसको अपमानित करने के लिए किया। जैसाकि कपिला वात्स्यायन ने लिखा है: "हम खुद के लिए देखने की वस्तु बन गए और अपने जीवन का विषय नहीं रहे। भोक्ता और दृष्टा के बारे में उपनिषद के विचार की जगह हमारे विचारों और भाषणों की श्रेणियों को हम जिस तरह की ज़िंदगी जीते थे उसके संदर्भों से अलग कर यहाँ रख दिया। कई ऐसे लोग थे जिन्होंने पहले 'दूसरे' के बौद्धिक ज्ञान का प्रयोग 'खुद' को समझने के लिए किया था, उनके दिमाग़ में यह निश्चित दरार पैदा हुई... हम खुद को एक मृत अतीत का अवशेष, स्थापत्य का एक मूल्यवान साक्ष्य समझने लगे।"[73]

इसके मनोवैज्ञानिक परिणाम, विशेषकर एक ऐसी सभ्यता के लिए जोकि दुनिया की सबसे परिष्कृत और उन्नत सभ्यता थी, ने कभी न मिटनेवाला प्रभाव डाला है और 1947 में राजनीतिक स्वतंत्रता मिलने के दशकों बाद आज भी यह अपनी अभिशप्त छाया इस पर डाल रहा है।

6

आधुनिक गणतंत्र की चुनौती

भारत को 15 अगस्त, 1947 को स्वतंत्रता प्राप्त हुई। 26 जनवरी, 1950 को संविधान अपनाने के साथ ही देश ने एक गणतंत्र बनने का संकल्प लिया। स्वतंत्रता संग्राम, हालांकि एक एकाश्म या मोनोलिथ नहीं था, परंतु फिर भी यह बड़े पैमाने पर महात्मा गांधी द्वारा संचालित था। अंग्रेजों के भारत से जाने से पहले हमें विभाजन का भयानक मंजर देखना पड़ा। मुस्लिम-बहुल देश पाकिस्तान का जन्म हुआ। लाखों लोग विस्थापित हुए। बड़ी संख्या में मुसलमान पाकिस्तान की ओर बढ़ रहे थे और वहां से हिंदू भारत आ रहे थे। लोगों के इस विवर्तनिक आवाजाही के बीच अकल्पनीय हिंसा और क्रूरता थी।

स्वतंत्रता आंदोलन के शुरुआती दिनों से ही कुछ मुसलमानों के बीच डर व्याप्त था कि स्वतंत्रता के बाद हिंदू-बहुल भारत में उनकी स्थिति कमजोर रह जाएगी। मुसलमान बुद्धिजीवियों के बीच एक प्रमुख आवाज सैयद अहमद खान, जिन्होंने 1886 में अलीगढ़ मुस्लिम विश्वविद्यालय की स्थापना की, इस दिशा में अपनी आशंकाओं को व्यक्त करने वाले पहले व्यक्ति थे। 1887 में जब एक मुसलमान, बदरुद्दीन तैयबजी को भारतीय राष्ट्रीय कांग्रेस का अध्यक्ष चुना गया, तो उन्होंने इस आधार पर इसका विरोध किया कि हिंदू-मुस्लिम एकता का कोई भी प्रयास मुसलमानों के लिए हानिकारक होगा, क्योंकि वे शैक्षिक और आर्थिक रूप से एक असुरक्षित अल्पसंख्यक थे और भारी हिंदू बहुमत के कारण वे संकट में होंगे।

रूढ़िवादी देवबंद मदरसा 1866 में आरंभ किया गया, जिसका उद्देश्य मुस्लिम पुनरुत्थानवाद का नेतृत्व करना था। 1906 में, मुस्लिम नेताओं का एक प्रतिनिधिमंडल - जिसे शिमला प्रतिनिधि-मंडल कहा जाता है - ब्रिटिश वायसराय लॉर्ड मिंटो से मिला और मुसलमानों के लिए अलग निर्वाचक मंडल और मुसलमानों के लिए उनकी आबादी के अनुपात से अधिक प्रतिनिधित्व की मांग की। अंग्रेजों ने, जो *फूट डालो और राज करो* के खेल में माहिर थे, मुसलमान जो कुछ भी चाहते थे, उसे स्वीकार कर लिया और उसी वर्ष मुस्लिम लीग का जन्म हुआ। 1930 में, प्रसिद्ध कवि मोहम्मद इकबाल ने स्पष्ट रूप से उत्तर-पश्चिम में मुसलमानों के लिए एक अलग राष्ट्र के विचार की बात की, जहां वे बहुसंख्यक थे। 1940 में, मोहम्मद अली जिन्ना के नेतृत्व में मुस्लिम लीग ने पाकिस्तान

के निर्माण के लिए एक प्रस्ताव पारित किया। जो अपरिहार्य था, वह 1947 में हुआ, और भारत, यानी हिंदुस्तान, को दो अलग-अलग राष्ट्रों के निर्माण के लिए विभाजित कर दिया गया।

यहां उद्देश्य विभाजन के कारणों का विस्तृत या कालानुक्रमिक विवरण देना नहीं है। शायद कांग्रेस ने भी गलतियाँ कीं, जैसे कि 1937 में जब उसने मुस्लिम लीग के साथ संभावित समझौते को अस्वीकार कर दिया, या 1946 में, जब उसने एक संयुक्त भारत के भीतर तीन उप-संघों के निर्माण को अस्वीकार कर दिया, जैसाकि जिन्ना द्वारा मुस्लिम-बहुल क्षेत्रों के आधार पर प्रस्तावित किया गया था। निश्चित रूप से, ब्रिटिश वायसराय लॉर्ड माउंटबेटन पाकिस्तान के निर्माण की अनिवार्यता के बारे में समय से पहले ही आश्वस्त हो गए थे, और कांग्रेस नेताओं को इसे स्वीकार करने के लिए राजी करने में उन्होंने महत्वपूर्ण भूमिका निभाई। हालांकि, पाकिस्तान बनने और बड़ी संख्या में मुसलमानों के वहां जा बसने के बाद भी, मुसलमानों की एक बड़ी संख्या भारत के सबसे बड़े अल्पसंख्यक का गठन करने के लिए यहीं रह गई।

बारहवीं शताब्दी में तुर्क आक्रमण और अठारहवीं शताब्दी में ब्रिटिश विजय के बाद, 1947 में पहली बार हिंदू अपने देश में अपने संख्यात्मक बहुमत के संदर्भ में प्रमुख शक्ति बने। लेकिन यह नई और प्रचंड स्वतंत्रता भी गणतंत्र की शर्तों से बंधी थी, जैसाकि संविधान में स्पष्ट रूप से निर्धारित है। आगे का कार्य अतीत की अधीनता के मलबे पर एक नए भारत का निर्माण करना था और उस लक्ष्य के हिस्से के रूप में – जैसाकि अधिकांश हिंदुओं की अपेक्षा थी - नए राष्ट्र के विमर्श और व्यवहार में हिंदू सभ्यता को उसका उचित स्थान दिलाना था। इसमें क्या होना चाहिए था, राह में क्या चुनौतियां और क्या भड़काने वाली चीजें हैं, यह आकांक्षा कहां तक सफल हुई, यह कहां विफल हुआ है और क्या करने की जरूरत है, ये वे पहलू हैं जिन पर हमें सोचने और चिंतन करने की जरूरत है।

उपनिवेशित राष्ट्रों को, विशेष रूप से स्वतंत्रता प्राप्त करने के बाद, अपने इतिहास को पुनः प्राप्त करने की आवश्यकता है। ऐसा इसलिए आवश्यक है, क्योंकि औपनिवेशिक सत्ता उस इतिहास को मिटाने और विकृत करने का प्रयास करती है, और जैसाकि हमने पिछले अध्याय में चर्चा की है, अंग्रेजों ने बड़ी सफलतापूर्वक ऐसा किया भी। हिंदुओं - सभी भारतीयों समेत - को न केवल अपने धर्म के संबंध में, बल्कि उनकी सभ्यता के संबंध में भी उन्हें हीन महसूस कराया गया था और लगातार आलोचना ने एक सहयोजित अभिजात वर्ग का निर्माण किया जोकि - मैकॉले की भविष्यवाणी की दृष्टि से सही - इस भावना को बढ़ाने में सहयोगी था। सही प्रवाह और उच्चारण के साथ बोली जाने वाली अंग्रेजी और पश्चिमी शब्दों में परिभाषित आधुनिकता, इस वर्ग की विशेषता थी और

वे लोग जो इस वर्ग में आते थे, वे ऊपर उठने की चाह रखने वाले अन्य आकांक्षियों के आदर्श थे।

यद्यपि महात्मा गांधी या नेहरू जैसे जन-नेताओं का यह सचेत इरादा नहीं रहा होगा, लेकिन अंग्रेजियत वाले ये अभिजात वर्ग के लोग ही थे जिन्हें अंग्रेजों से सत्ता की बागडोर विरासत में मिली। इस वर्ग के सदस्यों को औपनिवेशिक शासन के तहत शिक्षा के अवसरों से सबसे अधिक लाभ हुआ था; उनमें से कई इंग्लैंड के प्रमुख शिक्षण संस्थानों में शिक्षित हुए थे; वे नौकरशाही, कानूनी पेशे, शिक्षा, सशस्त्र बलों और कॉर्पोरेट क्षेत्र के ऊपरी सोपानकों में प्रमुख पदों पर थे; और वे आमतौर पर धनी, बेहतर सामाजिक स्थिति वाली पृष्ठभूमि से आते थे और एक 'ओल्ड-बॉयज' नेटवर्क' से संबंधित होते थे। भले ही अंग्रेज चले गए हों, लेकिन इस वर्ग के लिए उनकी व्यवस्थाएं, भाषा, सामाजिक रीति-रिवाज, सांस्कृतिक आदतें और आधुनिकता की परिभाषाएं बनी रहीं, और वे भारत के सभ्यतागत अतीत का तिरस्कार करते रहे। भारत से प्रस्थान कर रहे अंग्रेजों की विरासत को आगे बढ़ाने के लिए इन 'भूरे साहबों' को सबसे योग्य माना गया था।

इस धारणा के अनुसार, भारत के पहले प्रधानमंत्री जवाहरलाल नेहरू में, अनजाने में ही सही, परंतु आश्चर्यजनक रूप से अंग्रेजों के एक सहयोगी को देखा जा सकता था। आजकल कुछ लोगों के लिए पंडितजी को बदनाम करना एक फैशन बन गया है। यहां निश्चित रूप से ऐसा कोई इरादा नहीं है। फिर भी सचाई यह है कि - उन्होंने स्वयं अपनी *आत्मकथा* में स्वीकार किया है – वे स्वभाव और संपर्क के मामले में अपने लोगों की तुलना में अंग्रेजों के ज्यादा करीब थे। उन्होंने ईटन और कैम्ब्रिज में अध्ययन किया था, और अपने लगभग सभी प्रारंभिक वर्ष इंग्लैंड में बिताए थे। दिलचस्प बात यह है कि नेहरू अंग्रेजियत वाले वर्ग की संकुचित विचारों पर गौर करने के लिए पर्याप्त समझ रखते थे। 1885 में एक अंग्रेज ए ओ ह्यूम द्वारा स्थापित भारतीय राष्ट्रीय कांग्रेस की प्रारंभिक सदस्यता मुख्य रूप से इसी पृष्ठभूमि के लोगों को मिली थी। जब वे प्रशासनिक और विधायी निकायों में भारतीयों के लिए अधिक प्रतिनिधित्व की वांछनीयता जैसे सार्वजनिक मुद्दों पर चर्चा करने के लिए मिले, तो बातचीत अंग्रेजी में हुई और पूरी व्यवस्था एक ब्रिटिश ड्राइंगरूम की याद दिलाती थी। नेहरू ने 1912 में कांग्रेस के बांकीपुर अधिवेशन में भाग लिया और याद किया: "यह एक अंग्रेजी जानने वाले उच्च वर्ग का मामला था, जहां सुबह की पोशाक में कोट और अच्छी तरह से इस्त्री किए हुए पतलून इसके सुबूत थे। अनिवार्य रूप से, यह एक सामाजिक सभा थी जिसमें कोई राजनीतिक उत्साह या तनाव नहीं था।"[1]

नेहरू ने यह भी गौर किया कि वे भारतीय, जिन्हें सरकार में नियुक्ति मिली, विशेषकर थोड़े ऊंचे पदों पर, उन्होंने अपने अंग्रेजी वरिष्ठों के अनुरूप खुद को ढालने की कोशिश

की। "इस आधिकारिक और मुलाज़मत के माहौल ने घुसपैठ कर ली और लगभग सभी भारतीय मध्यवर्गीय जीवनशैली का अंदाज तय कर दिया, विशेष रूप से अंग्रेजी जानने वाले बुद्धिजीवियों के लिए। पेशेवर व्यक्तियों, वकीलों, डॉक्टरों और अन्य लोगों ने इसके आगे घुटने टेक दिए। ये सभी लोग एक अलग दुनिया में रहते थे, जनता और यहां तक कि निम्न मध्यम वर्ग से कटे हुए थे।"[2] हमेशा की तरह, अंग्रेजों के अनुकरण के साथ भारतीयता की निंदा की गई। नेहरू ने लिखा था कि इलाहाबाद जैसे अपेक्षाकृत छोटे शहर में भी, उनके पिता मोतीलाल, "पश्चिमी पोशाक और अन्य पाश्चात्य तौर-तरीकों की ओर आकर्षित थे, जबकि कलकत्ता और बंबई जैसे बड़े शहरों को छोड़कर भारतीयों के लिए उन्हें अपनाना असामान्य था। ...उन्हें लग रहा था कि उनके देशवासियों का पतन हो गया है और उन्हें जो मिल रहा था, वे उसी के लायक थे। ...उन्होंने पश्चिम की ओर देखा और पश्चिमी प्रगति से बहुत आकर्षित हुए और सोचा कि इसे इंग्लैंड के साथ जुड़ाव के माध्यम से ही पाया जा सकता है।"[3]

उनकी शैक्षिक और पारिवारिक पृष्ठभूमि को देखते हुए कहा जा सकता है कि अंग्रेजी नेहरू की पहली भाषा बन गई थी और वे इस बात को भली-भांति महसूस कर सकते थे कि ऐसा क्यों हुआ था। उन्होंने अपनी आत्मकथा में लिखा, "अंग्रेजों ने भारत में एक नई जाति या वर्ग को जन्म दे दिया था, अंग्रेजी शिक्षित वर्ग, जो अपनी दुनिया में रहता था, जनता, जन-साधारण से अलग।" वे विशेषाधिकार प्राप्त लोगों द्वारा अंग्रेजी को दी जाने वाली अहमियत के बारे में आलोचनात्मक थे। "कुछ लोग कल्पना करते हैं कि अंग्रेजी के भारत की सामान्य भाषा बनने की संभावना है। मुट्ठी भर उच्चवर्गीय बुद्धिजीवियों के संदर्भ को यदि छोड़ दिया जाए, तो यह मुझे एक शानदार अवधारणा लगती है। इसका जन शिक्षा और संस्कृति की समस्या से कोई संबंध नहीं है... हो सकता है कि अंग्रेजी तेजी से तकनीकी, वैज्ञानिक और व्यावसायिक संचार के लिए और विशेष रूप से अंतरराष्ट्रीय संपर्कों के लिए उपयोग की जाने वाली भाषा बन जाए... लेकिन अगर हमें दुनिया के बारे में संतुलित दृष्टिकोण रखना है तो हमें खुद को अंग्रेजी चश्मे तक सीमित नहीं रखना चाहिए।"[4]

1925 की शुरुआत में, कांग्रेस ने एक संकल्प लिया था कि इसकी कार्यवाही, जहां तक संभव हो, हिंदुस्तानी में आयोजित की जाएगी। लेकिन, स्वतंत्रता आंदोलन के अखिल भारतीय नेतृत्व की भाषायी प्रवृत्तियों को देखते हुए, संकल्प धरा रह गया और अंग्रेजी कांग्रेस की आधिकारिक भाषा बनी रही।

स्वतंत्रता आंदोलन में सबसे आगे रहने वालों की अंग्रेजी पर निर्भरता बीतते सालों के साथ बढ़ी ही। यह आंशिक रूप से समझ में आता था, क्योंकि उनके वार्ताकार ब्रिटिश थे और ज्ञापन और याचिकाएं अंग्रेजी में होनी ही थीं। लेकिन यह महत्वपूर्ण है कि भारत में अंतिम वायसराय लॉर्ड माउंटबेटन ने ऐसा सोचा कि ये लोग (कांग्रेसी) अक्सर अंग्रेजों

से भी ज्यादा अंग्रेज नजर आते हैं। 1968 में दूसरा जवाहरलाल नेहरू स्मृति व्याख्यान देते हुए माउंटबेटन ने याद दिलाया: "वे सभी पेशेवर वकील थे जो कानून और विशेष रूप से ब्रिटिश संवैधानिक कानून में डूबे हुए थे। इस संबंध में वे अंग्रेजों से लगभग अधिक ब्रिटिश थे। वे सभी अंग्रेजी भाषा के उस्ताद थे, वास्तव में हमारे कई ब्रिटिश राजनेताओं की तुलना में अधिक स्पष्ट और विशुद्ध अंग्रेजी बोलते थे। यह केवल चर्चिल ही नहीं थे जिन्होंने गिब्बन और मैकॉले की परंपराओं को आगे बढ़ाया। नेहरू के लिखित और बोले गए शब्दों का शास्त्रीय परिमार्जन वास्तव में यादगार था।"[5]

मोहनदास करमचंद गांधी के आगमन ने भारत के स्वतंत्रता आंदोलन को एक अधिक कट्टरपंथी एजेंडा दिया और इसे एक जन आंदोलन बना दिया। नेहरू उनके समर्पित प्रतिनिधि बन गए और अपने वामपंथी झुकाव के साथ शहरी गरीबों और किसानों के पक्ष में संरचनात्मक परिवर्तन की ओर राष्ट्रवादी उत्थान को आगे बढ़ाने की मांग की। गांधी, जो अधिक व्यावहारिक थे, अक्सर नेहरू के क्रांतिकारी उत्साह पर एक रोक लगाते थे, लेकिन वे दोनों स्वतंत्र भारत में, जिसके लिए वे काम कर रहे थे, अंग्रेजी की भूमिका पर पूरी तरह सहमत थे। उल्लेखनीय रूप से मजबूत और तर्कपूर्ण बयान में, गांधी ने 1921 की शुरुआत में अपने मन की बात कही:

> मेरा मानना है कि जिस तरह से अंग्रेजी की शिक्षा दी गई है, उसने अंग्रेजी पढ़े-लिखे भारतीयों को प्रभावहीन कर दिया है, इसने भारतीय छात्रों की तंत्रिका ऊर्जा पर भारी दबाव डाला है और हमें नकलची बना दिया है। स्थानीय भाषा को विस्थापित करने की प्रक्रिया ब्रिटिशों के संदर्भ में सबसे दुखद अध्यायों में से एक रही है। राम मोहन राय एक बड़े सुधारक होते और लोकमान्य तिलक एक बड़े विद्वान होते, अगर उन्हें अंग्रेजी में सोचने और अपने विचारों को मुख्य रूप से अंग्रेजी में प्रसारित करने की अड़चन से शुरुआत नहीं करनी पड़ती... कोई भी देश अनुवादकों की एक जाति पैदा करके राष्ट्र नहीं बन सकता। भारत को प्रभावित करने वाले सभी अंधविश्वासों में से कोई भी इतना महान नहीं है कि स्वतंत्रता के विचारों को आत्मसात करने और विचार की सटीकता विकसित करने के लिए अंग्रेजी भाषा का ज्ञान आवश्यक हो जाए।[6]

गांधी के विचार समय के साथ बदले नहीं। 1944 में, आजादी से बस कुछ ही साल पहले, उन्होंने उसी लहजे में बात की थी, लेकिन इस बार भविष्य के परिणामों के बारे में पूर्वाभास की भावना के साथ: "अपनी मातृभाषा के स्थान पर अंग्रेजी भाषा के प्रति हमारे प्रेम ने शिक्षित और राजनीतिक विचारधारा वाले वर्गों और जनता के बीच गहरी खाई पैदा कर दी है। जब हम गूढ़ विचारों को मातृभाषा में व्यक्त करने का व्यर्थ प्रयास करते हैं तो हम अटक

जाते हैं। ...परिणाम विनाशकारी रहा है। ...हम अपनी महान भाषाओं की उपेक्षा के कारण भारत को हुए नुकसान का सही आकलन कर सकने के अपने समय के बहुत करीब हैं।"[7]

गांधी ने शुरू से ही महसूस किया था कि भारतीय सभ्यता के बारे में उपनिवेशवादियों की मंशा और उनकी बर्खास्त करने की विरासत को परास्त करने के लिए वास्तविक बने रहना, मिट्टी से जुड़े रहना और दूसरों की नकल न करना आवश्यक था। *हिंद स्वराज* में उन्होंने लिखा: "यह केवल वे भारतीय हैं ...जो ईमानदारी से मानते हैं कि भारतीय सभ्यता सर्वश्रेष्ठ है और यह कि यूरोपीय सभ्यता चार दिन की चांदनी है, जो अंग्रेजी से डरे बिना आवाज उठा सकते हैं।"[8]

यही कारण है कि गांधी ने शासकों के अपमानजनक अनुकरण को त्याग कर और अपने देश की सांस्कृतिक भाषा को अपनाते हुए पहनावे, रीति-रिवाज, खान-पान और चाल-ढाल में भारतीय होने का फैसला किया। आवश्यकता पड़ने पर वह विशुद्ध अंग्रेजी बोल सकते थे, लेकिन उन्होंने अपनी पहली पुस्तक, *हिंद स्वराज*, एक सचेत निर्णय के साथ गुजराती में लिखी। अपने स्वयं के परिवेश से जुड़े रहने की उनकी सहज क्षमता ने उन्हें सांस्कृतिक समानता के साथ अंग्रेजों से मिलने में सक्षम बनाया और उन्होंने अक्सर अंग्रेजों को आश्चर्यचकित कर दिया, जिससे वे हतप्रभ और मानसिक रूप से पराजित हुए। वे उस समय के भारतीयों के उच्च वर्ग से बहुत अलग थे, जो लगभग पूरी तरह से अंग्रेजों की सबसे खराब प्रतियों की तरह थे। चार्ल्स स्मिथ, जो भारत में माउंटबेटन के सेवक और बटलर थे, बताते हैं कि एक दोपहर जब गांधी वायसराय के महल में चाय के लिए आए थे, तो क्या हुआ था। बगीचे में मेजें बिस्कुट और सैंडविच से लदी थीं, लेकिन अपने मेजबानों की ओर देखकर वे सौम्यता से मुस्कुराए और "खाने के लिए अपने साथ लाए दही का एक कटोरा चुना। यहां तक कि उन्होंने लॉर्ड लुई को भी इसे चखने के लिए राजी कर लिया! महोदय ने साहस कर थोड़ा चखा, लेकिन और अधिक लेने से शिष्टाचारपूर्वक मना कर दिया।"[9] एक अन्य अवसर पर, गांधी ने माउंटबेटन के तत्काल सम्मन का अपने अद्वितीय तरीके से जवाब दिया। माउंटबेटन ने लिखा, "मुझे आश्चर्यजनक खुशी हुई यह देखकर की अपने होंठों पर उंगली रखे हुए, वे मेरे स्टडी में प्रवेश करते हैं ताकि मैं समझ जाऊं कि यह उनका मौन का दिन था। इसलिए सारी बातचीत मैं ही करता रहा। उन्होंने बस इस्तेमाल किए गए एक लिफाफों के पीछे कुछ दोस्ताना नोट लिखे।"[10] एक और अवसर पर - इस बार भी वायसराय के महल में - लंच ब्रेक के दौरान गांधी ने जमीन पर एक चटाई बिछाई और खाने के लिए बैठ गए। एक अचंभित ब्रिटिश अधिकारी ने यह नोट लिखा: "मुझे याद है कि गांधी फर्श पर बैठे थे और थोड़ी देर बाद एक लड़की कुछ अजीब-सी पीली चीज लेकर आई थी, जिसे उन्होंने लगभग किसी की आज्ञा लिए बिना ही खाना शुरू कर दिया था।"[11]

इस तरह की सनक, जैसाकि कुछ लोग ऐसा मानना चाहेंगे, केवल बिस्कुट के बजाय बकरी के दूध के दही की श्रेष्ठता, या मौन अपनाने के गुणों या भोजन करते समय फर्श पर बैठने के फायदों के संदर्भ में नहीं थी। वे आत्मा की क्रांति के प्रतीक और अपने उस इरादे की उद्घोषणा थे कि ब्रिटिश अधीनता के तहत भी वे शासकों से अपनी तरह से ही मिलेंगे। यह, निश्चित रूप से, गांधी की खादी की पसंद, जिस तरह से उन्होंने अपने आश्रमों का निर्माण किया और सबसे बढ़कर, अपने स्वयं के सभ्यतागत लोकाचार में उनका सचेत आप्लावन और - जिस पर कि हम बाद में चर्चा करेंगे - इसके बारे में ज्ञान प्राप्त करने से स्पष्ट था और फिर भी, स्वतंत्र भारत में अपनी सभ्यतागत विरासत को पुनः प्राप्त करने की उनकी महत्वाकांक्षा काफी हद तक अधूरी रह गई। अंग्रेजी भाषा के खिलाफ नेहरू की घेराबंदी - और इन सबका सांस्कृतिक दृष्टि से जो मतलब निकलता था - के बावजूद 14 अगस्त, 1947 की मध्यरात्रि के समय जब भारत ने अंततः अंग्रेजों की दासता की जंजीरों को तोड़ा, तब नेहरू का पहला संबोधन, जिसे सुनने के लिए पूरा देश सांस रोककर इंतजार कर रहा था, अंग्रेजी में था। उन्होंने कहा, "काफी साल पहले हमने नियति से एक वादा किया था। और अब उसे निभाने का समय आ गया है।" उन्होंने वाक्पटुता और जोश और नियति की पारदर्शी भावना के साथ भाषण दिया। लेकिन, दुर्भाग्य से, केवल एक छोटा अभिजात वर्ग ही समझ सकता था कि वे क्या कह रहे थे। यहां तक कि मैकॉले की नीति के परिणामस्वरूप तैयार किए गए बिचौलियों पर भी भरोसा नहीं किया जा सकता था कि वे 'ट्रिस्ट' को सही ढंग से समझ या लिख सकते थे। यह वास्तव में एक विडंबनापूर्ण स्थिति थी - एक भारतीय नेता ने स्वतंत्रता के समय अपने लोगों से अपनी भाषा में नहीं बल्कि शासक की भाषा में बात करने का विकल्प चुना, पूरी तरह यह जानते हुए कि उनके अधिकांश हमवतन समझ नहीं पाएंगे कि वे क्या कह रहे थे और फिर भी, किसी को भी यह असामान्य नहीं लगा - न तो उन्हें जो बिना कुछ समझे भाषण सुनते रहे, न ही उन्हें जिन्होंने भाषण सुना लेकिन समझा केवल आंशिक रूप से, क्योंकि उनकी समझ अंग्रेजी के उनके लिपिक ज्ञान तक सीमित थी, और न ही मुट्ठी भर उन लोगों को जो नेहरू की तरह धाराप्रवाह और सहजता के साथ अंग्रेज़ी बोल सकते थे। नेहरू ने ऐसी भाषा में बात की थी, जिसके मुहावरे और भावनात्मक भाव शायद ही लोगों को छू सके। अगर नेहरू हिंदी में बोलते, तो भी हो सकता था कि दक्षिणी या पूर्वी या भारत के कुछ अन्य हिस्सों में बड़ी संख्या में लोग उनकी सारी बातें नहीं समझ पाते। लेकिन कम से कम भाषा उस मिट्टी की होती, एक ऐसे देश की जिसे वे अब वास्तव में स्वतंत्र और अपना कह सकते थे, न कि उन आततायियों की भाषा होती, जिनके जाने का वे जश्न मना रहे थे।

स्वतंत्र भारत के पहले प्रधानमंत्री के रूप में नेहरू ने युवा राष्ट्र का नेतृत्व करने और इसे अलग होने या विघटित होने से रोकने में एक सराहनीय भूमिका निभाई - जैसाकि

बहुतों ने सोचा भी होगा। लेकिन एक तरह से, भारत के अतीत को लेकर नेहरू का दृष्टिकोण बहिष्करण और अधीरता का था, जो भारत की प्रगति और आधुनिकता के लिए एक बाधा थी। इस अर्थ में, वे औपनिवेशिक पूर्वाग्रह की उपज थे और अंग्रेज अभिजात वर्ग के तमाम अन्य लोगों की तरह उन्होंने भी भारतीय संस्कृति और विशेष रूप से हिंदू सभ्यता के प्रति सतही, लेकिन जानबूझकर तिरस्कार को आत्मसात कर लिया था। भारत की स्वतंत्रता के प्रति उनकी प्रतिबद्धता कभी संदेह में नहीं थी, लेकिन इसके बावजूद, वे औपनिवेशिक अंदाज के प्रमुख पहलुओं के प्रदर्शन से बच नहीं सके। उन्होंने अपनी आत्मकथा *एन ऑटोबायोग्राफी* में लिखा, "भारतीय राष्ट्रवाद का विदेशी शासन से नाराज होना स्वाभाविक और अपरिहार्य था, और फिर भी यह उत्सुक था कि हमारे बुद्धिजीवियों की बड़ी संख्या... ने, जानबूझकर या अनजाने में, साम्राज्य की ब्रिटिश विचारधारा को कैसे स्वीकार किया। ...इतिहास और अर्थशास्त्र और अन्य विषय जो स्कूलों और कॉलेजों में पढ़ाए जाते थे, पूरी तरह से ब्रिटिश साम्राज्य के दृष्टिकोण से लिखे गए थे और उनमें अतीत की हमारी कई विफलताओं पर जोर दिया गया था। ...हमने कुछ हद तक इस विकृत संस्करण को स्वीकार किया, और जब हमने सहज रूप से इसका विरोध किया तब भी हम इससे प्रभावित ही हुए।"[12] निस्संदेह, नेहरू भारत के अतीत की औपनिवेशिक आलोचना से प्रभावित नहीं होना चाहते थे, लेकिन वे असाधारण रूप से बोधगम्य थे, वे समझ सकते थे कि किसी की इच्छा के विरुद्ध भी ऐसा क्यों हो सका। इस प्रकार पश्चिमी धारणाओं से अत्यधिक प्रभावित आधुनिकता की चाह और औपनिवेशिक आकलनों से दृढ़ता से प्रभावित अतीत के प्रति अस्वीकृति, उनके वैश्विक दृष्टिकोण के प्रमुख तत्व बन गए और भारतीय लोगों के लिए उनके सुविचारित संबोधनों में ये बार-बार प्रदर्शित हुए।

नेहरू को भारत के भविष्य को अतीत के बोझ से मुक्त बनाना था। उनके लेखन और भाषणों में यह धारणा अक्सर लिखित शब्दों तक सिमट कर रह गई थी, जहां, औपनिवेशिक शब्दावली की नकल करते हुए, भारत का अतीत कूड़े के किसी अंधेरे गड्ढे की तरह रह गया था। यह देश को एक तर्कसंगत, औद्योगिक और वैज्ञानिक राज्य के चमचमाते यूटोपिया की ओर बढ़ने से रोकने की चेतावनी दे रहा था। "भारत को अपने अतीत से अलग होना होगा और इसे वर्तमान पर हावी नहीं होने देना चाहिए," उन्होंने अपनी पुस्तक में लिखा है, जिसका शीर्षक है *भारत एक खोज* और यह काफी विडंबनापूर्ण प्रतीत होता है। "हमारा जीवन अवांछित अतीत से घिरा हुआ है; वह सब जो मर गया है और जिसने अपना उद्देश्य पूरा किया है, उसे अवश्य ही जाना चाहिए।"[13] 'युगों की धूल और गंदगी' जिसने भारत की छवि खराब कर दी, और 'अतिरंजना और निष्फलता जिसने उसकी आत्मा को तोड़-मरोड़ और

आहत कर इसे सख्त फ्रेम में कसकर उसके विकास को रोक दिया", उन्होंने इन सबके खिलाफ आवाज उठाई।[14] उनके लिए परंपरा का कोई मूल्य नहीं था, क्योंकि यह 'मृत विचार और औपचारिकता' से आच्छादित था, और 'अंधविश्वासों और अपमानजनक प्रथाओं के भयानक संचय' द्वारा बुरी तरह से दुर्बल हो चुका था।[15] उन्होंने प्रोत्साहित किया, 'हमें विचार और जीवन जीने के पारंपरिक तरीकों से बाहर निकलना होगा', क्योंकि हो सकता है 'बीते युगों में इनसे भलाई हुई होगी... लेकिन आज ये महत्वहीन हो चुके हैं।'[16]

दिलचस्प बात यह है कि नेहरू द्वारा पुराने और पारंपरिक की जोरदार अस्वीकृति ने सुदूर अतीत को रोमानी बनाने और इसका लगभग पौराणिक रूप में - एक ऐसे रूप में जो कभी शुद्ध और निष्कलंक था लेकिन समय के साथ इसका 'पतन' हो गया था - पुन: आह्वान करने की प्रवृत्ति को दबा नहीं दिया, जो उपनिवेशों के लिए आम थी। वास्तव में, नेहरू ने स्वीकार किया कि वे भारत को भारत माता या मदर इंडिया के रूप में स्वीकार करने के प्रलोभन का विरोध नहीं कर सकते - एक बहुत वृद्ध लेकिन सुंदर महिला, बड़प्पन और महानता से ओत-प्रोत, उसकी सुंदरता 'अंदर से शरीर पर गढ़ी गई', कोशिका दर छोटी कोशिका, "अजीब विचारों और शानदार श्रद्धा और उत्तम जुनून का भंडार।"[17] सिंड्रोम परिचित और पूर्वानुमेय था - उपनिवेशवादी की आलोचना के अनुरूप अस्वीकृति, और उस आलोचना के जवाब में महिमामंडन। हालांकि, नेहरू के मामले में, अतीत के बारे में भावुकता निश्चित रूप से उनके विश्वास की सहायक थी कि भारत को अपने आप को अपनी पकड़ से मुक्त करने की जरूरत है। वह आश्वस्त थे कि जिस नए स्वतंत्र राष्ट्र के वे नेता थे, उसे एक नया जामा पहनना चाहिए, क्योंकि पुराना फटा और मरम्मत से परे था।

भारत के प्राचीन अतीत और हिंदू सभ्यता के ज्ञान और परिष्कार का सुधार उस सबसे महत्वपूर्ण व्यक्ति की इसी मानसिकता का शिकार बन गया, जो स्वतंत्र भारत के प्रारंभिक वर्षों के दौरान शिखर पर था। उनके सहयोगी अंग्रेजी वर्ग के थे, विशेषकर नौकरशाही में। अंग्रेजों द्वारा स्थापित भारतीय सिविल सेवा को - जिसमें भारतीय अर्हता प्राप्त कर सकते थे बशर्ते वे उस तरह के 'बुद्धिमान' मूल निवासियों के लिए आदर्श थे जो साम्राज्य की सेवा कर सकते थे - समाप्त कर दिया गया था, लेकिन योग्यता के मानदंडों में बहुत कम या कोई बदलाव न करते हुए उसे भारतीय प्रशासनिक सेवा द्वारा प्रतिस्थापित कर दिया गया था। अभिजात वर्ग के स्थापित सदस्यों का उन पुरानी व्यवस्थाओं को बनाए रखने में निहित स्वार्थ था जिसका संचालन उनके हाथों में था। भारत के गौरवशाली अतीत के संदर्भ में के प्रति बनावटी हमदर्दी दिखाई गई, लेकिन इसे राष्ट्रीय नीति के साथ एकीकृत करने के लिए बहुत कम किया गया।

आजादी के बाद कई दशकों तक, स्कूलों और विश्वविद्यालयों में शैक्षिक पाठ्यक्रम औपनिवेशिक तर्ज पर जारी रहा। गांधी ने 1921 में ही औपनिवेशिक शिक्षा प्रणाली के खतरों के बारे में चेतावनी दी थी, जिसे शासक के दृष्टिकोण को मजबूत करने के लिए डिज़ाइन किया गया था: "यह याद रखना चाहिए कि पिछले पचास वर्षों से देश में शिक्षा की केवल एक प्रणाली रही है, और अभिव्यक्ति का केवल एक माध्यम देश पर थोपा गया है। इसलिए, मौजूदा स्कूलों और कॉलेजों में शिक्षा के अलावा हमारे पास कोई डेटा उपलब्ध नहीं है कि हम क्या हो सकते थे। हालांकि, हम जानते हैं कि भारत पचास साल पहले की तुलना में अधिक गरीब है। ...शिक्षा प्रणाली इसका सबसे दोषपूर्ण हिस्सा है। इसकी अवधारणा और यह व्यवस्था त्रुटिपूर्ण है, क्योंकि अंग्रेजी शासक वास्तव से स्वदेशी प्रणाली को बेकार से भी बदतर मानते थे। यह पाप में पोषित है, क्योंकि इसकी प्रवृत्ति भारतीय शरीर, मन और आत्मा को बौना बनाने की रही है।"[18]

इस प्रकार, हमारे इतिहास की किताबों में विजयनगर राजवंश के कृष्णदेवराय या राज राजा चोला प्रथम जैसे महान हिंदू राजाओं का बहुत कम उल्लेख है। कौटिल्य के *अर्थशास्त्र* की राजनीतिक अंतर्दृष्टि, या महाभारत के *शांति पर्व* पर ध्यान देने का कोई प्रयास नहीं किया गया। भारतीय इतिहास पर पाठ्य पुस्तकें ज्यादातर ब्रिटिश विद्वानों द्वारा लिखी जाती रहीं। शिवाजी और महाराणा प्रताप जैसे नेताओं को पृष्ठभूमि में ही रखा गया। लगातार यह भय बना रहता था कि मुस्लिम शासन के विरोध में हिंदू नेताओं की भूमिका को असंगत स्थान देने से कहीं इतिहास की शिक्षा 'सांप्रदायिक' न हो जाए। प्राचीन भारत की पुरातनता की खोज जैसे विषयों को अवांछनीय माना जाता था, क्योंकि उसे हिंदू 'महिमागान' माना जा सकता था। भक्ति काल के अभूतपूर्व नवजागरण पर, जो छह शताब्दियों तक चला और जिस दौरान कुछ अति उत्तम भक्ति कविताओं की रचना हुई, मुगल साम्राज्य के राजनीतिक कालक्रम का ग्रहण लगा रहा। छात्रों को अपने देश के बारे में मूल बातें सीखने से पहले इंग्लैंड के भूगोल की शिक्षा मिली। अंग्रेजी शिक्षा का माध्यम बनी रही, विशेष रूप से अभिजात वर्ग के स्कूलों में और जिन स्कूलों में ऐसा नहीं था, या जहां ऐसा करने के साधन अपर्याप्त थे, उन्हें नीची दृष्टि से देखा जाता था, वहां के छात्रों को उपहासपूर्वक 'हिंदी-मीडियम टाइप' में वर्गीकृत किया जाता था।

दर्शन और तत्वमीमांसा - हिंदू और भारतीय सभ्यता के महान योगदान - को दरकिनार कर दिया गया, और पश्चिमी विचार दर्शन विभागों के पाठ्यक्रम पर हावी हो गए। मुट्ठी भर शिक्षाविदों को छोड़कर, छात्र जैमिनी, कपिल, गौतम, कणाद, पातंजलि और आदि शंकराचार्य जैसे दार्शनिकों के विचार के दुस्साहस से अनजान थे। विचार और व्यवहार दोनों के संदर्भ में, हिंदू काल के महान बौद्धिकता संबंधी उदारवाद को याद करने के बहुत कम प्रयास किए गए थे। नालंदा की महान उपलब्धियों को शायद

ही शिक्षण पाठ्यक्रमों में शामिल किया गया हो। भारतीय गणितज्ञों और खगोलविदों द्वारा इस क्षेत्र में प्राप्त महान उपलब्धियों के संदर्भ के बिना ही विज्ञान पढ़ाया जाता था। अंग्रेजी साहित्य के पाठ्यक्रमों की भारी मांग थी, लेकिन पाणिनि का व्याकरण पर मौलिक कार्य, अष्टाध्यायी, व्युत्पत्ति विज्ञान और भाषायी निर्माण पर अनेक कार्यों और संस्कृत और अन्य भारतीय भाषाओं में क्लासिक्स पर ज्ञान प्रदान करने का कोई व्यवस्थित तरीका नहीं था। कुछ स्कूलों ने संस्कृत पढ़ाने का एक कमजोर प्रयास किया, लेकिन भाषा का साहित्यिक कोष पाठ्यक्रम में केवल फुटनोट भर था। शेक्सपियर के नाटकों को पढ़ाया जाता था, लेकिन कालिदास को नजरअंदाज कर दिया गया। महान महाकाव्यों रामायण और महाभारत का विश्लेषण शायद ही किया गया था, और तुलसीदास के *रामचरितमानस* की उत्कृष्ट भावात्मकता और दर्शन बड़े पैमाने पर निजी घरों की धार्मिकता तक ही सीमित थे। अतीत के इतने सारे ज्ञान, जैसे जीवन के चार आश्रम, *भगवद गीता* के निष्काम कर्म और उल्लेखनीय रूप से संतुलित चार पुरुषार्थ या जीवन के लक्ष्य - जो अध्ययन के धर्मनिरपेक्ष क्षेत्र थे - इन सबको अकादमिक परख के लिए अनुपयुक्त माना जाता था।

संस्कृति और रचनात्मकता के क्षेत्र में अक्षम्य भूलने की बीमारी थी। भारत का *नाट्य शास्त्र*, शायद दुनिया का पहला व्यापक कला संग्रह, काफी हद तक गुमनामी तक ही सीमित था। कला के विशिष्ट विद्यालयों के छात्रों को भी सौंदर्य शास्त्र, रस के सिद्धांत पर भारत के मौलिक योगदान - शायद यह भी दुनिया में अग्रणी - के विषय में जानकारी कम ही थी। कला महाविद्यालयों का पाठ्यक्रम आज भी बड़े पैमाने पर स्वरूप और अनुपात की पश्चिमी धारणाओं पर आधारित है, जिसमें प्राचीन भारत की कलात्मक रचनात्मकता पर मूलभूत कार्यों को एकीकृत करने का कोई प्रयास किया ही नहीं गया है। राष्ट्रीय नाट्य विद्यालय जैसे थिएटर स्कूलों के पाठ्यक्रम में हजारों साल पहले हिंदू विद्वानों द्वारा इस क्षेत्र में किए गए विलक्षण कार्यों का उल्लेख मात्र रहा है।

वास्तु शास्त्र जैसी महत्वपूर्ण पुस्तकों के सरसरी ज्ञान के बिना भी वास्तुकला की शिक्षा दी जाती थी। एक स्वदेशी सौंदर्य परख शैली पर वापस लौटने का कोई प्रयास नहीं किया गया, जिसमें निर्माण संबंधी हमारी अपनी धारणाएं शामिल होतीं। चार्ल्स-एदुआर् जिआन्नेरे-ग्रि (1887-1965), स्विस-फ्रांसीसी वास्तुकार, जिन्हें ली कोर्बुज़िए के नाम से जाना जाता है, को चंडीगढ़ के नए शहर को डिजाइन करने के लिए चुना जाना अपनों को भूलकर पश्चिम का अनुकरण करने का एक शानदार उदाहरण था। उन्हें निमंत्रण दिया जाना इस बात का एक नाटकीय चित्रण प्रस्तुत करता है कि कैसे, उपनिवेश के लिए, भविष्य और अतीत को अपरिवर्तनीय रूप से विरोध के रूप में देखा जाता है, और बच जाता है केवल एक ही विकल्प - एक अतीत जिसे अस्वीकार कर दिया जाना चाहिए

या अतीत के बिना एक भविष्य। कोर्बुज़िए के पास ऐसा कुछ नहीं था कि एक भारतीय शहर को डिजाइन करने के लिए उसके नाम की सिफारिश की जाती, सिवाय इसके कि वह श्वेत और पश्चिमी था और उसे अत्याधुनिक माना जाता था। दिलचस्प बात यह है कि उसकी आधुनिकता उसके अपने देशवासियों को स्वीकार्य नहीं थी और उसकी भविष्य की कोई भी योजना वास्तव में फ्रांस या यूरोप में कहीं और लागू नहीं की गई थी। लेकिन इस फ्रांसीसी के लिए नियति ने अपना रुख मोड़ा। दूर भारत में, एक ऐसे देश में जिसके बारे में वह बहुत कम जानता था, प्रधानमंत्री की हैसियत के एक व्यक्ति ने फैसला किया कि वह सबसे सटीक व्यक्ति होगा एक ऐसे नए शहर को डिजाइन करने के लिए जो उस आधुनिकता का प्रतीक होगा जिसे भारत अपनाना चाहता था। अपने आधिकारिक नोट्स और पत्रों में, नेहरू ने कोर्बुज़िए को 'अंतरराष्ट्रीय प्रतिष्ठा की प्रतिभा' और 'दुनिया के सबसे बड़े वास्तुकारों में से एक' के रूप में संदर्भित किया। उन्हें कोर्बुज़िए के अति-कट्टरपंथी विचारों से कोई समस्या नहीं थी, या इस तथ्य से कि उन्हें अपने देश, फ्रांस और अन्य जगहों पर सौंदर्यात्मक और समाजशास्त्रीय आधार पर खारिज कर दिया गया था। उनकी आवश्यकता थी कि नए शहर को अतीत की सांस्कृतिक पहचान से मुक्त किया जाए, क्योंकि अकेले यही भारत की आधुनिकता की चाह और क्षमता का ठोस प्रमाण प्रदान करेगी, विशेष रूप से पश्चिमी दुनिया को। स्थापत्य इतिहासकार विक्रमादित्य प्रकाश (जिनके पिता आदित्य प्रकाश भी एक वास्तुकार और कोर्बुज़िए की भारतीय वास्तुकारों की टीम का हिस्सा थे) ने अपनी पैनी दृष्टि से देखा कि "जहां आधुनिकता में उद्भव पश्चिम में अपने स्वयं के इतिहास के निरंतर अपविकास के रूप में स्वीकार किया जाता है, वही उत्तर-औपनिवेशिक भारत में, आधुनिकता अनिवार्य रूप से अपने स्वयं के इतिहास के साथ एक विराम और पश्चिम की श्रेष्ठता का प्रतीक है।"[19] नेहरू के मुताबिक, जो लोग यह सोचते थे कि अतीत को छोड़े बिना भी कोई आधुनिक हो सकता है, वे बस 'अपनी संकीर्ण सोच में फंसे रह गए' थे।

उन्होंने महसूस किया, "खासकर भारत में लोग पुराने रीति-रिवाजों और आदतों में इतने जकड़े हुए हैं कि अक्सर वे नए विचारों को समझ नहीं पाते हैं।"[20] इंस्टीट्यूशन ऑफ इंजीनियर्स में बोलते हुए उन्होंने तर्क दिया कि चंडीगढ़ महत्वपूर्ण था क्योंकि यह प्रतीकात्मक था, "हमारे पूर्वजों और इस तरह के लोगों द्वारा किए गए कार्यों से बंधे न रहकर नई दिशा में सोचने के लिए ...हमारे पूर्वजों द्वारा निर्धारित नियमों और विनियमों के संदर्भ में नहीं ...अतीत की परंपराओं से मुक्त, राष्ट्र का भविष्य में विश्वास का प्रतीक था।"

इस प्रकार के विकल्पों के उदाहरण लगभग अंतहीन हैं। 1947 में भारत ने राजनीतिक स्वतंत्रता प्राप्त की, लेकिन इसका सांस्कृतिक औपनिवेशीकरण कायम रहा। जब लोग अपनी विरासत से अलग हो जाते हैं, तो वे मूलतः जड़हीन हो जाते हैं। हमेशा अपने

विशिष्ट कार्य क्षेत्र में उनमें दक्षता की कमी नहीं होती है, लेकिन अनिवार्य रूप से वे उखाड़ फेंके गए, लोगों की नकल करने वाले, अपनी संस्कृति से अधिक दूसरे की संस्कृति के लिए प्रेरित लोग होते हैं। हिंदू सभ्यता मौलिक सोच या मूल विचार पर आधारित थी, जहां उत्कृष्टता की खोज में रचनात्मकता के प्रत्येक पहलू का अध्ययन, जांच, पूछताछ, उन पर चर्चा और उनका प्रयोग किया जाता था। लेकिन जब संक्षिप्तीकरण कर इस महान विरासत का अवमूल्यन किया गया और इसे आधुनिकता के लिए एक दायित्व के रूप में देखा गया, तो इससे लोग अपनी संस्कृति से दूर होते गए, उनमें प्रामाणिकता का अभाव हो गया और वे अमौलिक बनकर रह गए।

यह सांस्कृतिक अलगाव अक्सर एक विदेशी को दिखाई दे जाती है, यहां तक कि छोटी-छोटी बातों में भी - जैसाकि एक विदेशी पत्रकार ने मुझसे पूछा कि एक हवाई जहाज में केवल अंग्रेजी अखबारों का वितरण क्यों। एक ऐसे देश में जहां संस्कृति सदियों से उत्कृष्टता का पैमाना थी, संस्कृति की अवसंरचना की जर्जर स्थिति से यह असंबद्धता स्पष्ट हो जाती है। आज, आजादी के सत्तर साल से भी अधिक समय के बाद भी, देश में विश्व-स्तरीय सभागार और सम्मेलन केंद्र बहुत कम हैं, और जो मौजूद हैं वे ज्यादातर खराब स्थिति में हैं। नई दिल्ली, भारतीय गणराज्य की राजधानी, में दो हजार से अधिक क्षमता वाला केवल एक सभागार है, सिरीफोर्ट, और वह भी दयनीय स्थिति में है; यह भारी उपेक्षा का शिकार है, और किसी को इस बात की परवाह नहीं कि इसका मंच और लाइट उपकरण कितने पुराने हो चुके हैं। हमारे संग्रहालयों, जो हमारी भारी विरासत के भंडार हैं, उनकी उपेक्षा साफ दिखती है। कोई उचित प्रदर्शन नहीं है, कोई सार्थक छात्रवृत्ति नहीं है, अंतरराष्ट्रीय मानकों के अनुरूप कोई कैटलॉगिंग नहीं है और हमारी अमूल्य कलाकृतियों पर गर्व की ऐसी कोई भावना नहीं है जिससे हम उन पर ध्यान और उनके लिए फंड देते, जिसकी वे हकदार हैं।

हमारे स्मारकों की स्थिति भी बहुत बेहतर नहीं है। भारतीयों का अपने कुछ हाई-प्रोफाइल स्मारकों के अलावा शेष स्मारकों के साथ जैसा रवैया है - ज्यादातर स्मारक जीर्ण-शीर्ण अवस्था में है, उन पर अवैध रूप से कब्जा कर लिया गया है, वे विकृत और उपेक्षित पड़े हुए हैं - उन्हें देखकर इतिहास के औपनिवेशिक अवमूल्यन की सबसे स्पष्ट झलक मिलती है। नई दिल्ली के मध्य में एक विशाल औपनिवेशिक इमारत में स्थित नैशनल गैलरी ऑफ़ मॉडर्न आर्ट (NGMA) में समकालीन भारतीय कला का सबसे समृद्ध संग्रह है, लेकिन, अजंता की इस भूमि में, यहां सालाना मात्र 30,000 दर्शक आते हैं। देश की आर्थिक राजधानी मुंबई स्थित इसकी शाखा में आगंतुकों की संख्या और भी कम है। अगर यंत्रवत तुलना लागू नहीं होती, फिर भी हम क्या खो रहे हैं, इसका अंदाजा इस तथ्य से लगाया जा सकता है कि न्यूयॉर्क में म्यूजियम ऑफ मॉडर्न आर्ट में सालाना

30 डॉलर प्रति टिकट पर लगभग 25 लाख दर्शक आते हैं; पेरिस स्थित लूव्र संग्रहालय में भी लगभग इतने ही दर्शक €12.5 प्रति टिकट पर; और लंदन की टेट गैलरी में £20 की दर से टिकट खरीदकर चालीस लाख दर्शक आते हैं।

रचनात्मक परंपराओं के टूटने के कारण, और आंशिक रूप से विदेशी प्रभावों के कारण (जिसे लेकर उत्तर-औपनिवेशिक समाज असमान रूप से अतिसंवेदनशील हैं), हम आज अपनी अमूल्य उत्कृष्ट विरासत के मूल सिद्धांतों पर हमला देख सकते हैं, जो काफी अभूतपूर्व है। भारतीय शास्त्रीय संगीत का केंद्र निश्चित रूप से राग है, एक मधुर (हार्मोनिक नहीं, जैसाकि पश्चिमी शास्त्रीय संगीत में होता है) योजना, जो सुरों की एक निर्धारित संरचना से बना है। राग, अपने धीमे विवर्धन के माध्यम से, जैसाकि हमने पहले चर्चा की है, एक मनोदशा जगाने के लिए है, जो विभिन्न मौसमों या दिन के अलग -अलग समय या अलग-अलग भावनाओं का सूचक होता है। यह एक उल्लेखनीय रूप से जटिल संरचना है जो धीमी और सावधानीपूर्वक विवर्धन के लिए, अनम्य नियमों के ढांचे के भीतर, कलाकार को काफी हद तक रचनात्मक स्वतंत्रता देता है। हालांकि, आज शैली के कई प्रमुख प्रतिपादक, चाहे गायक हों या वादक, अपने प्रदर्शन में राग की भावना को धैर्यपूर्वक विकसित करने में कोई दिलचस्पी नहीं रखते हैं। एक किशोर पॉप बैंड के लिए अधिक उपयुक्त तरीके से, वे अक्सर एक रचना के शुरुआती धीमे चरणों को पार कर तीव्र गति वाले स्वरोत्कर्ष पर पहुंचने की जल्दी में होते हैं, जिससे शैली का बुनियादी रूप विकृत होकर रह जाता है।

जो दलील दी गई कि दर्शकों को यही आकर्षित करता है, बुनियादी तौर पर अक्षम्य है। अनादि काल से, महान संगीतकारों ने अपने दर्शकों को ढालने और शिक्षित करने का प्रयास किया है; और सुसंस्कृत समाज ऐसा होने का दावा नहीं कर सकते यदि उनके आदर्श व्यक्ति केवल कम से कम प्रतिरोध का सामना करने की नीति अपनाने में निपुण हैं। यदि दर्शक बेहतर जानकार नहीं हैं और शास्त्रीय कलाकार को केवल लोकप्रिय संगीत की ताल का अनुकरण करने की उनकी क्षमता से आंकते हैं, तो उन्हें शिक्षित होने की आवश्यकता है। इस दिशा में 1977 में डॉ. किरण सेठ द्वारा स्थापित स्पिक मैके (सोसाइटी फॉर द प्रमोशन ऑफ इंडियन क्लासिकल म्यूजिक एंड कल्चर अमंगस्ट यूथ) द्वारा कुछ अग्रणी कार्य किए गए हैं। शास्त्रीय संगीत की विरासत को स्कूलों और कॉलेजों तक ले जाने और युवाओं को इसके कुछ बेहतरीन प्रतिपादकों के सामने लाने के उनके अभियान से फर्क जरूर पड़ा है, लेकिन यह पर्याप्त नहीं है। शास्त्रीय संगीतकार ज्यादातर लघुत्तम को प्रश्रय देते रहे हैं, और सदियों पुरानी परंपरा के धीरे-धीरे क्षीण होने का खतरा बढ़ता जा रहा है। निस्संदेह, शास्त्रीय संगीत संध्या ने, जो पहले अमीरों या राजघरानों की संगोष्ठियों तक ही सीमित थी, समय के साथ एक स्वागत योग्य लोकतंत्रीकरण देखा

है, जिसमें आम लोगों की प्रदर्शन तक अधिक पहुंच है। लेकिन दर्शकों के विस्तार और सहवर्ती व्यावसायीकरण के मद्देनजर यह सुनिश्चित करने के लिए कि मूल बातें कमजोर न पड़ जाएं, अधिक सतर्कता की आवश्यकता है।

शास्त्रीय नृत्य में महान प्रतिभा के कई कलाकार हैं, जिन्होंने अपना पूरा जीवन अपने कलात्मक कौशल के लिए समर्पित कर दिया है। लेकिन यह एक दुखद टिप्पणी है कि हजारों वर्षों की परिष्कृत परंपरा का प्रतिनिधित्व करने वाले बेहतरीन नर्तकों के लिए भी सभागार भरना मुश्किल हो जाता है। अक्सर (सर्दियों के मौसम के दौरान चेन्नई में कुछ जगहों को छोड़कर) शो में टिकट लगाए ही नहीं जाते, क्योंकि यहां तक कि जो लोग समर्थ हैं, वे भी टिकट पर पैसे खर्च करने को तैयार नहीं हैं। आज अधिक युवा, विशेषकर लड़कियां, शास्त्रीय नृत्य सीख रही हैं, लेकिन जैसाकि एक प्रमुख नर्तक ने एक बार मुझसे कहा था कि नृत्य रचनाओं में अंतर्निहित भाषा, साहित्य, पौराणिक कथाओं, प्रतीकवाद और दर्शन का उनका ज्ञान अस्वीकार्य रूप से अपूर्ण है और वे केवल नृत्य की तकनीक को सरसरी तौर पर सीखकर ही संतुष्ट हैं। अनिवार्य बात यह है कि शास्त्रीय संगीत की तरह, शास्त्रीय नृत्य भी रचनात्मक अभिव्यक्ति का एक जटिल रूप है, जिसमें न केवल शुद्ध नृत्य बल्कि रंगमंच, संगीत, कविता और सबसे बढ़कर रस शामिल है। इसकी आत्मा को नष्ट किए बिना इसे तकनीकी सरलता तक सीमित नहीं किया जा सकता। उदाहरण के लिए, कथक का एक शिक्षार्थी जो राधा और कृष्ण की कथाओं में डूबा नहीं है और उसे ब्रज - हिंदी की शाखा जिसमें उनके दिव्य प्रेम की अधिकांश कविता लिखी गई है - का ज्ञान नहीं है, वह केवल यंत्रवत् नृत्य कर सकता है। सभी शास्त्रीय नृत्यों का एक अंतर्भूत हिस्सा अभिनय है, जो भावनाओं का चित्रण है। एक नर्तक जिसने कविता का अध्ययन किया है जोकि एक नृत्य रचना के केंद्र में है, और जिसे उस संगीत और राग का ज्ञान है जिसमें इसे गाया जा रहा है, और इसके अलावा, वह रचना को रेखांकित करने वाले दर्शन और पौराणिक कथाओं से परिचित है, केवल वही अभिनय में भावनात्मक रंग ला सकता है।

सभ्यताओं में जहां रचनात्मक परंपरा इतनी अकस्मात टूटी नहीं, या जहां उस परंपरा के पुन:स्थापन के लिए संगठित प्रयास किए गए हैं, वहां लोकप्रिय और शास्त्रीय संस्कृति के बीच एक प्रत्यक्ष संतुलन है। लंदन के हाइड पार्क में जब कोई पॉप ग्रुप परफॉर्म करता है तब हजारों लोग आते हैं, लेकिन पश्चिमी शास्त्रीय संगीत के थिएटरों में भी टिकट के लिए लोगों की कतार लगती है। एक परिपक्व सांस्कृतिक सभ्यता में दर्शकों के बीच केवल मोनोकल्चर के लिए सराहना नहीं होनी चाहिए; लोकप्रिय भी साथ में फलना-फूलना चाहिए, लेकिन शास्त्रीय की कीमत पर नहीं। इसके लिए लोगों को उनकी संस्कृति की समृद्धि से अवगत कराने, इसकी पेचीदगियों और उस कला रूप को विकसित करने

के पीछे के विलक्षण विचारों के बारे में शिक्षित करने के लिए ठोस प्रयास किए जाने की आवश्यकता है। और आधुनिक भारत में यही नहीं किया गया। लोग जितना कम जानते हैं, उतना ही कम सुनते या देखते हैं, और कला की उस शैली के बारे में वे उतने ही अधिक अनभिज्ञ होते हैं। इस प्रकार प्रशंसा का दायरा कम हो जाता है, इसलिए नहीं कि लोगों की रुचि बदल गई है, बल्कि इसलिए कि उनको पर्याप्त तरीके से विकसित नहीं किया गया है। भारत में सौ से अधिक एफएम रेडियो और सैटेलाइट टीवी चैनल हैं, लेकिन उनमें से भी भारतीय शास्त्रीय संगीत के कम से कम एक साप्ताहिक कार्यक्रम, या शास्त्रीय नृत्य पर व्याख्यान-प्रदर्शनों की मेजबानी नहीं की जाती। तो ऐसा क्या है जो उन्हें ऐसा करने से रोकता है? सरकार द्वारा संचालित केंद्रीय विद्यालयों सहित कुछ स्कूलों में बड़ी कक्षाओं में कला या कला की प्रशंसा पर विषय शामिल है। यदि युवाओं को कला से रूबरू नहीं कराया जाएगा, तो किसी भी देश में संस्कृति को बनाए रखने और विकसित करने के लिए आवश्यक विवेकशील और जानकार दर्शक कहां से आएंगे? दिवंगत रामनिवास मिर्धा ने, जो संगीत नाटक अकादमी के अध्यक्ष थे, एक बार मुझसे कहा था कि यह प्राचीन भूमि ऐसे रसिक पैदा करने की क्षमता खो रही है जो संस्कृति की सराहना कर सकें और इसे बढ़ावा देने और पोषण करने में मदद कर सकें। उन्होंने कहा कि अगर देश की जीडीपी में एक-दो फीसदी की गिरावट आती है तो उसमें सुधार हो जाएगा, लेकिन अगर देश की संस्कृति की उपेक्षा की गई तो यह क्षति अपूरणीय होगी।

हमारे स्थापित और अत्यधिक विकसित प्राचीन कला रूपों के साथ, जहां नियमों और सिद्धांतों को संहिताबद्ध करने में सदियों लगे हों, प्रयोग केवल उन लोगों द्वारा किए जाने की आवश्यकता है जो उस परंपरा में निहित हैं और क्या बदल सकते हैं और क्या नहीं की सीमा को जानते हैं। जब रूस में प्रसिद्ध स्टैनिस्लावस्की और नेमीरोविच-डैनचेंको मॉस्को एकेडमिक म्यूज़िक थिएटर ने 1970 के दशक में कालिदास के *शाकुंतलम* का मंचन करने का प्रयास किया, तो अनुभवी कथक नृत्यांगना माया राव, जिन्हें एक सलाहकार के रूप में नियुक्त किया गया था, ने पाया कि रूसी बैलेरीना को पैर की उंगलियों के बजाय उनके पैरों पर चलाना सबसे कठिन था। नृत्य के कुछ रूप कुछ विशेष प्रकार के शरीर के ही अनुकूल होते हैं, और इसे नकारना हास्यास्पद है। दुनिया सपाट हो सकती है, लेकिन सब कुछ 'फ्यूज़न' के उपयुक्त नहीं होता है। शास्त्रीय परंपरा के नर्तकों को अंतरराष्ट्रीय स्तर पर नृत्य में जो कुछ हो रहा है, उससे खुद को अलग करने की आवश्यकता नहीं है, और निश्चित रूप से कल्पनातीत पृथक्करण की गुंजाइश नहीं रहती। लेकिन ऐसा यकीनन इसलिए है, क्योंकि वे सदियों पुरानी परंपरा - कि बदलाव बहुत सावधानी से किया जाना चाहिए - के वसीयतदार हैं। किसी और की नृत्य परंपरा के फर्श पर, यह विचार किए बिना कि क्या आत्मसात किया जा सकता है और क्या नहीं,

उत्साहपूर्वक लेकिन अनाड़ी रूप से उतरना पुराने की प्रामाणिकता और नए की क्षमता दोनों के साथ अन्याय करता है।

समकालीन भारतीय रंगमंच की स्थिति और भी दयनीय है। प्रसिद्ध रंगमंच कलाकार और अभिनेत्री लिलेट दुबे ने एक बार अनजाने में एक वाक्यांश का प्रयोग किया था, जो अविश्वसनीय रूप से उपयुक्त है। अपर्याप्त बजट और हिंदी थिएटर को प्रभावित करने वाले व्यावसायिकता की कमी के बारे में उन्होंने कहा कि प्रस्तुतियां 'क्षमाप्रार्थी' दिखती हैं। यह शब्द भारत में रंगमंच की जर्जर, अधमरी और विकट स्थिति को बखूबी दर्शाता है। जाने-माने नाटककार कुछ ही हैं - कुछ ही - और उनमें से भी जिनके राष्ट्रीय अनुगामी हैं, उन्हें एक हाथ की उंगलियों पर गिना जा सकता है। फंडिंग कम है, शायद महाराष्ट्र और बंगाल को छोड़कर कहीं भी प्रतिबद्ध दर्शक नहीं हैं, और उच्च गुणवत्ता के बहुत कम मौलिक कार्य - यह सब कालिदास की भूमि में, जिनके नाटकों का कुछ सौ साल पहले विकसित हुए नाटक के परिष्कृत सिद्धांतों पर मंचन दो हजार वर्ष पूर्व हो रहा था। भारत का अपना ब्रॉडवे हो, या ऐसे दर्शक हों जो एक अच्छे नाटक का टिकट खरीदने के लिए कतार में खड़े हों, भारत ऐसी स्थिति के नजदीक कहीं नहीं है।

विश्वविद्यालयों के मानविकी विभाग ज्यादातर औसत दर्जे के मलकुंड हैं, जहां मूल सोच को हतोत्साहित किया जाता है और रटकर सीखने को प्रोत्साहित किया जाता है। नए विचारों और अवधारणाओं के साथ युवाओं के दिमाग को जोड़ने वाले शिक्षक दुर्लभ हैं, और कुछ ही छात्र ऐसे होते हैं जो परीक्षा की नियमित तैयारी से परे जाने के इच्छुक होते हैं। हमारे प्रौद्योगिकी संस्थान (आईआईटी) और हमारे कुछ मेडिकल कॉलेज दुनिया के बाकी हिस्सों के संस्थानों के समतुल्य हैं, लेकिन महान सभ्यताओं को एक सतत रैखिक सादगी तक सीमित नहीं किया जा सकता - अच्छे इंजीनियर और डॉक्टर और कुछ और। इस पूर्वाग्रह ने यह सुनिश्चित कर दिया है कि हमारे ज्यादातर विश्वविद्यालयों के मानविकी वर्ग स्पष्ट रूप से घटिया हैं। शायद ही कोई मौलिक कार्य किए गए हों; डॉक्टरेट कार्य आमतौर पर सहायक सामग्री के संयोजन होते हैं, जिन्हें अनुसंधान का भ्रम देने के लिए श्रमपूर्वक फुटनोट किया जाता है। कुछ विशिष्ट संस्थानों के अपवाद के साथ, इन विभागों में व्यापक रूप से जर्जर शिथिलता का अहसास होता है। 1960 के दशक के मध्य में एशियाई देशों में विकास के उभरते परिदृश्य पर भारी-भरकम कृति की रचना करने वाले गुन्नार मिर्डल ने तब भी इस रुग्ण अवस्था पर गौर किया था। उनकी टिप्पणियों में संपूर्ण दक्षिण एशिया शामिल है, लेकिन भारत के लिए एक विशेष प्रासंगिकता है:

> दक्षिण एशियाई विश्वविद्यालयों का प्रत्येक पश्चिमी आगंतुक औसत छात्र के गैर-आलोचनात्मक रवैये से हतप्रभ रहता है: वह उम्मीद करता है कि प्रोफेसर और पाठ्य पुस्तकें (अक्सर पढ़ने के लिए उनमें से केवल कुछ पृष्ठ ही निर्धारित

> होते हैं) उसे वह ज्ञान प्रदान करें जिसकी उसे आवश्यकता है, और जो उसे दिया जाता है उसे अपने स्वयं के बौद्धिक प्रयास के बिना स्वीकार करता है। ...इस संबंध में उनकी विनम्रता परीक्षाओं में आवश्यकताएं अनुचित रूप से बोझिल और कष्टदायक महसूस होने पर विरोध करने की उनकी तत्परता के बिलकुल विपरीत है। ...दक्षिण एशियाई स्कूलों में सभी स्तरों पर अध्यापन स्वतंत्र सोच और उस जिज्ञासु और प्रयोगात्मक दिमाग की वृद्धि को हतोत्साहित करता है जो विकास के लिए बहुत आवश्यक है। यह छात्रों को परीक्षा उत्तीर्ण करने और डिग्री प्राप्त करने और संभवतः, अगले स्तर के स्कूलों में प्रवेश के लिए सक्षम करने के लिए निर्देशित है। यह छात्रों को परीक्षा उत्तीर्ण करने और डिग्री प्राप्त करने और संभवतः, अगले स्तर के स्कूलों में प्रवेश के लिए सक्षम करने की दिशा में विनिर्दिष्ट है। डिग्री मात्र एक लक्षित वस्तु है बजाय उस ज्ञान और कौशल के जिसकी डिग्री धारकों से अपेक्षा की जाती है।[21]

सातवीं शताब्दी में ह्वेन त्सांग के नालंदा विश्वविद्यालय के विवरण के साथ इसकी तुलना करें, तो उत्कृष्टता में आई नाटकीय गिरावट स्पष्ट हो जाती है। उस समय के प्रमस्तिष्कीय वातावरण में डूबे हमारे प्राचीन विश्वविद्यालयों ने मीमांसा या बौद्धिक जांच और मुद्दों पर बातचीत पर जोर दिया था। आज शिक्षा डिग्री प्राप्त करने का एक सरलीकृत पर्याय मात्र बनकर गया है। रोजगार प्राप्त करने के दबाव को देखते हुए इसे समझा जा सकता है, लेकिन जो माफी के लायक नहीं है वह रचनात्मकता का लगभग पूर्ण अभाव, या शिक्षार्थियों को शिक्षा के रट्टामार तरीके से हटाकर दिमाग का इस्तेमाल कर ज्ञान प्राप्त करने, जोकि हिंदू सभ्यता की विशिष्टता भी है, की ओर लाने के लिए हमारे शैक्षणिक संस्थानों को मौलिक रूप से पुनर्गठित करने के किसी भी निरंतर प्रयास की अनुपस्थिति है। जैसाकि प्रसिद्ध समाजशास्त्री आशीष नंदी कहते हैं: "विद्यालय अलगाव का चयनित साधन है। सबसे प्रतिभाशाली बच्चों को पश्चिमी मॉडल पर बने स्कूलों में दाखिल करने जाने के लिए उन्हें उनके परिचित परिवेश से छीन लिया जाता है। जब वे स्कूली शिक्षा पूरी कर बाहर आते हैं, तो वे उपनिवेशक की भाषा बोलते हैं और अब अपने ही लोगों के साथ संवाद नहीं कर सकते।"[22] आखिरकार 2020 की नई शिक्षा नीति ने स्कूल में एक बच्चे के प्रारंभिक वर्षों के दौरान मातृभाषा अपनाने वाले स्कूलों पर सकारात्मक फैसला लिया है, लेकिन कुल मिलाकर यह बहुत कम है और फैसला लेने में बहुत देरी भी हो चुकी है। अब यह शायद ही उस बुनियादी ढांचागत सुधार के अनुरूप हो सके, जिसकी इस क्षेत्र को 1947 से ही आवश्यकता रही है।

वास्तव में, कुछ ऐसे क्षेत्र हैं जहां भारतीय संस्कृति ने अपनी छाप छोड़ी है। उनमें से एक हमारा फिल्म उद्योग है, जिसने आत्मविश्वास और फिल्म निर्माण में वृद्धि की है,

और विदेशों में भी लोकप्रियता हासिल की है, खासकर उन देशों में जहां भारतीय मूल के लोगों की अच्छी-खासी आबादी है। लेकिन भारत में हर साल बनने वाली हजारों फिल्मों में से बहुत कम ही अच्छी गुणवत्ता की होती हैं, और बहुत सी फिल्में तो ऐसी होती हैं जो सीधे तौर पर हॉलीवुड की नकल होती हैं। असंख्य वेबसाइटें इस साहित्यिक चोरी के अतिरेक का ग्राफिक विवरण देती हैं, तमाम फिल्में सूचीबद्ध करती हैं, जिनमें से कई हिट फिल्में भी हैं, जिन्होंने बड़ी आसानी से विदेशी फिल्म की कहानी, संगीत और पटकथा से अक्सर बिना स्वीकृति के 'उधार' ले लिया है। फिल्म संगीत भी इसी धारणा से ग्रसित है। यह विशेष रूप से दुखदायी है, क्योंकि गीत भारतीय फिल्मों की विशिष्ट पहचान रहे हैं और प्रारंभिक वर्षों में ये उच्च गुणवत्तावाले होते थे - अपने गीतकाव्य और रचना दोनों ही दृष्टि से।

भारतीय फिल्म उद्योग को इतनी नकल करने की जरूरत क्यों है? बेशक, इसमें महान कलात्मक क्षमता के लोग भी हैं, जो कॉपीराइट के इस घोर उल्लंघन पर हतप्रभ होंगे। हालांकि, यहां तक कि वे भी कभी-कभी नकल के इस खेल में शामिल हो जाते हैं। यह सच है कि हमारे फिल्म उद्योग को व्यावसायिक विचारों को ध्यान में रखना चाहिए, लेकिन यही बात दुनिया में कहीं भी फिल्म निर्माण पर लागू होती है। क्या हमारे साहित्यिक चोरी करने वालों को ऐसा लगता है कि भारत के दर्शक कभी यह नहीं जान पाएंगे? क्या वे वास्तव में मानते हैं कि काटने और चिपकाने का काम रचनात्मकता का एक अच्छा और पर्याप्त विकल्प है? और क्या वे इस अवमूल्यन से खुश हैं, जब तक कि कॉपी की गई फिल्म एक पैसा बनाने वाली बन जाती है? और क्या वे इस अवमूल्यन से सिर्फ इसलिए खुश हैं कि कॉपी की गई फिल्म अच्छी कमाई करती है? दुनिया के सबसे पुराने फिल्म उद्योग में से एक - और निश्चित रूप से सबसे विपुल - का स्तर इस हद तक क्यों गिर गया है? क्या भारतीय कहानीकार अपने स्वयं के मौलिक कथानक विकसित करने में अक्षम हैं? निर्माता, निर्देशक और संगीतकार जानबूझकर इस घटिया, अनैतिक शॉर्टकट को अपनाकर अपनी रचनात्मक साख और स्वीकार्यता का अवमूल्यन क्यों करते हैं? ये ऐसे प्रश्न हैं जिन्हें पूछे जाने की आवश्यकता है, भले ही हम फिल्म उद्योग के विस्तार और दुनिया भर में इसके बढ़ते आकर्षण पर गर्व महसूस करते हैं। पान नलिन, एक बोधगम्य टिप्पणीकार, जो एक फिल्म निर्माता भी हैं, को हमारे फिल्म उद्योग को 'बॉलीवुड' कहे जाने पर गहरी आपत्ति है। "यह नारायण मूर्ति को बिल गेट्स बुलाने जैसा है।" दुखद यह है कि उद्योग को 'बॉलीवुड' के रूप में ब्रांडेड होने पर गर्व है। नलिन कहते हैं, "भारतीय सिनेमा को वैश्विक होने के लिए इससे कहीं अधिक करने की आवश्यकता है। अगर भारत में पौराणिक कथाएं मंगा से बड़ी हैं, गाथाएं *स्टार वार्स* से बड़ी हैं, किंवदंतियां *लॉर्ड ऑफ द रिंग्स* से बड़ी हैं, तो हम नकल के लिए पश्चिम

की ओर क्यों देखते हैं?" बॉलीवुड में बड़े पैमाने पर की जाने वाली नकल के खिलाफ वह एक वैध जवाबी सवाल पूछते हैं: "क्या किसी को पता है कि हॉलीवुड में किसी भारतीय कहानी या फिल्म का रीमेक बनाया जा रहा है?" वह बताते हैं, सचाई इसके ठीक विपरीत है। "बॉलीवुड की सैकड़ों फिल्में हॉलीवुड फिल्मों की सीधी नकल हैं। नाच-गाने वाली फिल्में हमारे अस्तित्व का हिस्सा हैं। लेकिन वे विश्वव्यापी बनने में असफल क्यों हैं? ...अगर इटली ने सिनेमा में नव-यथार्थवाद, जर्मनी ने अभिव्यक्तिवाद, फ्रांस ने नई लहर का आविष्कार किया, तो हमने क्या आविष्कार किया... बॉलीवुड?" पॉलिन ने समापन किया, "भारतीय सिनेमा तभी वैश्विक होगा जब यह भारतीय मिट्टी में जड़ें जमा लें और फिर बरगद के पेड़ की तरह दूसरे देशों में इसकी जड़ें अंकुरित हों। सदियों पहले हमारी कहानियां विश्वव्यापी थीं। अगर नहीं होतीं, तो इंडोनेशिया में एक बच्चा आज रामायण नहीं देख रहा होता। हमारी कहानियां कालातीत थीं। यदि नहीं होतीं, तो तिब्बती आज तंत्र का पाठ नहीं कर रहे होते।"[23]

ऐसा प्रतीत होता है कि भारतीय पेंटिंग्स को अंततः अंतरराष्ट्रीय मंच पर अपना महत्व मिल रहा है। 1997 में पांच करोड़ रुपए के मामूली कारोबार से, कला बाजार आज एक हजार करोड़ से अधिक अनुमानित है और, कोविड के कारण आई मंदी को छोड़कर, सालाना 35 प्रतिशत की दर से बढ़ना तय है। पहली वास्तविक सफलता 2002 में मिली, जब जापान में भारतीय कला के सबसे बड़े संग्रहकर्ता मसानारी फुकुओका ने न्यूयॉर्क के क्रिस्टीज में नीलामी में तैयब मेहता की कृति उत्सव को 317,500 डॉलर में खरीदा। 2005 में, क्रिस्टीज में ही मेहता की एक और कृति *महिषासुर* मिलियन-डॉलर के प्रतिबंध को तोड़ते हुए $ 1.5 मिलियन से अधिक की अनसुनी राशि में बिक गई। तब से, कई भारतीय कलाकारों- अमृता शेरगिल, सूजा, गायतोंडे, एम एफ हुसैन, रामेश्वर ब्रूटा, एस एच रजा, अतुल डोडिया, सुबोध गुप्ता - की कृतियों को अंतरराष्ट्रीय कला बाजार में उच्च कीमत मिली है।

लेकिन जहां यह सब सुनकर अच्छा लगता है और बहुत उत्साह का भी कारण रहा है, वहीं यह ध्यान में रखना महत्वपूर्ण है कि एशियाई देशों में, यह भारत नहीं चीन है जिसका वैश्विक कला बाजार पर वर्चस्व है। कला मूल्य सूचकांक के अनुसार, दुनिया भर के सौ सबसे महंगे कलाकारों में से एक तिहाई से अधिक चीनी कलाकार है, जोकि जेफ कून्स और डेमियन हर्स्ट सहित शीर्ष पश्चिमी कलाकारों की कीमतों को टक्कर देते हैं। आश्चर्य नहीं कि पेरिस के जॉर्जेस पोम्पिडो केंद्र ने 2019 में शंघाई में अपनी शाखा खोली।

चीन के साथ तुलना उपयुक्त है क्योंकि भारत की तरह, यह भी एक महाद्वीप के आकार का राष्ट्र है और इसकी सांस्कृतिक वंश परंपरा भी उतनी ही पुरानी है। यदि

चीनी कलाकार, सांस्कृतिक क्रांति के झटकों के बावजूद, कहीं अधिक कीमतों पर अपनी कलाकृतियां बेच रहे हैं, तो क्या भारतीय कला की नई अंतरराष्ट्रीय पहचान को लेकर भारत में जो उत्साह है, वह उचित है? यह सच है कि ऐसी कीमतों पर बिक्री अभूतपूर्व है, और जश्न मनाने के योग्य है, लेकिन क्या हमारी अतिशयोक्तिपूर्ण प्रतिक्रिया को अन्य जगहों पर कला में समानांतर विकास के संदर्भ में अनुक्रमित नहीं किया जाना चाहिए? हालिया सफलताओं को देखते हुए हमें अपने हार्डवेयर की स्थिति के आकलन के लिए भी प्रेरित होना चाहिए — क्या हमारे पास पर्याप्त दीर्घाएं हैं और क्या वे अंतरराष्ट्रीय स्तर पर स्वीकार्य पेशेवर मानकों की हैं? और यह कि हमारी कला छात्रवृत्ति की स्थिति क्या है? क्या हमारे पास पर्याप्त क्यूरेटर हैं जिनके पास उच्च मानकों को सुनिश्चित करने और रचनात्मकता की पहचान कर सकने योग्य पेशेवर प्रशिक्षण है? एक अनुमान के मुताबिक, देश में केवल 500 गंभीर संग्राहक हैं, जबकि बहुत अमीरों (जो आसानी से हमारी सर्वश्रेष्ठ कला खरीद सकते हैं और बहुत जरूरी संरक्षण प्रदान कर सकते हैं) की संख्या कम से कम बीस मिलियन से अधिक है। जैसाकि पहले उल्लेख किया गया है, देश की सबसे बड़ी और शायद सबसे प्रतिष्ठित गैलरी - नैशनल गैलरी ऑफ मॉडर्न आर्ट - में प्रति वर्ष 30,000 से अधिक दर्शक नहीं आते हैं, जिनमें विदेशी पर्यटक भी शामिल हैं। क्या समकालीन कला एक अलग-थलग नखलिस्तान है, जिसे व्यापक सार्वजनिक ज्ञान और प्रशंसा से अलग कर दिया गया है, जिसके कारण कलाकार विदेश में नीलामी में मिलने वाली मोटी रकम की ओर आकर्षित होता है?

अगर हम ईमानदार हैं, तो इन सवालों के जवाब उस सभ्यता के लिए वास्तविक चिंता का कारण होने चाहिए, जहां सदियों पहले सर्वप्रथम कला के सिद्धांत और व्यवहार पर अनगिनत ग्रंथ लिखे गए थे। चिंताजनक बात यह है कि समकालीन कला - विशेष रूप से अमूर्त कला - के नाम पर जो कुछ भी स्वीकार किया जा रहा है, वह पश्चिम में जो प्रचलित है, उसी का सादा नकल है। विशेष रूप से स्थापना कला का विकास, जो स्पष्ट रूप से अक्सर लगभग नकल होता है, और फ्रांसीसी कलाकार मार्सेल डुचैम्प (1887-1968) द्वारा दूसरों के बीच लोकप्रिय 'फाउंड आर्ट' की पश्चिमी ट्रेंड को कॉपी करने का एक शर्मनाक प्रयास है। डुचैम्प द्वारा एक सामान्य मूत्रालय की स्थापना पर बनाई गई कलाकृति, जिसे उन्होंने *फाउंटेन* शीर्षक दिया, को 2004 में पश्चिम के 500 प्रसिद्ध कलाकारों और इतिहासकारों द्वारा '20वीं सदी की सबसे प्रभावशाली कला कृति' के रूप में चुना गया था! सामान्य मूत्रालयों के खड़े चित्रण को एक निश्चित कलात्मक विकास के हिस्से के रूप में समझा जा सकता है, लेकिन भारतीयों को उसका गुणगान करने की कोई आवश्यकता नहीं है। इसके अलावा, हमारे अपने सांस्कृतिक संदर्भ में

अंतर्निहित स्थापना कला भारतीयों की रोजमर्रा की जिंदगी का हिस्सा त्योहारों, विवाहों और अन्य समारोहों के लिए सजावट के रूप में एक जीवित परंपरा है।

हालांकि, मेरा संदेह यह है - और कई प्रमुख कलाकार जिनसे मैंने बात की है, वे भी सहमत प्रतीत होते हैं - कि अधिकांश कलाकार जो स्थापनाओं के साथ प्रयोग कर रहे हैं, वे केवल पश्चिमी शैली और विषयों की नकल कर रहे हैं और पश्चिमी दीर्घाओं और क्यूरेटरों और भारत में उनके पिछलग्गुओं द्वारा ऐसा करने के लिए उन्हें प्रोत्साहित किया जाता है, जोकि एक ऐसे देश के लिए वास्तव में चिंताजनक रुझान है, जो पहले स्वयं रचनात्मक उत्कृष्टता का सर्जक हुआ करता था, न कि एक बेदिमाग नकलची।

इस तरह के घटनाक्रमों के बड़े पैमाने पर निर्विवाद होने का एक महत्वपूर्ण कारण यह है कि हमारे अपने कलात्मक सिद्धांतों का शायद ही कोई विद्वतापूर्ण मूल्यांकन है, या इस बात की चर्चा कि हमारे सौंदर्य संबंधी मानदंड क्या होने चाहिए। हमारे कला महाविद्यालयों का पाठ्यक्रम निराशाजनक रूप से पुराना है; वे पूरी तरह से पश्चिमी स्टूडियो तकनीकों पर भरोसा करते हैं और कला और शिल्प के बीच अविवेकी भेद करना जारी रखते हैं जो पूरी तरह से पश्चिमी रचना है। भारतीय सौंदर्य शास्त्र के अनुसार, कला का एक काम उसकी गुणवत्ता से आंका जाता है, न कि उसकी उत्पत्ति के आधार पर वर्गीकृत किया जाता है। बिहार के एक गांव में घर की दीवारों पर मधुबनी पेंटिंग बनाने वाला एक चित्रकार भी उतना ही कलाकार है जितना कि एक परिष्कृत शहरी कलाकार। जब बिना सोचे-समझे इस तरह के भेद किए जाते हैं, तो भारत की जीवंत और प्राचीन लोक कला के संदर्भहीन होने, उसके प्राकृतिक वातावरण से दूर होने और केवल कुछ देहाती जिज्ञासा के रूप में प्रचारित होने का वास्तविक खतरा रहता है। यदि ऐसा होता है, तो एक महान परंपरा अपना जैविक अवलंब खो देगी, उलझ जाएगी और मर जाएगी।

लेकिन असली त्रासदी यह है कि मीडिया में कला और संस्कृति से जुड़े किसी भी विषय पर गंभीर चर्चा होती ही नहीं है। अधिकांश समाचार पत्रों और पत्रिकाओं में प्रबुद्ध समीक्षाओं के लिए कोई स्थान नहीं है; या शायद उनके पास ऐसा स्थान इसलिए नहीं है क्योंकि प्रबुद्ध समीक्षक बहुत कम हैं। कला परिदृश्य पर हम जो नई गतिविधि देखते हैं, वह इस प्रकार एक कांच घर के पौधे की तरह है, ऊर्जा के बिना नहीं, लेकिन आलोचनात्मक मूल्यांकन के लिए एक जीवंत और गंभीर स्थान के अभाव में खराब स्थिति में। पश्चिम के विपरीत, जोकि साफ दिखता है। उनके समीक्षकों ने बीसवीं शताब्दी में कला के सबसे प्रभावशाली काम के रूप में एक सामान्य मूत्रालय को वोट दिया हो सकता है, लेकिन आलोचनाओं के काम को बहुत गंभीरता से लिया जाता है। समीक्षकों को शक्ति और सम्मान दोनों का आनंद मिलता है और बड़े पाठक वर्ग वाले लगभग सभी गंभीर प्रकाशनों में बड़ी जगह मिलती है। भारत में, देश भर में पढ़े जाने वाले कुछ

प्रमुख अंग्रेजी समाचार पत्रों ने कला और पुस्तक समीक्षा के लिए स्थान को समाप्त कर दिया है। यह एक बंजर परिदृश्य है, जहां कला और संस्कृति के क्षेत्र में विकास पर सूचित चर्चा और बहस लगभग न के बराबर है। भारतीय अन्य मामलों में तर्कशील हो सकते हैं, लेकिन कला और सौंदर्य शास्त्र में - दो क्षेत्रों में जहां हिंदू सभ्यता के कुछ ही प्रतिद्वंद्वी थे - एक सामान्य बौद्धिक जड़ता है जिसे केवल असंस्कृत के रूप में वर्णित किया जा सकता है।

यहां उद्देश्य एक बुराई की पहचान करना है, न कि अपवादस्वरूप कुछ सम्माननीय समीक्षकों को कलंकित करना है। जब तक हम इस तथ्य का जायजा नहीं लेते कि एक सभ्यता जिसने खुद को - वेदों और उपनिषदों के समय से - संवाद, जांच और खोजबीन के आधार पर संरचित किया है, आज रचनात्मकता के महत्वपूर्ण क्षेत्र में ऐसी भावना से वंचित है, तब तक हम अपने आर्थिक मानकों के संदर्भ में विकसित हो सकते हैं लेकिन सभ्यता की दृष्टि से अविकसित ही रहेंगे। ऐसा क्यों है कि रचनात्मक कलाओं के एक प्राचीन और समृद्ध इतिहास वाले देश की राजधानी में - तानसेन और कैफ़ी आज़मी के नाम पर दो गैर महत्व वाली दो गलियों को छोड़कर - हमारे प्राचीन कवियों, संगीतकारों, चित्रकारों और दार्शनिकों के नाम पर कोई सड़क या चौक या उद्यान नहीं है? लंदन शहर में जहां इसके विद्वान, कलाकार और बुद्धिजीवी रहते थे, उनके घरों की स्मृति में नीले रंग की पट्टिकाएं लगी हुई हैं। दिल्ली में, कुछ समय पहले तक, यहां तक कि इसके महान उर्दू शायर मिर्जा ग़ालिब की हवेली पर भी किसी कबाड़ीवाले का कब्जा था। एक ऐसी सभ्यता में जो सौंदर्य शास्त्र पर इतना उच्च पारितोषिक रखती हो, ऐसा क्यों है कि शास्त्रीय संगीत और नृत्य के प्रसिद्ध हम्पी उत्सव में आयोजक यह तर्क देते हुए कि दर्शक शायद ही किसी और चीज से इतने प्रसन्न हों, अक्सर बॉलीवुड कलाकारों को ले आते हैं और मंच की पृष्ठभूमि के रूप में थर्मोकोल से बनी स्मारकों के गहरे रंगों वाली प्रतिकृतियां लगाते हैं?

इस सब में कुछ बहुत ही गलत है और जबकि वास्तविक रचनात्मक उपलब्धियां प्रशंसा के पात्र हैं, हमें कला दृश्य को उसकी समग्रता में ईमानदारी से पुनर्मूल्यांकन करने की आवश्यकता है। अक्सर, उपलब्धियों को पहचानने की हमारी सीमा बहुत कम होती है। हमारी प्रतिक्रियाएं अब भी औपनिवेशिक अनुभव से प्रभावित होती हैं, और हमारी कलात्मक परंपराओं की प्राचीनता, विशिष्टता और परिष्कार से अक्सर अनभिज्ञ, हम औसत दर्जे की उपलब्धि पर भी जश्न मनाकर खुश हो लेते हैं। इससे भी महत्वपूर्ण बात यह है कि हम अब भी पश्चिमी अनुमोदन के लिए लालायित रहते हैं। 1913 में साहित्य के लिए नोबेल पुरस्कार जीतने तक रवीन्द्रनाथ टैगोर को भारत में उनका हक नहीं मिला था; द बीटल्स का समर्थन मिलने के बाद महान सितार

वादक रविशंकर की प्रतिभा ने भारतीयों को और अधिक उत्साहित किया; सत्यजीत रे तब तक निस्तेज रहे जब तक उन्होंने पश्चिम में प्रशंसा नहीं जीती। अंतरराष्ट्रीय मान्यताएं महत्वपूर्ण हैं, लेकिन रचनात्मक रूप से आश्वस्त अपनी विरासत से जुड़े हुए राष्ट्र आंतरिक प्रशंसा के लिए उन्हें शायद ही लगभग एकमात्र मानदंड बनाएं। इसके अलावा, अंतरराष्ट्रीय पुरस्कारों के पीछे की राजनीति का आकलन करने का कोई प्रयास नहीं किया गया है। सदियों से दुनिया में शांति के सबसे बड़े मसीहा महात्मा गांधी को कई बार नोबेल पुरस्कार के लिए नामांकित किया गया, लेकिन उन्हें मिला नहीं। सह-विकल्प का एक अचूक लक्षण पश्चिम से निकलने वाली थोड़ी सी आलोचना या अनुमोदन को दिया गया अतिरंजित महत्व है। पहला विरोध का शोर पैदा करता है, दूसरा अनुचित उल्लास। हिंदुओं को, यदि उनकी सभ्यतागत विरासत के बारे में पता है, तो उनमें संतुलन की भावना अधिक होनी चाहिए, लेकिन वे ऐसा तभी कर सकते हैं, जब वे पहले अपने स्वयं के सांस्कृतिक स्थिति को प्रामाणिक शब्दों में पुनर्व्यवस्थित करें।

जहां भारत की महान प्राचीन विरासत को श्रद्धांजलि देने में कोई कमी नहीं रही है, वहीं कटु सत्य यह भी है कि आधुनिक भारत उस विरासत को पुनः प्राप्त करने में विफल रहा है। यह अपने नागरिकों को यह समझाने में विफल रहा है कि वे दुनिया की सबसे प्राचीन सभ्यताओं में से एक की उपज और संरक्षक हैं, और कि इसलिए उनके लिए अनुकरणात्मक या व्युत्पन्न होना, या जो नहीं है उसकी अंधी खोज में जो उनका अपना है उसकी उपेक्षा करना पाप है। हमारे सांस्कृतिक संस्थानों का कोई भी वस्तुपरक मूल्यांकन इसकी पुष्टि करेगा। संस्कृति मंत्रालय (एमओसी) का बजट अपर्याप्त है और यहां तक कि आवंटित की गई अल्प राशि भी पूरी तरह से खर्च नहीं की जाती है; नौकरशाहों द्वारा इसका अतिक्रमण कर लिया जाता है, जो संस्कृति के बारे में शायद ही कुछ जानते हैं और ज्यादातर इसे एक दंड स्वरूप पोस्टिंग मानते हैं - एक देश के लिए जिसका परिचयपत्र प्राचीन काल से ही संस्कृति था, यह एक सार्थक टिप्पणी है। भारतीय सांस्कृतिक संबंध परिषद जैसी संस्थाएं - जोकि ब्रिटिश काउंसिल, अमेरिकियों की यूनाइटेड स्टेट्स इंफॉर्मेशन सर्विस (यूएसआईएस), जर्मनों के गोएथ इंस्टीट्यूट, मैक्सिको के कर्वेंटिस इंस्टीट्यूट और चीन के कन्फ्यूशियस सेंटर की ही तरह विदेशों में भारतीय संस्कृति का प्रचार-प्रसार करने के लिए हैं, उनके पास निश्चित प्रशासनिक खर्चों के लिए आवश्यक राशि से अधिक बहुत कम या कोई पैसा नहीं है; अकादमियां-साहित्य, संगीत-नाटक, ललित कला-राजनीति के कूड़ेदान बन गई हैं, और, जिस जनादेश के साथ उनकी स्थापना की गई थी, वह कहीं दिखता नहीं। 31 मार्च, 2020 तक अकादमियों में 878 में से 262 पद खाली पड़े थे।

संस्कृति को सार्थक रूप से समर्थन देने की इच्छा अब तक की सभी सरकारों में अनुपस्थित रही है। संस्कृति पर संसद की स्थायी समिति ने बताया कि 2010-11 में, सकल घरेलू उत्पाद के प्रतिशत के रूप में संस्कृति मंत्रालय द्वारा वास्तविक व्यय 0.017 प्रतिशत जितना कम था। आश्चर्य की बात यह है कि यह दयनीय रूप से कम व्यय 2019-20 में घटकर 0.012 हो गया। जब 2014 में भारतीय जनता पार्टी (भाजपा) की सरकार पूर्ण बहुमत के साथ सत्ता में आई, तो यह उम्मीद की जा रही थी कि भले ही पार्टी का दृष्टिकोण स्पष्ट रूप से सांप्रदायिक हो, परंतु संस्कृति पर होने वाला व्यय अब अधिक होगा, क्योंकि भारत के सांस्कृतिक अतीत को पुनर्जीवित करने की आवश्यकता पार्टी के तमाम विषयों में से एक थी। हालांकि, तथ्य काफी अलग कहानी बताते हैं। 2021 में संस्कृति मंत्रालय के लिए आवंटन पिछले वर्ष की तुलना में 461 करोड़ कम था अर्थात 15 प्रतिशत की कमी। यह तब जबकि सांस्कृतिक बजट में 2020 के मध्य में 30 प्रतिशत की कटौती की जा चुकी थी। कोविड महामारी के प्रभाव को ध्यान में रखा जाए, तो भी समग्र आंकड़े बताते हैं कि मुद्रास्फीति को देखते हुए, पिछले पांच वर्षों में संस्कृति मंत्रालय को आवंटित बजट में कोई वृद्धि नहीं हुई है।

आधुनिक भारत में अजीब विरोधाभास है कि राजनीतिक वर्ग कलाकारों, लेखकों और कवियों की प्रशंसा गान तो करता है, लेकिन उनके वास्तविक पोषण, समर्थन और विकास के लिए बहुत कुछ करने को तैयार नहीं है। उदाहरण के लिए, 2016-17 में युवा प्रतिभाशाली कलाकार पुरस्कार योजना के तहत संस्कृति मंत्रालय केवल 283 कलाकारों का चयन कर सका; 2019 में इस आंकड़े में महज 117 का इजाफा हुआ था; कला संस्कृति विकास योजना नामक कलाकारों को छात्रवृत्ति और पेंशन प्रदान करने के लिए एक अन्य योजना के तहत, पेंशन के लिए भुगतान की जाने वाली राशि केवल 4,000 प्रति माह थी और इसके लिए भी मंत्रालय लगभग 3,000 से अधिक लाभार्थियों की पहचान नहीं कर सका। कोई सामाजिक सुरक्षा प्रबंध नहीं है, कलाकारों के लिए सुनिश्चित आय की कोई गारंटी नहीं है, और जब कोविड महामारी जैसा संकट आता है, तो उनकी पीड़ा प्रत्यक्ष दिखने लगती है। 2021 में भी, संस्कृति मंत्रालय के पास कलाकारों की पहचान करने के लिए एक व्यापक सांस्कृतिक निर्देशिका नहीं है। इसके लिए 2015 में एक योजना शुरू की गई थी, लेकिन अब तक यह लागू नहीं हुई है, और इसके लिए आवंटित 43 करोड़ में से केवल 1 करोड़ खर्च किए गए हैं। जब सरकार स्वयं इतनी उदासीन है, तो बाहरी समर्थन वह कैसे प्रेरित कर सकती है। कॉरपोरेट सोशल रिस्पॉन्सिबिलिटी (सीएसआर) खर्च 2016-17 में 306 करोड़ से घटकर 2019-20 में 48 करोड़ हो गया। इसके अलावा, सांस्कृतिक संरक्षण में निजी भागीदारी को सक्षम करने के लिए बनाया गया राष्ट्रीय संस्कृति कोष (एनसीएफ) निष्क्रिय पड़ा है।[24]

इसकी तुलना करें कि कुछ अन्य राष्ट्र क्या कर रहे हैं। आर्थिक रूप से विकसित देशों के पास सांस्कृतिक अवसंरचना मौजूद है जिसका हम मुकाबला करने में सक्षम नहीं हो सकते हैं। लेकिन कई विकासशील देशों ने अपनी संस्कृति को बढ़ावा देने के लिए नए सिरे से प्रतिबद्धता दिखाई है। चीन ने बीजिंग में 150 से अधिक आधुनिक दीर्घाओं का निर्माण किया है और साथ ही, एक कला क्षेत्र विकसित किया है जहां की सड़कें करीने से पत्थरों वाली बनाई गई हैं, जिसके दोनों ओर कैफे की कतारें हैं। यह बीजिंग ओलंपिक की पूर्व संध्या पर बनाया गया था, और अब यह पर्यटकों के आकर्षण एक प्रमुख केंद्र है। यहां तक कि शंघाई में भी कम से कम सौ कला दीर्घाएं हैं। और, पूरे चीन में छोटे शहरों को गैलरी क्षेत्र विकसित करने के लिए प्रोत्साहित किया जा रहा है। इसके अतिरिक्त, चीनियों ने - जिन्होंने 'सांस्कृतिक क्रांति' के दौरान अपनी शास्त्रीय विरासत का एक बड़ा हिस्सा नष्ट कर दिया - अपने सौ से अधिक संग्रहालयों को विश्व स्तर का बनाने के लिए उनमें संशोधन करने और निवेश करने का दृढ़ निश्चय किया है। सिंगापुर, थाईलैंड और फिलीपींस, सबने एक-एक दर्जन अत्याधुनिक संग्रहालयों में निवेश करने का निर्णय लिया है; हांगकांग ने एक नई सांस्कृतिक योजना तैयार की है, जिसके तहत यह हर साल कई अरब डॉलर खर्च करता है, जोकि इतने छोटे क्षेत्र के लिए एक अभूतपूर्व प्रति व्यक्ति निवेश है। तेल समृद्ध यूएई ने संग्रहालयों और कला कार्यक्रमों के लिए 30 अरब डॉलर से अधिक की राशि निर्धारित की है।

यह सच है कि भारत को अन्य महत्वपूर्ण बजटीय प्राथमिकताओं को तवज्जो देनी पड़ती है, लेकिन वास्तव में अफसोस यह है कि हमारे देश ने संस्कृति को कभी प्राथमिकता के रूप में देखा ही नहीं। एक परिपक्व, संतुलित लेकिन ठोस नीति के माध्यम से हमारी प्राचीन संस्कृति के पुनर्स्थापन की परियोजना को दो विरोधी चरम के कारण नुकसान उठाना पड़ा है, जो अक्सर एक दूसरे की प्रतिक्रिया के रूप में कार्य करते हैं। पहले ने, जैसाकि हमने चर्चा की है, हमारी प्राचीन विरासत को अंधाधुंध रूप से खारिज करने की मांग की - नेहरू के शब्दों में - 'अतीत के अवांछित' के रूप में और पश्चिम के दृष्टिकोण से 'आधुनिकता' की आकांक्षा की, जो काफी हद तक हमारी अपनी सभ्यता के ज्ञान से अलग थी। यह दृष्टिकोण स्वतंत्रता के बाद के दशकों तक सत्ता के मजबूत अभिजात वर्ग की नीति और दृष्टिकोण पर हावी रहा। दूसरा, हिंदू अतीत का अति महिमामंडन करने में लगा, लेकिन ऐसे कि उसने इसे हास्यास्पद बना दिया। राष्ट्रीय स्वयंसेवक संघ (आरएसएस) के प्रचारक या उपदेशक दीनानाथ बत्रा बाद वाले दृष्टिकोण का प्रतिनिधित्व करते हैं। उन्हें 1980 में संघ के स्कूल नेटवर्क विद्या भारती का महासचिव नियुक्त किया गया था। तब से हिंदू भारत को उसका 'देय' देने के लिए उन्होंने

धर्मयुद्ध जारी रखा है और अपने द्वारा स्थापित दो संगठनों - शिक्षा बचाओ आंदोलन समिति और शिक्षा संस्कृति उत्थान समिति के माध्यम से किसी भी तरह के अपशब्द, वास्तविक या काल्पनिक, को रोकने के लिए हमेशा सतर्क व तत्पर रहे हैं।

एक दृष्टिकोण से, बत्रा के इंजीलवाद या धर्म प्रचार को उचित ठहराया जा सकता है, खासकर तब, जब से उनके वैचारिक विरोधी हिंदू काल के महत्व को कम करके बताने की कोशिश कर रहे हैं। हालांकि, उनके तरीकों में बहुत कुछ है जो सर्वथा अपरिपक्व है। बत्रा ने गुजरात में राज्य शिक्षा पाठ्यक्रम के लिए पूरक साहित्य के रूप में छह पुस्तकें लिखीं। इन पुस्तकों में, उन्होंने तर्क दिया है कि कारें - जैसाकि हम आज उन्हें जानते हैं - वैदिक भारत में भी चलती थीं। उनके अनुसार उन्हें 'अनश्व रथ' कहा जाता था। उन्होंने यह भी दावा किया कि आधुनिक स्टेम सेल अनुसंधान तब भी ज्ञात था, अन्यथा एक ऋषि मांस के पिंड को कौरवों के सौ शरीरों में कैसे परिवर्तित कर सकते थे? बत्रा आगे दावा करते हैं कि लगभग 4,000 साल पहले महाभारत के समय लाइव टेलीविजन प्रसारण भी मौजूद थे। उन्हें उद्धृत करने के लिए: "इसमें कोई शक नहीं कि टीवी का आविष्कार उसी से जुड़ा है। ...महाभारत में, संजय हस्तिनापुर में एक महल के अंदर बैठे और अपनी दिव्य शक्तियों का उपयोग करके महाभारत की लड़ाई का सीधा प्रसारण कर रहे थे ...नेत्रहीन धृतराष्ट्र के लिए।"

बत्रा के तथाकथित लक्ष्य भारत गौरव (भारतीय गौरव), जीवन मूल्य (जीवन का सार) और सामाजिक चेतना (सामाजिक विवेक) हैं। लेकिन इस तरह के बेतुके दावे करने से इन लक्ष्यों को शायद ही पूरा किया जा सके। हिंदू भारत के वैभवशाली अतीत को समझदारी से पुनः प्राप्त करने की पूरी परियोजना इस तरह की अतिशयोक्ति से हंसी के पात्र में बदल जाती है, जिसे अति उत्साही अनुमानों के बजाय तथ्यों के रूप में प्रस्तुत किया जाता है। इतिहास की इस तरह की प्रस्तुति 'गौरव' के अन्य हास्यास्पद उदाहरणों को प्रोत्साहित करती है। यह दावा किया जाता है कि प्लास्टिक सर्जरी प्राचीन भारत में भी प्रचलित थी, क्योंकि एक हाथी की सूंड को भगवान गणेश के रूप में मानव शरीर पर ग्राफ्ट किया गया था। और यह कि उन्नत कृत्रिम गर्भाधान का उपयोग हजारों साल पहले किया गया था, क्योंकि कुंती ने बिना संभोग के 'चमत्कारिक ढंग से' अपने बेटों को गर्भ में धारण किया था और यह कि हमारे कुछ प्राचीन पौराणिक ग्रंथों में वर्णित विमान वास्तव में प्राचीनकाल में आकाश में उड़ने वाले वास्तविक विमानों का उल्लेख करते हैं।

ऐसे दावों का शुद्ध परिणाम भारत गौरव नहीं, बल्कि इतिहास का विद्रूप है। निस्संदेह हिंदू भारत ने वैज्ञानिक अनुसंधान के क्षेत्र में महान मील के पत्थर स्थापित किए और हमने इस पुस्तक में उनमें से कुछ पर विस्तार से चर्चा भी की है। ये विश्व स्तर पर उस सभ्यता के निर्विवाद संकेतक के रूप में पहचाने जाते हैं जिसने शून्य का आविष्कार किया था और

पाइथागोरस के सदियों पहले पाइथागोरस प्रमेय की खोज की थी। गणित और खगोल विज्ञान के अलावा, हमने विज्ञान की कई अन्य शाखाओं में भी महान विद्वत्ता देखी है। इन उपलब्धियों के, जिन्हें दुर्भाग्य से आज के शैक्षिक पाठ्यक्रम में अक्सर अनदेखा किया जाता है, प्रदर्शन की आवश्यकता है। लेकिन यह दावा करने के लिए कि आज विज्ञान के सभी पहलू केवल उसी की प्रतिकृति हैं, जो भारत पहले से जानता था और सहस्राब्दी पहले भी यह सब मौजूद था, पौराणिक कथाओं का उपयोग करना हास्यास्पद है। पौराणिक कथाएं अपने ज्ञान और प्रतीकवाद के लिए महत्वपूर्ण हैं, लेकिन हर पहलू में शाब्दिक रूप में इन्हें नहीं लिया जा सकता। हिंदू भारत बौद्धिक क्रियाओं की अपनी क्षमता, अपने विचारों की गहराई, इसकी रचनात्मक प्रफुल्लता और पूछताछ और जिज्ञासा के माध्यम से किसी मुद्दे की गहराई में जाने की उसकी इच्छा के लिए जाना जाता था। अपनी वास्तविक उपलब्धियों का मजाक उड़ते हुए देखकर यह शर्मिंदा ही होगा।

त्रासदी यह है कि बत्रा की किताबें स्कूली बच्चों के लिए निर्धारित की गई हैं। इतिहास की यह विकृति आसानी से प्रभावित होने वाले दिमागों पर बहुत हानिकारक प्रभाव डाल सकती है, और निश्चित रूप से यह तर्क के वैज्ञानिक रुझान और तर्क की खोज की इच्छा को जोखिम में डालता है, जिसके लिए प्राचीन भारत उल्लेखनीय था।

हिंदू भारत को पुनः प्राप्त करने के लिए, यह जानना होगा कि इसके मायने क्या थे। बत्रा की सलाह पर, मध्य प्रदेश के मुख्यमंत्री शिवराज सिंह चौहान ने स्कूल के पाठ्यक्रम से यौन शिक्षा को इस आधार पर हटवा दिया कि यह 'भारतीय मूल्यों को आहत' करता है। क्या बत्रा जानते हैं कि सेक्स के मामले में हिंदू भारत कितनी समझदारी से मुक्त विचार रखता था? क्या किसी को उन्हें याद दिलाना होगा कि काम, या कामुकता की संतुलित खोज, चार सर्वोच्च पुरुषार्थों का एक हिस्सा है, जिसकी प्रकल्पना हिंदुओं ने आधुनिक हिंदू पुनरुत्थानवाद के परदा की इस्लामी धारणाओं और विक्टोरियन नैतिकता से अभिभूत होने से सहस्राब्दी पहले ही कर ली थी?

दिल्ली विश्वविद्यालय के पाठ्यक्रम से ए के रामानुजन के निबंध 'तीन सौ रामायण, तीन उदाहरण और पांच विचार' को हटाने के अभियान में भी बत्रा सबसे आगे थे। यह समझना कठिन है कि इस संवेदनशील निबंध ने बत्रा को किस प्रकार आहत किया। अब्राहमिक विश्वासों के विपरीत, हिंदू धर्म में केवल एक निर्धारित धार्मिक मूलग्रंथ नहीं है। वाल्मीकि की रामायण को, न केवल भारत में बल्कि विदेशों में भी, स्थानीय रीति-रिवाजों और भावनाओं के अनुसार कई संस्करणों में हिंदुओं द्वारा खुशी-खुशी रूपांतरित किया गया है, लेकिन इसकी कथनात्मक के मूल तत्व को कम किए बिना। हिंदू धर्म की उदार प्रकृति को देखते हुए, यह इस विविधता में आनंदित होता, और भले ही विवाद या मतभेद हों, उन्हें पारंपरिक रूप से हल किया गया होता, प्रतिबंध से नहीं,

बल्कि शास्त्रार्थ या सभ्य संभाषण के माध्यम से। सरकार की नेशनल काउंसिल ऑफ एजुकेशनल रिसर्च एंड ट्रेनिंग (एनसीईआरटी), जो स्कूलों के लिए पाठ्य पुस्तकों की विषयवस्तु की निगरानी करता है, को लिखे एक विस्तृत नोट में बत्रा ने रवीन्द्रनाथ टैगोर और महान कवि और लेखक रामधारी सिंह दिनकर द्वारा लिखी कुछ पंक्तियों की भी जमकर आलोचना की है। उनका अति संवेदनशील 'हिंदू' मानस ग़ालिब की इन पंक्तियों से भी आहत था - हमको मालूम है जन्नत की हकीकत लेकिन, दिल को खुश रखने को ग़ालिब ये ख्याल अच्छा है: मुझे पता है कि स्वर्ग वास्तव में क्या है, लेकिन दिल को खुश रखने के लिए ये ख्याल अच्छा है। क्या यह बत्रा का मामला है कि हिंदू धर्म स्वर्ग की वास्तविकता को लेकर किसी प्रकार के संदेह को अभिव्यक्त नहीं कर सकता? उन्हें यह याद दिलाने की जरूरत है कि उपनिषद और हिंदू दर्शन की छह प्रणालियां धार्मिक दृष्टि से देवत्व की नहीं, बल्कि इस बात की खोज में थीं कि परम सत्य क्या हो सकता है। इस अर्थ में, उनके गहन विचार को तकनीकी रूप से नास्तिक कहा जा सकता है; तो बत्रा के लिए स्वर्ग की पवित्रता क्या है? इसके अलावा, स्पष्ट रूप से, ग़ालिब, जो मूल रूप से दृष्टिकोण में एक सूफी फकीर थे, अपने ही मुल्लाओं की जमात का मजाक उड़ा रहे हैं। और भगवत गीता में, कृष्ण द्वारा स्वर्ग का वर्णन अब्राहमिक धर्मों से बहुत अलग है। ऐसा लगता है बत्रा इसे नहीं समझते हैं।

अतीत पर न्यायसंगत गर्व, और नस्लवाद या ज़ेनोफोबिया के बीच की रेखा बेहद पतली है। बत्रा वह रेखा पार करने के करीब आ जाते हैं, जब वे भारत के महान दार्शनिक और पूर्व राष्ट्रपति डॉ. एस राधाकृष्णन पर उद्धरण आरोपित करते हैं। बत्रा के अनुसार, डॉ. राधाकृष्णन ने एक रात्रि भोज के दौरान ब्रिटिश श्रोताओं के बीच कहा: 'दोस्तों, एक दिन भगवान को रोटियां बनाने का मन हुआ। जब वे रोटियां पका रहे थे, तो पहली रोटियां कम पकी रह गई और अंग्रेज पैदा हुए। दूसरी आग पर अधिक समय तक रह गई और नीग्रो पैदा हुए। अपनी दो गलतियों के बाद सतर्क होकर जब भगवान ने अपनी तीसरी रोटी पकाई, तो वह ठीक बनी और भारतीय पैदा हुए।'[25] यह विश्वास करना कि दार्शनिक-राजनेता डॉ. राधाकृष्णन, बीसवीं शताब्दी के तुलनात्मक धर्म के सबसे प्रतिष्ठित शिक्षाविदों में से एक, जिन्होंने ऑक्सफोर्ड विश्वविद्यालय में पूर्वी धर्म और नैतिकता के स्पैल्डिंग प्रोफेसर की कुर्सी संभाली थी, कहेंगे कि अंग्रेजी आधी-पकी हुई नस्ल और 'नीग्रो' (एक आक्रामक शब्द) एक अधिक पका हुई नस्ल है, जबकि भारतीय आदर्श रोटियां या नस्ल हैं, कल्पनाशीलता का दीवालियापन दर्शाता है। फिर भी, बत्रा की किताबें न केवल भाजपा शासित गुजरात में पढ़ने के लिए नियत हैं, बल्कि वह हरियाणा में शिक्षा समिति के सदस्य भी हैं, 2014 में उनकी नियुक्ति हुई थी, जब राज्य में भाजपा सत्ता में थी।

दीनानाथ बत्रा शायद नेक इरादे वाले हैं - और एनसीईआरटी की किताबों में संशोधन के उनके कुछ सुझाव वामपंथी हिंदू-भयभीत इतिहासकारों की विकृतियों को ठीक करने के लिए प्रासंगिक थे - लेकिन, कुल मिलाकर, हिंदू गौरव जैसे आख्यान स्वतंत्र भारत के अपने उपेक्षित आधारभूत वर्षों की विरासत को पुनः प्राप्त करने के गंभीर और अधूरे एजेंडा को कहीं अधिक नुकसान पहुंचाते हैं। अमीश त्रिपाठी बताते हैं कि बत्रा जैसे लोगों के प्रभावशील होने के असली कारण क्या हैं। "अब हमारे वैज्ञानिक अतीत से जुड़ी कल्पनाएं, जैसे मंगल ग्रह की अंतरिक्ष यात्रा, आज भारत में क्यों मौजूद हैं? ऐसा इसलिए है, क्योंकि वास्तविक ज्ञान का अभाव है। काल्पनिक सिद्धांत अज्ञानता के वातावरण में पनपते हैं। हम अपने स्कूलों में अतीत की अपनी वैज्ञानिक उपलब्धियों के बारे में व्यावहारिक रूप से कुछ भी नहीं बताते हैं! हमारी चिकित्सा शिक्षा ग्रीक चिकित्सा से शुरू होती है; हम भारतीय चिकित्सा नहीं पढ़ाते हैं। हमारी गणितीय शिक्षा गणित के पश्चिमी विकास पर केंद्रित है। हम भारतीय गणितज्ञों के बारे में, जो इतिहास में महानतम लोगों में से हैं और जिन्होंने मौलिक काम किया है, कुछ नहीं सीखते हैं। हमें अपनी उपलब्धियों के बारे में खुद को सिखाने की जरूरत है। हमें उनसे प्रेरणा लेने और आज एक उपलब्धि संस्कृति का निर्माण करने की जरूरत है, जो हमें हमारे महान पूर्वजों के योग्य बनाएगी।"[26]

1947 के बाद जैसे-जैसे भारत विकसित हुआ, हिंदू धर्म के प्रति दृष्टिकोण भी उसके ताने-बाने में एक महत्वपूर्ण कड़ी बन गया। महात्मा गांधी के नेतृत्व में स्वतंत्रता आंदोलन का सभी धर्मों का सम्मान करने और भारत के सभी लोगों को एक साथ लाने में विश्वास था, चाहे कोई किसी भी पंथ का हो। विभाजन के परिणामस्वरूप भयानक हिंदू-मुस्लिम धार्मिक हिंसा ने स्वतंत्र हुए भारत के लिए नई चिंताएं पैदा कीं। जबकि पाकिस्तान मुस्लिम बहुल क्षेत्रों से बना था, भारत में रहने वाले मुसलमान अब भी सबसे बड़े अल्पसंख्यक थे। भारत के लिए एक ऐसे राष्ट्र का निर्माण करने की चुनौती थी, जहां सामाजिक सद्भाव हो, सभी धर्मों के लिए समान सम्मान हो और सभी को बिना किसी बाधा के अपने धार्मिक आह्वान का पालन करने की स्वतंत्रता प्राप्त हो। "अंतःकरण की और धर्म की अबाध रूप से मानने, आचरण और प्रचार करने की स्वतंत्रता" (अनुच्छेद 25) की गारंटी देते हुए, संविधान के संस्थापकों ने इस भावना को मौलिक अधिकार के रूप में संविधान में स्पष्ट रूप से निहित किया।

संविधान का आशय यह था कि गणतंत्र को सभी धर्मों का सम्मान करना चाहिए और धर्मों के बीच अपने व्यवहार में तटस्थ रहना चाहिए। यह स्पष्ट था कि हिंदुओं के

भारी बहुमत के बावजूद भारत को एक धर्मनिरपेक्ष गणराज्य होना था, न कि एक धर्मतंत्र। साथ ही, धर्म के आचरण को धर्मनिरपेक्षता के सिद्धांत के विपरीत करार देना संविधान का प्रयोजन नहीं था।

हालांकि, जवाहरलाल नेहरू ने धर्म को वास्तव में बहुत कम महत्व दिया। उन्होंने इसे अतीत का एक 'अवशेष' माना, अंधविश्वास और रूढ़िवाद का सहसंबंधी, और 'वैज्ञानिक स्वभाव' के प्रतिकूल माना, जोकि 'आधुनिक' लोगों की विशेषता होनी चाहिए। उन्होंने *भारत एक खोज* में लिखा, "संगठित धर्म... एक ऐसी प्रवृत्ति को प्रोत्साहित करता है जो विज्ञान के बिल्कुल विपरीत है।" "यह संकीर्णता और असहिष्णुता, विश्वासप्रवणता, अंधविश्वास, भावुकता और तर्कहीनता पैदा करता है। यह मनुष्य के मन को बंद और सीमित करता है और एक आश्रित, पराधीन व्यक्ति की मनोवृत्ति को जन्म देता है।"[27] पूर्वकल्पित सिद्धांत 'मन का कठोर अनुशासन' के आधार पर नहीं, बल्कि नए सुबूतों के आधार पर वैज्ञानिक दृष्टिकोण और नए ज्ञान को उनके समर्थन ने उन्हें हिंदू दर्शन के विचार की ऊंचाई के प्रति भी शत्रुतापूर्ण बना दिया। उन्होंने हिंदू दर्शन को "मन का कठोर अनुशासन नहीं, अस्पष्ट और कोमल और मृदु बताया, बल्कि मानसिक क्षमताओं की हार कहा।"[28] एक आत्म घोषित अनीश्वरवादी, उन्होंने अपनी अंतिम वसीयत और इच्छापत्र में लिखा: "पूरी गंभीरता के साथ मैं घोषणा करना चाहता हूं कि मैं नहीं चाहता मेरी मृत्यु के बाद मेरे लिए कोई धार्मिक अनुष्ठान किया जाए। मैं इस तरह के किसी भी समारोह में विश्वास नहीं करता और उसके सामने झुकना, यहां तक कि किसी भी रूप में, पाखंड और खुद को भ्रमित करने का प्रयास होगा।" बेशक, यह और बात है कि उनका अंतिम संस्कार पूरे हिंदू रीति-रिवाजों के साथ किया गया।

इसके विपरीत, गांधीजी, जैसाकि नेहरू ने खुद कहा था, "अपने अंतरतम की गहराई तक एक हिंदू थे।" दक्षिण अफ्रीका में अपनी पहली जेल अवधि (जनवरी 1908) के दौरान, उन्होंने विवेकानंद के *राज योग*, *योग सूत्र* और *भगवद गीता* पर टिप्पणियों को पढ़ा। अपने दूसरे कारावास (अक्टूबर-दिसंबर 1908) के दौरान, उन्होंने लगभग हर दिन *भगवद गीता* पढ़ी। अपने तीसरे कारावास (फरवरी-मई 1909) के दौरान उन्होंने उपनिषद, *मनुस्मृति*, पतंजलि के *योग शास्त्र* को पढ़ा और *गीता* को फिर से पढ़ा। फीनिक्स, नेटाल में उनके इंटरनेशनल प्रेस द्वारा प्रकाशित पहली पुस्तकों में से एक तुलसीदास के *रामचरितमानस* का एक संक्षिप्त संस्करण था, जिसके बारे में उन्होंने अपनी आत्मकथा (द *स्टोरी ऑफ माई एक्सपेरिमेंट्स विद ट्रुथ*) में लिखा था, "सभी भक्ति साहित्य में सबसे महान पुस्तक।" तुलसीदास द्वारा वर्णित राम राज्य एक काल्पनिक आदर्श था, जिसे गांधीजी ने धर्म से व्युत्पन्न लेकिन उससे परे के रूप में देखा। इसलिए, राम राज्य को स्वतंत्र भारत के अंतिम लक्ष्य के रूप में स्वीकार करने में उन्हें कुछ भी गलत नहीं लगा। गांधीजी के लिए, हिंदू

धर्म महान ज्ञान का भंडार था और इसकी गहन दार्शनिक अंतर्दृष्टि ने उन्हें स्वतंत्रता संग्राम के दौरान बहुत ताकत और सहनशक्ति प्रदान की। वास्तव में, यह तर्क दिया जा सकता है कि जैसे-जैसे वे भारत की स्वतंत्रता के धर्मनिरपेक्ष सरोकारों में अधिक शामिल होते गए, अपनी धार्मिक विरासत में उनकी रुचि बढ़ती गई। उनका अध्ययन गहरा था और उनकी कुछ टिप्पणियों से यह स्पष्ट रूप से सामने आता है। *ईशा उपनिषद* में, पहला श्लोक इस प्रकार है: 'यह सब भरा हुआ है। वह सब भरा हुआ है। परिपूर्णता से परिपूर्णता आती है। जब पूर्णता से परिपूर्णता छीन ली जाती है, तब भी परिपूर्णता बनी रहती है।' गांधी इस श्लोक से बहुत प्रभावित हुए थे, और माना जाता है कि उन्होंने कहा था कि अगर वे इस एक श्लोक को रख सकते हैं तो वे हिंदू धर्म के हर शास्त्र को खुशी-खुशी छोड़ देंगे। संक्षेप में, नेहरू के विपरीत, गांधी ने धर्म को आधुनिकता या प्रगति में बाधा के रूप में नहीं देखा। इसके विपरीत, उन्होंने हिंद स्वराज में लिखा: "धर्म मुझे प्रिय है और मेरी पहली शिकायत यह है कि भारत अधार्मिक (धरम भ्रष्ट) होता जा रहा है। यहां मैं हिंदू, मुसलमान या पारसी धर्म के बारे में नहीं सोच रहा हूं, बल्कि उस धर्म के बारे में सोच रहा हूं जो सभी धर्मों का आधार है। हम परमेश्वर से दूर हो रहे हैं।"[29]

नेहरू और गांधी के बीच अंतर का एक और महत्वपूर्ण बिंदु था। धर्मनिरपेक्षता के लिए नेहरू का समर्थन उनके इस विश्वास से आया कि आधुनिक राष्ट्रों को, चर्च को शासन से अलग करना चाहिए। उन्होंने विगत के पश्चिमी इतिहास को अपने विश्वास की प्रामाणिकता के रूप में देखा, जहां उदार लोकतांत्रिक सिद्धांतों के सामने चर्च की भूमिका गौण हो गई थी। वे कम्युनिस्ट सोवियत संघ से भी प्रभावित थे; उनके लिए समाजवाद प्रगतिशील राष्ट्रों की जरूरतों को कहीं अधिक प्रासंगिक रूप से संबोधित करता था, जबकि धर्म उन्हें अंधविश्वास और पूर्वाग्रह के अंधेरे युग में वापस ले गया था। धर्म का राज्य की प्राथमिकताओं में दखल देने का कोई भी प्रयास प्रतिगमन का संकेत था। चूंकि धर्म को समाप्त नहीं किया जा सकता था - हालांकि नेहरू शायद चाहते थे कि ऐसा हो सकता - राष्ट्र के लिए सभी धर्मों के बीच तटस्थ होना और एक धर्मनिरपेक्ष राष्ट्र होना आवश्यक था। दूसरी ओर, गांधी ने धर्मनिरपेक्षता के संदेश को फैलाने के लिए स्वयं को सभी धर्मों में डुबो दिया। उनका मानना था कि यद्यपि धर्म इतिहास में बहुत संघर्ष का कारण रहा है, लेकिन सभी धर्मों का आवश्यक संदेश प्रेम और भाईचारा ही था। उनकी दैनिक प्रार्थना सभाओं में, सभी धर्मों के भजन गाए या पढ़े जाते थे। इस प्रकार, उन्होंने ऐसा कभी नहीं सोचा कि चूंकि वे एक हिंदू थे, इसलिए उन्हें उन लोगों का तिरस्कार करना चाहिए जो हिंदू नहीं थे। धर्मनिरपेक्षता के लिए उनका आवेग सभी धर्मों के प्रति एक वास्तविक सम्मान और उनके इस विश्वास से आया था कि धर्म ही सभी धर्मों के सामंजस्यपूर्ण सह-अस्तित्व का संदेश देता है।

हालांकि, समस्या यह थी कि धर्म के प्रति नेहरू का तिरस्कार भारत की वास्तविकताओं के साथ तालमेल में नहीं था। नेहरू को धर्म पसंद था या नहीं, इसने हिंदुओं सहित लोगों के जीवन में बहुत महत्वपूर्ण भूमिका निभाई। सभी धर्मों का सम्मान करने के महत्व में, या कोई भी धर्म यह महसूस न करे कि उसके साथ भेदभाव किया जा रहा है, इसे सुनिश्चित करने में गांधी के भावुक विश्वास ने भी - 1947 से पहले भी - हिंदुओं के एक वर्ग में आक्रोश पैदा किया। उन्हें लगा कि या तो उनके न टिक सकने वाले आदर्शवाद या उनके 'अवसरवादी' राजनीतिक व्यावहारिकतावाद के परिणामस्वरूप, वे मुसलमानों को बढ़ावा दे रहे थे और हिंदुओं के लिए निष्पक्ष भी नहीं थे। यह शायद सच है कि ब्रिटेन की फूट डालो और राज करो की नीति और हिंदुओं और मुसलमानों के बीच विश्वास की कमी को बढ़ाने के उसके प्रयास को देखते हुए, गांधी ने मुस्लिम अलगाव को शांत करने और ब्रिटिश साम्राज्य को संयुक्त रूप से टक्कर देने के लिए हिंदू-मुस्लिम एकता को बनाए रखने का प्रयास किया।

लेकिन, इस प्रक्रिया में गांधीजी के कुछ निर्णय, स्पष्ट रूप से, अकथनीय थे और अन्य निष्पक्ष से कम। पहली श्रेणी में आता है गांधीजी का खिलाफत आंदोलन (1919-1924) को अपना समर्थन देना, जोकि तुर्की में स्थित तुर्क साम्राज्य के खलीफा को बहाल करने के लिए मुसलमानों द्वारा शुरू किया गया, एक अखिल इस्लामी राजनीतिक विरोध अभियान था। विडंबना यह है कि 1922 तक आंदोलन धराशायी हो गया, जब तुर्की खुद कमाल अतातुर्क के अधीन एक धर्मनिरपेक्ष राज्य की ओर बढ़ गया। भीमराव अंबेडकर ने ठीक यही बात कही थी। उन्होंने लिखा, "जिन लोगों के लिए भारत में इस मुद्दे को उठाया गया था, उन्होंने खुद एक गणतंत्र का समर्थन किया था और तुर्की में राजशाही को बनाए रखने के लिए तुर्कों को मजबूर करना काफी अनुचित था, जबकि वे इसे एक गणतंत्र में बदलना चाहते थे।"[30] लेकिन गांधी अड़े रहे। सितंबर 1920 में कलकत्ता में कांग्रेस अधिवेशन में अपने भाषण में, उन्होंने कहा: "भारत के मुसलमान सम्माननीय व्यक्ति और अपने पैगंबर के अनुयायी के रूप में नहीं रह सकते, यदि उन्होंने किसी भी कीमत पर इसके सम्मान की रक्षा नहीं की।" गांधीजी का उद्देश्य राजनीतिक हो सकता है - मुसलमानों को यह संकेत देने कि कांग्रेस ने उनके सरोकारों का समर्थन किया - लेकिन व्यवहार में, धार्मिक कार्ड के उपयोग ने मुसलमानों के बीच एक पृथक पहचान की भावना को ही मजबूत किया। इसके अलावा, हिंदुओं ने इसे मुसलमानों को खुश करने की श्रृंखला के पहले कदम के रूप में देखा। खिलाफत आंदोलन के समर्थन को, जो कट्टरपंथी, राज्यक्षेत्रातीत, भारत की स्वतंत्रता से जुड़े सरोकारों से अलग और अंततः पाकिस्तान के निर्माण के लिए अग्रणी मुस्लिम अलगाववाद को एक नर्सरी प्रदान करने वाला था, किसी भी आधार पर उचित नहीं ठहराया जा सकता।।

अगस्त 1921 में केरल के मालाबार में मोपला विद्रोह की भयावह बर्बरता की स्पष्ट रूप से निंदा करने से गांधी का इंकार निश्चित रूप से पक्षपातपूर्ण था और यहां तक कि उनके सहयोगी समकालीनों का भी यही मानना था। खिलाफत आंदोलन से प्रेरित होकर, केरल के मुसलमानों ने कुछ क्षेत्रों में खिलाफत साम्राज्य घोषित कर दिया। मोपला हिंदू जमींदारों की इच्छा पर काश्तकार थे और हो सकता है कि कृषि संबंधी उनकी कुछ शिकायतें हों, लेकिन जिस कट्टर हिंसा के साथ उन्होंने अपने नियोक्ताओं पर हमला किया, वह अक्षम्य था। "हिंदू परिवारों की सामूहिक हत्याएं, उनके परिवार के सदस्यों के सामने महिलाओं के साथ क्रूर बलात्कार, गर्भवती महिलाओं की हत्या, मंदिरों को अपवित्र करना, गोहत्या, जबरन धर्मांतरण, डकैती, आगजनी और लूटपाट तब तक चलती रही, जब तक कि ब्रिटिश सेना ने नियंत्रण अपने हाथों में नहीं ले लिया।"[31] लेकिन गांधी के प्रभाव में कांग्रेस ने इस वीभत्स घटना को ज़्यादा तूल नहीं दिया। गांधीजी ने "ईश्वर से डरने वाले बहादुर मोपला" की बात तो की, जिन्हें अपने धर्म के लिए लड़ने का अधिकार था, लेकिन हिंदुओं को उपदेश देते हुए कहा कि एक बार मोपला कट्टरता के पीछे के कारणों की जांच होने के बाद वे खुद को निर्दोष नहीं पाएंगे। गुस्से में अंबेडकर ने लिखा: "कोई भी व्यक्ति यही कहेगा कि हिंदू-मुस्लिम एकता के लिए यह बहुत भारी कीमत थी। लेकिन, श्री गांधी हिंदू-मुस्लिम एकता स्थापित करने की आवश्यकता से इतने प्रभावित थे कि वे मोपलाओं और खिलाफ़तवादियों के जघन्य कृत्यों पर परदा डालने को तैयार थे, जो उन्हें बधाई दे रहे थे।"[32]

पहले हुई घटनाओं को लेकर भी कुछ हिंदुओं में आक्रोश पैदा हो रहा था। 1907 और 1908 के दौरान, मुस्लिम नेतृत्व अपनी मांग में मुखर था कि निर्वाचित निकायों में मुसलमानों को उनकी संख्या के अनुपात से अधिक प्रतिनिधित्व दिया जाना चाहिए। इस आशंका के अलावा कि वे अन्यथा हिंदू बहुसंख्यक के बीच नगण्य होकर रह जाएंगे, उनका एक भड़काऊ तर्क यह भी था कि भारत में अपने 700 साल के शासन के परिणामस्वरूप मुसलमान अधिक राजनीतिक महत्व के पात्र थे। इस दबाव के परिणामस्वरूप, 1909 के मॉर्ले-मिंटो सुधारों ने परिषदों में मुसलमानों के असंगत प्रतिनिधित्व पर सहमति दे दी और पृथक मुस्लिम निर्वाचक मंडल की स्वीकृति भी दे दी। 1916 में, लखनऊ समझौते के तहत, कांग्रेस मुस्लिम लीग की विधायिकाओं और परिषदों में मुसलमानों के अधिक प्रतिनिधित्व की मांग पर सहमत हो गई। 1919 के भारत सरकार अधिनियम ने इस निर्णय को औपचारिक रूप दिया और उसके फौरन बाद कांग्रेस ने पृथक निर्वाचक मंडल की मांग का विरोध करना छोड़ दिया।

कांग्रेस के भीतर कई नेताओं को महसूस हुआ कि इस तरह के फैसले गलत थे। मदन मोहन मालवीय (1861-1946), जिन्होंने चार बार कांग्रेस के अध्यक्ष के रूप में

कार्य किया, इनमें से प्रमुख थे। उन्होंने 1916 के लखनऊ समझौते के तहत मुसलमानों के लिए अलग निर्वाचक मंडल का विरोध किया और खिलाफत आंदोलन को कांग्रेस के समर्थन का भी विरोध किया। यहां तक कि 1932 में अंग्रेजों द्वारा दिए गए सांप्रदायिक पुरस्कार के विरोध में उन्होंने कांग्रेस से इस्तीफा भी दे दिया। मालवीय ने कांग्रेस के भीतर एक मजबूत सम्मति का प्रतिनिधित्व किया कि किसी को भी अपने धर्म को नकारने की आवश्यकता नहीं है, जैसाकि नेहरू ने किया। वे एक गर्वित हिंदू थे, और इसे लेकर उन्हें कोई झिझक नहीं थी। वे अखिल भारतीय हिंदू महासभा - हिंदू धर्म के प्रचार और संरक्षण के लिए एक अखिल भारतीय संगठन - के संस्थापक थे। 1916 में बनारस हिंदू विश्वविद्यालय (बीएचयू) की स्थापना में उनके तप और दृढ़ संकल्प के लिए उन्हें हमेशा याद किया जाएगा और वे 1919 से 1938 तक इसके कुलपति बने रहे। एक राजनेता के रूप में, उन्हें ऐसा नहीं लगा कि अपने धर्म के लोगों की भलाई के लिए काम करने में कोई विरोधाभास है। 1910 में उन्होंने हिंदी अखबार *मर्यादा* शुरू किया; 1936 में उन्होंने बीएचयू से धार्मिक हितों को समर्पित एक पत्रिका *सनातन धर्म* का प्रकाशन शुरू किया। गंगा और गाय कल्याण जैसे श्रद्धा के हिंदू प्रतीकों ने उन्हें आकर्षित किया, और उन्होंने अपनी आस्था के लिए कार्य किया। उन्होंने नदी पर बांध का विरोध करने के लिए गंगा महासभा की स्थापना की, और 1916 में अंग्रेजों को अविरल गंगा रक्षा समझौता नामक एक समझौते पर हस्ताक्षर करने के लिए मजबूर किया। उन्होंने गायों के कल्याण के लिए वृंदावन में श्री मथुरा वृंदावन हसनंद गृहभूमि नाम से एक गैर-सरकारी संगठन बनाया। इसी तरह उन्होंने हरिद्वार के हर-की-पौड़ी में आरती की परंपरा शुरू की, जो आज भी जारी है। यह मालवीय ही थे, जिन्होंने 1918 के कांग्रेस सत्र में *मुंडक उपनिषद* में डूबकर 'सत्यमेव जयते' का नारा दिया, सत्य की जीत होगी, जो आधुनिक भारत का राष्ट्रीय नारा बना हुआ है।

मालवीय जैसे नेता नेहरू के अनीश्वरवाद और हिंदू धर्म पर सामान्य संदेह से अलग थे। कांग्रेस में विचारों की एक विस्तृत श्रेणी का प्रतिनिधित्व करते हुए, मालवीय का मानना था कि यदि हिंदू धर्म को अतीत में गंभीर झटके लग चुके हैं - पहले इस्लामी शासन के तहत और फिर ब्रिटिश राज में - तो अब इसे पुन: प्रतिष्ठित करने का समय आ गया है, और ऐसा करने से धर्मनिरपेक्षता की नीति को कोई आघात नहीं लगेगा। हालांकि, विनायक दामोदर सावरकर जैसे अन्य लोग भी थे, जो इस भावना को एक और चरम पर ले गए। मई 1923 में, सावरकर का लघु निबंध, *एसेंशियल्स ऑफ हिंदुत्व* प्रकाशित हुआ था। इसके बिखरे हुए विचारों के कारण और विशेष रूप से इसलिए कि इसे एक अलग हिंदू राष्ट्र के आह्वान के रूप में न देखा जाए, इस विवादास्पद निबंध को विखंडित करना और प्रासंगिक बनाना महत्वपूर्ण है। हमें सावरकर से थोड़ी ही असहमति

हो सकती है जब वे दावा करते हैं कि 'हिंदू' शब्द को प्राचीन काल से मान्यता प्राप्त थी, कि एक सभ्यता उस नाम से जुड़ी हुई थी, कि यह सभ्यता सांस्कृतिक रूप से एकजुट थी, कि - जाति व्यवस्था के बावजूद - यह एक बड़ी वैचारिक एकता का प्रतिनिधित्व करती है, कि यह एक जाति से संबंधित होने की भावना पैदा करती है कि एक राष्ट्र जो आम रक्त से बंधा है, और यह कि यह हमेशा एक परिभाषित भौगोलिक क्षेत्र से जुड़ा रहा है, जिसे हमारे प्राचीन ग्रंथों द्वारा मान्यता प्राप्त है - भारतवर्ष। *हिंद स्वराज* को पढ़ने से पता चलता है कि महात्मा गांधी ने भी यही बात कही थी। हालांकि, सावरकर ने इससे आगे बढ़कर तर्क दिया कि केवल वे लोग ही भारत से संबंधित होने का दावा कर सकते हैं, जिनके लिए यह पितृभूमि या पैतृक भूमि और जिनके पूर्वजों की भूमि, और उनकी दिव्य भूमि या पवित्र भूमि थी। ऐसा कहते हुए, उन्होंने स्वीकार किया कि जो हिंदू अतीत में इस्लाम या ईसाई धर्म में परिवर्तित हुए थे, वे भारतीय हो सकते हैं, क्योंकि उनके पूर्वज भारत में पैदा हुए थे; लेकिन उन्हें बाहर करना पड़ा क्योंकि भारत उनकी पवित्र भूमि नहीं थी, क्योंकि उनके धर्म की मक्का या वेटिकन में केंद्रित राज्यक्षेत्रातीत निष्ठा थी।

सावरकर को उनके समय के संदर्भ में और उनके निबंध लिखने से ठीक पहले सामने आई कुछ घटनाओं के बारे में उनकी सहजज्ञ प्रतिक्रियाओं के संदर्भ में पढ़ना महत्वपूर्ण है। सावरकर खिलाफत आंदोलन को कांग्रेस के समर्थन के पूरी तरह खिलाफ थे - जैसाकि कांग्रेस में शामिल कई अन्य लोग भी थे। विक्रम संपत, जिन्होंने सावरकर की सबसे शोधपूर्ण जीवनी लिखी है, मानते हैं, "खिलाफत और पार देशी निष्ठा ने विनायक के दिमाग पर भारी दबाव डाला होगा।"[33] सावरकर, गांधी और कांग्रेस के मुसलमानों को खुश करने के और विशेष रूप से मोपलाओं के भीषण हिंसक कृत्यों पर परदा डालने के प्रयासों से भी नाराज थे। कुछ मुस्लिम नेताओं द्वारा एक राष्ट्र के हिस्से के रूप में रहने वाले मुसलमानों और हिंदुओं के बीच असंगति पर, और इसलिए, मुसलमानों के लिए हिंदुओं के 'प्रभुत्व' से अलग भविष्य तलाशने की जरूरत पर की गई बयानबाजियों ने भी उन पर अपना प्रभाव डाला होगा। जैसाकि संपत बताते हैं, उनके गहरे व्यक्तिगत कारण भी थे - एक दशक से अधिक समय तक जब वे अंडमान में कैद में थे, उनके क्रूर जेलर मुसलमान थे, जो अपमान करने और यातना देने में माहिर थे और सावरकर उनके निशाने पर थे।

इस प्रकार, जिस विशिष्ट संदर्भ में उन्होंने अपना निबंध लिखा था, उसमें सावरकर के उद्गार को हिंदुओं को उनके सभ्यतागत बंधनों के आधार पर एकजुट होने के लिए एक स्पष्ट आह्वान के रूप में देखा जाना चाहिए, और एक बहिष्करणवादी हिंदू राष्ट्र के लिए ठोस वकालत के रूप में नहीं देखा जाना चाहिए, क्योंकि यह उनके समग्र विचारों का एक बहुत छोटा घटक बनाता है। इसे एक भावनात्मक अतिशयोक्ति के रूप में बेहतर

समझा जा सकता है, जो उस समय की स्थिति - व्यक्तिगत और ऐतिहासिक दोनों - और विशेष रूप से खिलाफत आंदोलन के समर्थन पर उनके गुस्से से प्रेरित थी। हिंदुओं के कई वर्गों में यह भावना व्याप्त थी कि उनकी संस्कृति और सभ्यता को इस्लामी और ब्रिटिश ताकतों द्वारा बदनाम किया गया था और अब गर्व व आक्रामकता के साथ इसे पुनः प्राप्त करने का समय था। इस भावना को व्यक्त करने में, सावरकर निस्संदेह अन्य तमाम लोगों की तुलना में अधिक कठोर थे। ऐसा होना वास्तव में उनके व्यक्तित्व का एक हिस्सा था। यहां तक कि जब वे इंग्लैंड में कानून की पढ़ाई कर रहे थे, तब भी उन्हें अंग्रेजों के खिलाफ हिंसक क्रांति के लिए राजी कर लिया गया था, और इस कारण से गिरफ्तार कर उन्हें भारत भेज दिया गया था। भारत वापसी के रास्ते में, जब जहाज मार्सैय बंदरगाह पहुंचा, तो उन्होंने भाग निकलने का एक साहसी लेकिन असफल प्रयास किया और उन्हें फिर से गिरफ्तार कर लिया गया। यह समझना मुश्किल नहीं है कि इस तरह के मजबूत विचारों और दृढ़ विश्वास का एक व्यक्ति, जो अंडमान में काला पानी के जेल की भयानक स्थिति में ग्यारह साल तक निरंतर एकांत कारावास में था, उनके विचारों की अभिव्यक्ति में अधिकता क्यों रही होगी, खासकर जब यह निबंध लिखा गया था, वे रत्नागिरी के जेल में थे। बेशक, उनके नस्लवादी तर्क के लिए कोई माफी नहीं हो सकती। हालांकि, यह महत्वपूर्ण है कि सावरकर स्वयं अपने चरमपंथ को कम करते हुए लिखते हैं: "हम अपनी पूरी कोशिश कर रहे हैं, जैसाकि हमें करना चाहिए, वृहत्तर समग्रता की चेतना और उससे लगाव की भावना विकसित करने की, जिससे हिंदू, मुसलमान, पारसी, ईसाई और यहूदी पहले भारतीय के रूप में महसूस करेंगे और बाद में कुछ और [जोर मेरा]।"[34]

सावरकर एक देशभक्त थे, इसमें कभी संदेह नहीं था। उनका बड़ा जुनून भारत को ब्रिटिश शासन से मुक्त देखना था, और उन्होंने अपने दृढ़ विश्वास के साहस की बहुत बड़ी कीमत चुकाई। गांधी, सरदार पटेल और गंगाधर तिलक ने उनकी रिहाई के लिए ब्रिटिश सरकार को याचिका दायर की। यह सच है कि अंडमान में अपने कारावास के आखरी चरण के दौरान, सावरकर ने औपनिवेशिक सत्ता से उन्हें माफी देने का अनुरोध किया था। हालांकि, एक व्यक्ति के लिए जिसने इतना कुछ सहा था, इसमें कुछ भी देशभक्ति के ख़िलाफ़ नहीं था, यह देखते हुए कि उस समय कांग्रेस खुद अंग्रेजों को बाहर निकालने की नहीं, बल्कि ब्रिटिश शासन के तहत केवल अधिक स्वायत्तता लेने का प्रयास कर रही थी। उनकी क्रांतिकारी देशभक्ति के सम्मान में प्रधानमंत्री इंदिरा गांधी ने 1970 में उनकी स्मृति में एक डाक टिकट जारी किया। 2002 में जब भाजपा सत्ता में थी, तब अंडमान के हवाई अड्डे का नाम बदलकर वीर सावरकर हवाई अड्डा कर दिया गया और 2003 में संसद में सावरकर की एक तस्वीर का अनावरण किया गया। सावरकर की विरासत

के कई पहलुओं का आकलन करने के लिए, हम उनके परिश्रमी जीवनी लेखक विक्रम संपत के चिंतनशील मूल्यांकन को उद्धृत करने से बेहतर कुछ नहीं कर सकते:

> हिंदुत्व की विचारधारा के बौद्धिक स्रोत के रूप में, सावरकर निस्संदेह बीसवीं शताब्दी के सबसे विवादग्रस्त राजनीतिक विचारकों और नेताओं में से एक हैं। उनके लंबे और तूफानी जीवन के वृत्तांत उन्हें महिमामंडित करने से लेकर तिरस्कारपूर्ण दानवीकरण तक विस्तृत है। सचाई, हमेशा की तरह, बीच में कहीं है। ...मुझे धीरे-धीरे पता चला कि सावरकर अंतर्विरोधों का एक बंडल और इतिहासकार की पहेली थे। वे एक साथ कई लोगों के लिए कई मायने रखते हैं। एक कथित नास्तिक और एक कट्टर तर्कवादी, जिन्होंने रूढ़िवादी हिंदू मान्यताओं और जाति व्यवस्था का कड़ा विरोध किया और गो पूजा को केवल अंधविश्वास कहकर खारिज कर दिया, वे सावरकर पूरे भारतीय स्वतंत्रता संग्राम के दौरान हिंदू समुदाय के लिए सबसे मुखर राजनीतिक आवाज भी थे।[35]

वैसे तो संपत स्पष्ट रूप से सावरकर के प्रशंसक थे, लेकिन वस्तुपरकता के साथ वे स्वीकार करते हैं कि सावरकर के समग्र प्रभाव को परखने के लिए उनकी दृष्टि और दर्शन के साथ-साथ "उनकी खामियों और गलतियों का आकलन करने की भी जरूरत है।"[36] इस संदर्भ में, संपत ने अमेरिकी इतिहासकार जॉन नोबल विल्फोर्ड को बहुत उपयुक्त रूप से उद्धृत किया है: "इतिहास के सभी कार्य अंतरिम रिपोर्ट हैं। अतीत में लोगों ने जो किया वह एम्बर में संरक्षित नहीं है... युगों में हालांकि अपरिवर्तनीय है। प्रत्येक पीढ़ी पीछे मुड़कर देखती है और अपने स्वयं के अनुभव से सीखते हुए ऐसे पैटर्न ढूंढ़ने का साहस करती है जो अतीत और वर्तमान दोनों को रोशन करते हैं।"[37]

सावरकर के हिंदुत्व सिद्धांत का एक सीधा परिणाम 1925 में अति-हिंदू संगठन राष्ट्रीय स्वयंसेवक संघ (आरएसएस) का जन्म। इसके संस्थापक, केशव बलिराम हेडगेवार सावरकर के विचारों से बहुत प्रभावित थे, और रत्नागिरी जेल में उनसे मिले भी थे। आरएसएस का घोषित उद्देश्य हिंदू समुदाय को एकजुट और मजबूत करना था, जिसने अपनी आंतरिक फूट के परिणामस्वरूप मुट्ठी भर अंग्रेजों को भारत की विशाल भूमि पर राज करने दिया था। हेडगेवार ने महसूस किया कि हिंदुओं में पराक्रम (वीरता) और अपनी प्राचीन सभ्यता की विरासत में गर्व की भावना का अभाव था। उनका खिलाफत आंदोलन के समर्थन से मोहभंग हो गया था, स्वतंत्रता संग्राम की धीमी गति से वे अधीर हो गए थे और अहिंसा की नीति के वे आलोचक थे। इसलिए, उन्होंने हिंदू समुदाय को बेहतर सुरक्षा के लिए अर्धसैनिक कौशल से लैस करके उन्हें शारीरिक शक्ति देने के लिए प्रशिक्षण शाखाओं या इकाइयों की स्थापना की।

आलोचकों द्वारा आरएसएस को आज पूरी तरह से सांप्रदायिक संगठन के रूप में देखा जाता है, जो केवल हिंदू राष्ट्र बनाने की अपनी खतरनाक विभाजनकारी नीति को आगे बढ़ाने पर आमादा है। हालांकि, यह महत्वपूर्ण है कि हम इस संगठन का निष्पक्ष मूल्यांकन करें, न कि इसके कुछ अन्य पहलुओं को नजरअंदाज कर दें। यह सच है कि महात्मा की हत्या में आरएसएस की भूमिका होने का संदेह था, लेकिन यह भी सच है कि न्यायपालिका ने इसे बरी कर दिया। हत्या के तुरंत बाद, गृह मंत्री सरदार पटेल की सिफारिश पर आरएसएस पर प्रतिबंध लगा दिया गया था, लेकिन बाद में प्रतिबंध हटा लिया गया था। विभाजन के दौरान और उसके बाद, आरएसएस के कार्यकर्ताओं ने हिंदू शरणार्थियों के पुनर्वास और सहायता और सेवाओं के वितरण में योगदान दिया। 1949 में, डॉ. जाकिर हुसैन जैसे व्यक्ति ने, जो भारत के राष्ट्रपति बनने वाले थे, बिहार के मुंगेर में मुस्लिम दर्शकों को संबोधित करते हुए एक प्रशंसापत्र दिया: "आरएसएस पर मुसलमानों के खिलाफ हिंसा और नफरत के आरोप पूरी तरह से झूठे हैं। मुसलमानों को आरएसएस से आपसी प्रेम, सहयोग और संगठन का पाठ सीखना चाहिए।"

1962 में चीन के साथ युद्ध के दौरान आरएसएस ने युद्ध के प्रयासों में सक्रिय रूप से योगदान दिया, विशेष रूप से नागरिक प्रशासन को सहायता प्रदान करने में। इसने प्रधानमंत्री नेहरू को प्रभावित किया, जिन्होंने नई दिल्ली में 1963 के गणतंत्र दिवस परेड में सौ स्वयंसेवकों के एक दल को मैदान में उतारने के लिए आरएसएस को आमंत्रित किया। 1965 में पाकिस्तान के साथ युद्ध के दौरान सरकार की सहायता करने में भी आरएसएस ने खुद को प्रतिष्ठित किया। प्रधानमंत्री लाल बहादुर शास्त्री ने तत्कालीन आरएसएस प्रमुख एमएस गोलवलकर को एक सर्वदलीय बैठक में आमंत्रित किया और यहां तक कि आरएसएस को दिल्ली पुलिस का बोझ कम करने को कहा, उसकी कुछ जिम्मेदारियों को साझा करके। 1971 में बांग्लादेश के साथ युद्ध के दौरान भी आरएसएस के स्वयंसेवकों ने सबसे पहले रक्तदान किया और सेना को खाइयां खोदने में मदद की। इन देशभक्ति सेवाओं के लिए उनकी लगभग विश्व स्तर पर प्रशंसा हुई। भारतीय सेना के पहले प्रमुख फील्ड मार्शल करियप्पा, उन लोगों में शामिल थे जिन्होंने एक शानदार तरीके से उनका शुक्रिया किया: "आरएसएस मेरे दिल के करीब है। मेरे प्यारे नौजवान परेशान मत हो। भविष्य का ध्यान करना! आगे बढ़ो! देश को आपकी सेवाओं की जरूरत है।" 1977 में जब इंदिरा गांधी ने कुख्यात आपातकाल लगाया, तो आरएसएस के कार्यकर्ताओं ने लोकतंत्र की बहाली के लिए बड़े पैमाने पर गुपचुप तरीके से काम किया। गांधीवादी नेता, जयप्रकाश नारायण ने, जो पहले आरएसएस के कट्टर आलोचक थे, इसे स्वीकार किया: "आरएसएस एक क्रांतिकारी संगठन है। देश में कोई दूसरा संगठन इसके आस-पास कहीं नहीं आता।

इसमें अकेले समाज और जातिवाद को बदलने और गरीबों की आंखों से आंसू पोंछने की क्षमता है।"

एम एस गोलवलकर, जो 1940 में हेडगेवार के उत्तराधिकारी बने, सबसे लंबे समय तक सेवा करने वाले सरसंघचालक या संगठन के प्रमुख थे, जिन्होंने 1973 में अपनी मृत्यु तक संघ की सेवा की। उनका हिंदू पुनर्जागरण की आवश्यकता के बारे में बात करना सही था; पूरे विश्व को एक परिवार के रूप में देखने वाले प्राचीन हिंदू आदर्श वसुधैव कुटुम्बकम की उनकी वकालत भी प्रशंसनीय थी।

लेकिन, सावरकर के हिंदू राष्ट्र के दृष्टिकोण को निश्चित रूप से नस्लवादी स्वर देने के लिए भी गोलवलकर जिम्मेदार हैं। यहूदियों के खिलाफ हिटलर के नरसंहार के संदर्भ में उन्होंने अपनी पुस्तक *वी ऑर अवर नेशनहुड डिफाइंड* में लिखा है: "जाति और उसकी संस्कृति की शुद्धता को बनाए रखने के लिए जर्मनी ने सामी जातियों - यहूदी - के देश को शुद्ध करके दुनिया को चौंका दिया। नस्ल का गौरव अपने सर्वोच्च स्तर पर यहां प्रदर्शित हुआ। जर्मनी ने यह भी दिखाया है कि आरंभ से ही मतभेद वाली नस्लों और संस्कृतियों के लिए एक पूरे में समाहित होना कितना असंभव है, हिंदुस्तान में हमारे लिए सीखने और लाभान्वित होने के लिए एक अच्छा सबक है।" उसी पुस्तक में, उन्होंने एक हिंदू राष्ट्र की भी वकालत की, जहां अन्य धर्मों के लिए कोई जगह नहीं थी। "हिंदुस्तान के गैर-हिंदू लोगों को या तो हिंदू संस्कृति और भाषाओं को अपनाना होगा, हिंदू धर्म को सीखना और उसका सम्मान करना होगा, हिंदू जाति और संस्कृति के महिमामंडन के अलावा कोई विचार नहीं लाना होगा। दूसरे शब्दों में, उन्हें विदेशी होना बंद कर देना होगा; या पूरी तरह से हिंदू राष्ट्र के अधीन होकर देश में रहना होगा, बिना कोई दावा किए, बिना किसी विशेषाधिकार के, बिना किसी भी अधिमान्य व्यवहार के - यहां तक कि नागरिक अधिकार भी नहीं।"

एक ऐसे देश में, जहां हिंदू बहुसंख्यक होने के बावजूद, अन्य धर्मों के लोग भी पर्याप्त संख्या में थे, खतरनाक रूप से जेनोफोबिक सोच गहरी चिंता का विषय था। हालांकि, स्वतंत्रता आंदोलन और गांधी का बोलबाला, उनकी समावेशी दृष्टि और नेहरू और पटेल के तहत कांग्रेस की लोकप्रियता ने इस तरह की सोच को संविधान में निहित एक अन्यथा बहुलवाद और धर्मनिरपेक्ष दृष्टि के सामने गौण हो गई। लेकिन स्वतंत्र भारत में घटित घटनाओं का क्रम कारण देंगे कि क्यों इस तरह के फ्रिंज बहिष्करणवाद राष्ट्रीय संवाद में कहीं अधिक खतरनाक तरीके से उभर सकते हैं।

1947 के बाद के शुरुआती वर्षों में गांधी की उदार धार्मिक आस्था और नेहरू की उपर्युक्त धार्मिक आधुनिकता को अपनी राय रखने वाले भारतीय मध्यम वर्ग द्वारा बड़े पैमाने पर समावेशित किया गया था। इस वर्ग के सदस्य गांधी द्वारा धार्मिक क्षेत्र को दी गई शुचिता से नाखुश नहीं थे। वे, उनके व्यक्तित्व की नैतिक शक्ति से आकर्षित थे, सांप्रदायिक सद्भाव

की उनकी वकालत से भी लोग गहराई से प्रभावित थे। आधुनिक और प्रगतिशील राज्य के नेहरू के दृष्टिकोण का भी अपना आकर्षण था। लेकिन समय के साथ, सत्ताधारी अभिजात वर्ग के प्रभावशाली वर्गों द्वारा धर्म के तिरस्कार ने अपनी स्वयं की एंटी-बॉडीज़ बनाना शुरू कर दिया। दुर्भाग्य से, धर्मनिरपेक्षता का सबसे मजबूत समर्थन महानगरीय शहरों में एक पश्चिमीकृत ऊपरी वर्ग से निकला है, जिसकी पारदर्शी सांस्कृतिक जड़हीनता ने संदेश की विश्वसनीयता और प्रभाव को बहुत कमजोर कर दिया। गांधी सांप्रदायिक सद्भाव के प्रबल प्रवक्ता थे, क्योंकि वे अपने धर्म, अन्य धर्मों के आवश्यक सिद्धांतों और अपनी सभ्यतागत विरासत की शैली और सार से भली-भांति परिचित थे। लेकिन अंग्रेजियत ओढ़ा अभिजात वर्ग, हालांकि उदारवादी था, उन्हें अपने धर्म और संस्कृति की बहुत कम समझ या ज्ञान था। इसलिए, उनकी धर्मनिरपेक्षता को अक्सर लागू करने के लिए एक उद्देश्य के तौर पर माना जाता था, लगभग एक प्रतिबिंब की तरह, हर बार जब धर्म की गुहार लगती थी। इसके कुछ सदस्यों के लिए आस्था मध्ययुगीनता के समान थी और सभी धार्मिक अभ्यास कर्मकांड और अंधविश्वास के बराबर थे। इस तरह दूसरों को नीचा दिखाते हुए धर्म को खारिज किए जाने का समय के साथ हिंदुओं के बड़े वर्ग द्वारा विरोध होने लगा, जिन्हें अपने धर्म के साथ-साथ अपनी संस्कृति और सभ्यता पर भी गर्व था।

ऐसी धारणा घर करती जा रही थी कि धर्मनिरपेक्षता का इस्तेमाल केवल मुसलमानों को खुश करने के लिए किया जा रहा है, जबकि हिंदुओं की अनदेखी की जा रही है। आक्रोश भी बढ़ रहा था। गुजरात में सोमनाथ मंदिर के पुनर्निर्माण के सवाल पर सबसे पहले मामले ने तूल पकड़ा। इस मंदिर को मुस्लिम शासकों द्वारा बार-बार ध्वस्त किया गया था। 1204 में तुर्की आक्रमणकारी महमूद गजनी ने मंदिर में लूटपाट की और पवित्र शिवलिंग को नष्ट कर दिया; 1299 में अलाउद्दीन खिलजी के सेनापति उलुग खान ने पुननिर्मित मंदिर को फिर से तुड़वा दिया; उसके बाद हिंदू राजाओं ने मंदिर को फिर से बनवाया, लेकिन दिल्ली सल्तनत के अधीन गुजरात के अंतिम गवर्नर जफर खान द्वारा 1395 में तीसरी बार इसे नष्ट कर दिया गया; गुजरात के सुल्तान महमूद बेगड़ा ने 1451 में इसे फिर से ध्वस्त करवा दिया; मंदिर का हिंदुओं द्वारा फिर से पुनरुद्धार किया गया, लेकिन 1665 में औरंगजेब के आदेश से इसे फिर एक बार ध्वस्त कर दिया गया।

यह समझना महत्वपूर्ण है कि इस मंदिर का पुनर्निर्माण करना, जो तुर्क आक्रमणकारियों द्वारा नष्ट किए जाने वाले पहले हिंदू मंदिरों में से एक था, हिंदुओं के लिए भावनात्मक रूप से महत्वपूर्ण था। बारह शिव ज्योतिर्लिंगों में से पहला सोमनाथ में है, जहां शिव, सर्वोच्च, अविभाजित वास्तविकता का प्रतिनिधित्व करने वाले प्रकाश के एक प्रज्वलित स्तंभ के रूप में प्रकट हुए थे। मंदिर के साथ हुई बार-बार और कट्टर बर्बरता, हालांकि ऐतिहासिक अतीत का एक हिस्सा, ने हिंदुओं को आहत कर दिया था, जिससे इसका पुनर्निर्माण एक

भावनात्मक लक्ष्य बन गया, जिसे समुदाय में लगभग सभी का समर्थन प्राप्त था। हिंदुओं ने यह नहीं सोचा था कि एक स्वतंत्र गणराज्य में, मुस्लिम शासकों द्वारा इतनी बर्बरता से नष्ट किए गए पूजा स्थल का पुनर्निर्माण करना, धर्मनिरपेक्षता या धार्मिक सद्भाव के खिलाफ था। बल्कि, उन्होंने सोचा था कि पिछली ऐतिहासिक गलतियों को सुधारने और हिंदुओं को उनके सबसे महत्वपूर्ण धार्मिक स्थलों में से एक को गर्व के साथ वापस देने के लिए यह कम से कम किया जा सकता था।

तत्कालीन गृह मंत्री सरदार पटेल ने 1947 में मंदिरों के पुनर्निर्माण की प्रक्रिया आरंभ की, उनके मंत्रीमंडल सहयोगी के एम मुंशी ने इसे समर्थन दिया, गांधीजी ने इस परियोजना को अपना आशीर्वाद दिया, लेकिन उन्होंने यह सुझाव भी दिया कि इसकी लागत का भुगतान सरकारी खजाने से नहीं किया जाना चाहिए, बल्कि धन सीधे जनता से जुटाया जाना चाहिए। उनकी सलाह का पालन किया गया, और जब मंदिर का नवीनीकरण किया गया, तो आयोजकों ने भारत के प्रथम राष्ट्रपति डॉ. राजेंद्र प्रसाद को आमंत्रित किया। लेकिन नेहरू के विचार में भारत के राष्ट्रपति का ऐसे आयोजन में जाना धर्मनिरपेक्षता का उल्लंघन था, और इससे मुसलमानों को गलत संदेश जाता। 2 मार्च 1951 को नेहरू ने डॉ. राजेंद्र प्रसाद को लिखा: "मैं स्वीकार करता हूं कि मुझे सोमनाथ मंदिर के भव्य उद्घाटन के साथ आपके खुद को जोड़ने का विचार पसंद नहीं है। यह केवल एक मंदिर का दर्शन नहीं है जो निश्चित रूप से आपके या किसी और द्वारा किया जा सकता है, बल्कि एक महत्वपूर्ण समारोह में भाग लेना है, दुर्भाग्य से, जिसके कई निहितार्थ हैं।" 10 मार्च को, प्रसाद ने नेहरू को स्पष्ट किया कि सोमनाथ मंदिर का निर्माण पूरी तरह से निजी अंशदान से हुआ है, और यदि वह कार्यक्रम से जुड़ रहे हैं, तो कुछ भी असामान्य नहीं कर रहे, क्योंकि जब भी उनके मन में विचार आया, वह अन्य पूजा स्थलों के भी दर्शन करते रहे हैं। अडिग नेहरू ने 22 अप्रैल 1951 को प्रसाद को फिर से लिखा, इस बार भी अंतरराष्ट्रीय अस्वीकृति का जिक्र करते हुए: "इस संबंध में नीति की आलोचना में, हमसे पूछा जाता है कि हमारी जैसी धर्मनिरपेक्ष सरकार खुद को ऐसे समारोह से कैसे जोड़ सकती है, जो है, इसके अलावा, चरित्र में पुनरुत्थानवादी।"

हालांकि, डॉ. प्रसाद ने मई 1951 में पुनर्निर्मित मंदिर का उद्घाटन किया। लेकिन इसके लिए नेहरू का विरोध सार्वजनिक रूप से जाना जाता था और कई हिंदुओं ने महसूस किया कि यह धर्मनिरपेक्षता का एक अनुचित मामला था जिसका इस्तेमाल मुख्य रूप से हिंदू भावनाओं की पर्याप्त सराहना किए बिना मुस्लिम भावनाओं को शांत करने के लिए किया जा रहा था, खासकर तब जबकि राष्ट्रपति ने कह दिया था कि उनकी भागीदारी का मतलब किसी भी तरह से उनके मन में अन्य सभी धर्मों के प्रति सम्मान में कमी आना नहीं था। नेहरू संभवतः विभाजन के समय के हिंदू-मुस्लिम तनाव के

तत्काल बाद अत्यधिक सतर्क रहना चाहते थे, ऐसा कुछ नहीं करना चाहते थे जो एक बार फिर धार्मिक सौहार्द को बिगाड़े। उन्होंने यह भी महसूस किया कि ऐसे समय में जब अर्थव्यवस्था दुर्बल है, तब एक मंदिर के पुनर्निर्माण में इतने धन के व्यय को प्राथमिकता देना अनुचित है। मूल अंतर यह था कि नेहरू का मानना था कि देश को किसी भी रूप से धर्म में शामिल नहीं होना चाहिए, जबकि प्रसाद, गांधीजी के दृष्टिकोण को प्रतिबिंबित करते हुए मानते थे कि सभी धर्मों का सम्मान अधिक महत्वपूर्ण है और उन्होंने यह नहीं माना कि धर्मनिरपेक्षता में विश्वास व्यक्तिगत आस्था को नकारती है। हालांकि, कुल मिलाकर यह कहा जा सकता है कि नेहरू के विचार बड़ी संख्या में हिंदुओं को पसंद नहीं आए, जिनमें उनकी पार्टी के लोग भी शामिल थे। यहां तक कि के एम. मुंशी ने, जिन पर भी नेहरू ने हिंदू पुनरुत्थानवाद को प्रोत्साहित करने का आरोप लगाया था, नेहरू को लिखे एक पत्र में स्पष्ट रूप से ऐसा कहा: "मैं आपको आश्वस्त कर सकता हूं कि भारत का 'सामूहिक अवचेतन' आज सोमनाथ के पुनर्निर्माण की योजना से अधिक खुश है... कई अन्य चीजों के मुकाबले जो हमने किया है और कर रहे हैं।"

1954-1956 में संसद द्वारा पारित विवाह, उत्तराधिकार, गोद लेने और संरक्षकता से संबंधित चार अधिनियमों की एक श्रृंखला के माध्यम से हिंदू व्यक्तिगत कानून के संशोधन के लिए नेहरू के समर्थन के साथ एक समान स्थिति उत्पन्न हुई। यहां विधेयकों के गुण-दोष या अन्यथा के बारे में विस्तार से चर्चा करने का इरादा नहीं है। कई पहलुओं में वे प्रगतिशील थे, खासकर महिलाओं को अधिकार प्रदान करने में। हम उन-उन धारणाओं की बात कर रहे हैं जो इन कानूनों से हिंदुओं में उत्पन्न हो गई थी। बहुत से हिंदुओं ने संशोधनों का कड़ा विरोध किया, और महसूस किया कि उन्हें अपने व्यक्तिगत कानूनों की समय-परीक्षित परंपरा में बदलाव के लिए लक्षित किया जा रहा था, जबकि अन्य समुदायों, विशेष रूप से मुसलमानों को इन सबसे बाहर रखा जा रहा था। संविधान का अनुच्छेद 44 एक समान नागरिक संहिता को निर्देशक सिद्धांतों के एक भाग के रूप में, सरकार द्वारा अनुसरण किए जाने वाले वांछनीय लक्ष्यों को सुनिश्चित करता है। यदि इस लक्ष्य को केवल हिंदू समुदाय को निशाना बनाए बिना हासिल किया गया होता, तो इससे बहुसंख्यक समुदाय में आक्रोश शांत हो सकता था, यहां तक कि स्वयं कांग्रेस पार्टी के भीतर भी। जहां नेहरू का मकसद पूरा हो गया था, वहीं हिंदुओं को यह महसूस होने लगा था कि बहुसंख्यक होने के बावजूद उनकी भावनाओं को कुचला जा रहा था, जबकि अन्य समुदायों की भावनाओं को परम पावन माना जा रहा था।

उग्र असंतोष की इस भावना से बल मिला कि मुसलमानों का तुष्टिकरण विशुद्ध रूप से वोट बैंक की राजनीति के लिए किया जा रहा है। तुष्टिकरण संभवतः एक सुनियोजित डिजाइन का हिस्सा नहीं था, लेकिन 'सर्वाधिक मत-प्राप्त व्यक्ति की विजय' (फर्स्ट पास्ट

द पोस्ट) चुनाव प्रणाली में, राजनीतिक दलों ने महसूस की कि एक समुदाय का भारी समर्थन जीत और हार के बीच अंतर कर सकता है, खासकर टक्कर के चुनावों में। हिंदू कभी भी एकजुट नहीं थे। वे जातियों में विभाजित थे और अधिकांश उसी अनुरूप वोट करते थे। हालांकि, मुसलमानों को जल्द ही एहसास हो गया कि किसी एक पार्टी या पार्टियों के समूह को अपना समर्थन देने से लोकतांत्रिक राजनीति में उनकी सौदेबाजी की ताकत बढ़ सकती है। उदाहरण के लिए देश की सबसे अधिक आबादी वाला प्रदेश उत्तर प्रदेश, जोकि संसद में सबसे अधिक प्रतिनिधि भेजता है, वहां प्रत्येक 6 में एक मतदाता मुस्लिम है। संयुक्त उत्तर प्रदेश (उत्तराखंड के गठन से पहले) में 400 विधानसभा क्षेत्रों के एक चौथाई में परिणाम इस पर निर्भर करता था कि मुसलमानों ने कैसे मतदान किया। वस्तुतः 1977 और 1996 के बीच, 100 से अधिक विधानसभा क्षेत्रों से मुसलमान राज्य विधानसभा के लिए चुने गए। राष्ट्रीय स्तर पर, मुसलमानों का जन-घनत्व 125 संसदीय क्षेत्रों में बहुत अधिक था, जोकि सदन का एक चौथाई हिस्सा है। शीघ्र ही, अधिकांश राजनीतिक पार्टियां ऐसे चुनावी विचार पर विभाजित हो गईं।

इसके परिणामस्वरूप कई निर्णय लिए गए, जोकि मुसलमानों की राय को अलग-थलग न करने से बिल्कुल स्पष्ट थे। इनमें से सबसे अधिक नाटकीय 1986 का शाह बानो प्रकरण है, जब प्रधानमंत्री राजीव गांधी ने मुसलमानों को नाखुश न करने के लिए, सर्वोच्च न्यायालय के एक समझदारी भरे फैसले को एक अध्यादेश पारित कर पलट दिया, जिसमें तलाकशुदा मुस्लिम महिला को भरण-पोषण भत्ता के भुगतान का था। शाह बानो एक 62 वर्ष की महिला थी, जिनके पांच बच्चे थे। उनके पति मोहम्मद अहमद खान इंदौर के एक धनाढ्य वकील थे, जिन्होंने दोबारा निकाह किया था और शाह बानो और बच्चों को बिना किसी माली सहायता दिए ही छोड़ दिया था। जब उन्होंने आपराधिक प्रक्रिया संहिता के अंतर्गत भरण-पोषण के लिए मुकदमा किया, तो उन्होंने उन्हें तीन तलाक के रूढ़िवादी रास्ते से संक्षेप में तलाक दे दिया और यह दावा किया कि चूंकि वह अब उनकी पत्नी नहीं है, तो उन्हें कुछ भी भुगतान करने के लिए वह बाध्य नहीं है। शाह बानो ने अपने अधिकार के लिए कानूनी रूप से लड़ाई जारी रखी, और 1985 को सर्वोच्च न्यायालय ने उनके पक्ष में फैसला सुनाया।

फैसले ने अनुमान के अनुरूप रूढ़िवादी मुसलमानों में आक्रोश पैदा कर दिया। रूढ़िवादी ऑल इंडिया मुस्लिम पर्सनल लॉ बोर्ड ने प्रदर्शनों का आयोजन किया, उनका तर्क था कि यह फैसला मुस्लिम पर्सनल लॉ को कमजोर करने के लिए है। ऐसा प्रतीत होता है कि शुरुआत में राजीव गांधी सर्वोच्च न्यायालय के फैसले के पक्ष में जाने के इच्छुक थे, लेकिन बाद में अनुभवी कांग्रेस नेताओं और एम जे अकबर,[38] जैसे प्रभावशाली पत्रकार-राजनीतिज्ञों ने उन्हें यह कहते हुए मनाया कि यह पार्टी की

चुनावी संभावना को महत्वपूर्ण रूप से नुकसान पहुंचाएगा, जहां मुस्लिम समर्थन जरूरी है। उसी अनुरूप, 1986 में संसद ने मुस्लिम महिला (तलाक पर अधिकार संरक्षण) अधिनियम पारित किया, जिसने सर्वोच्च न्यायालय के फैसले को अमान्य कर दिया, और तलाकशुदा मुस्लिम महिला के भरण-पोषण को केवल इद्दत की अवधि या तलाक के 90 दिनों तक के लिए सीमित कर दिया। राजीव गांधी के मंत्रीमंडल सहयोगी, आरिफ मोहम्मद खान ने अनुचित रूप से शर्तों के अधीन हो जाने का विरोध करते हुए पार्टी और अपने पद दोनों से इस्तीफा दे दिया। देशभर में, आम नागरिकों, विशेषकर हिंदुओं, ने यह महसूस किया कि यह वोट बैंक के लिए तुष्टिकरण करने का स्पष्ट उदाहरण है। हिंदू इस बात से आक्रोशित थे कि एक तरफ उनके पर्सनल लॉ को नेहरू द्वारा संशोधित कर दिया गया, वहीं जब मामला मुसलमानों से संबंधित है, तो उनके नाती के नेतृत्व में उनकी पार्टी वही संकल्प नहीं दिखा पा रही है। इसके अलावा, धर्मनिरपेक्ष महिलाओं का समूह लैंगिक अधिकार के छलावे से भयभीत था। ऐसी व्यापक धारणा बन गई थी कि मुस्लिम पर्सनल लॉ महिलाओं के लिए कठोर और भेदभावपूर्ण था और तीन तलाक की घोषणा के जरिए संक्षिप्त तलाक, महिलाओं की समानता के ध्येय की वकालत करने वाले आधुनिक गणराज्य द्वारा स्थापित हर मूल्य के विपरीत था।

1989 के बाद के वर्षों में हिंदू विरोधी दंगों के परिणामस्वरूप, जम्मू और कश्मीर से कश्मीरी हिंदुओं-ज्यादातर पंडितों के जातीय नरसंहार ने भी हिंदुओं का गुस्सा भड़काया। यह जम्मू और कश्मीर लिब्रेशन फ्रंट और मुस्लिम यूनाइटेड फ्रंट के नेतृत्व में मुस्लिम विद्रोही आंदोलनों द्वारा क्रूरतापूर्वक किए गए थे। कुछ अनुमानों के अनुसार, लगभग 600,000 हिंदुओं को घाटी में अपने पैतृक आवासों को छोड़ने के लिए विवश किया गया, और बड़े पैमाने पर हिंदुओं की संपत्तियों को नष्ट कर दिया गया, और लगभग 400 से 1,000 लोग मारे गए। सभी लोगों को उनके जन्मस्थान या पैतृक आवास से विस्थापित कर दिया गया था। उदारवादी दायरे में प्रभावशाली लोगों के बीच किसी भी वास्तविक आक्रोश का अभाव स्पष्ट तौर पर दिख रहा था, अन्यथा ये मानवाधिकारों की रक्षा के लिए सबसे आगे रहने वाले लोग थे, विशेष रूप से मुसलमानों के संदर्भ में।

अयोध्या, जिसके बारे में यह माना जाता है कि वहां भगवान राम का जन्म हुआ है, में राम मंदिर के पुनर्निर्माण के लिए 1992 में बीजेपी के आंदोलन ने हिंदुओं के इस असंतोष को बढ़ावा दिया। यह स्थान पंद्रहवीं शताब्दी में प्रथम मुगल शासक बाबर द्वारा मस्जिद बनाए जाने के बाद से ही विवादित था। क्योंकि ऐसा अन्य कई मंदिरों के साथ हुआ था, इसलिए बड़ी संख्या में हिंदुओं का मानना था कि उस स्थान पर विद्यमान मंदिर को ध्वस्त कर मस्जिद का निर्माण किया गया था। बीजेपी नेता एल के आडवाणी ने 1990 में सोमनाथ से अयोध्या तक रथयात्रा शुरू की, जिसका उद्देश्य इस ऐतिहासिक

गलती को सुधारना था। यह भावनात्मक ध्येय के समर्थन में हिंदुओं की धारणा को सुदृढ़ और संगठित करने का मास्टर कार्ड था। तुष्टिकरण की नीतियों पर नाखुशी के अलावा, पारंपरिक समाज की संरचना में न बदले जाने वाले परिवर्तन से संबंधित कई अन्य कारणों के लिए हिंदू समुदाय और विशेषकर इसका प्रभावशाली मध्यम वर्ग, इस बार मनोवैज्ञानिक रूप से धार्मिक पुनरुत्थानवाद की तरफ झुक गया।

सर्वप्रथम, बढ़ते आर्थिक अवसर और गतिशीलता संयुक्त परिवार के टूटने के कारण बने, और इसने कुछ उत्कृष्ट संस्थाओं के लिए उत्कंठा को प्रेरित किया, जोकि समान आस्था के माध्यम से, समुदाय की भावना को पुनर्जीवित कर सकता था।

दूसरा, शहरी भारत में कई लोगों के लिए, एक पीढ़ी के दौरान हुए परिवर्तन का पैमाना व दायरा, भयानक और अक्सर दर्दनाक, दोनों था। किसी गांव में पाठशाला की शिक्षा और समीप के शहर में कॉलेज की पढ़ाई और अनजान व दूरस्थ महानगरों में नौकरी पाना लोगों के लिए असामान्य नहीं था। एक दशक में एक सदी के परिवर्तन की झलक थी - एक नया वातावरण, नई प्रौद्योगिकी, नए मूल्य, नए कौशल, नई उम्मीदें और नई जीवन शैली। धर्म ने एक आदर्श अतीत के निश्चय और सहजता का आह्वान किया और इस त्वरित तथा अत्यधिक अपेक्षा रखने वाले परिवर्तन के अप्रत्याशित रूप से खड़े होने के लिए सबसे सुलभ आधार प्रदान किया।

तीसरा, भारत के शहरी विस्तार के दबाव में लाखों व्यक्तिगत प्रयासों ने स्वाभाविक रूप से शत्रुतापूर्ण दुनिया, एक ऐसी दुनिया जो डार्विन के योग्यत्तम की उत्तरजीविता में यकीन रखता था, में अकेले होने के व्यापक अहसास को पैदा किया। निरंतर संघर्ष और प्रतिस्पर्धा के सागर में अलग-थलग होने की भावना ने व्यक्ति को किसी भी संस्था के लिए अतिसंवेदनशील बना दिया, जो आश्वासन और निश्चितता के प्रतिमूल्य को अवस्थित करता था।

चौथा, शहरी भारत का परिदृश्य सामुदायिक अंतःक्रिया के संस्थानों में अनन्य रूप से अपूर्ण था। ऊर्ध्वगामी गतिशील व्यक्ति अक्सर स्वयं को अनजान पड़ोस में पाता था, बिना यह जाने कि उनका पड़ोसी कौन है, खुशी और दुख व्यापक रूप से एकाकी घटना बन गए थे। धर्म एक बार फिर इस अव्यक्तिगत सामाजिक ढांचे के विरुद्ध एक शरणस्थली बन गया था।

पाँचवां, ऐसी परिस्थिति में जब निराशावाद और भ्रष्टाचार लगभग हर धर्मनिरपेक्ष संस्थान को संकट में डालता प्रतीत हुआ, निरपेक्ष मूल्यों के संरक्षक के रूप में धर्म का आकर्षण, विकसित ही हुआ। इस प्रकार, यह कहना एकदम सही होगा कि जब बीजेपी ने हिंदुओं से आह्वान किया कि - गर्व से कहो कि हम हिंदू हैं, इसको अधिकांश लोगों से अनुकूल प्रतिक्रिया मिली जो नेहरूवादी की धार्मिक व्यवहार में अरुचि रखने की धर्मनिरपेक्षता की परिभाषा के कारण अपने धार्मिक अहसास को छुपाकर थक चुके थे।

इसका अभिप्राय यह नहीं है कि जब एल के आडवाणी ने रथयात्रा की शुरुआत की, तब बहुत सारे भारतीय हिंदू धार्मिक पुनरुत्थानवाद की तीव्र वेदना को महसूस कर रहे थे। लेकिन इसका अभिप्राय यह था कि धर्मनिरपेक्ष भारत द्वारा प्रस्तावित प्रगति और आधुनिकीकरण की छत्र-छाया में, अत्यधिक पश्चिम प्रेरित अभिजात वर्ग की भ्रान्ति के विपरीत, एक सुदृढ़ अंतर्धारा अस्तित्व में थी, जो हिंदू धर्म के साथ की गई गलतियों को सुधारना चाहती थी। इसके बाद भी, जब 1992 में रथ यात्रा के कारण बाबरी मस्जिद का विध्वंस हुआ, तो अधिकांश लोग हैरान थे और इसे स्वीकारना नहीं चाहते थे। जब मस्जिद गिरी, तो हिंदुओं की एक पूरी पीढ़ी, धर्मनिरपेक्षता के प्रति वचनबद्धता से मुक्त होकर, अपनी ही धारणाओं के अवशेष के प्रति जाग उठी। हैरानी के बाद आमतौर पर अपराधबोध होता है, लेकिन जरूरी नहीं कि अपराधबोध के बाद पछतावे की भावना हो। इसके बजाय, कई मामलों में, दोहरे पैंतरे अपनाकर - विध्वंस के कृत्य की निंदा, और, हिंदू मुखरता के उदय को और भी दृढ़ता से सही ठहराते हुए - अपराधबोध को दूर करने का प्रयास किया गया था।

यद्यपि राम जन्मभूमि आंदोलन से तत्काल विजयी हिंदू कट्टरपंथ का उदय नहीं हुआ, इसमें संदेह नहीं है कि इसने इसे विशेष प्रोत्साहन दिया। मस्जिद विध्वंस के तुरंत बाद बीजेपी को जो चुनावी लाभ हुआ, वह न तो स्थायी था और न ही इस पैमाने का कि उसे सत्ता में ला सके। इसके लिए 1998 तक इंतजार करना पड़ा, जब करिश्माई अटल बिहारी वाजपेयी ने भारत के इतिहास में पहली बार बीजेपी को सत्ता तक पहुंचाया। वाजपेयी आरएसएस के नेता थे, लेकिन वह कट्टर हिंदुत्व-वादी से कहीं दूर थे। उन्हें गौरवान्वित हिंदू होने या हिंदू पुनरुत्थान के लिए काम करने का दावा करने में कोई हिचक नहीं था, लेकिन यह समझना व्यवहारिक है कि भारत जैसे देश में जहां देशभर में अन्य धर्म के लाखों लोग निवास करते हैं, बहिष्कार की कठोर नीति विनाशकारी होगी। इस प्रकार, उनका उदारवाद उन्हें जन्म से प्राप्त हुआ था, क्योंकि यह भारत की वास्तविकताओं के साथ एक अभिजात मेल था।

इसके विपरीत, यह अनिष्टकारी है कि हिंदुत्व और हिंदुओं के प्रति बीजेपी - पहले भारतीय जन संघ - के कई अन्य प्रतिष्ठित नेताओं की निष्ठा की व्याख्या को व्यापक रूप से मुसलमानों के प्रति घृणा के रूप में देखा गया। दीनदयाल उपाध्याय (1916–1968), जन संघ के अत्यधिक प्रभावशाली नेताओं में एक थे, और उनके 'समग्र मानवतावाद' के दर्शन को संघ के आनुक्रमिक संगठन, बीजेपी की विचारधारा के रूप में अंगीकार किया गया। समग्र मानवतावाद के उनके दृष्टिकोण के हिस्से के रूप में, दीनदयाल ने 'चिति' या राष्ट्र की आत्मा की धारणा को प्रस्तुत किया, जो उनका सबसे मौलिक योगदान था। दीनदयाल का विचार था कि प्रत्येक राष्ट्र की अपनी एक आत्मा होती

है। इस संबंध में, चिति संभवतः जर्मनी की युगचेतना की अवधारणा के अनुरूप है, जो यह तर्क प्रस्तुत करता है कि प्रत्येक युग का विशिष्ट स्वभाव होता है जोकि इसे दूसरों से अलग करता है। यह विशिष्टता समाज के प्रमुख आदर्शों और आस्था को दर्शाती है। दीनदयाल ने यह स्पष्ट किया था कि चिति की उनकी अभिव्यक्ति का उद्देश्य प्रत्येक राष्ट्र के सबसे सकारात्मक या रचनात्मक तत्व को सामने लाना है। उन्होंने इस बात पर भी बल दिया था कि चिति आस्था के प्रति निष्पक्ष है, और यह कि, समग्र मानवतावाद की उनकी परिभाषा के अनुसार, लोगों को अपने-अपने धर्मों का पालन करने का पूरा अधिकार है। उनका यह मानना था कि हिंदुत्व स्वभाव से ही सहिष्णु है और चरित्र में समावेशी है। जैसाकि उन्होंने 1962 में स्पष्ट किया, "जब तक हिंदुत्व जिंदा है, इस्लाम को कोई खतरा नहीं है। हिंदू राम और अल्लाह के बीच भेदभाव नहीं करता। विष्णु सहस्रनाम का जाप करना उसकी दिनचर्या का हिस्सा है, वह भगवान विष्णु के भाव को दर्शाने वाले हजारों शब्दों में एक या दो नाम जोड़कर प्रसन्न होगा। हिंदू राष्ट्र की अवधारणा न तो नकारात्मक है, न ही प्रतिक्रियावादी, न ही क्षेत्रीय, यह सकारात्मक दिशा को दर्शाने वाली सांस्कृतिक और सभ्यतागत अवधारणा है।"

"लेकिन जहां उपाध्याय ने समावेश का मामला बनाया - कम से कम सैद्धांतिक रूप से - यह महत्वपूर्ण है कि उन्होंने अब भी एक 'हिंदू राष्ट्र' की आवश्यकता को दोहराया और उनके वास्तविक विचार हिंदू धर्म के अलावा अन्य धर्मों के प्रति संवेदनहीनता के साथ असहिष्णु थे। 1952 में एक भाषण में उन्होंने कहा: "यहां केवल एक ही संस्कृति मौजूद है। मुसलमानों और ईसाइयों के लिए यहां कोई अलग संस्कृति नहीं है। संस्कृति पूजा की विधि या संप्रदाय से संबंधित नहीं है; यह देश से संबंधित है। मुसलमानों को कबीर, जायसी और रसखान को अपना आदर्श बनाना चाहिए। आज उनकी वफादारी का केंद्र भारत के बाहर है। मुसलमानों को अपनी भावना और दृष्टिकोण को पूरी तरह से बदलना होगा।"[39] यह भाषा सावरकर और गोलवलकर की ही थी, बस समग्र मानवतावाद के दर्शन ने इसे थोड़ा परिष्कृत कर दिया था। 1965 में, जिस वर्ष उन्होंने समग्र मानवतावाद की अवधारणा को स्पष्ट किया, उपाध्याय ने कहा: "कुछ लोगों का तर्क है कि मुसलमान हमारे भाई हैं और उन्हें विदेशी नहीं कहा जाना चाहिए। उसी तर्क के अनुसार, औरंगजेब, जो यहीं रहता था और यहां के ही धन का उपयोग करता था, उसे एक विदेशी शासक क्यों माना जाता है? क्या मुग़ल राजाओं को विदेशी नहीं माना जाना चाहिए? ...अकबर भले ही महान रहा हो, लेकिन वह हमारा नहीं था। हम एक हजार साल की गुलामी के बाद आजाद होने की बात करते हैं। इसका सीधा सा मतलब है कि अकबर के शासनकाल में हम बंधन में थे।"[40] अनिवार्य संदेश यह था कि मुसलमान भारत में विदेशी थे और हैं, और उनकी एकमात्र मुक्ति संस्कृति, दृष्टिकोण

और मूल्यों के संदर्भ में उनके हिंदू बनने में है। इस तरह के बहिष्करणवादी दृष्टिकोण को व्यक्त करते हुए, दीनदयाल सावरकर की हिंदू राष्ट्र की अवधारणा से भी आगे निकल रहे थे। सावरकर ने स्वीकार किया कि वे मुसलमान जिनके पूर्वज पीढ़ियों से भारत में रहे थे, वे भारतीय होने के हकदार थे। उसने उन्हें इस आधार पर बाहर रखा कि उनकी धार्मिक निष्ठाएं राज्यक्षेत्रातीत थीं। सावरकर के चरमपंथी विचारों को प्रासंगिक बनाया जा सकता है - जैसाकि हमने चर्चा की है - 1920 के दशक के आसपास की विशिष्ट घटनाओं के लिए एक भावनात्मक अतिरेक के रूप में, जब उन्होंने हिंदुत्व पर अपना विवादास्पद लेख लिखा था, और जब ब्रिटिश शासन से स्वतंत्रता अब भी एक दूरस्थ संभावना थी। लेकिन उपाध्याय की विचारधारा, जिसे आधिकारिक तौर पर भाजपा ने अपनाया है, स्वतंत्रता के दशकों बाद व्यक्त की गई थी, जब भारत के बहुसांस्कृतिक और बहुधार्मिक चरित्र को एक वास्तविकता के रूप में स्वीकार किया गया था और संविधान द्वारा इसकी गारंटी दी गई है।

2004 में अटल बिहारी वाजपेयी चुनाव हार गए और कांग्रेस के नेतृत्व वाला संयुक्त प्रगतिशील गठबंधन (यूपीए) सत्ता में आया, भाजपा अगले दशक तक केंद्र में सत्ता से बाहर रही। 2014 में, नरेंद्र मोदी ने भारत के इतिहास में पहली बार लोकसभा में अभूतपूर्व, पूर्ण बहुमत के साथ भाजपा का नेतृत्व किया। हिंदू-संबंधित मुद्दों को भाजपा के लगातार समर्थन को देखते हुए ऐसा प्रतीत हुआ होगा कि राजनीतिक सत्ता की यह धारणा हिंदू सभ्यता के महान ज्ञान और ऐतिहासिक अनुभव की पुनर्खोज को समर्थन दे सकती है। संस्थागत प्रोत्साहन के साथ, यह संविधान के ढांचे के भीतर लंबे समय से प्रतीक्षित हिंदू पुनर्जागरण का नेतृत्व कर सकती थी - हिंदुओं को उनके अतीत के शोधन, उनकी संस्कृति और उनके उल्लेखनीय बौद्धिक कार्यों के बारे में अधिक बताने के लिए। साथ ही, हिंदू समाज के भीतर बहुत आवश्यक सुधारों पर विचार और कार्यान्वयन आवश्यक है, जो इसे आधुनिक, प्रगतिशील, समतावादी और जेंडर की दृष्टि से संवेदनशील बना देगा, जबकि सांस्कृतिक रूप से अपनी जड़ों से भी जुड़ा रहेगा।

2002 के भीषण गुजरात दंगों में मुसलमानों की सामूहिक हत्या को कथित रूप से समर्थन देने के आरोपी, मोदी ने एक समावेशी नारा-सबका साथ, सबका विकास के साथ आशाजनक रूप से केंद्रीय सत्ता की पारी शुरू की। इससे यह उम्मीद जगी कि उनके नेतृत्व में भाजपा अपने बहुसंख्यकवादी एजेंडे पर संयम रखेगी, और सभी भारतीयों को चाहे वे किसी भी जाति और पंथ के हों, तीव्र आर्थिक विकास के हित में सबको साथ लेकर चलेगी। हमने स्वतंत्रता के बाद के दशकों में - और उससे भी पहले - हिंदू आक्रोश के कारणों और हिंदू-मुखरता में सामान्य वृद्धि पर चर्चा की है। निस्संदेह, यूपीए सरकार के खराब दूसरे कार्यकाल से हुए मोहभंग के अलावा, ठीक इन्हीं भावनाओं ने भाजपा

की शानदार जीत में योगदान दिया। हालांकि, यह उम्मीद कि राजनीतिक सत्ता द्वारा दी गई जिम्मेदारियों के कारण भाजपा अपने सांप्रदायिक प्रचारवाद को प्रतिबंधित करेगी, अपनी अति-हिंदू आक्रामकता को त्याग देगी, हिंदू राष्ट्र बनाने के पुराने, असंवैधानिक और अव्यवहारिक लक्ष्य का शुतुरमुर्ग जैसे पीछा करना छोड़ देगी और एक आधुनिक गणराज्य के लक्ष्यों के अनुकूल एक वास्तविक हिंदू पुनर्जागरण के लिए काम करेगी, काफी हद तक गलत साबित हुआ है।

भाजपा और आरएसएस के शीर्ष नेतृत्व के नारे और भाषण जो भी हों, तथ्य यह है कि वे बहुलवाद, धार्मिक सद्भाव, सभी धर्मों के सम्मान, सभ्य संवाद और कानून के शासन के प्रति भारत की प्रतिबद्धता को गंभीर रूप से नष्ट करने में सह-अपराधिता और मिलीभगत कर रहे हैं। भाजपा की रणनीति धर्म के आधार पर हिंदुओं और मुसलमानों के बीच विभाजन को बढ़ावा देकर हिंदू वोट बैंक को मजबूत करने की रही है। 2014 और 2019 के संसदीय चुनावों में भाजपा ने पूर्ण बहुमत के साथ जीत हासिल की, लेकिन उसके जीतने वाले उम्मीदवारों में एक भी मुस्लिम नहीं था, निश्चित रूप से भारतीय लोकतंत्र के इतिहास में किसी भी विजयी राजनीतिक दल के लिए ऐसा पहली बार हुआ है। 2010 के बाद से गोरक्षा के नाम पर लगभग 98 प्रतिशत हत्याएं 2014 के बाद हुई हैं; पीड़ितों में 86 प्रतिशत मुसलमान थे; और, इनमें से अधिकांश घटनाएं भाजपा शासित राज्यों में हुई। गोरक्षकों ने हिंसक 'हिंदुत्व' समूहों के साथ अपनी संबद्धता को गोपनीय रखने का कोई प्रयास नहीं किया, और गर्व के साथ अपने असहाय पीड़ितों को जय श्रीराम का पाठ करने के लिए मजबूर करने वाले वीडियो पोस्ट करते रहे। कई भाजपा नेताओं ने ऐसे हमलों को सही ठहराया, अभियोजन अक्षम्य रूप से धीमा था, और अक्सर अपराधियों के खिलाफ कोई कार्रवाई करने से पहले पीड़ितों के खिलाफ मामला दर्ज हो जाता था। इनमें से कई हमले केवल संदेह पर आधारित थे, जो बाद में निराधार साबित हुए। उत्तर प्रदेश के मोहम्मद इखलाक ने 2015 में ठीक इसी तरह अपनी जान गंवाई थी। अविश्वसनीय क्रूरता की गई, जोकि यहां तक 'विरोधियों' से निपटने में भी हिंदू परंपरा के विरुद्ध थी। 2016 में, झारखंड में, एक पशु मेले में जा रहे एक मुस्लिम पशु व्यापारी और एक बारह वर्षीय लड़के के साथ निगरानी समूह ने मारपीट की। उनके बुरी तरह से जख्मी शव एक पेड़ से लटके हुए पाए गए, उनके हाथ पीछे की ओर बंधे हुए थे। हरियाणा के एक किसान पहलू खान की अप्रैल 2017 में एक गाय को ट्रांसपोर्ट करने के लिए हत्या कर दी गई थी, जिसे उन्होंने कानूनी रूप से एक पशुपालन बिक्री में खरीदा था। वीडियो फुटेज में साफ दिखता है कि वह अपने जीवन के लिए भीख मांग रहा है, जबकि उसके हमलावर हिंदू देवताओं का नाम लेते हुए उसे पीटना जारी रखते हैं। 'जीत का' यह वीडियो हमलावरों ने हिंदू धर्म की महान 'रक्षा' के प्रमाण के रूप में शूट किया

था। पहलू खान ने मरने से पहले अपने हत्यारों का नाम बता दिया था, लेकिन इसके और वीडियो फुटेज के बावजूद, उन्हें बरी कर दिया गया, जबकि हरियाणा पुलिस ने खान के खिलाफ दर्ज एक मामले को आगे बढ़ाने में बड़ी तत्परता दिखाई।

इस धारणा का समर्थन करने के लिए पर्याप्त सुबूत हैं कि भाजपा और उसके संबद्ध संगठन ऐसी घटनाओं की निंदा करने में केवल सांकेतिक थे। प्रधानमंत्री को, जिन्होंने 'सबका साथ, सबका विकास' का नारा गढ़ा था, अक्सर इस तरह की खूनी हत्याओं को लेकर अपनी हल्की-सी अस्वीकृति व्यक्त करने में भी कई दिन लग जाते थे। सरकार में उन मंत्रियों को, जिन्होंने मुसलमानों को 'हरामज़ादे-कमीने' के रूप में संदर्भित किया, फटकार लगाई गई, लेकिन बड़े हल्के तौर पर। उन लोगों के खिलाफ कोई कार्रवाई नहीं की गई, जिन्हें वीडियो में साफ देखा गया कि वे खुलेआम लोगों से कह रहे थे कि वे कोविड के समय में मुस्लिम विक्रेताओं से सब्जियां न खरीदें। एक प्रमुख मंत्री थे, जिन्हें लिंचिंग अर्थात हत्या के आरोपियों को सरेआम माला पहनाते हुए देखा गया। इस तरह की और भी कई घटनाएं बताई जा सकती हैं। आवश्यक बिंदु यह है कि भारत के लिए एक ऐसा राष्ट्र बनने की, जहां सभी धर्मों का सम्मान है, संविधान के व्यक्त जनादेश द्वारा समर्थित राष्ट्रीय सहमति खतरे में है और इसकी जगह एक नाजुक तनाव ने ले ली है, जिसमें मुस्लिम अशिक्षित दक्षिणपंथी तत्वों के निशाने पर आ गए हैं, जिन्हें लगता है कि उन्हें राज्य का मौन समर्थन प्राप्त है। यहां तक कि संसद के ऐसे सदस्य (सांसद) भी थे जिन्होंने महात्मा गांधी की हत्या करने वाले नाथूराम गोडसे की सार्वजनिक रूप से प्रशंसा की, जबकि अन्य ने उसके नाम पर मंदिर बनाने के विचार पर प्रसन्नता जाहिर की।

असहिष्णुता के इस व्यापक माहौल ने एक नई बयानबाजी को बल दिया, जहां जो कोई भी भाजपा से मतभेद रखता हो, उसे 'पाकिस्तानी' या 'पाकिस्तानी एजेंट', या राष्ट्र-विरोधी, या देशद्रोही या देशभक्ति की कमी करार दिया गया। फलस्वरूप, इससे उन लोगों को मंजूरी मिल गई, जो मानते थे कि उन्हें ऐसे 'देशद्रोहियों' से निपटने के लिए कानून अपने हाथ में लेने का अधिकार है। हिंदू धर्म के नए 'संरक्षक' सामने आए, जिनका धर्म के बारे में ज्ञान उनकी आक्रामकता के विपरीत अनुपात में था। मतभेदों को सुलझाने के लिए बातचीत और चर्चा की महान हिंदू परंपरा को असाधारण रूप से नकारते हुए उनका मानना था कि उन्हें हिंदुओं सहित किसी को भी गोली मारने का अधिकार है - जो उनकी (अनभिज्ञ) राय में हिंदू धर्म को 'नुकसान' पहुंचा रहे थे। इस प्रकार, कर्नाटक में कन्नड़ विश्वविद्यालय, हम्पी के पूर्व कुलपति प्रोफेसर एम एम कलबुर्गी जैसे तर्कवादी की, जिन्होंने मूर्ति पूजा के खिलाफ तर्क दिया, अगस्त 2015 में गोली मारकर हत्या कर दी गई; नरेंद्र दाभोलकर, सामाजिक कार्यकर्ता, तर्कवादी और धार्मिक अंधविश्वास के खिलाफ क्रूसेडर की, जिन्होंने महाराष्ट्र अंधश्रद्धा निर्मूलन समिति की स्थापना की,

अगस्त 2013 में हत्या कर दी गई; शिवाजी की सबसे अधिक बिकने वाली जीवनी के लेखक गोविंद पनसारे की फरवरी 2015 में हत्या कर दी गई थी; और पत्रकार गौरी लंकेश, जिन्होंने अतिवादी हिंदू अधिकार के खिलाफ निडर होकर बात की और लिखा, और दलित और आदिवासी अधिकारों के लिए काम किया, सितंबर 2017 में उनकी हत्या कर दी गई।

इस पथभ्रष्ट हिंदू 'पुनरुद्धार' का एक और बहुत खतरनाक परिणाम हिंदू महिलाओं के लिए 'नैतिक संहिता' लागू किया जाना था। श्रीराम सेना जैसे कट्टर समूहों को लगा कि वे बार या रेस्तरां में घुस सकते हैं और 'पवित्र' हिंदू महिलाओं को किस प्रकार व्यवहार करना चाहिए, इस संदर्भ में रूढ़िवादी और पितृसत्तात्मक धारणाओं को लागू करने के नाम पर महिलाओं को अपमानित कर सकते हैं और उन पर हमला कर सकते हैं। पार्कों में युवा जोड़ों को 'हिंदू मूल्यों' के साथ विश्वासघात करने के नाम पर परेशान किया गया और अपमानित किया गया। यह एक ऐसी सभ्यता पर विक्टोरियन नैतिकता थोपने का एक विचित्र मामला था, जिसने - जैसाकि हमने विस्तार से देखा है - काम को एक प्रबुद्ध और संतुलित जीवन के हिस्से के रूप में और जीवन के चार उच्चतम लक्ष्यों में से एक के रूप में मान्यता दी। 'लव जिहाद' अधिनियम, जिसे उत्तर प्रदेश में मुख्यमंत्री योगी आदित्यनाथ द्वारा लागू किया गया, और अन्य भाजपा शासित राज्यों में भी इसका अनुकरण किया गया, न केवल सभी मुस्लिम पुरुषों को बदनाम करता है, बल्कि वयस्क हिंदू महिलाओं के अपनी मर्जी से शादी करने के स्वतंत्र विकल्प को भी रद्द कर देता है। हिंदुओं का जबरन धर्म परिवर्तन गलत है, और इसका मुकाबला करने के लिए मौजूदा कानून में प्रावधान हैं। लेकिन यह मानना कि सभी अंतर्धार्मिक विवाह जबरदस्ती या कपटपूर्ण धर्मांतरण का परिणाम हैं, पूरी तरह से अनुचित है, जिससे यह निष्कर्ष निकलता है कि अधिनियम के समर्थकों का असली उद्देश्य केवल हिंदू-मुस्लिम शत्रुता को बढ़ावा देना है। इसके अलावा, हिंदू महिलाओं को शिशु के रूप में विकसित करने और उन पर तालिबानी आदेशों के सदृश मूर्खतापूर्ण रूढ़िवादिता के अनुसार व्यवहार करने के लिए जोर डालने का प्रयास सर्वथा प्रतिकूल है।

हिंदू धर्म के नए, तथाकथित प्रचारक जो निर्देशात्मक तत्व ला रहे हैं, वे अधिकांश हिंदुओं के लिए अभिशाप है। हिंदू धर्म हमेशा से जीवन जीने का एक तरीका रहा है। हिंदुओं को यह बताया जाना पसंद नहीं कि क्या करना है और क्या नहीं, क्या खाना है और क्या पीना है, क्या पहनना है और कैसे व्यवहार करना है, क्या देखना है और क्या पढ़ना है, किससे मिलना है और किससे नहीं, अपने धर्म का पालन कैसे करना है और अच्छे हिंदू कैसे बने रहना है। इक्कीसवीं सदी में रहने वाले हिंदू, विशेष रूप से मध्यम वर्ग के लोग, गणतंत्र को अपनी संकीर्ण, अनुरूपवादी, पितृसत्तात्मक और रूढ़िवादी कल्पना

के एक भयानक विकृत 'यूटोपिया' में वापस खींचने की कोशिश कर रहे 'संरक्षकों' की इस नई नस्ल के संकीर्णमना आदेशों से बहुत आगे निकल चुके हैं।

वास्तविक खतरा यह है कि हम एक ऐसे जाहिल और अशिक्षित नेतृत्व के उदय को देख रहे हैं, जो मानता है कि हिंदू धर्म और हिंदू सभ्यता की व्याख्या करने का उसके पास एकाधिकार है। प्राचीन काल से, हिंदुओं ने घोर दुखों और बाधाओं का सामना किया है, लेकिन अपनी संस्कृति की महान शक्तियों: परंपरा और विश्वास के बल पर उनसे उबर सके हैं। यहां तक कि सबसे बड़ी विपत्ति में भी, हिंदू धर्म ने कभी भी अपने मूल विचार और आदर्शवाद के साथ समझौता नहीं होने दिया। मुस्लिम शासन के दौरान हिंदुओं ने भक्ति आंदोलन के माध्यम से रचनात्मक लोकतंत्रीकरण और विकेंद्रीकरण की सबसे उल्लेखनीय प्रक्रियाओं में से एक को अंजाम दिया। ब्रिटिश विजय ने हिंदू धर्म में किन सुधारों की आवश्यकता थी, इस पर गहन आत्मनिरीक्षण का अवसर दिया, और अपनी विरासत के बारे में जानकारों को अपने धर्म को फिर से स्थापित करने के तरीकों पर विचार करने के लिए प्रेरित किया। लेकिन, 2014 से आरंभ हुए बीजेपी शासन में हमला भीतर से हुआ है। हिंदुत्व की राजनीति के अनियंत्रित कट्टरपंथ में शीर्ष भाजपा नेतृत्व की मिलीभगत ने हिंदू धर्म के भीतर सबसे निम्न स्तर के सशक्तिकरण को जन्म दिया है। इसने महान हिंदू सभ्यता का नेतृत्व भीड़ के हवाले कर दिया है और बेदखल ताकतें किसी प्रकार के दण्ड से बेखौफ अपने गलत प्रचार में हमारी आस्था और सभ्यता के नाज़ुक और परिष्कृत तानेबाने और विशाल ज्ञान को रौंद रहे हैं, जिन्हें बचाने का ऐसी ताकतें दावा करती हैं।

यह एक परिणाम है जिस पर सभी सही सोच वाले हिंदुओं को बहुत गहराई से चिंतित होना चाहिए। इस प्रक्रिया में पहला कार्य यह समझना है कि यह नया सशक्त अशिक्षित नेतृत्व क्या है, इसकी विशिष्ट विशेषताएं क्या हैं और इसकी विचार प्रक्रियाओं की संरचना क्या है। पहला, हिंदू धर्म की बारीकियों, जटिलताओं और बौद्धिक भव्यता के बारे में ज्ञान की कमी इसकी विशेषता है। दूसरे - और ठीक इसी कारण से - यह संवाद, चर्चा और बहस के खिलाफ है। इसके दुर्बल रूप से सरलीकृत निश्चितता पांडित्याभिमानी हैं, यहां तक कि कट्टर भी, और इसके विपरीत दृष्टिकोण रखने वाले हर किसी को यह गहरे संदेह की दृष्टि से देखता है। तीसरा, अपने विचारों को थोपने के लिए हिंसा का सहारा लेने में उसे कोई झिझक नहीं है। हिंसा के प्रति यह प्रवृत्ति तब और बढ़ जाती है जब इसके प्रतिनिधि भीड़ में होते हैं। चौथा, यह हिंदू धर्म की व्याख्या में अत्यधिक रूढ़िवादी और कट्टर है, असमान मौजूदा पदानुक्रमों का समर्थन करता है, और विचारों की उदारता से पूरी तरह अनभिज्ञ है, जोकि हिंदू धर्म की सर्वोत्कृष्ट विशेषता है। पाँचवां, यह गहराई से पितृसत्तात्मक है, यह मानते हुए कि महिलाओं को अपनी अधीनस्थ स्थिति को स्वीकार करना चाहिए और तथाकथित

'हिंदू' मूल्यों की रूढ़िवादी धारणाओं के अनुरूप होना चाहिए, जिसका अनिवार्य रूप से मतलब है कि पुरुषों को यह तय करने का अधिकार है कि महिलाओं को क्या पहनना चाहिए, किससे मिलना चाहिए, क्या खाना या पीना चाहिए और उनके किसके साथ किस तरह के रिश्ते होने चाहिए। छठा, इनमें प्रमुख भावना 'अन्य' के प्रति घृणा है, जहां अन्य को मुख्य रूप से मुस्लिम के रूप में परिभाषित किया जा रहा है, लेकिन उन सभी को भी शामिल किया गया है जो समान विचारधारा वाले बड़े पैमाने पर उच्च जाति के भाइयों-बंधुओं के अपने दंभी मंडली का हिस्सा नहीं हैं। यह घृणा सामूहिक रूप से घेराबंदी की एक नकली भावना, असुरक्षा की एक सतत भावना से प्रेरित है, जहां उनकी मनगढ़ंत धारणा यह है कि सामाजिक अधिकार के पारंपरिक गढ़ों पर हमला हो रहा है और उन्हें बचाव या पुनर्जीवित करने की आवश्यकता है। सातवां, यह भारत के महान हिंदू अतीत को पुनर्जीवित करने की आवश्यकता से अनुप्राणित है, लेकिन यह वास्तव में क्या है, इसका ज्ञान अत्यंत सतही है, जिसमें - जैसाकि हमने चर्चा की है - अतीत में हवाई जहाज और कारों की एक काल्पनिक दुनिया है, जिससे प्राचीन भारत की वास्तविक उपलब्धियां और संस्कारों का अवमूल्यन होता है। आठवां, इसमें कानून के शासन के लिए बहुत कम सम्मान है। यह मानता है कि इस तरह के औचित्य कमजोरों की बैसाखी हैं, और उन लोगों पर बहुत कम या नहीं लागू होते, जो हिंदू धर्म की 'रक्षा' जैसे बड़े सरोकारों के लिए लड़ रहे हैं, खासकर जब से उन्हें सत्ताधारियों का कथित समर्थन प्राप्त हुआ है। नौवां, इन्हें धर्म को देशभक्ति से जोड़ने में कोई समस्या नहीं है। इस संकीर्ण गोलबंदी के चश्मे से केवल एक हिंदू ही देशभक्त हो सकता है, जबकि अन्य सभी की देशभक्ति संदिग्ध है। और दसवां, यह विशेष रूप से झूठी सूचनाओं को ग्रहण कर लेता है, जब तक कि यह इनके पूर्वकल्पित विश्व दृष्टिकोण को पुष्ट करता है। इस प्रक्रिया में, अधिक समर्थकों को हासिल करने के लिए झूठी खबरों को जानबूझकर फैलाने से इन्हें कोई परहेज नहीं है।

तथ्य यह है कि हिंदू धर्म और हिंदू सभ्यता का नेतृत्व अब जिस तरह की मानसिकता वाले लोगों द्वारा किया जा रहा है कि इससे भाजपा को भी चिंता होनी चाहिए। इस वर्ग के उत्थान के लिए शुरू से ही भाजपा-आरएसएस नेतृत्व ने प्रोत्साहन और इनकार दोनों की नीति के माध्यम से रणनीतिक दोहरेपन का रुख अपनाया। इस तरह के दृष्टिकोण ने जहां इसे राजनीतिक लाभ प्राप्त करने में सक्षम बनाया, वहीं कुछ अधिक अपमानजनक और कानूनविहीन कार्यों से खुद को दूर रखने की सहूलियत भी दी। लेकिन इस रणनीति को चाहे कितना ही सटीक बनाने का प्रयास किया गया हो, यथार्थ में ऐसे तत्वों पर नियंत्रण करने में कभी-कभार की गई हल्की-फुल्की निंदा किसी काम की नहीं रही, जबकि विशिष्ट चुप्पी या गुप्त प्रोत्साहन ने इसे और मजबूत करने का काम किया। इस प्रकार हिंदू धर्म और हिंदू सभ्यता एक वास्तविक संकट का सामना कर रहे हैं, जहां वास्तविक हिंदू

पुनर्जागरण के बजाय, जो होना चाहिए था, हम उस महान विरासत को घृणास्पद रूप से महत्वहीन होते देख रहे हैं।

एक हिंदू राष्ट्र, जो भाजपा-आरएसएस की आस्था का विषय रहा है, के लक्ष्य का निष्पक्ष अध्ययन करने की आवश्यकता है। भले ही ऐसा लक्ष्य काल्पनिक रूप से वांछनीय हो, फिर भी सामान्य हिंदुओं को यह पूछना चाहिए कि क्या यह व्यावहारिक है? यद्यपि भारत में हिंदुओं की भारी संख्या है, लेकिन अन्य धर्मों के लोग भी यहां सदियों से निवास कर रहे हैं और गणतंत्र के वे समान नागरिक हैं। मुसलमान सबसे बड़े अल्पसंख्यक हैं, जो आबादी का 14 प्रतिशत या लगभग 18 करोड़ हैं। 1947 में मुख्यमंत्रियों को लिखे एक पत्र में जवाहरलाल नेहरू ने इस मुद्दे पर दो टूक कहा: "हमारे पास मुस्लिम अल्पसंख्यक हैं, जो इतनी बड़ी संख्या में हैं कि वे कहीं और नहीं जा सकते। उन्हें भारत में ही रहना है। यही मूल तथ्य है और इस पर कोई बहस नहीं हो सकती।" एक धर्मनिरपेक्ष भारत के लिए नेहरू की व्यक्तिगत प्रतिबद्धता अटूट थी, जैसाकि महात्मा गांधी की थी, और यह निस्संदेह 1947 के बाद के शुरुआती वर्षों में सांप्रदायिक राजनीति की ओर झुकाव का विरोध करने के लिए काफी महत्वपूर्ण था। लेकिन धर्मनिरपेक्ष दृष्टि की आधारशिला सरल सत्य था - विचारधारा या सिद्धांत की जटिलताओं की तुलना में औसत हिंदू के लिए कहीं अधिक बोधगम्य - कि जीवित रहने या फलने-फूलने का एक-दूसरे के साथ रहना सीखने के सिवाय दूसरा कोई रास्ता नहीं है।

इसके अलावा, भारत में मुसलमान एक भौगोलिक क्षेत्र तक सीमित नहीं हैं, बल्कि पूरे देश में फैले हुए हैं। जम्मू और कश्मीर में वे बहुमत (65 प्रतिशत) में हैं; उत्तर प्रदेश में इनकी संख्या लगभग 40 मिलियन या लगभग 20 प्रतिशत है और बिहार में 18 मिलियन या 17 प्रतिशत जनसंख्या है। असम (34.22 प्रतिशत), पश्चिम बंगाल (27.01 प्रतिशत) और केरल (25.56 प्रतिशत) राज्यों में उनकी उपस्थिति काफी अधिक है। झारखंड (14.53 प्रतिशत), कर्नाटक (12.92 प्रतिशत), महाराष्ट्र (11.54 प्रतिशत), राजस्थान (9.07 प्रतिशत) और गुजरात (9.06 प्रतिशत) में भी वे जनसंख्या का एक बड़ा अनुपात हैं। यहां तक कि ईसाई, जो जनसंख्या का लगभग 2 प्रतिशत हैं, हंगरी और ग्रीस की संयुक्त जनसंख्या से भी अधिक हैं।

एक हिंदू राष्ट्र के निर्माण के लिए या तो इन बहुत बड़े अल्पसंख्यकों को निष्कासित करना होगा, जोकि अव्यावहारिक है, या फिर उनके साथ द्वितीय श्रेणी के नागरिकों के रूप में बर्ताव करना होगा, जोकि आपदा बुलाने का एक नुस्खा है। संविधान के हिंसक विकृति के अलावा, यह सतत सामाजिक अस्थिरता, निरंतर धार्मिक संघर्ष, स्थानिक सामुदायिक संघर्ष और सार्वजनिक अस्थिरता की स्थिति को जन्म देगा जो प्रगति और समृद्धि के लिए आवश्यक शांति और सद्भाव को समाप्त कर देगा। क्या यह हिंदुओं के

हित में है? मुझे ऐसा नहीं लगता। भले ही भाजपा-आरएसएस नेतृत्व अक्सर सार्वजनिक रूप से इसके विपरीत दावा करता है, लेकिन उन्होंने जिन पैदल सैनिकों को अधिकार दिया है, वे सावरकर के सपने को साकार करने की कोशिश के काल्पनिक समय में जी रहे हैं। हिंदुओं की जायज शिकायतों का निवारण एक बात है; उन्हें एक राजनीतिक लक्ष्य के लिए युद्ध बलि बनाना और बात है, जोकि स्पष्ट रूप से अप्राप्य है, पुराना है और स्वयं हिंदुओं की विशाल आबादी के हित के विरुद्ध है।

दिसंबर 2019 में संसद द्वारा पारित नागरिकता संशोधन अधिनियम (सीएए) को भारतीय राष्ट्रीय नागरिक रजिस्टर (एनआरसी) के साथ जोड़ दिया जाना - जैसाकि गृह मंत्री अमित शाह द्वारा बार-बार जोर दिया गया, यहां तक कि सदन के पटल पर भी - धार्मिक संघर्ष की ओर भाजपा के निरंतर दबाव का ताजा उदाहरण है, जाहिर तौर पर हिंदुओं के हित में। सीएए का एक प्रशंसनीय प्रयोजन है - हिंदुओं, सिखों, बौद्धों, जैनियों, पारसियों और ईसाइयों को नागरिकता देना, जिन्होंने दिसंबर 2014 के अंत से पहले अफगानिस्तान, बांग्लादेश और पाकिस्तान में धार्मिक उत्पीड़न के परिणामस्वरूप भारत में प्रवेश किया था। कानून के तहत पहली बार धर्म को नागरिकता का मापदंड बनाते हुए मुसलमान इस सूची में शामिल नहीं हैं। एनआरसी, जिसके लिए गृहमंत्री अमित शाह ने जोर दिया है कि इसे सीएए के संयोजन के साथ पूरे भारत में लागू किया जाएगा, जिसका उद्देश्य अवैध अप्रवासियों को बाहर निकालने के लिए वास्तविक नागरिकों की सूची बनाना है। जो लोग इसे साबित करने के लिए जन्म और पहचान प्रमाण की कठोर आवश्यकताओं को पूरा करने में सक्षम नहीं होंगे - और भारत में लाखों लोग हो सकते हैं जो गरीबी और अशिक्षा के कारण सक्षम नहीं हो सकते हैं - अगर उन्होंने आरोप लगाया कि वे कहीं और हुए धार्मिक उत्पीड़न के कारण यहां शरणार्थी बनकर आए थे, तो उन्हें माफी दी जाएगी। लेकिन मुसलमानों के लिए ऐसी माफी उपलब्ध नहीं होगी। यहां उद्देश्य एनआरसी की खामियों या खूबियों पर चर्चा करना नहीं है; कई देशों में यह लागू है, और यह तर्क भी दिया जा सकता है कि यह वैध नागरिकों की पहचान करने का एक वैध प्रशासनिक उपकरण है। लेकिन भारत में, और विशेष रूप से उस संदर्भ में जिसमें एनआरसी को लागू करने की मांग की जा रही थी, मंशा बिलकुल स्पष्ट है - मुस्लिम आबादी के बड़े हिस्से को राज्यविहीन या बेदखल करना, और उन्हें निरोध केंद्रों में रखना, जोकि प्रत्याशा में कई पहले से ही बनाए जा रहे थे। जाहिर है, पूरे भारत में - न केवल मुसलमानों में बल्कि हिंदुओं में भी - इस तरह की एक अविवेकपूर्ण योजना के प्रयोजन और परिणाम पर काफी आक्रोश था। देशव्यापी विरोध के बीच, सरकार ने एनआरसी पर अपने आख्यान की तीव्रता को कम कर दिया। पीएम मोदी और अमित शाह दोनों ने इसे तुरंत लागू करने की अपनी पहले की जिद से पीछे हटते हुए कहा कि कैबिनेट ने इस पर

चर्चा तक नहीं की थी।

मामले की सबसे अहम बात यह है कि हिंदुओं को धार्मिक युद्ध लड़ने वाले जिहादी बनने और अन्य धर्मों के लोगों के प्रति असहिष्णु और हिंसक बनने के लिए प्रोत्साहित करने का हिंदू अति-दक्षिणपंथियों का प्रयास हिंदुओं के स्वभाव के विरुद्ध, उनके सभ्यतागत मूल्यों के प्रतिकूल और हिंदू धर्म और उसके उदारवाद को विकृत करने वाला है। इतिहास गवाह है कि हिंदू अन्य धर्मों के प्रति शत्रुतापूर्ण नहीं रहे हैं। इसका सीधा सा कारण यह है कि वे उनसे डरते नहीं थे। यहूदी कहीं और जा बसने से पहले शांतिपूर्वक भारत में रहते थे। अरब देशों के मुस्लिम व्यापारियों ने एक हज़ार साल से भी पहले केरल में अपनी आस्था का निर्विघ्न रूप से पालन किया। सातवीं शताब्दी में पारसी और चौथी शताब्दी में ईसाई यहां आए। हिंदू धर्म ने हमेशा सहिष्णुता और समायोजन की भावना दिखाई है। यह अन्याय के खिलाफ मुखर होने के अपने अधिकार से समझौता नहीं करता है, न ही यह हिंदुओं को जड़ या निष्क्रिय बनाता है, बल्कि केवल उस उल्लेखनीय, आत्मविश्वासी ताकत को जोड़ता है जिसने हिंदू धर्म को वास्तव में सनातन धर्म बना दिया है। इस प्रकार हिंदू धर्म को भंगुर सामी विश्वासों का प्रतिरूप बनाने का प्रयास खतरे से भरा है, क्योंकि यह उस आधार के लिए खतरा है जो हिंदुत्व को अलग करता है। सद्भाव और बहुलवाद का अंगीकरण हिंदू धर्म का कमजोर होना नहीं है, बल्कि इसकी लचीलेपन का संकेत है और वास्तव में, हिंदू दर्शन हमेशा से क्या रहा है, इसकी पहचान है। जैसाकि महात्मा गांधी ने लिखा था: "अगर मैं हिंदू धर्म को जरा भी जानता हूं, तो यह अनिवार्य रूप से समावेशी और हमेशा विकसित होने वाला, हमेशा प्रतिक्रियाशील रहा है। यह कल्पना, अटकलों और तर्क के लिए सबसे मुक्त गुंजाइश देता है।"[41]

हिंदू धर्म को 'पुनर्जीवित' करने की कोशिश करना और इसे वहाबीवाद के समान बनाना अपवित्रीकरण का कार्य है। जैसाकि हमने हिंदू दर्शन पर पहले के अध्याय में चर्चा की है, हिंदू धर्म का विश्व दृष्टिकोण मौलिक ऋग्वैदिक आदेश द्वारा शासित है - एकम सत विप्रा बहुधा वदन्ति: सत्य एक है, जिसे बुद्धिमान विभिन्न नामों से बुलाते हैं। विविधता के लिए यह अंतर्निहित खुलापन इस तथ्य पर आधारित है कि कठोर हठधर्मिता बुद्धि का अवमूल्यन करती है, जबकि आत्मा का उदारवाद बौद्धिक खोज की सीमाओं का विस्तार करता है। हिन्दू भी अपनी आस्था से कम जुड़े नहीं थे; लेकिन हिंदू धर्म ने स्वीकार किया कि जब तक लक्ष्य परम सत्य है, तब तक उस तक पहुंचने के कई रास्ते हो सकते हैं। गैर-हिन्दू अपने रास्ते पर चलने के लिए स्वतंत्र थे, जैसे कि हिंदुत्व ने हिंदू धर्म के भीतर कई अलग-अलग दृष्टिकोणों की अनुमति दी, जैसे कि चार्वाक, जिन्होंने मुख्यधारा की आस्था के मूल सिद्धांतों को भी खारिज कर दिया। विजन की यह व्यापकता ही दुनिया के लिए हिंदू धर्म का परिचय पत्र है, और यही इसकी कुंजी रही है, तब भी जब यह इस्लाम

और ईसाई धर्मांतरण करने वाले धर्मों का दंश झेल रहा था।

आधुनिक युग में हिंदू धर्म के सबसे बड़े स्वरों में से एक, स्वामी विवेकानंद, ने 11 सितंबर, 1893 को शिकागो में विश्व धर्म संसद में अपने प्रसिद्ध भाषण में ठीक इसी पर जोर दिया था: "मुझे एक ऐसे धर्म से संबंधित होने पर गर्व है जिसने विश्व को सहिष्णुता और सार्वभौमिक स्वीकृति, दोनों की शिक्षा दी है। हम न केवल सार्वभौमिक सहिष्णुता में विश्वास करते हैं, बल्कि हम सभी धर्मों को सत्य मानते हैं... भाइयों, मैं आपके सामने एक भजन की कुछ पंक्तियों को उद्धृत करूंगा, जो मुझे बचपन से ही याद है, जिसे हर दिन लाखों मनुष्यों द्वारा दोहराया जाता है: जिस प्रकार विभिन्न जलधाराओं के स्रोत अलग-अलग स्थानों पर होते हैं, परंतु वे सभी अपना जल समुद्र में मिलाते हैं, उसी प्रकार, हे भगवान, मनुष्य अलग-अलग प्रवृत्तियों के माध्यम से अलग-अलग रास्ते लेते हैं, भले ही वे अलग-अलग दिखाई देते हों, टेढ़े या सीधे, पर सब तुझ तक ही जाते हैं।"

स्वामी विवेकानंद का धार्मिक बहुलवाद, जोकि हिंदू धर्म की एक परिभाषित विशेषता रही है, में विश्वास उनके गुरु प्रतिष्ठित संत स्वामी रामकृष्ण के अभ्यास और विश्वासों से भी प्रेरित था, जिनके बारे में उन्होंने लिखा था: "वह यह समझना चाहते थे कि अन्य धर्म क्या हैं। ...उसने एक मुसलमान संत को पाया और अपने आप को उसके अधीन कर दिया; वह उनके द्वारा निर्धारित अनुशासन से गुजरे, और यह समझकर उन्हें विस्मय हुआ कि जब ईमानदारी से किए गए इन भक्ति विधियों ने भी उन्हें उसी लक्ष्य तक पहुंचाया जो उन्होंने पहले ही प्राप्त कर लिया था। उन्होंने ईसा मसीह के सच्चे धर्म का पालन करके भी ऐसा ही अनुभव प्राप्त किया। ...इस प्रकार, वास्तविक अनुभव से उन्हें पता चला कि हर धर्म का लक्ष्य एक ही है।"

आश्चर्य नहीं कि स्वामी विवेकानंद कुछ हिंदुओं की संकीर्ण रूढ़िवादिता के कारण अधीर थे। जब उनमें से एक ने माउंट आबू में एक मुस्लिम दोस्त के साथ रहने के उनके फैसले पर सवाल उठाया, तो उनका जवाब तीखा था: "सर, आपका क्या मतलब है? मैं एक संन्यासी हूं। मैं आपकी सभी सामाजिक परिपाटियों से ऊपर हूं। मैं भंगी के साथ भी भोजन कर सकता हूं। मैं भगवान से नहीं डरता, क्योंकि वह इसे मंजूरी देता है। मैं शास्त्रों से नहीं डरता, क्योंकि वे इसकी अनुमति देते हैं। लेकिन मुझे तुम लोगों और तुम्हारे समाज से डर लगता है। तुम ईश्वर और शास्त्रों के बारे में कुछ नहीं जानते। मैं ब्रह्म को सर्वत्र तुच्छ प्राणी के माध्यम से प्रकट होते देखता हूं। मेरे लिए कुछ भी ऊंचा या नीचा नहीं है। शिव! शिव! [जोर मेरा]।"[42]

जब स्वामी ने अपने आलोचकों के बारे में कहा कि वे भगवान और शास्त्रों के बारे में कुछ भी नहीं जानते हैं, तो वह सही थे। आज हिंदू कट्टरपंथियों के साथ समस्या यह है कि वे उस धर्म के बारे में पर्याप्त नहीं जानते हैं जिसकी रक्षा करना वे अपना कर्तव्य समझते हैं। यदि 'दूसरे' के प्रति घृणा हिंदू धर्म की प्रमुख भावना थी, तो उपनिषद में क्यों कहा गया है

- आ नो भद्राः क्रतवो यन्तु विश्वतः हमारे लिए सभी ओर से कल्याणकारी विचार आएं? यदि धार्मिक बहिष्कार हिंदू धर्म की परिभाषित मान्यता थी, तो हमारे प्राचीन द्रष्टा क्यों जोर देते थे - उदारचरितानां तु वसुधैव कुटुम्बकम्: उदारचरित वाले लोगों के लिए संपूर्ण धरती एक परिवार जैसी होती है? महान *ऋषि नारद के सूत्र* से युक्त नारद भक्ति सूत्र में स्पष्ट कहा गया है: "भगवान, या आध्यात्मिक सत्य, या विभिन्न भक्तों के तुलनात्मक गुणों पर किसी विवाद में प्रवेश करना उचित नहीं है। क्योंकि, विचारों में विविधता के लिए जगह है; केवल तर्कों पर आधारित कोई भी विचार अपने आप में निर्णायक नहीं होता।" राजा अशोक, अपने शिलालेख XII में, यही दलील देते हैं: "देवताओं के प्रिय, राजा पियदसी की इच्छा है कि सभी धर्मों अनिवार्य तत्वों में में वृद्धि होनी चाहिए। आवश्यक तत्वों की वृद्धि अलग-अलग तरीकों से की जा सकती है, लेकिन इन सबका मूल वाणी में संयम है, अर्थात अपने धर्म की प्रशंसा नहीं करना, या दूसरों के धर्म की निंदा नहीं करना। ...ऐसा करने से अपने धर्म को लाभ होता है और दूसरे धर्मों को भी, जबकि ऐसा न करने से अपने धर्म और दूसरों के धर्म को नुकसान होता है।" तुलसीदास के *रामचरितमानस* में, श्रीराम ने, जिनका ये कट्टरपंथी अधर्म और हिंसा में लिप्त होने पर बेतरतीब ढंग से आह्वान करते हैं, हिंदू धर्म की अंतिम सत्यता को तब बताया जब उन्होंने लक्ष्मण से कहा - परहित सरिस धर्म नहीं भाई परपीड़ा सम नहीं अधमाई: दूसरों के कल्याण से बड़ा कोई धर्म नहीं है, और दूसरों को चोट पहुंचाने से बड़ा कोई पाप नहीं है।

अतीत में हिंदू धर्म के साथ किए गए कुछ अन्याय के खिलाफ नाराजगी के अपने कारण हो सकते हैं। लेकिन, घृणा और हिंसा उस धर्म की परिभाषित विशेषता नहीं बन सकते जो इन दोनों को अस्वीकार करता है। इसके अलावा, ये भावनाएँ एक आधुनिक गणराज्य में पूरी तरह से प्रतिकूल हैं जिसका घोषित लक्ष्य सभी धर्मों के प्रति सम्मान है, और जो प्रगति और समृद्धि की आकांक्षा रखता है, जिसकी अनिवार्यता सामाजिक शांति और सद्भाव है। इसीलिए, आधुनिक भारत के महान उद्यमियों में से एक, नारायण मूर्ति, स्पष्ट रूप से कहते हैं: 'स्वतंत्र भारत के संस्थापक एक ऐसा राष्ट्र चाहते थे जहां हर धर्म पनपे और हर आवाज़ सुनी जाए। इस प्रकार, भारत ने धर्मनिरपेक्षता को अपने मूलमंत्र के रूप में अपनाया, जो ठीक भी है।' यही कारण है कि श्रृंगेरी के शंकराचार्य जगद्गुरु भारती तीर्थ महास्वामी ने 1994 में सारनाथ में बौद्ध तीर्थ की यात्रा पर घोषणा की: 'अहिंसा, करुणा, सत्य, आत्म-संयम और पवित्रता के सिद्धांत प्रत्येक व्यक्ति के लिए थे; कोई मंदिर जाए, विहार जाए या फिर चर्च, पर आस्था और विश्वास एक ही रहेगी।'[43]

हिंदुओं को आज जिस चीज की जरूरत है, वह है एक सच्चे पुनर्जागरण की - इसकी

आवश्यक प्रकृति, बौद्धिक भव्यता और उल्लेखनीय परिशोधन को ध्यान में रखते हुए। हिंदुत्व शब्द अनपढ़ कट्टरता के कारण बदनाम है, जो उसके नाम पर स्वीकृत किया जाता है। हिंदुत्व को हिंदू-सत्य, हिंदू धर्म के बारे में सचाई, से प्रतिस्थापित किया जाना चाहिए। हिंदू-सत्य का पहला कदम हिंदू धर्म के भीतर सुधार करना है। अगर सावरकर और महात्मा गांधी को कोई एक चीज एकजुट करती थी, तो वह थी हिंदू धर्म को कुछ व्याप्त दमनकारी विकृतियों से शुद्ध करने की आवश्यकता। लेकिन आज सावरकर के संदेश के इस हिस्से की उनके उत्कट लेकिन अशिक्षित अनुचरों द्वारा काफी हद तक अनदेखी की गई है। सचाई यह है कि जहां हिंदू धर्म को आधुनिक और प्रगतिशील धर्म में बदलने का सवाल था, वहां सावरकर क्रांतिकारी से कम नहीं थे। यद्यपि वह एक रूढ़िवादी चितपावन ब्राह्मण समुदाय में पैदा हुए थे, लेकिन वह जाति व्यवस्था और उसके शोषणकारी भेदभाव और अस्पृश्यता की प्रथा के खिलाफ थे। उन्होंने लिखा, "केवल किसी के जन्म के आधार पर महिमा का दावा, और योग्यता के आधार पर नहीं, पूरी तरह से गलत और व्यर्थ है - कहा जा सकता है एक राष्ट्रीय मूर्खता है।" जिसे बदले जाने की आवश्यकता थी, उसे बनाए रखने के शास्त्रों के आदेश की उनके द्वारा बर्खास्तगी उतनी ही सुदृढ़ थी। "शास्त्रों के निषेधाज्ञा की खातिर अपने आप को जीवाश्म करना ...एक और मूर्खता है। ये शास्त्र, अक्सर आत्म-विरोधाभासी, मनुष्यों द्वारा बनाए गए थे और एक विशेष संदर्भ और एक विशेष समाज के लिए प्रासंगिक थे। उनके प्रति पूरे सम्मान के साथ कहना होगा, समाज के विकास के साथ-साथ उन्हें त्यागने की आवश्यकता है, और नए नियमों और कानूनों को जो समकालीन समय के लिए प्रासंगिक हैं, उन्हें संहिताबद्ध करने की आवश्यकता है। ...इस प्रकार, मैं संस्कृत साहित्य के श्रुति, स्मृति, पुराण, इतिहास के विशाल, हिमालयी संग्रह के प्रति श्रद्धापूर्वक अपना सिर झुकाता हूं क्योंकि उन्होंने सदियों से हमारे हिंदू मन को आकार दिया है। मैं उन्हें अपने पैरों में बेड़ियां नहीं बनने दूंगा और आधुनिकता की ओर अपनी प्रगति को रोकने नहीं दूंगा, बल्कि आधुनिक, वैज्ञानिक दृष्टि से आगे बढ़ने के लिए उनसे प्रेरणा लूंगा।"[44]

सावरकर ने सात बेड़ियों की पहचान की, जिनसे हिंदुओं को खुद को मुक्त करने की जरूरत थी। उनके अपने शब्दों में, ये हैं:

1. *वेदोक्तबंदी*: वैदिक साहित्य और कर्मकांडों तक केवल ब्राह्मण समुदाय की पहुंच की विशिष्टता को तुरंत भंग किया जाना चाहिए। वैदिक साहित्य संपूर्ण मानव जाति के लिए सभ्यतागत ज्ञान और मानव जाति के लिए भारत का अनूठा उपहार है।
2. *व्यवसायबंदी*: किसी व्यक्ति के पेशे की पसंद पूरी तरह से उस पर छोड़ दी जानी चाहिए, जो उनकी योग्यता और क्षमता के आधार पर हो।

3. *स्पर्शबंदी*: अस्पृश्यता की प्रथा एक पाप है, मानवता पर एक धब्बा है, और इसे कोई भी उचित नहीं ठहरा सकता।
4. *समुद्रबंदी*: जिस दिन हमने समुद्र पार कर विदेशी भूमि पर जाने से मना किया और इसे जाति का नुकसान माना, विभिन्न मोर्चों पर हमारे पतन की शुरुआत हुई।
5. *शुद्धिबंदी*: हिंदू धर्म में पुन: धर्मांतरण की अनुमति न देने की मूर्खता आत्म-विनाशकारी है। ...मैं उसके खिलाफ नहीं हूं जो पूर्ण विश्वास से दूसरे धर्म में परिवर्तित हो जाते हैं।
6. *रोटीबंदी*: यह विश्वास कि अंतर-जातीय भोजन के माध्यम से कोई अपनी जाति खो देता है - इस एक विचारहीन बंधन से खुद को मुक्त करना हमें एक समाज के रूप में मुक्त कर सकता है।
7. *बेटीबंदी*: अंतर्जातीय विवाह को समाप्त करने की असंबद्ध प्रथा ने हमारे हिंदू समाज को बहुत नुकसान पहुंचाया है। ...ऐसे विवाहों का विरोध करने के बजाय उनका सम्मान किया जाना चाहिए।

यह बिल्कुल स्पष्ट है कि हिंदुओं और हिंदू धर्म के पुनरुत्थान के लिए सावरकर की दृष्टि में, हिंदू धर्म के भीतर आवश्यक सुधार एक बहुत ही महत्वपूर्ण तत्व था। इसे आगे बढ़ाने में, वह रूढ़िवादी हिंदुओं के क्रोध को झेलने के लिए तैयार था। उदाहरण के लिए, वह गौ- पूजा के खिलाफ थे:

> कूड़ा-करकट खाने वाले और अंधाधुंध कहीं भी और हर जगह मलमूत्र करने वाले जानवर को देवी का दर्जा देना मेरे विचार से मानवता और देवत्व दोनों का अपमान है। एक तरफ हम अंबेडकर जैसे विद्वान व्यक्तियों या चोखा मेला जैसे संतों को उनकी जाति के कारण अशुद्ध मानते हैं; लेकिन दूसरी ओर एक पशु का मूत्र अचानक हमारे लिए आत्मा को शुद्ध करने वाला बन जाता है! क्या यह एक बड़ी भ्रांति और विरोधाभास नहीं है? हमारे पूर्वजों ने गाय की रक्षा के प्रति जिम्मेदारी की भावना पैदा करने के लिए गाय को दैवीय दर्जा दिया होगा। लेकिन हमने इसे अति शाब्दिक रूप में ले लिया। हमें यह ध्यान रखना चाहिए कि गाय मनुष्य के लिए उपयोगिता की वस्तु है न कि इसके विपरीत। ऐसा करने से मनुष्य की स्थिति का ह्रास होता है। पूजा की वस्तु अपने उपासक से बड़ी होनी चाहिए।

वही मूर्तिभंजन संबंधी भावना भोजन और मांस खाने पर सावरकर के विचारों को प्रेरित करती है:

> धर्म हृदय में है, आत्मा में है, भाव में है; पेट में नहीं! ऐसा कोई भोजन नहीं है जो प्रतिबंधित हो। जो कुछ भी स्वस्थ, पौष्टिक और स्वादिष्ट है, उसे उदारतापूर्वक और आनंदपूर्वक ग्रहण किया जाना चाहिए, इससे कोई फर्क नहीं पड़ता कि इसे किसने पकाया है या यह कहां उपलब्ध है। पूरी दुनिया ने हमें लूटा है और हमारे अनाज पर दावतें उड़ाई हैं - क्या वे सभी हिंदू हो गए हैं? फिर एक हिंदू के किसी मुसलमान के साथ भोजन करने से उसकी जाति कैसे नष्ट हो जाती है?"

गांधी गो-रक्षा में विश्वास करते थे, लेकिन उनमें भी वही अधीरता थी कट्टरपंथियों के प्रति, जो इसकी आड़ में विचारहीन हिंसा का सहारा लेते थे। हिंद स्वराज में वह पूछते हैं, "तो क्या एक गाय को बचाने के लिए मैं मुसलमान से लड़ूं या मारूं?" "ऐसा करने से मैं मुसलमान के साथ-साथ गाय का भी शत्रु बन जाऊँगा। ...जब वे क्रूरतापूर्वक उसके साथ दुर्व्यवहार करते हैं, तो गाय को विनाश से कौन बचाता है? हिंदुओं के साथ कौन कभी तर्क करता है जब वे बेरहमी से अपनी लाठी से गाय की संतान को मारते हैं?"[45]

गांधी जाति व्यवस्था की असमानताओं के खिलाफ थे, हालांकि संभवत: वे सावरकर की तरह इसके पूर्ण उन्मूलन के लिए उतने दृढ़ नहीं थे। 1933 में, यंग इंडिया में उन्होंने लिखा: "मैंने अक्सर कहा है कि मैं आधुनिक अर्थों में जाति में विश्वास नहीं करता। किसी भी व्यक्ति द्वारा किसी अन्य पर श्रेष्ठता की धारणा ईश्वर और मनुष्य के विरुद्ध पाप है। इस प्रकार जाति, जहां तक यह सामाजिक स्थिति में भेद को दर्शाता है, एक बुराई है।" गांधी का मूलभूत लक्ष्य हिंदू धर्म में समानाधिकारवाद की अधिक भावना को समाहित करना था। "धर्म की दृष्टि में सभी मनुष्य समान हैं। विद्या, बुद्धि या धन, किसी को भी जो इनसे वंचित हैं, उन पर श्रेष्ठता का दावा करने का अधिकार नहीं देता।"[46] अस्पृश्यता को समाप्त करने की आवश्यकता के मामले में वह एक योद्धा से कम नहीं थे, जिन्होंने हरिजन सेवक संघ की स्थापना की, और इस घातक प्रथा के उन्मूलन के लिए एक अथक अभियान चलाया। 1915 की शुरुआत में उन्होंने लिखा था, ऐसे धर्म से, जो अस्पृश्यता को सही ठहराता है, "मेरी नासिका में बदबू भर जाती है। यह हिंदू धर्म कदापि नहीं हो सकता।" स्वामी विवेकानंद ने भी हिंदू धर्म के भीतर असमानताओं की ओर ध्यान आकर्षित किया: "पृथ्वी पर कोई भी धर्म हिंदू धर्म जैसे ऊंचे स्तर पर मानवता की गरिमा का प्रचार नहीं करता है, और धरती पर कोई भी धर्म गरीबों और निचले तबकों को इस तरह से नहीं कुचलता जैसे कि हिंदू धर्म...। हमारे पास वेदांत का सिद्धांत है, लेकिन हमारे पास इसे व्यवहार में लाने की शक्ति नहीं है। हमारी किताबों में सार्वभौमिक समानता का सिद्धांत है, लेकिन व्यवहार में हम बहुत अंतर करते हैं। यह भारत ही था जहां सबसे ऊंचे प्रकार के निःस्वार्थ और उदासीन कार्यों का प्रचार किया गया था, लेकिन व्यवहार में हम बेहद क्रूर हैं, बेहद हृदयहीन हैं..."[47]

वास्तव में, यह एक उचित निष्कर्ष होगा कि ब्रिटिश शासन के तहत, हालांकि अधूरा था, और स्वतंत्रता आंदोलन के दौरान हिंदू पुनरुत्थानवाद हिंदू धर्म के भीतर सामाजिक सुधार के लिए एक प्रभावशाली संदेश था। ऐसी भावना को व्यक्त करने की प्रेरणा बहुत पहले से आ गई थी। शक्तिशाली भक्ति आंदोलन ने समानता और भाईचारा, और हिंदू धर्म को ब्राह्मणवादी उत्पीड़न, जातिगत भेदभाव, अंधविश्वास और कर्मकांड से मुक्त करने की आवश्यकता पर एक मजबूत संदेश दिया। भक्ति आंदोलन के बाद, और स्वतंत्रता आंदोलन से पहले, महात्मा ज्योतिबा गोविंद फुले (1827-1890) जैसे शक्तिशाली समाज सुधारक ने, जो स्वयं एक दलित थे, उत्पीड़ित वर्गों के उत्थान के लिए सत्यशोधक समाज का गठन किया। उन्होंने 1848 में पुणे में महिलाओं के लिए पहला स्कूल भी शुरू किया। दलितों के बीच सबसे शक्तिशाली आवाज, निश्चित रूप से, डॉ. बीआर अंबेडकर (1891-1956) की थी, जो एक न्यायविद, अर्थशास्त्री, राजनीतिज्ञ और समाज सुधारक थे। 1936 में, उन्होंने अपनी भावनात्मक किताब *जाति प्रथा का विनाश* (Annihilation of Caste) लिखी, और बाद में जाति व्यवस्था के उत्पीड़न के विरोध में बौद्ध धर्म में परिवर्तित हो गए। स्वतंत्र भारत के पहले कानून और न्याय मंत्री के रूप में, उन्हें भारतीय संविधान का मुख्य वास्तुकार माना जाता है। भारतीय गणराज्य के संविधान ने अस्पृश्यता को समाप्त कर दिया और कानून के तहत सभी पुरुषों और महिलाओं की समानता की घोषणा की। संविधान का अनुच्छेद 14 और 15 - मौलिक अधिकारों पर अध्याय का हिस्सा - स्पष्ट रूप से कहता है: "राज्य किसी भी व्यक्ति को कानून के समक्ष समानता या भारतीय क्षेत्र में कानूनों के समान संरक्षण से वंचित नहीं करेगा। राज्य किसी भी नागरिक के साथ केवल धर्म, मूलवंश, जाति, लिंग, जन्म स्थान या इनमें से किसी के आधार पर भेदभाव नहीं करेगा।"

फिर भी, सचाई यह है कि हिंदू समाज आज भी अस्वीकार्य रूप से जातिवादी और भेदभावपूर्ण है। ऐसा नहीं है कि कुछ भी नहीं बदला है। निश्चित रूप से, जाति व्यवस्था की दमघोंटू पकड़ कुछ हद तक कमजोर हो गई है और दलित राजनीतिक रूप से अधिक सशक्त हैं, लेकिन अब भी सामाजिक उत्पीड़न बड़े पैमाने पर व्याप्त है। राष्ट्रीय अपराध रिकॉर्ड ब्यूरो (एनसीआरबी) के अनुसार, 2019 में दलितों के खिलाफ 45,935 अपराध दर्ज किए गए। 2018 की तुलना में 7.8 प्रतिशत की वृद्धि थी। इस रिपोर्ट के अनुसार, हर पंद्रह मिनट में एक दलित के खिलाफ अपराध होता है और हर दिन छह दलित महिलाओं के साथ बलात्कार होता है। चौंकाने वाली बात यह है कि दोषियों को सजा की दर बहुत कम है: 2009 में 25.2 प्रतिशत और 2018 में 22.8 प्रतिशत। ऐसे आंकड़े केवल रिपोर्ट किए गए मामलों को प्रकट करते हैं, जो बड़ी समस्या की बस छोटी-सी झलक है; ऐसे बहुत से मामले हैं, जिनकी रिपोर्टिंग होती ही नहीं।

अत्याचार के मामले जो रिपोर्ट किए गए और मीडिया में सामने आए, वे एक चौंकाने वाली स्थिति को दर्शाते हैं। मैं कुछ उदाहरण देता हूं, सनसनी के लिए नहीं, बल्कि यह बताने के लिए कि जातिगत भेदभाव अभी भी व्यापक और राष्ट्रव्यापी है। जुलाई 2016 में, एक दलित परिवार के सात सदस्यों पर, जो एक मरी हुई गाय की खाल उतार रहे थे - दलितों को सौंपा जाने वाला एक 'तुच्छ' कार्य - गुजरात के ऊना के पास सवर्ण गोरक्षकों द्वारा हमला किया गया था। उन्हें हमलावरों की कारों से बांध दिया गया था और सार्वजनिक रूप से लाठी और लोहे की छड़ों से पीटा गया था। उनमें से चार को बाद में जबरन ऊना लाया गया और उनके कपड़े उतारकर उनके साथ सार्वजनिक रूप से फिर से मारपीट की गई। हमलावरों ने इसका वीडियो बनाकर सोशल मीडिया पर वायरल कर दिया। इस घटना से लोगों में भारी बवाल मच गया। कथित अपराधियों के खिलाफ जुलाई 2018 में आरोपपत्र दायर किया गया था, लेकिन अब तक किसी को भी दोषी नहीं ठहराया गया है।

दिसंबर 2017 में, हैदराबाद विश्वविद्यालय के एक मेधावी युवा पीएचडी छात्र, रोहित वेमुला, जो अंबेडकर छात्र संघ का सदस्य था, ने आत्महत्या कर ली। अपने सुसाइड नोट में उसने लिखा कि उसने ऐसा इसलिए किया, क्योंकि विश्वविद्यालय में दलितों और निचली जातियों के साथ होने वाले भेदभाव को वह और सहन नहीं कर सकता। अप्रैल 2019 में उत्तराखंड के टिहरी में एक शादी समारोह में ऊंची जातिवालों के सामने खाने पर एक दलित युवक की पीट-पीट कर हत्या कर दी गई थी। जून 2019 में, राजस्थान के पाली में एक दलित नाबालिग को ऊंची जाति के पुरुषों ने मंदिर में प्रवेश करने की कोशिश करने पर निर्वस्त्र कर पीट-पीटकर मार डाला। जुलाई 2020 में, कर्नाटक के विजयपुरा जिले में एक उच्च जाति के व्यक्ति की मोटरसाइकिल को छूने पर एक दलित को निर्वस्त्र कर पीटा गया था। दिसंबर 2020 में, मध्य प्रदेश के छतरपुर में एक पच्चीस वर्षीय दलित व्यक्ति को सवर्णों के लिए रखे भोजन को छूने के आरोप में पीट-पीटकर मार डाला गया था। उसी महीने राजस्थान के शिवपुर में एक दलित दूल्हे को घोड़े से नीचे उतर जाने के लिए मजबूर किया गया। ये सब सिर्फ झलकियां हैं यह बताने के लिए कि यह बुराई अब भी कितनी गहरी है। अतीत में, उत्तर प्रदेश, बिहार और मध्य प्रदेश जैसे राज्यों में जातिगत युद्ध हुए, जिनमें ऊंची और निचली जातियों के बीच हुई उन्मादी लड़ाईयों में सैकड़ों लोग मारे गए। सौभाग्य से, इस तरह की सामूहिक हत्याएं अब कम देखी जाती हैं, लेकिन सामाजिक उत्पीड़न अब भी मौजूद है, और यह न केवल दलितों को, बल्कि पिछड़े वर्गों के लोगों को भी प्रभावित करता है।

हिंदू धर्म के भीतर दमनकारी विभेद के इस अभिशाप को समाप्त करना होगा, जो स्वच्छ जल, पूजा स्थलों और स्कूलों तक पहुंच पर लगभग 16 करोड़ दलितों (और

पिछड़े वर्गों) के खिलाफ भेदभाव की आज्ञा देता है। एक ऐसे हिंदू समाज को जिसमें एक हिंदू जाति के आधार पर दूसरे को डराता या मारता है, उसे बहुत पहले इतिहास के कूड़ेदान में डाल दिया जाना चाहिए था। आरक्षण की नीति के माध्यम से सकारात्मक कार्रवाई ने समाज के सबसे कमजोर वर्गों को सशक्त बनाने में मदद की है; लोकतांत्रिक राजनीति की गतिशीलता ने निचली जातियों को भी आवाज उठाने का अवसर दिया है, क्योंकि उनके वोट मायने रखते हैं, और वे एकजुट होने और सुनवाई के अपने अधिकार के लिए लड़ने को तैयार हैं। लेकिन वास्तविक अनिवार्यता हिंदुओं की मानसिकता में एक मूलभूत परिवर्तन लाने की है जो उन्हें यह महसूस कराती है कि जातिगत भेदभाव न केवल अवैध है, बल्कि अतीत की अत्यधिक अवांछनीय और पुरानी विरासत भी है, जिसका आधुनिक लोकतांत्रिक समाज में कोई स्थान नहीं है, और जो केवल हिंदुओं को विभाजित और कमजोर करता है। आखिरकार, हिंदू दर्शन के केंद्रीय सिद्धांतों में से एक यह है कि एक ही चेतना सभी में है, और इसलिए, मानव निर्मित पदानुक्रमों के आधार पर भेदभाव का कोई औचित्य नहीं हो सकता है।

हिंदू धर्म पर एक दूसरा दाग दमनकारी पुरुष पितृसत्ता और लैंगिक भेदभाव का दृढ़ाग्रह है। जैसाकि हमने चर्चा की है, हिंदू दर्शन के सबसे प्रभावशाली सिद्धांत अद्वैत में सर्वशक्तिमान - ब्रह्म - स्वयं लैंगिक श्रेणियों से परे है, और शुद्ध चेतना के रूप में देखा जाता है। धार्मिक आस्था के स्तर पर, हिंदू धर्म उन कुछ धर्मों में से एक है जो देवी, पूजिता स्त्री को इतना प्रमुख स्थान देते हैं, और उन्हें अपने पुरुष समकक्ष से यदि अधिक नहीं, तो उसके बराबर मानते हैं। हमने प्राचीन काल में महिलाओं को दिए जाने वाले आदर और सम्मान के संबंध में भी साक्ष्य का उल्लेख किया है। लेकिन आज, ऐसा लगता है कि जहां हम नारी शक्ति की आराधना करते हैं, वहीं हम उन महिलाओं को आवश्यक सम्मान नहीं देते हैं जोकि उस ऊर्जा की प्रतीक हैं। निस्संदेह, अनेक महिलाओं ने हमारे समाज के पितृसत्तात्मक ढांचे को तोड़ा है और विभिन्न क्षेत्रों में उत्कृष्ट प्रदर्शन करते हुए भारत को यश और गौरव प्रदान किया है। लड़कियों तक शिक्षा की पहुंच में काफी वृद्धि हुई है, और लैंगिक अधिकारों को सुनिश्चित करने के लिए प्रगतिशील कानून बनाए गए हैं, जिससे मानसिकता में काफी बदलाव आया है। लेकिन, समान रूप से, बड़ी संख्या में ऐसी महिलाएं हैं - विशेष रूप से ग्रामीण क्षेत्रों में - जो उस पुरुष वर्चस्व का शिकार बनी हुई हैं, जो विवाह, पहनावे, आचरण और यौन विकल्पों के सख्त नियमों को लागू करते हैं। महाभारत के अनुशासन पर्व में भीष्म कहते हैं: “हे राजा, शास्त्रों में पुत्री को पुत्र के समान बताया गया है।” इसके बाद भी, यह शर्म की बात है कि इसके खिलाफ कानूनी प्रावधानों के बावजूद, भारत में कन्या भ्रूण हत्या और शिशु हत्या की दर दुनिया में सबसे अधिक है, और हिंदू इस नृशंस अपराध में भागीदार हैं। पुत्रों को वरीयता देने

का एक कारण पुत्री के विवाह में दहेज देने की घातक प्रथा है। महात्मा गांधी ने कहा था: "कोई भी युवक, जो दहेज को शादी की शर्त बनाता है, अपनी शिक्षा और अपने देश को बदनाम करता है, और नारीत्व का अपमान करता है।" दहेज निषेध अधिनियम 1961 और भारतीय दंड संहिता के अन्य प्रावधानों के तहत दहेज लेना और देना प्रतिबंधित है। हालांकि, अफसोस की बात है कि यह अभी भी व्यापक रूप से प्रचलित प्रथा है।

पितृसत्ता कई तरह से जाति पदानुक्रम से अटूट रूप से जुड़ी हुई है। जाति के नियमों का उल्लंघन करने पर महिलाओं (और पुरुषों) को दंडित करने के नाम पर 'ऑनर' किलिंग या सम्मान हेतु हत्याएं आज के भारत में असामान्य नहीं हैं। सितंबर 2020 में यूपी के हाथरस का मामला महिलाओं पर हमले और जाति पदानुक्रम के परस्पर जुड़े होने का एक ज्वलंत उदाहरण है, जहां एक उन्नीस वर्षीय दलित लड़की की कथित तौर पर उच्च जाति के अपराधियों द्वारा बेरहमी से बलात्कार कर हत्या कर दी गई थी। बाल विवाह एक और धब्बा है। 2011 की जनगणना के अनुसार,12 मिलियन बच्चों की शादी 10 वर्ष से कम आयु में कर दी गई थी, जिनमें से 84 प्रतिशत हिंदू थे, और 10 वर्ष से कम आयु में विवाह करने वाले अनपढ़ बच्चों में 80 प्रतिशत लड़कियां थीं। यद्यपि बाल विवाह कानूनी रूप से प्रतिबंधित है, परंतु उसी जनगणना के अनुसार, 102 मिलियन लड़कियों - महिलाओं की आबादी का 30 प्रतिशत - का विवाह 18 वर्ष की आयु से पहले कर दिया जाता है। इसका मतलब यह है कि हिंदू समाज महिलाओं को उनकी पूरी क्षमता तक पहुंचने से वंचित करने में स्वेच्छा से मिलीभगत कर रहा है, और इस तरह प्रतिभा के विशाल भंडार से खुद को वंचित कर रहा है। राष्ट्रीय अपराध रिकॉर्ड ब्यूरो (एनसीआरबी) के अनुसार, 2018 की तुलना में 2019 में महिलाओं के खिलाफ अपराधों में 7.3 प्रतिशत की वृद्धि देखी गई। इनमें से अधिकांश मामले पति या उसके रिश्तेदारों द्वारा घरेलू हिंसा से संबंधित थे। ऐसे आंकड़ों को धर्म के अनुसार अलग नहीं किया जाता है, लेकिन इसमें कोई संदेह नहीं है कि हिंदू पुरुष भी महिलाओं के खिलाफ बल प्रयोग, खासकर शराब के नशे में, और अपनी पत्नियों के साथ दुर्व्यवहार करने के दोषी हैं।

हिंदू समाज को इस अवांछनीय स्थिति पर आत्ममंथन करने की जरूरत है। हिंदू धर्म के भीतर बड़े सुधारों का समय आ गया है ताकि दैनिक जीवन में उनके वास्तविक आचरण जिस सभ्यता की वे विरासत हैं उससे मेल खा सकें और उन्हें इस पर गर्व होना चाहिए। यह केवल कानूनों के माध्यम से प्राप्त नहीं किया जा सकता है, विशेष रूप से एक असमान समाज में जहां अधिक कमजोर लोग उसी तरह से अपनी सुरक्षा प्राप्त करने में असमर्थ होते हैं जिस तरह से अधिक शक्तिशाली उनका उल्लंघन करने में सक्षम होते हैं। जैसाकि मैंने जोर दिया है, हिंदू धर्म में जिन सुधारों की आवश्यकता है, वे तभी आ सकते हैं जब हिंदू स्वयं उनकी आवश्यकता के प्रति आश्वस्त हों। हिंदुओं को अतीत

की उपलब्धियों और वर्तमान की अनिवार्यताओं के बीच की खाई को पाटना चाहिए। हिंदुओं का इतिहास भले ही दर्शन, अध्यात्म, कला और विज्ञान के क्षेत्र में अग्रणी कार्यों और युगांतकारी उदाहरणों से भरा पड़ा हो, लेकिन आज भी व्याप्त असमानता और भेदभाव के निर्विवाद अनुभवजन्य साक्ष्य के सामने वही इतिहास विकृत है और विश्वसनीयता खो देता है।

उससे भी बुरी हैं स्वीकृत परंपरा के नाम पर इस असमानता और शोषण को सही ठहराने की कोशिशें। कोई भी परंपरा, चाहे कितनी भी पुरानी क्यों न हो, मनुष्य की मूल गरिमा और समतावाद, जो आधुनिक और प्रगतिशील समाजों की पहचान है, के विरुद्ध संघर्ष नहीं कर सकती। जो लोग हिंदू पुनरुत्थानवाद के लिए काम करना चाहते हैं, अगर वे अपनी वास्तविक ऊर्जा हिंदू समाज में बहुत जरूरी बदलाव के लिए कार्य करने में समर्पित करेंगे, तो वे अपने विश्वास का पुन: दावा करने में कहीं अधिक योगदान देंगे। इस नेक काम के लिए उन्हें हिंदू धर्म में पर्याप्त सामग्री मिल जाएगी। लक्ष्य आंखें बंद करके प्राचीन अतीत को पुनर्जीवित करना नहीं होना चाहिए, बल्कि अतीत में हिंदू धर्म के प्रचुर ज्ञान से वर्तमान में हिंदू समाज को पुन:सृष्ट करना है। जैसाकि विशाल बुद्धिजीवी श्री अरबिंदो, जिनके एक गर्वित हिंदू होने का सच कोई रहस्य नहीं है, लिखते हैं: "हमें अपने जीवन के पंथों और सामाजिक संस्थाओं में उन चीजों को बिना किसी परिष्कृत इनकार के पहचानना चाहिए जो अपने आप में गलत हैं और उनमें से कुछ अक्षम्य हैं, जो हमारे राष्ट्रीय जीवन को कमजोर कर रही हैं, हमारी सभ्यता को नीचा दिखा रही हैं, हमारी संस्कृति का अपमान कर रही हैं।"[48]

हिंदुओं के लिए दूसरी अनिवार्यता अपनी सभ्यता के बारे में अधिक ज्ञान प्राप्त करना है। कटु सत्य यह है कि हिंदुओं को सामान्य रूप से अपने अतीत पर उतना ही गर्व है जितना कि वे इसकी वास्तविकता से अनभिज्ञ हैं। बहुत कम हिंदुओं ने ही अपनी आस्था के मूल ग्रंथों को पढ़ने का कष्ट उठाया है। न ही वे, बहुत सतही तौर पर छोड़कर, धर्मनिरपेक्ष क्षेत्र में उनकी विरासत की उपलब्धियों के बारे में जानते हैं। आंशिक रूप से, ऐसा इसलिए है क्योंकि हिंदू धर्म एक निर्देशात्मक आस्था नहीं है और अपने अनुयायियों को यह लगभग किसी भी तरीके से इसका पालन करने की अनुमति देता है। अधिकांश हिंदू अपने धर्म को जीवन जीने के एक तरीके के रूप में देखते हैं - जो ठीक भी है, और जिसमें वे गर्व के भागीदार हो सकते हैं, भले ही वे इसकी दार्शनिक परंपरा की गहराई और साधारण अनुष्ठानों के पीछे के गहरे प्रतीकों को न जानते हों। आंशिक रूप से ऐसा इसलिए है क्योंकि शैक्षिक पाठ्यक्रम में गहरी खामियां हैं और इसमें विचारों और अवधारणाओं और उपलब्धियों के बारे में जानकारी शामिल नहीं है, जोकि होनी चाहिए; और आंशिक रूप से ऐसा इसलिए

है क्योंकि माता-पिता और परिवार के सदस्य जो इस तरह का ज्ञान प्रदान कर सकते हैं, वे भी अपने बच्चों की तरह ही अनभिज्ञ हैं। जब ऐसा होता है, तो जीवंत बौद्धिक ऊर्जा, जो इसका वास्तविक परिणाम होना चाहिए, की अनुपस्थिति में अतीत का एक अनैच्छिक महिमामंडन आराम से घर कर लेता है। श्री अरबिंदो फिर से इस ओर ध्यान आकर्षित करते हैं: "पुरानी मुक्त बौद्धिक गतिविधि का तेजी से अंत हो रहा है, वैज्ञानिक और आलोचनात्मक दिमाग के साथ-साथ रचनात्मक संस्थान निष्क्रिय हो रहे हैं; जो शेष रह जाता है वह विगत के ज्ञान के गैर-सूचित अंशों की अधिकाधिक पुनरावृत्ति होती है। एक महान बौद्धिक अतीत ने जिन रूपों की रचना की थी, उनके अवशेषों में मन और प्राण का जीवाश्मीकरण हो गया है।"[49]

जब मैंने आदि शंकराचार्य पर अपनी पुस्तक लिखी, तो बहुत से पाठकों ने जिन्होंने रुचि के साथ पुस्तक को पढ़ा, उन्हें तब तक यह नहीं पता था कि महान विचारक का जन्म कब हुआ था, या उन्होंने किस बारे में लिखा था। जिज्ञासा की यह कमी, और हमारे अतीत के बारे में परिणामी अज्ञानता, हिंदू समाज के लिए अभिशाप बन गया है, जिससे दोहरा संकट पैदा हो गया है। सबसे पहले, हिंदुओं को स्वेच्छापूर्वक से अपने इतिहास और संस्कृति में इस तरह के महान मूल्य से दूर कर दिया जाता है। खजाना उनके सामने है, लेकिन उनमें प्रवेश करने और इसे पुनः प्राप्त करने की इच्छा बहुत कम है, और इसी लिए इस मामले में वे गरीब हैं। सबसे बड़ा खतरा यह है कि जो लोग अपनी संस्कृति के बारे में इतनी गलत जानकारी रखते हैं, वे अंततः अनुकरणीय अर्थ में 'आधुनिक' कहे जाने वाले, परंतु सांस्कृतिक रूप से जड़हीन संस्कृति से व्युत्पन्न और उसकी फोटोकॉपी बन जाते हैं। अपनी विरासतों की व्यापकता और उसकी बुलंदी के प्रति विरासतदारों में दिलचस्पी की कमी से ज्यादा नुकसान हिंदू सभ्यता को और कुछ नहीं हो सकता।

जैसाकि हमने विस्तार से चर्चा की है, 1947 में स्वतंत्रता के बाद जो सांस्कृतिक और बौद्धिक सुधार होना चाहिए था, वह नहीं हुआ। यदि विदेशियों से मिले भय या धर्मांधता के बिना प्रबुद्ध तरीके से यह किया गया होता, तो अब तक हमारे पास एक ऐसी पीढ़ी होती, जो हिंदू सभ्यता की वास्तविक उपलब्धियों के बारे में बहुत कुछ जान रही होती। इसके बजाय, अब हम हिंदू पुनरुत्थानवाद का एक ऐसा आंदोलन देख रहे हैं, जो स्पष्ट रूप से अल्पकालिक राजनीतिक लाभांश से प्रेरित है, और असहिष्णुता और घृणा से भरा हुआ है, जोकि हिंदू धर्म की आत्मा और सार के लिए अभिशाप है।

इससे दूसरी तरह का संकट उत्पन्न होता है। सतही तौर पर जानकार हिंदू, हिंदू धर्म के स्व-अभिषिक्त नए 'संरक्षकों' की अनपढ़ धर्मांधता का सामना करने की स्थिति में नहीं हैं। ज्ञान एक महान प्रवर्तक है। जिस किसी ने भी हिंदू धर्म का अध्ययन किया

है, या यहां तक कि इसकी उच्च उदारवाद और गहरे बौद्धिक कार्यों के बारे में एक बुनियादी जानकारी हासिल कर ली है, वह उन लोगों पर हंस ही सकता है जो लोग इस महान धर्म को केवल हिंसा और बहिष्कार के साथ जोड़ना चाहते हैं। लेकिन ज्ञान के अभाव में निःशस्त्रीकृत हिंदू अज्ञानी प्रचारकों के हाथों आसानी से बेवकूफ बन जाते हैं।

असली हिंदू पुनर्जागरण तब होगा जब बड़ी संख्या में हिंदू अपने धर्म और सभ्यता को फिर से खोजने का प्रयास करेंगे। वह ज्ञान उन्हें सच्चे नवीनीकरण, आत्मा और सार का नवीनीकरण, के संदर्भ में हिंदू समाज को पुनर्जीवित करने में सक्षम करेगा और उन्हें अन्य सभी महान धर्मों को साथ लेकर, जिनका इस पुरातन देश में अस्तित्व है, एक ऐसे आधुनिक भारत का निर्माण करने की अनुमति देगा जो लोकतांत्रिक है लेकिन इसके अतीत के महान ज्ञान में भी निहित है। जैसाकि आदि शंकराचार्य ने कहा - सत्यं ज्ञानम्, अनंतम् ब्रह्म: ज्ञान ही सत्य है; ब्रह्म शाश्वत है। एक सभ्यता, जो समय के आरंभ से है और मौलिक सोच, मूल विचार की शक्ति, पर आधारित है, उसे फिर से खोजने से बड़ी उसे कोई श्रद्धांजलि नहीं हो सकती।

इस प्रक्रिया को शुरू करना भविष्य की अनिवार्यता है। यह श्री अरबिंदो जैसे लोगों की सोच थी, जिन्होंने सार्थक हिंदू पुनरुत्थानवाद की इच्छा की: "और अब विस्तार के बिना स्वयं अस्तित्व ही असंभव हो जाता है। अगर हमें जीवित रहना है, तो हमें भारत के महान बाधित प्रयास को फिर से शुरू करना होगा; हमें व्यक्ति और समाज में, आध्यात्मिक और सांसारिक जीवन में, दर्शन और धर्म में, कला और साहित्य में, विचार में, राजनीतिक और आर्थिक और सामाजिक निर्माण में उसकी सर्वोच्च आत्मा और ज्ञान की पूर्ण और असीमित दृष्टि को साहसपूर्वक और पूरी तरह से अमल करना चाहिए।"[50] सनातन धर्म तभी जीवित और फलता-फूलता रहेगा जब उसके अनुयायी वास्तविक अर्थों में उसकी अजेयता के कारणों को जानने का प्रयास करेंगे। और, उस ज्ञान के साथ, भारत को आधुनिक, प्रगतिशील, समृद्ध, मानवीय, सहिष्णु, समावेशी और अपने अतीत के महान ज्ञान में निहित भविष्य की महानता के प्रति जाग्रत होने दें।

आइए, शांति और समृद्धि के लिए हिंदू मंत्र का जाप करें:

ॐ सह नाववतु।
सह नौ भुनक्तु।
सह वीर्यं करवावहै।
तेजस्वि नावधीतमस्तु।

मा विदविशावै॥
ॐ शान्तिः शान्तिः शान्तिः॥

एक साथ हम सब सुरक्षित रहें, एक साथ हम उत्सव मनाएं, एक साथ हम और शक्तिशाली बनें। हमारा ज्ञान रोशन हो, और हमें घृणा से दूर ले जाए, ॐ, मेरे चारों ओर और मेरे भीतर शांति हो।

नोट्स

1. हिंदू सभ्यता मिथक या सच?

1. Gurcharan Das, *The Difficulty of Being Good* (Penguin, 2009), p. xxxv.
2. Amartya Sen, *The Argumentative Indian* (Penguin, 2005), pp. ix–x.
3. Ibid., pp. xi–x.
4. Romila Thapar, *The Penguin History of Early India* (Penguin, 2003), p. 20.
5. Ibid., p. 21.
6. Jawaharlal Nehru, *My Life and My Prisons.*
7. Ibid.
8. A.B. Shah and C.R.M. Rao, *Tradition and Modernity in India* (Manaktalas, 1965), p. 15.
9. Richard Lannoy, *The Speaking Tree* (OUP, 1971), p. 415.
10. Upinder Singh, *A History of Ancient and Medieval India: From the Stone Age to the 12th Century* (Dorling Kindersley, 2008), p. 3.
11. Wendy Doniger, *The Hindus: An Alternative History* (Penguin, 2009), p. 30.
12. Ibid.
13. Ibid.
14. Sunil Khilnani, *The Idea of India* (Hamish Hamilton, 1997), p. 154.
15. Ibid.
16. Romila Thapar, *The Penguin History of Early India*, op. cit., p. 20.
17. Sanjay Subrahmanyam, *Is Indian Civilization a Myth* (Permanent

Black, 2013), p. 1.
18. Ibid.
19. Ibid., p. 4.
20. Ibid., p. 7.
21. Ibid.
22. Sunil Khilnani, *The Idea of India*, op. cit., p. 169.
23. Upinder Singh, *A History of Ancient and Medieval India*, op. cit., p. 3.
24. Sunil Khilnani, *The Idea of India*, op. cit., p. 156.
25. Ibid., p. 157.
26. Kautilya, *Arthashastra*, edited, rearranged, translated and introduced by L.N. Rangarajan (Penguin, 1992), p. 628.
27. Koenraad Elst, *Decolonizing the Hindu Mind* (Rupa, 2001), p. 457.
28. Amish, *Immortal India: Young Country, Timeless Civilisation* (Westland, 2017), p. 184.
29. Mahatma Gandhi, *Hind Swaraj*, edited by Anthony Parel (Cambridge University Press, 1997), pp. 48–49.
30. Aurobindo, *India's Rebirth*, p. 173.
31. Amartya Sen, 'The Vision that Worked', *Times Literary Supplement*, 8 August 1997.
32. Ibid., p. 67.
33. Arun Shourie, *A Secular Agenda* (Rupa, 2005), p. 9.
34. Ibid., p. 14.
35. Koenraad Elst, *Decolonizing the Hindu Mind*, op. cit., p. 462.
36. Sudhir Kakar and Katharina Kakar, *The Indians* (Penguin, 2007), p. 4.
37. Fernand Braudel, *A History of Civilizations* (Penguin, 1987), p. xxxviii.
38. Romila Thapar, *The Penguin History of Early India*, op. cit., pp. 18–19.
39. Koenraad Elst, *Decolonizing the Hindu Mind*, op. cit., p. 30.
40. Romila Thapar, *The Penguin History of Early India*, op. cit., p. 19.
41. Amartya Sen, *The Argumentative Indian*, op. cit., p. 56.
42. Ibid., p. 57.
43. Ibid., p. 354.
44. Ibid.
45. R.C. Majumdar, *Ancient India* (Motilal Banarsidass, 1952), p. 455.
46. Amartya Sen, *The Argumentative Indian*, op. cit., p. 84.

47. Ibid., p. 54.
48. Ibid., pp. 352–353.
49. Romila Thapar, *The Penguin History of Early India*, op. cit., p. 3.
50. Upinder Singh, *A History of Ancient and Medieval India*, op. cit., pp. 455–456.
51. Ibid., p. 518.
52. Ibid., p. 463.
53. Ibid., p. 521.
54. Wendy Doniger, *The Hindus*, op. cit., p. 349.
55. Ibid., p. 45.
56. Copyright Benoy K. Behl, from his audio commentary for the documentary film *Ancient India* (2004), with gratitude for permission to reproduce it.
57. Richard Lannoy, *The Speaking Tree*, op. cit., p. xviii.
58. Ibid., p. 336.
59. Wendy Doniger, *On Hinduism* (Aleph, 2013), p. 3.
60. Ibid.
61. Ibid., p. 4.
62. Ibid.
63. Ibid., p. xi.
64. Amartya Sen, *The Argumentative Indian*, op. cit., p. 310.
65. Ibid., p. 23.
66. Romila Thapar, *The Penguin History of Early India*, op. cit., p. xxiv.
67. Vinay Dharwadkar, ed., *The Collected Essays of A.K. Ramanujan* (OUP, 1999), p. 7.
68. Ibid., p. 38.
69. Rajiv Malhotra, *Being Different* (HarperCollins, 2011), p. 8.
70. Ibid., p. 182.
71. Ibid., p. 215.
72. Ibid.
73. Amartya Sen, *The Argumentative Indian*, op. cit., p. 310.
74. Sanjeev Sanyal, *India in the Age of Ideas* (Westland, 2018), p. 6.
75. Rabindranath Tagore, *Swadeshi Samaj* (1904).
76. Upinder Singh, A *History of Ancient and Medieval India*, op. cit., p. 179.
77. Romila Thapar, 'The Rigveda: Encapsulating Social Change' in K.N. Panikkar, Terence J. Byres and Utsa Patnaik (eds), *The Making of History, Essays Presented to Irfan Habib* (Tulika, 2002), p. 12.
78. Michel Danino, *The Lost River: On the Trail of the Sarasvati*

(Penguin, 2010), p. 35.
79. Ibid., p. 254.
80. Ibid.
81. Ibid., p. 265.
82. Ibid., p. 266.
83. Tony Joseph, *Early Indians* (Juggernaut, 2018), p. 230.
84. Upinder Singh, A *History of Ancient and Medieval India*, op. cit., p. 134.
85. Michel Danino, *The Lost River*, op. cit., p. 213.
86. Stella Kramrisch, *The Art of India through the Ages* (Phoenix Books, 1954), p. 10.
87. John Marshall (ed.), *Mohenjodaro and the Indus Civilization*, vol. I (Arthur Probsthain, 1931), p. vi.
88. John Stratton Hawley and Donna Marie Wulff, *Devi: The Goddesses of India* (Aleph, 2017), p. 2.
89. Michel Danino, *The Lost River*, op. cit., p. 233.
90. Upinder Singh, A *History of Ancient and Medieval India*, op. cit., p. 186.
91. Ibid., p. 187.
92. Romila Thapar, *The Penguin History of Early India*, op. cit., pp. 14–15.
93. Sanjeev Sanyal, *Land of Seven Rivers* (Penguin, 2012), p. 55–56.
94. R.C. Majumdar, *Ancient India* (Motilal Banarasidass, 10th reprint, 2018), p. 27.
95. Michel Danino, *The Lost River*, op. cit., p. 269.
96. Ibid., p. 270.
97. Suraj Bhan, 'The Aryanization of the Indus Civilization', in *The Making of History: Essays Presented to Irfan Habib*, op. cit., p. 52.
98. Amartya Sen, *The Argumentative Indian*, op. cit., pp. 66–67.
99. Tony Joseph, *Early Indians*, op. cit., pp. 162–163.
100. Karl Marx, in an article written for an American newspaper in 1853. See Rajiv Malhotra, *Being Different*, op. cit., pp. 318–319.
101. Romila Thapar, *The Penguin History of Early India*, op. cit., pp. 8–9.
102. Upinder Singh, A *History of Ancient and Medieval India*, op. cit., p. 8.
103. Amartya Sen, *The Argumentative Indian*, op. cit., p. 158.

2. सोच का जोखिम

1. Mahatma Gandhi, *Hind Swaraj*, op. cit., p. 66.
2. Rabindranath Tagore, *The Message of Indian History* (1902).
3. SriAurobindo,*TheRenaissanceinIndiaandOtherEssaysonIndian Culture* (Sri Aurobindo Ashram Pondicherry, 1997), pp. 10–13.
4. Lin Yu Tang, *Wisdom of India* (Jaico, 1956), p. 4.
5. OctavioPaz,*InLightofIndia*(HarcourtBruceandCompany,New York, 1997), p. 185
6. Wendy Doniger (trans.), *The Rig Veda* (Penguin, 1981), pp. 25–26.
7. There are many exemplary translations of the Upanishads but for flow of language and composition, I have chosen the one by Eknath Easwaran, *The Upanishads*, first published by the Blue Mountain Center of Meditation in 1987.
8. K.M. Sen, *Hinduism* (Penguin, 1961), p. 80.
9. Y. Keshava Menon, *The Mind of Adi Shankaracharya* (Jaico, 1976), p. 5.
10. There are some who believe that Mandana Mishra was a resident of modern-day Bihar. However, my research, as detailed in my book *Adi Shankaracharya: Hinduism's Greatest Thinker* (Tranquebar, 2018), favours the view that he belonged to Mahishmati in Madhya Pradesh.
11. There is a little debate among some scholars whether Bharati was Mandana Mishra's wife, but the bulk of academic opinion as well as popular belief accepts that she was, so this controversy, if there is one at all, need not detain us.
12. S. Radhakrishnan, *Indian Philosophy*, vol. 1 (George Allen & Unwin, 1977), p. 281.
13. Rajiv Malhotra, *The Battle for Sanskrit* (HarperCollins, 2016), p. 121.
14. Amartya Sen, *The Argumentative Indian*, op. cit., pp. xi–xii.
15. Gurcharan Das, *The Difficulty of Being Good*, op. cit., p. 286.
16. George Cardona, 'Traditions and Argumentation: Tensions among Some Early Thinkers and Their Backgrounds', Paper presented at the *Infinity Foundation Colloquium*, 2003.
17. Pavan K. Varma, *Adi Shankaracharya: Hinduism's Greatest Thinker*, op. cit., p. 142.
18. M. Hiriyanna, *Outlines of Indian Philosophy*, George (Allen and Unwin, 1973), p. 386.
19. Ibid., p. 387.

20. Wendy Doniger, *On Hinduism*, op. cit., p. 153.
21. Ibid., p. 152.
22. Ibid.
23. Ibid., p. 196.
24. Ibid., p. 197.
25. Ibid., p. 196.
26. Kapila Vatsyayan, *Arrested Movement: Sculpture and Painting* (Wisdom Tree, 2007), p. 77.
27. U.R. Ananthamurthy, 'What does Translation Mean in India?' in *Culture and the Making of Identity in Contemporary India*, edited by Kamala Ganesh and Usha Thakkar (Sage, 2005), p. 133.
28. Ananda K. Coomaraswamy, *The Dance of Shiva* (The Noonday P ress, 1969), p. 78.
29. Fritjof Capra, *The Tao of Physics* (Flamingo, 1976), p. 271.
30. John Stratton Hawley and Donna Marie Wulff (eds), *Devi: The Goddesses of India* (Aleph, 2017), p. 26.
31. Sri Sharada Peetham, *The Greatness of Sringeri*, Sri Sri Jagadguru Mahasamsthanam Dakshinamnaya, February, 2012, p. 15.
32. John Statton Hawley and Donna Marie Wulff (eds), *Devi*, op. cit., p. 12.
33. This rendering, and the following extracts from the Gita have been taken from the lyrical translation of Juan Mascaro, first published in 1962, and republished by Penguin India in 1994.

3. विचार के इलाक़े में

1. Stella Kramrisch, *The Art of India*, op. cit., p. 14.
2. Kapila Vatsyayan, *The Square and the Circle of the Indian Arts* (Roli Books, 1997), p. 3.
3. Shakti Maira, *Towards Ananda: Rethinking Indian Art and Aesthetics* (Penguin, 2006), p. 4.
4. Harsha V. Dehejia, *The Beautifully Indian Hindu Mind* (D.K. Printworld, India, 2020), p. 48.
5. Stella Kramrisch, *The Art of India*, op. cit., pp. 26–27.
6. Kapila Vatsyayan, *The Square and the Circle of Indian Arts*, op. cit.
7. Ibid., p. 39.
8. Stella Kramrisch, *The Art of India*, op. cit., p. 9.
9. Kapila Vatsyayan, *The Square and the Circle of Indian Arts*, op. cit., p. 39.
10. Kapila Vatsyayan, 'From Interior Landscapes into Cyber Space:

Fluidity and Dynamics of Tradition', in *Culture and the Making of Identity in Contemporary India*, edited by Kamala Ganesh and Usha Thakkar (Sage, 2005), p. 40.

11. Harsha V. Dehejia, *The Beautifully Indian Hindu Mind*, op. cit., p. 260.
12. Alka Pande, *Masterpieces of Indian Art* (Roli Books, 2004), p. 150.
13. A.K. Ramanujan (tr.), *Speaking of Siva* (Penguin Classics, 1985), pp. 19–20.
14. Stella Kramrisch, *The Art of India*, op. cit., p. 10.
15. Kapila Vatsyayan, *The Square and the Circle of Indian Arts*, op. cit., p. 27.
16. Ibid., pp. 26–28.
17. P.S. Rawson, 'Early Art and Architecture', in *A Cultural History of India*, edited by A.L. Basham (OUP, 1975), p. 204.
18. Quoted by Kapila Vatsyayan in *The Square and the Circle of Indian Arts*, op cit., p. 81.
19. Kapila Vatsyayan, *Arrested Movement*, op. cit., p. 13.
20. Rajiv Malhotra, *Being Different*, op. cit., p. 180.
21. Debu Chaudhuri, *Classical Music (Incredible India)* (Wisdom Tree, 2007), p. 5.
22. Shakti Maira, *Towards Ananda*, op. cit., pp. 35–36.
23. A.K. Warder, 'Classical Literature', in *A Cultural History of India*, edited by A.L. Basham, op. cit., p. 171.
24. Wendy Doniger, *The Hindus*, op. cit., p. 5.
25. Rajiv Malhotra, *Being Different*, op. cit., p. 37.
26. Rajiv Malhotra, *The Battle for Sanskrit*, op. cit., p. 30.
27. Upinder Singh, *A History of Ancient and Early Medieval India*, op. cit., pp. 526–527.
28. Pavan K. Varma, *Yudhishtar and Draupadi: A Tale of Love, Passion and the Riddles of Existence* (Penguin, 1996), pp. 62–83.
29. Romila Thapar, *The Penguin History of Early India*, op. cit., p. 33.
30. Upinder Singh, *A History of Ancient and Medieval India*, op. cit., p. 8.
31. Fernand Braudel, *A History of Civilizations* (Penguin, 1987), p. 225.
32. Ibid.
33. R.C. Majumdar, *Ancient India*, op. cit., p. 87.
34. Wendy Doniger, *The Hindus*, op. cit., p. 207.
35. Richard Lannoy, *The Speaking Tree*, op. cit., p. 295.
36. C. Panduranga Bhatta and Pragyan Rath, *The Art of Leading in a Borderless World* (Bloomsbury, 2020), p. 49.

37. Mahabharata, *Vana Parva*, 207.77.
38. Ibid., 131.11.
39. Mahabharata: *dharmasya tattvam nihitam guhayam*. See also Gurcharan Das, *The Difficulty of Being Good*, op. cit. p. xliii.
40. Vinay Dharwadkar, *The Collected Essays*, op. cit., p. 48.
41. Mahabharata, *kalah pachati bhutani sarvani*. XVII. 1.3.
42. Kamala Subramaniam (ed. and trans.), *The Mahabharata* (Bharatiya Vidya Bhavan, 1982), pp. 135–136.
43. Ibid.
44. A.L. Basham, *The Wonder That Was India: A Survey of the Culture of the Indian Sub-continent before the Coming of the Muslims* (Fontana Books, in association with Rupa & Co., 1971), p. 307.
45. Kautilya, *The Arthashastra*, op. cit., p. 145.
46. Chaturvedi Badrinath, *Dharma: Hinduism and Religions in India*, edited by Tulsi Badrinath (Penguin-Viking, 2019), pp. 11–12.
47. A.L. Basham, *The Wonder That Was India*, op. cit., pp. 217–218.
48. P.S. Rawson, 'Early Art and Architecture', in A *Cultural History of India*, edited by A.L. Basham, op. cit., p. 210.
49. Quoted in John Dowson, A *Classical Dictionary of Hindu Mythology and Religion, Geography, History, and Literature* (Trübner & Company, 1983).
50. Quoted in Lee Siegel, *Sacred and Profane Dimensions of Love in the Indian Tradition, as Exemplified in the* Gitagovinda *of Jayadeva* (OUP, 1978), p. 14.
51. Ibid., p. 16.
52. Quoted in John Dowson, op. cit., p. 146.
53. Quoted in Pavan K. Varma, *Krishna: The Playful Divine* (Viking, 1993), p. 53.
54. Quoted in Pavan K. Varma, *Krishna: The Playful Divine*, op. cit., p. 54.
55. Ibid., p. 55.
56. Kapila Vatsyayan, *Kamasutra*, translated by Sir Richard Burton and F.F. Arbuthnot (London, 1883, Reprint 1988), p. 23.
57. Harsh Madhusudan and Rajeev Mantri, A *New Idea of India* (Westland, 2020), p. 2.
58. Hieun Tsang, quoted in R.C. Majumdar, *Ancient India* (Motilal Banarsidass Publishers, 1952, Reprint 2018), p. 453.
59. Koenraad Elst, *Decolonizing the Hindu Mind*, op. cit., pp. 29–30.

60. Carl Sagan, interviewed in *New India Digest*, March 1997.
61. H.J.J. Winter, 'Science', in A.L. Basham (ed.), *A Cultural History of India*, op. cit., p. 154.
62. Ibid., pp. 147–148.
63. D. Mackenzie Brown, The White Umbrella (University of California Press, 1953), p. 37.
64. Quoted in Richard Lannoy, *The Speaking Tree*, op. cit., p. 319.
65. Ibid., pp. 319–320.
66. C. Panduranga Bhatta and Pragyan Rath, *The Art of Leading in a Borderless World*, op. cit., p. 50.
67. A.L. Basham, *The Wonder That Was India*, op. cit., pp. 88–89.
68. Upinder Singh, *A History of Ancient and Medieval India*, op. cit., p. 203, quoting Wendy Doniger O'Flaherty, *The Rig Veda: An Anthology* (Penguin, Middlesex, 1986).
69. Richard Lannoy, *The Speaking Tree*, op. cit., p. 143.
70. Tony Joseph, Early Indians, op. cit., p. 213.
71. Amartya Sen, *The Argumentative Indian*, op. cit., pp. 10–11.
72. Amish, *Immortal India*, op. cit., p. 81.
73. Wendy Doniger, *The Hindus*, op. cit., p. 86.
74. Romila Thapar, *The Penguin History of Early India*, op. cit., p. 10.
75. See Chaturvedi Badrinath, *Dharma*, op. cit., pp. 14–15.
76. Quoted also in R.C. Majumdar, *Ancient India*, op. cit., p. 146.
77. Quoted in Wendy Doniger, *On Hinduism*, op. cit., p. 260. See also Wendy Doniger with Brian K. Smith (trans.), *The Laws of Manu* (Penguin, 1991).
78. The Laws of Manu (4.147-9, 9.3). Quoted in Wendy Doniger, *On Hinduism*, op. cit., p. 260. See also Wendy Doniger with Brian K. Smith (trans.), *The Laws of Manu*, op cit.

4. इस्लामिक साम्राज्य

1. Jawaharlal Nehru, *Glimpses of World History* (Jawaharlal Nehru Memorial Fund, 1982 reprint), p. 155.
2. A.K. Warder, 'Classical Literature', in *A Cultural History of India*, edited by A.L. Basham, op. cit., p. 193.
3. Will Durant, *The Story of Civilization*, vol. 1 (1972), p. 459.
4. Heinrich Zimmer, *Art of Indian Asia*, vol. 1 (Princeton University Press, 1983), p. 201.
5. Amartya Sen, *The Argumentative Indian*, op. cit., p. 58.
6. Ibid., p. 314.

7. Ibid., p. 58.
8. Sita Ram Goel, *Hindu Temples: What Happened to Them* (Voice of India, 2019).
9. Ibid., vol. 1, p. 32.
10. Sita Ram Goel, *Hindu Temples*, op. cit., pp. 19–20.
11. Wendy Doniger, *The Hindus*, op. cit., p. 536.
12. Amartya Sen, *The Argumentative Indian*, op. cit., p. 18.
13. Ibid., p. 60.
14. Quoted by William Dalrymple in *The Guardian* (UK), 20 March 2004.
15. Tarun Tejpal, 'Christianity Didn't Damage India Like Islam', *Outlook*, 15 November 1999.
16. Ibid.
17. Ibid.
18. Willian Dalrymple, 'Trapped in the Ruins', *The Guardian*, 20 March 2004, with excerpts from his book *White Mughals* (Harper Perennial, 2002).
19. *The Guardian* (UK), 20 March 2004.
20. Quoted by Aakar Patel, in *Islam and Prejudice: Why Girish Karnad Is Wrong about Islam*, Blog on Firstpost.com, 11 November 2012.
21. Ibid.
22. David Gilmartin and Bruce Lawrence, *Beyond Turk and Hindu* (University Press of Florida, 2000), quoted in *The Guardian* (UK), 20 March 2004.
23. Ibid.
24. Amish, *Immortal India*, op. cit., p. 138.
25. A.J. Appasamy (ed.), *Temple Bells: Readings From Hindu Religious Literature* (Association Press, 1930).
26. J.T.F. Jordens, 'Medieval Hindu Devotionalism', in *A Cultural History of India*, edited by A.L. Basham, op. cit., p. 269.
27. A.J. Appasamy, *Temple Bells*, op. cit., p. 63.
28. Deben Bhattacharya (trans.), *Love Songs of Chandidas, the Rebel Poet- Priest of Bengal* (George Allen & Unwin, 1967), p. 57.
29. Bihari, *The Satasai*, translated by K.P. Bahadur (Penguin Books/ UNESCO, 1992), p. 46.
30. J.S. Hawley, *Surdas, Poet, Singer, Saint* (1982), p. 65.
31. J.T.F. Jordens, 'Medieval Hindu Devotionalism', op. cit., p. 274.
32. Rabindranath Tagore (trans.), *One Hundred Poems of Kabir* (Macmillan, London, 1962).
33. Ibid, Poem number XLII.

34. Ibid, Poem No II.
35. A.K. Ramanujan (trans.), 'Basavanna' in *Speaking of Shiva* (Penguin, 1973), p. 19.
36. Ibid., p. 28.
37. A.K. Ramanujan (trans.), 'Allama Prabhu', in *Speaking of Shiva*, op. cit., p. 147.
38. L.D. Barnett (trans.), 'Nannaya', in *The Heart of India: Sketches in the History of Hindu Religion and Morals* (Wisdom of the East series, 1913), pp. 111–112.
39. Friedhelm Hardy, *Viraha-Bhakti: The Early History of Krishna Devotion in South India* (OUP India, 1973), p. 420.
40. Rana Fulop-Miller, *Saints that Moved the World* (Thomas Y. Crowell, 1945), p. 175.
41. Ibid., pp. 424–425.
42. A.J. Alston (trans.), *The Devotional Poems of Mirabai* (Motilal Banarasidass, 1980).
43. Ibid.
44, Ibid.
45. Norman Cutler (trans.), 'Karaikkalammaiyar', in *Songs of Experience: The Poetics of Tamil Devotion* (Indiana University Press, 1987), p. 121.
46. A.K. Ramanujan (trans.), 'Mahadeviyakka', in *Speaking of Shiva*, op. cit., pp. 112–113.
47. Ibid., p. 116.
48. Ibid., pp. 48–49.
49. A.J. Alston (trans.), 'Introduction' in *The Devotional Poems of Mirabai*, op. cit., p. 25.
50. Milton Singer (ed.), *Krishna: Myths, Rites, and Attitudes* (East-West Centre Press, 1966), p. 133.
51. Chaturvedi Badrinath, *Dharma*, op. cit., p. 88.
52. Vinay Dharwadkar, ed., *The Collected Essays*, op. cit., p. 271.

5. ब्रिटिश शासन और इसके परिणाम

1. Macaulay's 'Minute on Education', 2 February 1835.
2. Ibid.
3. Ibid.
4. Ibid.
5. Ibid.
6. Ibid.

7. Ibid.
8. Ibid.
9. Ibid.
10. Cited in Pavan K. Varma, *Becoming India*, op. cit., p. 32.
11. William Jones, *Collected Works*, Vol III, p. 34.
12. John Clive, *Thomas Babington Macaulay: The Shaping of the Historian* (Martin Secker & Warburg, 1973), p. 359.
13. Ibid., p. 390.
14. Ibid., p. 398.
15. Parliamentary Papers, XXXII (1852–1853), pp. 263–264.
16. Lawrence James, *Raj: The Making and Unmaking of British India* (Little, Brown, 1997), p. 158.
17. Ibid., p. 157.
18. Macaulay's 'Minute on Education', 2 February 1835.
19. John Clive, *Thomas Babington Macaulay*, op. cit., p. 344.
20. This quotation, and other details relating to Ram Mohan Roy's life, are sourced inter alia from V. Mahadevan and S.K. Krishnamurthi's book, *Raja Ram Mohan Roy and Lord William Bentinck* (Longmans, 1929), and R.C Mazumdar's learned essay on Roy (Asiatic Society, 1972).
21. Thomas R. Metcalfe, *The Indian Empire and the Beginnings of Modern Society: Ideologies of the Raj*, The New Cambridge History of India, vol. III, pt. 4 (Cambridge University Press, 1994), p. 96.
22. Lata Mani, *Contentious Traditions: The Debate on Sati in Colonial India* (University of California Press, 1998), p. 22.
23. Anand A. Yang, 'Whose Sati: Widow Burning in Early-Nineteenth- Century India', *Women and Social Reform in Modern India: A Reader*, edited by Tanika Sarkar and Sumit Sarkar (Indiana University Press, 2008), p. 28.
24. Ibid.
25. Lata Mani, *Contentious Traditions*, op. cit.
26. George Smith, *The Life of William Carey, Shoemaker & Missionary* (The Echo Library, 2006), p. 162.
27. Thomas R. Metcalfe, *The Indian Empire and the Beginnings of Modern Society*, op. cit., p. 96.
28. John Clive, *Thomas Babington Macaulay*, op. cit., p. 410.
29. Quoted in Gauri Viswanathan, *Masks of Conquest: Literary Study of British Rule in India* (Columbia University Press, 1989), p. 6.
30. John Clive, *Thomas Babington Macaulay*, op. cit., p. 409.

31. Thomas R. Metcalfe, *The Indian Empire and the Beginnings of Modern Society: Ideologies of the Raj*, op. cit., p. 49.
32. Gauri Viswanathan, op. cit., p. 139.
33. John Clive, *Thomas Babington Macaulay*, op. cit., p. 408.
34. Ibid., p. 403.
35. Nirad C. Chaudhuri, A *Passage to England*, p. 188.
36. Ashis Nandy, *At the Edge of Psychology: Essays in Politics and Culture* (OUP India, 1980), p. 60.
37. Sir Thomas Raleigh (ed.), *Lord Curzon in India* (1906), p. 182.
38. W. Erskine, *Account of the Cave Temples of Elephanta*, TLSB, I, 1819, p. 198.
39. Thomas R. Metcalfe, *The Indian Empire and the Beginnings of Modern Society*, op. cit., p. 92.
40. Ibid., p. 87.
41. Partha Mitter, *Much Maligned Monsters: History of European Reactions to Indian Art* (Clarendon Press, 1977), p. 267.
42. Ibid., p. 158.
43. Ibid., p. vii.
44. Ibid., p. 251.
45. Ibid., p. 271.
46. Ibid., p. 279.
47. Ibid., pp. 268–269.
48. Ibid., p. 292.
49. Ibid., p. 295.
50. Ibid., p. 323.
51. Ibid., p. 332.
52. Ibid., p. 280.
53. Ibid., p. 250.
54. Ibid., p. 416.
55. Ibid., p. 414.
56. Ibid., p. 280.
57. Ibid., p. 271.
58. Ibid., p. 419.
59. E.B. Havell, *The Basis for Artistic and Industrial Revival in India* (The Theosophist Press, 1912).
60. Karsandas Mulji, 'Appendix' in *History of the Sect of Maharajas, or Vallabhacharyas in Western India* (Trubner & Co., 1865).
61. Wendy Doniger, *The Hindus*, op. cit., p. 591.
62. Rajiv Malhotra, *Being Different*, op. cit., p. 204.
63. Ibid., p. 317.
64. Ibid., p. 317.

65. Gauri Viswanathan, op cit. p. 51.
66. Koenraad Elst, *Decolonizing the Hindu Mind*, op. cit., p. 103.
67. Amartya Sen, *The Argumentative Indian*, op. cit., p. 92.
68. Wendy Doniger, *The Hindus*, op. cit., p. 597.
69. Quoted by Barbara Miller, 'The Divine Duality of Radha and Krishna', in J.S. Hawley and D.M. Wulff (eds), *The Divine Consort* (Berkeley Religious Studies Series, 1982), p. 25.
70. Ibid., p. 591.
71. *Outlook*, 17 September 2007.
72. Shakti Maira, *Towards Ananda*, op. cit., p. 22.
73. Kapila Vatsyayan, 'From Interior Landscapes into Cyber Space: Fluidity and Dynamics of Tradition', in *Culture and the Making of Identity in Contemporary India*, op. cit., p. 44.

6. आधुनिक गणतंत्र की चुनौती

1. Jawaharlal Nehru, *An Autobiography* (1980), p. 23.
2. Ibid., p. 29.
3. Ibid., pp. 3, 5, 24.
4. Jawaharlal Nehru, *The Discovery of India* (1956) pp. 413–414.
5. Lord Mountbatten, 'Reflections on the Transfer of Power and Jawaharlal Nehru', *2nd Jawaharlal Nehru Memorial Lecture* (Cambridge University Press), p. 12.
6. *Young India*, 27 April 1921, p. 130.
7. Mohandas Karamchand Gandhi, *Constructive Programme: Its Meaning and Place* (Navjivan Press, 1944), p. 16.
8. Mahatma Gandhi, *Hind Swaraj*, op. cit., p. 116.
9. Charles Smith, *Fifty Years with Mountbatten* (Sidgwick & Jackson, 1980), p. 79.
10. Lord Louis Mountbatten, *Reflections on the Transfer of Power and Jawaharlal Nehru*, op. cit., p. 32.
11. Rober Grant Irving, *Indian Summer: Lutyens, Baker and Imperial Delhi* (Yale University Press, 1981), p. 186.
12. Jawaharlal Nehru, *An Autobiography* (Jawaharlal Nehru Memorial Fund/OUP, 1997), p. 426.
13. Jawaharlal Nehru, *The Discovery of India* (Jawaharlal Nehru Memorial Fund/OUP, 1997), p. 509.
14. Ibid., p. 510.
15. Jawaharlal Nehru, *An Autobiography*, op. cit., p. 429.
16. Jawaharlal Nehru, *The Discovery of India*, op. cit., p. 510.

17. Jawaharlal Nehru, *An Autobiography*, op. cit., p. 429.
18. *The Collected Works of Mahatma Gandhi* (Navjivan, 1944), pp. 42–43.
19. Vikramaditya Prakash, *Chandigarh's Le Corbusier: The Struggle for Modernity in Postcolonial India* (Mapin, 2002), p. 27.
20. *Selected Works of Jawaharlal Nehru* (Second Series), NMML, Vol 28, p. 2.
21. Gunnar Myrdal, *Asian Drama: An Inquiry into the Poverty of Nations*, vol. 3 (Penguin, UK, 1968), pp., 1645–1646.
22. Ashis Nandy, 'Propagating an Indian Model', *Sunday Mail*, 14 January 1990.
23. Pan Nalin, in *The Times of India*, 16 July 2006.
24. Padmapriya Janakiraman and Maansi Verma, 'Culture Needs More Government Support', *Hindustan Times*, 14 February 2021.
25. Dinanath Batra, *Prerna Deep*, p. 8.
26. Amish, *Immortal India*, op. cit., p. 51.
27. Jawaharlal Nehru, *The Discovery of India*, op cit., p. 513.
28. Quoted by Barkha Dutt, *Hindustan Times*, February 2008.
29. Mahatma Gandhi, *Hind Swaraj*, op. cit., p. 43.
30. B.R. Ambedkar, *Pakistan or the Partition of India* (Samyak Prakashan, 2013), pp. 165–166.
31. Vikram Sampath, *Savarkar: Echoes from a Forgotten Past 1883–1924* (Penguin-Viking, 2019), p. 401.
32. B.R. Ambedkar, *Pakistan or the Partition of India*, op. cit. pp. 177–178.
33. Vikram Sampath, *Savarkar: Echoes from a Forgotten Past*, op. cit., p. 417.
34. Aakar Patel, *Our Hindu Rashtra: What It Is. How We Got Here* (Westland, 2020), p. 88.
35. Vikarm Sampath, *Savarkar: Echoes From a Forgotten Past*, op. cit., p. xvi.
36. Ibid., p. xvii.
37. Ibid., p. xviii.
38. Wajahat Habibullah, *My Years With Rajiv: Triumph and Tragedy* (Westland, 2020), p. 100.
39. Aakar Patel, *Our Hindu Rashtra*, op. cit., p. 109.
40. Ibid., p. 115.
41. Gandhi, *The Collected Works* (Navjivan Publishing House, Ahmedabad, 1958–94), vol 25, p. 178.
42. In a speech at St. George's Cathedral, on 17 September 1947. Quoted by Chaturvedi Badrinath, *Dharma: Hinduism and*

Religions in India, op. cit, p. 97.

43. C. Panduranga Bhatta and Pragyan Rath, 'Religious Pluralism is the Need of the Hour', in *The Art of Leading in a Borderless World*, op. cit., pp. 199–201.
44. These quotes, and the ones that follow, from Savarkar have been cited in Vikram Sampath's book, *Savarkar: Echoes from a Forgotten Past*, op. cit., pp. 421–432, where he has summarized the writings of Savarkar on this subject.
45. Mahatma Gandhi, *Hind Swaraj*, op. cit., p. 40.
46. *The Hindu*, 19 April 1945.
47. Swami Vivekananda, Letter dated 6 April 1897 to Sarala Ghoshl, *SV Letters*, p. 324.
48. Sri Aurobindo, *The Renaissance in India and Other Essays on Indian Culture* (Sri Aurobindo Ashram, 1997), p. 89.
49. Ibid., p. 14.
50. Ibid., p. 91.